邓小平治国论

李君如　著

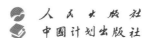

人民出版社

中国计划出版社

谨以此书纪念邓小平同志逝世20周年

更加紧密地团结在以习近平同志为核心的党中央周围
学习领会习近平总书记系列重要讲话精神
牢固树立政治意识、大局意识、核心意识、看齐意识
全面贯彻"四个全面"战略,积极落实"五大发展理念"
把中国特色社会主义的伟大事业胜利推向前进

目　录

邓小平治国论

邓小平治国论

序言 邓小平的"治国论"①

> 在人类历史上，大概还从未有过这样一
> 个社会，像毛泽东去世后、邓小平成为最高
> 领导人以来的中国那样，在没有战争、暴力
> 革命或经济崩溃的条件下，进行如此重大而
> 全面的改革。
>
> ——（美）卢西恩·派依

我们这一代人，不仅是邓小平同志领导的改革开放的受益者，而且是邓小平同志领导的这一新的革命的亲历者、参加者。在纪念邓小平同志诞辰110周年的日子里，我做了一件事，即把这么多年来追随邓小平、学习邓小平、研究邓小平的一些思考及其成果汇总起来。在这些文章中，《邓小平的"治国论"》是我最喜欢的，也是事实上改变了我人生轨迹的一篇文章。因此，我把这篇文章的主题确定为全书的主题，并把这篇发表于1992年的文章作为全书的序言——

江泽民在党的十四大报告中指出，14年来，我们从事的事业，就是在党的基本路线指引下，通过改革开放，解放和发展生产力，建设有中国特色的社会主义。建设有中国特色的社会主义，是邓小平整个思想体系的核心问题。提出这一目标，形成这一理论，固然不易；实现这一目标，实施这一理论，更为艰巨。这就要求我们进一步研究邓小平的"治国论"，即

---

① 本文选自《当代中国的马克思主义：邓小平理论》，河南人民出版社1994年版，第104~113页。

实现"中国特色社会主义理论"的治国构想与治国之道、治国方法。

邓小平面临的历史使命：治国富国强国

建国，立国，是毛泽东同志完成的宏伟业绩。在抗日战争行将胜利之际，毛泽东同志指出："从整个形势看来，抗日战争的阶段过去了，新的情况和任务是国内斗争。蒋介石说要'建国'，今后就是建什么国的斗争。"[①]经过重庆谈判和3年解放战争，一个实行人民民主专政的中华人民共和国，在震撼世界的28响礼炮声中诞生了。紧接着，在中国共产党的领导下，经过3年国民经济恢复时期，又开始了对生产资料私有制的社会主义改造，建立了社会主义制度，一个社会主义的中国巍然屹立在东亚广袤的大地上。这是中国近现代史上一个辉煌的历史时期。其中的经验，即立国之本，经邓小平同志概括为四项基本原则：坚持社会主义道路，坚持人民民主专政，坚持共产党的领导，坚持马克思列宁主义、毛泽东思想。

当建国与立国问题基本解决以后，中国共产党人要解决的问题就是在中国这样的经济文化比较落后的国家如何建设社会主义，如何巩固和发展社会主义的问题，即治国富国强国的问题。1956年，中国转入全面的大规模的社会主义建设，一个新的时代从此开始。应该讲，新中国成立后，毛泽东同志与党中央就已经开始在考虑如何治国富国强国，选择走社会主义道路，就是为了达到这一目的。但是当时的主要任务是进行社会主义改造，而且因缺乏治国的经验而不得不照搬苏联的经验，因此终究没有寻找到正确的治国之道。1956年经过调查研究，毛泽东同志与党中央提出了要从中国实际出发建设社会主义的新思路。在这场极其重要的探索中，毛泽东同志尽管留下了许多可资总结与扬弃的思想财富，但是他寻找治国之道的努力屡遭挫折与失败。首先，他试图通过群众运动来克服苏联的教训，发动"大跃进"与人民公社化运动，寻找新的治国富国强国的道路。当充塞着农民平均主义的"空想"被无情的客观规律击得粉碎的时候，毛泽东同志又试图通过阶级斗争与人的思想革命化来走出一条治国富国强国的

① 《毛泽东选集》第四卷，人民出版社1991年版，第1130页。

新路。结果不仅没有按照毛泽东同志设计的从"天下大乱"走到"天下大治",相反给整个民族和社会主义制度带来了深重的灾难。毛泽东同志制定的建设社会主义的总路线与以阶级斗争为纲的"基本路线",集中地体现了他的"治国论"的两个构想,反映了社会主义建设时期寻找治国之道的两次尝试。

苏联的治国之道不可取,中国的探索又失败,留下了一个重大的研究课题:无产阶级取得政权,建立社会主义制度以后,即建国与立国以后,究竟应该怎样治国,进而富国强国?这是一个历史性的课题,因为它是一个国际共产主义运动没有解决的难题,是以毛泽东同志为核心的中国共产党第一代领导集体经过长期探索而没有取得成功经验的研究课题。这又是一个时代性的课题,因为社会主义建设时期是无产阶级革命斗争的新时代,是建成社会主义的关键时期,继往开来的历史把这一任务留给了继往开来的领袖邓小平。邓小平同志作为第一代领导集体的成员参加过解决这一问题的探索。毛泽东在晚年考虑"天下大治"时,首先选中的治国之才就是"柔中有刚,绵里藏针"的邓小平。粉碎"四人帮",结束"文化大革命",又给邓小平提供了最佳的历史机遇,使他能够以前人的教训为鉴戒,拨乱反正,总结经验,大胆探索,不断开拓,完成这一具有历史性和时代性的重大课题,建成有中国特色的社会主义。因此,研究邓小平的思想,必须从宏观着眼,研究他的"治国论"。

治国核心:扭住经济建设不放

究竟怎么样治国?

邓小平同志第三次复出后,即遇到一场激烈的争论。由于长期"左"的指导思想的影响,"两个凡是"的观点提出要继续坚持所谓"无产阶级专政下继续革命"的理论,贯彻"阶级斗争年年讲、月月讲、天天讲"的基本路线。换言之,继续通过群众性的大规模的阶级斗争来治理中国。邓小平不同意这种观点,1978年在全国科学大会开幕式上就针锋相对地指出:"在无产阶级专政的条件下,不搞现代化,科学技术水平不提高,社会生产力不发达，国家的实力得不到加强，人民的物质文化生活得不到改善，那末，我们的社会主义政治制度和经济制度就不能充分巩固，我们国家的安全就没有可靠的保障。"①他提出了一个新的治国思路，即以经济建设为核心的治国构想。

这是根据社会主义的本质特征和发展规律提出来的治国构想。科学社会主义确实强调公有制和按劳分配，但是这些生产关系上的基本特征都是建立在社会化大生产的生产力基础之上的，也就是说，发达的社会化大生产是社会主义更为基本的特征。自从十月革命开辟了经济落后国家通过无产阶级革命率先进入社会主义的道路后，社会主义就在生产力与生产关系之间的交互作用中形成了一种辩证运动的发展规律。社会主义生产关系可以依赖一定的即尚未充分发展的社会化大生产建立起来，但这种生产关系必定是不完善的；社会主义条件下还要继续解放与发展生产力，唯有以此为自己的根本任务才能巩固与发展社会主义；生产力的每一步新的发展都要求社会主义生产关系进行相应的变革，不断地使之与新的生产力相适应。其中，根本的环节就是要解放与发展生产力。邓小平同志凭借其深厚的马列主义理论修养，反复地论证这个被人称为"老生常谈"的问题。毛泽东同志也认为社会主义要发展生产力，也指出过生产力不发展，社会主义的基础就不稳固，但他晚年在一个相当长的时间里，总是通过抓阶级斗争来促进生产力的发展。邓小平同志的"抓法"与此不同，他把经济建设直接作为治国安邦的根本措施提了出来，并且反复强调要"扭着不放，'顽固'一点，毫不动摇"。

邓小平同志也认为治国要重教，要加强精神文明建设；治国要重法，要完善社会主义法制。同时他认为，这一切都必须以经济建设为中心，并服务于经济建设这个中心。尽管如何处理好这两者或这几者的关系，还有许多难点要解决，但是党的十一届三中全会以来的实践已经证明邓小平同志这一治国构想的优越性。正如党的十四大报告所指出的，坚持党的基本路线不动摇，关键是坚持以经济建设为中心不动摇。

研究这个问题，必须注意两点：

---

① 《邓小平文选》第二卷，人民出版社1994年版，第86页。

4

其一，邓小平以经济建设为核心的治国构想，具有"富民"的特点。苏联与东欧某些国家也曾在经济建设上取得过重大的进步，但仔细剖析其经济结构，即可发现他们重军用工业轻民用工业的问题，人民生活水平长期得不到提高，民心不稳。我国过去较长一段时期以阶级斗争为纲来治理国家，人民生活水准更低。邓小平同志自党的十一届三中全会以来，反复强调的一个论点"贫穷不是社会主义，社会主义要消灭贫穷"，即是针对这一严重问题而提出的。因此，邓小平同志不仅讲要扭着经济建设这个根本环节不放，而且讲发展生产力要"提高人民的生活水平，要通过一部分人先富起来逐步达到全体人民共同富裕"。细读邓小平著作强调"人民生活"、"富裕"，很有特点，不可忽视。

其二，邓小平以经济建设为核心的治国构想，绝非经济主义。近年来，不断有人诘难"以经济建设为中心"是所谓"经济主义"。我们对此难以苟同。经济主义作为国际工人运动中的一种机会主义思潮，割裂经济与政治的辩证关系，认为无产阶级的主要任务是进行经济斗争，政治斗争是自由资产阶级的事情，并进而崇拜工人运动的自发性，否认建立统一集中的马克思主义政党的必要性，贬低革命理论的作用。邓小平的治国构想与此截然不同，他反复强调在当前国内外形势下，经济建设对于社会主义的生死存亡具有决定性的意义，"是我们当前最大的政治"，即我们不能把经济建设同政治决然割裂开来；他又指出，经济建设必须坚持四项基本原则，从中获得政治上的根本保障。显然，这是马克思主义在今天的具体展开与生动体现，根本不是什么机会主义的经济主义。

治国之道：现代化，制度化，法律化

以经济建设为核心的治国构想，具有极其丰富的内容，其基本途径即通过抓现代化，抓制度化，抓法律化，来建设有中国特色的社会主义。

现代化，不仅是一个目标，而且也是一种管理的方法与途径，这就是要在劳动者与劳动资料、劳动对象之间形成最佳的结合方式，在经济与政治、文化之间形成最佳的结构与运作机制，在人与社会之间形成最佳的关系。邓小平同志的治国构想，首先是要通过现代化的管理方法，把经济搞上去。而当他提出并实施这一方案的时候，很快就发现传统的社会主义体制，从经济、科技、教育到政治等各方面的体制，都同现代化的管理措施相冲撞，于是体制的现代化理所当然地成为管理现代化的重要方面。同时，人的素质、劳动者的科学文化与思想道德素质，同现代管理方法之间也存在不相适应的许多问题，因而人的现代化、人的管理的现代化也成为管理现代化的又一重要方面。从邓小平同志在党的十一届三中全会上提出经济管理问题，到1980年《党和国家领导制度的改革》提出制度现代化问题，直到党的十二届三中全会制定的关于经济体制改革的决定、六中全会通过的关于精神文明建设的决议，展现的就是这样一种宏观的治国思路：通过现代化的管理来建设有中国特色的社会主义。最近几年，邓小平同志根据世界各国现代化的经验与我国改革开放的试验，反复地强调并不断地论证计划经济不等于社会主义，市场经济不等于资本主义，主张通过社会主义市场经济来解放与发展生产力。而且，他在展开这一崭新的马克思主义论点时，指出计划经济与市场经济都是调节经济的"手段"、"办法"。这就是说，建立市场经济也是现代管理的客观要求，是一种治国富国强国的现实途径。

现代化的管理从其基本的要求而言，就是要根据科学的原则建立起合理的制度，把人的社会活动纳入到规范化、制度化的轨道上来。制度化，是邓小平管理思想的基本原则，是他的基本的治国之道。毛泽东的治国之道，崇尚人的思想革命化、群众运动和阶级斗争，忽视制度建设。邓小平同志在总结毛泽东同志的失误及其经验教训时，深刻地指出："制度是决定因素"。因此他提出了"制度化"的治国之道。所谓制度，就是规范、形式，它是使事物的内容及其本质得以实现的东西。没有恰当的形式，内容再好的事物充其量只有其可能性，唯有形式与内容辩证地统一的事物才能展现其现实的风采与力量。制度要"化"，一是指要形成一个制度的体系，即不仅基本制度要好，而且具体制度以及更为具体的各种管理制度都要系统地建立起来；二是指这个制度的体系必须是真正反映社会主义的要求和人民群众的根本利益的，即民主的；三是指这个制度的体系必须有其

邓小平治国论

权威性，决不能因领导人的看法与注意力的改变而改变。邓小平同志在治国过程中，在实践之初鼓励大胆试验、大胆探索，一旦取得经验就以文件的形式、决定的形式把它确立起来并加以推广，然后就致力于使之定型，形成恰当的制度，以确保长期不变。他认为，再过几十年时间，我们这一套逐步定型了，建设有中国特色的社会主义就会获得成功。其思路很清楚，即通过抓制度化来治国。

邓小平同志在提出制度化问题时，同时提出了"法律化"的问题。多少年来，我们走了一条"人治"的道路。中国传统的儒家、法家等诸子百家的治国之道，尽管观点迥异，但都奉行"人治"。新中国成立时，尤其是中华人民共和国第一部宪法诞生时，我们按人民民主的要求，已经宣布要以法治国。但是由于传统观念的影响和党的工作的失误，不仅法律不完备，而且有法不依、执法不严，甚至发展到"文化大革命"那种混乱局面。有鉴于此，邓小平同志提出了"法律化"的治国之道。自党的十一届三中全会以来，我们已经在"法律化"问题上做了很多工作。虽然在这方面，至今仍有许多问题，但已取得很大进步。尤其是我们已经提出建立"社会主义市场经济体制"的任务，通过社会主义市场经济的发展，社会主义法制必将更加完备，"以法治国"也必将更趋成熟。

研究邓小平同志的治国之道，我们可以清楚地看到，无论是现代化，还是制度化、法律化，其灵魂就是邓小平同志倡导的"改革开放"。通过从根本上变革束缚生产力发展的生产关系和上层建筑一系列相互联系的环节，使社会主义充满活力，是邓小平治国富国强国的基点。现代化、制度化、法律化只是其展开与体现。而且，没有改革开放，传统的管理思路也不会转上现代化、制度化、法律化的轨道。因此，改革开放的总方针是邓小平同志的以经济建设为核心的治国构想中的"灵魂"。没有这个灵魂，一切都难以成为现实。

治国方法："两手抓"，多样性统一

中国不仅面积大、人口多，而且由于其奇特的社会演进程序，社会矛盾极其复杂。当年毛泽东同志写《矛盾论》，强调要认识与处理好矛盾的普遍性与特殊性问题，即在于中国社会客观上存在着复杂的矛盾。今天，我们要治国，进而富国强国，也要正视社会矛盾，并且正确地处理好多种复杂的矛盾。邓小平同志提倡"要照辩证法办事"，曾获得毛泽东同志的高度评价与赞扬。在他成为党的第二代领导集体的核心时，运用辩证法，实事求是地处理各种治国难题，显示出了卓越的才干。研究他的治国思想，就一定要触及到他的治国方法。

必须指出，他的治国方法是以实事求是的哲学为基础的，归根到底也可以说是一种实事求是的方法。但仅仅这样说，是不够的，还要加以具体的分析。

"两手抓"，是他的治国方法的生动概括。如前所述，四项基本原则是立国之本。治国是立国的继续与发展，但是如果不能治国，国将不立，在这个意义上，治国又是立国的关键。因此，邓小平提出了"一手抓改革开放，一手抓四个坚持"的问题，并且把它们作为以经济建设为中心的党在社会主义初级阶段的基本路线中"两个基本点"提了出来。在治国过程中，这两个基本点是相互依存、相互补充的关系，而且都必须服从于并服务于经济建设这个中心。与此同时，邓小平同志指出，经济建设属于物质文明的范畴，"我们要在建设高度物质文明的同时，提高全民族的科学文化水平，发展高尚的丰富多彩的文化生活，建设高度的社会主义精神文明"。[①]根据实践中的经验教训，他指出这两手也不能"一手硬，一手软"，而要两手都硬，以确保有中国特色的社会主义建成。除此之外，他还说过：一手抓改革开放，一手抓打击犯罪；一手抓建设，一手抓法制；一手抓改革开放，一手抓惩治腐败；等等。这一系列"两手"，如果用图示法标出来，我们可以看到它是一个由多重要素相互作用而构成的系统。而"两手抓"则是求得系统的动态平衡，以防因突出一手而失衡。因此，邓小平同志的治国方法把矛盾辩证法与系统方法结合起来，力求从整体上把握治国之道。这当然很难，因为"两手"之间既有相辅相成作用，又难免存在相互制约或限制的功能。在处理"两手抓"的复杂问题时，邓小平

① 《邓小平文选》第二卷，人民出版社1994年版，第208页。

同志采取了极其务实的态度与方法。也就是说，他不是从教条出发，而是从实际出发，现实地对待各个时期出现的新情况新问题，现实地确定某个时期"两手抓"中间的重点。比如在违法犯罪问题突出的时候，他就把从重从严从快地打击犯罪作为"两手"中的重点提出来。但另一方面，正由于"两手抓"问题是客观实际的要求，他决不允许以重点取代一切，决不允许以一时一地的重点而偏离"一个中心、两个基本点"的基本路线。务实，是邓小平同志的领导艺术与领导风格，也是他治国方法的一个基本的特点，它贯彻于"两手抓"的始终。

多样性统一，是邓小平同志治国方法体现实事求是精神的又一做法。过去，我们在治国问题上不仅主张"一大二公"，而且在方法上力主求"纯"。结果因违背中国国情而受到客观规律的惩罚。邓小平同志坚持实事求是的哲学思想，从我国生产力落后和不平衡的实际出发，鼓励经济上的多样性发展。这是一个极其大胆的改革，尤其给社会主义国家的管理出了一道很大的难题。但是邓小平同志老练地处理了一系列复杂的问题，把"多"与"一"辩证地统一起来，形成了新的治国方法。邓小平同志允许"多"的存在，而不像过去那样泯灭"多"中的差异以归"一"；同时，他又寻找"多"的内部有机联系并通过像市场经济之类的运行机制使之成为包容"多"的"一"。包括在处理祖国统一问题上提出的"一国两制"、"共同开发"等方案，均体现了这种治国方略或方法。

总而言之，邓小平同志的"治国论"具有极为丰富的内容，包括在当今瞬息多变的国际环境下，邓小平同志提出的"沉着应付"、"韬光养晦"等对策，都是其治国思想的光辉之点，这里我们不可能全面展开、详尽阐述。但是，我们在研究邓小平同志的建设有中国特色的社会主义理论的时候，必须高度重视并深入研究他的"治国论"。

第一章　邓小平与中国特色社会主义

> 一个国务活动家的英明之处和现实主义
> 态度恰恰表现在，他能在自身中找到勇于放
> 弃自己过去那些不正确的并为实践证明是错
> 误的主张的力量。
>
> ——（俄）Б.巴拉赫塔、В.库兹涅佐夫

"中国特色社会主义"这个词，已经写进中国历史和人类文明的大词典。这个词所包含的丰富内涵，包括"旗帜"、"事业"、"道路"、"理论"、"制度"，不仅在剧烈地改变着中国，而且也在不知不觉地改变着世界。而邓小平同志正是中国特色社会主义的"开创者"。党的十八大对邓小平同志的评价就是："成功开创了中国特色社会主义"。

我们研究邓小平同志的"治国论"，不能只是简单地研究中国特色社会主义理论中邓小平同志关于治国的理论，而是要以更宽广的视野研究邓小平同志是怎样把中国特色社会主义作为治国之道的。邓小平同志的"治国论"，究其实质，就是中国特色社会主义的国家和社会治理理论。

1. 从《简明不列颠百科全书》上的"邓小平"谈起[①]

1995年，我写了一部题为《邓小平——当代中国马克思主义的创

---

① 本文选自《邓小平——当代中国马克思主义的创立者》，上海人民出版社1995年版，第1~8页。

立者》的理论著作。我在这本书的开头写道：当读者注意到写着《邓小平——当代中国马克思主义的创立者》这一长长的书名时，也许想问：此书是一部论述邓小平建设有中国特色社会主义理论这一当代中国马克思主义的著作，还是介绍邓小平同志生平与治国思想的著作？

笔者的简单回答是：在这本书里重点讲的既不是邓小平同志建设有中国特色社会主义理论的内容及其科学体系，也不是邓小平同志的个人经历，而是论述他创立建设有中国特色社会主义理论的主要历程和主要经验，阐明他是建设有中国特色社会主义理论这一当代中国马克思主义的创立者，解开他丰富的治国思想与治国哲学。

要完成这一撰写任务，必须深入、系统、全面地研究邓小平同志创立建设有中国特色社会主义理论的历史过程及其选择的突破口、理论创造和解决的难题。这是一个极其艰巨而又复杂的工作，需要经过长期的努力，才能梳理清上述重大问题。本书只是对此作了一点探索而已，供大家研讨，以期推动理论研究的深入。

在这里，笔者想从《简明不列颠百科全书》①上的"邓小平"谈起，让读者先了解一些邓小平同志的生平。

在《简明不列颠百科全书》第2卷第538页"邓小平"条目中写着：

邓小平Deng xiaoping（1904.8.22），中共中央政治局常务委员、中共中央顾问委员会主任、中华人民共和国中央军事委员会和中共中央军事委员会主席。中国的共产主义革命家、政治家和军事家，1978年以来中国共产党最有威望的领导人。生于四川省广安县。1920年赴法国勤工俭学，1922年参加中国社会主义青年团，1924年参加中国共产党，后转往苏联学习。1926年年底动身回国，被派到中国西北部冯玉祥将军领导的军队中从事政治工作。1927年年底到1929年夏任中共中央秘书长。1929年年底和1930年年初，他和张云逸等在中国南部的广西领导百色起义和龙州起义，创立中国工农红军第七军、第八军和左江、右江革命根据地。1931年到创立于江西省南部和福建省西部的中央革命根据地，曾担任军委总政治部秘书长、红军报纸《红星》报主编和中共江西地方组织的领导工作。1933年

① 《简明不列颠百科全书》，中国大百科全书出版社1985年版。

邓小平治国论

由于拥护毛泽东的正确主张，曾被当时党内"左"倾的领导者撤职。1934年10月参加长征，年底担任中共中央秘书长，1935年1月参加了在贵州省遵义县城召开的中央政治局扩大会议。抗日战争爆发后，中国工农红军改编为国民革命军第八路军，他任八路军总政治部副主任，后任一二九师政治委员，和师长刘伯承共同领导创建了晋冀豫等抗日根据地，卓有成效地开展了这些地区的抗日战争。1945年在中共第七次全国代表大会上当选为中央委员。解放战争时期，担任晋冀鲁豫野战军（后改称为中原野战军、第二野战军）政治委员。1947年同刘伯承一起率军南渡黄河，挺进大别山地区，开始了人民解放军对国民党军队的全国性战略进攻。在对解放战争具有重大意义的淮海战役中和渡江战役中，担任总前委书记。他和刘伯承、陈毅等指挥中国人民解放军攻克了国民党政府首都南京并向华东各省进军。接着他和刘伯承领导的军队的一部又协同第四野战军参加中南地区的作战。他和刘伯承领导的军队的主力再向西南进军，占领了西南各省。

中华人民共和国成立后，他担任中央人民政府委员、中共中央西南局第一书记、西南军政委员会副主席、西南军区政治委员。1952年任中央政府政务院（1954年改为国务院）副总理。1954年任中共中央秘书长，同年任国防委员会副主席。1955年中共七届五中全会上，增选为中央政治局委员。1956年在中共第八次全国代表大会上作关于修改党的章程的报告。在八届一中全会上当选为中央政治局常务委员、中央委员会总书记。1956—1963年，他曾多次赴莫斯科同苏共领导人进行谈判和斗争。

在1966年开始的"文化大革命"中，他失去了一切领导职务，遭到公开批评和谴责。1969—1973年间下放到江西省的一个工厂从事体力劳动。1973年3月恢复副总理职务。1974年4月代表中国政府出席联合国大会第六届特别会议，首次向全世界阐述了毛泽东关于三个世界划分的战略思想。周恩来总理病重以后，他主持党和政府的日常工作，并于1975年1月任中共中央副主席、国务院副总理、中共中央军委副主席和中国人民解放军总参谋长。他在这一年的大部分时间中，着手对当时极端混乱的局势进行整顿，并同当时拥有很大权力的江青集团进行针锋相对的斗争。但是，未能得到胜利，因此受到迫害，1976年4月又被撤销党内外一切职务。

1976年10月江青集团被清除，1977年7月在中共十届三中全会上他恢复了原来担任的党政军领导职务。同年8月，在十一届一中全会上继续当选为中央副主席、中央军委副主席。1978年3月当选为政协全国委员会主席。在同年12月举行的著名的十一届三中全会上，他对中国共产党政策的历史性转变起了决定性的作用。1981年6月，中共十一届六中全会通过了在他主持和指导下起草的《关于建国以来党的若干历史问题的决议》。这次全会上他当选为中共中央军委主席。1978年以来，他成为中国共产党的主要决策人，领导全党制定和实施新的发展时期的路线、方针和政策。他强调要纠正"文化大革命"和毛泽东晚年的错误，克服个人崇拜，同时正确地和充分地评价毛泽东在中国革命中的伟大贡献。他提出了解放思想、实事求是、团结一致向前看的方针和坚持社会主义道路，坚持人民民主专政，坚持共产党的领导，坚持马克思列宁主义、毛泽东思想的四项基本原则。他主张全党全国的工作重点要坚定不移地转移到经济建设上来，要求把马克思主义的普遍真理同中国的具体实际结合起来，走自己的道路，建设有中国特色的社会主义。他提出了坚持社会主义道路、集中力量进行现代化建设的四项保证：进行机构改革和经济体制改革，实现干部队伍的革命化、年轻化、知识化、专业化；建设社会主义精神文明；打击经济领域和其他领域的犯罪活动；整顿党的组织和作风。他还十分关心祖国统一大业的最后完成，并且提出了"一个国家、两种制度"的构想。他经常会见来中国访问的外国元首和政府首脑、外国共产党领导人、其他政党领导人和各界人士。自1974年以来先后出访法国、朝鲜、日本、美国和东南亚的一些国家，为打开中国外交的新局面，扩大中国人民同世界其他各国人民的友好往来，增进中国同外国的经济、技术、科学交流和合作，争取有利的国际环境来进行中国的现代化建设，做了不懈努力。1982年在十二届一中全会上，他当选为中共中央政治局常务委员（根据十二大通过的党章，不再设中央主席、副主席）、中共中央顾问委员会主任、中共中央军委主席。1983年在第六届全国人民代表大会第一次会议上，当选为中华人民共和国中央军事委员会主席。他的主要著作，现已出版的有《邓小平文选（1975—1982年）》。和卓琳结婚后生有2个儿子，3个女儿。

邓小平治国论

这个传略条目上记载着邓小平同志三下三上的传奇经历：

第一次"下"和"上"——1933年由于拥护毛泽东同志的正确主张，曾被当时党内"左"倾的领导者撤职。1934年10月参加长征，年底担任中共中央秘书长，1935年1月参加遵义会议。

第二次"下"和"上"——在1966年开始的"文化大革命"中，他失去了一切领导职务，遭到公开批评和谴责。1973年3月恢复副总理职务，1975年1月任中共中央副主席、国务院副总理、中共中央军委副主席和中国人民解放军总参谋长。

第三次"下"和"上"——1976年4月又被撤销党内外一切职务。1976年10月江青集团被清除，1977年7月在中共中央十届三中全会上恢复了原来担任的党政军领导职务。

这个传略条目上还记载着邓小平同志同党的3次历史性转折的联系。

大家知道，我们党领导中国民主革命期间，发生过两次历史性的伟大转折，一次是由北伐战争失败到土地革命兴起，一次是由第五次反"围剿"失败到抗日战争兴起。这两次转折中，党和人民都遭到惨重的损失，使革命陷入危机，但都在毛泽东同志为代表的中国共产党人的领导下，力挽狂澜，扭转危局，使革命事业获得新生。

当1927年第一次历史性转折发生的时候，中共中央在汉口召开了紧急会议（即"八七会议"），纠正了陈独秀的右倾投降主义，确定了进行土地革命和武装反抗国民党反动派的总方针，并决定派遣大批有经验的干部到农村发动和领导农民起义。一时群雄四起，发动了秋收起义、海陆丰起义、黄麻起义、弋横起义、湘南起义、平江起义、百色起义等，掀起了轰轰烈烈的土地革命战争，逐步实现了党的中心工作由城市向农村的转移。当时，年轻的邓小平同志，以中央秘书的身份列席参加了"八七会议"，是年年底担任中共中央秘书长，并于1929年年底被派到广西领导百色起义和龙州起义。

当1934年第五次反"围剿"失败，第二次历史性转折发生的时候，中共中央政治局于1935年1月举行了遵义会议，纠正了王明的"左"倾冒险主义，确立了毛泽东同志在红军和党中央的实际领导地位。从此，中国革命事业由被动转为主动，由失败走向胜利。邓小平同志不仅参加了遵义会议，而且是作为毛泽东同志正确路线的忠诚执行者被撤职又复职的重要人物参加了遵义会议。

第三次历史性的转折，是新中国成立以来我们党的历史上具有深远意义的伟大转折。1978年年底举行的党的十一届三中全会，结束了1976年10月以来党的工作两年徘徊的局面，批判了"两个凡是"的错误方针，实现了党的中心工作由阶级斗争到经济建设的历史性转折。邓小平同志对实现这一历史性转折，发挥了决定性的作用。

综上所述，邓小平同志的所谓"三下、三上"，也就是人们常说的邓小平同志"三次被打倒，三次又复出"。但是，他被"打倒"时的受处理，一次比一次严厉；待他"复出"时，又一次比一次德厚誉高。同时，我们可以看出，在我们党"三次危难，又三次被挽救"的历史性的转折关头，他总是站在正确方面，同党在一起，并且一次比一次、越来越显露出他非凡的才能与智慧，也一次比一次、越来越发挥出他超乎寻常的胆略与作用。世人说，"人生的道路是曲折的"，但谁也没有像邓小平同志那样崎岖不平；"不少的历史伟人是具有传奇色彩的"，但谁也没有像邓小平同志那样传奇色彩浓烈。这种崎岖的人生道路，这么浓烈的传奇色彩，可能是由于中国这个特定的历史条件决定的。然而，不管如何，这一切都说明了邓小平同志为什么能在1978年74岁高龄时还能够大展宏图，成为决定中国历史命运的伟大政治家，成为建设有中国特色社会主义理论这一当代中国马克思主义的创立者。

2. 邓小平与当代中国[①]

1993年11月2日，人民大会堂灯火辉煌，中共中央在这里召开了学习《邓小平文选》第三卷的报告会。

江泽民同志在报告会上的讲话中指出："邓小平同志是我国社会主

---

① 本文选自《邓小平——当代中国马克思主义的创立者》，上海人民出版社1995年版，第9~42页，原题为《邓小平的奉献》。

义改革开放和现代化建设的总设计师，是建设有中国特色社会主义理论这一当代中国马克思主义的创立者。"并进一步指出："中国共产党成立之初，就郑重地把马克思列宁主义写在自己的旗帜上。经过延安整风和党的七大，又郑重地把马克思列宁主义与中国革命的实践之统一的思想——毛泽东思想写到自己的旗帜上。从十一届三中全会开始，经过十二大、十三大到十四大，我们党又郑重地把邓小平建设有中国特色社会主义的理论写到了自己的旗帜上。""历史和现实的经验一再表明，坚持邓小平同志建设有中国特色社会主义的理论，就是真正坚持和发展马克思列宁主义、毛泽东思想。"①

这些重要论断向世人昭示：建设有中国特色社会主义理论，是邓小平同志对中国共产党和中华民族的伟大奉献！

2.1 界定"当代中国"的方法论

"邓小平同志是建设有中国特色社会主义理论这一当代中国马克思主义的创立者。"这一极其重要的论断，涉及"当代中国"的界定、当代中国的基本问题、"当代中国马克思主义"的内涵、"创立者"的含义。搞清楚这些基本范畴和基本问题，是研究邓小平建设有中国特色社会主义理论的一项基础性工作。

怎样界定"当代中国"？

目前史学界对"当代中国"始于何时，大体有三说：其一，认为1949年中华人民共和国成立，中国历史进入当代史；其二，认为1956年中国建立社会主义制度，中国历史开始了当代史；其三，以1978年中国共产党的十一届三中全会为起点，中国历史才进入当代史。众说纷纭，各有其理，尽可争鸣。

我认为，这里要解决的，首先不是历史分期问题，而是历史分期的方法论问题。

在《中国革命和中国共产党》这篇研究新民主主义理论的名著中，毛泽东同志把贯穿着帝国主义和中华民族的矛盾、封建主义和人民大众的

---

① 《十四大以来重要文献选编》（上），中央文献出版社1996年版，第445、446、450页。

矛盾的社会历史时期，称为"近代中国社会"。只要这个矛盾没有解决，这个社会的发展过程就没有完结。他说："帝国主义和中华民族的矛盾，封建主义和人民大众的矛盾，这些就是近代中国社会的主要的矛盾。当然还有别的矛盾，例如资产阶级和无产阶级的矛盾，反动统治阶级内部的矛盾。而帝国主义和中华民族的矛盾，乃是各种矛盾中的最主要的矛盾。这些矛盾的斗争及其尖锐化，就不能不造成日益发展的革命运动。伟大的近代和现代的中国革命，是在这些基本矛盾的基础之上发生和发展起来的。"[①]

这里采用的方法论，即毛泽东同志的矛盾分析方法论。在《矛盾论》中，毛泽东同志指出："事物发展过程的根本矛盾及为此根本矛盾所规定的过程的本质，非到过程完结之日，是不会消灭的。"[②]这就是说，在一个事物发展的长过程中，常常会出现许多复杂的情况，会呈现出一系列阶段性来，但是只要贯穿其中的占主导地位的根本的矛盾没有改变，这个过程就没有完结。因此，只要近代中国社会的主要矛盾没有解决，不管是资产阶级领导的旧民主主义革命，还是无产阶级领导的新民主主义革命，这些革命都是近代中国的民主革命，只有到革命解决了帝国主义和中华民族的矛盾、封建主义和人民大众的矛盾，中国的近代史才画上句号。我们分析"当代中国"始于何时，也必须抓住贯穿于其中并规定其全过程本质的社会主要矛盾。

用毛泽东思想培育出来的中国共产党人，研究中国共产党领导的革命和建设事业，只能采用毛泽东同志提供的哲学方法论。

2.2 "当代中国"始于1956年

根据矛盾运动过程分析方法论，来考察中国150多年来的历史，我们可以清楚地了解到：

1840年至1949年，贯穿于始终的社会主要矛盾是帝国主义和中华民族的矛盾、封建主义和人民大众的矛盾。

1949年以后，社会主要矛盾逐渐让位于无产阶级和资产阶级的矛盾、

---

① 《毛泽东选集》第二卷，人民出版社1991年版，第631页。
② 《毛泽东选集》第一卷，人民出版社1991年版，第314页。

邓小平治国论

社会主义道路和资本主义道路的矛盾。

1956年以后，社会主要矛盾是人民群众日益增长的物质文化需要和落后的社会生产之间的矛盾。

就1956年以后的社会主要矛盾来看，我们认为：

第一，对于1956年以后的社会主要矛盾，是经过长期的实践才认识到的。最初，在1956年9月召开的中国共产党第八次全国代表大会上，我们的认识是："我国的无产阶级同资产阶级之间的矛盾已经基本上解决，几千年来的阶级剥削制度的历史已经基本上结束，社会主义的社会制度在我国已经基本上建立起来了"，"我们国内的主要矛盾，已经是人民对于建立先进的工业国的要求同落后的农业国的现实之间的矛盾，已经是人民对于经济文化迅速发展的需要同当前经济文化不能满足人民需要的状况之间的矛盾"。[①]这个认识基本上是正确的。但在当时我们对这个主要矛盾的认识还不够深刻，而且表述上也有欠严密之处。当时说这一矛盾的实质，"也就是先进的社会主义制度同落后的社会生产力之间的矛盾"，似乎社会制度可以超越生产力，似乎我们建立的社会主义生产关系和上层建筑已没有任何弊端或局限性了。因而党的八大以后不久，理论界和党内高层领导人中间就对我国社会主义制度建立后的社会主要矛盾问题，发生了争论。这样，一直到党的十一届三中全会后，经过拨乱反正，我们才重新认识到我国社会主义改造基本完成后的主要矛盾是：人民群众日益增长的物质文化需要和落后的社会生产之间的矛盾。

第二，1956年以后，我们在一个相当长的时期里，把阶级斗争看作是社会主要矛盾，这不是矛盾运动客观规律的全面反映，而是我们认识和实践上的失误。1957年在党领导的整风运动中，出现了极少数资产阶级右派分子乘机鼓吹所谓"大鸣大放"，向党和新生的社会主义制度放肆地进攻。在领导反右派斗争时，毛泽东同志在党的八届三中全会上提出："无产阶级和资产阶级的矛盾，社会主义道路和资本主义道路的矛盾，毫无疑问，这是当前我国社会的主要矛盾。"[②]这是毛泽东同志对于八大以后党

---

① 《建国以来重要文献选编》第九册，中央文献出版社1994年版，第341页。
② 《建国以来重要文献选编》第十册，中央文献出版社1994年版，第606页。

内外关于社会主义改造基本完成后国内主要矛盾争论的正式表态。尽管这一表态是他个人的意见，但在党内外有一定的基础。党的八届三中全会后召开的浙江省和上海市党代会报告正式使用了毛泽东同志的提法，《人民日报》在全文转载两地党代会报告时加了编者按语，指出其根据是党中央和毛泽东同志的论述。这样，到1958年5月党的八大二次会议上，党中央正式改变党的八大一次会议关于社会主要矛盾的判断，指出："整风运动和反右派斗争的经验再一次表明，在整个过渡时期，也就是说，在社会主义社会建成以前，无产阶级同资产阶级的斗争，社会主义道路同资本主义道路的斗争，始终是我国内部的主要矛盾。这个矛盾，在某些范围内表现为激烈的、你死我活的敌我矛盾。"此后，这一观点不断发展，到1962年党的八届十中全会通过的公报中，进一步强调说："在无产阶级革命和无产阶级专政的整个历史时期，在由资本主义过渡到共产主义的整个历史时期（这个时期需要几十年，甚至更多的时间）存在着无产阶级和资产阶级之间的阶级斗争，存在着社会主义和资本主义这两条道路的斗争。"[①]这个论断后来在"文化大革命"时期被称为"党在社会主义整个历史阶段的基本路线"。但是，这一判断并不符合客观实际。我国在完成对生产资料私有制的社会主义改造之后，确实存在着阶级矛盾和阶级斗争，看不到这一点是错误的。然而，这种矛盾和斗争已经不是主要矛盾，而且只有伴随着社会生产力的发展和人们思想觉悟的提高，这种矛盾和斗争才能逐步解决。因此，正如党中央在《关于建国以来党的若干历史问题的决议》中所说的那样："在剥削阶级作为阶级消灭以后，阶级斗争已经不是主要矛盾。""在社会主义改造基本完成以后，我国所要解决的主要矛盾，是人民日益增长的物质文化需要同落后的社会生产之间的矛盾。"[②]

第三，重要的是，直到今天为止，我国社会的主要矛盾仍然是人民群众日益增长的物质文化需要同落后的社会生产之间的矛盾。拨乱反正，纠正了"文化大革命"中及以前我们对社会主要矛盾的错误判断，恢复和发展了党的八大关于社会主要矛盾的那些正确的论断。那么，这一科学的

---

① 《建国以来重要文献选编》第十一册，中央文献出版社1995年版，第288页。
② 《十一届三中全会以来重要文献选读》上，人民出版社1987年版，第345页。

邓小平治国论

论断是否适合今天的情况呢？或者，换一种说法，今天的社会主要矛盾是不是我国进入社会主义社会之初的主要矛盾呢？我们注意到，在《关于建国以来党的若干历史问题的决议》中，当时论述主要矛盾时用的是"在社会主义改造基本完成以后"这一时间状语，党的十三大在论述主要矛盾时，说"我们在现阶段所面临的主要矛盾，是人民日益增长的物质文化需要同落后的社会生产之间的矛盾"。这就是说，从1956年我国基本完成对生产资料私有制的社会主义改造，进入社会主义社会，直到"现阶段"，社会的主要矛盾始终是人民日益增长的物质文化需要同落后的社会生产之间的矛盾。考察当今中国，社会矛盾极其复杂。我们所要解决的矛盾，既有政治思想领域的各种复杂问题，又有经济生活中的各种突出矛盾。在人与人的关系问题上，既有敌我矛盾，又有大量的人民内部矛盾；既有阶级矛盾，又有大量的非阶级斗争性质的社会矛盾。由于剥削阶级作为阶级被消灭以后，阶级斗争虽然在一定范围内还将长期存在，在某种条件下还有可能激化，但这种矛盾和斗争已经不是主要矛盾。在各个领域的复杂矛盾中，政治思想领域的矛盾是由经济领域的矛盾决定的，而经济领域中的各种矛盾，起决定性的支配性的矛盾，是落后的社会生产不能够满足人民群众日益增长的物质文化需要这一突出矛盾。正是鉴于这一客观事实，我们说这一矛盾是"当代中国"的主要矛盾。或者说，只要这个主要矛盾没有解决，中国的历史仍处于当代史之中。

因此我们可以得出结论：当代中国始于1956年，当代中国是解决人民群众日益增长的物质文化需要和落后的社会生产之间矛盾的整个历史时期。

2.3 当代中国的基本问题之一：建设、巩固和发展社会主义

历史上每一个伟大人物，都只能在他生存的特定的历史舞台上活动，解答他所处的那个时代的基本问题或重大课题。毛泽东同志被公认为近现代中国的历史伟人，就在于他解决了近代中国自鸦片战争以来，多少志士仁人试图解决而又未能解决的"救亡"和"发展"这两大基本问题；毛泽东同志晚年之所以在感叹声中离开人世间，也在于他未能解决好当代中国的基本问题。于是，历史把这一研究课题交给了邓小平同志。

邓小平同志面临的当代中国的基本问题是什么？

"人们能否自由选择某一社会形式呢？决不能。"①这一果断的结论，是马克思在1846年12月28日致帕·瓦·安年科夫的信中说的。

要了解当代中国的基本问题，必须首先了解"当代中国"是怎样在历史的选择中而不是人们的自由选择中形成的。

历史的选择，就是人们的意志必须顺应历史的潮流，符合历史发展的规律，就是人们在历史的发展中要有自觉的能动性，要有正确的追求。

1840年鸦片战争以后，绵延数千年、辉煌于东亚大陆的中国封建社会日益为半殖民地半封建社会所取代。外国资本的侵略和宰割，中国封建制度的腐朽和没落，给中国人民带来了深重的灾难。在落后的生产力基础上，中华民族和帝国主义的矛盾、人民大众和封建主义的矛盾，这样互相联系的双重矛盾构成了近代中国社会的主要矛盾。

毛泽东同志所揭示的这一社会主要矛盾，勾画了这样一幅复杂的图景：欧美的资本主义国家，同中国封建势力勾结在一起，瓜分着中华祖先十分自豪的泱泱大国，统治着中华民族亿万勤劳的各族人民。因此，一批批热血男儿、巾帼英雄，为了挽救中华民族沦亡的命运，四处留洋，从西方寻找救国的真理，但是他们都没有获得成功。近代中国社会主要矛盾的特点决定了：唯有既同封建主义相对立，又高于资本主义的"主义"，才能救中国。"十月革命一声炮响"的历史意义，就在于它指引中国的爱国志士、先进人物认识到了，这个"主义"就是马克思、恩格斯所创立的科学社会主义。而且，在中国逐渐沦为半殖民地半封建社会的过程中，外国资本，紧接着又有中国资本，已经为中国社会造就了一批社会化的生产力及其阶级代表——无产阶级。随着这一先进生产力的阶级代表，在五四运动中以独立的政治力量登上历史舞台，科学社会主义进入中国并在中国生根的条件就成熟了。就是在这样一种社会发展的客观矛盾运动规律与主观认识、历史的客观要求与主体的成熟条件相互作用的过程中，古老的中国选择了科学的社会主义。这是不依任何人意志为转移的历史辩证法。

历史做出了这样的选择，也做出了这样的证明：

① 《马克思恩格斯选集》第四卷，人民出版社1995年版，第532页。

——以科学社会主义为核心的马克思列宁主义，是民族救亡和人民解放的思想武器。在科学社会主义传入中国之初，有些人并不相信它能改变中国沦亡的命运。然而，没有几年时间，这一科学的理论如春天的旭日，催发着中华大地的革命种子，在同中国工人运动的结合中诞生了中国共产党这一全新的革命力量，尤其是当亿万人民群众在科学社会主义的旗帜下掀起汹涌澎湃的工人运动、农民运动高潮时，长期处于社会最底层的工农大众第一次真正认识到自己的力量；当毛泽东带领工农红军踏上"农村包围城市，武装夺取政权"的革命道路，创建第一块革命根据地的时候，工农大众第一次领略到"解放"的含义；当中国共产党在马克思列宁主义指导下，高扬抗日民族统一战线的旗帜，团结全国人民一致抗日，最终赢得抗日战争胜利的时候，全国各族人民第一次深感到鸦片战争以来从未有过的民族自豪；当用马列主义、毛泽东思想武装的人民革命力量，摧枯拉朽式地结束蒋介石国民党政权的反动统治，推翻帝国主义、封建主义、官僚资本主义三座大山的时候，各族人民第一次品尝到当家做主的甘美滋味。尽管这一切历史巨变都是在"新民主主义理论"的光辉照耀下获得的，但是新民主主义理论本来就是马克思列宁主义和中国革命具体实践相结合的产物，是以社会主义为前途的科学理论，因而从根本上说，中国革命的胜利就是科学社会主义的胜利。

——社会主义革命和建设及其所建立的社会主义制度，是中国经济发展和人民幸福的社会条件。在新中国从东亚大地即将诞生之际，帝国主义曾预言：共产党解决不了中国人的吃饭问题。然而，无情的事实是：社会主义革命、社会主义建设所产生的巨大力量，很快就治理了战争的创伤，恢复了国民经济，紧接着又推动中国有步骤地从新民主主义社会过渡到了社会主义社会。

1956年的中国，春潮涌动，上下沸腾。农业和手工业劳动群众的个体所有制基本上转变为劳动群众集体所有的公有制，资本家所有的资本主义私有制基本上转变为国家所有即全民所有的公有制，对生产资料私有制的社会主义改造取得了决定性的胜利。在国民收入的结构上，1956年同1952年相比，国营经济的比重由19.1%上升到32.2%，合作社经济由1.5%

上升到53.4%，公私合营经济由0.7%上升到7.3%，个体经济由71.8%下降到7.1%，资本主义经济由6.9%下降到接近于零，前3种经济在国民收入的比重上已达92.9%。这意味着，社会主义经济制度在我国已经建立起来，我国已经进入了社会主义社会。

毛泽东同志指出："社会主义革命的目的是为了解放生产力。农业和手工业由个体的所有制变为社会主义的集体所有制，私营工商业由资本主义所有制变为社会主义所有制，必然使生产力大大地获得解放。这样就为大大地发展工业和农业的生产创造了社会条件。"①从1952年到1956年，全国工业总产值平均每年递增19.6%，农业总产值平均每年递增4.8%。在刚刚进入社会主义的中国，我们依靠自己的努力，加上苏联和其他友好国家的支援，一批为国家工业化所必需而过去又非常薄弱的基础工业建立了起来。展现在中国人民面前的，是一派社会主义的新景象：经济发展比较快，经济效果比较好，重要经济部门之间的比例比较协调；市场繁荣，物价稳定，人民生活显著改善。全国各族人民从自己亲身经历的变化中，看到了社会主义的优越性，也看到了中国光辉的前途。

毛泽东同志在1957年对此做了深刻而又精辟的总结："当人民推翻了帝国主义、封建主义和官僚资本主义的统治之后，中国要向哪里去？向资本主义，还是向社会主义？有许多人在这个问题上的思想是不清楚的。事实已经回答了这个问题：只有社会主义能够救中国。"②

把"社会主义"作为解决半殖民地半封建的中国社会复杂矛盾的唯一正确的历史选择，意味着什么呢？它意味着中国社会主义社会脱胎于半殖民地半封建社会，而不是从资本主义社会经过革命发展而来的。这样，建设社会主义社会所必须具备的经济、政治、文化条件，必然因为中国资本主义不发达而无法具备。于是，一个历史造成的难题就摆到了我们面前：如何在中国这样一个经济文化比较落后的国家建设、巩固和发展社会主义？这是当代中国面临的一大基本问题。

以毛泽东同志为核心的中国共产党第一代领导集体，为了解决这一问

---

① 《毛泽东文集》第七卷，人民出版社1999年版，第1页。
② 《毛泽东文集》第七卷，人民出版社1999年版，第214页。

题，从1956年就已经开始艰巨的探索。

探索的第一阶段：1956年至1958年。

在中国步入1956年的第一天，党中央在《人民日报》发表的《为全面地提早完成和超额完成五年计划而奋斗》的元旦社论中，公开提出了建设社会主义要又多、又好、又快、又省的方针。紧接着，先是刘少奇同志，后是毛泽东同志，开始了如何加快社会主义建设的调查研究。4月25日，毛泽东同志向政治局扩大会议提交了《论十大关系》的著名报告。以苏联的经验为鉴戒，总结我国的经验，强调要调动一切积极因素为社会主义事业服务，寻找适合我国情况的社会主义建设道路，是这一著名报告的主题。毛泽东同志说："特别值得注意的是，最近苏联方面暴露了他们在建设社会主义过程中的一些缺点和错误，他们走过的弯路，你还想走？"[1]因此，毛泽东同志分析的十大关系或十大矛盾，归结起来，就是一对矛盾：苏联模式的社会主义和中国实际之间的矛盾。研究这对矛盾，就是试图走出一条中国式的社会主义建设道路。1956年9月15日至27日召开的中国共产党第八次全国代表大会，在正确分析国内形势和国内主要矛盾的基础上，提出了全党要集中力量发展生产力，把我国尽快地从落后的农业国变为先进的工业国的任务。与此同时，大会同意陈云同志的意见，用"三主体三补充"的经济结构和体制来取代在社会主义改造过程中形成的经济结构和体制，即：在工商业生产经营方面，国家经营和集体经营是主体，附有一定数量的个体经营作为补充；在生产的计划性方面，计划生产是工农业生产的主体，按照市场变化而在国家计划许可范围内的自由生产作为补充；在社会主义的统一市场里，国家市场是主体，附有一定范围内国家领导的自由市场作为补充。邓小平同志在这次大会上所作的修改党章的报告中，也鲜明地指出在社会主义建设时期要健全党的民主集中制，反对个人崇拜，坚持群众路线，在全国执政条件下加强党的建设。显然，从《论十大关系》到八大路线的提出，是党探索社会主义建设正确道路的开端。

八大以后，毛泽东同志领导党中央继续拓展探索的思路。

第一，探讨社会主义经济发展的速度。当时，围绕对1956年经济工作

① 《毛泽东文集》第七卷，人民出版社1999年版，第23页。

的估价和1957年经济计划的制定，毛泽东同志主张1957年的预算指标可以高一点，即经济建设的速度可以快一点，周恩来同志和许多同志则主张预算指标应该压低一些，即经济建设的速度要稳当一点。在1956年11月10日召开的党的八届二中全会讨论1957年的计划和预算时，毛泽东同志按照多数人的意见，同意了周恩来同志提出的"保证重点，适当收缩"的方针。这一探讨的结果，就是使1957年的经济工作成为新中国成立以来效果最好的年份之一。

第二，探讨社会主义的经济结构和体制。按照八大确定的"三主体三补充"的结构设想，党和政府积极发展个体工商业和自由市场，仅上海一地，个体手工业户就由9月份的1661户增加到10月份的2885户、12月份的4236户。与此同时，还出现了当时被称为"地下工厂""地下商店"的自发经营的规模较大的手工业个体户和手工工场。在许多人对此表示困惑不解时，毛泽东同志在1956年12月7日的一次谈话中明确指出：地下工厂，因为社会需要，就发展起来。要使它成为地上，合法化。只要有市场、有原料，这样的工厂还可以增加。可以开夫妻店，可以雇工，可以开私营工厂。私人投资开厂，定息也有出路。华侨投资100年不要没收。可以消灭了资本主义，又搞资本主义。这一被毛泽东同志称为"新经济政策"的意见，获得了刘少奇、周恩来等同志的赞同，对于当时个体工商业的活跃和发展起了积极的作用。

第三，探讨社会主义社会的政治生活原则。在党的八大开幕词中，毛泽东同志就已经提醒全党，现在在我们许多同志中间仍然存在着主观主义、官僚主义、宗派主义的思想和作风，不利于党内团结和党同人民的团结。1956年11月八届二中全会上，党中央以当时波兰和匈牙利发生的事件为鉴戒，强调在建设社会主义的过程中，必须警惕和防止干部特殊化和脱离人民群众，并且决定1957年开始在全党进行整风，克服这些严重的缺点。当时，毛泽东同志注意到从1956年9月至1957年3月全国就发生1万多工人罢工、1万多学生罢课请愿、不少地区接连发生农民闹退社闹缺粮等社会矛盾这些客观事实，注意到党内各级领导在新情况新矛盾面前，思想上缺乏准备，方法上简单粗暴，工作上陷于被动等情况，对此进行了深入

邓小平治国论

的思考和研究。在1957年2月扩大的最高国务会议上，他作了要正确地区分和处理敌我矛盾和人民内部矛盾这两类不同性质的社会矛盾的重要讲话。毛泽东同志和刘少奇同志还分路南下，沿途作报告，要求党的干部充分认识由革命到建设的深刻转变，充分理解和实行正确处理人民内部矛盾的方针。4月27日党中央正式发出《关于整风运动的指示》后，毛泽东同志又在领导整风运动时提出，党希望通过整风，达到这样的目标：造成一个又有集中又有民主，又有纪律又有自由，又有统一意志又有个人心情舒畅、生动活泼，那样一种政治局面。我们可以看到，毛泽东同志和党中央这些建设社会主义的思想和做法，是极其珍贵的符合中国实际的科学思想。

然而，正如邓小平同志所分析的："八大的路线是正确的。但是，由于当时党对于全面建设社会主义的思想准备不足，八大提出的路线和许多正确意见没有能够在实践中坚持下去。"①从1957年下半年开始到1958年年底，毛泽东同志和党中央在四大根本性问题上，思想认识和工作部署发生了严重的迷误和转变：

一是在经济发展速度上急于求成。在1956年党的八届二中全会讨论1957年经济计划和预算时，毛泽东同志采纳了多数同志的意见，同意速度稳妥一点。但后来他却说，他在八届二中全会上是"做了个妥协"。1957年在整风"反右"中，他看到一些工厂、农村出现生产迅速增长的热潮，非常高兴；同时，他错误地认为国务院在经济指导上犯了右倾保守的毛病。1958年1月和3月，他先后在南宁和成都召开有部分中央和地方领导人参加的工作会议，联系到1956年对经济工作估计和制定1957年经济计划时的争论，严厉地批评周恩来、陈云同志犯了"反冒进"的政治方向的错误。于是，5月在北京召开的八大二次会议，大幅度地修改了八大一次会议建议的第二个五年计划指标。比如钢从1200万吨提高到3000万吨，粮从5000亿斤提高到7000亿斤。以后又不断加码，8月在北戴河召开的政治局扩大会议上，甚至决定1958年钢产量要达到1070万吨（1957年为535万吨）、1959年达到2700万～3000万吨；盲目估计1958年粮食产量可达6000

① 《邓小平文选》第三卷，人民出版社1993年版，第2页。

亿～7000亿斤（1957年为3700亿斤）、1959年达到8000亿～10000亿斤，完全违背经济规律，急于求成。

二是在农村生产关系上盲目追求"一大二公"。从党的八大前后到1956年年底，毛泽东同志认为在中国落后的生产力基础上，要保留必要的个体和私营经济，只有这样，才能发展生产，满足人民的生活需求。但是在1957年，他一方面正确地告诉大家在社会主义社会仍然存在生产关系和生产力、上层建筑和经济基础的矛盾；另一方面又离开生产力的现实状况，认为农业生产合作社和手工业生产合作社有一部分是"半社会主义性质"的，因此"这些不完善的方面和生产力的发展又是相矛盾的"。[①]这一理论上的不严密之处，在1958年经济上屡屡急于求成、头脑发热的时候，发展为一种主观主义的指导思想，认为农业合作社规模越大、公有化程度越高，农村社会主义生产关系就越完善，也就越能促进生产。1958年4月，党中央提出了把小型的农业生产合作社适当地合并为大社的意见。七八月间，中央权威报刊公开宣传毛泽东同志关于要把工、农、商、学、兵组成一个大公社，使之构成为我国社会的基本单位的思想。8月，北戴河政治局扩大会议正式作出了《关于在农村建立人民公社问题的决议》，提出："共产主义在我国的实现，已经不是什么遥远将来的事情了"。在追求农村生产关系形式"一大二公"的时候，不仅社员的自留地、家畜、果树等均被收为社有，甚至在不少地方还出现了政府和公社无偿调用生产队的土地、物资和劳动力以及社员的房屋、家具等情况，严重地挫伤了农民的生产积极性。

三是在流通和分配中废除商品生产、商品交换和改变按劳分配原则。党的八大决定实行"三主体三补充"经济结构和体制后，全国城乡商品生产、商品交换迅速发展，繁荣的市场既促进了生产的发展，又满足了群众生活的需求。但是到1958年，农村原有的小商小贩、集市贸易被作为"资本主义尾巴"加以取缔。党内出现了废除商品生产和商品交换，迅速向共产主义过渡的议论。与此同时，在一股"共产风"中，许多地方用供给制取代按劳分配制度，提出了"吃饭不要钱"等广为流传、影响很大的平均

① 《毛泽东文集》第七卷，人民出版社1999年版，第215页。

主义口号。

四是重新提出两个阶级、两条道路的矛盾和斗争是社会主义社会的主要矛盾。如前所说，本来党的八大已经正确地分析了社会主义改造基本完成后的阶级状况，提出了我国社会主义社会的主要矛盾"已经是人民对于建立先进的工业国的要求同落后的农业国的现实之间的矛盾，已经是人民对于经济文化迅速发展的需要同当前经济文化不能满足人民需要的状况之间的矛盾"。1957年毛泽东同志在分析社会矛盾时，指出敌我矛盾同人民内部矛盾相比已不居于主要地位，政治生活的主题是要正确地处理好人民内部矛盾。他领导全党整风，就是为了探讨和解决由革命转入建设的新形势下如何正确处理人民内部矛盾的新课题。但是在整风过程中出现了始料未及的复杂情况，少数资产阶级右派分子乘机向党和新生的社会主义制度发动进攻，妄图取代共产党的领导，党中央决定开展反右派斗争。但由于当时对右派进攻的形势作了过分严重的估计，对斗争复杂性缺乏谨慎的掌握，出现了反右派斗争扩大化的错误。这种错误的实践促使毛泽东同志决定改变八大对社会主义社会主要矛盾的正确判断，在八届三中全会上他提出了当前我国社会的主要矛盾仍然是无产阶级和资产阶级、社会主义道路和资本主义道路的矛盾的观点。这一观点为1958年党的八大二次会议所接受，并宣布我国在社会主义改造基本完成后，仍存在着"两个剥削阶级和两个劳动阶级"；而且把右派分子同被打倒了的地主买办阶级和其他反动派称为一个剥削阶级，把"正在逐步地接受社会主义改造的民族资产阶级和它的知识分子"称为另一个剥削阶级。

由于在这四大根本性问题上发生了迷误和转变，我们不仅没有能够完成以1956年《论十大关系》为标志开始的中国社会主义建设道路探索的任务，相反犯了"大跃进"、人民公社化运动和反右派斗争扩大化等"左"的错误。

不过，我们也必须说明两点：一是这一时期探索留下的思想财富是十分珍贵的，尤其是建设社会主义要从中国实际出发，要走自己的道路的思想，在党内产生了深远的影响；二是即使在犯错误的时候，包括党的八大二次会议明确宣布阶级斗争是我国社会主义时期主要矛盾的时候，党所制定的社会主义建设总路线，即"鼓足干劲，力争上游，多快好省地建设社会主义"的总路线，仍然是以经济建设为重点的，只不过它过分夸大了主观热情的作用，忽视了客观的经济规律。

探索的第二阶段：1958年至1966年。

毛泽东同志毕竟是伟大的无产阶级革命家，1958年秋冬之间，他在视察地方工作时，敏锐地发现他积极倡导和推动的"大跃进"和人民公社化运动存在着严重的问题。以11月召开的第一次郑州会议为标志，毛泽东同志和党中央对符合中国实际的社会主义建设道路的探索，进入了第二阶段。

这是一个极其复杂的探索阶段，整个探索过程"一波三折"，"两正两误"：

从1958年11月到1959年7月庐山会议前期，毛泽东同志领导党纠正了一些当时已经觉察到的"左"倾错误。这一时期，党中央接连召开了一系列重大会议，包括1958年11月在郑州召开的中央和地方部分领导人参加的工作会议（即第一次郑州会议）、11月至12月之间在武昌召开的中央政治局扩大会议、12月在武昌召开的八届六中全会，1959年2月至3月间在郑州召开的中央政治局扩大会议（即第二次郑州会议）、3月至4月间在上海召开的政治局会议、4月初在上海举行的八届七中全会和7月至8月间在庐山召开的中央政治局扩大会议等。毛泽东同志在这一系列会议上发表了一系列重要的讲话，会上和会后写了一系列重要的党内通信，党中央在这一系列会议上也作出了许多重要的决定。这一系列会议和讲话、文件，尽管还是在保持1958年关于"大跃进"和人民公社化运动的"左"倾指导思想的大框架内进行的，但是，其锋芒所向主要是"左"。用毛泽东同志在第二次郑州会议期间一个批语上的话说，建设中出现的问题是"'左'倾冒险主义思想"。因此，这一时期形成的一系列社会主义建设思想是十分有价值的，包括：我国现阶段处在"不发达的社会主义"阶段，不能混淆集体所有制和全民所有制的界限，更不能混淆社会主义和共产主义的界限；社会主义时期要继续发展而不是取消商品生产和商品交换，这种商品生产和商品交换是在社会主义公有制基础上有计划的商品生产和商品交换；社会主义时期必须始终坚持而不是随意取消按劳分配，必须承认劳动者收入的

邓小平治国论

差别，决不能搞平均主义；社会主义农村必须允许自留地和社员饲养家畜家禽等，在长时期内保持大集体当中的小私有；要以农、轻、重为次序而不是以重、轻、农为次序安排国民经济；在经济工作中，根本问题是综合平衡；各级干部要讲真话；等等。7月初中央在庐山召开政治局扩大会议，就是为了认真总结经验教训，进一步统一认识，完成1959年经济建设的任务。因此，这一时期从认识到实践，方向是正确的。

从1959年7月庐山会议后期到1960年10月，毛泽东同志在指导思想上发生急剧变化，领导党进行了所谓"反右倾"的斗争。7月2日在庐山召开的中央政治局扩大会议，在讨论当前形势和任务以及一些具体政策时，尽管对"大跃进"和人民公社化运动中出现的"左"倾错误进行了讨论，但不深入。这种情况引起了政治局委员、国防部长彭德怀同志和其他一些领导同志的深切忧虑。7月14日，彭德怀同志给毛泽东同志写信，坦率陈述自己的意见，希望获得毛泽东同志的支持，总结好经验教训。7月16日毛泽东同志将信印发给与会全体同志后，有人认为彭德怀同志夸大了错误，低估了成绩，实际上是针对毛泽东同志正确领导的；有人认为彭德怀同志提出的意见是好的，但有些提法不好；有人，主要是张闻天、黄克诚、周小舟同志，明确表示支持彭德怀同志的观点。毛泽东同志把这场党内的争论同当时社会上（包括党外人士和一些被错划为右派的代表人物）对党的领导工作中缺点错误的批评联系起来，同国际上帝国主义的攻击和苏联赫鲁晓夫的批评联系起来。在这两个"联系"的基础上，断言党正处在内外夹攻之中，右倾已成为当前的主要危险。7月23日，他在大会上发表了措辞激烈的长篇讲话，尖锐地批评了彭德怀同志的信，逐一驳斥了他认为错误的观点。这以后，庐山会议就从纠"左"转到反右倾。7月26日，他在一封信的批语中正式提出："反右必出'左'，反'左'必出右，这是必然性。时然而言，现在是讲这一点的时候了。"于是，一场反对所谓的"右倾机会主义"的斗争在党内政治生活极不正常的气氛中展开了。根据毛泽东同志提议，8月2日至16日在庐山召开了党的八届八中全会，通过了《关于以彭德怀同志为首的反党集团的错误的决议》和《为保卫党的总路线、反对右倾机会主义而斗争》等文件，中断了自1958年年底第一次郑州会议以来对社会主义建设道路的正确探索。

从1960年10月到1966年5月，毛泽东同志重新开始探索符合中国实际的社会主义建设道路。反右倾斗争开始后，"左"的思想重新蔓延，加上连续几年的自然灾难，工农业生产急剧下降，中国社会主义面临着新中国诞生以来最大的困难。惨痛的事实，促使毛泽东同志和党中央重新考虑社会主义建设的各项方针政策。因此，1960年10月党中央开始部署整风整社；11月发出了《关于农村人民公社当前政策问题的紧急指示信》；次年1月又召开了八届九中全会，决定对国民经济进行"调整、巩固、充实、提高"。在作出这样一些重大部署的时候，毛泽东同志提出了两个重要的问题：一是强调"现在是下决心纠正错误的时候了"，并在有的文件中批示"自己也曾犯了错误，一定要改正"；二是强调全党要恢复实事求是、调查研究的作风，不要务虚名而招实祸。不仅如此，毛泽东同志还亲自组织和指导三个调查组，分赴浙江、湖南、广东农村调查研究农村经济政策；刘少奇、周恩来、朱德、邓小平等同志也分赴各地，开展调查研究。在这次比较深入的调查研究中，毛泽东同志看到了农村经济体制中的许多问题。1961年9月29日在给中央政治局常委及有关各同志的信中谈到农村分配体制问题时，他说："在这个问题上，我们过去过了六年之久的胡涂日子（1956年，高级社成立时起），第七年应该醒过来了吧。"[①]在这前后，他还多次告诫全党："在社会主义建设上，我们还有很大的盲目性。社会主义经济，对于我们来说，还有许多未被认识的必然王国。"[②]在探索社会主义建设客观规律，努力走出社会主义建设必然王国的实践过程中，经过1963年到1965年3年经济政策调整，全国工农业生产逐步恢复和发展，市场商品供应日益增多和丰富，财政收支达到平衡，人民生活有所改善。但是，与此同时，毛泽东同志政治上的"左"倾错误在1962年以后再度发展起来。他在党的八届十中全会上强调，在无产阶级革命和无产阶级专政的整个历史时期，在由资本主义过渡到共产主义的整个历史时期（这个时期需要几十年，甚至更多的时间）存在着无产阶级和资产阶级之

---

① 《毛泽东文集》第八卷，人民出版社1999年版，第285页。
② 《毛泽东文集》第八卷，人民出版社1999年版，第302页。

间的阶级斗争，存在着社会主义和资本主义这两条道路的斗争。他还说，阶级斗争和资本主义复辟的危险性问题，我们从现在起，必须年年讲，月月讲。八届十中全会以后，党中央决定在城乡发动一次普遍的社会主义教育运动，提出了"以阶级斗争为纲"的错误方针；在意识形态领域也开展了一连串的批判和斗争，破坏了"百花齐放，百家争鸣"的方针。因此，从1960年到1966年，既有积极的、正确的探索，又有许多错误，是一个十分复杂的年代。

探索的第三阶段：1966年至1976年。

1962年八届十中全会以后再度发展起来的政治上的"左"倾错误，以1966年5月毛泽东同志发动的"文化大革命"为标志，发展到了极端。

这场"文化大革命"，在毛泽东同志的主观指导思想上，是为了防止资本主义复辟，巩固无产阶级专政。在他犯严重错误的时候，还多次要求全党认真学习马克思、恩格斯、列宁的著作，还始终认为自己的理论和实践是马克思主义的，是为巩固无产阶级专政所必需的，这是他的悲剧所在。

这场"文化大革命"大体经历了这样3段变迁：

第一段，从"文化大革命"发动到1969年4月党的九大。1966年5月中央政治局通过的《五·一六通知》，是"文化大革命"的纲领性文件。它错误地断定，一大批资产阶级的代表人物、反革命的修正主义分子，已经混进党里、政府里、军队里和文化领域的各界里，必须批判并清洗这些人，夺取这些领域的领导权。它还危言耸听地提出："这些人物，有些已被我们识破了，有些则还没有被识破，有些正在受到我们信用，被培养为我们的接班人。例如赫鲁晓夫那样的人物，他们现正睡在我们的身旁，各级党委必须充分注意这一点。"这个《通知》的通过和八届十一中全会的召开，是"文化大革命"全面发动的标志。林彪、江青、康生、张春桥等乘机煽动"打倒一切，全面内战"，对所谓"彭真、罗瑞卿、陆定一、杨尚昆反党集团"和"刘少奇、邓小平司令部"进行了错误的斗争，继而又将批评"文化大革命"错误做法的谭震林、陈毅、叶剑英、李富春、李先念、徐向前、聂荣臻等领导同志，诬为"二月逆流"加以压制和打击。

1969年4月召开的党的第九次全国代表大会，使"文化大革命"的错误理论和实践合法化，加强了林彪、江青、康生等人在党中央的地位。

第二段，从党的九大到1973年8月党的十大。在党的九大上代表党中央作政治报告的林彪，阴谋夺取最高权力，直至策动谋杀毛泽东同志的反革命武装政变。毛泽东、周恩来同志机智地粉碎了这次政变。但这次事件的发生，本身就是"文化大革命"推翻党的一系列基本原则而造成的后果，客观上宣告了"文化大革命"的理论和实践的失败。林彪事件后，周恩来同志在毛泽东同志支持下主持中央日常工作，使各方面的工作有了转机，但毛泽东同志指导思想上的错误并未因此纠正。党的十大不仅没有改变九大路线，相反继续了九大的"左"倾错误，并且让王洪文当上了党中央副主席，江青、张春桥、姚文元、王洪文在中央政治局内结成"四人帮"。林彪反革命集团的势力败落后，江青反革命集团的势力得到了加强。

第三段，从党的十大到1976年10月粉碎"四人帮"。1974年年初，"四人帮"借"批林批孔"为名，把矛头指向周恩来同志。这一阴谋篡权活动，受到毛泽东同志的严厉批评。1975年，周恩来同志病重，邓小平同志在毛泽东同志支持下主持中央日常工作，着手对许多方面的工作进行整顿，使形势有了明显好转。但是当整顿工作触及到系统地纠正"文化大革命"的错误时，毛泽东同志便不能容忍了，又发动了所谓"批邓、反击右倾翻案风"运动，全国再度陷入混乱。1976年1月8日周恩来同志逝世，全国人民在悼念自己的总理的时候，表达了对"四人帮"的愤恨和对邓小平同志的支持，爆发了著名的"四五运动"，即天安门事件。当时，中央政治局和毛泽东同志对天安门事件的性质作出了错误的判断，并且错误地撤销了邓小平同志的党内外一切职务。但是，这个事件的发生不是偶然的，它反映了人民的意志。当毛泽东同志逝世，江青反革命集团加紧夺取党和国家最高领导权的阴谋活动之际，中央政治局执行党和人民的意志，毅然粉碎了江青反革命集团，结束了"文化大革命"这场灾难。

回顾历时10年之久的这场"文化大革命"，显然，这一全局性的、长时间的"左"倾严重错误，是毛泽东同志亲自发动的，他不可推卸地负有主要责任，但毛泽东同志及其错误和林彪、江青两个反革命集团及其篡权

邓小平治国论

活动，性质完全不同。这不仅是因为毛泽东同志是全国人民敬仰的、对中国革命和建设作出了巨大贡献的伟大的无产阶级革命家，而且是因为他发动"文化大革命"也是为了探索巩固中国社会主义、防止资本主义复辟的途径，因此他既重用了林彪、江青等人，同时又对他们的篡党夺权阴谋抱有高度的警觉。在这个意义上，可以说"文化大革命"中的毛泽东同志是一个悲剧人物，一个犯了方向错误的探索者。

党的十一届六中全会通过的《关于建国以来党的若干历史问题的决议》，对"文化大革命"发生的过程及其指导思想作了客观的剖析，对毛泽东同志晚年的错误和他一生的功绩作了正确的区分，对这场内乱发生的社会历史原因包括毛泽东同志晚年犯错误的原因作了深入的分析。我们从中可以更加全面地认识毛泽东同志及其在社会主义实践中的贡献。

这样，从1956年毛泽东同志提出要从中国实际出发建设社会主义，到1976年毛泽东同志在他亲自发动的"文化大革命"这场没完没了的内乱中离开人世，他的探索时而从正确的方向偏离，时而又从错误的道路上返回正途，留下了十分复杂而又丰富的思想材料和经验教训，但总的来说，他没有能够完成自己提出的历史任务，没能走出社会主义建设的必然王国。

在中国这样一个经济文化比较落后的国家，究竟怎样建设、巩固和发展社会主义？这就是毛泽东同志留给中国共产党和中国人民的历史课题，这就是邓小平同志面临的当代中国必须解决的一大基本问题。

2.4 当代中国的基本问题之二：实现现代化

同如何建设、巩固和发展社会主义相联系，当代中国必须解决的另一个基本问题是：怎样在中国实现现代化？

现代化，是一个世界潮流。对于一个经济文化比较落后的国家来说，现代化不仅意味着经济的发展和科技的进步以及由此而来的劳动生产率的提高，而且意味着国家的实力和国际地位的提升以及由此决定的前途和命运。

毛泽东同志在中国革命取得全国胜利前，就提出了要把中国由农业国变为工业国的任务。1945年4月在党的七大政治报告中，他说："中国工人阶级的任务，不但是为着建立新民主主义的国家而斗争，而且是为着中国的工业化和农业近代化而斗争。""在新民主主义的政治条件获得之后，中国人民及其政府必须采取切实的步骤，在若干年内逐步地建立重工业和轻工业，使中国由农业国变为工业国。"①1948年4月，他又一次指出："消灭封建制度，发展农业生产，就给发展工业生产，变农业国为工业国的任务奠定了基础，这就是新民主主义革命的最后目的。"②在新中国成立前夕召开的七届二中全会上，他进一步强调："在革命胜利以后，迅速地恢复和发展生产，对付国外的帝国主义，使中国稳步地由农业国转变为工业国，把中国建设成一个伟大的社会主义国家。"③这一系列论述，反映了中国社会发展的内在要求和客观规律。

因此，在制定党在过渡时期的总路线时，毛泽东同志明确地把工业化和生产资料所有制的社会主义改造作为同时并进的两大任务提了出来。1954年9月，毛泽东同志提出："将我们现在这样一个经济上文化上落后的国家，建设成为一个工业化的具有高度现代文化程度的伟大的国家。"④1955年3月，他又在党的全国代表会议上指出："我们进入了这样一个时期，就是我们现在所从事的、所思考的、所钻研的，是钻社会主义工业化，钻社会主义改造，钻现代化的国防，并且开始要钻原子能这样的历史的新时期。"⑤

1956年，我国对生产资料私有制的社会主义改造取得了决定性的胜利，社会主义制度在中国确立起来，中国从此进入了社会主义社会。与此同时，毛泽东同志和党中央指出人类面临着一个新的科学技术和工业革命的前夕，号召全党努力学习科学知识，同党外知识分子团结一致，为迅速赶上世界科学先进水平而奋斗。党的八大提出了用3个五年计划或者再多一点的时间，在我国建成一个基本上完整的工业体系的战略构想。1957年在《关于正确处理人民内部矛盾的问题》和《在中国共产党全国宣传工作会议上的讲话》中，毛泽东同志强调要"将我国建设成为一个具有现代工

① 《毛泽东选集》第三卷，人民出版社1991年版，第1081页。
② 《毛泽东选集》第四卷，人民出版社1991年版，第1316页。
③ 《毛泽东选集》第四卷，人民出版社1991年版，第1437页。
④ 《毛泽东文集》第六卷，人民出版社1999年版，第350页。
⑤ 《毛泽东文集》第六卷，人民出版社1999年版，第395页。

邓小平治国论

业、现代农业和现代科学文化的社会主义国家"，提出了实现"三化"的目标。[①]到1959年年底1960年年初毛泽东同志阅读苏联《政治经济学（教科书）》第三版社会主义部分时，他又将"三化"扩充为"四化"，说："建设社会主义，原来要求是工业现代化，农业现代化，科学文化现代化，现在要加上国防现代化。"[②]这个"四个现代化"的思想，后来写进了周恩来同志作的三届人大一次会议《政府工作报告》之中，成为中国人民长期奋斗追求的宏伟目标。

为了实现现代化，中国人民进行了艰苦的奋斗。其间，有成就，有失误，展现了四个阶段复杂的奋斗历程：

第一阶段，中国工业化道路的初步探索。

从开国之初确定要把我国由一个落后的农业国，建设成先进的工业国，我们就遇到了一个问题：怎样实现这一目标？在没有经验的前提下，我们向苏联学习，集中力量完成了156项重点工程。这就是第一个五年计划的伟大成就。1957年全国工业总产值达到783.9亿元，一大批旧中国没有的基础工业部门开始建立起来，旧中国重工业过分落后的面貌有所改变。但是，在经济发展过程中，出现了物资供应紧张、财政紧张等令人担忧的问题。1956年4月，毛泽东同志发表《论十大关系》，总结了经验教训，包括苏联建设社会主义的一些经验教训，提出在经济工作中要正确处理重工业、轻工业和农业的关系问题，要正确处理沿海工业和内地工业的关系问题、经济建设和国防建设的关系问题。这部著作的历史价值，在于它提出了一条符合中国实际的工业化的新路子。这条新路，在《关于正确处理人民内部矛盾的问题》中，被毛泽东同志称为"中国工业化道路"。

第二阶段，加快工业化的曲折实践。

1958年"大跃进"的提出，在中国实现工业化并进而奔向现代化的历程中，具有两重性。一方面，它是毛泽东同志和党中央探索中国自己的社会主义建设道路，加快工业化进程的一个悲壮的实践；另一方面，它又是一个离开中国客观条件、违背经济建设客观规律的盲目行动。这场"大跃

---

① 《毛泽东文集》第七卷，人民出版社1999年版，第207页。

② 《毛泽东文集》第八卷，人民出版社1999年版，第116页

进"，是在党的八大二次会议通过的"鼓足干劲，力争上游，多快好省地建设社会主义"的总路线指引下发生的。党中央最初对这条总路线的解释是：党的主要任务是进行社会主义建设，进行技术革命和文化革命（发展文化教育卫生事业），实行工业和农业、中央工业和地方工业、大型企业和中小型企业等一整套两条腿走路的方针。应该讲，这条总路线的提出，反映了广大人民群众迫切要求尽快改变我国经济文化落后状况的普遍愿望，是正确的。然而这条总路线夸大了主观意志和主观努力的作用，加以在宣传中片面强调"速度是总路线的灵魂""快，这是多快好省的中心环节"，于是，一股片面追求发展速度、盲目提高经济指标的浮夸风迅速发展起来、蔓延开来，造成了严重的后果。

毛泽东同志较早发现了这个问题，从1958年年底开始纠正这股歪风，使"大跃进"走上了正常的轨道。但是由于1959年庐山会议后期错误地批判了所谓的"右倾机会主义"，"大跃进"的错误又得以继续发展。直到1960年年底1961年年初中央提出"调整、巩固、充实、提高"方针，经济发展才重新恢复正常秩序。因此，从我国进入社会主义社会到1966年"文化大革命"前的这一段历史，是我国"加快工业化，迈向现代化"的曲折实践阶段。

这一段历史，党的工作在指导方针上有过严重失误，同时党领导全国各族人民开始转入全面的大规模的社会主义建设，取得了很大的成就。从1958年到1965年，我国基本建设投资完成938亿元，建成大中型项目531个；工农业总产值增长59.9%，其中农业总产值增长9.9%，工业总产值增长98.1%。而且，必须指出的是，这些成就还是在国际上遭到战争威胁和巨大压力的情况下取得的。当时，不仅资本主义国家对我国禁运封锁，而且苏联政府也对我们雪上加霜，在我们经济困难的时候撕毁合同、撤走专家、取消援助。中国人民在党的领导下，独立自主、自力更生，顶住压力、艰苦奋斗，表现出令世人钦佩的英雄气概。因此，这是我国人民为实现社会主义工业化、奔向现代化的一段值得研究的历史。《关于建国以来党的若干历史问题的决议》说得好："我们现在赖以进行现代化建设的物质技术基础，很大一部分是这个期间建设起来的；全国经济文化建设等方

邓小平治国论

面的骨干力量和他们的工作经验，大部分也是在这个期间培养和积累起来的。"①

第三阶段，现代化建设的中断。

1966年5月爆发的"文化大革命"，发展了20世纪50年代中期以来党在指导思想上形成的"左"倾错误观点，中断了社会主义现代化的进程。

在1964年年底到1965年年初召开的全国人大三届一次会议上，周恩来同志代表党中央和国务院庄严地宣布：我国国民经济即将进入一个新的发展时期，1966年将开始执行第三个五年计划，全国人民要努力奋斗，把我国逐步建设成为一个具有现代农业、现代工业、现代国防和现代科学技术的社会主义强国。这里提出的"四个现代化"，是一个震撼人民雄心的宏伟事业和宏伟图景。当然，当时谁也没有想到，这个问题后来成了党和人民同林彪、"四人帮"斗争的一个焦点。

就在1966年开始向社会主义现代化这一目标前进的时候，"文化大革命"狂潮席卷了中华大地。整个"文化大革命"中，几乎每一场批判运动，批判的对象都要被挂上两大罪名："阶级斗争熄灭论"和"唯生产力论"。批刘少奇同志的所谓"反革命修正主义路线"如是说，批邓小平同志的所谓"右倾翻案风"也如是说。甚至在"四人帮"导演的"批林批孔"中，批的也是这两"论"。这种种批判，始终存在着一个问题：是坚持以阶级斗争为纲，还是以经济建设为中心？是把全党全国人民的工作重点放在阶级斗争上，还是放在实现四个现代化上？"左"的错误思路是：

马克思主义、社会主义——阶级斗争为纲
修正主义、资本主义——四个现代化为重点

林彪、"四人帮"把这种思路发展到登峰造极的地步。张春桥甚至提出了一个荒唐的"公理"："卫星上天，红旗落地"。换言之，四个现代化实现之日，就是资本主义复辟之时。这种荒谬绝伦的"公理"，完全违背了时代的进步潮流和中国社会的发展规律，丝毫没有马克思主义的气味。

"文化大革命"是对中国社会主义现代化的反动，也是中国社会主义

---

① 《十一届三中全会以来重要文献选读》上，人民出版社1987年版，第310页。

现代化的悲剧。但是，我们不能仅仅停留在道义的愤慨上，而要进行理性的思考。倘若把这场悲剧同"大跃进"的悲剧联系起来，我们可以发现：真正的问题是，我们不仅对于怎样建设社会主义处在必然王国之中，而且对于要不要搞现代化、怎样搞现代化，也处在必然王国之中。邓小平同志对我们过去的经验教训，有一段很精辟的分析，他说："毛泽东同志是伟大的领袖，中国革命是在他的领导下取得成功的。然而他有一个重大的缺点，就是忽视发展社会生产力。不是说他不想发展生产力，但方法不都是对头的，例如搞'大跃进'、人民公社，就没有按照社会经济发展的规律办事。"①

因此，在中国这样一个经济、文化比较落后的东方大国，怎么样在社会主义的政治、社会条件下实现现代化，赶上世界现代化的潮流，是一个关系到中华民族兴衰和中国社会主义制度成败的"命运"问题。这是毛泽东同志留给中国共产党和中国人民的又一个历史课题，即邓小平同志面临的当代中国必须解决的第二个基本问题。

研究邓小平建设有中国特色社会主义理论，研究邓小平同志对这一当代中国马克思主义的贡献，必须了解邓小平同志所处的历史时代所承担的历史使命，了解当代中国的基本问题。而要了解当代中国的基本问题，又必须考察当代中国面临的难题，考察毛泽东同志留给以邓小平同志为代表的中国共产党人的历史难题或时代课题。

从上面的历史考察中，我们可以清晰地看到，自从1956年我国进入社会主义社会以来，当代中国面临的基本问题是两个极其复杂的问题：社会主义和现代化。这就是邓小平治国要解决的历史性课题。

3. 邓小平著作和邓小平理论风格②

邓小平同志在回答当代中国面临的基本问题时，提出了一系列既闪耀

① 《邓小平文选》第三卷，人民出版社1993年版，第116页。
② 本文选自《邓小平理论是当代中国的马克思主义》，学习出版社1998年版，第34~47页，原题为《关于"理论"和理论的"创立者"》。

着马克思主义的光辉，又反映了当代中国实际和时代特征的科学思想。这些思想，集中体现在他的著作和党的重要文献中。因此，我们在研究邓小平同志的"治国论"时，就必须认真研读他的科学著作。

3.1 邓小平的著作

邓小平的著作，以《邓小平文选》为书名，共有3卷。

第一卷汇集了他从1938年到1965年这一时期，作为党的第一代领导集体的成员，在新民主主义革命和社会主义革命、社会主义建设时期的主要著述。1989年5月出版了第一版，1994年10月经过修订和增补出版了第二版。两版相比较，第一版书名为《邓小平文选》（1938—1965年），第二版经作者同意改为《邓小平文选》第一卷。第二版增补了4篇著作，全书共43篇著作。增补的4篇著作为：《在西南局城市工作会议上的报告提纲》(1950年12月21日)、《办教育一要普及二要提高》（1958年4月7日）、《重要的是做好经常工作》(1961年12月27日)、《立足现实，瞻望前途》(1963年8月20日)。第二版还对有些著作作了个别文字、标点的订正，并且增补了一些新的注释。在研究邓小平建设有中国特色社会主义的思想史的时候，《邓小平文选》第一卷中有一些著作很值得我们重视，特别是1956年9月16日在党的八大上所作的《关于修改党的章程的报告》，以及这以后发表的《马列主义要与中国的实际情况相结合》(1956年11月17日)、《今后的主要任务是搞建设》（1957年4月8日）、《共产党要接受监督》（1957年4月8日）、《正确地宣传毛泽东思想》（1960年3月25日）、《在扩大的中央工作会议上的讲话》（1962年2月6日）、《怎样恢复农业生产》（1962年7月7日）等。从《邓小平文选》第一卷中，我们可以看到邓小平关于建设有中国特色社会主义的思想最初的酝酿过程。

第二卷汇集了他从1975年到1982年党的十二大以前这一时期的著述，即从他同"四人帮"展开激烈的斗争到他成为党的第二代领导集体的核心，领导全党进行拨乱反正，实现工作重点转移，推进改革开放的主要著述。第一版在1983年7月以《邓小平文选》（1975—1982年）为书名出版。经过修订和增补，1994年10月经作者同意改为《邓小平文选》第二卷，出版了第二版。在第二版中，除了原收入第一版的《中国共产党第十二次全国代表大会开幕词》移到《邓小平文选》第三卷外，又增补了14篇著作，全书共60篇著作。增补的14篇著作为：《科研工作要走在前面》(1975年9月26日)、《实现四化，永不称霸》(1978年5月7日)、《用先进技术和管理方法改造企业》(1978年9月18日)、《实行开放政策，学习世界先进科学技术》(1978年10月10日)、《解决台湾问题，完成祖国统一大业提上具体日程》(1979年1月1日)、《搞建设要利用外资和发挥原工商业者的作用》(1979年1月17日)、《民主和法制两手都不能削弱》(1979年6月28日)、《关于经济工作的几点意见》(1979年10月4日)、《各民主党派和工商联是为社会主义服务的政治力量》(1979年10月19日)、《社会主义也可以搞市场经济》(1979年11月26日)、《中国本世纪的目标是实现小康》(1979年12月6日)、《社会主义首先要发展生产力》(1980年4月—5月)、《发展中美关系的原则立场》(1981年1月4日)、《中国的对外政策》(1982年8月21日)。这些著作，对邓小平在20世纪70年代中期至80年代初期已经提出的关于建设有中国特色社会主义的某些重要思想，作了比较充分的反映，包括：关于什么是社会主义以及怎样建设社会主义这一基本理论问题的提出；关于社会主义首先要发展生产力；关于在20世纪末实现小康；关于社会主义也可以搞市场经济；关于利用外资是一个很大的政策，要充分利用和善于利用；关于要以世界先进的科学技术成果作为我们发展的起点；关于科研工作要走在前面；关于民主和法制两手都不能削弱；关于各民主党派和工商联是为社会主义服务的政治力量；关于中国永远不称霸；等等。第二版还对正文中的个别地方根据原记录作了修订，对文字、标点作了少量订正，并且增补了一些新的注释。其中，最重要的修订有两处：一处是1980年1月16日《目前的形势和任务》中，第一版"在计划经济指导下发挥市场调节的辅助作用"一句，按邓小平同志讲话原稿恢复了原话"计划调节和市场调节相结合"。另一处是1980年8月18日《党和国家领导制度的改革》中，在第五部分恢复了第一版删去的第四点关于"有准备有步骤地改变党委领导下的厂长负责制、经理负责制，经过试点，逐步推广，分别实行工厂管理委员会、公司董事会、经济联合体的联合委员会领导和监督下的厂长负责制、经理负责

邓小平治国论

制"等重要内容。《邓小平文选》第二卷，是我们学习邓小平理论的重要著作。

第三卷是年届89岁高龄的邓小平，在1993年伏暑盛夏的4个多月时间里，逐篇审定，亲自指导编成的一部重要著作。它汇集了从1982年党的十二大到1992年年初南方谈话这一时期，在全面改革的伟大实践中形成的119篇著述，反映了从建设有中国特色社会主义这一命题的提出，到这一理论体系初步形成的思想发展脉络。这部文选论述的都是国际国内的重大问题，内容十分丰富，有很强的现实针对性和鲜明的时代特征。文选中，邓小平提出了一系列新的思想、新的观点、新的概念，诸如：关于社会主义的本质和根本任务；关于社会主义初级阶段；关于"三个有利于"的判断标准；关于分三步走的经济发展战略；关于抓住时机，加快发展，争取国民经济隔几年上一个台阶；关于科技是第一生产力；关于改革是中国的第二次革命；关于中国的发展离不开世界，反对自我封闭和孤立；关于社会主义和市场经济不存在根本矛盾；关于政治体制改革必须与经济体制改革相适应；关于两手抓，两手都要硬；关于"一国两制"；关于坚持社会主义，制止动乱，防止和平演变；关于坚持党的"一个中心，两个基本点"的基本路线100年不动摇；关于和平与发展是当代世界两大问题；关于以和平共处五项原则为准则，建立国际新秩序；关于对国际局势要冷静观察、稳住阵脚、沉着应付；关于中国的问题关键是把共产党内部搞好；关于加强廉政建设，反对腐败；等等。第三卷在1993年10月出版。同年11月2日，党中央作出了《关于学习〈邓小平文选〉第三卷的决定》，召开了"学习《邓小平文选》第三卷报告会"。江泽民同志在报告会上作了重要讲话，指出："《邓小平文选》第三卷的出版，为我们进一步用建设有中国特色社会主义理论武装全党，教育干部和人民，统一思想，坚定信念，积极、全面、正确地执行党的基本路线，提供了最好的教材和最有力的武器。"①

这三卷《邓小平文选》，集中了邓小平在中国革命和社会主义建设的各个历史时期的主要著作，包括政治、经济、文化、军事、外交、党建

① 江泽民：《在学习〈邓小平文选〉第三卷报告会上的讲话》，人民出版社1993年版，第2页。

等各个方面的丰富内容；反映了从20世纪30年代末到20世纪90年代初长达半个多世纪中，邓小平把马克思列宁主义的基本原理同中国革命和建设的具体实践相结合，同时代特征相结合，形成的基本理论观点和政策策略思想，是对马克思列宁主义、毛泽东思想的生动继承和重大发展，是中国共产党奉献给中华民族的精神财富。尤其是《邓小平文选》第二卷、第三卷，在内容上前后衔接、相互贯通，形成一个科学体系，是建设有中国特色社会主义理论这一当代中国马克思主义的奠基之作。

3.2　什么是理论？

这里，有必要解决一个认识问题：为什么邓小平同志关于当代中国发展问题的一些主张是"理论"？怎样理解邓小平是建设有中国特色社会主义理论这一当代中国马克思主义的创立者？

我们说邓小平的著作，特别是《邓小平文选》第二、第三两卷是邓小平理论的奠基之作。绝大多数人十分赞同，但也有少数人有这样那样的想法。其中之一，即邓小平的这些著作算不算理论著作？邓小平为当代中国的发展提出的主张算不算理论？

在一些人看来，没有大部头著作，就不能算是有理论。在另一些人看来，即使有著作，但没有一整套抽象的逻辑推演，也不能称为理论和理论著作。其实，这都是从形式上看问题。纵观历史上的理论家，黑格尔、马克思可以算成一类，他们都有大部头著作，而且各有自己的范畴和逻辑推导体系；毛泽东可以说又是一类，他的著作基本上都是为了解决实际工作中的问题而写的，但同时又有系统的阐述；至于像孔子这样举世闻名的大思想家，则是更为特别的一类，《论语》这样的著作既不是他个人撰写的大部头专著，也没有进行系统的逻辑推导。因此，对于什么是"理论"，什么是"理论家"之类问题，不能从形式出发作判断，必须以科学的理论观作指导。

要知道，时下被世人公认是理论家的毛泽东，当年曾被"左"倾教条主义者讥为"狭隘经验论"者；今天被许多人盛赞为难得的理论著作的《论持久战》、《新民主主义论》等，当年在王明眼里也没有什么"理论"。

著名的延安整风，把"学风"、"文风"和"党风"列在一起，称为

邓小平治国论

"三风"，而且把"学风"作为党致力于要解决的首要问题，是很耐人寻味的。为什么在革命的中心任务是进行革命战争的时候，党内整风的首要任务是解决"学风"问题？就是因为党内有些人虽然身居高位，但长期以来不懂得什么叫"理论"，什么叫"理论家"，把从先生那里学来的东西看做万古不变的教条，把从实践中获得的新论断新思想贬为"狭隘经验"，结果祸害了革命，给党造成了一次又一次严重的损失。毛泽东辛辣地称这种理论观为"本本主义""教条主义""主观主义"。他在《整顿党的作风》这篇著名的整风文献中说，脱离实际的那种"空洞的理论是没有用的，不正确的，应该抛弃的。对于好谈这种空洞理论的人，应该伸出一个指头向他刮脸皮"①。在《整顿党的作风》原发表稿上，他说得更为精彩："狗屎可以肥田，人屎可以喂狗。教条呢？既不能肥田，又不能喂狗，有什么用处呢？"他还说："不应该是死读马列主义条文的，而是能够首先精通它，然后应用它，精通的目的全在于应用。现在作文用百分数计算成绩，那么，像读一万本书，每本读了一千遍，但是完全不能应用，这究竟应该算多少分数呢？我说一分也不算。"②

那么，在马克思主义者看来，究竟什么是"理论"，什么是"理论家"呢？毛泽东同志说："真正的理论在世界上只有一种，就是从客观实际抽出来又在客观实际中得到了证明的理论，没有任何别的东西可以称得起我们所讲的理论。"③因此，他说："我们所要的理论家是什么样的人呢？是要这样的理论家，他们能够依据马克思列宁主义的立场、观点和方法，正确地解释历史中和革命中所发生的实际问题，能够在中国的经济、政治、军事、文化种种问题上给予科学的解释，给予理论的说明。"④这就是我们马克思主义者和教条主义者对"理论"与"理论家"的不同看法。这就是马克思主义的理论观。

重提党的历史上这段关于"什么是理论，什么是理论家"的争论，使我们更清楚地看到了：邓小平同志为中国现代化和改革开放设计的战略构

---

① 《毛泽东选集》第三卷，人民出版社1991年版，第817页。
② 《毛泽东选集》，东北书店1948年版，第942页。
③ 《毛泽东选集》第三卷，人民出版社1991年版，第817页。
④ 《毛泽东选集》第三卷，人民出版社1991年版，第814页。

想及其基本原则、基本观点，当之无愧是"理论"。

邓小平同志不仅重视实践，而且重视理论，深谙马克思主义理论之精髓。邓小平同志多次强调学好马克思主义理论，是党的各级干部在理论学习中的根本任务。1978年年底，他在党的十一届三中全会上，向全党发出"一定要善于学习，善于重新学习"的号召时，一方面考虑到围绕现代化建设这一中心任务，"当前大多数干部还要着重抓紧三个方面的学习：一个是学经济学，一个是学科学技术，一个是学管理"；另一方面，他明确地指出："学习什么？根本的是要学习马列主义、毛泽东思想，要努力把马克思主义的普遍原则同我国实现四个现代化的具体实践结合起来。"①1985年在中国共产党全国代表会议上，他针对有些同志的现实思想，更是明确地阐述了学好马克思主义理论的极端重要性。他说："或者会有同志问：现在我们是在建设，最需要学专业知识和管理知识，学马克思主义理论有什么实际意义？同志们，这是一种误解。马克思主义理论从来不是教条，而是行动的指南。它要求人们根据它的基本原则和基本方法，不断结合变化着的实际，探索解决新问题的答案，从而也发展马克思主义理论本身。"②"我们现在要建设有中国特色的社会主义，时代和任务不同了，要学习的新知识确实很多，这就更要求我们努力针对新的实际，掌握马克思主义基本理论。因为只有这样，才能提高我们运用它的基本原则基本方法，来积极探索解决新的政治经济社会文化基本问题的本领，既把我们的事业和马克思主义理论本身推向前进，也防止一些同志，特别是一些新上来的中青年同志在日益复杂的斗争中迷失方向。"③这段引文是经典性的，值得我们注意的是：他把学习马克思主义理论始终放在学习各种专业知识的首位，又把掌握理论联系实际的原则始终放在学好马克思主义理论的首位。联系他每讲马克思主义必讲"实事求是"的特点，我们可以说，他确实是按毛泽东同志所说的，是从"立场、观点和方法"这一根本点上坚持了马克思列宁主义，精通马克思主义理论的精髓。

---

① 《邓小平文选》第二卷，人民出版社1994年版，第153页。
② 《邓小平文选》第三卷，人民出版社1993年版，第146页。
③ 《邓小平文选》第三卷，人民出版社1993年版，第146~147页。

邓小平治国论

更重要的是，邓小平同志立足于中国大地而又面向世界，正视国情现实而又放眼未来，善于在研究新情况、解决新问题的过程中，高瞻远瞩地构思和设计建设有中国特色社会主义的一整套发展战略，回答了在中国这样一个经济文化比较落后的国家如何建设社会主义、如何巩固和发展社会主义的一系列基本问题。我们知道，《邓小平文选》第二卷主要是邓小平同志在十一届三中全会前后到十二大以前的著作，是在党的指导思想上完成拨乱反正和改革开放起步阶段的著作；第三卷汇集了邓小平同志1982—1992年的主要著作，是这10年邓小平同志领导我们全面开创改革开放和社会主义现代化建设新局面的理论总结。这两部著作有两个鲜明的特点：第一，它们立足的基础是党和人民的崭新实践，它们的光辉思想已经并将继续在我们的实践中得到证实。第二，它们丰富的内容展现了建设有中国特色社会主义理论体系逐步形成的历史全貌。也就是说，它们是从客观实际中抽象出来又在客观实际中得到了证明的，获得的不是一般的经验性的结论，而是逐步完善、逐步发展、逐步体系化的理论成果。这样的理论正是毛泽东所说的"真正的理论"。

3.3 从《邓小平文选》第三卷看邓小平的理论风格

读《邓小平文选》第三卷，我们既为其中所阐发的精彩思想所吸引，也为邓小平同志独特的理论风格所感染。马克思的《资本论》是理论著作，毛泽东的《新民主主义论》是理论著作，孔子的《论语》世界上也公认是理论著作，但它们之间的理论风格，显然各不相同。从《邓小平文选》第三卷来看，邓小平同志又有自己的理论风格。这种理论风格主要表现在以下四个方面：

一是宏大的理论气势。

《邓小平文选》第三卷收入的119篇讲话、谈话大多不很长，但是读起来总感到有一股气势扑面而来。比如开卷篇《中国共产党第十二次全国代表大会开幕词》，在提出要建设有中国特色社会主义时，他用非常有力的语句强调："照抄照搬别国经验、别国模式，从来不能得到成功"；"中国的事情要按照中国的情况来办，要依靠中国人自己的力量来办。独立自主，自力更生，无论过去、现在和将来，都是我们的立足点"。从形式上看，一连串的短句、恰到好处的语气加强词，对于形成这种气势起了好的作用。但仅仅这样看是不够的。这种理论气势的形成，主要在于作者胸有大局，高瞻远瞩，具有突出的战略意识。在编辑《邓小平文选》第三卷时，邓小平同志说过，他不管对现在还是对未来，讲的东西都不是从小的角度讲的，而是从大局讲的。1984年10月6日，他说：关于中国的发展目标和改革开放政策，"都是从政治角度讲的"，也就是从大局，从战略角度讲的。确实如此，他在实践中进行概括时，主要着眼于战略思考。比如经济发展的"三步走"战略同农业、能源、交通、教育和科学的战略重点，"一个中心、两个基本点"的战略布局，国际经济新秩序和国际政治新秩序等，都是从战略角度提出，从大局角度论述的。因而表现在理论风格上，就有一种战略家的宏大气势，往往语惊四座，撼人肺腑。

二是强烈的时代气息。

许多人都已经注意到，《邓小平文选》第三卷的珍贵之处，是有许多新的思想、新的观点，确实是当代中国马克思主义的奠基之作。它给人的强烈印象就是，具有强烈的时代气息。读《邓小平文选》第三卷，常常感到它把我们领到了高山之巅，观看着世界大潮奔腾的壮观，领略着世界风云变幻的冲击；俯视着当代中国崛起的雄姿，体察着当代中国变革中错综复杂的矛盾。全书的字里行间，没有任何教条式的八股味，没有任何脱离现实的空谈，充满着浓厚的时代气息。比如对于全球东西南北的分析，对于世界科学技术发展走势的分析，关于当代中国所处社会发展阶段的分析，关于市场经济的分析，都表明邓小平同志对世界潮流、中国走势有深刻的洞察和研究。他在1989年5月16日说："世界形势日新月异，特别是现代科学技术发展很快。现在的一年抵得上过去古老社会几十年、上百年甚至更长的时间。不以新的思想、观点去继承、发展马克思主义，不是真正的马克思主义者。"显然，他正是这样追踪着日新月异的世界形势，不断解放思想，因而他的理论具有改革者的时代风貌和时代气息，令人耳目一新。

三是浓厚的民族情感。

邓小平理论是马克思主义的，又是中国化的。在《邓小平文选》第

邓小平治国论

三卷中，这种"中国化"的风格不仅表现在理论的内容上，而且表现在渗透于这一理论之内、洋溢在这一理论之外的民族情感上。打开《邓小平文选》第三卷，我们就可以读到："中国人民珍惜同其他国家和人民的友谊和合作，更加珍惜自己经过长期奋斗而得来的独立自主权利。任何外国不要指望中国做他们的附庸，不要指望中国会吞下损害我国利益的苦果。""中国人民有自己的民族自尊心和自豪感，以热爱祖国、贡献全部力量建设社会主义祖国为最大光荣，以损害社会主义祖国利益、尊严和荣誉为最大耻辱。"通读全书，那种维护中华民族大团结、实现中华民族大振兴的爱国热忱，那种不畏霸权主义和强权政治压力的慷慨之气，给人留下了极为深刻的印象。当他强调"只有社会主义才能救中国，只有社会主义才能发展中国"时，爱国主义的情操同社会主义的理想已经直接融合在一起了。显而易见，社会主义和爱国主义已经成为作者思考问题的一个出发点，一种立场。正因为这种深厚的情操已经深深地蕴涵在作者的经验与智慧之内，因而无论他的理论内容，还是理论风格，都有一种忧国爱国、富国强国的民族情感。

四是朴实的表达形式。

务实，求实，实事求是，解决实际问题，是邓小平同志观察问题、思考问题、分析问题、研究问题的出发点和归宿。他多次自称是"实事求是派"，这不仅表现在他同"左"的僵化观点和右的资产阶级自由化思潮的区别上，而且也鲜明地表现在他的表达形式和理论风格上。读他的著作，犹如当年毛泽东同志所评价的：像吃冰糖葫芦那么痛快。干脆利落，一针见血，是其表达形式的一大特长。对于"四人帮"鼓吹的谬论"宁要贫穷的社会主义"，有人可以做一大篇文章，邓小平同志则是一句震撼人心的话"贫穷不是社会主义"；现实的社会主义生产力那么落后，又该如何评价呢？有人绕了许多弯子也没有讲清的问题，邓小平同志一句话就点明了："现在虽说我们也在搞社会主义，但事实上不够格"。诸如此类，不胜枚举。论断精辟，可以令人永世铭记。在这个意义上，可以说这是一种"论语"体的理论风格。因而，用语精炼，直接管用，是其表达形式的又一特点。在编辑《邓小平文选》第三卷时，他要求达到文字、内容、逻辑都好。好的标准是什么？即是他在1992年南方谈话中所讲的"要精，要管用"。一句"贫穷不是社会主义，发展太慢也不是社会主义"，直接提出了要抓住机遇，加快发展的时代大课题；一句"科学技术是第一生产力"，深刻地抓住了当今世界科技和生产发展关系的特点，明确了发展生产力的关键在于科技现代化，在于尊重知识、尊重人才；一句"计划经济不等于社会主义，资本主义也有计划；市场经济不等于资本主义，社会主义也有市场"，就把市场经济姓"资"的传统观念击得四分五裂，为深化改革指明了方向。话不多，但管用，是"论语"体理论的独特风格。与此相联系，文风朴实，口语表达，也是其一大特点。没有华丽的词藻，没有莫测高深的"新名词"，朴朴实实地用口语著书立说，人人都能看懂听懂，这是邓小平科学著作人见人爱的原因。正是这种朴实的表达方式，使其干脆利落，一针见血，使其用语精炼，直接管用，展现了邓小平理论的特殊魅力。

邓小平理论，从内容上看是当代的、中国化的，又是马克思主义的科学理论；从风格上看是气势宏大的、时代气息强烈的、民族情感浓厚的、表达形式朴实的科学理论。正因为如此，它才能成为统一全党思想、凝聚整个民族的伟大精神支柱。

4. 中国特色社会主义理论的创立和创立者①

党的十四大确立邓小平理论的指导地位，党的十五大进一步把这一理论作为党的指导思想写入党章，是因为这一理论是当代中国的马克思主义。要理解邓小平理论是当代中国的马克思主义，要认识党中央把邓小平理论作为党的指导思想写入党章的重大意义，首先要对邓小平理论的认识有一个新提高。

4.1 什么叫"创立者"？

党中央以邓小平的名字命名建设有中国特色社会主义理论，并且明确

---

① 本文选自《邓小平理论是当代中国的马克思主义》，学习出版社1998年版，第47~56页，原题为《何谓"创立者"》。

宣布邓小平是建设有中国特色社会主义理论这一当代中国马克思主义的创立者，无疑具有重大的意义。

那么，这里讲的"创立者"，是什么含义呢？"创立者"，一般来说，指的是学术史上所谓"著书立说"的立说者。但对于邓小平理论这一集体智慧的结晶来说，仅仅这样说，显然是不够的。

我们所说的"创立者"，包含三层互相联系的含义：

其一，"创立者"指的是党在思想理论上的杰出代表者。

中国共产党是中国无产阶级的先锋队，这是党的阶级性质。同时，中国共产党又是以马克思列宁主义、毛泽东思想为理论基础建立起来的，这是党的意识形态性质。这种特点决定了中国共产党的领导集体，不仅是一个杰出的政治家集团，而且要有杰出的思想家、理论家。在中国这样一个历史悠久、地域广大、民族众多、人口倍增的国家领导革命和建设，对党的思想理论建设要求更高。中国革命的实践反复告诉我们，在中国，仅仅会熟记和背诵马克思列宁主义书本及其原理的人，不仅不能解决实践中的复杂问题，而且还可能葬送中国革命。只有善于把马克思主义的基本原理和中国的具体实际结合起来，敢于进行理论创造的人，才是真正的马克思主义者，才会真正获得成功。邓小平说过："一个党，一个国家，一个民族，如果一切从本本出发，思想僵化，迷信盛行，那它就不能前进，它的生机就停止了，就要亡党亡国。"[1]"真正的马克思列宁主义者必须根据现在的情况，认识、继承和发展马克思列宁主义。"[2]

中国共产党在自己的创业史上形成的第一代中央领导集体，其核心毛泽东同志不仅是这一领导集体最杰出的政治家代表，也是这一领导集体最杰出的思想家、理论家代表。邓小平同志指出："从毛刘周朱开始，中国共产党才真正形成了一个稳定的成熟的领导集体。以前的领导都是很不稳定，也很不成熟的。从陈独秀起，一直到遵义会议，没有一届是真正成熟的。在这中间有一段时间，说是要强调工人阶级领导，就勉强拉工人来当领导。我们党的历史上，真正形成成熟的领导，是从毛刘周朱这一代开

---

① 《邓小平文选》第二卷，人民出版社1994年版，第143页。
② 《邓小平文选》第三卷，人民出版社1993年版，第291页。

始。"①同时，他又指出："任何一个领导集体都要有一个核心，没有核心的领导是靠不住的。第一代领导集体的核心是毛主席。"②毛泽东同志从遵义会议起成为党的第一代中央领导集体的核心，在于他不仅是杰出的无产阶级政治家、军事家，而且是经过实践反复考验的，特别善于把马克思列宁主义运用于解决中国复杂问题的思想理论家。曾经有一些教条主义者讥讽他的理论是"狭隘经验"，但是实践证明他的理论才是真正的马克思主义。党在认识到这一点以后，经过高级干部总结历史经验和1942年延安整风，在党的七大上决定把毛泽东思想确定为党的指导思想。在党的六届七中全会上通过《关于若干历史问题的决议》阐述毛泽东在革命中的杰出贡献后，毛泽东同志在七大预备会议上对于党中央的这一重大决策，说了一段感人至深的话："决议案上把好事都挂在我的账上，所以我对此要发表点意见。写成代表，那还可以，如果只有我一个人，那就不成其为党了。"③全党同志对于这个马克思主义的见解，非常赞赏，十分重视。刘少奇代表党中央在作关于修改党章的报告，论述毛泽东思想是我们党的指导思想时，强调它是"关于整个中国历史与中国革命的全部有系统的科学理论，这种理论只能由中国无产阶级的代表人创造出来，而其中最杰出最伟大的代表人，便是毛泽东同志"④。因此，对于我们党来讲，所谓科学理论的"创立者"，指的就是党在思想理论上的杰出代表者。

党的十一届三中全会以后，中国共产党形成了以邓小平为核心的第二代中央领导集体。邓小平同志是以毛泽东为核心的第一代中央领导集体成员。"文化大革命"结束后，他果敢地领导党和人民恢复和发展毛泽东倡导的实事求是思想路线，在拨乱反正中纠正了毛泽东的晚年错误，把全党的工作重点转移到了经济建设，不失时机地作出了改革开放的重大决策，并提出了四项基本原则。他被公认为中国社会主义改革开放和现代化建设的总设计师，成为第二代中央领导集体的核心。与此同时，邓小平同志坚持解放思想、实事求是这一辩证唯物主义和历史唯物主义的世界观、方法

邓小平治国论

① 《邓小平文选》第三卷，人民出版社1993年版，第298页。
② 《邓小平文选》第三卷，人民出版社1993年版，第310页。
③ 《毛泽东文集》第三卷，人民出版社1996年版，第297页。
④ 《刘少奇选集》上卷，人民出版社1981年版，第333页。

论，以社会主义实践极为丰富的历史经验和现实经验为依据，进行崭新的理论创造，对建设有中国特色社会主义理论的创立作出了历史性的重大贡献。党的第十四次全国代表大会在确认邓小平在创立这一理论的重大贡献时，正式用邓小平的姓名命名这一理论，实际上确认了邓小平同志是党在思想理论上的杰出代表者地位。我们说他是"建设有中国特色社会主义理论这一当代中国马克思主义的创立者"，其含义即是说他是党创立这一理论的杰出代表者。

其二，"创立者"指的是党和人民群众集体智慧的概括总结者。

马克思主义从来不否认个人在历史上的杰出作用，但同时更强调个人的作用不能离开历史条件，不能离开人民群众的历史作用。毛泽东同志还从认识论上阐述过这一历史唯物主义的基本观点，指出认识来源于人民群众的实践，党中央领导机关及其领袖只是起一个"加工厂"的作用，把群众的实践经验加工为理论、路线、方针、政策。因此，毛泽东同志多次强调他的著作和思想是党和人民群众集体智慧的概括和总结，而不是纯属个人的思想体系。

1960年年底，毛泽东同志在审阅中央军委关于政治工作的决议时，在文章论述毛泽东思想如何形成的地方，亲笔加上了"在党和人民的集体奋斗中"一语。1964年3月在谈到《毛泽东选集》时，他又说过："《毛选》哪是我一个人的著作啊，《毛选》里的这些东西，是群众教给我们的，是付出了流血牺牲的代价的。"

因此，党中央在《关于建国以来党的若干历史问题的决议》中评价毛泽东思想时，特别强调："毛泽东思想是马克思列宁主义在中国的运用和发展，是被实践证明了的关于中国革命的正确的理论原则和经验总结，是中国共产党集体智慧的结晶。我党许多卓越领导人对它的形成和发展都作出了重要贡献，毛泽东同志的科学著作是它的集中概括。"[①]

党的十四大在确立邓小平同志建设有中国特色社会主义理论的指导地位时，邓小平同志对十四大报告送审稿讲了如下意见："改革开放中许许多多的东西，都是由群众在实践中提出来的。报告中讲我的功绩，一定

---

① 《十一届三中全会以来重要文献选读》上，人民出版社1987年版，第332页。

要放在集体领导范围内，绝不是一个人的脑筋就可以钻出什么新东西来，是群众的智慧，集体的智慧。我的功劳是把这些新事物概括起来，加以提倡。要写得合乎实际。"这种自我评价完全符合马克思主义的基本观点，也符合客观事实。首先，邓小平理论形成的源泉，是党和人民群众的实践。由于社会主义是亿万人民群众自己的事业，建设社会主义、推进改革开放涉及党和人民群众的根本利益，因此，在如何建设社会主义、如何巩固和发展社会主义的问题上，最有发言权的是人民群众。"四人帮"鼓吹"宁要社会主义的草，不要资本主义的苗"，把社会主义与人民群众的切身利益对立起来，从根本上违反了社会主义的原则，也必然为人民群众所唾弃。邓小平坚持辩证唯物主义和历史唯物主义的世界观，批判了"四人帮"的荒谬论点，把建设社会主义、巩固和发展社会主义的基础放到人民群众的实践上，尊重实践、尊重群众，从群众的创造性实践中探索社会主义建设的正确道路。当农民实行联产承包制，发展了农业生产，改变了农村面貌的时候，他就支持农民的这一创造性实践，并从理论上加以总结与推广；当农民办起乡镇企业，解决了农村富余劳动力的出路，改变了农村的经济结构，推动了城市经济体制改革的时候，他又支持农民的开拓和创新精神，加以提倡和推广。这些经验，经过他的推广和总结，就构成了有中国特色社会主义理论的重要内容。所以他多次说："农村搞家庭联产承包，这个发明权是农民的。农村改革中的好多东西，都是基层创造出来，我们把它拿来加工提高作为全国的指导。"[1]"我们完全没有预料到的最大的收获，就是乡镇企业发展起来了，突然冒出搞多种行业，搞商品经济，搞各种小型企业，异军突起。这不是我们中央的功绩。"[2]因此，建设有中国特色社会主义理论，是源于群众实践的集体智慧的结晶。其次，有中国特色社会主义理论形成的过程是邓小平和党中央集体研究的过程。从群众的实践到理论的形成，必须经过逻辑的加工、提炼和改造。进行这个加工改造的，是党中央的领导集体。党的十一届三中全会形成的以邓小平同志为核心的党中央领导集体，对于有中国特色社会主义理论的形成，

---

① 《邓小平文选》第三卷，人民出版社1993年版，第382页。
② 《邓小平文选》第三卷，人民出版社1993年版，第238页。

起了关键的作用。农村经济体制改革的经验，经过以邓小平同志为核心的党中央总结，就转化为著名的中共中央"一号文件"再回到实践中去推广。这样从实践到认识、从认识到实践，不断地总结、提炼，最后上升为理论。城市经济体制改革的理论，也是先经过群众试点，然后经中央加以总结、推广，逐步地上升为理论的。邓小平同志在谈到城市经济体制改革的理论，即《中共中央关于经济体制改革的决定》时，曾经明确地指出，这是中央领导集体的功劳。因此，建设有中国特色社会主义的理论，是党的十一届三中全会以来党中央集体智慧的结晶。邓小平同志支持了群众的创造，领导了中央的决策，并且在实践中不断对党和人民群众的集体智慧加以集中概括。正是在这个意义上，我们说邓小平是建设有中国特色社会主义理论这一当代中国马克思主义的创立者。

其三，"创立者"指的是主要科学论断的提出者。

一个学说用谁的名字来命名，取决于谁是这一理论的基本原理或主要论断的提出者。马克思、恩格斯创立的无产阶级解放条件的学说及其哲学、政治经济学和科学社会主义，之所以用马克思的名字来命名，正如恩格斯所说的："我高兴我有像马克思这样出色的第一小提琴手。""而且只有在更猛烈的狂风暴雨时期来到时，我们才会真正感受到失去马克思是失去了什么。我们之中没有一个人像马克思那样高瞻远瞩，在应当迅速行动的时刻，他总是作出正确的决定，并立即打中要害。"[1]列宁主义之所以用列宁的名字来命名，也是因为关于帝国主义的理论，关于帝国主义时代无产阶级革命和无产阶级专政的理论，其主要论断、基本观点都是列宁提出的。毛泽东思想也是如此，中国社会各阶级的分析，中国农村包围城市这一独创性革命道路以及与此相联系的军事、政治、经济、文化理论的形成，新民主主义革命和新民主主义社会的基本理论等，都是毛泽东提出的，因而党中央决定用毛泽东的名字来命名中国化的马克思主义。

党的十一届三中全会以后形成和发展起来的建设有中国特色社会主义理论，其哲学基础——解放思想、实事求是的世界观、方法论尽管是毛泽东在延安时期倡导的，但在新时期是由邓小平同志恢复和发展起来的；

① 《马克思恩格斯全集》第三十六卷，人民出版社1975年版，第219页。

这一理论的主题"建设有中国特色的社会主义"是邓小平同志提出的；"一个中心、两个基本点"的基本路线及其基本思想，也是邓小平在总结党中央其他领导人概括的基础上，明确确立起来的。至于"发展才是硬道理"、"三步走"发展战略、"科学技术是第一生产力"、"改革是中国的第二次革命"等一系列崭新的论断，更是邓小平同志以发展马克思主义的理论勇气，创造性地概括出来的。我们说邓小平同志是建设有中国特色社会主义理论这一当代中国马克思主义的创立者，就是因为这一理论的命题和主要理论观点都是由邓小平同志提出来的。

综上所述，"创立者"的含义是：党在思想理论上的杰出代表者，党和人民群众集体智慧的概括总结者，主要科学论断的提出者。

4.2　肯定"创立者"不是搞个人崇拜

我们讲邓小平同志是社会主义改革开放和现代化建设的总设计师，又强调他是建设有中国特色社会主义理论这一当代中国马克思主义的创立者，还提出要高举邓小平理论伟大旗帜，用这一科学理论武装全党，教育干部和人民，这同"文化大革命"期间及以前在我们党和国家政治生活中出现的"个人崇拜"有什么区别？

首先，历史条件和社会环境不同。经过"文化大革命"，全党全国各族人民对个人崇拜已有切肤之痛；在拨乱反正中，对个人崇拜的错误已经进行了全面的清算，大家对这种历史唯心主义思潮的危害性有了相当深刻的认识。尤其是随着社会主义现代化建设和改革开放的推进，社会主义市场经济体制的建立和社会主义民主法制的完善，建立不受任何制约的个人绝对权威所必需的经济、政治条件已不具备，或者说，从总体上已不具备。当然，那种个人专断的封建主义和小生产的思想文化影响绝不会立即消失，但不断完善的民主法制和市场经济体制对它的制约将是更有力的。现在的历史条件和社会环境已和个人崇拜盛行的"文化大革命"时期，有了根本的不同。

其次，主观条件也不同。"文化大革命"期间的个人崇拜，之所以发生并愈演愈烈，一个重要的原因是毛泽东同志主观上想利用个人崇拜进行政治斗争。一个在中国革命中建立了丰功伟绩，在人民群众中享有崇高

邓小平治国论

威望的人，想搞一点个人崇拜，不仅给那些阴谋家、野心家提供了可乘之机，而且必将激发以农民为多数的中国人民群众中那些消极落后的东西。现在则不同了，邓小平同志对于个人崇拜嫉恶如仇，抱有高度的警觉性。他身体力行，实行退休制，废除领导职务终身制；他以身作则，坚持民主集中制，加强社会主义民主和法制建设；他谦虚谨慎，把功劳归于党和人民群众，强调自己的工作只是概括和总结党和人民群众的集体智慧。总之，他采取各种措施，防止对他的个人崇拜。这是和"文化大革命"时期完全不同的主观条件。

最后，理论内容也不同。"文化大革命"期间搞个人崇拜，还有一个重要的原因是没有把毛泽东思想看作是一个科学的思想体系。这样，同毛泽东思想基本原理完全相背离的"无产阶级专政下继续革命的理论"等"左"的理论观点，被渲染为毛泽东思想的"新发展"，理性被蒙昧和盲从所取代。现在我们强调用邓小平理论武装全党，是在纠正毛泽东同志晚年错误的前提下，继承和发展毛泽东思想，形成了建设有中国特色社会主义理论这一当代中国的马克思主义后，所提出来的战略任务。而且，党中央在提出这一任务后，不断强调要全面、正确地学习和掌握邓小平理论，要在把握这一理论的科学体系上下功夫，要在坚持邓小平理论的同时继续在实践中丰富和发展这一理论。这也是和"文化大革命"时期搞个人崇拜根本不同的做法。

因此，决不能把党中央对邓小平同志的高度评价，强调他是建设有中国特色社会主义理论的创立者，强调高举邓小平理论伟大旗帜，强调要用邓小平理论武装全党，看作是搞个人崇拜。

4.3 中国特色社会主义理论的创立：党的认识和邓小平的认识

近几年里，在邓小平建设有中国特色社会主义理论形成过程的研究中，有许多不同的观点。归纳起来，有三种阶段划分法：第一种，较普遍的看法是，1978年年底党的十一届三中全会是这一理论形成的起点，到1982年党的十二大、1987年党的十三大和1992年党的十四大，其间经历了三个发展阶段或三次跨越。第二种看法是，1975年邓小平同志主持中央日常工作，领导党开展全面整顿，是建设有中国特色社会主义的理论形成的前奏，然后经过真理标准问题讨论和十一届三中全会、十二大、十三大和十四大，一共经历了5个发展阶段。第三种看法是，1956年党提出总结苏联经验教训，寻找适合中国情况的社会主义建设道路，是整个思想形成与发展过程的起点，20世纪60年代初已经初露端倪或孕育，1975年是理论形成的前奏，然后经过十一届三中全会、十二大、十三大到十四大，共经历了6个发展阶段。这里的差别，主要在思想或理论形成的起点上。

考察各种观点，各有其合理性，其差别在于许多同志没有对于党的认识和邓小平同志的认识这两个既相互联系又相互区别的认识过程，进行分析与综合。因此，有必要进行重新研究和探讨。

——党的两次探索

从党的认识过程来讲，我们对社会主义建设规律的探索，有两个起点，经历过两次探索：第一次，是以毛泽东同志为核心的第一代中央领导集体的探索，以1956年为探索的起点。第二次，以邓小平同志为核心的第二代中央领导集体，于1978年在新的起点上，对建设有中国特色社会主义进行了新的探索。

1956年年初到1957年夏天，党中央在毛泽东同志领导下，初步总结了苏联建设社会主义的经验教训与我国社会主义改造和建设的经验教训，提出了要寻找适合中国实际情况的社会主义建设道路的思想，并从经济到政治、文化，形成了许多珍贵的思想。可以说，这是党思考中国特色社会主义的最初思想萌芽，也是党最初进行的有益的探索。但是1957年夏天反右斗争扩大化后，我们在社会主义建设道路的探索过程中进行了第一次失败的尝试，就是发动了"大跃进"和人民公社化运动，以及后来错误地进行的所谓的反右倾斗争。在总结这次失败的经验教训时，党中央和毛泽东同志重新强调要从中国实际出发建设社会主义，并且提出了社会主义时期要在坚持计划经济的前提下，发展商品生产和商品交换，这在认识社会主义建设客观规律上前进了一步。然而，由于党尚未从根本上突破人们的社会主义观念中那些不合乎实际的或扭曲的认识，这次探索不仅没有深化，相反从20世纪60年代中期开始发动了"文化大革命"，试图通过"以阶级斗争为纲"的理论与路线来巩固和发展社会主义，结果给党和人民带来了一

48

场灾难。因此毛泽东同志没有能够完成这一起点正确、曲折甚多的探索。

党的十一届三中全会前后，在邓小平同志领导下，党既继承以往探索的成果，又有新的发展，终于在一个新的起点上，开始了新的探索。这一探索，从1978年真理标准问题大讨论和十一届三中全会起，到1982年党的十二大概括出"建设有中国特色的社会主义"这一命题，是建设有中国特色社会主义理论的主要观点和理论命题的提出时期，其间从社会主义发展规律上提出全党要以经济建设为中心，标志党对于社会主义建设的正确道路的认识有了一个根本性的进步；从党的十二大到党的十三大是建设有中国特色社会主义的"理论轮廓"的形成时期，其间最重要的理论建树是提出了社会主义初级阶段的理论和有计划商品经济的理论，它标志着党的认识又前进了一大步；从党的十三大到党的十四大，党初步形成了建设有中国特色社会主义的理论体系，尤其是明确了通过社会主义市场经济体制解放与发展生产力的任务，这是党迄今为止在社会主义建设自由王国里取得的最大成就。因此，从马克思主义与中国实际相结合的历史性飞跃的角度来考察，第二个起点（即"新的起点"）是党正确认识社会主义建设规律问题的真正的起飞点。

——邓小平的三次探索

与上述相联系但又有区别的，是邓小平同志对于建设有中国特色社会主义的认识，有着自己的发展过程。

首先，是思想的起点问题。现在，一般都认为，邓小平建设有中国特色社会主义的理论，是在党的十一届三中全会邓小平同志成为党的第二代中央领导集体的核心之后形成的。从理论的自觉及其对党的指导作用而言，这种观点完全正确。但如果从思想史的角度来考察，这里有一个问题，即为什么党的十一届三中全会会成为邓小平同志重新崛起的一个转折点？这就不得不追溯到1975年邓小平同志主持中央日常工作时的思想。正是那个时期，他以经济建设为中心的全面整顿，以及围绕这一整顿展开的斗争，为粉碎"四人帮"，并进而否定"两个凡是"的观点，把全党的工作重点由阶级斗争转到经济建设，作了思想准备。邓小平同志自己也说，"拨乱反正在1975年就开始了"。但如果以1975年为邓小平建设有中国特色社会主义理论形成的起点，又碰到了一个问题：为什么邓小平同志那时提出的思想与做法，会被"四人帮"诬为"右倾翻案"？这就要求我们考察"文化大革命"以前邓小平同志的思想。根据现有文献，邓小平同志在1956年与1957年就已经提出了国际古典的共产主义原则要适合于中国实际情况等观点。这些思想观点显然同以后形成建设有中国特色社会主义的理论有关系，但也应看到，这是党当时的主流思想，也即是党在进行第一次有益的探索时整个领导集体共同的思想。1975年诬称邓小平为"右倾翻案"，主要指的是1962年时邓小平同志关于包产到户等问题上的思想观点。毛泽东同志当时批评邓小平同志"还是'白猫、黑猫'啊"，针对的也是邓小平同志1962年时说的话。事实上，20世纪60年代初期邓小平同志已经形成了一些和当时的主流思想即毛泽东晚年"左"的错误不同的、符合中国实际的重要思想观点。因此，可以认为，20世纪60年代初是邓小平建设有中国特色社会主义理论萌芽或孕育的起点。

从那时起，邓小平同志的思想在3次探索与3次责难中不断发展，最后被确立为党的指导思想。20世纪60年代初期是第一次探索，但这次探索在"文化大革命"初期遭到了第一次批判与责难；1975年是第二次探索，1976年又一次遭到批判与责难。从1978年领导真理标准问题大讨论和全党工作中心转移始，他开始了第三次探索，并在1979年就开始考虑通过社会主义市场经济来发展生产力。1982年提出"建设有中国特色的社会主义"这一命题后，他领导了中国人民进行全面改革。直到1978年后第三次探索，邓小平同志的思想才为全党所接受。虽然在1989年我国发生政治风波、东欧形势剧变和1991年苏联解体的背景下，1991年有个别同志站在"左"的立场上，对邓小平建设有中国特色社会主义理论的一些主要观点提出过质疑，但党的指导思想并未因此而改变。1992年年初南方谈话时，邓小平同志对党与人民群众创造的经验和自己的思想进行了新的概括、新的提炼，回答了各种责难。1992年3月政治局会议和党的十四大高度评价与充分肯定了邓小平同志这一重要谈话，在进一步系统地总结邓小平理论观点的同时，明确地提出了要用邓小平建设有中国特色社会主义理论武装全党的崇高任务。

邓小平治国论

这种情况，同毛泽东同志的新民主主义理论的形成与发展历史十分相似。开始时，毛泽东同志在实践中形成的观点并未为全党所接受，而是经过一系列曲折之后，党才决定以毛泽东思想为自己的指导思想。因此，党建设有中国特色社会主义的指导思想的形成和发展过程，同其杰出代表人物邓小平同志的思想的形成和发展过程，既有联系，又有区别，必须进行科学的阐述。

4.4 1978年前：思想的萌芽和理论形成的前奏

这里，我们具体地考察一下邓小平同志对于建设有中国特色社会主义问题的思考过程。首先考察一下他在1978年以前的思想发展脉络。

邓小平同志接受科学社会主义思想，可以追溯到他1920—1926年留法勤工俭学时期。自此以后，他长期以来一直为在中国实现社会主义与共产主义的理想而奋斗。

——建设有中国特色社会主义思想的萌芽

我国经过对生产资料私有制的社会主义改造，进入社会主义社会以后，社会主义就不再是教科书上讲的一种学说，而是一种活生生的现实了。与此同时，如何建设社会主义的问题，也十分现实地摆到了中国共产党人的面前。其时，邓小平同志已经进入以毛泽东同志为核心的中国共产党的领导层，开始了他对这一时代课题的现实思考。20世纪50年代中期，他参与了毛泽东同志从实际出发对中国社会主义建设道路的探索。他在1956年11月的《马列主义要与中国实际情况相结合》、1957年4月的《今后的主要任务是搞建设》以及《共产党要接受监督》等重要讲话中，指出"一个国家的问题是多方面的，不论是革命时期还是建设时期，如何使马克思列宁主义与各个时期的具体情况相结合，这是一个需要不断解决的问题。这个问题需要党的代表大会来讨论决定，在代表大会闭会期间由中央委员会讨论决定。问题决定好了，还需要党员善于在实际工作中去解决。"他强调在中国实现社会主义与共产主义原则，"必须研究本国的特点"。①邓小平同志突出这一点，不仅仅是讲我们党的优良传统，而且是针对我国社会主义革命与建设中已经出现的问题而言的。他一方面强调社

① 《邓小平文选》第一卷，人民出版社1994年版，第258~259页。

会主义改造的任务基本完成后，主要的任务已转向"搞建设"，另一方面指出"建设中暴露出的严重缺点，特别是最近一两年来，脱离实际的主观主义，主要是教条主义倾向，是值得引起我们严重注意的"①。他告诫人们，1956年我们做的事情中，"有些事情是搞多了搞急了"，"使得我们今天甚至明天还会有些被动"。他提出我们在建设方面的指导思想应该是："一、面对国家的现实。""二、面对群众的需要。"②为了保证做到这一点，克服社会主义建设中出现的主观主义、官僚主义、宗派主义，他强调党要接受监督，扩大党和国家的民主生活。他指出："我们党是执政的党，威信很高。我们大量的干部居于领导地位。在中国来说，谁有资格犯大错误？就是中国共产党。"③他提出在社会主义时期，党应该接受党内、党外群众、民主党派和无党派民主人士这三个方面的监督。只有这样，才能改进党的思想和作风，在比较短的时间里，学会建设，学会管理经济，从实际出发搞好社会主义建设。在这些重要的著述中，我们可以看到，邓小平同志在20世纪50年代中期已经有了从中国实际出发建设社会主义的思想。但如前所述，这是当时毛泽东同志和其他党的领导人的共识，还不能说是邓小平同志个人的思想。

邓小平同志可贵的是，在党的指导思想转上"左"的轨道后，他仍然坚持这一正确的思路，并在实践中不断发展着这些正确的思想。其发展线索是：20世纪60年代初期，在总结"大跃进"与人民公社的经验教训，大兴调查研究之风，研究中国社会主义经济发展规律的过程中，邓小平同志提出了从体制上解决生产力发展的重要思想，并且主持或参与领导制定了一系列重要的条例。1962年7月7日，在《怎样恢复农业生产》的讲话中，他实事求是地肯定了有些地方农民实行的"包产到户""责任田"等做法，并且大胆地提出："生产关系究竟以什么形式为最好，恐怕要采取这样一种态度，就是哪种形式在哪个地方能够比较容易比较快地恢复和发展农业生产，就采取哪种形式；群众愿意采取哪种形式，就应该采取哪种

① 《邓小平文选》第一卷，人民出版社1994年版，第265页。
② 《邓小平文选》第一卷，人民出版社1994年版，第262、267、268页。
③ 《邓小平文选》第一卷，人民出版社1994年版，第270页。

邓小平治国论

形式，不合法的使它合法起来。"①在论述这一问题时，他还引用了刘伯承同志经常讲的一句四川话："黄猫、黑猫，只要捉住老鼠就是好猫。"这一"从体制问题上来解决"农业生产的思想，已经把"从实际出发"的哲学原则推进到政治经济学领域，比20世纪50年代中期的思想前进了一大步，而且是邓小平同志和毛泽东同志不一样的具有个性的思想。在这前后，由邓小平同志主持，李富春、薄一波同志具体组织，在调查研究基础上制定的《工业七十条》，还提出国营工业企业既是全民所有制的企业，又是独立的生产经营单位的观点；企业实行党委领导下的厂长负责制，建立以厂长为首的全厂统一的生产行政指挥系统的观点；企业的技术工作由总工程师负全责的观点；企业的职工代表大会制度是吸收广大职工群众参加企业管理和监督行政的重要制度的观点；等等。诸如此类的讲话与文件，促使我们注意到，邓小平同志在20世纪60年代初期对于从中国特点出发搞社会主义，已经有了一些体制上的初步设想。

——建设有中国特色社会主义理论形成的前奏

邓小平同志1975年主持中央日常工作时期，在"文化大革命"的复杂背景下，他以极大的政治毅力与领导艺术同"四人帮"展开斗争，明确提出要在安定团结的前提下，以整顿为纲，把国民经济搞上去。这一时期的一系列重要讲话，是邓小平同志提出建设有中国特色社会主义理论的前奏。在"文化大革命"的后期，毛泽东同志看到"四人帮"篡权的野心以及人民群众的不满，多次提出要"安定团结"，"要把国民经济搞上去"，并且让邓小平同志出来主持中央日常工作。邓小平同志经过"文化大革命"的风雨，对中国的问题比以往认识得更为清楚，有步骤地在军队、工业、农业、教育和文艺等各个领域，提出了"整顿"的问题。这些"整顿"，直接的对象是被"文化大革命"搞乱的秩序问题，但又不局限于此。他在整顿中强调要以安定团结为前提，同他以后提出稳定压倒一切，在思想上有直接的联系，这是他对中国经济和社会发展规律的深刻认识。他所说的整顿，具有结构重组与改革的意义。比如在1975年8月18日《关于发展工业的几点意见》的重要谈话中，他讲了7个问题：（1）确立

① 《邓小平文选》第一卷，人民出版社1994年版，第323页。

以农业为基础、为农业服务的思想；（2）引进新技术、新设备，扩大进出口；（3）加强企业的科学研究工作；（4）整顿企业管理秩序；（5）抓好产品质量；（6）恢复和健全规章制度，关键是建立责任制；（7）坚持按劳分配原则，要讲物质鼓励。这些思想正是后来提出改革开放问题的前奏。当时根据邓小平同志一系列讲话精神起草的《论全党全国各项工作的总纲》一文，还提出：归根到底，我们要以生产力标准作为区别真马克思主义与假马克思主义、正确路线与错误路线、真干革命与假干革命、真干社会主义与假干社会主义的"标准"。邓小平同志1975年的思想及其实践，对于他日后提出要建设一个具有中国特色的社会主义，具有特别重要的意义。他自己就说过："其实，拨乱反正在1975年就开始了。"[①]"说到改革，其实在1974年到1975年我们已经试验过一段。""那时的改革，用的名称是整顿，强调把经济搞上去，首先是恢复生产秩序。凡是这样做的地方都见效。不久，我又被'四人帮'打倒了。我是'三落三起'。1976年四五运动，人民怀念周总理，支持我的也不少。这证明，1974年到1975年的改革是很得人心的，反映了人民的愿望。粉碎'四人帮'以后，十一届三中全会重新确立了实事求是的思想路线，确定了以发展生产力为全党全国的工作中心，改革才重新发动了。"[②]可见，这一时期邓小平的思想正是建设有中国特色社会主义理论提出的前奏。

一个伟大的理论，就是这样，在实践中一步一步酝酿，即将诞生了！

4.5 1978年后：理论的形成和发展

"文化大革命"结束，为探索适合中国国情的社会主义建设道路，提供了难得的机遇。1978年召开的党的十一届三中全会和全会形成的以邓小平同志为核心的中央领导集体，承担起艰巨的使命，实现了全党工作中心由阶级斗争到经济建设的伟大的历史性转移，开创了我国社会主义事业发展的新时期。从此开始，中国共产党在把马克思列宁主义基本原理和中国现代化建设实践相结合的过程中，找到了有中国特色的社会主义建设道路，实现了历史性的飞跃。其间大体经历了三个发展阶段：

① 《邓小平文选》第三卷，人民出版社1993年版，第81页。
② 《邓小平文选》第三卷，人民出版社1993年版，第255页。

邓小平治国论

第一阶段，从1978年12月党的十一届三中全会到1982年9月党的十二大。这是建设有中国特色社会主义理论的主要观点形成与命题提出时期。

这一时期发表的《解放思想，实事求是，团结一致向前看》是我国进入社会主义事业发展新时期的宣言书。这篇重要文献和《思想路线政治路线的实现要靠组织路线来保证》、《目前的形势和任务》等文献，阐述了党建设社会主义的思想路线政治路线和组织路线。《坚持四项基本原则》、《对起草〈关于建国以来党的若干历史问题的决议〉的意见》、《关于反对错误思想倾向问题》等文献，阐明了社会主义现代化建设时期的一系列政治原则和政治界限。《社会主义也可以搞市场经济》、《党和国家领导制度的改革》等著名文献深刻地论述了改革开放的基本问题。由此可见，关于以经济建设为中心的观点，关于要坚持四项基本原则的观点，关于要实行改革开放的观点，关于要走中国式现代化道路的观点，关于在物质文明建设的同时要加强精神文明建设的观点等，都是在这一时期或先或后形成的。通过拨乱反正，这个时期重新确立了解放思想、实事求是的思想路线，提出了以现代化建设为根本任务的政治路线和加强党的组织建设，逐步实现干部队伍革命化、年轻化、知识化、专业化的组织路线。在此基础上，党的十二大提出了"建设有中国特色的社会主义"这一重要命题。

第二阶段，从1982年9月党的十二大到1987年10月党的十三大。这是建设有中国特色社会主义理论轮廓形成的时期。

党的十二大提出"建设有中国特色的社会主义"这一命题以后，整个理论研究就在这个命题下不断完善、充实。这一时期，邓小平同志先后发表的《一心一意搞建设》、《各项工作都要有助于建设有中国特色的社会主义》、《建设有中国特色的社会主义》、《我们把改革当作一种革命》、《在中央顾问委员会第三次全体会议上的讲话》、《和平和发展是当代世界的两大问题》、《政治上发展民主，经济上实行改革》、《我国方针政策的两个基本点》、《一切从社会主义初级阶段的实际出发》等重要谈话，都有一个显著的特点：从理论上概括和总结改革开放的经验，揭示有中国特色社会主义的发展道路。在邓小平同志的亲自指导下，党的十二届三中全会通过了《中共中央关于经济体制改革的决定》，提出了建设以公有制为基础的有计划的商品经济的理论，为建设有中国特色社会主义理论体系奠定了一块重要的基石；党的十二届六中全会通过了《关于社会主义精神文明建设指导方针的决议》，提出了我国社会主义现代化建设的总体布局，阐明了精神文明建设的战略地位和指导思想，为建设有中国特色社会主义理论体系充实了新的内容。在此基础上，党的十三大深入地研究与论证了我国处在社会主义初级阶段的基本国情，明确地概括与阐述了党的"一个中心，两个基本点"的基本路线，系统地分析与提出了社会主义初级阶段的经济发展战略和经济体制、政治体制改革的目标，构建了有中国特色社会主义理论的轮廓，并强调指出这是马克思主义与中国实践相结合的过程中，继找到中国新民主主义革命道路、实现第一次历史性飞跃之后的第二次历史性飞跃。

第三阶段，从1987年10月党的十三大到1992年年初邓小平南方谈话和1992年10月党的十四大召开。这是建设有中国特色社会主义理论形成初步的理论体系时期。

党的十三大以后，邓小平同志进一步总结中国和世界社会主义运动的历史经验，总结中国改革开放和现代化建设的新鲜经验，对建设有中国特色社会主义理论充实了许多重要的观点，比如"科学技术是第一生产力"、"中央要有权威"、"任何一个领导集体都要有一个核心"、"压倒一切的是稳定"等；同时对经济体制改革要以社会主义市场经济为目标等重大问题作了进一步的发挥。建设有中国特色社会主义理论的科学体系逐步形成、发展和成熟。当然，这一时期在实践中出现了一些问题，包括发生了1989年春夏之交的政治风波，但是党中央明确宣告：党的基本路线与十三大的决策是正确的。1990年12月党的十三届七中全会通过的《中共中央关于制定国民经济和社会发展十年规划和"八五"计划的建议》，阐述了建设有中国特色社会主义的基本理论和基本实践的十二条原则；1991年7月1日江泽民同志在庆祝建党七十周年的讲话中，论述了中国特色社会主义的经济、政治和文化。这表明，建设有中国特色社会主义的理论正在向体系化方向发展。特别是邓小平同志南方谈话，针对现实生活中存在的问题，提出了新的观点、新

邓小平治国论

的战略，显示了鲜明的革命锋芒，把建设有中国特色社会主义理论提高到新的水平，从思想上直接为十四大作了准备；党的十四大报告又对这个理论作了新的概括和系统阐发，形成了一个初步的理论体系。[①]江泽民同志代表党中央，明确提出要毫不动摇地坚持以建设有中国特色社会主义理论为指导的党的基本路线；明确提出我国经济体制改革的目标就是要建立社会主义市场经济新体制；明确提出要用邓小平建设有中国特色社会主义理论武装全党。这对于统一全党与全国人民的认识，深化改革，扩大开放，加快发展，具有划时代的意义。

如前所述，1978年以后邓小平同志的创造性思想已经为全党所接受，成为党内占主导地位的科学思想。这一历史特点决定了建设有中国特色社会主义的理论，在其形成过程中，既有邓小平同志的杰出贡献，又是全党全国人民集体智慧的结晶。

5. 邓小平开创中国特色社会主义的历史进程及其历史特点[②]

"人的正确思想是从哪里来的？是从天上掉下来的吗？不是。是自己头脑里固有的吗？不是。人的正确思想，只能从社会实践中来……人们的社会存在，决定人们的思想。而代表先进阶级的正确思想，一旦被群众掌握，就会变成改造社会、改造世界的物质力量。"[③]毛泽东同志这一经典论断，揭示的正是理论创造的认识规律。邓小平同志创立建设有中国特色社会主义理论，经历了一个实践、认识、再实践、再认识，不断深入反映中国社会主义建设客观规律的复杂过程。

5.1 在实践中探索并开辟中国特色社会主义道路

党的十一届三中全会形成的以邓小平同志为核心的党的第二代中央

① 关于邓小平同志理论的科学体系，中共中央宣传部组织编写的《邓小平同志建设有中国特色社会主义理论学习纲要》一书中，作了精辟的阐释。笔者在学习《纲要》时，曾在《经济日报》上发表一篇题为《在掌握邓小平同志理论的科学体系上下功夫》一文。
② 本文选自《邓小平——当代中国马克思主义的创立者》，上海人民出版社1995年版，第81~96页，原题为《关于"理论"和"理论家"的论争》。部分节选自《中国特色社会主义道路研究》，人民出版社2012年版，第65~70页。
③ 《毛泽东著作选读》下册，人民出版社1986年版，第839页。

领导集体，在领导全党实现工作重点转移后，作出了改革开放的历史性决策，开启了我国社会主义现代化建设的新时期，开辟了中国特色社会主义道路。

那么，我们在实践中是怎么探索并开辟中国特色社会主义道路的呢？

历史告诉我们，邓小平同志领导的探索有两个起点：一是农村家庭联产承包责任制的改革，二是设立深圳、珠海、汕头、厦门4个经济特区。

过去，我们讲得比较多的是农村实行家庭联产承包责任制的改革，对设立4个经济特区强调不够，这有一定的道理。因为，我国农村区域广大、农民人口众多；在计划经济体制下，农业作为工业和国民经济的基础，作出了很大贡献，也受到很多束缚；我国经济文化的落后，主要集中在农村地区，人民群众生活贫困主要也体现在农民贫穷上。因此，农村的改革牵动全局，影响深远。但是，另一方面也要看到，我国原有的农村经济，总体上没有完全摆脱自然经济和半自然经济的小生产状态，农村通过改革解放出来的生产力还不完全是现代社会化的生产力。而我国要实现现代化，必须对我国的生产力进行现代化的改造包括经济结构的战略性调整。这种现代化的生产力，可以通过自主创新和艰苦奋斗逐步达到，也可以通过借鉴、利用和吸收外国的先进技术、管理方式和经验来实现。因此，邓小平同志在1978年10月就提出："要引进国际上的先进技术、先进装备，作为我们发展的起点。"[1]后来又提出要利用外资的问题，说："利用外资是一个很大的政策，我认为应该坚持。"[2]这就提出了一个新的发展思路，即在对外开放中建设我们的社会主义。这个思路的创新意义和历史贡献，直到现在才被我们充分地认识到，但在当时许多人认为这仅仅是中国现代化的一个辅助手段。邓小平同志这个思路，首先就体现在4个经济特区的创办上。1979年7月，中共中央、国务院同意在广东的深圳、珠海、汕头和福建的厦门试办出口特区；1980年5月，决定将这4个出口特区改为经济特区。邓小平把这些特区看作是了解世界的一个"窗口"，是技术的窗口、管理的窗口、知识的窗口，也是对外政策的窗口；

邓小平治国论

① 《邓小平文选》第二卷，人民出版社1994年版，第133页。

② 《邓小平文选》第二卷，人民出版社1994年版，第198页。

同时又看作是一个"基地"，是现代经济发展的基地、培养人才的基地。实践证明，创办经济特区的试验是成功的。

因此，从实践上考察邓小平的探索过程，创办4个经济特区和实行家庭联产承包责任制一样，是开辟中国特色社会主义道路、创立中国特色社会主义理论的起点。

5.2 在理论上总结中国特色社会主义发展的特点

邓小平同志领导我们探索中国特色社会主义的这两个起点，是实践的起点，因此影响了建设中国特色社会主义的全过程，形成了中国特色社会主义在自身发展过程中的两个历史特点：

一是从中国实际出发推进经济体制和其他各方面体制改革，建设中国特色社会主义。我们注意到，在农村改革起步并取得令人瞩目的成就，中央决定把改革从农村推向城市的时候，即开始全面改革的时候，邓小平同志在十二大开幕词中把实践经验上升到理论，深刻地指出："把马克思主义的普遍真理同我国的具体实际结合起来，走自己的道路，建设有中国特色的社会主义，这就是我们总结长期历史经验得出的基本结论。"这一科学结论，标志着我们的实践形成了当代中国马克思主义的主题。这一科学结论的鲜明特点，就是强调建设社会主义要从中国实际出发，从中国社会主义初级阶段的基本国情出发。这就要承认落后，不能重犯超越阶段急于求成的错误。但是，我们承认落后，并不是要固守落后，而是要改变落后。因此邓小平同志不仅提出要从中国实际出发，而且提出要改革，要发展。农村实行家庭联产承包责任制的实践，就包含了从中国实际出发和改革发展这两方面意义。考察中国特色社会主义形成和发展的进程及其经验，首先要认识到，从中国实际出发推进经济体制和其他各方面体制改革，建设中国特色社会主义，是这一伟大实践的极其重要的历史特点。

二是同经济全球化相联系的进程中，独立自主地建设中国特色社会主义。从兴办深圳等四个经济特区开始，我们又相继开放沿海14个城市，在长江三角洲、珠江三角洲、闽东南地区、环渤海地区开辟经济开放区，批准海南建省并成为经济特区，开发开放上海浦东，一步一步走上了在对外开放中建设社会主义的新路。在实践中，我们越来越深刻地体会到，开放与改革是相互联系、相互促进的。特别是在扩大对外开放过程中，我们越来越认识到发展社会主义市场经济的必要性，而建立社会主义市场经济体制又为我们提高对外开放水平提供了有利条件。值得指出的是，邓小平同志作出对外开放这一重大决策，不仅是因为我们实现现代化有这个需要，而且是因为他敏锐地把握了世界经济发展的走向，看到了我们对外开放有这个可能和条件。他在1978年9月最初提出对外开放问题的时候就说过："我们现在要实现四个现代化，有好多条件，毛泽东同志在世的时候没有，现在有了。中央如果不根据现在的条件思考问题、下决心，很多问题就提不出来、解决不了。""经过几年的努力，有了今天这样的、比过去好得多的国际条件，使我们能够吸收国际先进技术和经营管理经验，吸收他们的资金。这是毛泽东同志在世的时候所没有的条件。"[①]确实，从20世纪70年代起，出现了新一轮经济全球化的发展趋势。邓小平同志的对外开放政策，抓住了这个难得的机遇，抓住了中国实现跨越式发展的难得机遇。需要进一步指出的是，在这一轮经济全球化到20世纪90年代中期迅猛发展，成为世界经济发展中最为鲜明的特点时，90年代末出现了一个反全球化的潮流，而且也在不断发展。1999年11月30日，世界贸易组织第三届部长会议在美国西雅图开幕，会场外来自世界各地的4万名反全球化人士集会抗议，与警察发生冲突。这起抗议事件标志着拉开了世界范围反全球化的序幕。现在，有两个世界性论坛在相互对抗着，一个是总部设在瑞士达沃斯的世界经济论坛（1971年成立），是经济全球化声音比较集中的场所；另一个是在巴西南部城市阿雷格里港成立的世界社会论坛（2001年成立），是集中反映反全球化要求的场所。这就给我们党出了一个难题：是参与经济全球化，还是参与反全球化？以江泽民同志为核心的党中央研究了这个问题，强调"经济全球化，是社会生产力发展的客观要求和必然结果，有利于生产要素在全球范围内的优化配置，带来了新的发展机遇。""我们也应看到，经济全球化是一把双刃剑。""经济全球化不仅加剧着发达国家之间、发展中国家之间、发达国家和发展中国家之间在资金、技术、市场、资源方面的竞争，也加剧着一些国家内部的贫富矛盾，引发

---

① 《邓小平文选》第二卷，人民出版社1994年版，第127页。

社会冲突。"①因此，我们作出了"趋利避害"的决策，既参与经济全球化，又坚持独立自主，在努力维护我国经济安全的基础上提高对外开放的水平。从邓小平同志提出对外开放，到江泽民同志决策参与经济全球化，使我国走出了一条在同经济全球化相联系中独立自主地建设中国特色社会主义的发展道路。由于这条道路，是在世界市场的竞争中达到互利、双赢，而不是通过军事扩张或集团对抗来提高我们的国际地位，因此又叫作和平发展道路。可以说，这是中国特色社会主义形成和发展中的又一个极其重要的历史特点。

研究这两个历史特点，也就是胡锦涛同志多次强调的，要努力从国际国内形势的相互联系中把握发展方向，从国际国内条件的相互转化中用好发展机遇，从国际国内资源的优势互补中创造发展条件，从国际国内因素的综合作用中掌握发展全局。

改革开放的这些生动实践，为深化对社会主义的再认识提供了鲜活的经验。党的十一届三中全会以来，党中央始终坚持在总结实践经验的基础上，不断进行理论创新和理论概括，完善和发展我们对社会主义的科学认识。党的十一届六中全会在系统总结新中国成立以来党的历史经验时，首次对我国要解决的社会主要矛盾和工作中心、现代化建设的步骤和阶段、社会主义生产关系的变革和完善、正确处理一定范围内存在的阶级斗争、社会主义民主和精神文明建设等基本问题，作出了初步的概括，并且明确指出这是十一届三中全会以来党所确立的"适合我国情况的社会主义现代化建设的正确道路"的"主要点"。②

在这样深刻的拨乱反正和创造性探索过程中，邓小平同志开始思考中国究竟应该建设一个什么样的社会主义这一重大的基本问题。1982年9月召开的党的十二大，是中国进入改革开放和社会主义现代化建设新阶段后召开的第一个党代表大会。在这个重要的历史性时刻，邓小平同志在十二大开幕词中提出了"把马克思主义的普遍真理同我国的具体实际结合起

① 《江泽民文选》第三卷，人民出版社2006年版，第159~160页。
② 《中国共产党中央委员会关于建国以来党的若干历史问题的决议》，《三中全会以来重要文献选编》下册，人民出版社1982年版，第839~844页。

来，走自己的道路，建设有中国特色的社会主义"这一来自于实践的"基本结论"。①这意味着党的十一届三中全会以来，以邓小平同志为核心的党的第二代中央领导集体在领导全党和全国人民拨乱反正、全面改革的伟大实践中，不仅实现了新中国成立以来党的历史上具有深远意义的伟大转折，而且开辟了中国特色社会主义道路这一独特的社会主义发展之路。

6. 党的历史性决策②

中国共产党是一个非常重视理论指导并用科学理论武装起来的党。指导我们改革开放和社会主义现代化建设的科学理论，就是马克思主义和当代中国实际与时代特征相结合过程中形成和发展起来的邓小平理论。党的十四大确立了邓小平理论的指导地位后，党的十五大进一步把这一理论作为党的指导思想写入党章。这是我们党经过近20年改革开放和社会主义现代化建设的成功实践作出的历史性决策。

6.1 历史和现实的结论

江泽民同志在党的十五大报告中强调：旗帜问题至关紧要。旗帜就是方向，旗帜就是形象。坚持十一届三中全会以来的路线不动摇，就是高举邓小平理论的旗帜不动摇。早在建党前夕，毛泽东同志就曾经形象地指出："主义譬如一面旗子，旗子立起了，大家才有所指望，才知所趋赴。"党的旗帜，就是党所确立的指导思想。它由党的性质所决定，同党在各个时期的历史任务相联系，表明党的奋斗目标和发展道路。在社会主义改革开放和现代化建设的新时期，在跨越世纪的新征途上，一定要高举邓小平理论的伟大旗帜，用邓小平理论来指导我们整个事业和各项工作。这是党从历史和现实中得出的不可动摇的结论。

——中华民族的历史命运和党的旗帜

中国共产党是一个伟大的马克思主义政党。70多年来，我们党把马克

① 《邓小平文选》第三卷，人民出版社1993年版，第3页。
② 本文选自《邓小平理论是当代中国的马克思主义》，学习出版社1998年版，第1~33页，第109~131页，原题为《高举邓小平理论的伟大旗帜：党的历史性决策》。

邓小平治国论

思列宁主义、毛泽东思想和邓小平理论相继写在自己的旗帜上，这来自于我们党对中华民族历史命运的理论思考，来自于中国人民革命和建设的伟大实践。

党在成立之初，就郑重地把马列主义写在自己的旗帜上，党的七大又郑重地把毛泽东思想写在自己的旗帜上，党的十四大、十五大又郑重地把邓小平理论写到了自己的旗帜上。在当代中国，有了这面伟大的旗帜，我们这个有7000多万党员的大党才会有更加坚强的战斗力，我们这个有十几亿人口的大国才会有更加强大的凝聚力。

1840年鸦片战争以后，中国屡遭西方列强的侵略和欺凌，逐步变为半殖民地半封建国家。据统计，外国资本主义列强自1842年至1919年，胁迫中国政府订立的不平等条约，就有709个。这些不平等条约，使外国列强在政治上获得了在中国的"领事裁判权"，在经济上获得了在中国的"协定关税权"。伴随国家主权的丧失，国家的领土被宰割，国库的白银被掠夺，中华民族蒙受巨大耻辱，文明古国濒临灭亡的边缘。就在人类社会进入20世纪的1900年，八国联军侵占了我国首都北京。他们胁迫清政府订立的《辛丑条约》，规定被侵略的中国赔款4.5亿两白银，在40年内逐年付清，每年还要加付利息，本利共达9.8亿两白银（不含各省的地方赔款）。封建专制主义制度的腐朽没落性，在外国资本主义列强的侵略面前暴露无遗；外国资本主义列强的贪婪残暴性，把衰落的中国逼到了亡国灭种的境地。中华民族面临着两大历史任务：一是救亡，求得民族独立和人民解放；二是发展，实现国家繁荣富强和人民共同富裕。

为了使我们的民族赢得独立、走向繁荣富强，为了使我们的人民争得解放、走向共同富裕，100多年来，先进的中国人为寻求救亡图强的道路，前仆后继，做过不懈的探索和奋斗。在中国人民奋起抗争、奋发图强的历史上，留下了林则徐、康有为、梁启超、严复等一大批爱国志士的英名。其中，站在时代前列，领导中国人民推动历史发生巨大变化的，是3位历史伟人：孙中山、毛泽东、邓小平。

孙中山，首先喊出了"振兴中华"的口号，开创了完全意义上的近代民族民主革命。他领导的辛亥革命，推翻了统治中国几千年的君主专制制度。这是中国历史上的一次巨变。中国共产党人历来把孙中山先生称为"伟大的革命先行者"，把自己称为"孙先生革命事业的继承者"。囿于阶级的局限性和历史条件的制约性，孙中山先生领导的辛亥革命未能改变旧中国的社会性质和人民的悲惨境遇。但是，这场革命为中国的进步打开了闸门，以后谁要当皇帝都会遭到人民的唾弃，反动统治秩序也无法稳定下来。正如毛泽东同志说过的："中国自从1911年皇帝被打倒以后，反动派当权总是不能长久的。"

毛泽东，把马列主义基本原理和中国革命的具体实际结合起来，找到了中国革命的正确道路，使我国从一个半殖民地半封建的旧中国变为一个社会主义的新中国。这是中国社会性质的一次历史性巨变。自从十月革命一声炮响，给我们送来了马列主义以后，使中国人民在黑暗中看到了曙光。中国人民找到了马列主义，在精神上由被动转为主动，中国革命的面貌为之一新。一是在马列主义同中国工人运动相结合的过程中，诞生了中国共产党；二是党在自己的旗帜上鲜明地标明自己信奉的是马列主义，追求的是社会主义和共产主义这一美好理想，近期的奋斗目标是反对帝国主义和封建主义，使中国人民看到了光明和前途；三是在党的领导下，中国大地上出现了前所未有的轰轰烈烈的工人运动、农民运动，党还同国民党组成统一战线，进行了国共合作的北伐战争。但是，实践告诉我们，在中国这样一个半殖民地半封建的东方大国进行革命，必然遇到许多特殊的复杂问题。以毛泽东同志为代表的中国共产党人坚持把马克思列宁主义同中国革命实践相结合，探索中国革命的正确道路。经过北伐战争的胜利和失败、土地革命战争的胜利和失败，在遵义会议确立毛泽东同志在党中央的领导地位后，经过延安整风和党的七大，我们党又把马列主义的理论与中国革命的实践之统一的思想——毛泽东思想写到自己的旗帜上。这是总结建党24年经验作出的历史性决策，是我们党政治上成熟的标志。正是由于我们党坚定地高举起毛泽东思想的伟大旗帜，才成功地领导中国人民推翻了帝国主义、封建主义、官僚资本主义三座大山，建立了中华人民共和国，进而确立了社会主义的基本制度。这是中国亘古未有的人民革命的大胜利，开辟了中国历史的新纪元。

邓小平治国论

邓小平，在新的历史条件下继承和发展毛泽东思想，进一步把马列主义基本原理和当代中国实际与时代特征结合起来，找到了建设有中国特色社会主义的正确道路，使我国开始从一个不发达的社会主义国家向建设一个富强、民主、文明的社会主义现代化国家的宏伟目标迈进。这是中国社会摆脱贫穷落后走向现代化，并且能够巍然屹立于世界民族之林的一次历史性巨变。中国共产党在毛泽东同志领导下，建立了社会主义的新中国，基本完成了民族独立和人民解放这一历史任务，为进一步完成国家繁荣富强和人民共同富裕这一历史任务扫清了障碍，创造了必要的前提。而且，在社会主义基本制度确立以后，毛泽东同志和党中央又带领全党全国各族人民对社会主义建设进行艰辛的探索，取得了很大的成就。但是，党的工作在指导方针上出现了严重的失误，经历了曲折的发展过程，特别是发生了"文化大革命"那样长达十年的全局性的"左"倾错误。在"文化大革命"结束以后，中国面临着向何处去的重大历史关头。党的十一届三中全会和全会形成的以邓小平同志为核心的第二代中央领导集体，承担起艰巨的历史使命，实现了伟大的历史性转折，开创了我国社会主义事业发展的新时期，开始了新的伟大革命。以邓小平同志为代表的中国共产党人在为国家繁荣富强和人民共同富裕这一历史任务奋斗的进程中，开辟了建设有中国特色社会主义的正确道路，创立了邓小平理论。经过十二大、十三大，到十四大、十五大，党郑重决定把邓小平理论写到自己的旗帜上。这是我们党付出了巨大的代价所获得的极为珍贵的精神财富，是我们党和人民进行新的历史创造的科学总结，是我们发展社会主义事业的伟大旗帜，也是我们民族振兴的强大精神支柱。正是在邓小平理论伟大旗帜的指引下，我们党和人民经受住了各种考验，我们国家经济发展，政治稳定，文化繁荣，民族团结，社会全面进步，国际地位空前提高。在短短20年间，社会主义中国显示出了蓬勃的生机和活力，为全世界所瞩目。

——当代中国的历史任务和邓小平理论

我国进入社会主义社会以后，完成国家繁荣富强和人民共同富裕这一历史任务，有了良好的社会条件和可靠的政治保障。

为了实现100多年来中华民族这一历史追求，1956年9月中国共产党召开了第八次全国代表大会。八大指出："我们国内的主要矛盾，已经是人民对于建立先进的工业国的要求同落后的农业国的现实之间的矛盾，已经是人民对于经济文化迅速发展的需要同当前经济文化不能满足人民需要的状况之间的矛盾。""党和全国人民的当前的主要任务，就是要集中力量来解决这个矛盾，把我国尽快地从落后的农业国变为先进的工业国。"这就是说，在赢得民族独立和人民解放以后，党的工作重点已不再是阶级斗争，而是领导人民进行社会主义建设，发展生产力。毛泽东同志在八大后不久的一次谈话中曾说过，这个世纪，上半个世纪搞革命，下半个世纪搞建设，这个世纪还有四十几年，这么说，现在的中心任务是建设。

但是，八大召开后不到一年时间，情况就发生变化。1957年5月，在党发起的整风运动中，出现了极少数右派向党进攻的问题。6月，党开始领导人民反击右派的挑战。然而，反右派斗争一开始，就在斗争的规模和形式上呈现出扩大化的趋势。7月以后，反右斗争扩大化的错误迅速蔓延开来。其严重后果，不仅是错划了一大批"右派"分子，挫伤了人民群众特别是知识分子、爱国人士的积极性，而且导致党对社会主义社会的阶级状况和社会主要矛盾作出了错误的判断。1957年10月9日，毛泽东同志在党的八届三中全会讲话中否定了八大关于主要矛盾的正确判断，指出"无产阶级和资产阶级的矛盾，社会主义道路和资本主义道路的矛盾，毫无疑问，这是当前我国社会的主要矛盾"。[1]于是，从那时开始，到1966年发动"文化大革命"，党的工作在指导方针上出现了严重的失误，政治上的阶级斗争扩大化和经济上的急于求成，相互推波助澜，导致国民经济的严重困难，使我国经历了曲折的发展过程。尤其是1966年5月到1976年10月，毛泽东同志亲自发动和领导的"文化大革命"，完全离开中国的基本国情和社会发展规律，被林彪、江青两个反革命集团利用，使党、国家和人民遭到新中国成立以来最严重的挫折和损失。

在"文化大革命"结束以后，面对着中国向何处去的重大历史关头，邓小平力挽狂澜，冲破当时党中央主要领导人提出的"两个凡是"方针的禁锢，领导和支持了真理标准问题大讨论，重新确定了解放思想、实事

---

[1] 《建国以来重要文献选编》第十册，中央文献出版社1994年版，第606页。

求是的思想路线，为党的十一届三中全会的召开作了最好的思想理论准备。1978年年底召开的党的十一届三中全会，果断地决定全党的工作重点从阶级斗争转移到社会主义现代化建设上来，开辟了我国社会主义建设的新时期。

党的十一届三中全会胜利召开以后，我们党在邓小平同志领导下，一以贯之地坚持解放思想、实事求是的科学态度，带领全国人民进行了拨乱反正和全面改革。在拨乱反正过程中，科学地评价了毛泽东同志，既纠正了毛泽东同志晚年的错误，又维护了毛泽东思想的历史地位。现在回过头来看，再联系世界社会主义运动在这方面的教训，这是多么了不起的贡献！在全面改革推进过程中，成功地找到了在中国建设社会主义的正确道路，创立了建设有中国特色社会主义理论。想想我们在社会主义建设中经历的艰辛探索，再联系社会主义在有些国家遇到的挫折，这又是多么了不起的贡献！邓小平同志的这两大历史性贡献，彪炳史册，永存人间。

邓小平同志常说："我是中国人民的儿子，我深情地爱着我的祖国和人民。"他所做的一切，都是为了人民，为了民族，为了党，为了社会主义。

是他，为我们创立了建设有中国特色社会主义的科学理论。他以宽广的眼界观察世界，以务实的态度总结经验，以巨大的政治勇气领导改革开放，尊重实践，尊重群众，时刻关注着广大人民的利益和愿望，探索建设有中国特色社会主义的新路。同时，他不丢老祖宗，又说出老祖宗没有说过的符合客观实际的新话语，以巨大的理论勇气概括群众的经验和创造，把握时代发展的脉搏和契机，既继承前人又突破成规，对建设有中国特色社会主义理论的创立作出了历史性的重大贡献。这一理论，被党称之为"邓小平理论"，为我们实现社会主义现代化，解决国家繁荣富强和人民共同富裕这一历史课题，提供了科学的行动指南。

是他，为我们制定了党在社会主义初级阶段的基本路线和一整套方针政策。他科学地总结我国社会主义建设的历史经验，深入地研究我国的基本国情，鲜明地指出虽说我们也在搞社会主义，但事实上不够格。他告诉全党全国人民，社会主义是共产主义的初级阶段，而我们中国又处在社主义的初级阶段，就是不发达的阶段。他坚持从社会主义初级阶段这一基本国情出发，制定党的路线、方针、政策，确定国家的发展战略。在他的领导和指导下，我们形成了党在社会主义初级阶段的基本路线。这就是：领导和团结全国各族人民，以经济建设为中心，坚持四项基本原则，坚持改革开放，自力更生，艰苦创业，为把我国建设成为富强、民主、文明的社会主义现代化国家而奋斗。"一个中心、两个基本点"，是这条路线的主要内容和简明概括。同这条路线相适应，还形成了包括经济、政治、科技、教育、文化、军队、外交等多方面的一整套方针政策。党在社会主义建设新时期形成的这一整套路线和方针政策，为在我国实现社会主义现代化，解决国家繁荣富强和人民共同富裕这一历史课题，提供了坚实的思想政治保证。

是他，为我们确定了分三步走基本实现社会主义现代化的发展战略和战略步骤。他肩负历史重托，心系人民群众，为中国社会主义的巩固和发展、为中华民族的伟大复兴而运筹帷幄、精心操劳。他在领导全党把工作重点转移到社会主义现代化建设上来以后，反复强调过去搞革命要适合中国情况，今天搞建设也要适合中国情况，走出一条中国式的现代化道路。他在设计中国式现代化道路的时候，从中国的实际出发制定了分三步走基本实现社会主义现代化的发展战略。这就是：第一步，从1981年到1990年国民生产总值翻一番，实现温饱；第二步，从1991年到20世纪末再翻一番，达到小康；第三步，到21世纪中叶再翻两番，达到中等发达国家水平，基本实现现代化。这一宏伟蓝图，为我们实现国家繁荣富强和人民共同富裕的历史任务指明了光明的前景。

全党在实践中越来越认识到，邓小平同志为我们开辟的建设有中国特色社会主义道路，是我国在改革开放中胜利地实现社会主义的唯一正确的道路；邓小平理论是当代中国解决社会主义前途和命运问题的唯一正确的理论。党在这种科学认识的基础上，把邓小平理论写上自己的旗帜。党的十三大在第一次提出"建设有中国特色的社会主义理论"这一概念，阐述这一理论的轮廓的同时，把这一理论同"旗帜"联系了起来。指出这一理论"是扎根于当代中国的科学社会主义"，"是全党同志和全国人民统

邓小平治国论

一认识、增强团结的思想基础，是指引我们事业前进的伟大旗帜"，号召全国人民"在建设有中国特色社会主义的伟大旗帜下，更加紧密地团结起来"。特别是在十三届四中全会形成以江泽民同志为核心的党中央后，经过十三届五中全会、七中全会、江泽民同志在建党70周年庆祝大会上的重要讲话和1992年6月9日在中央党校的重要讲话，全党对邓小平理论及其历史地位的认识更加深刻。到党的十四大，第一次提出了"邓小平同志建设有中国特色社会主义理论"这一概念，第一次比较系统地概括了这一理论的主要内容及其贡献，第一次提出了"用邓小平同志建设有中国特色社会主义的理论武装全党"的战略任务，强调"学习马克思列宁主义毛泽东思想，中心内容是学习建设有中国特色社会主义的理论"，号召全党全国人民"高举建设有中国特色社会主义的伟大旗帜"。这也就是十四届四中全会决议所指出的：十四大确立了邓小平同志建设有中国特色社会主义理论在全党的指导地位。

需要指出的是，一直到邓小平同志去世之前，我们党公开发表的重要文件和讲话中尚未直接明确地说过邓小平理论是"中国共产党的指导思想"。我们用得较多的是"指针"或"根本指针"这样的提法，比如十四大党章的提法是"引导我国社会主义事业不断前进的指针"。但同时我们也注意到，党的七大在论述毛泽东思想的地位和作用时，"指导思想"和"指针"这两个提法是通用的。比如七大党章说："中国共产党，以马克思列宁主义的理论与中国革命的实践之统一的思想——毛泽东思想，作为自己一切工作的指针。"因此肯定邓小平理论是"指针"，实际上已经确认了它的指导思想地位。十四届六中全会决议在论述精神文明建设的形势时，把这一理论的形成和发展，描述为是"党的指导思想"的"历史性飞跃"。在邓小平同志去世后，由党中央、全国人大常委会、国务院、全国政协、中央军委联合发表的《告全党全军全国各族人民书》和江泽民同志在追悼大会上致的悼词中，直接明确地指出了这一理论"是中国共产党的指导思想和中华民族的精神支柱"。也是在这个重要文献中，以江泽民同志为核心的党中央鲜明地提出了"高举邓小平建设有中国特色社会主义理论的旗帜"这一标志党的奋斗方向和改革开放形象的口号。从中可以清晰地看到：旗帜，指针，指导思想，实质上是一回事。

党的十五大的历史性贡献，是由党代表大会这一全党最高权力机构审议批准了党中央的建议，即把邓小平理论确立为党的指导思想，并且把这一理论同马列主义、毛泽东思想一道，"作为自己的行动指南"写入党章。

在20世纪即将过去的时候，我们更加深切地认识到：中国共产党对中华民族的命运担负着崇高的历史责任。回顾一个世纪以来中国人民在前进道路上经历的历史性巨变，展望下个世纪中华民族的发展前景，可以看到，我们党现在所从事的事业，是十一届三中全会以后20年来、新中国成立近50年来、建党70多年来中国革命和建设事业的继续，也是鸦片战争以后100多年来中国人民争取民族独立、人民解放和实现国家繁荣富强、人民共同富裕这一事业的继续。

21世纪将是实现中华民族全面振兴的世纪。我们党已经有了能够指导中国人民在改革开放中胜利实现社会主义现代化的邓小平理论，形成了能够驾驭各种复杂局势的以江泽民同志为核心的第三代中央领导集体，我们已经走出了一条光明大道。尽管前进的路并不都是平坦的，还会有各种困难和风险，包括可以预料的和难以预料的，来自国内的和来自国外的，经济生活中的和社会政治生活中的，但是，无论什么困难和风险，都不能动摇我们对邓小平理论的坚定信念。

6.2　党的十四大确立邓小平理论的指导地位

1992年，在我国历史上具有重要的地位和意义。该年年初，邓小平同志发表著名的南方谈话。同年10月，党的第十四次全国代表大会召开。以邓小平同志南方谈话和十四大为标志，我国改革开放和社会主义现代化建设事业进入了一个新的阶段。

党的十四大召开前，20世纪80年代末90年代初，我们遇到了国际国内政治风波的严峻考验。这个考验，关系到我国社会主义的前途和命运，关系到中华民族复兴的前途和命运。在邓小平同志的领导下，依靠全党全国各族人民的共同努力，我们果断地处理了国内的动乱问题，同时顶住外来的压力，冲破制裁，发展自己。面对着国际局势的急剧变动，东欧国家政

邓小平治国论

权易手，第一个社会主义国家苏联迅速解体，西方的某些预言家认为，多米诺骨牌最后将推倒中国长城。但是，他们的预言破产了，我们不仅捍卫了社会主义国家的政权，维护了人民的根本利益，而且排除了"左"的干扰，保证了改革开放和现代化建设继续推进。特别是1992年年初，邓小平同志视察南方发表的重要谈话，精辟地分析了国际国内形势，科学地总结了十一届三中全会以来党的基本实践和基本经验，明确地回答了多年来经常困扰和束缚我们思想的许多重大认识问题。全党全国人民在鲜明的事实对比中，比以往任何时候都更加深切地认识到，邓小平同志带领我们开辟的建设有中国特色社会主义道路是符合中国实际、代表中国人民根本利益的正确道路，邓小平同志创立的建设有中国特色的社会主义理论是当代中国的马克思主义。

在邓小平同志1992年南方谈话的指导下，1992年10月12日召开了党的第十四次全国代表大会。这次大会作出了三项具有深远意义的决策：一是抓住机遇，加快发展；二是明确我国经济体制改革的目标是建立社会主义市场经济体制；三是确立邓小平建设有中国特色社会主义理论在全党的指导地位。抓住机遇，加快发展，需要建立社会主义市场经济体制，而发展和改革又都需要邓小平理论的指导。这三项决策，最根本的是确立了邓小平理论在全党的指导地位。

党的全国代表大会的决定要成为全党广大党员和干部的共识和自觉行动，就要靠持之以恒的理论学习教育。党的十四大提出了这一战略任务。党的十四大报告强调："党的基本路线要毫不动摇地长期坚持下去，社会主义的改革开放和现代化建设要搞得更好更快，国家要长治久安和繁荣富强，关键在于我们党，在于坚持用邓小平同志建设有中国特色社会主义的理论武装全党。"①同时指出："学习马克思列宁主义毛泽东思想，中心内容是学习建设有中国特色社会主义的理论。党员领导干部首先是高级干部要带头学好用好。要认真学习邓小平同志的战略思想和理论观点，认真学习他运用马克思主义立场、观点和方法研究新情况、解决新问题的科学态度和创造精神。学习要联系实际，要精，要管用。通过学习，使广大党员

① 《中国共产党第十四次全国代表大会文件汇编》，人民出版社1992年版，第47页。

干部坚定社会主义、共产主义信念，不断提高政治素质和解决实际问题的能力，使精神力量变为加快改革开放和现代化建设的巨大物质力量。"①

从党的十四大到党的十五大这5年间，以江泽民同志为核心的党中央坚持用邓小平理论武装全党，采取了一系列重大举措，推动理论学习、研究、宣传不断深入发展：

（1）编辑出版《邓小平文选》第三卷，增订再版《邓小平文选》第一、第二卷，推动全党形成学习邓小平理论的高潮。1993年11月2日，中央作出《关于学习〈邓小平文选〉第三卷的决定》，召开了学习《邓小平文选》第三卷报告会，江泽民同志在会上发表了重要讲话。江泽民同志指出："《邓小平文选》第三卷的出版，为我们进一步用建设有中国特色社会主义理论武装全党，教育干部和人民，统一思想，坚定信念，积极、全面、正确地执行党的基本路线，提供了最好的教材和最有力的武器。"②1994年10月，《邓小平文选》第一、二卷，经中央同意后增订再版。这样，一个以学习原著为主的邓小平理论学习高潮，很快就在党内兴起了。

（2）举办省部级领导干部学习邓小平理论研讨班，加强干部思想理论素质的建设。在《关于学习〈邓小平文选〉第三卷的决定》中，中央决定，分期举办省部级主要领导干部学习《邓小平文选》第三卷的理论研讨班，并要求各省、自治区、直辖市和中央党、政、军各部门都要作出安排，特别要认真抓好各级党委中心组的学习，并有计划地对县（团）级以上党员干部进行轮训，带动全党的理论学习，提高全党的马克思主义水平。根据中央的安排，从1993年10月起，175名省部级主要领导干部分4期到中央党校集中学习《邓小平文选》第三卷。在高级干部的带动下，各级干部结合改革开放和现代化建设的实践，认真学习邓小平理论，努力掌握这一理论的基本观点和精神实质。1995年6月，中宣部、中组部在广西南宁召开了省部党委（党组）中心组理论学习经验交流会，总结了各地各部门中心组开展理论学习的经验，提出了建立健全中心组学习制度的明确要求。与此同时，中宣部还对省区市的讲师团的工作加强了领导和指导。这

---

① 《中国共产党第十四次全国代表大会文件汇编》，人民出版社1992年版，第48~49页。
② 《十四大以来重要文献选编》上，人民出版社1996年版，第444页。

样，通过理论研讨班、党委中心组和讲师团3种具体的理论学习形式，加强了县处级以上领导干部的理论学习，这对于提高广大干部的思想理论素质起了积极的推动作用。

（3）组织广大党员开展学理论、学党章活动，加强了党员的教育工作。1994年9月28日，党的十四届四中全会通过的《中共中央关于加强党的建设几个重大问题的决定》指出："从现在起，用三年的时间，在全体党员中有计划、有步骤地开展一次建设有中国特色社会主义理论和党章的学习活动。学习要联系当前的形势和任务，联系党员的思想和工作实际，着重解决好三个问题：第一，树立共产主义理想，坚定走有中国特色社会主义道路的信念，提高坚持党的基本理论和基本路线的自觉性，模范执行党的各项政策。第二，坚持全心全意为人民服务的宗旨，密切联系群众，廉洁奉公，遵纪守法，自觉抵制拜金主义、个人主义和腐朽生活方式的侵蚀。第三，按照党章规定认真履行义务，正确行使权利，在改革和建设中建功立业。"[①]在中央各部门和各省、自治区、直辖市党委的精心部署下，各地党委组织部门和宣传部门紧密配合，到1997年基本完成了"双学"活动，广大党员进行了一次较全面的理论教育。

（4）编写印发《邓小平同志建设有中国特色社会主义理论学习纲要》，帮助广大干部、群众努力掌握邓小平理论的科学体系及其基本观点。1995年5月10日，党中央发出了《关于印发〈邓小平同志建设有中国特色社会主义理论学习纲要〉的通知》。《通知》指出，中央宣传部组织编写的这个《纲要》"比较全面、准确地反映了《邓小平文选》的思想，有助于更好地理解建设有中国特色社会主义理论的科学体系。中央同意印发这个《纲要》（由中央宣传部统一印发），作为全党县处级以上领导干部学习《邓小平文选》和建设有中国特色社会主义理论的重要辅助材料，也可供广大党员和干部、群众阅读"。[②]《纲要》的编写和印发为推动全党的理论学习向广度和深度发展提供了一条重要经验。在中央宣传部的安排下，中央有关部门和解放军总政治部相继组织编写了《邓小平经济理论

① 《十四大以来重要文献选编》中，人民出版社1997年版，第969页。
② 转引自《邓小平同志建设有中国特色社会主义理论学习纲要》，学习出版社1995年版。

学习纲要》、《邓小平新时期军队建设思想学习纲要》等一系列理论学习纲要。江泽民同志为这些理论学习纲要所写的序言中指出："邓小平建设有中国特色社会主义理论，内容丰富，博大精深，涵盖我国现阶段经济、政治、文化、军事、外交和党的建设等各个方面的基本问题。把邓小平建设有中国特色社会主义理论的学习提高到新水平，就要组织广大党员、干部特别是各级领导干部从深度和广度两个方面下功夫，对这一理论有更加完整的准确的认识，善于学习、掌握和运用这一理论体系来指导我们的各项工作。既要注意从总体上和科学体系上领会和掌握这一理论的基本内容、基本观点和基本精神，又要注意从这一理论论述较多的若干重要领域，对有关的思想理论和方针政策进行系统的学习和理解。"①这样，使全党对邓小平理论科学体系的认识更加深化。

（5）建立邓小平理论研究基地，形成了邓小平理论研究的骨干队伍。紧密联系改革开放和现代化建设的伟大实践，加强邓小平理论的研究和运用，是帮助广大干部、群众深入认识邓小平理论的历史地位和指导作用、深入认识邓小平理论的科学体系和精神实质，进一步推动理论武装工作的重要条件。为了加强理论研究，中央宣传部在1993年7月提出要建立邓小平建设有中国特色社会主义理论研究基地，把各方面的研究力量组织起来，把理论工作者的作用发挥出来。根据统一部署，中央党校、国家教委、中国社科院、解放军国防大学和上海社科院成立了邓小平理论研究中心。江泽民同志在1994年1月24日全国宣传思想工作会议上的讲话中提出："在中央党校、国家教委、中国社会科学院、解放军国防大学和上海社会科学院组建的五个研究建设有中国特色社会主义理论的基地，要发挥骨干作用，深入研究改革和建设中的重大理论和实践问题，确定课题，集中力量，拿出一批有较高价值的研究成果。"各个理论研究基地认真贯彻这一重要指示，组织精兵强将，开展深入研究，同时把研究成果通过多种形式推向社会，促进了理论武装工作的深入开展。在全国5个理论研究基地的带动下，许多地方相继组织了一批省级邓小平理论研究中心、研究会，形成了一支可观的研究队伍，推出了一批优秀的研究成果。

① 《十四大以来重要文献选编》上，人民出版社1996年版，第652页。

（6）开展邓小平理论的研讨和成果评选，推动了邓小平理论研究工作的深入展开。为了做好研究工作，从1993年开始，中央宣传部多次组织召开邓小平理论研讨会或座谈会。影响较大的研讨会，一是1993年6月15日至19日，中央宣传部在上海召开的"建设有中国特色社会主义理论研讨会"。来自全国11个省市的学者汇聚一堂，交流学习和研究邓小平理论的成果。这次研讨会的成果，集中在人民出版社1994年11月出版的《学好理论武装全党》一书中。二是1994年12月14日至17日，经中央批准，中央宣传部、中央党校、中央文献研究室、中国社会科学院、国家教委、解放军总政治部在北京联合召开的"学习《邓小平文选》和建设有中国特色社会主义理论研讨会"。来自全国各地的专家学者和有关部门代表250多人参加了这一会议。会议成果，汇集在人民出版社1995年4月出版的《当代中国马克思主义研究巡礼》一书中。三是1996年12月17日至19日，经中央批准，中央宣传部、中央党校、中央文献研究室、国家计委、国家教委、中国社科院、解放军总政治部在北京联合召开的"全国第三次学习邓小平建设有中国特色社会主义理论研讨会"，学习贯彻十四届五中、六中全会精神，重点研讨邓小平发展战略理论和精神文明建设思想。来自全国各地的专家学者和有关部门代表近200人参加这一会议。会议成果，汇集在学习出版社1997年5月出版的《全国第三次学习邓小平建设有中国特色社会主义理论研讨会文集》中。四是1997年6月18日，中央宣传部在人民大会堂香港厅举行的"邓小平'和平统一、一国两制'理论与实践"座谈会。座谈会上的讲话和发言由人民出版社汇编成册，记录了中华民族洗雪百年耻辱，欢庆我国对香港恢复行使主权的喜悦之情。在组织一系列理论研讨会、座谈会的同时，中央宣传部还开展了"五个一工程"优秀文章的评选，在各地遴选报送的优秀文章中，评选出了一批深入研究邓小平理论，努力运用这一理论研究改革开放和现代化建设重大实践问题的优秀文章。研讨会的召开和优秀文章的评选，逐步形成了一种激励机制，推动了邓小平理论学习和研究的深入。

（7）运用大众传媒加大邓小平理论的宣传力度，推动了邓小平理论的普及和邓小平理论的学习活动向广度拓展。党的十四大以来，中央采取措施，加强《人民日报》等报刊的评论工作和理论工作，配合形势的发展和各个阶段党的中心工作，发表了一批理论与实践结合得较好的评论和理论文章。中央宣传部根据中央的要求，召开了一系列加强理论宣传的工作座谈会，强调要运用包括电视在内的各种大众传媒加大邓小平理论的宣传力度。中央电视台1997年1月1日开始播出的12集电视文献纪录片《邓小平》，以邓小平同志富有传奇色彩的生平活动为线索，第一次形象地全面地反映了他的奋斗和探索足迹，特别是他作为改革开放的总设计师和建设有中国特色社会主义理论创立者的重大历史贡献，以及他平凡而伟大的高尚品格，在群众中产生了良好的反响。

总之，党的十四大以来，以江泽民同志为核心的党中央，结合新的形势，着眼新的实践，对用邓小平理论武装全党的工作作出了一系列重要部署。各级领导干部带头，全党出现了学习理论的新气象。理论学习、研究、宣传紧密配合，党的理论建设出现了生动活泼的新局面。邓小平理论愈益深入人心，广大党员、干部运用这一理论解决实际问题有了新进步。理论学习不断深入，改革建设不断推进，两者紧密联系，相互促进，成为党的事业发展的一个显著特点。

6.3 党的十五大把邓小平理论作为党的指导思想写入党章

1997年，在中国历史上留下了非常重要而又极不平凡的一页。

2月19日21时08分，我国社会主义改革开放和现代化建设的总设计师邓小平同志因患帕金森病晚期，并发肺部感染，呼吸循环功能衰竭，抢救无效，在北京逝世，享年93岁。噩耗传来，大江南北哀思不尽，长城内外万民同悲。世界各国政要、党政团体和国际友人也同我们一起悼念这位世纪伟人。

与此同时，大家也关注着中国政治的走向：在邓小平同志去世之前，国际舆论中所谓"后邓时期"和"邓后时期"的议论就不绝于耳，这一方面是因为，自党的十一届三中全会以来，中国发生了历史性的大转折，开始了改革开放和现代化建设这一新的革命，取得了举世瞩目的巨大成就。邓小平的名字同这一历史大转折，同改革开放和现代化建设，紧密相联系。人们认为，他就是中国改革开放和现代化建设的代表和象征。邓小平

邓小平治国论

同志去世，自然会引起人们对中国政治走向的关注。另一方面是因为，在邓小平同志去世前后，中国的改革进入攻坚阶段，发展处于关键时期，各种深层次的矛盾和问题开始显露出来，思想理论界对一些重大问题的不同看法有所发展。这些情况传出境外，加上一些好事者的主观猜测或别有用心地渲染，人们也自然地会对邓小平去世后中国政治的走向格外关注。这些关注，不管是善意的，还是恶意的，它表明我们党面临着邓小平同志去世后举什么旗、走什么路这样一个重大历史关头的严峻考验。

以江泽民同志为核心的党中央，面对着这样重大的考验，作出了高举邓小平理论伟大旗帜，把建设有中国特色社会主义事业全面推向21世纪的历史性决策，表现出了在国内外复杂形势下驾驭局势的卓越能力。

——在邓小平同志去世后，立即发表《告全党全军全国各族人民书》、《在邓小平同志追悼大会上中共中央总书记、国家主席、中央军委主席江泽民同志致悼词》、《邓小平伟大光辉的一生》这三篇重要文献。以江泽民同志为核心的党中央郑重地宣告：中国共产党和中国人民一定能够继承邓小平的遗志，坚定不移，满怀信心，把邓小平同志开创的建设有中国特色社会主义的伟大事业推向前进，把我国建设成为富强、民主、文明的社会主义现代化国家。

江泽民同志在悼词中深情地指出："中国人民爱戴邓小平同志，感谢邓小平同志，哀悼邓小平同志，怀念邓小平同志，是因为他把毕生心血和精力都献给了中国人民，他为中华民族的独立和解放、为中国的社会主义现代化事业建立了不朽的功勋。""邓小平同志这样说过：如果没有毛泽东同志，我们中国人民至少还要在黑暗中摸索更长的时间。我们今天同样应当说，如果没有邓小平同志，中国人民就不可能有今天的新生活，中国就不可能有今天改革开放的新局面和社会主义现代化的光明前景。"①

江泽民同志特别强调："在中国共产党历史上，党领导中国人民进行了一场把半殖民地半封建的旧中国变成社会主义新中国的伟大革命，十一届三中全会以来又领导人民开始了一场新的革命，要把中国由不发达的社会主义国家变成富强民主文明的社会主义现代化国家。在这两次伟大革命

---

① 《敬爱的邓小平同志永远活在我们心中》，人民出版社1997年版，第13~14页。

的进程中，实现了马克思主义同中国实际相结合的两次历史性飞跃，形成了两大理论成果，这就是毛泽东思想和邓小平建设有中国特色社会主义理论。两次伟大革命，两次历史性飞跃，造就了两个伟大人物，这就是毛泽东同志和作为毛泽东同志的战友、事业继承者的邓小平同志。"[①] "邓小平同志留给我们的最可宝贵的财富，就是他创立的建设有中国特色社会主义理论和在这个理论指导下制订的党在社会主义初级阶段的基本路线。"[②]

江泽民同志在悼词中，代表党中央号召全党全军全国各族人民，化悲痛为力量，继承邓小平的遗志，做到10个"一定要"：

（1）邓小平同志创立的建设有中国特色社会主义理论和在这个理论指导下制订的党的基本路线，是我们必须遵循的行动指南。在跨越世纪的新征途上，更高地举起邓小平建设有中国特色社会主义理论的伟大旗帜，更好地贯彻执行党的基本路线，是我们党中央领导集体坚定不移的决心和信念，也是全党全军全国各族人民的共识和愿望。我们一定要更加自觉地用这个理论武装头脑，统一认识，同心同德，开拓创新，战胜前进道路上的一切困难，排除各种错误倾向的干扰，在任何情况下坚持党的基本路线不动摇。

（2）经济建设是我们全党全国各项工作的中心。确立以经济建设为中心，是邓小平同志领导我们实现的最根本的拨乱反正。我们一定要按照邓小平同志的教导，牢牢地把握这个中心，一切工作都要服从和服务于这个中心。发展才是硬道理。抓住机遇，发展自己，关键是发展经济。必须集中一切力量和智慧，艰苦奋斗，勤俭建国，把经济发展转到依靠科技进步和劳动者素质提高的轨道上来，在国民经济持续、快速、健康发展的基础上，促进社会的全面进步。

（3）改革是中国实现社会主义现代化的必由之路。邓小平同志为我们的全面改革进行了总体设计。我们一定要按照邓小平同志的教导，把深化改革作为扫除生产力发展的障碍、进一步推进整个事业的关键。在社会主义公有制为主体、多种经济成分共同发展的基础上建立社会主义市场经

[①] 《江泽民文选》第一卷，人民出版社2006年版，第628页。
[②] 《江泽民文选》第一卷，人民出版社2006年版，第634页。

邓小平治国论

济体制，是前人从来没有做过的伟大创举。必须在已经取得的成就的基础上，把经济体制的改革坚持深入下去，与此相适应，把政治体制和其他方面体制的改革坚持深入下去。

（4）对外开放是中国实现社会主义现代化的必要条件。邓小平同志一贯强调，现在的世界是开放的世界，中国的发展离不开世界，必须在坚持自力更生的基础上实行对外开放。我们一定要按照邓小平同志的教导，清醒地估量世界的发展，勇敢地迎接严峻的挑战，坚持对外开放的基本国策，发展全方位、多层次的开放格局，努力提高对外开放水平，广泛吸收和借鉴世界各国包括资本主义发达国家创造的一切先进文明成果，积极参与国际经济技术合作和竞争。

（5）人民民主专政的国家政权是我们事业健康发展的政治保证。邓小平同志始终关注人民政权的巩固和发展。我们一定要按照邓小平同志的教导，坚持工人阶级的领导，巩固工农联盟，发展包括各民主党派的最广泛的爱国统一战线，加强全国各民族人民的大团结，发扬社会主义民主，健全社会主义法制，依法治国，不断发展安定团结、生动活泼的政治局面。

（6）中国人民解放军是国家的柱石。邓小平同志的军事生涯，在他光辉的一生中占有重要的位置。作为中央军委主席，他为新时期军队和国防建设指明了方向和道路。我们一定要按照邓小平同志的教导，在集中力量进行经济建设的大局之下，加强军队的革命化、正规化、现代化建设，走有中国特色的精兵之路，使我们的军队在维护国家主权和安全，保卫和参加社会主义建设方面不断作出新贡献。

（7）物质文明和精神文明都搞好，才是有中国特色的社会主义。邓小平同志一贯强调两大文明一起抓，两手都要硬，在集中力量进行经济建设、实行社会主义市场经济和对外开放的条件下，尤其不能忽视精神文明建设。我们一定要按照邓小平同志的教导，以"有理想、有道德、有文化、有纪律"为目标，努力提高全民族的思想道德素质和科学文化素质，不断发展马克思主义为指导的、立足本国而又面向世界的，继承优良传统而又体现时代要求的社会主义精神文明。

（8）祖国的完全统一是全中华民族的共同心愿。用"一国两制"方式实现和平统一，是邓小平同志的伟大创造。我们一定要按照邓小平同志的教导，努力实现祖国统一的目标。根据中英、中葡协议，香港即将回归祖国，澳门将在1999年回归祖国。台湾问题也终将得到解决，祖国的完全统一必定会实现。

（9）集中力量进行社会主义现代化建设，需要和平的国际环境。邓小平同志科学地观察国际形势的变化，领导我们重新确定国际战略，调整对日、对美、对苏关系，发展同周边国家和第三世界国家的友好关系，打开新时期对外关系的新局面。我们一定要按照邓小平同志的教导，坚持独立自主的和平外交政策，在和平共处五项原则的基础上积极发展同世界各国的友好关系，为维护世界和平，促进世界发展，反对霸权主义和强权政治，建立国际政治新秩序和国际经济新秩序，作出自己的努力。

（10）中国共产党是领导建设有中国特色社会主义事业的核心力量。邓小平同志一贯教导我们，我们全部事业的成败，关键在党。我们一定要按照邓小平同志的教导，坚持和维护党的团结和统一，更加自觉地团结在党中央的周围，不断加强党的思想建设、组织建设和作风建设，加强反腐败斗争，把我们党建设成为用建设有中国特色社会主义理论武装起来、全心全意为人民服务、思想上政治上组织上完全巩固、能够经受住各种风险、始终走在时代前列的马克思主义政党。

——1997年5月29日，江泽民同志在中央党校省部级干部进修班毕业典礼上发表重要讲话。强调指出：在社会主义改革开放和现代化建设的新时期，在跨越世纪的新征途上，一定要高举邓小平建设有中国特色社会主义理论的伟大旗帜，用这个理论来指导我们的整个事业和各项工作。这是党从历史和现实中得出的不可动摇的结论。

江泽民同志在讲话中阐述了4个问题：关于邓小平建设有中国特色社会主义理论；关于社会主义初级阶段；关于经济发展和经济体制改革；关于党的建设。

（1）江泽民同志指出：旗帜问题至关紧要。旗帜就是方向，旗帜就是形象。我们说坚持十一届三中全会以来的路线不动摇，就是高举邓小平

邓小平治国论

建设有中国特色社会主义理论旗帜不动摇。在邓小平同志逝世后，我们全党，特别是高级领导干部，在这个问题上尤其要有高度的自觉性和坚定性。无论遇到什么困难，什么风险，都不动摇。

江泽民同志强调，把我们的事业全面推向21世纪，就是要在世纪之交的历史时刻，抓住机遇而不可丧失机遇，开拓进取而不可因循守旧，经济体制改革要有新的突破，政治体制改革要继续推进，精神文明建设要切实加强，这三个方面围绕现代化经济建设这个中心，相互配合，相互促进。

江泽民同志指出：邓小平建设有中国特色社会主义理论作为马克思主义同当代中国实践和时代特征相结合的产物，是毛泽东思想在新的历史条件下的继承和发展，是当代中国的马克思主义，是马克思主义在中国发展的新阶段。为什么这样说呢？第一，这个理论坚持解放思想、实事求是，在新的实践基础上继承前人又突破成规，开拓了马克思主义的新境界。第二，这个理论坚持科学社会主义理论和实践的基本成果，抓住搞清楚"什么是社会主义、怎样建设社会主义"这个基本理论问题，深刻地揭示社会主义的本质，把对社会主义的认识提高到新的科学水平。第三，这个理论坚持用马克思主义的宽广眼界观察世界，对当前时代特征和国际形势变化进行正确分析，作出了新的科学判断。第四，总起来说，这个理论总结近20年我国改革开放和社会主义现代化建设的新鲜经验，总结新中国成立以来我国社会主义发展成功和失误的历史经验，总结国际经验，第一次比较系统地初步回答了中国这样经济文化比较落后的国家如何建设社会主义、如何巩固和发展社会主义的一系列基本问题，形成了新的建设有中国特色社会主义理论的科学体系。在当代中国，只有这个理论而没有别的理论能够解决社会主义的前途和命运问题。

江泽民同志说：马克思主义之所以是科学，就因为它始终严格地以事实作为自己的根据。而实际生活是在不停地变动中，这种变动的剧烈和深刻程度，在近100多年来达到了前人难以想象的程度。因此，马克思主义必定随着实际生活发展而不断发展，不可能一成不变。这里有个学风问题：究竟是单纯从马克思主义书本里的片言只语找答案还是真正坚持马克思主义的立场观点方法来研究当代中国和世界实际的问题。马克思列宁主义、毛泽东思想一定不能丢，丢了就丧失根本，就会走到邪路上去。同时一定要以当代中国社会主义改革开放和现代化建设实际问题为中心，以我们正在做的事情为中心，着眼于马克思主义理论的运用，着眼于提高对实际问题的理论思考，着眼于新的实践和新的发展。离开本国实际和时代发展来谈马克思主义，没有意义。孤立静止地研究马克思主义，把马克思主义同它在现实生活中的生动发展割裂开来、对立起来，没有出路。马克思列宁主义、毛泽东思想、邓小平建设有中国特色社会主义理论，是统一的科学体系。在当代中国，坚持邓小平建设有中国特色社会主义理论，就是真正坚持马克思列宁主义、毛泽东思想；高举邓小平建设有中国特色社会主义理论的旗帜，就是真正高举马克思列宁主义、毛泽东思想的旗帜。

（2）江泽民同志说：十一届三中全会以来，党正确地分析国情，作出了我国还处于社会主义初级阶段的科学论断。这是邓小平建设有中国特色社会主义理论的重要基础，是我们制定路线、方针、政策的根本出发点。今天之所以有必要重新强调这个问题，是因为：面对前所未有的机遇和挑战，面对改革攻坚和开创新局面的艰巨任务，我们解决种种矛盾，澄清种种疑惑，认识为什么必须实行现在这样的路线和政策而不能实行别样的路线和政策，关键还是在于对所处社会主义初级阶段的基本国情要有统一认识和准确把握。

（3）江泽民同志指出：社会主义的根本任务是解放和发展生产力，中国解决所有问题的关键在于依靠自己的发展，改革开放是发展的强大动力。从现在起到下世纪前10年，是我国向第三步战略目标迈进的关键时期。在这个时期，能不能成功地建立起比较完善的社会主义市场经济体制，能不能保持国民经济持续快速健康发展，是我们必须解决好的两个关键性课题。为此，必须在转换经济体制、优化经济结构、发展科学技术以及提高对外开放水平等方面，取得突破性进展。

江泽民同志强调，完善以公有制为主体、多种所有制经济共同发展的所有制结构，具有重大意义。要坚持生产关系一定要适合生产力发展水平的马克思主义基本观点，以是否有利于发展社会主义社会的生产力、有利于增强社会主义国家的综合国力、有利于提高人民的生活水平为标准，努

邓小平治国论

力寻找能够极大促进生产力发展的公有制实现形式，一切反映社会化生产规律的经营方式和组织形式都可以大胆利用。

国有经济是我国国民经济的支柱。加快国有企业改革，是摆在全党面前的重要而又十分艰巨的任务。中央历来十分重视国有企业的改革和发展问题，提出了一系列正确的指导思想和方针政策。现在的关键，是要进一步统一认识，狠抓落实。

（4）江泽民同志强调：我们党肩负着带领全国各族人民把有中国特色社会主义事业全面推向21世纪，建设富强、民主、文明的社会主义现代化国家的历史重任。加强和改善党的领导，进一步把我们党建设好，是完成这项伟大使命的根本保证。

江泽民同志指出，党的建设任务还很繁重，需要做好多方面的工作。深入、扎实、持久地用邓小平建设有中国特色社会主义理论武装全党，是党的建设的首要任务。党内一定要努力创造一种认真学习的风气，民主讨论的风气，积极探索的风气，求真务实的风气。

江泽民同志强调，反腐败是关系党和国家生死存亡的严重政治斗争，必须进一步加大力度，坚持不懈地进行下去。既要树立持久作战的思想，又要一个一个打好阶段性战役。要坚持标本兼治，多管齐下。各级领导干部能否以身作则，对加强党风廉政建设，推动反腐败斗争的深入发展，至关重要。各级党组织要切实加强对干部的日常管理和监督。

最后，江泽民同志特别强调维护和增强党的团结。他说：我国的改革开放和现代化建设正处在承前启后、继往开来的重要时期，任务十分繁重和艰巨，尤其需要全党同志加强团结。讲团结，必须讲大局。要正确处理全局利益和局部利益的关系，把党和国家的利益放在首位又充分兼顾各方面的利益。各级领导干部首先是高级干部，要带头贯彻民主集中制原则，严守纪律，维护大局，加强团结。

这个重要讲话，面对全党的高级干部，逐一回答了改革攻坚中党内外对一些重大问题的思想困惑，为党的十五大的召开作了重要的思想理论准备，因此，讲话消息在1997年5月30日见报后，产生了强烈的反响。

——1997年7月1日，按照邓小平同志关于"和平统一、一国两制"的构想，中央政府恢复对香港行使主权。

国家主席江泽民亲率中央代表团去香港，出席了中英两国政府香港交接仪式、香港特别行政区成立暨特区政府宣誓就职仪式、香港特别行政区成立庆典。

首都和全国各地隆重庆祝香港回归祖国，一雪百年耻辱，同庆纪元盛事。新华社北京7月1日电讯稿这样写道：

"欢歌里归帆踏浪来，焰火中绽放紫荆花。北京工人体育场今天晚上沉浸在欢腾的海洋之中，中共中央、全国人大常委会、国务院、全国政协、中央军委在这里隆重举行'首都各界庆祝香港回归祖国大会'，共庆香港回归祖国这一中华民族的盛大节日。"江泽民同志在大会上发表了重要讲话，他说："在这个重要时刻，我们深切怀念改革开放的总设计师和建设有中国特色社会主义理论的创立者邓小平同志。他为解决香港问题，推进祖国的完全统一，作出了重大的历史性贡献。我们要继承他的遗志，一定把香港的事情办好，把实现祖国现代化和完成祖国统一的事情办好。"他再次强调："中国人民要实现国家的现代化和民族的振兴，就必须始终不渝地贯彻中国共产党提出的基本路线，始终不渝地走邓小平同志开创的建设有中国特色社会主义道路。要牢牢把握经济建设这个中心，抓住机遇，深化改革，扩大开放，促进发展，保持稳定，不断开创我们事业兴旺发达的新局面。"他同时告诉全党全国人民："不久就要召开的中国共产党第十五次全国代表大会，将对我国改革、发展和稳定等重大问题作出全面战略部署，提出奋斗纲领，指导我国人民把社会主义改革开放和现代化建设全面推向21世纪。"①

——1997年9月12日，中国共产党第十五次全国代表大会召开。江泽民同志在会上作了《高举邓小平理论伟大旗帜，把建设有中国特色社会主义事业全面推向二十一世纪》的重要报告。

报告阐发了10个重大问题：

（1）世纪之交的回顾和展望；

（2）过去五年的工作；

邓小平治国论

---

① 参见《人民日报》1997年7月20日。

（3）邓小平理论的历史地位和指导意义；

（4）社会主义初级阶段的基本路线和纲领；

（5）经济体制改革和经济发展战略；

（6）政治体制改革和民主法制建设；

（7）有中国特色社会主义的文化建设；

（8）推进祖国和平统一；

（9）国际形势和对外政策；

（10）面向新世纪的中国共产党。

党的十五大报告把"邓小平同志建设有中国特色社会主义理论"简明地概括为"邓小平理论"。江泽民同志在报告中要求全党，深刻地理解邓小平理论的历史地位和指导意义。

这次大会的灵魂，就是高举邓小平理论的伟大旗帜。这次大会已经以这一点为标志载入史册。

江泽民同志在报告一开头就鲜明地指出："中国共产党第十五次全国代表大会是一次极为重要的大会，是在世纪之交，承前启后，继往开来，保证全党继承邓小平同志遗志，坚定不移地沿着十一届三中全会以来正确路线胜利前进的大会。""大会的主题是：高举邓小平理论伟大旗帜，把建设有中国特色社会主义事业全面推向二十一世纪。"

江泽民同志强调："坚持十一届三中全会以来的路线不动摇，就是高举邓小平理论的旗帜不动摇。邓小平同志逝世后，全党在这个问题上尤其要有高度的自觉性和坚定性。"

我国社会主义建设的实践证明，作为毛泽东思想的继承和发展的邓小平理论，是指导中国人民在改革开放中胜利实现社会主义现代化的正确理论。"文化大革命"的指导性理论即所谓"无产阶级专政下继续革命的理论"给中国带来的是一场长达10年之久的内乱和浩劫。鼓吹"全盘西化"的资产阶级自由化思潮及其他各种理论观点，给中国带来的是政治动乱。在当代中国，只有把马克思主义同当代中国实践和时代特征结合起来的邓小平理论，而没有别的理论能够解决社会主义的前途和命运问题。

因此，江泽民同志代表党中央建议党的十五大在党章中把邓小平理论确立为党的指导思想，明确规定：中国共产党以马克思列宁主义、毛泽东思想、邓小平理论作为自己的行动指南。十五大代表一致赞同中央的建议，把邓小平理论作为党的指导思想写入了党章。这是我们党经过近20年改革开放和社会主义现代化建设的成功实践作出的历史性决策。作出这个决策，表明中央领导集体和全党把邓小平同志开创的建设有中国特色社会主义事业全面推向新世纪的决心和信念，也反映了全国人民的共识和心愿。

党的十五大在党的历史上留下了极其光辉的一页。它在贯彻邓小平南方谈话精神和总结党的十四大以来的成就和经验的基础上，在深刻分析国内国际形势的基础上，在回顾党的十一届三中全会以来和本世纪以来中国历史发展的基础上，对邓小平理论的历史地位和指导意义、理论精髓和理论主题、科学体系和革命风格作了新的阐发，运用邓小平理论研究解决我国社会经济、政治、文化发展的一系列重大问题取得了新的成果。这标志着我们党对邓小平理论的认识达到了新的高度。

6.4 邓小平理论的历史地位：马克思主义在中国发展的新阶段

我们党强调高举邓小平理论伟大旗帜，在全党同志思想上工作中牢固确立邓小平理论的指导地位，是由邓小平理论的历史地位和指导意义所决定的。在马克思主义的发展史上，邓小平理论是马克思主义在中国发展的新阶段；在当代中国，只有把马克思主义同当代中国实践和时代特征结合起来的邓小平理论，没有别的理论能够解决社会主义的前途和命运问题。

——观察当代中国命运的伟大工具

中国革命和建设的曲折实践告诉我们，领导革命要以正确的世界观作为观察国家命运的工具，领导建设也要以正确的世界观作为观察国家命运的工具。

为了中国的救亡和发展，历代志士仁人前仆后继，寻找真理。直到找到马克思列宁主义这一科学的世界观，中国人民才在精神上由被动转入主动，才有了观察国家命运的科学工具。

然而，这个工具要发挥作用，必须为中国人民娴熟地掌握和运用，因而必须同中国的具体实际相结合。毛泽东同志曾经生动形象地说过：马

邓小平治国论

克思列宁主义是一支好箭，"有些同志则仅仅把箭拿在手里搓来搓去，连声赞曰：'好箭！好箭！'却老是不愿意放出去。这样的人就是古董鉴赏家，几乎和革命不发生关系。马克思列宁主义之箭，必须用了去射中国革命之的。这个问题不讲明白，我们党的理论水平永远不会提高，中国革命也永远不会胜利"[①]。毛泽东思想作为马克思列宁主义基本原理和中国具体实际相结合的第一次历史性飞跃的成果，其意义就是使马克思列宁主义在中国化的过程中为中国人民所掌握，在中国真正发挥了观察国家命运的工具，并有效地解决中国革命复杂问题的伟大作用。

今天，我们肩负着中国实现现代化，巩固和发展社会主义，使中华民族巍然屹立于世界民族之林的历史重任。为之，就需要把马克思列宁主义进一步同当代中国的具体实际相结合，就需要让毛泽东思想在新的历史条件下进一步丰富和发展。从我国进入社会主义之日起，毛泽东同志就开始进行这方面的探索，但他终因晚年指导思想上的失误，没有能够找到中国社会主义建设的正确道路。一直到邓小平在"文化大革命"结束后第三次复出，领导和支持真理标准大讨论，恢复和确立党的解放思想、实事求是的思想路线，并进而实现全党工作重点由阶级斗争到经济建设的战略转移，以十一届三中全会为标志使中国进入了社会主义建设的新时期。新时期最重要的理论成果，就是在马克思列宁主义基本原理和中国具体实际相结合的第二次历史性飞跃过程中，形成和发展了邓小平理论，找到了在中国这样一个经济文化比较落后的国家建设、巩固和发展社会主义的正确道路。

邓小平理论的创立，是科学社会主义发展史上的一件大事，是中国共产党人对科学社会主义的重大贡献。因为，对于社会主义的建设问题，科学社会主义的创始人丝毫不想制造乌托邦，他们把这一问题留给了后人去解决。比如，1881年，荷兰社会民主党打算把"社会党人取得政权以后在政治和经济方面的首要立法措施应当是什么"这一问题，提交给苏黎世国际社会党人代表大会讨论，马克思就此在一封信中尖锐地指出："在将来某个特定的时刻应该做些什么，应该马上做些什么，这当然完全取决于人

① 《毛泽东选集》第三卷，人民出版社1991年版，第819~820页。

们将不得不在其中活动的那个特定的历史环境。但是，现在提出这个问题是虚无缥缈的，因而实际上是一个幻想的问题，对这个问题的唯一的答复应当是对问题本身的批判。"[1]李卜克内西曾经试图填补马克思主义的所谓"理论空白"，详尽地描绘未来社会的图景，这一做法受到了恩格斯严肃的批评。科学社会主义的科学性，就在于它从人类社会发展规律的高度揭示了社会主义取代资本主义的历史必然性，而不是对未来社会如何建设提出一劳永逸的现成方案。因此，后人坚持科学社会主义，就要在现实的基础上按照社会化大生产的要求，探索切实可行的取代资本主义的方法和道路。邓小平理论的意义，就在于从中国实际出发，回答中国社会主义建设的一系列基本问题，形成了建设有中国特色社会主义理论的科学体系，从而使得中国人民有了观察当代中国命运的伟大工具。

值得指出的是，我们强调邓小平理论是观察当代中国命运的伟大工具，是因为我们今天在客观上有这个要求，在主观上也已经具备这样的条件。这是中国社会主义发展进程中主客观因素交互作用的需求和结果。

首先，无论从党自身的建设，还是从党承担的历史责任来看，客观上有这个迫切的需要。在社会主义改革开放和现代化建设的新时期，在跨越世纪的新征途上，党所处的环境和肩负的任务同过去革命战争年代相比，同社会主义改造时期和社会主义建设曲折发展的历史条件相比，有了很大变化，党的思想、政治、组织、作风建设都面临许多新情况和新问题。特别是在邓小平同志逝世以后，党要领导全国各族人民继续巩固和发展十一届三中全会以来取得的伟大成就，促进经济体制和经济增长方式的根本性转变，推动经济发展和社会全面进步；要面对世界范围各种思想文化相互激荡和科学技术的迅猛发展，迎接综合国力剧烈竞争的挑战；要在前进道路上战胜各种困难，坚持党的基本路线不动摇。而且党在加强自身建设，完成肩负的历史重任的时候，会遇到一系列突出的矛盾和问题，要经受各种风险的考验。比如经济发展中出现的地区差别和社会成员收入差距的扩大、国有企业改革和经济结构优化过程中出现的劳动力流动和下岗工人再就业问题、社会主义市场经济和对外开放条件下党政干部的腐败和丑恶社

[1] 《马克思恩格斯全集》第三十五卷，人民出版社1971年版，第154页。

会现象的滋长，等等。与此同时，还会引发一系列不同的认识和观点，遇到来自"左"和右的错误观点的干扰。这一切，需要我们进一步统一思想，高举邓小平理论的旗帜，毫不动摇地以这一理论为指导思想，探索解决各种新情况、新问题的措施和办法，全面推进建设有中国特色社会主义的伟大事业。

同时，从党的思想理论发展来看，主观上已经具备满足客观需要的条件。这就是我们在拨乱反正和全面改革过程中，以新的革命实践为基础，逐步形成和发展了邓小平理论；在党领导全国各族人民扭转"文化大革命"十年内乱造成的严重形势的关头，在经受20世纪80年代末90年代初国际国内风波严峻考验的关头，这一理论又接受了实践的检验，证明了它的真理性及其价值；党的十四大以来，在不断深入开展的理论武装工作中，全党由省部级领导干部带头，认真学习这一理论，已经对这一理论的科学内容、精神实质和历史贡献形成共识。也就是说，邓小平理论已经在实践中证明是指导我国改革开放和现代化建设开拓前进的光辉旗帜，是把人们的思想从各种脱离实际的传统观念中解放出来，在新的实践基础上统一人们认识的指导思想。这就是为什么在当代中国，中国共产党要确立邓小平理论为党的指导思想，要高举邓小平理论的旗帜，把这一理论作为我们观察国家命运的工具。

——同马列主义毛泽东思想一脉相承的科学体系

邓小平理论作为中国共产党观察当代中国命运的工具，具有鲜明的意识形态性质。它在本质上是属于马克思主义思想体系的科学理论。正如党的十五大报告所指出的那样，在当代中国，马克思列宁主义、毛泽东思想、邓小平理论，是一脉相承的统一的科学体系。认识邓小平理论的科学体系，首先必须认清它的思想属性。

1986年9月2日，美国哥伦比亚广播公司记者迈克·华莱士在电视采访邓小平时，问道："您说过，您要活到100岁，然后可以去见马克思，到那时候，马克思旁边可能还坐着毛泽东，他们可能对您说些什么？"邓小平回答说："我是个马克思主义者。我一直遵循马克思主义的基本原则。马克思主义，另一个词叫共产主义。我们过去干革命，打天下，建立中华人民共和国，就因为有这个信念，有这个理想。我们有理想，把马克思主义基本原则同中国实际相结合，所以我们才能取得胜利。革命胜利以后搞建设，我们也是把马克思主义的基本原则同中国实际相结合。我们搞四个现代化建设，人们常常忘记是什么样的四个现代化，是社会主义的四个现代化。这就是我们今天做的事。"①笃信马克思主义，一辈子为共产主义远大理想脚踏实地地奋斗，这就是邓小平。

这种对共产主义执着追求的崇高品格和革命风范，体现在他的全部革命实践活动中，体现在他"三落三起"的经历和他勇敢地开拓中国社会主义发展新道路的进程中。当他受到错误打击、处于逆境的时候，他从不消沉，总是无私无畏，不屈不挠，沉着坚韧，对党对人民无限坚贞，对我们事业的未来怀抱乐观主义；当世界社会主义事业在20世纪80年代末90年代初遭受严重挫折，一些人惊慌失措的时候，他坚信世界上赞成马克思主义的人会多起来，社会主义经历一个长过程发展后必然代替资本主义是历史发展不可逆转的总趋势，挫折使人民经受锻炼、吸取教训，促使社会主义向着更加健康的方向发展。

这种坚定的信念，决定了邓小平同志在领导拨乱反正的过程中，以实践为标准，科学地总结历史经验，把经过长期历史考验形成科学体系的毛泽东思想，同毛泽东晚年所犯的错误区别开来，在根本否定"文化大革命"和"无产阶级专政下继续革命的理论"的同时，坚决顶住否定毛泽东和毛泽东思想的错误思潮，维护毛泽东同志的历史地位，肯定毛泽东同志为中国革命和社会主义事业的发展建立了不可磨灭的功勋，肯定毛泽东思想是我们党的宝贵精神财富，将长期对我们的行动起指导作用。他深情地说："从许多方面来说，现在我们还是把毛泽东同志已经提出、但是没有做的事情做起来，把他反对错了的改正过来，把他没有做好的事情做好。今后相当长的时期，还是做这件事。当然，我们也有发展，而且还要继续发展。"②邓小平理论正是毛泽东思想在新的历史条件下的继承和发展。

这种坚定的信念，决定了邓小平同志在领导全面改革的过程中，始

---

① 《邓小平文选》第三卷，人民出版社1993年版，第173页。
② 《邓小平文选》第二卷，人民出版社1994年版，第300页。

邓小平治国论

终围绕着搞清楚"什么是社会主义、怎样建设社会主义"这个根本问题，探索在中国这样一个经济、文化比较落后的国家如何建设、巩固和发展社会主义的正确道路，并把这样的探索同实现共产主义的远大理想联系了起来。在同外宾的谈话中，邓小平反复强调："社会主义是共产主义的第一阶段。落后国家建设社会主义，在开始的一段很长时间内生产力水平不如发达的资本主义国家，不可能完全消灭贫穷。所以，社会主义必须大力发展生产力，逐步消灭贫穷，不断提高人民的生活水平。否则，社会主义怎么能战胜资本主义？到了第二阶段，即共产主义高级阶段，经济高度发展了，物资极大丰富了，才能做到各尽所能，按需分配。"[1]邓小平同志既不因为我国现阶段尚处在社会主义初级阶段而淡漠共产主义的理想，也不因为我们胸怀共产主义理想而实行超越社会主义初级阶段的方针政策。他总是清醒地立足社会主义初级阶段的实际，为实现共产主义创造物质基础。

由此可见，在拨乱反正和全面改革中逐步形成和发展起来的邓小平理论，体现了邓小平同志的共产主义信仰，贯通了马克思主义的哲学、政治经济学和科学社会主义的基本原理，是从马克思列宁主义、毛泽东思想一脉相承下来的当代中国的马克思主义。它们在观察问题的基本立场、观点、方法上，在关于世界发展的普遍规律特别是人类社会发展普遍规律的认识上，在关于工人阶级的历史使命和实现使命的基本原则问题上，都是一致的。比如，它们坚持的世界观和方法论都是辩证唯物主义和历史唯物主义；指明的奋斗方向和目标都是社会主义和共产主义；确定的实现社会主义和共产主义的领导力量都是工人阶级及其先锋队共产党；等等。党的七大时，我们党提出高举毛泽东思想旗帜，不是排斥和抛弃马克思列宁主义，今天我们党提出高举邓小平理论旗帜，也不是排斥和抛弃马克思列宁主义、毛泽东思想。在当代中国，坚持邓小平理论，就是真正坚持马克思列宁主义、毛泽东思想；高举邓小平理论的旗帜，就是真正高举马克思列宁主义、毛泽东思想的旗帜。

——新的实践和马克思主义在中国发展的新阶段

---

[1] 《邓小平文选》第三卷，人民出版社1993年版，第10页。

党的十五大报告鲜明地指出的"马克思主义在中国发展的新阶段"，同党的十四大以来形成的共识如"当代中国的马克思主义"，精神实质是一致的。同时，这一新的判断更有力、更直接地说明了邓小平理论的历史地位。

那么，为什么说邓小平理论是"马克思主义在中国发展的新阶段"呢？

首先，邓小平理论是我们党和人民进行改革开放和社会主义现代化建设这一新的革命实践的产物。我们知道，毛泽东思想和邓小平理论是在中国共产党领导的两次伟大革命过程中，经过两次历史性飞跃，由时代造就的两个伟大人物创立的。从中可以注意到，这两大理论成果的形成，有一个相同、两个不同。两大理论成果都是在马克思主义基本原理和中国具体实际相结合过程中形成或创立的，这是它们的相同之处。在这个意义上，可以说这两大理论成果都是"马克思主义在中国发展"的成果。而两大理论成果形成的历史条件（包括社会发展阶段和实践基础）是不同的，毛泽东思想是在党领导的把半殖民地半封建的旧中国变成社会主义新中国的革命过程中形成的，邓小平理论是在中国由不发达的社会主义国家变成富强民主文明的社会主义现代化国家的建设和改革过程中形成的。这是一个不同之处。与此相联系，两大理论成果承担的历史使命也是不同的，毛泽东思想主要回答和解决的是半殖民地半封建的中国向何处去的问题，即中国的建国问题；邓小平理论是在中国进入社会主义社会后，继承毛泽东的未竟之业，主要回答和解决的是什么是社会主义、怎样建设社会主义的问题。由于这两大不同之处不是个别场合、个别问题上的不同，而是有其历史性、时代性的特点，因此邓小平对毛泽东思想的继承和发展也不只是在一些个别问题或具体论断上的继承和发展，而是整体上的推进。在这个意义上，我们说邓小平理论是马克思主义在中国发展的"新阶段"。

同时，邓小平理论在理论的内容和特点上，也确实把马克思主义在当代中国发展到了一个新阶段。

邓小平理论对马克思列宁主义、毛泽东思想的发展，作出了一系列新的重大贡献。党的十三大阐述了这一理论的12个科学理论观点，指出这

邓小平治国论

些观点构成了这一理论的轮廓。党的十四大进一步阐述了这一理论体系的主要内容，从9个方面列举了一系列重要思想、观点。突出的是：解放思想、实事求是、实践是检验真理的唯一标准和"三个有利于"的观点；社会主义本质的观点；社会主义初级阶段的观点；社会主义市场经济的观点；改革开放是解放和发展生产力的必由之路的观点；允许和鼓励一部分地区一部分人先富起来，以带动越来越多的地区和人们逐步达到共同富裕的观点；一切反映现代社会化生产规律的先进经营方式、管理方法，资本主义可以用、社会主义也可以用的观点；科学技术是第一生产力的观点；"两手抓、两手都要硬"的观点；"一国两制"实现我国和平统一的观点；和平和发展是当代世界主题的观点；把我们党建设成为领导全国人民进行社会主义物质文明和精神文明建设的坚强核心的观点；等等。这些新的思想、观点，是邓小平理论贡献于马克思主义和社会主义的最可珍贵的东西。这些新的思想、观点，在党的十一届三中全会以来邓小平同志的著作中以及党和国家的重要文献中，得到深刻的阐述。

我们强调邓小平理论是马克思主义在中国发展的新阶段，"在中国"是地域定位，说明邓小平理论是马克思主义在中国的运用和发展；"新阶段"是历史定位，说明邓小平理论相对于毛泽东思想是马克思主义在中国发展的一个新阶段。这是因为：

第一，邓小平理论坚持解放思想、实事求是，在新的实践基础上继承前人又突破成规，开拓了马克思主义的新境界。实事求是，是马克思列宁主义的精髓，是毛泽东思想的精髓，也是邓小平理论的精髓。在改革开放和现代化建设过程中，邓小平同志和我们党在关键时刻作出的每一项重大决策，都体现了解放思想、实事求是这一革命胆略和科学精神相统一的思想路线。"文化大革命"结束以后，在中国面临向何处去的重大历史关头，邓小平同志于1978年发表了《解放思想，实事求是，团结一致向前看》的重要讲话。这是冲破"两个凡是"的禁锢，开辟新时期新道路，开创建设有中国特色社会主义新理论的宣言书。20世纪80年代末90年代初，在我们党和国家面临国际国内政治风波严峻考验的重大历史关头，邓小平同志于1992年又发表了南方谈话。这是深刻回答长期束缚人们思想的许多重大认识问题，把改革开放和现代化建设推进到新阶段的又一个解放思想、实事求是的宣言书。面对新形势新任务，邓小平理论要求我们坚持解放思想、实事求是，坚持实践是检验真理的唯一标准，坚持一切以是否有利于发展社会主义社会的生产力、有利于增强社会主义国家的综合国力、有利于提高人民的生活水平这"三个有利于"为根本判断标准。坚决抛弃那些对马克思主义的某些原则、某些本本的教条式理解，抛弃那些对社会主义不科学的甚至扭曲的认识，抛弃那些超越社会主义初级阶段的不正确思想，同时坚决反对那些根本否定马克思主义的错误观点，不断开拓我们事业的新局面。

第二，邓小平理论坚持科学社会主义理论和实践的基本成果，抓住什么是社会主义、怎样建设社会主义这个根本问题，深刻地揭示社会主义的本质，把对社会主义的认识提高到了新的科学水平。一个半世纪前，《共产党宣言》的发表，标志着社会主义从空想变为科学，科学社会主义理论为人类社会的发展指明了方向。但是，我们在建设社会主义的实践中，对于什么是社会主义、怎样建设社会主义这个根本问题，并没有完全搞清楚。我国社会主义实践在改革开放前所经历的曲折和失误，归根到底就在于对这个问题没有完全搞清楚；改革开放以来在前进中遇到的一些犹疑和困惑，归根到底也在于对这个问题没有完全搞清楚。新时期的思想解放，关键就是在这个根本问题上的思想解放。党的十一届三中全会以来，邓小平同志总结历史经验，明确指出贫穷不是社会主义，发展太慢也不是社会主义；平均主义不是社会主义，两极分化也不是社会主义；僵化封闭不能发展社会主义，照搬外国也不能发展社会主义；没有民主就没有社会主义，没有法制也没有社会主义；不重视物质文明搞不好社会主义，不重视精神文明也搞不好社会主义。在纠正过去错误认识的基础上，邓小平同志根据新的实践和新的经验，提出了一系列崭新的理论观点。他创造性地提出了关于社会主义初级阶段的理论，指出社会主义是共产主义的初级阶段，而中国现在还处于社会主义的初级阶段，就是不发达的阶段；创造性地提出了关于社会主义市场经济的理论，指出计划经济不等于社会主义，市场经济不等于资本主义，社会主义也可以搞市场经济；尤其是创造性地

邓小平治国论

提出了关于社会主义本质的理论，指出社会主义的本质是解放生产力、发展生产力，消灭剥削、消除两极分化，最终达到共同富裕。所有这一切，都是围绕什么是社会主义、怎样建设社会主义这个根本问题，在新的历史条件下把对马列主义、毛泽东思想的继承、坚持同发展、创新辩证地统一起来，把对社会主义的认识提高到了新的科学水平。

第三，邓小平理论坚持用马克思主义的宽广眼界观察世界，对当今时代特征和总体国际形势，对世界上其他社会主义国家的成败，发展中国家谋求发展的得失，发达国家发展的态势和矛盾，进行正确分析，作了新的科学判断。第二次世界大战以后半个多世纪以来，资本主义国家出现了许多新的变化，社会主义国家也面临着许多新的情况，日新月异的科学技术进步深刻地改变了当代经济、社会生活和世界面貌。马克思主义者要认真对待世界经济、社会生活发生的新变化，墨守成规只能导致落后甚至失败。针对新的形势，邓小平同志明确指出，和平与发展已经成为当今世界的两大主题。在作出这个总判断的基础上，邓小平同志领导我们党制定了正确的路线和国际战略，用一系列新思想、新观点丰富和发展了马列主义、毛泽东思想，为我们党一心一意搞社会主义现代化建设奠定了理论基础，也为我们党在复杂变幻的国际局势中冷静观察，沉着应付，抓住机遇，发展自己，提供了明确的指针。这是邓小平理论所蕴含的鲜明的时代精神。

第四，总起来说，邓小平理论形成了新的建设有中国特色社会主义理论的科学体系。这一理论，是在和平与发展成为时代主题的历史条件下，在我国改革开放和现代化建设的新的实践中，在总结我国社会主义建设的历史经验和新鲜经验，并借鉴其他社会主义国家兴衰成败历史经验的基础上，逐步形成和发展起来的。邓小平理论贯穿解放思想、实事求是的思想路线，围绕什么是社会主义、怎样建设社会主义这个根本问题，第一次比较系统地初步回答了中国社会主义的发展道路、发展阶段、根本任务、发展动力、外部条件、政治保证、战略步骤、党的领导和依靠力量以及祖国统一等一系列基本问题，形成了一系列相互联系的基本观点。它贯通马克思主义哲学、政治经济学和科学社会主义等领域，涵盖经济、政治、科技、教育、文化、民族、军事、外交、统一战线、党的建设等方面，是一个比较完备的科学体系，又是需要从各方面进一步丰富发展的科学体系。这一科学体系，经过改革开放和现代化建设实践的检验，已经被证明是指导中国人民建设有中国特色社会主义、保证中国在改革开放中实现国家繁荣富强和人民共同富裕的系统的科学理论。

这四"新"归一"新"，就是使马克思主义在中国发展到了新阶段。由此从根本上决定了我们在改革开放和现代化建设的新时期，必须高举邓小平理论的伟大旗帜，坚持以这一理论为党的指导思想。

——科技发展和马克思主义在中国发展的新阶段

邓小平理论能够把马克思主义在中国发展到新阶段，除了邓小平同志善于从中国实际出发创造性地运用马克思主义这一主要特点外，以敏锐的眼光关注人类在科技领域取得的最新成果也是一个重要特点。

邓小平同志曾经语重心长地说过："现在世界突飞猛进地发展，科技领域更是如此，中国有句老话叫'日新月异'，真是这种情况。我们要赶上时代，这是改革要达到的目的。"[1]马克思主义者不能脱离时代，不能落伍于时代，必须赶上时代，领导时代发展的新潮流。为此，必须密切关注国际经济、政治形势的变化发展，也必须密切关注世界各国生产力发展特别是科技进步和发展的态势。邓小平同志如此重视科技进步，就是为了我们能够立足时代，赶上时代。

科技进步对于时代的意义，首先在于科学的发现和技术的创新都直接推动社会生产力的发展，并由此推动着社会的发展和时代的进步。马克思主义告诉我们，历史中的决定性因素，归根结底是直接生活的生产和再生产。在生产关系和生产力的矛盾运动中，生产力总是制约并推动着生产关系的变革和社会的发展。而在社会生产力中，无论是劳动者，还是劳动资料，都凝结着科学技术的创造力量。在当今世界，科学技术同生产力的关系，已经进入一个全新的境界。这就是邓小平同志所揭示的："马克思讲过科学技术是生产力，这是非常正确的，现在看来这样说可能不够，恐怕是第一生产力。"[2]现代科学技术的发展，使科学与生产的关系越来越

邓小平治国论

密切。许多新的生产工具、新的工艺，首先在科学实验室里被创造出来；一系列新兴工业，如高分子合成工业、原子能工业、电子计算机工业、半导体工业、宇航工业、激光工业等，都是建立在新兴科学基础之上的。因此，从生产力发展来看，关注时代必须了解科技的进步，赶上时代必须掌握科学发展的特点和态势。

科技进步对于时代的意义，同时在于科技发展对社会经济、政治、文化和军事等各方面的变化有着很大的关系，科技进步是判断时代进步的一个认识工具，比如中国的四大发明：造纸、火药、指南针和印刷术。唐宋时期发明的火药和活字印刷，正是唐宋经济、政治、文化和军事发展的重要因素，又是唐宋时期中国文明的重要标志。值得一提的是，这四大发明传到欧洲后，催生了那里的文艺复兴运动。马克思说："火药、指南针、印刷术——这是预告资产阶级社会到来的三大发明。"[1]马克思、恩格斯观察社会的一个显著特点，就是善于从科学技术的进步来判断时代的变化。比如恩格斯说过："分工，水力，特别是蒸汽机的利用，机器的应用，这就是从18世纪中叶起工业用来摇撼旧世界基础的三个伟大的杠杆。小工业创造资产阶级，大工业创造了工人阶级，并把资产阶级队伍中的少数选民拥上宝座，可是，这只是为了后来在某个时候更有把握地推翻他们。"[2]这是马克思、恩格斯研究世界、判断时代的一个重要方法。

科技进步对于时代的意义，还在于科技发展是理论发展的重要源泉。我们今天重视科技，不仅要研究它与生产力发展和社会进步的关系，而且要研究它给马克思主义理论的发展提供了哪些新材料。恩格斯在马克思墓前的著名演讲中说："在马克思看来，科学是一种在历史上起推动作用的、革命的力量。任何一门理论科学中的每一个新发现——它的实际应用也许还根本无法预见——都使马克思感到衷心喜悦，而当他看到那种对工业、对一般历史发展立即产生革命性影响的发现的时候，他的喜悦就非同寻常了。"[3]因为，马克思懂得，这种发现是时代进步的标志，背后隐示

---

[1]《马克思恩格斯全集》第四十七卷，人民出版社1979年版，第427页。

[2]《马克思恩格斯全集》第二卷，人民出版社1957年版，第300页。

[3]《马克思恩格斯选集》第三卷，人民出版社2012年版，第1003页。

着社会发展的方向，是充实、丰富和发展自己学说的重要素材。所谓"水推磨产生的是封建主的社会，蒸汽磨产生的是工业资本家的社会"这一马克思的著名论断，就是他从科技进步中揭示人类社会发展规律的简明而又形象的说法。恩格斯在《英国工人阶级状况》中仔细研究了18世纪科技发明同工业革命、工厂制度、工业体系的扩大和社会文明程度提高的关系后，对历史唯物主义作了深入的阐发。因此，他们研究社会发展规律，不仅研究重大的政治事件，而且研究这些重大事件背后的经济动因以及科技在其中的重要作用。马克思、恩格斯总是以一种宽广的眼界看待科学技术的发展，把这种发展作为马克思主义发展的重要基础。马克思在谈到达尔文进化论对他的影响时说："达尔文的著作非常有意义，这本书我可以用来当做历史上的阶级斗争的自然科学根据。"[1]只要看一下马克思主义诞生时的历史背景造就的社会化大生产以及与此相联系的无产阶级，使马克思在把社会主义从空想到科学的转变中找到了现实的物质力量；在德国思想界、科学界对牛顿的机械自然观批判中出现的康德的宇宙进化论、谢林的对立统一理论、黑格尔的辩证法、费尔巴哈的唯物主义，使马克思在对人类社会发展规律的揭示中创立了辩证唯物主义的世界观和认识论。马克思主义诞生后，这一科学理论的创始人仍然关注着科学的进展，并从这种进展中丰富和发展这一科学理论。比如，当他们读到摩尔根研究古代社会的科学发现成果时，十分高兴地吸收进自己的学说，并由恩格斯在《共产党宣言》中加上注释指出："至今一切社会的历史都是阶级斗争的历史"指的是原始公社解体后的历史。[2]在某种意义上可以说，马克思主义的科学性，就在于它建立在自然科学、社会科学和思维科学一系列重大成果的基础之上。

这就要求一切马克思主义的后继者，都要像马克思、恩格斯那样，尊重科学，重视科学技术每一个重大发现，并在科学技术的发展中丰富和发展马克思主义。真正的马克思主义者都应该在这方面下功夫、有作为。马克思去世前已经发明的电机、电话、电灯，在马克思去世后逐步出现了

① 《马克思恩格斯文集》第十卷，人民出版社2009年版，第179页。
② 《马克思恩格斯选集》第一卷，人民出版社2012年版，第400页。

邓小平治国论

一个以电气化为标志的新技术革命，当时恩格斯就敏锐地指出：它"将为我们开辟一条道路"，并且预见"它终将成为消除城乡对立的最强有力的杠杆"。①恩格斯去世后，电气化热潮迅速地改变着欧美和日本的经济社会生活。列宁敏锐地注意到这一技术革命的社会意义，立即把社会主义的物质基础建立在电气化上，提出了"共产主义就是苏维埃政权加全国电气化"的著名公式。②1903年，美国机械学会发表了首创管理学的泰勒的论文《工厂管理法》，1911年泰勒又出版《科学管理原理》一书，系统阐述了有关企业定额管理、作业规程管理、计划管理等一整套管理的理论和方法。美国福特汽车厂采用"泰勒制"管理理论和管理方法，大量节约人力、物力，提高了劳动生产率，使汽车售价从当时的8000美元一辆降到850美元一辆，且提高工人工资1倍。在这种常人看来纯粹为资本主义的管理方法，列宁又发现了它的科学意义，提出建设社会主义也要采用"泰勒制"。在这个方面，列宁表现出了一个真正的马克思主义者的宽广眼界和科学态度。

在一个时期里，马克思主义的队伍里出现了一种同上述"马克思主义的宽广眼界"相反的倾向。一些人总是狭隘地对待科技成果，特别是资本主义国家自然科学家和社会科学家的重大发现，不是把它斥之为"资产阶级的反动谬论"，就是把它们看作"唯心主义"的垃圾。毛泽东同志针对这种情况，提出了"双百方针"。但后来由于"左"的指导思想的发展而未能真正贯彻。邓小平同志在创立建设有中国特色社会主义理论的时候，继承了"马克思主义的宽广眼界"，十分重视世界各国包括资本主义发达国家科技的最新发展，并在新科技革命的背景下研究中国社会主义现代化的任务和特点，探索马克思主义在当代的新发展。他曾经深刻地指出："世界形势日新月异，特别是现代科学技术发展很快。现在的一年抵得上过去古老社会几十年、上百年甚至更长的时间。不以新的思想、观点去继承、发展马克思主义，不是真正的马克思主义者。"③

---

① 《马克思恩格斯全集》第三十五卷，人民出版社1971年版，第445~446页。
② 《列宁选集》第四卷，人民出版社2012年版，第364页。
③ 《邓小平文选》第三卷，人民出版社1993年版，第291~292页。

党的十五大指出：马克思主义之所以是科学，就因为它始终严格地以事实作为自己的根据。而实际生活总是在不停的变动中，这种变动的剧烈和深刻程度，在近100年来达到前人难以想象的程度。因此，马克思主义必定随着实际生活的发展而不断发展，不可能一成不变。这一极其深刻的论断，包括马克思主义者要研究马克思去世后100多年来，特别是近50年来，世界科技发展的成果，研究这种成果对于马克思主义丰富和发展的意义。邓小平同志强调，这是当代真正的马克思列宁主义者的历史使命。

邓小平同志用"日新月异"这4个字形容当代世界科技发展的特点，恰如其分。有文献资料证明，第二次世界大战以来，科学技术的发展经历了5次伟大革命。第一次，从1945年到1955年，是以原子能的释放与利用为标志，人类开始了利用核能的新时代；第二次，从1955年到1965年，是以人造地球卫星的成功发射为标志，人类开始了摆脱地球引力向外层空间进军；第三次，从1965年到1975年，是以1973年重组DNA实验的成功为标志，人类进入了可以控制遗传和生命过程的新阶段；第四次，从1975年到1985年，是以微处理机大量生产和广泛使用为标志，揭开了扩大人脑能力的新篇章；第五次，从1985年到现在，是以软件开发和大规模产业为标志，人类进入信息革命的新纪元。也有人说，今天科学技术正在步步逼近对自然界原有认识的各种"极限"。目前超高温、超低温、超真空、超导、超强磁场、彻底失重等研究已经取得进展，预示着21世纪人类将超脱"尘寰世界"，进入一个奇妙无比的"超级"境界。至于已有曙光的"人工智能"的开发和遗传工程的研究，在进入21世纪不久就会取得惊人的成果。还有诸如宇宙空间技术和海洋开发技术的进展、聚变反应堆的研究等，都给人类展现了前人难以想象的前景。这些巨大的科技革命成果，无疑会给人类社会的发展和物质生活方式、思维方式的变化，产生巨大的影响。

在经济发展过程中，科学技术已经并将要更突出地成为邓小平所说的"第一生产力"；经济组织的经营、管理方式无疑将在科技发展过程中越来越向社会化方向大幅度地拓展；世界各国的经济联系将比以往任何时候

邓小平治国论

更密切，相互开放和依赖程度必将大大增强；同经济全球化相联系，与科技和经济发展相伴随的各种全球性问题也将更加引人关注，要靠人类的共同努力来解决。

在政治和社会生活中，同科技发展紧密联系的知识分子，包括科技专家、管理人员和高新技术操作人员，作为工人阶级中掌握科学文化知识较多的一部分，由于其数量的急剧增加而使工人阶级的结构和素质发生重大变化，从而对工会组织、无产阶级政党及其领导的社会主义运动提出了新的要求；在世界科技发展与交流中形成的人类交往方式将使各国人民的联系更加紧密，规范这种联系的各种规则将成为各国民主法制和道德建设中的共同内容。在文化发展和思维方式方面，不仅因科技革命的新成果使人类的知识以爆炸式的方式激增，使人类的认识能力和认识水平达到一个崭新的阶段，而且使人文学科在新科技革命的影响和渗透下产生深刻的变化，使人类的思维方式向系统化方向发展，对人的世界观和方法论产生重大的影响。

这一系列变化，无疑已经并将进一步要求马克思主义理论作出回应。如果我们对此麻木不仁、毫无反应，或者自以为是、墨守成规，只能导致落后，甚至失败。因为马克思主义的生命力在于实践，只有伴随着实践包括科技的发展而发展，马克思主义才能永葆生机和活力。不仅如此，我们还要看到，在当今世界，发达资本主义国家作为我们的竞争对手，占有经济、科技的优势。它们总是利用这种优势在经济、政治上对我们施压，在意识形态领域进行渗透，甚至无视发展中国家的主权。我们只有面对科技的发展，在理论上作出正确的回应，坚持马克思主义又发展马克思主义，才能从思想认识上"赶上时代"开始，到战略部署和实际工作中一步步"赶上时代"，在国际合作和竞争中争取主动，逐步赢得同资本主义相比较的优势。

对此，邓小平同志不仅给我们做出了以宽广眼界观察世界的光辉榜样，而且在研究世界新科技革命发展特点过程中作出了一系列深刻的精辟的论断，给我们指出了研究这一问题、迎接时代挑战的正确方向。他强调我国处在社会主义初级阶段，根据之一即在于我国教育科技落后，生产力水平低下；他强调我国社会主义的根本任务是发展生产力，关键就是要实现科技的现代化；他强调我国分三步走基本实现现代化，战略重点之一是科学；他强调的改革包括经济体制、政治体制改革，也包括教育体制和科技体制的改革，而所有这一切改革的关键是要"尊重知识，尊重人才"；他强调对外开放，是要借鉴和利用世界科技成果和先进的管理方式作为我们发展的起点；他强调坚持四项基本原则包括要为科技发展提供政治保证，也包括要吸收科技成果给这些原则赋予新的时代内容。邓小平理论在某种意义上就是当代中国的马克思主义者对世界新科技革命的一种积极的回应。研究邓小平理论的历史地位，阐述邓小平理论是马克思主义在中国发展的新阶段，必须看到当代世界科技发展对当代中国马克思主义发展的这种深刻影响。

今天，以习近平同志为总书记的党中央，和以江泽民同志为核心的党中央、以胡锦涛为总书记的党中央一样，高举邓小平理论的伟大旗帜，以无比强烈的历史责任心和前辈领导人所没有的科学知识，沿着邓小平同志指出的方向，关注着世界新科技革命的发展态势，抓住这一极好机遇，领导人民制定了"科教兴国"和可持续发展战略，努力在建设有中国特色社会主义的伟大实践中丰富和发展马克思主义。善于理论创造的中国共产党，一定能在新一代中央领导集体带领下，完成当代中国马克思主义者的历史重任。

邓小平治国论

第二章　邓小平的治国理想

> 1978年邓小平进行的事实上的革命建
> 立了有中国特色的社会主义，使中华人民共
> 和国现代化并强盛。以1978年三中全会为标
> 志的革命由于批判"文化大革命"恢复了次
> 序，重振中国在国际上的声望，大幅度增加
> 生产，提高了人民日常生活的标准，从而使
> 共产党的统治继续具有合法性。
>
> ——（美）格里特·龚

创立建设有中国特色社会主义理论的目的是什么？要理解和掌握邓小平建设有中国特色社会主义理论，必须深入地研究邓小平同志1978年步入74岁高龄以后进行的理论思考和理论总结的目的。这个"目的"问题，也就是邓小平同志的追求。邓小平同志的理想，即邓小平同志的治国理想。

1．邓小平的理想[①]

在邓小平同志著作的外文译本《当代中国的基本问题》中，邓小平同志在序言中写道："我是中国人民的儿子。我深情地爱着我的祖国和人民。"

---

① 本文选自《邓小平——当代中国马克思主义的创立者》，上海人民出版社1995年版，第273~316页。部分选自湖南人民出版社2002年版《李君如文集：邓小平理论研究》（下），第733~745页。

字里行间，洋溢着一个共产主义老战士的爱国主义情操。爱祖国，爱人民，为中华民族的统一和振兴而奋斗，就是这位共产主义老战士矢志不渝追求的伟大理想。

循着这一思绪探寻邓小平同志创立建设有中国特色社会主义理论的动因，我们可以清晰地看到这一当代中国的马克思主义是社会主义同爱国主义相统一的科学理论。

1.1　中华民族的统一和振兴

作为一个伟大的爱国主义者，邓小平同志的理想就是要实现中华民族的统一和振兴，包括国家的现代化，国家的主权和安全，国家的完全统一。

——现代化：国家的命运、民族的命运

邓小平同志曾经说过，我们主要做了两件事，一是拨乱反正，二是全面改革。拨乱反正的突出成果，就是实现了工作重点由阶级斗争到现代化建设的转变；全面改革的目的和结果，就是社会主义现代化。现代化建设，是邓小平同志设计的有中国特色社会主义蓝图中的核心内容。

1980年1月16日，邓小平同志在《目前的形势和任务》中站在战略的高度提出，我们在20世纪80年代要做三件大事：第一件事，是在国际事务中反对霸权主义，维护世界和平。第二件事，是台湾回归祖国，实现祖国统一。第三件事，要加紧经济建设，就是加紧四个现代化建设。他特别强调地指出："三件事的核心是现代化建设。"①

在这之前，邓小平同志还反复强调："社会主义现代化建设是我们当前最大的政治"。②

为什么邓小平同志把现代化建设置于他设计的蓝图中的核心地位？为什么邓小平同志把现代化建设说成是我们当前最大的政治？

我们一般都讲发展社会生产力是社会主义的根本任务，社会主义初级阶段尤其要注重生产力的发展，也就是从科学社会主义的角度来论述社会主义现代化建设的必要性和重要性。这样的论述，完全符合邓小平同志的

---

① 《邓小平文选》第二卷，人民出版社1994年版，第240页。
② 《邓小平文选》第二卷，人民出版社1994年版，第163页。

邓小平治国论

本意。他多次说过：“社会主义是共产主义的第一阶段。落后国家建设社会主义，在开始的一段很长时间内生产力水平不如发达的资本主义国家，不可能完全消灭贫穷。所以，社会主义必须大力发展生产力，逐步消灭贫穷，不断提高人民的生活水平。”①

但是，仅仅这样讲，还不能展示邓小平同志如此强调社会主义现代化建设的全部思想。他认为现代化建设是各项工作的核心，是我们当前最大的政治，一个很重要的思考角度是为了中华民族的振兴，是为了中国能够岿然屹立于世界民族之林。

邓小平同志是从中国近代历史中一步步走过来的人。他说过：“我是一个中国人，懂得外国侵略中国的历史。”②中国曾经是一个经济文化相当发达的国家，中国的封建文明在世界历史上留下过光辉的一页，但在欧洲产业革命的潮流面前落伍了，加上鸦片战争前有300多年的闭关自守，把中国搞得贫穷落后，愚昧无知。落后势必挨打。从1840年鸦片战争开始，历经1856年至1860年的第二次鸦片战争、1884年至1885年的中法战争、1894年至1895年的中日甲午战争，到1900年英美法德日俄意奥八国联军侵占北京城等一系列重大战争，清朝政府每战即败、丧权辱国、割地赔款；中国人民生灵涂炭、家破人亡、历尽灾难，中国社会一步步沦为半殖民地半封建社会。1979年3月底，在论述中国的国情和中国搞现代化建设必须坚持四项基本原则这些重大问题时，邓小平同志强调：“帝国主义、封建主义、官僚资本主义长时期的破坏，使中国成了贫穷落后的国家。”“社会主义的中国在经济、技术、文化等方面现在还不如发达的资本主义国家，这是事实。但是这不是社会主义制度造成的，从根本上说，是解放以前的历史造成的，是帝国主义和封建主义造成的。”③因此，邓小平同志反复提醒我们，发展生产，搞好经济，是民族的要求，是民族生存的基础。

不仅如此，邓小平同志还深知，在当代中国，国力的强弱，经济发

① 《邓小平文选》第三卷，人民出版社1993年版，第10页。
② 《邓小平文选》第三卷，人民出版社1993年版，第357页。
③ 《邓小平文选》第二卷，人民出版社1994年版，第163页，第166~167页。

第二章　邓小平的治国理想

展的快慢，直接关系到中华民族在世界上的生存和发展、地位和作用。在当代世界，和平和发展已经成为两大主题。但是，这并不意味着霸权主义和强权政治已经退出历史舞台。邓小平同志在1989年3月23日曾经指出："中国革命胜利后，一直奉行反对霸权主义、维护世界和平、支持一切被压迫民族独立和解放斗争的政策。这个任务还没有结束，可能至少还要进行一个世纪的斗争。"①同年11月23日，他还说过："霸权主义过去是讲美苏两家，现在西方七国首脑会议也是霸权主义、强权政治。"②霸权主义恃强凌弱的本性，决定了它们的锋芒不仅要针对社会主义国家，还要针对一切弱小民族和不发达国家。中国作为一个发展中的社会主义国家，无论从社会制度和意识形态的差异来讲，还是从国力的强弱来讲，都是霸权主义和强权政治虎视眈眈地敌视的对象。我们爱好和平，但我们不得不接受霸权主义和强权政治的挑战并与其进行有理、有利、有节的斗争。反对霸权主义，维护世界和平，是我们的外交战略。而要有效地贯彻这一外交战略，反对霸权主义，不仅要诉诸于理性和道义，还要诉诸于国家的实力。邓小平同志说："我们在国际事务中起的作用的大小，要看我们自己经济建设成就的大小。如果我们国家发展了，更加兴旺发达了，我们在国际事务中的作用就会大。现在我们在国际事务中起的作用并不小，但是，如果我们的物质基础、物质力量强大起来，起的作用就会更大。"③所以，"我们集中力量搞四个现代化，着眼于振兴中华民族。没有四个现代化，中国在世界上就没有应有的地位"。④

"着眼于振兴中华民族"，证明邓小平同志是提出"振兴中华"口号的孙中山、致力于振兴中华的毛泽东的最优秀的继承者；"着眼于振兴中华民族"，证明邓小平同志既是一位伟大的社会主义者和共产主义战士，又是一位伟大的爱国主义者；"着眼于振兴中华民族"，更证明邓小平同志把经济建设作为全党各项工作的重点，把现代化建设置于有中国特色社会主义蓝图的核心，把现代化建设看作我们当前最大的政治，其深层的动

① 《邓小平文选》第三卷，人民出版社1993年版，第289页。
② 《邓小平文选》第三卷，人民出版社1993年版，第345页。
③ 《邓小平文选》第二卷，人民出版社1994年版，第240页。
④ 《邓小平文选》第三卷，人民出版社1993年版，第357页。

因是为了国家的利益、民族的利益。这就是他在领导全党实现工作重点转移时所说的——"能否实现四个现代化，决定着我们国家的命运、民族的命运。"①

——国家主权和安全：国权，国格

1989年12月1日，在会见以樱内义雄为团长的日本国际贸易促进协会访华团成员时，邓小平同志在纵论中国春夏之交的政治动乱和西方对我国的所谓制裁等问题时，提出了一个著名的论断："国家的主权和安全要始终放在第一位"。②

提出这个问题，是因为中国人民自1840年鸦片战争以来，任人宰割，丧权辱国，蒙受了极大的耻辱，深知国家的主权和安全对一个国家、一个民族和每一个中国人民来说，是一个命根子。从孙中山到毛泽东，领导中国民主革命就是为了彻底废除帝国主义在枪炮强权中逼迫清政府签下的不平等条约，收回国家的主权，维护国家的安全。当毛泽东同志在开国大典上升起五星红旗时，意味着中国人民在中国共产党的领导下从此站立起来了，国家的主权开始掌握在人民的手中了。因此，从毛泽东到邓小平，在领导社会主义革命和社会主义建设这一崭新的事业中，深知维护国家的主权和安全的极端重要性。当20世纪50年代初，美帝国主义燃起的战火烧到鸭绿江边的时候，尽管新生的中国百废待兴、十分困难，但毛泽东同志毅然决定抗美援朝，提出"保家卫国"的口号，坚决维护我国的领土完整、边疆安全、主权不容侵犯；当60年代初，社会主义苏联的领导人大搞"老子党"、大国沙文主义的时候，尽管我国的社会主义建设遇到了严重的困难和挫折，但毛泽东同志又毅然决定艰苦奋斗、自力更生，还清一切债务，坚决抵制一切有损我国主权、有害我国安全的图谋。同样，在邓小平同志制定对外开放政策时，明确宣布："中国人民珍惜同其他国家和人民的友谊和合作，更加珍惜自己经过长期奋斗而得来的独立自主权利。任何外国不要指望中国做他们的附庸，不要指望中国会吞下损害我国利益的苦果。"③当1989

① 《邓小平文选》第二卷，人民出版社1994年版，第162页。
② 《邓小平文选》第三卷，人民出版社1993年版，第347页。
③ 《邓小平文选》第三卷，人民出版社1993年版，第3页。

年春夏之交发生政治风波，西方国家蛮横干涉我国内政，甚至对我国实行所谓"制裁"时，邓小平同志旗帜鲜明地提出了要把国家的主权和安全放在第一位。

考察邓小平同志这方面的思想和论述，我们注意到他提出了两个互相联系的概念：国权和国格。

关于"国权"，邓小平同志主要讲过三次：

第一次，1989年10月31日，他在会见美国前总统尼克松时说："我不说西方国家的政府，但至少西方有一些人要推翻中国的社会主义制度，这只能激起中国人民的反感，使中国人奋发图强。人们支持人权，但不要忘记还有一个国权。"①

第二次，1989年11月23日，他在会见坦桑尼亚领导人尼雷尔时强调："中国平息暴乱后，七国首脑发表宣言制裁中国，他们有什么资格！谁给他们的权力！真正说起来，国权比人权重要得多。"紧接着，又指出："贫弱国家、第三世界国家的国权经常被他们侵犯。他们那一套人权、自由、民主，是维护恃强凌弱的强国、富国的利益，维护霸权主义者、强权主义者利益的。我们从来就不听那一套，你们也是不听那一套的。"②

第三次，1989年12月1日，他对日本国际贸易促进协会访华团成员说："西方的一些国家拿什么人权、什么社会主义制度不合理不合法等做幌子，实际上是要损害我们的国权。搞强权政治的国家根本就没有资格讲人权，他们伤害了世界上多少人的人权！从鸦片战争侵略中国开始，他们伤害了中国多少人的人权！"③

从以上这些充满着强烈爱国激情的谈话中，我们可以看到邓小平同志提出"国权"问题的缘由和主旨：

首先，国权，是针对霸权主义的强权政治和利益基础的概念。如果说西方国家干涉中国内政，有一个意识形态和社会制度的差异与对立问题，那么西方国家经常侵犯贫弱国家、第三世界国家的主权，则进一步意

① 《邓小平文选》第三卷，人民出版社1993年版，第331页。
② 《邓小平文选》第三卷，人民出版社1993年版，第345页。
③ 《邓小平文选》第三卷，人民出版社1993年版，第348页。

邓小平治国论

味着霸权主义有其深刻的利益基础，即"维护恃强凌弱的强国、富国的利益"，而不仅仅是因为意识形态和社会制度的差异。因此，邓小平同志提出国权问题，不仅是为了维护社会主义制度，而且是为了维护我们的国家利益，体现了一位爱国主义者强烈的民族自尊心和爱国责任感。

其次，国权，是同人权对应的概念。提出这个概念的直接动因，是因为西方国家总是以"人权"为名行霸权主义之实。个人的人权只有在国权得到保障的前提下才能实现；国权并不排斥人权，实际上是一个国家全体人民的人权。霸权主义者大肆叫嚷的人权是一种虚假的人权，他们实际上并不真正关心中国和其他第三世界国家人民的人权，而是以维护人权为名维护霸权主义者、强权主义者的利益；他们以人权为幌子侵犯别国的国权，实际上是侵犯别国人民的人权。因此，邓小平同志针锋相对地提出"国权比人权重要得多"，强调要以维护国权来戳穿霸权主义的虚假人权，抵制霸权主义的人权攻势。

最后，国权，是号召全国人民奋发图强的概念。无论从历史看，还是从现实看，反对霸权主义和强权政治靠的是祖国的强大、民气的奋发，维护国权和中国人民的人权也要靠祖国的强大、民气的奋发。邓小平同志提出要维护国权，就是号召我们要同心同德、艰苦创业、独立自主、奋发图强，这是一个强大的精神动力。

如果说邓小平同志提出"国权"概念，主要是针对来自国外的霸权主义和强权政治的，那么，他提出"国格"这个概念，主要是针对国内在对外开放中出现的崇洋媚外的歪风。

关于"国格"，邓小平同志主要讲过四次：

1979年3月30日，他就提醒全党："我们提倡中国人和外国人发展正常交往，这对于加强我国和各国人民的了解和友谊是必要的，对于引进国外技术和资金也是必要的，今后这种交往还会日益增多。但是由于对少数青少年的教育和管理不够，也出现了一些不健康的现象。一些青年男女盲目地羡慕资本主义国家，有些人在同外国人交往中甚至不顾自己的国格和人格。这种情况必须引起我们的认真注意。"[①]

① 《邓小平文选》第二卷，人民出版社1994年版，第177页。

1980年8月18日，他又一次指出："现在有些青年，有些干部子女，甚至有些干部本人，为了出国，为了搞钱，违法乱纪，走私受贿，投机倒把，不惜丧失人格，丧失国格，丧失民族自尊心，这是非常可耻的。"①

1986年1月17日，他强调："抓精神文明建设，抓党风、社会风气好转，必须狠狠地抓，一天不放松地抓，从具体事件抓起。经济犯罪的案件，在国外严重丧失国格人格的事件，还有搞特务的案件，都要抓紧处理。"②

1989年10月31日，他在谈到维护国权时，又一次讲道："人们支持人权，但不要忘记还有一个国权。谈到人格，但不要忘记还有一个国格。特别是像我们这样第三世界的发展中国家，没有民族自尊心，不珍惜自己民族的独立，国家是立不起来的。"他说："如果中国不尊重自己，中国就站不住，国格没有了，关系太大了。中国任何一个领导人在这个问题上犯了错误都会垮台的，中国人民不会原谅的。"③

从邓小平同志的论述中，我们可以看到这样三点：

第一，国格的内涵，主要是指民族自尊心。自尊心，是一种人的尊严、价值和品格的综合，体现了人的人格。一个人要有人格，就是要有自尊心，克服猥琐自卑的心理。邓小平同志讲的"国格"，就是人格的引申和放大，指的是一个国家、一个民族的人格，也就是任何一个国家、一个民族都要有民族的自尊心，而不能摆出一副奴才的自卑相、媚外相。一个能够堂堂正正做人的人，就是一个有人格的人；一个能够独立自主的民族，就是一个有国格的民族。

第二，国格的主体，既是个体的人，又是集体的人。国格作为一种民族的自尊心，是这个民族每一个人都要保持和维护的，在这个意义上可以说国格的主体是个体的人；同时，它又是这个民族、这个国家必须保持和维护的，在这个意义上它又可以说是以集体为主体的。邓小平同志提出国格问题，首先是针对一些人在同外国人交往中丧失民族自尊心的行为的，

邓小平治国论

① 《邓小平文选》第二卷，人民出版社1994年版，第337~338页。
② 《邓小平文选》第三卷，人民出版社1993年版，第152页。
③ 《邓小平文选》第三卷，人民出版社1993年版，第331~332页。

后来又是从一个民族、一个国家在国外敌对势力压力下必须坚持民族自尊心角度讲的。但不管讲的是个体的人的自尊心，还是集体的人（民族、国家）的自尊心，邓小平同志讲国格问题和讲国权问题角度明显不一样。国权是要外国霸权主义者尊重我们，国格则是要求我们自尊。

第三，维护国格的实质，就是要坚持民族独立的爱国主义。邓小平同志把维护国格问题纳入精神文明建设的范围，是因为"国际主义、爱国主义都属于精神文明的范畴"[①]。他说过："必须发扬爱国主义精神，提高民族自尊心和民族自信心。否则我们就不可能建设社会主义，就会被种种资本主义势力所侵蚀腐化。"[②]"我们保持清醒的头脑，坚决抵制外来腐朽思想的侵蚀，决不允许资产阶级生活方式在我国泛滥。中国人民有自己的民族自尊心和自豪感，以热爱祖国、贡献全部力量建设社会主义祖国为最大光荣，以损害社会主义祖国利益、尊严和荣誉为最大耻辱。"[③]事实上，没有这种民族自尊心和自信心，没有这种国格问题上的荣辱观，没有这种爱国主义的精神，一个国家是立不起来的。中华人民共和国要岿然屹立于世界民族之林，首先要在精神风貌、民族气节上胜人一筹，人民群众要有民族自尊心，政府要有民族自尊心。对外交往中，在物质利诱面前不弯腰，在霸权主义压力面前不低头，决不丧失国格。

——祖国统一：有功于民族，有益于人民

国家的统一，和民族的振兴一样，是伟大的爱国主义者邓小平同志的理想追求。

中华民族几千年文明史，统一是历史发展的主流。反对分裂，坚持统一，是中华民族自古以来就有的光荣传统。在中国共产党领导的解放战争中，一个新生的人民共和国脱胎而出，呱呱落地。与此同时，蒋介石国民党政权在中国大陆分崩离析，顷刻瓦解，退踞台湾岛一隅继续同人民政权对抗，加上中国近代殖民主义侵略造成的香港、澳门问题，因而在新中国成立后中国共产党仍然长期面临着祖国统一的艰巨使命。这一使命，在毛

[①] 《邓小平文选》第三卷，人民出版社1993年版，第28页。
[②] 《邓小平文选》第二卷，人民出版社1994年版，第369页。
[③] 《邓小平文选》第三卷，人民出版社1993年版，第3页。

泽东时代因条件不具备而未能取得进展，粉碎"四人帮"后，特别是党的十一届三中全会以后，它历史地落到了邓小平同志的身上。

早在1978年10月8日，邓小平同志在会见日本文艺评论家江藤淳时就说过："如果实现祖国统一，我们在台湾的政策将根据台湾的现实来处理。比如说，美国在台湾有大量的投资，日本在那里也有大量的投资，这就是现实，我们正视这个现实。"①同年11月14日，在会见缅甸总统吴奈温时又说："在解决台湾问题时，我们会尊重台湾的现实。譬如，台湾的某些制度可以不动，美国在台湾的投资可以不动，那边的生活方式可以不动。但是要统一。"②我们可以从这里看出两点：（1）实现祖国统一，是邓小平同志始终关心的一大问题；（2）用务实的态度来解决台湾问题，是邓小平同志一开始就采取的基本态度。他这样提出问题，不是主观空想，而是因为1978年8月12日在北京签订了《中日和平友好条约》，发展了1972年中日邦交正常化以来的友好关系；1978年7月中美双方在1972年关系正常化后开始进行建交谈判。同年12月15日双方同时发表中美建交公报，1979年1月1日起建立外交关系，这对于解决中国的统一问题提供了客观的有利条件。因此党的十一届三中全会指出：全会认为，随着中美关系正常化，我国神圣领土台湾回到祖国怀抱、实现统一大业的前景，已经进一步摆在我们的面前。全会欢迎台湾同胞、港澳同胞、海外侨胞，本着爱国一家的精神，共同为祖国统一和祖国建设的事业继续作出积极的贡献。

为了较好地解决这个问题，邓小平同志提出了"一个国家，两种制度"的创造性构想。

在20世纪50年代中期和60年代初期，以毛泽东同志为核心的党中央第一代领导集体，就曾经设想过用和平方式解决台湾问题。1963年年初，周恩来同志曾经将毛泽东同志的设想概括为"一纲四目"。"一纲"是台湾必须回归祖国；"四目"是：（1）台湾回归祖国后，除外交必须统一于中央外，所有军政大权人事安排由蒋决定；（2）所有军政及建设经费不

---

① 《党的文献》1992年第1期，第15页。
② 《党的文献》1992年第1期，第15页。

足之数，由中央政府拨付；（3）台湾的社会改革可以从缓，协商解决；（4）双方互约不派人进行破坏对方团结之事。但由于这以后国际国内形势发生变化，和平统一祖国的设想没能实现。

党的十一届三中全会以后，由于国际形势的变化，由于国内工作的重点转移到经济建设上来，由于改革开放的推进，为祖国的和平统一提供了新的条件和需要。1980年1月16日，在《目前的形势和任务》讲话中，邓小平同志把解决香港、澳门、台湾问题，实现祖国和平统一，同集中力量进行社会主义现代化建设和反对霸权主义、维护世界和平，作为我们党和国家在20世纪80年代的三大历史任务。

怎么解决祖国统一问题？一生务实的邓小平同志从中国实际出发，展开了他的思维翅膀。他说："中国面临的实际问题就是用什么方式才能解决香港问题，用什么方式才能解决台湾问题。只能有两种方式，一种是和平方式，一种是非和平方式。而采用和平方式解决香港问题，就必须既考虑到香港的实际情况，也考虑到中国的实际情况和英国的实际情况，就是说，我们解决问题的办法要使三方面都能接受。"[1]那么，用什么样的办法才能使三方面都接受呢？他说："就香港问题而言，三方面都能接受的只能是'一国两制'，允许香港继续实行资本主义，保留自由港和金融中心的地位，除此以外没有其他办法。"[2]同样，采用这样的办法解决台湾问题也是可行的。经过这样的思考，邓小平同志提出了著名的"一国两制"和平统一祖国的构想。

他还说过，解决国际争端，要根据新情况、新问题，提出新办法。"一国两制"是从我们自己的实际提出来的，但是这个思路可以延伸到某些国际问题的处理上。好多国际争端，解决不好会成为爆发点。有些争端可以采取"一国两制"的办法，有些争端还可以用"共同开发"的办法。

根据邓小平同志的阐述，"一国两制"的基本内容是：在一个中国的前提下，国家的主体坚持社会主义制度，香港、澳门、台湾作为特别行政区保持原有的资本主义制度长期不变。但这决不意味着我们承认两个独立

---

① 《邓小平文选》第三卷，人民出版社1993年版，第101页。
② 《邓小平文选》第三卷，人民出版社1993年版，第102页。

的国家或政府。在国际上代表中国的，只能是中华人民共和国。

邓小平同志说："如果'一国两制'的构想是一个对国际上有意义的想法的话，那要归功于马克思主义的辩证唯物主义和历史唯物主义，用毛泽东主席的话来讲就是实事求是。"①确实，这是解放思想、实事求是的重大成果。

第一，这个构想体现了坚持祖国统一、维护国家主权的原则性。邓小平同志严正地说过："主权问题不是一个可以讨论的问题。""如果中国在1997年，也就是中华人民共和国成立48年后还不把香港收回，任何一个中国领导人和政府都不能向中国人民交代，甚至也不能向世界人民交代。如果不收回，就意味着中国政府是晚清政府，中国领导人是李鸿章！"②

第二，这个构想体现了照顾历史实际和现实可能的灵活性。用社会主义去统一香港、澳门、台湾，难以为有关各方所接受。只有承认"两制"的现实，充分照顾到香港、澳门、台湾的利益和当地居民的心理承受能力，才能找到有关各方都接受的方案，才能保证这些地区在祖国和平统一后的繁荣和稳定。

第三，这个构想体现了运用和发展马克思主义国家学说的创造性。"一国两制"是个新事物。把社会主义和资本主义两种不同的制度包容于一个国家之内，既有利于国家的统一，又有利于主体的社会主义，也有利于香港、澳门和台湾的稳定和发展，是中国共产党人对马克思主义的一个新贡献。

第四，这个构想包含了对过渡时期可能出现的矛盾的预见性。邓小平同志在提出"一国两制"构想之初，就已清醒地预计到这一构想在实行过程中会遇到复杂的斗争，并为排除各种干扰提出了明确的指导思想。对台湾问题，他强调不排除使用武力，指出这是一种战略考虑。在香港过渡时期出现的矛盾和斗争，更证明了这种预见的正确性。

值得注意的是，邓小平同志的这种实事求是的科学态度，是和爱国主义情操联系在一起的。1988年9月5日在会见捷克斯洛伐克总统胡萨克时，

---

① 《邓小平文选》第三卷，人民出版社1993年版，第101页。
② 《邓小平文选》第三卷，人民出版社1993年版，第12页。

他说："我在有生之年还可以做一些事，但希望自己从政治舞台上慢慢地消失。我的最大愿望是活到1997年，因为那时将收回香港，我还想去那里看看。我也想去台湾看看，不过看来1997年以前解决这个问题不容易。"①可见，他对实现祖国的统一，寄予多大的厚望。1989年5月16日，他还感慨地说："我这一生只剩下一件事，就是台湾问题，恐怕看不到解决的时候了。"②但同时，他也十分欣慰。因为由他设计的"一国两制"构想，已经取得了成果。我国先后同英国和葡萄牙政府进行谈判，并分别于1984年12月和1987年4月签署了中英《关于香港问题的联合声明》和中葡《关于澳门问题的联合声明》。中华人民共和国全国人民代表大会已经通过了《中华人民共和国香港特别行政区基本法》和《中华人民共和国澳门特别行政区基本法》。

邓小平同志强调，完成祖国的统一大业，是顺应历史潮流，合乎人民要求的大事。爱国一家，走祖国统一的道路，就有功于民族，有益于人民。"我们要共同奋斗，实现祖国统一和民族振兴。"③

1.2　富强、民主、文明的社会主义

作为一个杰出的无产阶级革命家，邓小平同志的理想，就是建设、巩固和发展社会主义，就是建设有中国特色的社会主义，就是建设富强、民主、文明的社会主义现代化强国。

——面对挑战，搞活社会主义

从20世纪70年代末80年代初开始，邓小平同志领导了改革开放。这是一场以传统的经济体制为对象的新的革命。这场革命发动之初，国内外曾经有不少人怀疑中国是不是要搞资本主义。甚至有人说"建设有中国特色的社会主义"就是"建设有中国特色的资本主义"。这种怀疑和说法是错误的，是对邓小平同志及其理论的极大曲解。改革开放绝不是否定社会主义道路，绝不是改变社会主义基本制度。

邓小平同志领导改革开放，是为了解决社会主义在实践中碰到的一系

---

① 《邓小平文选》第三卷，人民出版社1993年版，第273页。
② 《邓小平文选》第三卷，人民出版社1993年版，第295页。
③ 《邓小平文选》第三卷，人民出版社1993年版，第362页。

列危及其生存和发展的重大问题，实现他矢志不渝地为之奋斗的社会主义理想。考察他领导改革开放的全部论述，探寻这些论述背后所包含的他的追求，我们可以看到这样几点：

第一，他信仰坚定，目标明确。

坚信社会主义必然取代资本主义，坚持改革开放的社会主义方向，这在邓小平同志的论述中十分突出。

首先，邓小平同志认为，坚持不坚持社会主义，不是一个纯主观的选择问题，而是一种基于对社会发展客观规律正确认识的历史选择和科学选择。在1992年年初南方谈话中，他说过："封建社会代替奴隶社会，资本主义代替封建主义，社会主义经历一个长过程发展后必然代替资本主义。这是社会历史发展不可逆转的总趋势，但道路是曲折的。资本主义代替封建主义的几百年间，发生过多少次王朝复辟？所以，从一定意义上说，某种暂时复辟也是难以完全避免的规律性现象。一些国家出现严重曲折，社会主义好像被削弱了，但人民经受锻炼，从中吸收教训，将促使社会主义向着更加健康的方向发展。因此，不要惊慌失措，不要认为马克思主义就消失了，没用了，失败了。哪有这回事！"①这里，邓小平同志不仅把社会主义作为他毕生奋斗的目标和追求的理想，而且这种理想是建立在对历史唯物主义所揭示的人类社会发展规律的基础之上的，是一种科学的理想。特别是他在阐述人类社会发展规律时，不仅把先进的社会制度取代落后的社会制度，社会不断由低级形态向高级形态发展看作是一种必然性，而且把社会发展总趋势中出现某种暂时的复辟也看作是"难以完全避免的规律性现象"。这是对历史辩证法的一种深刻见解，这种见解不仅具有科学的彻底性，而且体现了一位共产主义战士对人类社会发展和对社会主义必然取代资本主义的理想的坚定性。作为一生经历坎坷的人来说，能对年青时代选定的奋斗目标，如此矢志不渝地信奉和追求，实在难能可贵。

其次，邓小平同志不仅坚信社会主义，而且始终在实际工作的指导中坚持社会主义的方向和道路。改革开放之初，他就鲜明地提出要坚持社会主义道路、坚持无产阶级专政、坚持共产党的领导、坚持马列主义毛

① 《邓小平文选》第三卷，人民出版社1993年版，第382~383页。

泽东思想，并把它们概括为"四项基本原则""实现四个现代化的根本前提"。他多次说过，我们建立的社会主义制度是个好制度，必须坚持。我们马克思主义者过去闹革命是为社会主义、共产主义崇高理想而奋斗，现在我们搞改革仍然要坚持社会主义道路，坚持共产主义远大理想。他还在改革全面推进时，强调指出过"在改革中坚持社会主义方向，这是一个很重要的问题"。"我们现在讲的对内搞活经济、对外开放是在坚持社会主义原则下开展的。"[①]因此，对于那些中国改革开放会导致资本主义的担心，他总是告诉人们，我们对此有清醒的认识，改革中可能会出现个别资产阶级分子，但他们不会形成一个资产阶级，我们在制定和执行政策时会坚持以公有制为主体和共同富裕等根本原则，坚持社会主义。对于那些企图改变中国改革开放和现代化建设方向的倾向或思潮，他总是十分敏锐、十分警惕，旗帜鲜明地坚持四项基本原则，反对资产阶级自由化，制止动乱，而且反复强调这是一个长期的斗争；对于那些否定改革开放的"左"的观点，他总是反复提醒、反复告诫。对于共产党人来讲，无论搞革命，还是搞建设，右可以葬送社会主义，"左"也可以葬送社会主义。

1992年4月，哈萨克斯坦社会党代表团访华期间，该党主席叶尔蒂斯巴耶夫说："四项基本原则加改革开放，是对马克思主义的创造性发展。中国共产党拯救了社会主义在全世界的威望。"诸如此类的评价，从旁观者的角度看到了中国改革开放的成就及其所坚持的社会主义方向，对于我们这些"身在此山中"的当事人来讲，应该说是很有启发的。

第二，他正视挑战，敢于探索。

正因为邓小平同志的理想是社会主义，因此他对于社会主义在实践中遭受的挫折格外关注，对于社会主义的前途和命运格外重视，对于社会主义的自我完善和发展格外花工夫。作为一个坚定而又清醒、务实的马克思主义者，他既不拘泥于某些书本的结论，也不陶醉于我们已经取得的成就，而是从实际出发，正确地分析形势，冷静地面对各种挑战，大胆地进行改革，积极地搞活社会主义、搞好社会主义。

社会主义制度在苏联的大地上一出现，就产生了极大的影响力，这

① 《邓小平文选》第三卷，人民出版社1993年版，第138页。

不仅是因为科学社会主义从一种学说变成了现实（这对马列主义者来讲是一种成功），而且是因为这种制度一建立就显示出了资本主义和以前任何一种社会制度都没有的优越性（这对广大被压迫被剥削的劳动人民是一种福音）。因此在第二次世界大战后出现了一批社会主义国家，一些殖民地国家的人民在挣脱殖民主义枷锁、获得民族独立后也纷纷选择了社会主义的名称。但是，从20世纪60年代中期开始，从苏联开始的社会主义国家漫长的"经济停滞时期"，同资本主义国家利用新科技革命成果、实行社会改良政策后出现的经济发展的"黄金时期"，形成了鲜明的反差。这种反差，无疑是对社会主义制度的尖锐挑战。面对这种挑战，世界社会主义运动出现了剧烈而持久的振荡。南斯拉夫的自治社会主义、"欧洲共产主义"、匈牙利事件、波兰事件、捷克事件、中苏论战、中国的"文化大革命"等，都是这种振荡的反映和表现。从1976年中国"文化大革命"结束到1989年东欧各社会主义国家的剧变、1991年苏联解体，意味着社会主义在这场全球性的严峻挑战中，回答挑战的已有的各种方案都遭到了失败的厄运。对世界来说，面临着一个"社会主义向何处去"的问题；对中国来说，1976年就已经面临着一个"中国社会主义向何处去"的问题。幸运的是中国有一个毛泽东同志倡导的实事求是好传统，幸运的是中国又有一批坚持实事求是传统、以邓小平同志为代表的优秀共产党人。

面对这种挑战，邓小平同志以无畏的革命胆略，提出了拯救社会主义的改革思路。1978年年底，在召开十一届三中全会之前的中央工作会议上，邓小平同志振聋发聩地指出："如果现在再不实行改革，我们的现代化事业和社会主义事业就会被葬送。"[①]由此开始了社会主义的新探索。1985年8月21日，他在论证改革的性质时又指出："对内搞活经济，是活了社会主义，没有伤害社会主义的本质。"[②]不改革要"葬送"社会主义，改革是"活了"社会主义。问题提得多么尖锐！邓小平同志就是要通过经济体制的根本变革，来完善和发展社会主义，使得遇到尖锐而又严峻挑战的社会主义制度找到一条巩固和发展的新生之路。这条新路能否找

① 《邓小平文选》第二卷，人民出版社1994年版，第150页。
② 《邓小平文选》第三卷，人民出版社1993年版，第135页。

到，首先将决定中国的命运。建立了一个充满生机和活力的社会主义制度，就可以解决"中国社会主义向何处去"的问题。因此邓小平同志说："坚持改革开放是决定中国命运的一招。"①这条新路能否找到，其次将决定社会主义在当代世界的命运。改革将使社会主义赶上时代。邓小平同志说过："我们要赶上时代，这是改革要达到的目的。"②这条新路能否找到，最后还将决定社会主义在21世纪的复兴。世界社会主义运动从低潮走向复兴，要靠各国工人阶级及其政党的探索和奋斗。中国的改革开放，中国社会主义的巩固、完善和发展，势必具有世界意义，将会对世界社会主义运动在21世纪的复兴做出贡献。因此邓小平同志说："只要中国不垮，世界上就有五分之一的人口在坚持社会主义。我们对社会主义的前途充满信心。"③

第三，他思路开阔，善于借鉴。

回答挑战，有两种思路：一种是同资本主义简单地"对着干"；另一种是仔细研究战后资本主义发展的经验，并借鉴和利用这些经验，完善和发展社会主义。邓小平同志取了第二种思路，他说："社会主义要赢得与资本主义相比较的优势，就必须大胆吸收和借鉴人类社会创造的一切文明成果，吸收和借鉴当今世界各国包括资本主义发达国家的一切反映现代社会化生产规律的先进经营方式、管理方法。"④

对于这种思路，有些人担心，这会不会导致资本主义；有些人攻击，这就是在搞中国特色的资本主义。

邓小平同志认为，研究、利用、吸收和借鉴资本主义国家创造的经验，有两类：一类既不姓"社"也不姓"资"，既可为"资"所用，也可为"社"所用。比如计划经济不等于社会主义，市场经济也不等于资本主义。包括证券、股市，这些东西究竟好不好，有没有危险，是不是资本主义独有的东西，社会主义能不能用？他也主张坚决地试。他说："学习资本主义国家的某些好东西，包括经营管理方法，也不等于实行资本主义。

① 《邓小平文选》第三卷，人民出版社1993年版，第368页。
② 《邓小平文选》第三卷，人民出版社1993年版，第242页。
③ 《邓小平文选》第三卷，人民出版社1993年版，第321页。
④ 《邓小平文选》第三卷，人民出版社1993年版，第373页。

这是社会主义利用这种方法来发展社会生产力。把这当作方法，不会影响整个社会主义，不会重新回到资本主义。"①另一类是资本主义的东西，只要符合"三个有利于"也可利用和借鉴。邓小平同志在决定对外开放之初就已经提出："外资是资本主义经济，在中国占有它的地位。但是外资所占的份额也是有限的，改变不了中国的社会制度。"②1984年6月底他又说："社会主义的经济基础很大，吸收几百亿、上千亿外资，冲击不了这个基础。"③因此邓小平同志反复向大家说明，实行对外开放政策，学习、利用、吸收和借鉴资本主义国家创造的文明成果，不会导致资本主义，只会有利于巩固、完善和发展社会主义，达到我们的理想目标。

值得注意的是，邓小平同志对外开放的理论，既继承了马列主义，又发展了马列主义。

按照马列主义的基本观点，社会主义是在资本主义文明的基础上通过革命建立起来的，而不是凭空产生的。这样，在社会主义社会里，不仅要利用资本主义所创造的社会化生产力成果作为自己的物质基础，而且势必要利用资本主义所创造的管理社会化大生产的经验及其管理形式。这种利用，体现了社会的发展和进步及其同历史的联系，是一种历史的辩证法。但在过去对科学社会主义的说明中，这种利用是建立在社会单线发展的基础之上的。也就是无产阶级革命前后的两种社会形态，前一种社会形态所创造的文明成果已不能为这种社会形态的生产关系所容纳的时候，冲突和革命发生了，革命后建立的新的社会形态势必要利用并发展前一社会形态所创造的文明成果。中国的情况同这种理论设计的社会变革状况，有很大的不同。旧中国确实已经有资本主义相当程度的发展，但从总体而言，资本主义及其赖以建立和发展的社会化生产力都很弱小，整个社会是半殖民地半封建社会，因此中国革命胜利后经过社会主义改造建立的社会主义，缺乏发达的资本主义及其所创造的文明成果。这种情况给中国社会主义的发展带来了很大的制约因素。但社会主义又必须有社会化大生产以及与此

① 《邓小平文选》第二卷，人民出版社1994年版，第236页。
② 《邓小平文选》第二卷，人民出版社1994年版，第235~236页。
③ 《邓小平文选》第三卷，人民出版社1993年版，第65页。

邓小平治国论

相联系的一切文明成果，没有这些就建不成社会主义。怎么办？在单线社会发展进程中缺乏的东西，就从多线社会发展进程中同社会主义并存的资本主义国家去获取；纵向缺乏的东西，从横向去获取。这就是邓小平同志的对外开放政策。实际上，这一问题列宁、毛泽东已经注意到，邓小平同志发展了他们的思想，从外国资本主义发展的文明成果中去获取中国资本主义没有提供的东西，他称其为"吸收和借鉴当今世界各国包括资本主义发达国家的一切反映现代社会化生产规律的先进经营方式、管理方法"①。这种思路从本质上说，显然是符合马克思主义的，同时又发展了马克思主义。"他山之石，可以攻玉"。借鉴向社会主义提出挑战的发达资本主义国家的文明成果，巩固、完善和发展社会主义，赢得同资本主义相比较的优势，这是多么高明的一着！

只有对社会主义具有坚定信念的人，才会精心研究世界各国发展的经验，为社会主义所用。在邓小平同志的设计下，中国的社会主义展现了崭新的姿态，开始出现了引人注目的活力。从1979年到1994年的16年间，据国家统计局最新数据，我国国民生产总值平均每年增长9.4%，是这个时期世界上经济增长最快的国家。同发生了剧变的苏联、东欧国家相比，"休克疗法"式的改革给那里的社会主义事业造成了灾难，由此证明了邓小平同志探索的有中国特色社会主义道路的正确；同发达资本主义国家相比，经过20世纪六七十年代的"黄金时期"，它们在八九十年代进入了严酷的经济衰退期，由此证明了经过改革的社会主义具有优越于资本主义的显著特点。一句话，面对挑战、搞活社会主义的邓小平同志，为坚持和发展社会主义，作出了举世瞩目的杰出贡献。

1.3　面向新世纪的宏伟蓝图

作为中国改革开放的总设计师，邓小平同志就是想要把一个脱胎于半殖民地半封建社会的经济文化落后的中国，建设成一个富强、民主、文明的社会主义现代化国家。

建设一个社会主义现代化国家，不是一个抽象的概念、空洞的口号，而是一个包括实施战略的科学理论。以经济建设为中心，坚定不移地进行

① 《邓小平文选》第三卷，人民出版社1993年版，第373页。

经济体制改革，坚定不移地进行政治体制改革，坚定不移地加强精神文明建设，并且使这几个方面互相配合，互相促进，这就是邓小平同志设计的我国社会主义现代化建设的战略总体布局。这是立足20世纪最后20年、面向21世纪的中国社会主义发展的战略构想，为中华民族的振兴描绘了一幅宏伟的蓝图，也是邓小平同志的理想。

在这幅宏伟的蓝图中，目标是到21世纪中叶使中国基本实现现代化。以经济建设为中心，基本实现现代化，是邓小平同志设计的有中国特色社会主义蓝图的核心内容。应该讲，实现四个现代化是毛泽东、周恩来提出的奋斗目标。邓小平同志的贡献是，从实际出发，在毛泽东、周恩来设计的蓝图上，明确了"分三步走"，到21世纪50年代基本实现现代化的战略步骤以及每一步可量化的指标，同时阐述了实现现代化的战略重点、速度要求和发展捷径等一系列问题。1982年8月21日在一次谈话中，他期盼我国到21世纪50年代能够接近发达国家水平。他说："我们面临发展和摆脱落后的任务。我们摆在第一位的任务是在本世纪末实现现代化的一个初步目标，这就是达到小康的水平。如果能实现这个目标，我们的情况就比较好了。更重要的是我们取得了一个新起点，再花30年到50年时间，接近发达国家的水平。我们不是说赶上，更不是说超过，而是接近。"[1]所谓"接近发达国家的水平"，也就是他1987年3月讲的"达到中等发达国家的水平"，国民生产总值人均4000美元。这意味着年国民生产总值达到6万亿美元，属于世界前列。因此，他说："这不但是给占世界总人口四分之三的第三世界走出了一条路，更重要的是向人类表明，社会主义是必由之路，社会主义优于资本主义。"[2]

在这幅宏伟的蓝图中，邓小平同志提出的"三步走"战略，就是在20世纪80年代解决中国人民的温饱问题；90年代奔小康；到21世纪中叶基本实现现代化。这里，一个极其重要的目标是奔小康即进入小康社会，一个极其重要的任务是建设小康社会。

当2000年来临的时候，我们不仅要迎接新世纪的到来，而且要昂首

邓小平治国论

---

① 《邓小平文选》第二卷，人民出版社1994年版，第416~417页。
② 《邓小平文选》第三卷，人民出版社1993年版，第225页。

阔步地跨入小康社会。江泽民同志在十五大报告中指出："在中国这样一个10多亿人口的国度里，进入和建设小康社会，是一件有伟大意义的事情。"①因此，研究小康社会，建设小康社会，已成为我们一项重要而紧迫的任务。

首先我们要认识到，"小康社会"是邓小平同志提出的新概念。1984年3月25日，邓小平同志在同日本首相中曾根康弘的谈话中有这样一段十分重要但长期未引起研究者重视的话："翻两番，国民生产总值人均达到800美元，就是到本世纪末在中国建立一个小康社会。这个小康社会，叫做中国式的现代化。翻两番、小康社会、中国式的现代化，这些都是我们的新概念。"②

说它未引起研究者重视，并非是说大家对于我国经济发展的战略目标到20世纪末达到小康水平这个问题缺乏认识，而是说对于邓小平强调的"小康社会"这个"新概念"没有进行深入的研究。

这个"小康社会"，仅仅在《邓小平文选》第三卷中就出现过10次，可见这不是一个偶然使用的词汇，而是邓小平理论特别是邓小平同志关于中国社会发展阶段和发展目标理论中的一个重要概念。

邓小平同志提出"小康社会"这个概念时，是同"中国式的现代化"相联系的。"中国式的现代化"这个概念在学术界有狭义和广义两种理解。广义的理解，认为中国式的现代化即是同中国国情相适应的具有中国特色的（即不同于欧美式、拉美式、东亚新兴工业化国家和地区式的）现代化，到21世纪中叶中国要基本实现的现代化就是这样的现代化。狭义的理解，认为中国式的现代化是同中国国情相适应的，到20世纪末人均国民生产总值和生活水平达到"小康"的现代化。我过去大多是从广义理解角度来论述"中国式的现代化"的，但是，查考邓小平同志的原话，恐怕还是那种狭义的理解同小平同志的想法比较一致。在《邓小平文选》中，第一次出现"中国式的现代化"这个概念，是1979年3月30日发表的《坚持四项基本原则》这篇著名文章。据《邓小平思想年谱》记载，在这之前，

---

① 《十五大以来重要文献选编》，人民出版社2000年版，第50页。
② 《邓小平文选》第三卷，人民出版社1993年版，第54页。

3月21日，邓小平同志在会见英中文化协会执委会代表团时首次说道：我们定的目标是在本世纪末实现四个现代化。我们的概念与西方不同，我姑且用个新说法，叫做"中国式的四个现代化"。现在我们的技术水平还是你们50年代的水平。如果本世纪末能达到你们70年代的水平，那就很了不起。就是达到这个水平，也还要做许多努力。邓小平提出这个"新说法"的背景，就是他当时刚从美国、日本访问归来，亲眼目睹了发达国家的现代化水平，这促使他对我们党提出的在20世纪末实现四个现代化的目标进行了慎重的再认识。3月21日到23日，中共中央政治局开会讨论1979年计划和国民经济调整问题，邓小平出席了这个会议，并在23日发表了讲话。在讲话中，他再次说道：我同外国人谈话，用了一个新名词：中国式的现代化。到本世纪末，我们大概只能达到发达国家70年代的水平，人均收入不可能很高。经过政治局会议讨论，他决定在党的理论工作务虚会议上公开宣布这一奋斗目标，把这个"新名词"写进了《坚持四项基本原则》这篇著名文章。至于为什么要提出这个"新说法""新名词"，他在同年10月4日省市自治区第一书记座谈会上有一个简明的解释："我们开了大口，本世纪末实现四个现代化。后来改了个口，叫中国式的现代化，就是把标准放低一点。特别是国民生产总值，按人口平均来说不会很高。""我们到本世纪末国民生产总值能不能达到人均上千美元？前一时期我讲了一个意见，等到人均达到1000美元的时候，我们的日子可能就比较好过了。"[1]到年底，即12月6日在会见日本首相大平正芳时，邓小平同志第一次用"小康"、"小康之家"这一新概念来描述"中国式的现代化"。他说："我们要实现的四个现代化，是中国式的四个现代化。我们的四个现代化的概念，不是像你们那样的现代化的概念，而是'小康之家'。""就算达到那样的水平，同西方来比，也还是落后的。所以，我只能说，中国到那时也还是一个小康的状态"，"只是一个小康的国家"。[2]

邓小平同志提出"小康社会"这个概念，更是同"翻两番"相联系的。所谓"翻两番"，就是以1980年的人均国民生产总值250美元为基

① 《邓小平文选》第二卷，人民出版社1993年版，第194页。
② 《邓小平文选》第二卷，人民出版社1993年版，第237~238页。

数，用10年时间翻一番，到1990年达到500美元，再用10年时间再翻一番，到本世纪末达到1000美元。邓小平同志在1981年4月14日提出这个问题的时候，指出："1979年我跟大平首相说到，在本世纪末，我们只能达到一个小康社会，日子可以过。经过我们的努力，设想10年翻一番，两个10年翻两番，就是达到人均国民生产总值1000美元。经过这一时期的探索，看来达到1000美元也不容易，比如说800、900，就算800，也算是一个小康生活了。"①这一设想后来作为党的战略目标写进了十二大报告。

由此可见，"小康社会"这一新概念发端于邓小平对"在本世纪末实现四个现代化"这一雄心壮志的现实思考，脱胎于"中国式的现代化"这一新目标。"翻两番"则是把一个贫困的中国变为小康的中国的途径。"小康社会"是中国共产党人到20世纪末的奋斗目标。邓小平明确地说过："我们的目标，第一步是到2000年建立一个小康社会。"②

经过我们20多年的艰苦创业，"翻两番"的任务已经基本完成。到1999年国内生产总值已达到83190亿元。十五届四中全会通过的《关于国有企业改革和发展若干重大问题的决定》指出："我国由一个贫穷落后的农业国，发展成为即将进入小康社会，向工业化和现代化目标大步迈进的社会主义国家。这是中华民族发展进程中一次伟大的历史性跨越。"③

那么，邓小平对"小康社会"有哪些设想？

在近几年兴起的学习邓小平理论的热潮中，"奔小康"作为邓小平"三步走"发展战略中的一个重要目标，已经深入人心。但是，实现这个目标后，意味着中国进入了邓小平所说的"小康社会"。中国人民下一阶段的任务将是建设小康社会，为基本实现社会主义现代化而奋斗，对于这一点，许多人的脑子里还缺乏必要的认识。

在许多人的心目中，"小康"只有一个指标，即到20世纪末人均国民生产总值在1980年指标的基础上翻了两番。毫无疑问，这是邓小平同志在阐述"小康"、"小康之家"、"小康社会"时，提出的一个基本的指标。

① 《邓小平思想年谱（1975—1997）》，中央文献出版社1998年版，第187页。
② 《邓小平文选》第三卷，人民出版社1993年版，第161页。
③ 《人民日报》，1999年9月27日。

但是，邓小平同志所讲的"小康社会"包含着更为丰富的内涵和各方面具体的要求。

第一，小康社会是一个社会生产力发展的、人均国民生产总值和人民生活水平继续提高、向中等发达国家不断接近的社会发展阶段。邓小平同志对小康社会有不少论述，他说过："所谓小康社会，就是虽不富裕，但日子好过。"[1]他还强调，进入小康社会时人均国民生产总值是800到1000美元，"有了这个基础，再过50年，再翻两番，达到人均4000美元的水平，在世界上虽然还是在几十名以下，但是中国是个中等发达的国家了。"[2]在邓小平同志的中国现代化战略中，有两个战略目标，第一步是到2000年进入小康社会，第二步是到2050年左右接近或达到中等发达国家的水平。这就是说，从2001年到2050年是一个不断向中等发达国家接近的小康社会。

第二，小康社会是一个坚持社会主义道路、不断实现社会主义本质、人民生活水平普遍提高的社会发展阶段。邓小平同志在论述小康社会时，有一个重要的思想，这就是"不坚持社会主义，中国的小康社会形成不了。"[3]为什么这样说呢？他说："我们社会主义制度是以公有制为基础的，是共同富裕，那时候我们叫小康社会，是人民生活普遍提高的小康社会。"[4]他的意思是说，在小康社会，从人均国民收入来讲生活并不富裕，但由于我们是社会主义国家，国民收入分配是使所有的人都得益，没有太富的人，也没有太穷的人，所以日子普遍好过。

第三，小康社会人均国民生产总值虽然不高，但是国家的综合国力特别是经济实力将会显著增强。邓小平说，如果进入小康社会时，我们的人均国民生产总值达到1000美元，而人口已有12亿到12.5亿，那么就意味着国民生产总值达到10000到12000亿美元了。这样的国家在世界上不太多，了解这一点是更重要的。也就是说，在小康社会发展过程中，在人均国民生产总值由800到1000美元向4000美元的发展过程中，经济总量将一步一

邓小平治国论

① 《邓小平文选》第三卷，人民出版社1993年版，第161页。
② 《邓小平文选》第三卷，人民出版社1993年版，第216页。
③ 《邓小平文选》第三卷，人民出版社1993年版，第64页。
④ 《邓小平文选》第三卷，人民出版社1993年版，第216页。

步地走在世界的前列。

第四，小康社会是一个国内外市场不断扩大、国家宏观调控也不断完善的过程。1979年12月6日，邓小平在论述小康社会的奋斗目标时，曾经说过："那个时候，中国国内市场比较大了，相应的，与国外的经济交往，包括发展贸易，前景就更加宽广了。"[①]当时，邓小平同志尽管认为中国的经济主要还是计划经济，但已经提出社会主义也可以搞市场经济的思想。他相信，随着小康社会的到来，国内市场将扩大，国外经济交往将扩展。这一切已为今天的实践所证明。尤其难能可贵的是，他在1988年9月12日，一方面强调要深化改革，另一方面提出了要加强国家的宏观调控问题。对于宏观调控，他说："过去我们是穷管，现在不同了，是走向小康社会的宏观管理。不能再搬用过去困难时期那些方法了。"[②]这些论述，对于建设小康社会、发展社会主义市场经济体制，有着直接的指导意义。

第五，小康社会不仅在经济体制上，而且在其他体制上也要不断完善、定型。1992年在南方谈话中，邓小平同志说："改革开放以来，我们立的章程并不少，而且是全方位的。经济、政治、科技、教育、文化、军事、外交等各个方面都有明确的方针和政策，而且有准确的表述语言。"[③]十一届三中全会以来制定的这些方针政策推动了我国摆脱贫困，解决温饱，走向小康社会。它们随着实践的发展，该完善的要完善，该修补的要修补，但总的是要坚定不移地坚持。邓小平同志设想，"恐怕再有30年的时间，我们才会在各方面形成一整套更加成熟、更加定型的制度。在这个制度下的方针、政策，也将更加定型化。"[④]这里说的"再有30年的时间"，就是到2020年左右。那时，我们已经进入小康社会20年了，换句话说，小康社会将是有中国特色社会主义各种制度逐步完善和定型的过程。

第六，小康社会是一个科学和教育投入有较多增加，精神文明建设将有大变化的发展阶段。邓小平同志在论述小康社会经济实力将居于世界

---

① 《邓小平文选》第二卷，人民出版社1994年版，第237～238页。
② 《邓小平文选》第三卷，人民出版社1993年版，第278页。
③ 《邓小平文选》第三卷，人民出版社1993年版，第371页。
④ 《邓小平文选》第三卷，人民出版社1993年版，第372页。

前列时，明确指出那时如果将国民生产总值的1%"用于科学教育，就可以开办好多大学，普及教育也就可以用更多的力量来办了。智力投资应该绝不止百分之一"。①1983年，他到江苏、浙江、上海等地视察时，特别是在苏州讨论进入小康社会后社会面貌有什么变化这一问题时，不仅对人民生活水平将有明显提高十分关心，而且对于中小学教育普及，教育、文化、体育和其他公共福利事业有能力自己安排（即自己拿钱办教育等事业），对于人们的精神面貌变化和社会治安情况好转等问题，更是十分重视，把它们看作是小康社会的重要标志和任务。

第七，小康社会国防实力将有明显增强。为了集中精力搞好经济建设，邓小平在进入社会主义建设新时期后，反复强调军队要忍耐，要顾全大局。这个"大局"，就是确保我国顺利进入小康社会，他说过，"翻两番"，到20世纪末人均国民生产总值达到800至1000美元，就进入小康社会。这要求我们的军费维持现在的比例。军费搞得太高不可能，肯定会影响经济建设。但是，进入小康社会以后怎样呢？他也说过："到本世纪末我们肯定会超过翻两番的目标，到那个时候我们经济力量强了，就可以拿出比较多的钱来更新装备。"②他还说过："到那时，如果拿国民生产总值的百分之一来搞国防，就是100亿，要改善一点装备容易得很。"③

第八，小康社会也是我国国际影响大大扩大的社会发展阶段。我国的对外开放将进一步扩大，国家之间的经济、政治联系将更加密切。邓小平同志在1985年3月说过："那时中国对于世界和平和国际局势的稳定肯定会起比较显著的作用。"④在这之前，在1979年12月他还说过："到了那个时候，我们有可能对第三世界的贫穷国家提供更多一点的帮助。"⑤随着我国综合国力的增强，国际地位也必将明显提高。

此外，他还多次说过：进入小康社会后，由于农村将发生重大变化，农村的人总想往大城市跑的情况也将改变；由于经济发展了，就业问题

---

① 《邓小平文选》第三卷，人民出版社1993年版，第88页。
② 《邓小平文选》第三卷，人民出版社1993年版，第128～129页。
③ 《邓小平文选》第三卷，人民出版社1993年版，第88页。
④ 《邓小平文选》第三卷，人民出版社1993年版，第105页。
⑤ 《邓小平文选》第二卷，人民出版社1994年版，第237页。

邓小平治国论

也将逐步解决；等等。这些设想能不能实现，将由实践来回答，但由此可以清楚地看到，邓小平同志所讲的小康社会确实是一个具有丰富内涵的社会。

综上所述，邓小平同志所设想的小康社会，是我国进入社会主义初级阶段以来，经济、政治、文化全面推进，把我国建设成为一个富强、民主、文明的社会主义现代化国家过程中的一个重要发展阶段。因此，进入小康社会固然不容易，建设小康社会更是一项繁重而又艰巨的历史任务。这里，最重要的是要牢记邓小平同志的政治交代，毫不动摇地坚持"一个中心、两个基本点"的基本路线，永远保持艰苦奋斗的创业精神。没有这一条，一切都会成为一句空话。

按照邓小平同志的战略构想，在进入小康社会以后，在政策上要考虑内地的发展问题。以江泽民同志为核心的党中央在我国进入小康社会之际，决定实施西部大开发战略。这是党中央总揽全局、面向新世纪作出的重大决策。制定和实施这个战略，完全符合邓小平同志关于进入小康社会后全国发展的"大局"要由沿海向内地转移的设想。

在党的十一届三中全会前召开的中央工作会议上，邓小平同志提出了一个他所说的"能够影响和带动整个国民经济"的"大政策"，即允许一部分地区、一部分人先富裕起来。提出和实行这个政策，是全党思想大解放的结果。特别是在中国这样一个具有悠久的平均主义传统，在"左"的指导思想下谈"富"色变的国度里，提出和实行这一政策极不容易。回顾改革开放30多年的历程，在要不要实行联产承包责任制，能不能搞经济特区，是否要发展个体、私营等非公有制经济，能否雇工，可否把按生产要素分配同按劳分配结合起来等问题上，一场接一场的思想困惑和理论争论，其背后都有一个如何对待和认识邓小平同志提出的"允许一部分地区、一部分人先富裕起来"这个大政策的问题。

必须看到，邓小平同志提出这个大政策和共同富裕的目标是一致的。由于我国地域广大，自然条件不同，加上历史原因，各地经济、文化发展很不平衡，同步富裕是不可能的，人为地搞平均主义也只会阻碍生产力的发展，这些都是为实践所证明了的。通过一部分地区、一部分人先富裕起来，带动其他地区、其他人也一步步地富裕起来，就会使整个国民经济不断地波浪式地向前发展。邓小平同志说："这是加速发展、达到共同富裕的捷径。"①换言之，这个大政策绝不是导致两极分化的政策。

但是，我们也必须承认，从"一部分地区、一部分人先富裕起来"到"共同富裕"之间存在着一个不容忽视的发展过程。这个过程的突出表现，就是沿海地区不少地方发展较快、比较富裕，内地不少地方发展稍慢、比较贫困。人们对此十分关注。加上这个过程正是我国体制改革和机制更新的历史转折时期，在法制、体制和管理等方面存在着许多漏洞和问题，一些人采用非法手段致富，人们对地区之间和社会成员之间的贫富差距更是议论纷纷。再加上，改革进入攻坚阶段后，国有企业的改革和结构调整势必有一部分企业面临困难、一部分职工要下岗，这就使得这个问题更加引人注目。这种关注和议论，成了我国进入小康社会前的一个必须认真面对的问题。可以说，这是实践提出的问题。

这个问题，邓小平同志早就考虑到了。1988年9月12日，他曾经提出两个"大局"的重要思想。他说："沿海地区要加快对外开放，使这个拥有两亿人口的广大地带较快地先发展起来，从而带动内地更好地发展，这是一个事关大局的问题。内地要顾全这个大局。反过来，发展到一定的时候，又要求沿海拿出更多力量来帮助内地发展，这也是个大局。那时沿海也要服从这个大局。"②那么，"发展到一定的时候"，有没有一个具体的时间表呢？有的。1992年在南方谈话中，邓小平明确提出："可以设想，在本世纪末达到小康水平的时候，就要突出地提出和解决这个问题。到那个时候，发达地区要继续发展，并通过多交利税和技术转让等方式大力支持不发达地区。"③

邓小平同志的经济发展战略十分清晰：

——进入小康社会前，我国经济发展的"大局"是，首先抓好沿海地区的改革开放和发展，同时搞好内地建设。

① 《邓小平文选》第三卷，人民出版社1993年版，第166页。
② 《邓小平文选》第三卷，人民出版社1993年版，第277～278页。
③ 《邓小平文选》第三卷，人民出版社1993年版，第374页。

邓小平治国论

——进入小康社会后，我国经济发展的"大局"是，在继续发展沿海地区的同时，突出地提出和解决好内地的发展问题。

如果说改革开放以来，我国最突出的成就是把沿海地区的经济潜力极大地发挥了出来，那么在以后三五十年内，我国的巨大变化应该发生在内地，从而使全国在逐步走向共同富裕的过程中实现社会主义现代化的奋斗目标。这是一个大战略。

对于这个经济发展战略怎么实现的问题，邓小平同志不可能作出具体的部署，但是他的有些论述还是十分深刻和重要的。

第一，他强调不能削弱发达地区的活力，也不能鼓励吃"大锅饭"，即不能用顾此失彼的办法来发展内地经济。这是在1992年南方谈话中提出的。他还设想，发达地区可以通过技术转让等方式来大力支持不发达地区。这就是说，在进入小康社会后，沿海发达地区要把自己的发展同开发内地这个大局联系起来，做出一篇"东西部联动"的大文章。

第二，他强调中央政府要加强宏观调控，大力支持内地发展。比如通过财政手段，让发达地区多交利税来帮助内地发展。

第三，他强调要针对全国和内地的薄弱环节，制定正确的战略和规划。在1989年6月16日发表的《第三代领导集体的当务之急》这篇重要谈话中，邓小平同志说："我建议组织一个班子，研究下一个世纪前50年的发展战略和规划，主要是制定一个基础工业和交通运输的发展规划。"还说："农业问题也要研究，最终可能是科学解决问题。"[①]这里讲的"下一个世纪前50年"，即他设想的"小康社会"，也就是他设想的全党全国人民的大局是突出地提出和解决好内地发展的50年。尽管这里讲的"发展战略和规划"是全国的发展战略和规划，但同他开发内地的部署有没有联系呢？是可以研究的。

第四，他强调要注意发挥好内地的优势。在1992年南方谈话中，邓小平同志指出："不发达地区又大都是拥有丰富资源的地区，发展潜力是很大的。"[②]此外，我们知道，内地不发达地区主要是农业区域，在发

---

① 《邓小平文选》第三卷，人民出版社1993年版，第312、313页。
② 《邓小平文选》第三卷，人民出版社1993年版，第374页。

展农业的问题上，邓小平同志曾说过："农业文章很多，我们还没有破题。"[1]他认为发展农业不能只靠粮食，主要靠多种经营；要大力加强农业科学研究和人才培养。尽管这些论述不是专门就进入小康社会后开发内地这件事讲的，但对内地广大农业区域的发展很有指导性。也就是说，沿海的发展要采取适合沿海特点的办法，内地的开发也要采取适合内地特点的政策和措施。

邓小平同志诸如此类的论述和思想还有没有呢？我们过去研究不够，现在已到了加强研究的时候了。应该说，在前20多年改革开放过程中，我们对内地即中西部地区的了解和研究是很不够的。现在，全国经济发展的"大局"要由沿海向内地、由东部向西部转移，怎样在邓小平理论的指导下加强西部开发问题的研究，为全党全国这一经济发展"大局"服务，更是刻不容缓的问题了。

可以设想，只要我们按照邓小平同志关于小康社会的发展战略，紧紧抓住内地发展这个"大局"，认真贯彻落实以江泽民同志为核心的党中央作出的西部大开发战略，我们一定能够逐步解决内地同沿海的发展差距问题。更重要的是，只要这样去努力，就一定能够在进入和建设小康社会的过程中，使我国逐步接近和达到中等发达国家水平，基本实现现代化。

从这幅宏伟的蓝图中，我们可以看到，邓小平同志的目标是到下世纪中叶，中华人民共和国建国100周年的时候，把中国建成一个富强、民主、文明的社会主义现代化强国。这是多么大的气魄！我们要牢记他说的："我们要在建设有中国特色的社会主义道路上继续前进。资本主义发展几百年了，我们干社会主义才多长时间！何况我们自己还耽误了20年。如果从建国起，用100年时间把我国建设成中等水平的发达国家，那就很了不起！从现在起到下世纪中叶，将是很要紧的时期，我们要埋头苦干。我们肩膀上的担子重，责任大啊！"[2]

1.4 共产主义的理想

作为一个伟大的共产主义战士，邓小平的理想是要把共产党人毕生追

---

① 《邓小平文选》第三卷，人民出版社1993年版，第23页。
② 《邓小平文选》第三卷，人民出版社1993年版，第383页。

邓小平治国论

求的共产主义，在中国一步一个脚印地变为现实。1986年9月2日，在接受美国哥伦比亚广播公司"60分钟"节目记者迈克·华莱士电视采访时，邓小平同志同记者之间有这样一段精彩的对话：

迈：还有两个问题。您说过，您要活到100岁，然后可以去见马克思，到那时候，马克思旁边可能还坐着毛泽东，他们可能对您说些什么？

邓：我是个马克思主义者。我一直遵循马克思主义的基本原则。马克思主义，另一个词叫共产主义。我们过去干革命，打天下，建立中华人民共和国，就因为有这个信念，有这个理想。我们有理想，把马克思主义基本原则同中国实际相结合，所以我们才能取得胜利。革命胜利以后搞建设，我们也是把马克思主义的基本原则同中国实际相结合。我们搞四个现代化建设，人们常常忘记是什么样的四个现代化，是社会主义的四个现代化。这就是我们今天做的事。[1]

笃信马克思主义，为共产主义远大理想脚踏实地奋斗，奋斗，再奋斗，这就是邓小平同志。

首先，邓小平具有永不动摇的共产党人的精神支柱。

毛毛在《我的父亲邓小平》一书中，描述了邓小平同志早年接受共产主义思想时的情景和特点：

"父亲曾回忆道：'我在法国的五年零两个月期间，前后做工约4年左右（其余1年左右在党团机关工作）。从自己的劳动生活中，在先进同学的影响和帮助下，在法国工人运动的影响下，我的思想也开始变化，开始接触一些马克思主义的书籍，参加一些中国人的和法国人的宣传共产主义的集会，有了参加革命组织的要求和愿望，终于在1922年夏季被吸收为中国社会主义青年团的成员。我的入团介绍人是萧朴生、汪泽楷两人。'

"当时在法国的青年中，各类思想思潮都很流行，特别是无政府主义思潮曾经大为流行。陈独秀的两个儿子陈延年和陈乔年就曾一度热衷于无政府主义。但是，父亲虽然年龄尚轻，却从未受这些思想的影响，他曾回忆道：'每每听到人与人相争辩时，我总是站在社会主义这边的。'他从一开始就接受了马克思主义和共产主义思想，从一开始便选择了无产阶级

① 《邓小平文选》第三卷，人民出版社1993年版，第173页。

第二章　邓小平的治国理想

革命的道路，而且积其70年的历程和岁月，历尽艰难而始终不渝。

"他对自己在苏联学习时的情况总结道：'生活的痛苦，资本家的走狗——工头的辱骂，使我直接地或间接地受到了很大的影响，最初对资本主义社会的罪恶略有感觉，然以生活浪漫之故，不能有个深刻的觉悟。其后，一方面接受了一点关于社会主义尤其是共产主义的智识，一方面又受了已觉悟分子的宣传，同时加上切身已受的痛苦'，于是加入了中国社会主义青年团旅欧支部。'综上所说，我从来就未受过其他思想的侵入，一直就是相当共产主义的。'"①

我们之所以重视这段描述，是因为两点：

其一，它提供了邓小平同志最初接受马克思主义、共产主义思想的情况或最权威的资料。

其二，像邓小平同志这样，在那时接受马克思主义、共产主义思想之前，没有受过其他思想的侵入，和李大钊、陈独秀、毛泽东等早期共产主义知识分子相比，有很大的不同，实属罕见，难能可贵。

考察邓小平同志的政治生涯和革命经历，他接受马克思主义、共产主义思想后，正如毛毛所说的，"历尽艰难而始终不渝"。

对于共产主义思想，历来有反对和赞成两派人物。而在赞成共产主义的人物里面，又有口头赞成和实际赞成两种情况。邓小平同志不仅赞成共产主义，而且从思想到行动始终不渝地坚持共产主义思想，他是一个坚定的共产主义战士。

共产主义思想，在邓小平同志那里，已经内化为一种理想、信念。任何一种学说，作为科学研究的成果，都是一种知识体系。共产主义也不例外，也是一种知识体系。了解这种知识体系，研究这种知识体系，乃至于从学术研究的角度掌握这种知识体系，都不等于已经接受这种知识体系，信奉这种知识体系。在西方，研究马克思主义的人不一定是马克思主义者；在马克思主义传入中国以后，较早向国内介绍马克思主义的人不一定是马克思主义者；在今天，了解和研究马克思主义的人也不全是马克思主义者。只有当一种知识体系内化为人的世界观、人生观，内化为人的理

---

① 毛毛：《我的父亲邓小平》，中央文献出版社1993年版，第111～112页。

想、信念，内化为人的行为准则、自律原则，这种知识体系才成为这些人的信仰和精神支柱。邓小平同志说："马克思主义的另一个名词就是共产主义。我们多年奋斗就是为了共产主义，我们的信念理想就是要搞共产主义。"① "现在有人担心中国会不会变成资本主义。这个担心不能说没有一点道理。我们不能拿空话而是要拿事实来解除他们的这个忧虑，并且回答那些希望我们变成资本主义的人。我们的报刊、电视和所有的宣传工作都要注意这个问题。我们这些人的脑子里是有共产主义理想和信念的。要特别教育我们的下一代下两代，一定要树立共产主义的远大理想。"②他提出建设有中国特色社会主义理论，领导改革开放，制定以"一个中心、两个基本点"为主要内容的基本路线，是为了实现共产主义的远大理想；他对家庭对子女严格要求，经常检查家里有没有违法乱纪的事，也是为了为党树立良好的形象，用共产主义的思想道德标准来要求自己和亲属。他谆谆告诫全党："党和政府愈是实行各项经济改革和对外开放的政策，党员尤其是党的高级负责干部，就愈要高度重视、愈要身体力行共产主义思想和共产主义道德。否则，我们自己在精神上解除了武装，还怎么能教育青年，还怎么能领导国家和人民建设社会主义！"③对共产主义思想，邓小平同志真正信奉并能身体力行，这是他毕生为之奋斗的崇高理想！

共产主义理想，在邓小平同志那里，是一切工作、一切设计的总目标、总方向。我们今天处在社会主义社会，准确地说，处在社会主义的初级阶段。因此，我们的工作要从这种国情的实际出发，我们的方针、政策要适合社会主义初级阶段的特点，包括我们的精神文明建设、思想政治工作也要研究和符合社会主义初级阶段的实际。但这不等于说，我们要卷起"共产主义"的旗帜，放弃共产主义思想的教育。列宁曾经说过："如果把采取'共产党'这个名称解释为现在正在实现共产主义制度，那就会是极大的歪曲，那就会造成从事无谓的吹牛的实际害处。"我们把党叫作"共产党"，"是希望尽可能明确地同流行的第二国际的社会

---

① 《邓小平文选》第三卷，人民出版社1993年版，第137页。
② 《邓小平文选》第三卷，人民出版社1993年版，第111页。
③ 《邓小平文选》第二卷，人民出版社1994年版，第367页。

主义划清界限"。同时，"不仅把'共产主义'这个词用做党的名称，而且把它专门用来指我们生活中真正实现着共产主义的那些经济现象，是会更正确一些的。"①这就是说，我们不能脱离实际急于实行共产主义制度，但必须明确今天建设社会主义是为了明天实现共产主义，要为这个理想而奋斗，要保护社会主义中已经出现的共产主义萌芽。当有些来访者建议邓小平同志把"共产党"党名改为"社会民主党"时，邓小平同志一笑了之②；有些人在各种场合批判"大公无私""毫不利己、专门利人"等口号时，邓小平同志义愤填膺，大声呼吁"每一个有党性、有革命性的共产党员，难道能够容忍这种状况继续下去吗？"③在领导各族人民建设有中国特色社会主义的过程中，邓小平同志对右的一套十分警觉、坚决反对，同时始终强调要有共产主义的理想，要把我们工作的方向和目标定在最终实现共产主义的远大理想上。他说："我们共产党人的最高理想是实现共产主义，在不同历史阶段又有代表那个阶段最广大人民利益的奋斗纲领。因此我们才能够团结和动员最广大的人民群众，叫做万众一心。"④
"我们干的是社会主义事业，最终目的是实现共产主义。这一点，我希望宣传方面任何时候都不要忽略。"⑤

共产主义理想，在邓小平同志那里，又是克服困难、胜利前进的精神动力、精神支柱。一个人在顺境的时候体会不深的东西，在逆境时会有深刻的领悟，一个人经历了各种艰难险阻，最懂得什么是最可珍贵的。邓小平同志既经历过长期革命战争的考验，又经历过"几起几落"的磨练，他的体会是什么样的呢？他说："如果我们不是马克思主义者，没有对马克思主义的充分信仰，或者不是把马克思主义同中国自己的实际相结合，走自己的道路，中国革命就搞不成功，中国现在还会是四分五裂，没有独

---

① 《列宁全集》第三十卷，人民出版社1957年版，第252～254页。
② 1982年8月，美籍华裔学者陈树柏访华时，考虑到欧美一般人对"共产党"和"共产主义"这两个名词感到可怕，对邓小平同志说："为了有利于'四化'大计的推行，减少外面不必要的阻力，我向您建议共产党改个名字。"并且提议改为社会民主党。邓小平同志听了哈哈大笑。（参见《邓小平珍闻录》，知识出版社）
③ 《邓小平文选》第二卷，人民出版社1994年版，第367页。
④ 《邓小平文选》第三卷，人民出版社1993年版，第190页。
⑤ 《邓小平文选》第三卷，人民出版社1993年版，第110页。

立，也没有统一。对马克思主义的信仰，是中国革命胜利的一种精神动力。"①这不仅是因为理想、信念能推动我们按照既定的目标奋勇前进，而且是因为理想、信念能支持我们顶着压力，坚韧不拔地前进。正如邓小平同志经常对人们所说的那样："为什么我们过去能在非常困难的情况下奋斗出来，战胜千难万险使革命胜利呢？就是因为我们有理想，有马克思主义信念，有共产主义信念。"②所以，他说："共产主义的理想是我们的精神支柱"。③理想、信念作为一种精神动力、精神支柱，在于它是人的一种精神追求，这是人身上最宝贵、最崇高的东西。

只有认识到共产主义思想已经内化为邓小平同志的理想、信念，成为他毕生奋斗的总目标、总方向和不断前进的精神动力、精神支柱，才能真正理解他为什么要创立建设有中国特色社会主义理论，才能真正认识到邓小平同志坚定不移的共产党人的党性。

其次，邓小平十分重视为实现共产主义创造物质基础。

邓小平同志著作中一个鲜明的特点，就是把建设有中国特色社会主义同共产主义联系在一起。

他科学地分析了社会主义初级阶段和共产主义的关系。他说："社会主义本身是共产主义的初级阶段，而我们中国又处在社会主义的初级阶段，就是不发达的阶段。一切都要从这个实际出发，根据这个实际来制订规划。"④这里讲的"共产主义"不是"共产主义社会高级阶段"的共产主义，而是包括"共产主义社会第一阶段"（或初级阶段）在内的经典意义上的共产主义，也就是马克思在《哥达纲领批判》中所讲的共产主义。根据列宁的思想，"共产主义社会第一阶段"（或初级阶段）就是社会主义社会。这样，社会主义社会既同共产主义社会有区别（是其中的一个初级阶段），又同共产主义社会有联系（毕竟是其中的一个初级阶段）。邓小平同志论述中的第一句话，坚持了马克思、列宁的观点。第二句话强调我们中国处在社会主义的初级阶段，是对中国基本国情所作出的一个崭新的科学判断。

① 《邓小平文选》第三卷，人民出版社1993年版，第63页。
② 《邓小平文选》第三卷，人民出版社1993年版，第110页。
③ 《邓小平文选》第三卷，人民出版社1993年版，第137页。
④ 《邓小平文选》第三卷，人民出版社1993年版，第252页。

根据这个判断，社会主义初级阶段既在社会主义社会之中，又是其中的一个特定阶段。如果把这两句话联系起来，社会主义同共产主义的关系，就是共产主义的初级阶段的初级阶段。这样，就容易理解社会主义初级阶段和共产主义既有重大的区别，又有一定的联系。这对于理解邓小平同志制定的党在社会主义初级阶段的基本路线及其方针、政策，大有裨益。

他明确地指出，在社会主义初级阶段，之所以要把发展社会生产力作为根本任务提出来，是实现共产主义的需要。1982年9月18日，在同朝鲜劳动党中央委员会总书记金日成谈到为什么要"一心一意搞建设"时，邓小平同志说："社会主义是共产主义的第一阶段。落后国家建设社会主义，在开始的一段很长时间内生产力水平不如发达的资本主义国家，不可能完全消灭贫穷。所以，社会主义必须大力发展生产力，逐步消灭贫穷，不断提高人民的生活水平。否则，社会主义怎么能战胜资本主义？到了第二阶段，即共产主义高级阶段，经济高度发展了，物资极大丰富了，才能做到各尽所能，不努力搞生产，经济如何发展？社会主义、共产主义的优越性如何体现？"[1]1984年6月30日，在同日本外宾谈话时，他进一步指出："我们讲社会主义是共产主义的初级阶段，共产主义的高级阶段要实行各尽所能，这就要求社会生产力高度发展，社会物质财富极大丰富。所以社会主义阶段的最根本任务就是发展生产力，社会主义的优越性归根到底要体现在它的生产力比资本主义发展得更快一些、更高一些，并且在发展生产力的基础上不断改善人民的物质文化生活。"其结论是："贫穷不是社会主义，更不是共产主义。"[2]1985年4月15日，在同坦桑尼亚外宾见面时，他又说了同样意思的话："马克思主义的基本原则就是要发展生产力。马克思主义的最高目的就是要实现共产主义，而共产主义是建立在生产力高度发展的基础上的。社会主义是共产主义的第一阶段，是一个很长的历史阶段。社会主义的首要任务是发展生产力，逐步提高人民的物质和文化生活水平。"[3]同年8月28日，在同津巴布韦外宾谈话时，他再次

① 《邓小平文选》第三卷，人民出版社1993年版，第10页。
② 《邓小平文选》第三卷，人民出版社1993年版，第63～64页。
③ 《邓小平文选》第三卷，人民出版社1993年版，第116页。

邓小平治国论

论述了这个问题，并且明确地指出："要实现共产主义，一定要完成社会主义阶段的任务。社会主义的任务很多，但根本的一条就是发展生产力，在发展生产力的基础上体现出优于资本主义，为实现共产主义创造物质基础。"①这样的一番话，他以后又反复论述、反复强调。我们在这里之所以大量引用他的原话，是为了说明三点：其一，说明这是他的基本思路；其二，说明这是他对共产主义的理解；其三，说明始终主张立足社会主义初级阶段现实制定党的路线、方针、政策的邓小平同志，胸中始终有一个大目标：为实现共产主义而奋斗！

在一些人看来，既然我国现阶段尚处在社会主义初级阶段，离共产主义还非常非常遥远，那就不必多讲共产主义。在另一些人看来，既然我们要为共产主义而奋斗，在现阶段就应该实施共产主义性质的方针、政策，如实行按需分配或部分按需分配。这两部分人都没有认识到共产主义与社会主义的联系与区别，弄得不好，会导致政策上的右或"左"，危害社会主义事业的健康发展。学习邓小平同志这方面的论述，掌握社会主义与共产主义关系问题上的历史辩证法，才能成为一名清醒的、成熟的共产主义战士，才会永远立于不败之地。

在"左"的指导思想盛行的年代，邓小平同志曾经被诬陷为"走资本主义道路的当权派"。当他果断地领导人民拨乱反正，推进社会主义现代化建设时，又被说成是"走资派还在走"。这种影响，成为今天正确理解建设有中国特色社会主义理论的思想障碍。所以，我们要通过深入的考察，以确凿的事实为根据，严正地回答这种种诬陷和流言，告诉人们：为共产主义远大理想而奋斗，是邓小平同志毕生的追求；寻找走向共产主义的现实之路，是邓小平同志探索的目标；以经济建设为中心，坚持四项基本原则和改革开放，是邓小平同志找到的中国通向共产主义的唯一正确之路。

邓小平同志不仅是一个坚定的共产主义者，而且是一个清醒的共产主义者，这就是迄今为止中国革命和建设的历史为邓小平同志作出的最有力最准确的评价！

① 《邓小平文选》第三卷，人民出版社1993年版，第137页。

2. 邓小平的"政治保证论"①

在以经济建设为中心，坚持改革开放的过程中，如何坚持社会主义的方向与党的领导，建设好中国特色的社会主义？邓小平同志提出，在党与人民开拓性的实践过程中，必须有一套政治行为的规范，这套规范就是他所概括的"四项基本原则"，即：坚持社会主义道路，坚持人民民主专政，坚持中国共产党的领导，坚持马克思列宁主义毛泽东思想。这套规范对于共产党员来说，是一种带有强制性的政治纪律；对于党领导的社会主义事业来说，是一种政治保证。

2.1 立国之本和政治保证

四项基本原则是在党领导人民长期奋斗的实践中形成的，是我们的立国之本。自从1840年鸦片战争以来，无数志士仁人为了改变中国被奴役、被凌辱的地位，前赴后继，慷慨悲歌，从林则徐、洪秀全、康有为到孙中山，都没有获得成功。唯独中国共产党诞生以后，星星之火成燎原之势，领导人民创建了独立自主的新中国，开辟了走向繁荣富强的康庄大道。总结中国百年革命史，揭示了一条深刻的道理：理论上马克思列宁主义、毛泽东思想最科学，政治上中国共产党有胆略，国体上人民民主专政合国情，方向上社会主义道路最正确。中华人民共和国的立国之本，就是这四块基石。在建设有中国特色的社会主义的过程中，离开这四项基本原则，就要走失方向、丢失支柱、丧失核心、误入迷途，因而它是建设有中国特色的社会主义的政治保证。

四项基本原则在社会主义时期已是全党和全国人民团结统一的政治基础。中国是一个人口众多、幅员广大、情况复杂、经济落后的大国，要保持这样一个国家长期的团结统一，是一项极其艰巨而又复杂的任务。而历史的教训是，历朝历代的盛世都是以国家的团结统一为前提的，一旦国家

---

① 本文选自《当代中国的马克思主义：邓小平理论》，河南人民出版社1994年版，第158～167页。

邓小平治国论

分裂、群雄割据，就会征战不断、经济衰退、人民遭殃。因此国家的团结统一，是民富国强必不可少的前提。中国共产党的历史证明，坚持四项基本原则是争取与保持国家团结统一的政治基石，从而也是发展经济、振兴中华的政治保证。

四项基本原则在今天是现代化建设与改革开放顺利发展的保障。现代化建设与改革开放是当代中国人民的伟大实践。但是中国的现代化建设与改革开放具有复杂的背景。一方面，它是在我们经过"文化大革命"的浩劫以后全面推开的。尽管"文化大革命"的错误是由党自己领导人民来纠正的，但"文化大革命"的破坏已经给党、给社会主义、给人民民主专政、给马列主义毛泽东思想在人民心目中的地位，造成了伤害。在这种背景下，人们的思想中难免会出现"左"的和右的错误观点，从而干扰现代化建设与改革开放的健康展开。10多年改革开放中，所谓"西单墙"事件中暴露出来的资产阶级自由化思潮，由于一个时期里我们抵制不力，软弱涣散，致使它日益蔓延，直到发展为1989年春夏之交的动乱。动乱不仅破坏了社会秩序，而且影响了经济建设，干扰了改革开放。其危害之大，让人触目惊心；其教训之深，令人长期难忘。另一方面，它是在当代资本主义经济在战后获得迅速发展，包括我们周边的日本与亚洲"四小龙"经济已经起飞的背景下推开的。在现代化进程中，尤其是在对外开放过程中，人们了解了资本主义世界的情况后，就会误以为社会主义不如资本主义，产生盲目西化、资本主义化的错误思潮。而且，改革开放过程中资本主义的腐朽思想也难免会进来，并同我国根深蒂固的封建主义小生产思想相结合，干扰我们的建设大业。正是基于这样的考虑，邓小平同志在1978年年底全党实现工作重点向经济建设转移后，便于1979年3月提出了要坚持四项基本原则的问题。他说："如果动摇了这四项基本原则中的任何一项，那就动摇了整个社会主义事业，整个现代化建设事业。"[①]

2.2 警惕右和主要防止"左"

值得注意的是，邓小平同志在提出坚持四项基本原则这一重大问题的时候，有两方面的针对性。他说："中央认为今天还是有很大的必要来

---

① 《邓小平文选》第二卷，人民出版社1994年版，第173页。

强调宣传这四项基本原则。因为现在一方面，党内有一部分同志还深受林彪、'四人帮'极左思潮的毒害，有极少数人甚至散布流言蜚语，攻击中央在粉碎'四人帮'以来特别是三中全会以来所实行的一系列方针政策违反马列主义、毛泽东思想；另一方面，社会上有极少数人正在散布怀疑或反对这四项基本原则的思潮，而党内也有个别同志不但不承认这种思潮的危险，甚至直接间接地加以某种程度的支持。虽然这几种人在党内外都是极少数，但是不能因为他们是极少数而忽视他们的作用。事实证明，他们不但可以而且已经对我们的事业造成很大的危害。因此，我们必须一方面继续坚定地肃清'四人帮'的流毒，帮助一部分还在中毒的同志觉悟过来，并且对极少数人所散布的诽谤党中央的反动言论给予痛击；另一方面用巨大的努力同怀疑上面所说的四项基本原则的思潮作坚决的斗争。这两种思潮都是违背马列主义、毛泽东思想的，都是妨碍我们的社会主义现代化建设事业的前进的。"①

这段论述之所以值得引起我们重视，是因为邓小平同志在这里告诉了我们两个重要问题：

第一，坚持四项基本原则不是仅仅针对来自右面的干扰即资产阶级自由化的，而是同时针对来自"左"面的和右面的两种错误思潮的干扰的。

第二，在社会主义现代化建设和改革开放进程中，"左"的干扰表现在两个方面：一是"深受林彪、'四人帮'，极左思潮的毒害"，二是"攻击中央在粉碎'四人帮'以来，特别是三中全会以来所实行的一系列方针政策违反马列主义、毛泽东思想"；右的干扰也表现在两个方面：一是"社会上有极少数人正在散布怀疑或反对这四项基本原则的思潮"，二是党内有人对这种社会思潮的危险性认识不足，"甚至直接间接地加以某种程度的支持"。

倘若用改革开放10多年中，我们在思想文化战线所经历的曲折斗争的实践，来检验邓小平同志在1979年3月讲的话，不能不钦佩这种论述的准确性、深刻性和科学性。1978年的真理标准问题大讨论，1979年同社会上出现的怀疑和否定四项基本原则思潮的斗争，1979年至1980年围绕家庭

① 《邓小平文选》第二卷，人民出版社1994年版，第165页。

联产承包制对农村经济体制改革方向问题的各种评价，1980年至1981年关于毛泽东同志和毛泽东思想评价问题的争论，1981年对思想战线涣散软弱状态的批评，1983年提出思想战线不能搞精神污染问题，1984年关于发展社会主义商品经济问题的争论，1986年年底的学潮和1989年春夏之交的动乱，以及1990年后出现的对党的工作中心和社会主义市场经济等问题的质疑等，所有这些大大小小的问题都证明了邓小平同志在1979年3月所阐明的基本观点和基本判断的正确。

在此基础上，邓小平同志在1992年的视察南方的重要谈话中，对于坚持四项基本原则，反对"左"、右两种错误倾向这一重大的政治问题，做了进一步的概括。他的概括集中起来，主要阐述了以下三点：

（1）重申了他一贯强调的坚持四项基本原则要贯穿于社会主义现代化建设和改革开放全过程的观点。他说："在整个改革开放的过程中，必须始终注意坚持四项基本原则。十二届六中全会我提出反对资产阶级自由化还要搞20年，现在看起来还不止20年。资产阶级自由化泛滥，后果极其严重。特区搞建设，花了十几年时间才有这个样子，垮起来可是一夜之间啊。垮起来容易，建设就很难。在苗头出现时不注意，就会出事。"[1]

（2）论述了全面改革时期右和"左"的干扰的主要内容和主要表现。他说："右的东西有，动乱就是右的！'左'的东西也有。把改革开放说成是引进和发展资本主义，认为和平演变的主要危险来自经济领域，这些就是'左'。我们必须保持清醒的头脑，这样就不会犯大错误，出现问题也容易纠正和改正。"[2]

（3）明确地指出了社会主义现代化建设和改革开放时期反倾向斗争的主要方向。他强调说："现在，有右的东西影响我们，也有'左'的东西影响我们，但根深蒂固的还是'左'的东西。有些理论家、政治家，拿大帽子吓唬人的，不是右，而是'左'。'左'带有革命的色彩，好像越'左'越革命。'左'的东西在我们党的历史上可怕呀！一个好好的东西，一下子被他搞掉了。右可以葬送社会主义，'左'也可以葬送社会主

① 《邓小平文选》第三卷，人民出版社1993年版，第379页。
② 《邓小平文选》第三卷，人民出版社1993年版，第375页。

义。中国要警惕右，但主要是防止'左'。"①

邓小平同志强调的这三点极其重要，对于我们建设有中国特色的社会主义有长远的指导意义。尤其是他关于"要警惕右，但主要是防止'左'"的科学论断，对于我们长期坚持四项基本原则，推动改革开放，搞好经济建设，指明了正确的方向。

为什么"要警惕右，但主要是防止'左'"呢？

这首先是中国革命的历史对我们的启示。在中国漫长的革命斗争历史上，右的东西有陈独秀的右倾投降主义和王明在抗日战争初期提出的"一切服从统一战线"、"一切经过统一战线"的右倾错误；"左"的东西有瞿秋白的"左"倾盲动主义、李立三的"左"倾冒险主义，尤其是统治中央长达4年之久的王明"左"倾冒险主义。右和"左"都对革命造成了严重的损失，但自党领导武装斗争以后连续发生的3次"左"的错误，对党的队伍和革命事业的破坏尤为严重。还有，"文化大革命"那样"左"的错误所造成的灾难性后果，人们至今记忆犹新。邓小平同志说的"一个好好的东西，一下子被它搞掉了"，就是这种历史经验的总结。

其次是在形式上，右的东西比较露骨，容易为人们所识别，"左"的东西如同邓小平同志所说的"带有革命的色彩，好像越'左'越革命"，因此容易吓唬人、欺骗人，危害更大。

最后是因为中国是一个落后的农业国，长期以来存在着面广量大的小生产思想。这种思想既容易向右靠，自发地产生资本主义倾向，又容易向"左"靠，在革命时期特别容易极端地走向"左"倾盲动主义、冒险主义等极左的倾向。对此，毛泽东同志做过深刻的论述。在社会主义社会，由于小生产经济存在的范围已没有旧中国那么广泛，小生产思想的影响已有很大的限制。但是它们并没有绝迹，仍是中国产生右的和"左"的错误倾向的重要来源，尤其在改革开放过程中各种内外因素的刺激下，它们仍会故态复萌、沉渣泛起。因此我们自始至终要警惕右，同时主要防止"左"。

还有，是因为今天的改革开放和现代化建设作为中国的第二次革命，

邓小平治国论

① 《邓小平文选》第三卷，人民出版社1993年版，第375页。

革命的对象主要是传统的社会主义经济体制以及与此相联系的其他体制中的弊端。这场革命显然不是对人的革命，而是对体制的革命，但是由于客观上存在着一种力图维护旧体制的习惯力量，即"左"的倾向，因而在这场非阶级斗争性质的革命中，摆脱"左"的束缚、防止"左"的干扰，必将成为思想战线的主攻方向。与此同时，也必然会有人力图模糊我们改革的方向，改变我们改革的路线，鼓吹"全盘西化"，把我们的改革开放往资本主义的方向上引，因此我们在主要防止"左"的干扰时，要警惕这种右的干扰。正如邓小平同志深刻地指出的："如果不坚持这四项基本原则，纠正极左就会变成'纠正'马列主义，'纠正'社会主义。"①所以，第二次革命的战略态势也决定了我们要警惕右，同时主要是防止"左"。这是我们在坚持四项基本原则时，必须十分清醒、十分重视的一个原则问题。

2.3 坚持原则和发展原则

当然，四项基本原则也不是僵化的、凝固的东西，它在历史上是随着实践的发展而发展的，在今天也必然从改革开放和现代化建设中获得新的时代内容。邓小平同志指出："实现四个现代化所必须坚持的四项基本原则，虽然我已经说过都不是什么新问题，但是这些原则在目前的新形势下却都有新的意义，都需要根据新的丰富的事实作出新的有充分说服力的论证。"②与此同时，邓小平同志指出，这种丰富和发展不是随心所欲的添加或修改，而是遵循毛泽东同志倡导的"实事求是"的原则，以中国实际为出发点，来丰富和发展四项基本原则。他说过："我们多次重申，要坚持马克思主义，坚持走社会主义道路。但是，马克思主义必须是同中国的实际相结合的马克思主义，社会主义必须是切合中国实际的有中国特色的社会主义。"③这就表明，四项基本原则的生命和活力就在于它是马列主义基本原理与中国具体实际的结合。以发展、创造的观点看待四项基本原则，才能既在理论上又在实践上、既在形式上又在内容上真正坚持这些原

---

① 《邓小平文选》第三卷，人民出版社1993年版，第137页。
② 《邓小平文选》第二卷，人民出版社1994年版，第179页。
③ 《邓小平文选》第三卷，人民出版社1993年版，第63页。

则。以僵化、停滞的观点看待四项基本原则，只能是口头上坚持，实践上怀疑；形式上坚持，内容上背离。我们坚持四项基本原则，就要不断总结实践经验，用新的理论、观点来丰富和发展四项基本原则。这样，才能使四项基本原则保持强大的生命力。

四项基本原则不仅是必须发展的，而且正在发展着。这是因为，改革开放是一个伟大而又崭新的实践，改革不断创造着新事物、新经验，开放不断扩展着我们的视野、我们的认识，从而使四项基本原则有了一系列比以往更为准确、更为深刻、更为全面的内容。

首先，我们纠正了过去在四项基本原则某些内容上的错误观点。比如，长期以来我们认为计划经济是社会主义的本质特征，坚持四项基本原则就要坚持计划经济，任何不符合计划经济的观点与做法都违反了四项基本原则。在这种观点下，凡是主张市场取向改革的，主张市场经济理论的，就会被打入资产阶级自由化之列。战后世界经济发展的经验与我们改革的实践，证明计划经济不等于社会主义，资本主义也有计划；市场经济不等于资本主义，社会主义也有市场。因此，我们现在不再把计划经济与市场经济作为区分姓"社"姓"资"的标志，即它们不再是区分四项基本原则与资产阶级自由化的标志。

其次，我们深化了四项基本原则中许多重要的观点。比如，我们在坚持社会主义道路的问题上，由于认识到我国现阶段处在社会主义初级阶段上，因此，坚持社会主义不等于要求全部经济都是清一色的公有制经济，应该允许各种形式的非社会主义经济作为社会主义经济的补充而存在和发展。我们提出的"要坚持以公有制为主体的经济"这一观点，深化了坚持社会主义道路这一基本原则。又比如，在坚持人民民主专政问题上，我们不仅坚持认为这种国体是对人民民主和对敌人专政相结合的国体，而且更深入地认识到民主必须制度化与法律化，同极端民主化与无政府主义划清了界限。

最后，我们为四项基本原则充实了许多新的观点、新的理论。比如，关于社会主义本质的新见解，关于改革也是解放生产力的新观点，关于通过一部分人先富起来逐步达到共同富裕的新战略，等等，都是马列主义

邓小平治国论

经典中闻所未闻而又是马列主义的新论点。尤其是我们在实践中逐步形成与发展的建设有中国特色社会主义的理论，更是当代中国的马克思主义。这些观点和理论为四项基本原则注入了新鲜的血液，使之更具有时代的色彩。

随着实践的发展，四项基本原则必将继续发展。这是因为，四项基本原则是以解放思想、实事求是的思想路线为精髓的马克思主义的思想政治原则，它内在地具有一种创新的动力和发展的机制，它从来就不是一种绝对不变的僵化的教条。当年，马克思对那些机械地、教条地、庸俗地对待马克思学说和科学社会主义的"马克思主义者"们说："我只知道我自己不是马克思主义者。"①今天，我们也不能僵化地对待四项基本原则。我们讲坚持，就是在任何时候都不能动摇作为立国之本的四项基本原则；同样，我们讲发展，也就是在新的历史条件下更好地坚持四项基本原则。只有在"坚持"的过程中"发展"，在"发展"过程中"坚持"，才是真正地坚持四项基本原则。

3. 邓小平处理的难题②

纵观历史上每一个伟人的建功立业之路，总是伴随着创造和困难、成功和失败。这种历史的辩证法，对于无产阶级革命家、马克思主义思想家，也不例外。在创立建设有中国特色社会主义理论的征程中，邓小平同志处理了一个又一个难题。要了解邓小平同志的理论创造，必须了解其另一面：他碰到了哪些难题，是怎样处理这些难题的？

3.1 如何处理"左"和右两种倾向

拨乱反正，全面改革，是邓小平同志做的两件大事。这两件大事每推进一步，总要遇到各种错误思想倾向的干扰。其中，在思想政治原则方面"左"和右的干扰，是邓小平同志和我们党避不开的一大难题。

① 《马克思恩格斯选集》第四卷，人民出版社1995年版，第695页。
② 本文选自《邓小平——当代中国马克思主义的创立者》，上海人民出版社1995年版，第212～272页。

——总原则：要警惕右，但主要是防止"左"

粉碎"四人帮"，是对我国社会主义建设过程中出现的，到"文化大革命"时期达到登峰造极的"左"倾思潮的一次摧毁性的打击。但是，在中国这片有悠久的封建主义和小生产历史传统的土地上滋生的"左"倾思潮，盘根错节，根深蒂固，并非靠一两次打击就能彻底解决。因此，粉碎"四人帮"不久，就出现了一种以思想僵化为特点的"左"倾思想。与此同时，我们在对"左"倾思想的打击过程中出现了一种鼓吹资产阶级自由化的右倾思潮，危害着我们人民共和国的立国之本。后来，随着拨乱反正，尤其是全面改革的深入，这种"左"的僵化思想和右的资产阶级自由化思想经常此起彼伏，相互消长，呈现出一种极为复杂的情况。当邓小平同志领导党克服"左"的思想障碍，全力推进改革开放时，右的资产阶级自由化观点就夹杂在内，试图把改革开放引到资本主义道路上去，而海外舆论这时就说邓小平同志是改革派。当邓小平同志领导党同资产阶级自由化思想作斗争时，"左"的观点就冒出来，否定改革开放，这时海外舆论就说邓小平同志转到保守派立场上去了。所以，邓小平同志在1987年3月3日同美国国务卿舒尔茨谈话时说了一段很深刻的话："国外有些人过去把我看作是改革派，把别人看作是保守派。我是改革派，不错；如果要说坚持四项基本原则是保守派，我又是保守派。所以，比较正确地说，我是实事求是派。"[①]

这种情况表明，怎样处理好社会主义现代化建设和改革开放过程中出现的"左"的和右的思想干扰，是邓小平同志碰到的一个难题。

1992年年初视察南方的重要谈话中，邓小平同志总结了历史和现实的经验教训，为处理好这个问题定下了一个总原则："中国要警惕右，但主要是防止'左'。"[②]

有的同志认为，在反倾向问题上，要全面学习掌握邓小平同志的论述，而不能简单地确定哪一种倾向是主要的。这种观点，实际上是不同意"要警惕右，但主要是防止'左'"的原则。但这种观点提出的意见，必

---

① 《邓小平文选》第三卷，人民出版社1993年版，第209页。
② 《邓小平文选》第三卷，人民出版社1993年版，第375页。

邓小平治国论

须认真对待。我们确实要全面学习和掌握邓小平同志关于处理"左"和右的错误思想的论述。为此，我们有必要把邓小平同志这方面的主要论述回顾一下：

1979年3月30日，邓小平同志说："关于林彪、'四人帮'所散布的极左思潮（毫无疑问，这种思潮也是反对四项基本原则的，只是从'左'面来反对），我们过去已经进行了大量的批判，今后还需要继续开展这种批判，不能放松。现在，我想着重对从右面来怀疑或反对四项基本原则的思潮进行一些批判。"[1]这次讲话，第一次提出了要批判"左"的思潮的同时，要批判怀疑或反对四项基本原则的右的思潮。

1980年12月25日，邓小平同志提出经济形势和政治形势能否稳定，不仅要靠经济工作，还要靠宣传工作时，尖锐地指出："我们的宣传工作还存在严重缺点，主要是没有积极主动、理直气壮而又有说服力地宣传四项基本原则，对一些反对四项基本原则的严重错误思想没有进行有力的斗争。"[2]这里说的宣传工作，包括党的整个思想政治工作。他指出党在思想政治工作中存在着同资产阶级自由化思想斗争不力这一"严重缺点"。

1981年3月27日，邓小平同志说："对'左'的错误思想不能忽略，它的根子很深。重点是纠正指导思想上'左'的倾向，但只是这样还不能完全解决问题，同时也要纠正右的倾向。""有'左'就反'左'，有右就反右。""对'左'对右，都要做具体分析。"[3]这里指出要进行两条战线作战，在重点纠正指导思想上"左"的倾向的同时，不能忽略右的倾向。

1983年10月12日，在党的十二届二中全会上，邓小平同志说："应当明确指出，当前思想战线首先要着重解决的问题，是纠正右的、软弱涣散的倾向。"同时强调在开展积极的思想斗争的时候，仍然要注意防止"左"的错误，特别强调"过去那种简单片面、粗暴过火的所谓批判，以及残酷斗争、无情打击的处理方法，决不能重复"。"批评或自我批评都

---

① 《邓小平文选》第二卷，人民出版社1994年版，第166页。
② 《邓小平文选》第二卷，人民出版社1994年版，第364页。
③ 《邓小平文选》第二卷，人民出版社1994年版，第379页。

要站在马克思主义立场上，不能站在'左'的立场上"。①

　　1985年8月28日和1985年9月23日，邓小平同志两次讲道："如果不坚持这四项基本原则，纠正极左就会变成'纠正'马列主义，'纠正'社会主义。"②这就是说，纠正极左不能站在右的立场上。

　　1986年12月中下旬学潮发生后，邓小平同志严肃地指出："从中央到地方，在思想理论战线上是软弱的，丧失了阵地，对于资产阶级自由化是个放任的态度，好人得不到支持，坏人猖狂得很。"并且指出在这次学生闹事中，民主党派表现是好的，"不好的倒是我们有些共产党员"。③1987年1月13日，他又进一步指出这次学生闹事，"问题在于我们思想战线上出现了一些混乱，对青年学生引导不力。这是一个重大失误"。而在学生闹事时煽动反对党的领导和社会主义制度的，"这些人恰恰就在共产党里"④1987年2月18日，他明确指出："大学生闹事，主要责任不在学生，而是少数别有用心的人煽动，其中主要是少数党内高级知识分子。"⑤

　　1987年4月26日，邓小平同志在同外宾谈话时初步总结说："搞社会主义，搞四个现代化，有'左'的干扰。我们党的十一届三中全会以来，着重反对'左'，因为我们过去的错误就在于'左'。但是也有右的干扰。所谓右的干扰，就是要全盘西化，不是坚持社会主义，而是把中国引导到资本主义。"⑥同年4月30日，他回顾了我国社会主义建设的历史经验，并对改革开放以来的经验做了总结，说："这8年多的经历证明，我们所做的事情是成功的，总的情况是好的，但不是说没有干扰。几十年的'左'的思想纠正过来不容易，我们主要是反'左'，'左'已经形成了一种习惯势力。现在中国反对改革的人不多，但在制定和实行具体政策的时候，总容易出现有一点留恋过去的情况，习惯的东西就起作用，就冒出来了。同时也有右的干扰，概括起来就是全盘西化，打着拥护开放、改革

---

① 《邓小平文选》第三卷，人民出版社1993年版，第47页。
② 《邓小平文选》第三卷，人民出版社1993年版，第137页。
③ 《邓小平文选》第三卷，人民出版社1993年版，第195～196页。
④ 《邓小平文选》第三卷，人民出版社1993年版，第198页。
⑤ 《邓小平文选》第三卷，人民出版社1993年版，第204页。
⑥ 《邓小平文选》第三卷，人民出版社1993年版，第225页。

邓小平治国论

的旗帜，想把中国引导到搞资本主义。这种右的倾向不是真正拥护改革、开放政策，是要改变我们社会的性质。""我们既有'左'的干扰，也有右的干扰，但最大的危险还是'左'。"同时，"对青年人来说，右的东西值得警惕"。①

党的十三大召开前夕，1987年7月4日，邓小平同志在总结历史和现实经验的基础上，深刻地指出："搞社会主义现代化建设是基本路线。要搞现代化建设使中国兴旺发达起来，第一，必须实行改革、开放政策；第二，必须坚持四项基本原则，主要是坚持党的领导，坚持社会主义道路，反对资产阶级自由化，反对走资本主义道路。这两个基本点是相互依存的。搞现代化建设，搞改革、开放，存在'左'和右的干扰问题。'左'的干扰更多是来自习惯势力。旧的一套搞惯了，要改不容易。右的干扰就是搞资产阶级自由化，全盘西化，包括照搬西方民主。'左'的和右的干扰，最主要的是'左'的干扰……我们国家大，党的历史很长，建国也已经有38年，因此好多习惯势力不能低估，而右的干扰也帮了习惯势力的忙，所以我们也不能忽视右的干扰。"②

1989年春夏之交政治风波发生前后，邓小平同志一方面反复强调党的十一届三中全会以来我们最大失误是在教育方面，对青年的政治思想教育抓得不够，教育发展不够；在"两手抓"方面，"一手比较硬，一手比较软"。并且特别指出："过去两个总书记都没有站住，并不是选的时候不合格。选的时候没有选错，但后来他们在根本问题上，就是在坚持四项基本原则的问题上犯了错误，栽了跟头。"③另一方面，他反复强调"一个中心、两个基本点"、"三步走"的发展战略都没有错。他说："以后我们怎么办？我说，我们原来制定的基本路线、方针、政策，照样干下去，坚定不移地干下去。"④

这样，到1992年年初视察南方，发表谈话时，他对这个问题的总结就出来了："现在，有右的东西影响我们，也有'左'的东西影响我们，

① 《邓小平文选》第三卷，人民出版社1993年版，第228～229页。
② 《邓小平文选》第三卷，人民出版社1993年版，第248～249页。
③ 《邓小平文选》第三卷，人民出版社1993年版，第324页。
④ 《邓小平文选》第三卷，人民出版社1993年版，第307页。

但根深蒂固的还是'左'的东西。有些理论家、政治家，拿大帽子吓唬人的，不是右，而是'左'。'左'带有革命的色彩，好像越'左'越革命。'左'的东西在我们党的历史上可怕呀！一个好好的东西，一下子被它搞掉了。右可以葬送社会主义，'左'也可以葬送社会主义。中国要警惕右，但主要是防止'左'。"①

——为什么必须警惕右、主要防止"左"？

综上所述，我们可以看到邓小平同志在这个问题上的四个基本思想：

第一，在社会主义现代化建设和改革开放过程中，存在着"左"和右两种错误思想的干扰。"左"的倾向已经形成了一种习惯势力，它留恋过去，把改革开放说成是引进和发展资本主义，认为和平演变的主要危险来自经济领域。右的倾向打着拥护改革开放的旗帜，搞全盘西化，想把中国引导到资本主义道路上去，改变我们社会的性质。"左"和右都反对四项基本原则，两者的区别在于：一是从"左"面来反对，一是从右面来反对。有"左"和右政治倾向的人主要都在共产党内，右的主要是少数党内高级知识分子，"左"的主要是党内有些理论家、政治家。因此，我们必须有"左"就反"左"，有右就反右，进行两条战线作战。这是在反对错误倾向时必须把握的基本要求。邓小平同志说"中国要警惕右，但主要是防止'左'"，就是讲现代化建设和改革开放中存在着的"左"和右两种错误倾向，都是我们要反对的。

第二，在战略上，从总体上讲，"左"和右这两种错误倾向，在社会主义现代化建设和改革开放这场新的革命中，解决"左"的问题是主要的。这就是"要警惕右，但主要是防止'左'"的原则的主旨。

为什么这样讲？邓小平同志从历史和现实、形式和内容的统一以及客观效果等方面，深刻地回答了这一问题。党的十四大报告对邓小平同志这方面的思想作了总结和概括。归纳起来，一是在我们党的历史上，"左"的思想根深蒂固。二是"左"带有革命色彩，拿大帽子吓唬人，好像越"左"越革命。三是在建设社会主义的进程中，从1957年起的20年间出现的错误，主要都是"左"。1985年8月28日，邓小平同志还说过："我们

邓小平治国论

152 　① 《邓小平文选》第三卷，人民出版社1993年版，第375页。

都是搞革命的，搞革命的人最容易犯急性病。我们的用心是好的，想早一点进入共产主义。这往往使我们不能冷静地分析主客观方面的情况，从而违反客观世界发展的规律。"①四是改革开放要探索和开辟新的道路，突破束缚生产力发展的体制和观念，其阻力主要来自"左"。这一点最重要。因为改革开放这场革命和过去的民主革命、社会主义改造那样的革命不同点在于，革命对象不是敌对的阶级或剥削制度，而是束缚生产力发展的经济体制和其他体制，"左"的习惯势力站的位置（立场）在旧体制一边，因而它就会成为这场新的革命的"阻力"，成为必须主要加以防止的倾向。邓小平同志对这一点，头脑始终十分清醒，即使在提醒全党要注意右的倾向、反对资产阶级自由化时，也常常告诫全党重点是纠正指导思想上"左"的倾向。

第三，在战术上，从具体问题上讲，不能因为"左"是我们要解决的战略重点，就忽略右的倾向。"左"的倾向一出现就要反对，右的倾向一冒头也要批判。在一定的时期、一定范围内，有时还要把右的倾向作为着重要解决的问题来处理。实际上，自从党的十一届三中全会以来，邓小平同志一面领导全党和全国各族人民破除"左"的僵化思想的禁锢，推动改革开放和现代化建设一步一步深入展开，一面不断地要求全党注意右的资产阶级自由化倾向。正如他在党的十二届六中全会上所说的："反对资产阶级自由化，我讲得最多，而且我最坚持。"②对于两任党的总书记在反对资产阶级自由化问题上所犯的错误，都是他事先提醒、果断处理的。1983年10月还专门强调当前思想战线首先要着重解决右的、软弱涣散的倾向。1986年年底以后一再强调对青年学生要加强坚持四项基本原则、反对资产阶级自由化的教育。1989年春夏之交果断地领导党和人民制止了动乱，平息了北京地区的反革命暴乱。这就是说，当我们在战略上明确了要警惕右，主要防止"左"以后，战术上还要根据不断变化的形势和出现的问题确定阶段性的或一定范围内要着力解决的问题。我们决不能把邓小平同志针对一定时期一定范围内发生的问题所作出的具体论断和战术决策，

① 《邓小平文选》第三卷，人民出版社1993年版，第139～140页。
② 《邓小平文选》第三卷，人民出版社1993年版，第181页。

第二章　邓小平的治国理想

同他的整个战略思想对立起来。

第四，在方法上，无论是批判"左"的还是右的错误思想，都必须采取马克思主义的正确方法，决不能采取简单片面、粗暴过火那种所谓的"大批判"，决不能采取残酷斗争、无情打击那种所谓的"革命行动"。一句话，不能采取"左"的方法。警惕右，但主要是防止"左"的原则中，也包括这一重要的斗争方法问题。

这些基本思想是一个整体，总括起来就是一句话："中国要警惕右，但主要是防止'左'。"它是我们坚持党的基本路线一百年不动摇的一个重要保障，必须十分清醒地坚持。

3.2 怎样处理"坚持"与"发展"的辩证关系

以改革开放为显著特点的社会主义建设新时期，邓小平同志在思想理论建设中不断碰到一个十分现实又必须十分谨慎地处理的大问题：既坚持马列主义、毛泽东思想，又根据新的时代特点和新的历史任务，发展马列主义、毛泽东思想。我们如果不能正确地处理"坚持"和"发展"的关系，就不能既大胆又稳步地前进，就有可能在"左"的或右的方面误入迷途。学习邓小平同志的科学著作，研究邓小平建设有中国特色社会主义理论这一当代中国马克思主义创立的过程和经验，对于我们科学地认识并进而正确地处理这两者的关系，极有裨益。

——"费尽革命思想家心血"的两大任务

富于理论创造精神的中国共产党，每前进一步，都考虑到理论研究的任务。在全党工作重点由阶级斗争转移到经济建设的关键时刻，十一届三中全会提出："党中央在理论战线上的崇高任务，就是领导、教育全党和全国人民历史地、科学地认识毛泽东同志的伟大功绩，完整地、准确地掌握毛泽东思想的科学体系，把马列主义、毛泽东思想的普遍原理同社会主义现代化建设的具体实践结合起来，并在新的历史条件下加以发展。"[①]第二年，邓小平同志在党的理论工作务虚会议上提出要坚持四项基本原则，要根据新的实践赋予四项基本原则以新的内容，也是这个意思。他还特别指出："这是一项十分重大的任务，既是重大的政治任务，

① 《十一届三中全会以来重要文献选读》上，人民出版社1987年版，第12页。

又是重大的理论任务。"而且提醒我们："这决不是改头换面地抄袭旧书本所能完成的工作，而是要费尽革命思想家心血的崇高的创造性的科学工作。"①

我们注意到，党的十一届三中全会提出的"党中央在理论战线上的崇高任务"，包含着两个互相联系、有机统一的重要内容：

其一，就是要历史地、科学地认识毛泽东同志的伟大功绩，完整地、准确地掌握毛泽东思想的科学体系。这是邓小平同志反复强调的一个重要的理论研究和理论宣传的任务。在1975年主持中央日常工作，同"四人帮"进行正面交锋的时候已经提出："我总觉得现在有一个很大的问题，就是怎样宣传毛泽东思想。"他强调不能割裂毛泽东思想；毛泽东思想有丰富的内容，是完整的一套。粉碎"四人帮"后，邓小平同志在1977年4月10日给党中央的信中，明确提出："我们必须世世代代地用准确的完整的毛泽东思想来指导我们全党、全军和全国人民，把党和社会主义的事业，把国际共产主义运动的事业，胜利地推向前进。"②他多次强调，这是经过反复考虑的。因为在林彪把毛泽东思想庸俗化时，他和罗荣桓同志一起就同林彪作过斗争；在"四人帮"猖獗地推行形而上学时，他又同"四人帮"进行过斗争；在粉碎"四人帮"后，看到"两个凡是"的错误观点阻碍了拨乱反正的展开，他更深切地认识到正确地对待毛泽东同志和毛泽东思想，"这是个重要的理论问题，是个是否坚持历史唯物主义的问题"。③在党的十届三中全会上，他系统地阐述了这一问题，明确地说道："我建议，除了做好毛泽东著作的整理出版工作之外，做理论工作的同志，要花相当多的功夫，从各个领域阐明毛泽东思想的体系。要用毛泽东思想的体系来教育我们的党，来引导我们前进。"④

其二，就是要把马列主义、毛泽东思想的基本原理同社会主义现代化建设的具体实践结合起来，并且在新的历史条件下加以发展。邓小平同志在领导拨乱反正的时候，注意到党在领导社会主义建设中所犯的错误，从

① 《邓小平文选》第二卷，人民出版社1994年版，第180页。
② 《邓小平文选》第二卷，人民出版社1994年版，第36、39页。
③ 《邓小平文选》第二卷，人民出版社1994年版，第38页。
④ 《邓小平文选》第二卷，人民出版社1994年版，第43～44页。

第二章 邓小平的治国理想

根本上来说，是没有认识到社会主义建设的客观规律，即没有能够解决不同于过去革命时期的新情况、新问题。他说："我们的革命导师马克思、列宁、毛泽东同志历来重视具体的历史条件，重视从研究历史和现状中找出规律性的东西来指导革命。那种否定新的历史条件的观点，就是割断历史，脱离实际，搞形而上学，就是违反辩证法。"①因此他在党的十一届三中全会上向全党提出了"研究新情况，解决新问题"的任务。并且在1979年3月底的理论工作务虚会上，明确地指出："深入研究中国实现四个现代化所遇到的新情况、新问题，并且作出有重大指导意义的答案，这将是我们思想理论工作者对马克思主义的重大贡献，对毛泽东思想旗帜的真正高举。"在他向理论工作者提出这一重大任务时，还具体地告诉我们："什么是我国今天最重要的新情况，最重要的新问题呢？当然就是实现四个现代化，或者像我在前面说的，实现中国式的现代化。"②在党的十一届三中全会上，他还说过："各方面的新情况都要研究，各方面的新问题都要解决，尤其要注意研究和解决管理方法、管理制度、经济政策这三方面的问题。"③在这之前，他还注意到在世界范围内"现代科学技术正在经历着一场伟大的革命"④，等等。他要求我们运用马列主义、毛泽东思想的基本原理研究这些新情况，解决这些新问题，就是要求我们像当年毛泽东同志把马列主义和中国革命实践相结合，发展马列主义一样，在今天新的历史条件下，把马列主义、毛泽东思想和中国社会主义现代化建设的具体实践结合起来，发展马列主义、毛泽东思想。

从邓小平同志的论述中，我们可以看到，这两方面的任务就是"坚持毛泽东思想"和"发展毛泽东思想"的任务。那么，"坚持"和"发展"，是什么关系呢？显然，"坚持"，是为了"发展"，"发展"是最好的"坚持"。只有根据毛泽东思想的基本原理解决了今天的新问题，发展了毛泽东思想，也就坚持了毛泽东思想。也就是说，我们掌握了毛泽东思想的科学体系之后，不能像"古董鉴赏家"那样，只会赞其好，不会用

① 《邓小平文选》第二卷，人民出版社1994年版，第121页。
② 《邓小平文选》第二卷，人民出版社1994年版，第179页。
③ 《邓小平文选》第二卷，人民出版社1994年版，第149页。
④ 《邓小平文选》第二卷，人民出版社1994年版，第87页。

其理，只会保养它，不会发展它。科学地对待毛泽东思想，不仅是为了坚持它的基本原理，更重要的是要把它同新时期的新实践相结合，创造性地发展毛泽东思想。邓小平同志作为毛泽东同志亲自教育、培养出来的无产阶级革命家和马克思主义思想家、理论家，最懂得只有发展毛泽东思想才是真正坚持毛泽东思想。对此，他说得十分明白："马克思主义的思想理论工作是不能离开现实政治的。我这里说的政治，是国内外阶级斗争的大局，是中国人民和世界人民在现实斗争中的根本利害。不能设想，离开政治的大局，不研究政治的大局，不估计革命斗争的实际发展，能成为一个马克思主义的思想家、理论家？如果那样，我们在去年用大半年时间讨论实践是检验真理的标准的问题，还有什么意义呢？科学社会主义是在实际斗争中发展着，马列主义、毛泽东思想是在实际斗争中发展着。我们当然不会由科学的社会主义退回到空想的社会主义，也不会让马克思主义停留在几十年或100多年前的个别论断的水平上。所以我们反复说，解放思想，就是要运用马列主义、毛泽东思想的基本原理，研究新情况，解决新问题。"①这就是党中央提出的"崇高任务"中最重要之点。

这里，邓小平同志提出的"意义"问题，也就是作用和目的的问题。在有些人看来，进行真理标准问题大讨论，就是要澄清思想路线上的主观主义迷误，坚持和维护"实践是检验真理的唯一标准"这一马列主义、毛泽东思想的基本观点，坚持和维护"实事求是"这一毛泽东倡导的马列主义思想路线。邓小平同志说如果仅仅守着这些正确的观点和原理，而不去研究实践中的现实问题，不去发展马列主义、毛泽东思想，真理标准问题大讨论"还有什么意义呢"？因此，我们坚持和维护毛泽东思想的科学体系，不是为坚持而坚持，不是为维护而维护，其作用和目的就是毛泽东所讲的，是为了"有的放矢"，即用毛泽东思想之"矢"去射中国社会主义现代化建设这一具体实践之"的"，在研究新情况、解决新问题中，找到新的实践的规律，发展毛泽东思想。而且，只有这样发展毛泽东思想，才能真正坚持毛泽东思想。反过来，如果我们不去研究新情况，不去解决新问题，即不去发展毛泽东思想，那就不仅仅背离了毛泽东思想及其认识论

① 《邓小平文选》第二卷，人民出版社1994年版，第179页。

的基本原则，而且会由于其僵滞而落后于时代的发展，会由于其陈旧而脱离不断发展的社会实践，从而最终扼杀其自身发展的生命力和活力，失去其在人民群众中的影响力和吸引力。因此，党的理论工作者如果不懂得这一点，或者对坚持和发展毛泽东思想不感兴趣，或者不善于在坚持毛泽东思想中发展毛泽东思想、在发展毛泽东思想中坚持毛泽东思想，就是严重的失职，就会危害我们党的指导思想和整个党的事业。

——"实事求是"是联结"坚持"与"发展"的纽带

邓小平同志不仅提出了"党中央在理论战线上的崇高任务"，而且亲自领导党和全国各族人民为完成这一崇高任务进行了卓越的工作。首先，他在领导拨乱反正时，坚决地批评了借口毛泽东同志晚年的错误从根本上否定毛泽东同志和毛泽东思想的错误倾向，并且领导党以《中共中央关于建国以来党的若干历史问题的决议》这一权威的形式，正确地评价了毛泽东同志的历史地位，维护了毛泽东思想的指导思想地位。与此同时，他以开辟社会主义建设新道路的巨大政治勇气和开拓马克思主义新境界的巨大理论勇气，集中全党和全国人民的智慧，进一步把马列主义、毛泽东思想运用到解决社会主义现代化建设的新问题中去，创立了建设有中国特色社会主义这一具有时代精神和民族精神的新理论。正如江泽民同志所评价的："他的最突出的贡献就在于，不仅领导我们的党和国家从'文化大革命'造成的深重灾难中走了出来，而且还以对当代中国和世界的深刻了解、为党和国家重新走在时代潮流前面、为中华民族以更强大的力量自立于世界民族之林，规划了崭新的和切合实际的宏伟蓝图。"[1]

邓小平治国论

考察邓小平同志创立建设有中国特色社会主义理论的成功"秘诀"，就是他自始至终坚定不移地坚持了毛泽东同志倡导的实事求是原则。在许多理论家争论不休、难以统一的"坚持"和"发展"的关系中，邓小平同志却解决得十分得心应手，其原因即在于他认为坚持毛泽东思想的科学体系，最重要的是要坚持实事求是的原则，而发展毛泽东思想就是根据实事求是的原则去研究新情况、解决新问题，形成符合新的历史条件的新结论、新理论。

① 江泽民：《在学习〈邓小平文选〉第三卷报告会上的讲话》，人民出版社1993年版，第9页。

这是因为，毛泽东思想是在中国共产党把马列主义应用于半殖民地半封建的东方大国，指导以农民为主力军的民主革命过程中，以毛泽东同志为杰出代表和核心的党的第一代领导集体，坚持一切从实际出发，理论联系实际，实事求是的思想路线，在同形形色色的主观主义的曲折斗争中，逐步形成和发展起来的。它是一种"中国化的马克思主义"。作为一种科学的思想体系，其"外围"由一系列"中国化马克思主义"的具体论断、具体原理构成。这些论断和原理不仅有其层次性，有的覆盖面比较广泛，有的覆盖面比较有限，而且这些"中国化马克思主义"的具体论断、具体原理之间有其联系性，各种观点相辅相成，形成网络联系。深入研究毛泽东思想这一科学体系，我们即可发现，在其"外围"各种具体的论断、观点、原理的内层，始终贯穿着一个根本的原则，或者说，这个体系有一个"内核"，它既是"外围"各种具体的论断、观点、原理提出和形成的依据，又是联结这些具体的论断、观点、原理的纽带，还是在"外围"创造、增加各种新论断、新观点、新原理的策源地。这个内核，就是邓小平同志揭示的"实事求是"。他把它称为"毛泽东哲学思想的精髓""毛泽东思想的出发点、根本点""毛泽东思想的精髓""毛泽东思想的基本点"。①

　　邓小平同志领导党和人民进行指导思想上的拨乱反正，"拨乱"就是清除和批判林彪、"四人帮"在毛泽东思想的名义下所鼓吹的各种谬论，纠正毛泽东晚年违背毛泽东思想的各种错误；"反正"不仅是要返回到毛泽东思想科学体系"外围"的那些具体的论断、观点、原理上去，而且更重要的是要返回到毛泽东思想科学体系的"内核"即实事求是原则上去。1977年9月19日在同教育部主要负责同志谈如何看待毛泽东同志在"文化大革命"期间圈阅的《全国教育工作会议纪要》（以下简称《纪要》）时，即如何在教育战线拨乱反正时，邓小平同志讲了一段十分重要的话："《纪要》引用了毛泽东同志的一些话，有许多是断章取义的。《纪要》里还塞进了不少'四人帮'的东西。对这个《纪要》要进行批判，划清是非界限。我们要准确地完整地理解毛泽东思想的体系。我提出这个问题，

① 《邓小平文选》第二卷，人民出版社1994年版，第67页、第114页、第126页。

大家知道，对马克思列宁主义，应该准确地完整地理解它的体系。对毛泽东思想就不这样？也应该如此嘛，否则非犯错误不可。毛泽东同志在延安为中央党校题词，就是'实事求是'四个大字，这是毛泽东哲学思想的精髓"①。这里回答了一个问题：什么叫完整地准确地理解毛泽东思想的科学体系？最重要的，就是要认清和掌握"实事求是"这一基本原则。1978年6月2日，邓小平同志在全军政治工作会议上又一次论述了这一极其重要的问题，他说："我们党有很多同志坚持学习马列主义、毛泽东思想，坚持把马列主义的普遍真理同革命实践相结合的原则，这是很好的，我们一定要继续发扬。但是，我们也有一些同志天天讲毛泽东思想，却往往忘记、抛弃甚至反对毛泽东同志的实事求是、一切从实际出发、理论与实践相结合的这样一个马克思主义的根本观点、根本方法。""那样，即使我们口头上大讲拥护毛泽东思想，实际上也只能是违反毛泽东思想。"②因此，党中央在起草和通过建国以来若干历史问题的决议时，不仅阐述了毛泽东思想科学体系中关于新民主主义革命，关于社会主义革命和社会主义建设，关于革命军队的建设和军事战略，关于政策和策略，关于思想政治工作和文化工作，关于党的建设等理论内容，而且专门阐述了实事求是和同实事求是相联系、相统一的群众路线、独立自主这一"毛泽东思想的活的灵魂"。

邓小平同志强调要认清和掌握毛泽东思想科学体系中这一"内核"，就是因为只有确立了实事求是这一马克思主义的基本原则，我们的头脑才能从教条主义、经验主义等形形色色的主观主义中解放出来，我们的双脚才能迈进活生生的革命实践中去，我们的双手才能去触及现实生活中的新情况、解决现实生活中的新问题，从而为毛泽东思想赋予时代的新内容。邓小平同志说，自党的十一届三中全会以来，"我们主要做了两件事，一是拨乱反正，二是全面改革"。③一般我们都把十一届三中全会到通过建国以来若干历史问题的决议这一段，称为党在指导思想上完成拨乱反正的

---

① 《邓小平文选》第二卷，人民出版社1994年版，第67页。
② 《邓小平文选》第二卷，人民出版社1994年版，第114、119页。
③ 《邓小平文选》第三卷，人民出版社1993年版，第141页。

邓小平治国论

历史阶段，同时把这一决议通过后召开的党的十二大和十二届三中全会作为全面改革开始的起点。为什么先有"拨乱反正"，后有"全面改革"？就在于全面改革需要思想的准备和其他各方面实践的准备，拨乱反正所重新确立的实事求是原则为全面改革提供了最锐利的思想武器。所以邓小平同志一再说："我们改革开放的成功，不是靠本本，而是靠实践，靠实事求是。"[1]同样的道理，我们在新的历史条件下发展毛泽东思想，创立建设有中国特色社会主义的理论，也不是靠本本，而是靠实践，靠实事求是。

因此，要全面完成党的十一届三中全会提出的"党中央在理论战线上的崇高任务"，正确处理"坚持"与"发展"的辩证关系，关键就是要学习实事求是，掌握实事求是，应用实事求是，坚持实事求是。

——原则的丰富，政策的选择，体制的创新

怎样以实事求是的原则为思想武器，正确处理"坚持"与"发展"的辩证关系，完成理论研究任务呢？

邓小平同志从互相联结的三个方面进行了创造性的工作：

一是坚持原则，丰富内容。

党的十一届三中全会召开不久，邓小平同志就提出了理论创新的重要任务。他一方面针对林彪、"四人帮"对马列主义、毛泽东思想的扭曲和破坏，针对拨乱反正中出现的否定马列主义、毛泽东思想的错误思潮，以非常鲜明的态度和语言，提出"要在中国实现四个现代化，必须在思想政治上坚持四项基本原则"。[2]这就是我们党长期以来一直强调和坚持的立国之本——坚持社会主义道路，坚持人民民主专政，坚持共产党的领导，坚持马列主义、毛泽东思想。在社会主义现代化建设和改革开放时期，我们在任何情况下都不能怀疑、动摇或否定这四项基本原则。坚持这四项基本原则，就是坚持了毛泽东思想科学体系关于社会主义生产关系、上层建筑包括意识形态领域的基本原理。与此同时，他又根据时代的需要和现代化建设的新任务，明确提出"实现四个现代化所必须坚持的四项基本原

① 《邓小平文选》第三卷，人民出版社1993年版，第382页。
② 《邓小平文选》第二卷，人民出版社1994年版，第164页。

则，虽然我已经说过都不是什么新问题，但是这些原则在目前的新形势下却都有新的意义，都需要根据新的丰富的事实作出新的有充分说服力的论证。"他说："我们思想理论战线的同志们一定要赶快组织力量，定好计划，在尽可能短的时间里陆续写出并印出一批有新内容、新思想、新语言的有分量的论文、书籍、读本、教科书来，填补这个空白。"①这就是说，我们党长期来形成并坚持的立国之本——四项基本原则，必须坚定不移、始终不渝地坚持，但它们的内容必须丰富和充实，即"需要根据新的丰富的事实作出新的有充分说服力的论证"。而且，这种论证要内容新、思想新、语言新，都要更新。这就是：通过"原则的丰富"，把"坚持"和"发展"统一起来，形成具有"新的意义"的科学理论。

事实上，从党的十一届三中全会以来，邓小平同志本人就是这样做的。他既坚持四项基本原则，又"不是改头换面地抄袭旧书本"，而是从实际出发，尊重实践，尊重群众，以群众的创造性实践为基础，费尽心血，创造新的理论，形成了建设有中国特色社会主义这一当代中国的马克思主义。他首先以实践为标准，抛弃了那些对马克思主义的某些原则、某些本本的教条式理解，抛弃那些对社会主义不科学的甚至扭曲的认识，抛弃那些超越社会主义初级阶段的不正确思想，坚决反对那些根本否定马克思主义的错误观点，澄清了在四项基本原则具体内容中的各种被搞乱的是非。同时，他又以实践为标准总结经验和发展理论，为四项基本原则充实了具有时代意义的新内容，例如：关于社会主义的本质、关于社会主义初级阶段、关于"一个中心、两个基本点"的基本路线、关于科学技术是第一生产力、关于社会主义市场经济、关于"一国两制"、关于中国的发展离不开世界、关于和平与发展是当代世界两大主题，等等。我们完全可以这样说，建设有中国特色社会主义理论就是具有新的内容、新的思想、新的语言的四项基本原则，就是在新的历史条件下发展了的毛泽东思想。

二是坚持原则，选择政策。

为了在坚持毛泽东思想的基础上发展毛泽东思想，邓小平同志不仅在理论的内容上（包括思想和语言）进行了创新，而且为了更有效地指导实

邓小平治国论

① 《邓小平文选》第二卷，人民出版社1994年版，第179～180页。

践，还在政策上进行了创新。

1985年8月21日，他在阐述中国现代化建设和改革开放（即"第二次革命"）发生的背景、原因时，指出："过去我们进行了新民主主义革命，建国后完成了土地改革，又进行了农业、手工业和资本主义工商业的社会主义改造，建立了社会主义经济基础，那是一个伟大的革命。那个革命搞了三十几年。但是在建立社会主义经济基础以后，多年来没有制定出为发展生产力创造良好条件的政策。社会生产力发展缓慢，人民的物质和文化生活条件得不到理想的改善，国家也无法摆脱贫穷落后的状态。这种情况，迫使我们在1978年12月召开的党的十一届三中全会上决定进行改革。我们总的原则是四个坚持：坚持社会主义道路，坚持人民民主专政，坚持共产党的领导，坚持马列主义、毛泽东思想。这已经写进中国的宪法。问题是怎么坚持。是坚持那种不能摆脱贫穷落后状态的政策，还是在坚持四项原则的基础上选择好的政策，使社会生产力得到比较快的发展？十一届三中全会决定进行改革，就是要选择好的政策。"[1]这里，他论述了三个互相联系的重要问题：一是我们的改革不是放弃社会主义制度的历史选择，不是放弃四项基本原则的历史选择；二是我们的改革是在制度选择的基础上，坚持四项基本原则的基础上，进行政策的选择；三是无论是第一次革命进行的制度的选择，还是第二次革命进行的政策的选择，都是为了扫除发展社会生产力的障碍，使中国摆脱贫穷落后的状态。

政策，是在科学的理论指导下，根据革命和建设各个阶段变动的形势，制定的具有现实可操作性的政治对策。通过政策贯彻党的理论和路线，通过政策来发动和组织群众，通过政策来解决群众迫切需要解决的重大实际问题，这是我们党在长期的革命实践中形成的基本经验和工作方法。毛泽东同志曾经说过："政策是革命政党一切实际行动的出发点，并且表现于行动的过程和归宿。一个革命政党的任何行动都是实行政策。不是实行正确的政策，就是实行错误的政策；不是自觉地，就是盲目地实行某种政策。"[2]因此，政策正确与否，政策成功与否，直接关系到党领导

---

① 《邓小平文选》第三卷，人民出版社1993年版，第134～135页。
② 《毛泽东选集》第四卷，人民出版社1991年版，第1286页。

的各项事业的得失成败。

邓小平同志认为，中国在社会主义建设时期出现的失误，社会主义在自己的发展进程中没有显示出相对于资本主义的优势，不能从社会主义的根本制度上找原因，不能归咎于党长期坚持的四项基本原则，而是在"党的政策"这一极其重要的环节上出了毛病——"多年来没有制定出为发展生产力创造良好条件的政策"。这不是说我们在社会主义时期制定的政策都是错误的，但有些正确的政策没有能够一以贯之地执行，尤其是在"左"的指导思想占主导地位的时候，在政治思想上实行的阶级斗争扩大化的政策，在经济上实行平均主义政策等，确实严重地阻碍了社会主义社会生产力的发展。

因此，我们的改革开放，首先是从政策的重新选择开始的。比如党的十一届三中全会提出保护生产队自主权的政策，发展多种经营的政策，纠正分配中平均主义的政策，提高农副产品收购价的政策等，对于后来发生的以实行家庭联产承包责任制为特点的农村大变革，起了积极的政策先导作用。又比如，当时邓小平同志提出的"要允许一部分地区、一部分企业、一部分工人农民，由于辛勤努力成绩大而收入先多一些，生活先好起来"①，即"一部分人先富起来"的政策建议，对于打破平均主义的思想桎梏和体制束缚，对于多种经济成分的形成和国民经济的多样化发展，起到了难以估量的作用。因此，"放宽政策"这个词儿在实际生活中成了改革的代名词。其实，改革是一种体制的即制度的变革，同政策的重新选择还不是一回事。但如果没有政策的重新选择，没有"放宽政策"这一招，体制的根本变革是难以想象的。从政策的重新选择着手推进改革开放，既坚持了四项基本原则，坚持了社会主义的基本制度，又能够比较灵活地寻找到发展社会主义社会生产力的正确道路，这是邓小平同志解决"坚持"与"发展"关系的难题，完成党中央在理论战线上的崇高任务的极具政治智慧的创造。

三是制度不变，体制创新。

邓小平同志深深地懂得，我国社会主义建设过程中发生的曲折，遭

① 《邓小平文选》第二卷，人民出版社1994年版，第152页。

受的灾难，表现在政策的失误上，根子却在体制的弊端上。因此要从根本上改变中国的贫穷落后面貌，避免毛泽东同志晚年那样严重的错误重新发生，推进毛泽东思想的发展，一个无法回避的问题就是要研究社会主义体制，从根本上变革不适应生产力发展的旧体制。他在党的十一届三中全会的主题报告中就已经提出："现在，我们的经济管理工作，机构臃肿，层次重叠，手续繁杂，效率极低。政治的空谈往往淹没一切。这并不是哪一些同志的责任，责任在于我们过去没有及时提出改革。但是如果现在再不实行改革，我们的现代化事业和社会主义事业就会被葬送。"[1]在起草《关于建国以来党的若干历史问题的决议》的时候，他再次明确地指出："单单讲毛泽东同志本人的错误不能解决问题，最重要的是一个制度问题。毛泽东同志说了许多好话，但因为过去一些制度不好，把他推向了反面。""制度是决定因素"。[2]邓小平同志就是这样，以历史经验为鉴戒，提出了制度即体制改革这一具有战略意义的重大问题。

对于这样一个重大的问题，许多深受"左"的思想影响的人在当时表示很不理解，以为这是搞"非毛化"，否定毛泽东同志创建的社会主义制度。与此同时，一股来自右的资产阶级自由化思潮以为搞乱、破坏社会主义制度的机会出现了，于是乎他们有的竟然鼓吹"万恶之源是无产阶级专政"，有的到处宣传中国应当实行搞资本主义的"社会改革"，干扰邓小平同志提出的改革开放。针对这两种错误倾向，他在1979年3月底提出了要坚持四项基本原则这一重大的政治问题。其中，最重要的是要坚持党的领导和社会主义道路。

一方面要改革我们的制度，一方面要坚持我们的制度，这两方面究竟是什么关系？应该怎样处理两者的关系？

邓小平同志指出，要正确地认识社会主义制度，首先要驳倒所谓社会主义不如资本主义的言论。要认识到只有社会主义才能救中国；社会主义的中国在经济、技术、文化等方面现在还不如发达的资本主义国家不是社会主义制度造成的，从根本上说，是解放以前的历史造成的，是帝国主义

---

[1] 《邓小平文选》第二卷，人民出版社1994年版，第150页。

[2] 《邓小平文选》第二卷，人民出版社1994年版，第297、308页。

和封建主义造成的；社会主义国家所犯的严重错误，固然有主观的原因，根本上还是旧社会长时期历史遗留的影响造成的，并且能通过社会主义制度本身来纠正；我们搞改革开放，有计划、有选择地引进资本主义国家的先进技术和其他对我们有益的东西，但是决不学习和引进资本主义制度，社会主义制度的特点在资本主义社会永远不可能有。

邓小平同志进一步指出，毛泽东同志所揭示的社会主义社会仍然存在着生产力和生产关系、经济基础和上层建筑之间的矛盾这一观点是正确的，因此要寻求一条合乎中国实际的，能够快一点、省一点的社会主义建设道路，"需要制订经济体制改革的原则"。1980年年初，他特别强调地指出："中央希望经济战线上做实际工作和做理论工作的同志，和衷共济，通力协作，取长补短，调查研究，反复讨论，少说空话，年内共同拿出个切实可行的方案来，拿出一个长远规划来，提给中央。"[1]这里所讲的"经济体制"，是一个同社会主义基本经济制度相区别的概念，是社会主义生产关系的实现形式，即社会主义经济方面的具体制度。1980年8月18日，在著名的《党和国家领导制度的改革》中，邓小平同志提出"对党和国家的领导制度进行必要的改革"的任务时，明确地指出："党和国家现行的一些具体制度中，还存在不少的弊端，妨碍甚至严重妨碍社会主义优越性的发挥。如不认真改革，就很难适应现代化建设的迫切需要，我们就要严重地脱离广大群众。"[2]这里讲的"党和国家现行的一些具体制度"，即"政治体制"。也就是说，在社会主义制度中有两个层次：一是社会主义的基本制度，如公有制、按劳分配、人民民主专政等，这是正确的、优越的，是我们的历史选择，也是不可更改的；二是社会主义的经济体制和政治体制以及其他体制，这是各方面的具体制度，其中有不少弊端，必须进行改革，以使社会主义的优越性能充分地发挥出来。

根据邓小平同志的这些基本思路，全党全国各族人民终于形成了一个极其重要的共识：在坚持社会主义基本制度的基础上进行体制改革，解放和发展生产力。简单地说，就是：制度不变，体制创新。

---

① 《邓小平文选》第二卷，人民出版社1994年版，第247页。
② 《邓小平文选》第二卷，人民出版社1994年版，第327页。

邓小平治国论

我们可以看到，"坚持原则，丰富内容"，"坚持原则，选择政策"，"制度不变，体制创新"，这三个方面一环套一环，相互有机地联系在一起，把"坚持"与"发展"融为一体，推动了理论的创造和发展。而且，这三个方面之间，原则的丰富是理论创造的目的和归宿，政策的选择和体制的创新是基础。这是由虚到实，又由实到虚，即由原则的丰富指导政策的选择，进而来推进体制创新的过程，又由体制的创新完善政策的选择，由政策的选择给四项基本原则赋予新的时代内容的过程。这个科学性和创造性相统一的理论创造过程告诉我们，邓小平同志不仅提出了要坚持和发展毛泽东思想这一"费尽革命思想家心血"的崇高任务，不仅提出了要以"实事求是"为思想武器正确解决"坚持"和"发展"问题的科学思路，而且提出了"原则的丰富"与"政策的选择""体制的创新"这样一个相互作用、相互推进，既坚持毛泽东思想，又发展毛泽东思想的，实实在在的理论创造的操作程序。这是邓小平同志的革命胆略和领导艺术中十分精彩的篇章。

3.3 市场经济怎样和社会主义基本制度相结合

在进行建设有中国特色社会主义理论这一崭新的理论创造时，邓小平同志碰到的思想政治上的难题，直接的表现是如何处理"左"和右的复杂问题，具体地说是怎样处理"坚持"与"发展"的辩证关系问题，但关键的问题是怎样对待原有的计划经济体制，建立社会主义市场经济体制，也就是怎样认识和怎样进行改革的问题。

——把市场经济作为"方法"

这里的第一难，难在思想观念上。从社会主义在世界上成为活生生的现实之日起，"计划经济"就被认为是社会主义基本经济制度的一个显著特征。不论是马克思主义哲学教科书，还是社会主义政治经济学教科书，不论是苏联、东欧国家的教科书，还是中国的教科书，都不回避这一点。甚至西方学者的著作中也认为计划经济是社会主义的特征。可以说，这是长期以来人们头脑中的一种关于社会主义的观念。

与此同时，人们认为，市场经济是同社会主义基本制度根本对立的，它属于资本主义经济制度的范畴。20世纪50年代南斯拉夫曾经提出把市场引入社会主义，结果被人视为"异端"。几乎所有的社会主义国家在改革中都遇到了市场问题的困扰，原因是人们认为市场经济姓"资"。我国改革开放之初，也有学者提出社会主义可以搞市场经济。邓小平同志最初提出这个重大的理论问题不是1992年，而是1979年。但人们的观念障碍，使这种新思路、新观念在12年之后，才为全党所接受。而且，在中国改革开放推进到20世纪90年代初的时候，我们有不少人还认为"所谓市场经济，就是以私有制为基础，一切经济活动经过市场，由价值规律自发进行调节的经济"。出现这些现象，其实并不奇怪，因为长期以来我们的认识、我们的理论就是这么过来的。

出现这种观念的偏执，不能仅仅从观念上找原因。客观上讲，市场经济确实是在资本主义私有制的基础上获得成熟并为世人所瞩目的；市场经济同任何一种经济形式一样都有其自身的不足和弱点，这些不足和弱点同私有制一结合便更加突出，而且遭到过马克思主义经典作家的充分揭露和批判。因此，人们在观念上（包括经验上和理论上）把它看作是资本主义经济制度范畴的东西，不是偶然的。

其实，计划也好，市场也好，都是建立在社会化大生产基础上的一种资源配置的方式。计划经济这种体制不是随随便便提出来的，它是随着社会化大生产的发展，特别是随着资本主义社会中生产资料的私人占有制与社会化大生产之间矛盾的发展，为了减少资本主义私有制下对生产周期性的破坏和对生产资料大规模的浪费，即为了解决企业内部生产的计划性和全社会生产的盲目性之间的矛盾，社会主义思想家提出由国家来承担对全社会经济发展的规划，有计划地发展社会生产。比如恩格斯曾说过，一旦社会占有了生产资料，商品生产就将被消除，社会的生产无政府状态就将让位于按照全社会和每个成员的需要对生产进行的社会的有计划调节。这种思路在转换成现实前后，开始被列宁称为"计划经济"。①市场经济也是随着社会化生产的产生而产生、发展而发展的。社会化生产是一种在专

---

① 1906年列宁在《土地问题和争取自由的斗争》一文中提出了"计划经济"这一概念，指出："只有实行巨大的社会化的计划经济制度，……才能消灭一切剥削。"1922年在《给卡尔·斯坦美兹》的信中又重申"……资本主义必不可免地要为新的社会制度所代替，这种制度将实行计划经济"。

业分工基础上进行协作的生产过程。列宁曾明确指出："哪里有社会分工和商品生产，那里就有'市场'。"①"市场不过是商品经济中社会分工的表现。"②市场经济以市场为中介手段，使得专业分工的生产之间互通有无、相互交换，从而在全社会得到一种动态的平衡，形成社会化生产的整体效应。这两种建立在社会化大生产基础之上的资源配置方式，都认为自己能够把生产有序地组织起来，以适应人们的消费需求。事实上，计划经济体制在苏联、在新中国成立后，确实能够把全社会的生产要素比较合理地组织起来，实现社会化大生产，但它对人们消费需求的反应不灵敏，缺乏活力。市场经济体制则能补其拙，比较灵敏地反映出人们消费需求的变化，自我调节生产的方向和规模，包括根据新科技革命的成果及时实现产业重配和产品更新换代。这就是市场经济能够长期存在并生生不息地获得发展的原因。

马克思主义者能够以实践为标准检验各种理论，正确地进行观念选择。长期以来，我们真诚地认为计划经济是社会主义的，它优越于市场经济。但是，不管市场经济有多大的不足和弱点，它创造的生产力及其给人类文明带来的巨大进步，明明白白地摆在我们面前。我们的计划经济在社会主义建设中也发挥了不可否认的积极作用，使得一个极端落后的农业国奠定了初步工业化的基础，并形成了相对独立的比较完整的工业体系，但从总体的经济竞争中，它创造的经济成果及其效益不如市场经济，甚至还暴露出一些原来意想不到的弊端。在一些认识肤浅的人们的心目中，他们把经济竞争中出现的这种差距归咎于"社会主义不如资本主义"，因为他们把市场经济看作是资本主义经济。而另一些闭目塞听、思想僵化的人，又不愿意承认这种差距是市场经济和计划经济的差别造成的，他们情愿从中国的历史及其造成的现实基础上找原因，从事物的外部找原因，而不敢正视体制内部的问题，原因也在于他们把市场经济看作是资本主义经济。当亚洲"四小龙"崛起时，这样两种观点都遇到了严峻的挑战。这四条"小龙"原来基础都很落后，有的还认为自己走的是同西方资本主义不同

---

① 《列宁全集》第一卷，人民出版社1984年版，第79页。

② 《列宁全集》第一卷，人民出版社1984年版，第81页。

的发展道路。实践迫使我们重新考虑问题。它促使我们认真研究所有经济发达的国家和正在起飞的国家的经验，促使我们认真考虑为什么资本主义制度并不好，但它们的经济却可以发展，甚至可以及时抓住和利用新科技革命的成果发展自己。邓小平同志正是以实践为标准检验我们的理论和认识，站在彻底唯物主义的立场上，肯定了市场经济的积极作用。

邓小平同志认为，市场经济不等于资本主义，可以为社会主义所用。1979年11月，邓小平同志第一次提出市场经济问题的时候，他就谈了两个重要的观点：（1）市场经济不能说只是资本主义的。他鲜明地提出："说市场经济只存在于资本主义社会，只有资本主义的市场经济，这肯定是不正确的。"（2）市场经济是一种方法，可以为社会主义用来发展社会生产力。他说："把这当作方法，不会影响整个社会主义，不会重新回到资本主义。"[①]在1985年、1987年、1991年、1992年，他一次又一次地强调不能把计划经济等同于社会主义、把市场经济等同于资本主义，计划和市场都是经济手段，只要对发展生产力有好处，就可以利用。它为社会主义服务，就是社会主义的。这一论断的重要意义，就是把人们的思想从"市场经济是资本主义"的思想禁锢中解放出来，把市场经济定位在"方法"或"手段"上。这样，就解决了市场经济能不能和社会主义基本制度相结合这个难题的关键性理论问题。

——社会主义制度的自我完善和发展

这里的第二难，难在社会主义基本制度和市场经济体制的"嫁接"上。

把市场经济作为一种方法或手段来看待是正确的，它为解决市场经济和社会主义基本制度的结合问题，破除了思想障碍，打开了一条新思路。但是，要在实践中实现这一结合，并非易事。

首先，必须看到两者之间具有共同的基础，是可以结合的。这个共同基础是什么？如前所述，就是两者都建立在社会化生产这一物质基础之上。也正是在这个意义上，邓小平同志说社会主义和市场经济之间不存在根本矛盾。社会主义作为一种以公有制为基础的生产关系，是在解决资本

① 《邓小平文选》第二卷，人民出版社1994年版，第236页。

主义社会中生产资料的私人占有性和社会化大生产这一基本矛盾过程中，根据社会化大生产的要求建立起来的。市场经济也是根据既有分工又有协作的社会化生产的要求，通过市场来进行资源的合理配置，把各有分工的社会生产组成一个有效的整体。邓小平同志说："社会主义要赢得与资本主义相比较的优势，就必须大胆吸收和借鉴人类社会创造的一切文明成果，吸收和借鉴当今世界各国包括资本主义发达国家的一切反映现代社会化生产规律的先进经营方式、管理方法。"[1]他就是从这个总题目下，提出"市场经济不等于资本主义，社会主义也有市场"这一重要论点的。社会主义是建立在社会化大生产基础之上的，因此，一切反映现代社会化生产规律的先进经营方式、管理方式都可以为社会主义所用。

同时，也必须看到我们已经建立的社会主义基本经济制度的实现形式和市场经济之间存在着某种不相容性。一是我们建立的社会主义基本经济制度主要由全民所有制和集体所有制这两种经济组成。全民所有制经济主要采用国有国营的形式，集体所有制经济主要采用人民公社三级所有、队为基础的形式。不论是全民所有制经济还是集体所有制经济，都存在产权不明晰、政企不分等问题。而市场经济则要求在分工的前提下，生产经营者是独立的法人，即产权要明晰、政企要分开。这是社会主义基本制度能否和市场经济结合的一个很大的基础性的问题。二是我们建立的社会主义基本经济制度下的生产单位，其全部生产经营活动都是在国家计划，甚至指令性计划之下运作的，从生产的产品及其所必需的资金、原材料、能源、设备直至劳动者的工资等，全都是由政府计划部门安排的。而市场经济则要求生产单位根据市场的需求，灵活经营，自主生产，在市场竞争中争取最大的效益。这种情况决定了：如果要在社会主义基本制度的基础上建立起市场经济，就必须对社会主义基本经济制度的实现形式进行改革。不改革，就不可能利用市场作为资源合理配置的基础，就不可能利用市场来实现社会化大生产。

社会主义能不能做到这一点？理论上感到十分为难的地方，实践却能作出回答。改革开放以来，农村家庭联产承包责任制的推行，以农民生

---

① 《邓小平文选》第三卷，人民出版社1993年版，第373页。

产的自主权为突破口，逐渐把农民同市场联系在一起，由此推动了农业生产的发展；接着乡镇企业异军突起，更是显示出市场在解决资金、原材料等方面的突出优势。在国有经济中，随着企业自主权的逐步扩大和经营机制的逐步转换，多种经济成分参与的流通体制的逐步形成，促进了物资、劳力、资金、技术、信息在城乡市场的流动，初步显示了市场的作用和活力。经济特区建立后，有力地推动了我国经济与国际市场的衔接，并按照市场经济的要求促进了特区经济的蓬勃发展。事实证明，市场作用发挥得比较充分的地方，经济活力就比较强，发展态势也比较好；事实也证明，对社会主义经济体制进行根本性的变革，社会主义基本经济制度完全可以同市场经济相结合。

因此，关键问题不在于社会主义基本经济制度能不能和市场经济相结合，而在于社会主义要通过体制改革完善和发展社会主义基本经济制度。邓小平同志曾经在1985年9月23日中国共产党全国代表会议上指出："改革是社会主义制度的自我完善，在一定的范围内也发生了某种程度的革命性变革。这是一件大事，表明我们已经开始找到了一条建设有中国特色的社会主义的路子。"①

这个改革，对于经济体制来讲，不是对原有体制细枝末节的修修补补，而是根本性的变革，是一场新的革命。当然这种革命不是原来意义上的一个阶级推翻另一个阶级的革命，也不是"文化大革命"那样的"革命"。它的实质和目标，是要从根本上改变束缚我国生产力发展的经济体制，建立充满生机和活力的社会主义新经济体制。同时，这个改革，对于社会主义基本经济制度来讲，不是一种根本性的变革，不是要否定或抛弃社会主义基本经济制度，而是社会主义制度的自我完善和发展。它的实质和目标，是要充分体现社会主义的本质，充分显示社会主义优越于资本主义的特点，实现社会主义基本经济制度的自我更新。

那么社会主义基本经济制度该怎样实现自我完善和发展呢？根据邓小平同志的思想，至少要抓好三个基本的环节：

一是在生产关系方面。通过改革，找到一种既能保持社会主义公有

邓小平治国论

① 《邓小平文选》第三卷，人民出版社1993年版，第142页。

制和按劳分配的性质；又能适应市场经济要求的生产关系实现形式。早在1962年，邓小平同志就已经提出要研究公有制生产关系形式的问题。他说："生产关系究竟以什么形式为最好，恐怕要采取这样一种态度，就是哪种形式在哪个地方能够比较容易比较快地恢复和发展农业生产，就采取哪种形式；群众愿意采取哪种形式，就应该采取哪种形式，不合法的使它合法起来。"①尽管那时邓小平同志还没有提出市场经济问题，但他提出要研究公有制生产关系的实现形式问题，却是个意义十分重大的问题。从中可以看出他20世纪80年代领导党和人民进行改革的基本思路，就是要在坚持公有制和按劳分配的原则下，通过改革找到一种解放和发展社会生产力的好形式、好体制。农村家庭联产承包责任制就是这样一种合作经济的实现形式。对于国有经济的改革，邓小平同志指出："企业改革，主要是解决搞活国营大中型企业的问题。""用多种形式把所有权和经营权分开，以调动企业积极性，这是改革的一个很重要的方面。这个问题在我们一些同志的思想上还没有解决，主要是受老框框的束缚。"②根据邓小平同志的思路，党中央提出了建立现代企业制度的方案，就是要在保证国有资产权属于国家，企业真正成为拥有法人财产权的经济实体，使其既保持社会主义公有制的性质，又适应市场经济对企业作为自主经营、独立承担经济责任的主体的要求，更好地发挥国有企业的主导作用。与此同时，邓小平同志还把原则性和灵活性结合起来，提出了"以公有制为主体"这一全新的概念，发展一部分非公有制经济，形成了一种新型的生产关系结构。

二是在国家对经济的宏观管理上。通过改革，找到一种既能保持社会主义国家对经济的宏观调控权，又能适应市场经济要求的经济管理方式。这就是要改变过去由国家统得过多过死的弊端，既使经济活动遵循价值规律的要求，适应供求关系的变化，通过价格杠杆和竞争机制的功能把资源配置到效益较好的环节中去，给企业以压力和动力，实现优胜劣汰；又使国家能够在宏观上对经济进行调控，保持经济总量的基本平衡，促进经济结构的优化，引导国民经济持续、快速、健康发展，推动社会全面进步。

---

① 《邓小平文选》第一卷，人民出版社1994年版，第323页。

② 《邓小平文选》第三卷，人民出版社1993年版，第192页。

邓小平同志在指导以市场为导向的经济体制改革的同时，多次强调"中央要有权威"。他在1988年9月12日说："宏观管理要体现在中央说话能够算数。这几年我们走的路子是对的，现在是总结经验的时候。如果不放，经济发展能搞出今天这样一个规模来吗？我们讲中央权威，宏观控制，深化综合改革，都是在这样的新的条件下提出来的。过去我们是穷管，现在不同了，是走向小康社会的宏观管理。不能再搬用过去困难时期那些方法了。现在中央说话，中央行使权力，是在大的问题上，在方向问题上。"①根据小平同志的意见，党中央逐渐确定了社会主义市场经济体制中的宏观调控体系建构设想，那就是依据客观规律的要求，运用好经济政策、经济法规、计划指导和必要的行政管理，健全科学的宏观管理体制与方法，引导市场健康发展。

三是在调整利益关系上。通过改革，既要形成竞争机制，调动广大人民群众的积极性，搞活社会主义经济，又要维护和保障人民群众的主人翁地位。以公有制为基础的社会主义生产关系，一个显著的特点就是能够体现和保障人民群众的主人翁地位。但是，长期以来由于我们用农民小生产者的平均主义来理解社会主义，把人人捧"铁饭碗"、吃"大锅饭"等同于人民群众当家作主。这种情况在建立社会主义市场经济的过程中，同市场经济必须建立劳动力市场和竞争机制，并且拉开收入差距的要求，发生了矛盾。那么，出路在哪里？邓小平同志早在1978年9月18日就提出"一定要按照国际先进的管理方法、先进的经营方法、先进的定额来管理，也就是按照经济规律管理经济"。②尽管当时尚未提出建立社会主义市场经济的设想，但是在他考虑到要引进国外先进的技术设备时就想到要按照国际先进的管理经验来管理我国社会主义经济，这是一个富有创意的思想。随着改革的深入，我们逐渐抛弃吃"大锅饭"、捧"铁饭碗"的办法，从农村建立家庭联产承包责任制开始，到企业转换经营机制，直到逐步形成劳动力市场、职工竞争上岗，奖优罚差，明显地调动了广大群众的生产积极性。但随之而带来的新问题是：这样做，群众是不是仍然是国家的主

---

① 《邓小平文选》第三卷，人民出版社1993年版，第278页。
② 《邓小平文选》第二卷，人民出版社1994年版，第129～130页。

人？回答是肯定的，在社会主义市场经济体制下劳动力市场的出现，竞争机制的形成，并没有改变人民群众作为国家主人的地位。国有企业、集体企业及公有产权占主导地位的企业职工，乡镇企业的职工，各类合作经济的农民，既是国家的主人，也是企业和工作单位的主人。即使是非公有制经济的企业职工，他们虽然已经不是企业的主人，但作为国家主人的政治地位依然不变。相反，劳动力市场的出现，竞争机制的形成，表明劳动者对于自己的劳动力掌握了自主权，这种自主权受到了国家法律的保护。因此要解决好社会主义市场经济体制下人民群众的国家主人翁地位问题，必须从两方面着手进行：一方面是国家要尽可能地抓紧保护劳动者权益的立法，严肃地执法，并且从政治、经济、舆论、行政等各方面维护人民群众的国家主人翁地位；另一方面人民群众也要增强法制观念，用法律来维护自己的合法权益，并且以实际行动体现自己的国家主人翁的责任感。

探索适应市场经济要求的社会主义公有制生产关系的实现形式，建立社会主义宏观调控体系，形成既有助于经济竞争、调动群众积极性又能维护群众主人翁地位的做法，对于体制来讲是一场深刻的革命，对于社会主义基本制度来讲是一种完善和发展。只有经过这种社会主义的自我完善、自我发展，才能实现社会主义基本制度和市场经济体制的"嫁接"。

——消除腐败现象

这里的第三难，难在社会主义市场经济体制建立过程中，如何有效地解决好腐败现象问题上。

以市场为导向的经济体制改革，在一步一步地推进过程中，邓小平同志碰到了一个大难题：各种腐败现象引起了全党和全社会的广泛关注。以至于邓小平同志在1986年1月17日气愤地责问道："风气如果坏下去，经济搞成功又有什么意义？"[1]

这就是说，要实现市场经济和社会主义基本制度相结合，第一要改变计划经济等于社会主义、市场经济等于资本主义的传统观念，认识到两者都是方法，市场经济可以为社会主义所利用；第二要通过经济体制改革，改善和发展社会主义基本制度；第三还要认识到市场和市场经济也有其自

---

[1] 《邓小平文选》第三卷，人民出版社1993年版，第154页。

身的弱点和消极方面，认识到两种经济体制并存和转轨过程中充满着各种风险，要努力克服腐败现象。

对于改革开放中出现的腐败现象，邓小平同志始终十分警觉。可以这样说，从党的十一届三中全会以后到1992年年初南方谈话，从批评的角度讲得最多的是这个问题；问题的严重性提得最高最强烈的也是这个问题。他说过这一问题"关系到党和国家的命运和前途"，告诫过这一问题是我们改革开放中出现的"最大的风险"，批评过这一问题上我们有过"最大的失误"，可谓"语重心长"。在这一问题上，他的看法和广大人民群众的意见完全一致。

为了解决这一难题，他没有停留在情感的义愤和道德的谴责上，而是深入地分析了这一令人厌恶的腐败现象滋生和蔓延的原因：

第一，"文化大革命"这一长时期的全局性的严重错误，败坏了社会风气，伤害了一部分人的社会主义信念。早在1977年小平同志第三次复出工作之际，就鲜明地提出"要搞好我们的党风、军风、民风，关键是要搞好党风。现在，'四人帮'确实把我们的风气搞坏了。'四人帮'的破坏实际上是十年，或者说是十年以上，开始是同林彪结合在一起。他们弄得我们党内同志不敢讲话，尤其不敢讲老实话，弄虚作假。"[1]这里讲的"党风""军风""民风"这三风，意味着整个社会风气被"文化大革命"败坏了。这是何等严重的问题！在这前后，邓小平同志讲过社会风气被败坏的诸多表现，包括搞特殊化、走后门、闹派性、损公利私、铺张浪费等。他认为其中尤为值得重视的是"弄虚作假"，也就是表里不一、言行不一、不老实、不正派。对于一个政党来讲，这是一个真正致命的问题。当一个党的干部，说的和做的不一样，老是弄虚作假，势必影响党的路线、方针、政策的贯彻执行，势必影响党的战斗力，也势必影响它在人民群众中的形象，也就会削弱党的实际而有效的领导能力。而出现这样一种情况，更深刻的原因是这些人内心深处已经对社会主义信念和共产主义理想发生动摇。我们只要想一想1979年春"西单墙"出现的资产阶级自由化思潮，当时我们尚未进行全面的改革，也没有像后来那样对外开放，但

①《邓小平文选》第二卷，人民出版社1994年版，第46页。

是有多少人卷入了这一事件！支持这种错误思潮的还有我们的党员和干部。这是什么原因呢？就是"文化大革命"的破坏。邓小平同志曾经尖锐地指出："由于我们在社会主义革命和社会主义建设的历史上犯过错误，就对社会主义丧失信心，认为社会主义不如资本主义，这种思想是完全错误的。"①"文化大革命"结束之初，拨乱反正开始之时，一些有识之士曾说过这场浩劫"内伤"甚于"外伤"。就"外伤"而言，破坏了的经济生活、政权机构和党的组织可以重建，冤假错案可以平反昭雪，但是"内伤"是心灵深处、思想深处的伤痕，影响到一批人的信念，甚至影响到他们教育出来的子女的信念。冷眼静观当前社会上各种腐败现象，侧耳倾听现实生活中各种牢骚非议，再联想一下"文化大革命"前（比如三年自然灾害时期）人们的精神状态和思想风貌，我们愈来愈感到"文化大革命"这场内乱和浩劫破坏之烈。所以邓小平同志说："'文化大革命'带坏了一代人。"②

第二，对外开放难以避免会带来一些消极因素。我国的现代化面临着一个极为复杂的矛盾：一方面，由于我国社会生产力水平低下，只有通过对外开放，引进先进的科学技术和管理经验，把它们作为我们发展的起点，才能逐步实现现代化；另一方面，实行开放政策必然会带来一些坏的东西，影响我们的人民，这是对外开放最大的风险。不开放，难以较快地实现现代化；一开放，难免会有一部分资本主义的东西进入，难免会有一些我国原来已经绝迹的丑恶现象乘机复活。从表面上看，似乎是一个两难的问题。邓小平同志多次指出，"要意识到这一点，但不难克服，有办法克服。"③这就是说，这确实是一个问题，尽管我们坚信能找到解决问题的办法，但在这些办法发挥作用之前，各种腐败现象的滋生和蔓延带有某种必然性，对此也要有充分的思想准备和清醒的思想认识。我们既不能因噎废食，否定开放政策，又不能熟视无睹，在开放中失去应有的警觉性。

第三，商品经济和市场经济的发展，意味着货币不仅不会消失，还要

① 《邓小平文选》第二卷，人民出版社1994年版，第337页。
② 《邓小平文选》第三卷，人民出版社1993年版，第205页。
③ 《邓小平文选》第三卷，人民出版社1993年版，第90页。

第二章　邓小平的治国理想

继续发挥它的"一般等价物"的功能和作用，这就在客观上为拜金主义的存在和发展提供了条件。在1980年8月18日《党和国家领导制度的改革》一文中，邓小平同志就指出有些青年、干部子女，甚至有些干部本人违法乱纪、走私受贿、投机倒把，不惜丧失人格，丧失国格，丧失民族自尊心，原因之一是"为了搞钱"。[①]同年12月25日，他提出了要"批判和反对资产阶级损人利己、唯利是图，'一切向钱看'的腐朽思想"。[②]1985年3月7日，他再次提出："现在有一些值得注意的现象，就是没有理想、没有纪律的表现，比如说，一切向钱看。"[③]我们注意到，邓小平同志在这里一再提到"钱"这个字，一再提醒要警惕"一切向钱看"的倾向。中国古代的造字者十分有意思地把一个"金"和两个"戈"合在一起称为"钱"，它深刻地说明"金"将引起争斗，"钱"是争夺"金"的产物。马克思则更为科学地证明了，货币是交换和商品生产发展的最高产物，它可以作为商品的一般等价物实现具有不同使用价值之间的商品的交换，并且具有流通手段、支付手段、贮藏手段和世界货币等多种职能，因此货币在社会生产和经济发展中具有进步的积极的作用；与此同时，货币的特点和职能又决定了它不仅在一定条件下会转化为资本，而且会诱使人们把那些原来并不具有商品属性的人的良心等也作为"商品"，通过所谓交换去获取作为"一般等价物"的货币。在社会主义现代化建设过程中，货币不仅还要发挥它的流通手段、支付手段、贮藏手段和世界货币等职能，促进生产的社会化和经济的发展，而且随着商品经济和市场经济的发展，它在交换中的范围和作用势必有所增大。同样，在私有观念还存在的条件下，货币的特点和职能难免会诱使一些人在激烈的生存竞争中"一切向钱看"，甚至把人民赋予他的权力、共产党员的党性、中国的国格、做人的良心等一概出卖，去获取几个肮脏的臭钱。在以市场经济为导向的改革开放中，贪污盗窃、行贿受贿、走私贩毒、卖淫嫖娼等丑恶现象，几乎无一不同"钱"字相联系。但我们现在又不能限制商品经济和市场经济，也不

① 《邓小平文选》第二卷，人民出版社1994年版，第337页。
② 《邓小平文选》第二卷，人民出版社1994年版，第369页。
③ 《邓小平文选》第三卷，人民出版社1993年版，第111页。

邓小平治国论

能取消货币，这就是我们遇到的问题之所以复杂和困难的一个原因。

第四，新旧体制转换时期的特殊复杂性，也决定了改革开放的一定时期内，一些腐败现象容易滋生和蔓延。在中国这么一个幅员广大、人口众多的国家，进行以建立社会主义市场经济体制为目标的改革开放，不仅是一项崭新的事业，而且是一项宏大的事业。改革开放的目标不可能一步到位，一些做法还要经过试点分阶段推进。从历史的发展过程来讲，我国改革开放必定会经历一个两种体制并存、同时发挥作用的阶段。这一特殊的体制转换时期，计划经济和市场经济两种体制的长处与弱点，必将同时影响经济生活乃至整个社会生活。这样，就有可能在经济生活和整个社会生活中留下一个缝隙，有人就会利用这个缝隙，牟取私利。比如在房地产开发中，有人利用关系在政府有关部门中批条子，到市场中去卖钱。这对党和政府来讲，一个很大的风险，就是公务员的腐败。邓小平同志在改革开放全面推进之时，就指出：“在国内经济工作中，歪曲现行经济政策，利用经济管理工作中的漏洞而进行各种违法活动的个人、小集团甚至企业、单位，也有所增加。”[1]“有的党政机关设了许多公司，把国家拨的经费拿去做生意，以权谋私，化公为私。还有其他的种种不正之风。对于这些，群众很不满意。我们要提醒人们，尤其是共产党员们，不能这样做。”[2]当然，伴随着体制改革的深化，社会主义市场经济体制的建立和逐步完善，这种缝隙将越来越少、越来越小。比如在一些商品计划价与市场价两种价格取消后，那些商品“走后门”的现象就逐渐杜绝；外汇调剂价格由双轨制并轨后，外汇投机买卖就逐步减少。由此也可证明，新旧体制转换时期即双轨制时期的特殊复杂性，确确实实是一个时期里腐败现象容易滋生和蔓延的一个重要条件。

第五，工作上的失误，思想政治工作削弱，同样是腐败现象滋生和蔓延的一个重要因素。在革命和建设中做好广大干部群众的思想政治工作，使大家确立坚定的马克思主义和共产主义的信念，本来是我们党的一大优势。但是，由于过去我们思想政治工作中存在着一些“左”的做法，以及

① 《邓小平文选》第二卷，人民出版社1994年版，第338页。
② 《邓小平文选》第三卷，人民出版社1993年版，第112页。

第二章　邓小平的治国理想

后来出现的一些逆反心理，使得我们这方面的优势逐渐减弱。甚至面对着开放带来的消极东西、改革中出现的"一切向钱看"的思想、双轨制并存条件下出现的种种反常现象，我们在思想政治工作上却缺乏高度的重视。思想战线一度还十分混乱，是非难分，措施不力。邓小平同志在1979年先后提出要坚持四项基本原则，要加强精神文明建设，绝非偶然。他敏锐地觉察到这些问题不解决会危及改革开放和现代化建设大业，一再用加重的警诫语气要求全党重视这方面工作，甚至说过："这种危险的信号，应该引起全党、全国人民和全国青年的足够警惕！"①但是，党的两任总书记对此缺乏足够的重视，致使我们在思想战线的领导上软弱涣散，坚持四项基本原则缺乏一贯性，思想政治工作薄弱。邓小平同志谈到这两任总书记时，说了一句分量很重的话："两个人都失败了。"②他还多次指出，思想政治工作薄弱是改革开放近10年中最大的失误。这种失败、失误的后果是：社会主义信念动摇，资产阶级自由化思潮泛滥；社会风气恶化，资产阶级的价值观和腐朽生活方式盛行；党的肌体受到侵蚀，党风不正，腐败现象蔓延。

如果说"文化大革命"的恶果败坏社会风气是腐败现象滋生和蔓延的历史原因，对外开放带来的消极因素是它的外部原因，商品经济和市场经济的发展而造成拜金主义等思潮是一个深层原因，新的体制转换造成的缝隙是一个特殊原因，那么它们统统都是腐败现象滋生和蔓延的一些客观条件，而思想政治工作薄弱则是我们本来可以避免而没有避免的主观原因。主观上的偏差，工作上的失误，增加了问题的尖锐性和复杂性，使得本来应该缓解的或事先防范的问题严重地加剧，引起了广大人民群众的不满。

那么，怎么解决这个问题呢？

邓小平同志对此进行了深入地思考，提出了解决问题的基本思路。

1985年10月23日，美国时代公司总编辑格隆瓦尔德问邓小平："中国共产党一直教育人民要大公无私，为人民服务。现在经济改革，你们教育人民要致富，出现了少数贪污腐化和滥用权力的现象，你们准备采取什么

---

① 《邓小平文选》第二卷，人民出版社1994年版，第365页。
② 《邓小平文选》第三卷，人民出版社1993年版，第380页。

邓小平治国论

办法解决这些问题？"

邓小平同志回答："我们主要通过两个手段来解决，一个是教育，一个是法律。这些问题不可能在一夜之间解决，也不可能靠几个人讲几句话就见效。但是我们有信心，我们的党、我们的国家有能力逐步克服并最终消除这些消极现象。"

接着，格隆瓦尔德又问："这种现象是否反映了一个潜在的、很难解决的矛盾，即市场经济和社会主义制度之间的矛盾？"显然，提问者认为改革开放中出现的腐败现象，是市场经济和社会主义制度之间存在着根本对立的矛盾的一种表现。

邓小平同志明确回答："社会主义和市场经济之间不存在根本矛盾。问题是用什么方法才能更有力地发展社会生产力。"他还说："我相信，随着经济的发展，随着科学文化和教育水平的提高，随着民主和法制建设的加强，目前社会上那些消极的现象也必然会逐步减少并最终消除。"他强调："我们发挥社会主义固有的特点，也采用资本主义的一些方法（是当作方法来用的），目的就是要加速发展生产力。在这个过程中出现了一些消极的东西，但更重要的是，搞这些改革，走这样的路，已经给我们带来了可喜的结果。中国不走这条路，就没有别的路可走。只有这条路才是通往富裕和繁荣之路。"[①]

邓小平同志的思路，就是根据历史唯物主义关于经济、政治、文化关系的科学原理，对于社会主义市场经济条件下社会结构及其功能的一种设计。毛泽东同志曾经指出，经济是基础，政治是经济的集中表现，并对经济以伟大的影响；作为观念形态的文化，是经济和政治的反映，并以伟大的反作用于经济和政治。这种社会的一般结构，在社会主义市场经济条件下将有哪些特点呢？它将在社会化、现代化的社会生产力基础上，形成健全的民主和法制，以保证经济的发展；在这种现代经济和现代政治的基础上，形成与此相适应的思想道德和科学教育文化，以保证经济和政治的发展。这种社会结构的健全和运行，将不仅有助于市场经济和社会主义基本制度的结合，而且有助于腐败现象的消除。

---

① 《邓小平文选》第三卷，人民出版社1993年版，第148～150页。

（1）根据邓小平同志的思路，要消除腐败现象，首先要有经济的发展。社会主义的优越性最终要体现在生产力能够更好地发展上，社会主义抗腐败的能力也要以生产力的发展为物质基础。因为只有充分显示了优越性的社会主义，才能消除资本主义和其他剥削制度所必然产生的种种贪婪、腐败和不公正现象。

（2）根据邓小平同志的思路，要克服腐败现象，其次要加强民主和法制建设。从邓小平同志关于现阶段腐败现象的分析，"文化大革命"中发生的丑恶现象是对民主和法制的反动，因此从这场灾难中一走出来，邓小平同志就提出了："必须使民主制度化、法律化"，"做到有法可依，有法必依，执法必严，违法必究"①。同样，邓小平同志认为解决对外开放带来的腐朽东西，也要靠法制，靠运用司法手段打击经济犯罪活动、惩治腐败。他说："我们要有两手，一手就是坚持对外开放和对内搞活经济的政策，一手就是坚决打击经济犯罪活动。没有打击经济犯罪活动这一手，不但对外开放政策肯定要失败，对内搞活经济的政策也肯定要失败。有了打击经济犯罪活动这一手，对外开放、对内搞活经济就可以沿着正确的方向走。"②"我们一手抓改革开放，一手抓惩治腐败，这两件事结合起来，对照起来，就可以使我们的政策更加明朗，更能获得人心。"③至于发展商品经济和市场经济以及体制转换过程中发生的问题，也要靠法制来解决。商品经济和市场经济本身是一种建立在契约关系上的经济方式和经济体制，而不是自然经济下那种维护宗法关系的社会。契约关系的恒定存在和有效维护，要靠法制。法制要求法律面前人人平等，能够保证我们在市场面前人人机会均等。市场经济的社会里，基本的活动规则都要靠法律来维系和实施，出现的漏洞和缝隙也要靠法律来堵塞或制约。只有用社会主义的法律来规范市场经济、组织市场经济，市场经济才能较好地和社会主义基本制度相结合。

（3）根据邓小平同志的思路，要克服消除腐败现象，还要加强思想

---

① 《邓小平文选》第二卷，人民出版社1994年版，第146～147页。
② 《邓小平文选》第二卷，人民出版社1994年版，第404页。
③ 《邓小平文选》第三卷，人民出版社1993年版，第314页。

邓小平治国论

182

道德教育和科学文化教育。经济的发展是克服消极腐败现象的基础，基础是不可缺少的，但基础只是基础，不是解决问题的全部手段。民主和法制的健全是清除腐败现象的重要手段，一种带有强制性的他律的手段，但民主和法制也不能解决全部问题。因此，要消除腐败现象，还要有另一种手段，即促使人们在市场经济中自律的手段。这种手段，就是邓小平同志讲的"教育"。这里说的教育，包括两种教育：一种是思想政治和道德教育，一种是科学文化教育。前一种教育包括社会主义和共产主义理想教育、爱国主义教育、艰苦奋斗传统教育等，后一种教育包括无神论教育、科技知识教育等。这些教育解决的是精神世界问题，而实际上是人的行为规范问题。它通过人的自律，自觉自愿地克服和防范腐败现象的发生，从而使市场经济和社会主义基本制度在人的文明行为中达到理想的统一。

——价值观教育和精神文明建设

除了上述三难，还有一个更大的难点，是人们在价值观上出现的振荡和冲撞。

在改革开放一步步推进过程中，市场逐渐取代计划，成为配置资源和组织社会化大生产的基础。与此同时，在社会上出现了关于"实现自我"的争论，关于"向钱看"的困惑。价值观，价值取向，很现实地摆到了我们的面前。这就是：在社会主义市场经济条件下，还要不要为人民服务，还要不要集体主义？

一种回答是：市场经济在本能上是"一切向钱看"的，是鼓励利己主义的。因此，必须更新传统的社会主义观念，必须改变我们党长期倡导的为人民服务的价值观、集体主义的价值观。

如果这种回答是正确的，那么从根本上说，市场经济和社会主义基本制度是难以结合的。

如果这种回答是不正确的，是不是还有另一种可取的回答呢？再进一步问一下：邓小平同志是怎样看待这个问题、思考这个问题、回答这个问题的呢？

我们注意到，邓小平同志提出社会主义市场经济的问题，是在1979年11月。恰恰在这个时期，他提出"我们要在建设高度物质文明的同时，提高全民族的科学文化水平，发展高尚的丰富多彩的文化生活，建设高度的社会主义精神文明"。①他认为精神文明建设要解决的一个关键问题，就是如何看待利益问题，如何看待价值问题。1980年，他多次指出："每个人都应该有他一定的物质利益，但是这决不是提倡各人抛开国家、集体和别人，专门为自己的物质利益奋斗，决不是提倡各人都向'钱'看。要是那样，社会主义和资本主义还有什么区别？我们从来主张，在社会主义社会中，国家、集体和个人的利益在根本上是一致的，如果有矛盾，个人的利益要服从国家和集体的利益。"②"要教育全党同志发扬大公无私、服从大局、艰苦奋斗、廉洁奉公的精神，坚持共产主义思想和共产主义道德。我们要建设的社会主义国家，不但要有高度的物质文明，而且要有高度的精神文明。"③

显然，邓小平同志在设计有中国特色社会主义的蓝图时，有一个十分引人注目的思路：我们对经济体制的选择，是社会主义市场经济；我们对社会价值观的选择，是为人民服务的集体主义的价值观。总题目是物质文明和精神文明两个文明都搞好，才是有中国特色的社会主义。

为人民服务的集体主义的价值观，能否同市场经济相容？我们只要理性地加以分析，把社会主义市场经济同中国社会几千年存在的小商品生产区别开来，即不要用看待小商品生产的眼光来看社会主义市场经济，回答是肯定的。笔者曾经在一个关于"社会主义市场经济与文化"的研讨会上，作过一个题为《社会主义市场经济本身就是一种文化》的发言。该文发表后，引起许多同志的注意，这里不妨重新拿出来求教于世：

（1）自从全党工作着重点从阶级斗争转移到经济建设以来，目前正在向纵深方向展开的由计划经济体制到社会主义市场经济体制的转变，是1978年年底工作重点转移的深化，是一场经济体制领域的深刻革命。在社会存在决定社会意识基本规律的作用下，思想文化领域如何适应社会存在的这一深刻变化，是一项极其重要而又紧迫的研究课题。

---

① 《邓小平文选》第二卷，人民出版社1994年版，第208页。
② 《邓小平文选》第二卷，人民出版社1994年版，第337页。
③ 《邓小平文选》第二卷，人民出版社1994年版，第367页。

邓小平治国论

（2）我们必须注意，不能把社会主义市场经济看作是一种恶的力量，不能把加强社会主义市场经济条件下思想文化建设看作是用思想上道义上的善去制约、矫正市场经济的恶。邓小平同志提出搞社会主义市场经济，是要用这种方法"更有力地发展社会生产力"。尽管从历史上来看，能发展生产力的方法并非都是善行为，但我们着眼点是人民，改变中国落后面貌，使越来越多人民群众脱贫致富，从温饱走向小康，难道是恶吗？更何况，我们是在社会主义条件下建立与发展市场经济，其目的是要通过社会生产力的发展逐步达到广大人民共同富裕，这是极大的善举。所以我们在研究思想文化建设、精神文明建设时，不应把它同社会主义市场经济对立起来。研究重点是如何适应这一新经济体制，而不是离开这一新经济体制另搞一套。否则，就会出现思维与存在关系上的二元论，弄得不好还会走向思想文化决定论或精神决定论的唯心论。

（3）这不是说我们研究思想文化建设问题，不要触及种种丑恶的社会现象。我们重视社会主义市场经济条件下的思想文化建设，从根本上说，是要建立同社会主义市场经济相适应的思想文化；与此同时，还要探讨如何防止并克服干扰、阻碍社会主义市场经济健康发展的各种落后的文化现象、错误的思想观念，乃至形形色色的腐败现象。目前，思想文化领域众多的矛盾与社会丑恶现象，主要有四大类：一类是在传统的计划经济体制下形成的不适合社会化大生产发展与社会进步的僵化观念及其引起的思想混乱；一类是传统的封建主义与小生产的思想影响，诸如特权思想、官僚主义、平均主义以及迷信现象等；一类是新旧体制转轨过程中，在双轨制造成的大量难以避免的缝隙与漏洞中滋生的钱权交易等腐败现象；一类是对外开放过程中难以避免的外来资本主义腐朽思想。我们注意到，这些人民群众痛恨的问题，不是由社会主义市场经济本身带来的，而是在建立社会主义市场经济过程中必须加以克服或限制的，也是能够伴随着社会主义市场经济的规范化、法制化建设的发展，逐步克服或限制的。

（4）至于"社会主义市场经济"作为一种事物，同其他任何事物一样，也是可以一分为二的，也有其难以避免的某些负效应，尤其在其初创时期、不成熟时期，有些问题会很突出。比如货币作为体现一般等价物的特殊商品，有一种神秘的力量，既可以对人们的社会生活发挥正效应，也可以对人们的社会生活产生某种负效应。但我们不能因此而取消货币，限制社会主义市场经济的发展。这种因"社会存在"而存在的问题，只能在"社会存在"的发展中决定其命运。其中，有的会随着社会主义市场经济自身的发展与成熟而得到克服（如证券、房地产非规范交易造成的腐败现象）；有的将伴随着社会主义市场经济的存在而存在，试图用超越现阶段社会存在的思想文化去矫正它，试图用思想文化的力量去消灭它，只是一种纯主观的欲望。历史已有过这样的教训，我们不会再干这样的蠢事了。

（5）社会主义市场经济指的不是社会主义性质的市场经济，而是社会主义条件下的市场经济，或社会主义制度下的市场经济。显然，社会主义制度与市场经济体制都是一种社会存在。但是另一方面，从世界文明史来考察，"社会主义"与"市场经济"又都是一种学说、一种文化；现存的社会主义制度与市场经济体制都蕴含着一种思想、一种精神，它们都有自己的价值观念、道德规范和信念。因此在讨论社会主义市场经济条件下的思想文化建设时，我们可以把"社会主义市场经济"本身作为一种文化来研究。建设与社会主义市场经济相适应的文化，也只能是这样一种文化。

（6）把社会主义市场经济作为一种文化来研究，必须注意到这种文化的两个基本构成部分——社会主义文化与市场经济文化的异同及其综合特点。

（7）社会主义作为一种文化，具有极为丰富的内容，其核心是毛泽东所说的无产阶级功利主义，即全心全意为人民服务的价值观。市场经济作为一种文化，也有丰富的内容。其核心，有人认为是利己主义的价值观，这恐怕有问题。因为从生产方式来看，只有自给自足的小生产以及商品化程度不高的小商品生产，才会导致利己主义；从所有制性质来看，只有私有制，才会导致利己主义。市场经济是同社会化大生产，是同比较发达的商品生产与商品交换相联系的一种经济体制与运行机制。社会化大生产需要的是专业化分工基础上的协作互助，商品生产是为交换而进行的生产，因此市场经济从来不是单纯地谋一己之私利，而是通过向社会提供高质量的产品，通过建立满足社会需求的良好信誉，即通过为社会服务来实现自己的利益的。也就是说，市场经济也有强调为社会服务、为人民服务的一面。在现代市场经济中，这种为社会服务的范围、方式因为激烈的竞争已经达到相当高明、精细的程度。至于资本主义市场经济条件下恶性膨胀的利己主义，主要源于其资本主义所有制。我们目前在改革中出现的利己主义，只要仔细考察其特点，即可发现它是一种传统的小商品生产，甚至是自然经济小生产的价值观念在改革大潮急流中的沉渣泛起，比如假冒伪劣产品、"一锤子买卖"等利己主义手段绝不是同社会化大生产与比较发达的商品生产相联系的市场经济的要求。因此，作为文化的社会主义与作为文化的市场经济在它们的价值观上有一个明显的共同点，即都是为人民为社会服务的。这也是它们能统一与结合的基础。

（8）但是，市场经济作为一种文化，除了为社会服务的一面之外，还有获取利润为自己谋利益的一面。这一点是不是同社会主义文化相矛盾呢？应该讲，两种文化在看待个人利益的轻重、先后上是有差别的，但不是绝对不相容的。应该看到，社会主义并不排斥与否认个人利益。斯大林论述过这一问题，毛泽东更是把个人利益与集体利益的结合看作是社会主义的价值判断尺度。他说过，要"提倡以集体利益和个人利益相结合的原则为一切言论行动的标准的社会主义精神"[1]。马克思的科学社会主义学说也毫不回避在社会主义社会中，劳动还是人的谋生的手段，即个人的谋生及其所必需的利益仍是劳动的目的之一。因此，市场经济中贯彻的获取利润为自己谋利益的原则，同社会主义的原则并不是完全对立的。在社会主义法律所许可的范围内，市场经济运作过程中的个人利益更是社会主义所保护的。

（9）这里的关键，是要建立个人与社会、个人利益与集体利益相协调的机制。应该看到，邓小平同志倡导的建设有中国特色社会主义的理论，我们党正在研究与建立的社会主义市场经济，不是社会主义与市场经济的简单相加，而是它们的有机统一，因此它内在地具有协调个人与社会、个人利益与集体利益的机制。所以，作为文化的社会主义市场经济也

---

① 《毛泽东文集》第六卷，人民出版社1999年版，第450页。

不是社会主义文化与市场经济文化的简单叠加，而是一种两者有机统一的社会主义新文化。这种文化的核心，是一种新型的为人民服务的价值观。其特点是：在个人与单位自主的基础上为社会服务，在为社会服务中实现个人与单位的利益。

（10）因此，我们要注意两种错误的偏向：一种是认为在社会主义市场经济条件下，可以不要学雷锋、学焦裕禄，不要提倡为人民服务了。这是十分肤浅的认识。事实上，不为社会服务，不为人民服务，就没有市场经济；不提高服务的质量与水平，不是市场经济的要求。诸如与此相反的假货、伪劣产品以及商业活动中不讲信义、欺诈勒索那一套，更是市场经济的价值观所反对的。任何一个具有发达的或比较发达的市场经济社会，都不仅有关于搞好服务的严格的商业规范，而且有明确的社会活动与政治活动规范，包括在宗教中的耶稣等为偶像的伦理规范。我们是共产党人，是社会主义的建设者，境界需更高，更要提倡为人民服务的价值观。另一种是认为，在社会主义社会里，不管是搞计划经济，还是搞市场经济，都不能把个人利益作为价值判断的尺度。这种观点，是在"左"的指导思想下形成的错误观点，并不符合马列主义、毛泽东思想对社会主义文化及其价值观的分析。

（11）社会主义市场经济问题的提出，社会主义市场经济条件下思想文化建设问题的讨论，将有助于我们加强社会主义精神文明的建设。首先，它进一步指明了精神文明建设的方向与重点，是要建立同社会主义市场经济相适应、为社会主义市场经济服务的精神文明；其次，更重要的是，社会主义市场经济具体体制的建立，将有助于社会主义精神文明的研究从一般原则的研究深入到可以操作与实施的具体行为规范的研究。

（12）在社会主义市场经济条件下，经济活动领域、社会关系（包括家庭关系、企业内部关系）领域、政治活动领域等，处于社会的各种不同层次，人们在各个活动领域又担负着不同的社会角色，因此，当前精神文明建设的研究应像当年孔夫子那样，制定不同领域、不同角色的行为规范，使各个领域的各种社会角色都有明确的行为准则，使全社会能够通过法律的、道德的、行政的手段对人们在各个活动领域中各种社会角色的行为进行监督与制约，从而使整个社会成为既充满活力又有秩序的文明社会，建设好有中国特色的社会主义。

综上所述，社会主义基本制度和市场经济的结合不仅是必要的，而且是可能的。其条件就是：（1）把市场经济作为一种方法，从资本主义市场经济中剥离出来，大胆地借鉴和利用市场经济的运作机制和方法，为我所用；（2）对原有的社会主义体制进行改革，完善和发展社会主义制度，使之能够兼容市场经济；（3）从经济、法律、教育三方面着手，消除腐败现象，保证市场经济的发展不伤害社会主义的基本制度；（4）在承认和保护个人物质利益的基础上加强为人民服务的集体主义的价值观教育和精神文明建设，使人人都能自觉自愿地坚持市场经济和社会主义基本制度相结合。

社会主义市场经济既不是原有的计划经济，也不是资本主义市场经济。邓小平同志提出社会主义也可以搞市场经济的论断，并且又从各个方面思考、研究和回答了社会主义基本制度和市场经济相结合的一系列难题，意味着他在进行创造。这既是科学社会主义发展道路上的一种创举，也是人类文明发展中的一种创新。可以预料，一旦社会主义市场经济体制在东方大地上建成，一种崭新的经济学理论和社会主义理论将在世界上产生瞩目的影响！

4. 邓小平破解难题的突破口①

"文化大革命"结束，百废待兴，百业待举。邓小平同志受大任于危难之际，创新路于荆棘之中。为了在复杂的环境中开辟建设有中国特色的社会主义发展道路，创立建设有中国特色社会主义理论，他着手重新确立正确的思想路线，并以打破思想僵化为突破口，进行拨乱反正，从而展现了他高超的领导艺术。

---

① 本文选自《邓小平——当代中国马克思主义的创立者》，上海人民出版社1995年版，第97～143页，原题为《邓小平选择的突破口》。

4.1 思想解放运动

1976年10月，"四人帮"被一举粉碎。中国人民在党的领导下，开始了拨乱反正，全面地纠正"文化大革命"及以前的"左"的错误。但是，党和人民的良好愿望在实践中遇到了重重阻力。不克服这种阻力，就不可能顺利前进。邓小平同志在这一关键的历史关口，肩负着党和人民的殷切期望，领导和支持了一场波澜壮阔、势如破竹的思想解放运动。

——拨乱反正的障碍："两个凡是"

这场思想解放运动的起因，是华国锋同志提出"两个凡是"的观点，阻碍了拨乱反正的深入展开。

在1976年金色的10月，粉碎"四人帮"后，党中央尊重党心和民心，从12月起连续发出三批关于"四人帮"的反党材料，开始全面清查他们的帮派体系以及与他们有牵连的人和事，夺回被他们篡夺的那部分领导权，平反"文化大革命"中的冤假错案，开始了拨乱反正。这是一个关系全局的非常重要的举措。

在拨乱反正中，邓小平同志重新复出。在1976年4月广大群众同"四人帮"作斗争的四五运动中，"四人帮"一方面残酷地镇压群众，一方面向处于重病状态的毛泽东同志诬告邓小平同志，然后以"毛泽东同志提议，中央政治局通过"的形式，撤销了邓小平同志党内外一切职务。1977年3月召开的中央工作会议上，陈云同志在书面发言中提出，应恢复邓小平同志的工作，并为1976年这一事件中和其他事件中的冤假错案平反。1977年7月，党中央召开十届三中全会，会议决定恢复邓小平同志的工作，恢复他的中共中央政治局委员、中央政治局常委、中央副主席、中央军委副主席、国务院副总理、中国人民解放军总参谋长等职务。同时，开始了对"文化大革命"以前历次政治运动遗留问题的清理。

在拨乱反正中，逐步恢复了国民经济的秩序。1976年12月至1977年上半年，通过企业整顿，一批长期闹派性、趋于瘫痪的企业恢复了正常生产，陷于混乱的交通运输解决了铁路堵塞等问题，国民经济得到较快的恢复和一定的发展。

在拨乱反正中，推翻了林彪、江青两个反革命集团鼓吹的"文艺黑线

邓小平治国论

专政论""教育黑线专政论",扭转了多年来在知识分子问题上的极左的政策,逐步恢复了文艺、教育和科技工作的秩序。

在拨乱反正中,召开了党的第十一次全国代表大会和第五届全国人民代表大会第一次会议、第五届中国人民政治协商会议全国委员会第一次会议。十一大宣告了"文化大革命"的结束,重申了毛泽东、周恩来提出的在20世纪内把我国建设成为社会主义现代化强国的宏伟任务;选举了以华国锋同志为中共中央主席,叶剑英、邓小平、李先念、汪东兴同志为中共中央副主席的新中央委员会。五届一次人大选举叶剑英同志为全国人大常务委员会委员长。五届一次政协选举邓小平同志为全国政协主席。这是拨乱反正重要的积极的成果。

但是,由于"左"的思想根深蒂固,拨乱反正遇到了重重困难。

党的十一大和五届一次全国人大是"文化大革命"结束后的第一次重要会议,本来应该为党和全国人民制定出一套新时期的正确路线和方针、政策。然而,这两次会议没有达到这一目标,仍然坚持了许多过去"左"的方针政策。

不仅如此,当拨乱反正触及到"文化大革命"的一些重要理论和实践问题时,触及到毛泽东同志晚年的错误时,人们的思想僵化问题充分暴露了出来,尤其是担任党的主席的华国锋同志表现得尤为突出。他在粉碎"四人帮"的斗争中的确有功,也试图结束"文化大革命"造成的各种无序和混乱,为发展经济实现社会主义现代化创造良好的条件。但是他迟迟不清理长期以来党在指导思想上的"左"的错误,把维护毛泽东同志的历史地位和毛泽东思想的指导作用同维护毛泽东同志晚年的错误混同起来。在粉碎"四人帮"以后,在他的一系列重要讲话中,仍然坚持"文化大革命"的指导思想——"无产阶级专政下继续革命的理论"以及"以阶级斗争为纲"这一不适合社会主义社会实际的错误方针。1977年2月,《人民日报》、《红旗》杂志、《解放军报》联合发表的社论《学好文件抓住纲》中,传达了华国锋同志竭力维护毛泽东同志晚年错误的"两个凡是"方针,这就是:"凡是毛主席作出的决策,我们都坚决维护,凡是毛主席的指示,我们都始终不渝地遵循。"在1977年3月中央工作会议上,华国锋同志还说："批邓、反击右倾翻案风，是伟大领袖毛主席决定的，批是必要的。"他还说，"确有极少数反革命分子"，"制造了天安门广场反革命事件"。在这种指导思想下，拨乱反正难以深入，现代化建设步履艰难，党和国家各方面的工作出现了徘徊中前进。

——拨乱反正的转机：真理标准问题讨论

究竟怎样把拨乱反正引向深入，把我们的思想从"左"倾禁锢中解放出来，这是以邓小平同志为代表的中国共产党人面临的一个历史课题。这个课题的难度在于：既要纠正毛泽东同志的晚年错误，又不能否定毛泽东同志的历史地位和毛泽东思想这一党的指导思想。要完成这一历史课题，没有果敢的革命胆略和高超的领导艺术是难以成功的。

邓小平同志凭他丰富的政治经验和马克思主义的理论素养，选择了打破思想僵局，作为结束徘徊的突破口。第一，"两个凡是"的观点，在政治上是要维护毛泽东同志的晚年错误，但它的实质是一种主观主义的思想路线。因此选择这个突破口，针对性十分明确。第二，思想僵化，反映了在党的领导工作中的世界观和方法论存在的严重问题。而世界观、方法论是社会改造理论的哲学基础，抓住了世界观、方法论中存在的这个关键问题，就抓住了根本，有助于进一步解决经济、政治、文化等方面更为广泛的问题。第三，打破思想僵化的目的，是为了恢复和发展毛泽东同志倡导的实事求是的思想路线，这样，既可以充分肯定毛泽东同志的丰功伟绩，又能够彻底地纠正毛泽东同志晚年的错误。

邓小平同志十分敏锐地抓住了群众关心的真理标准问题，支持和领导了这场大讨论。

为了反对"两个凡是"，邓小平同志于1977年4月10日，给华国锋、叶剑英和党中央写了一封信，提出："我们必须世世代代地用准确的完整的毛泽东思想来指导我们全党、全军和全国人民，把党和社会主义的事业，把国际共产主义运动的事业，胜利地推向前进。"后来又对前去看望他的中央办公厅两位负责同志说："'两个凡是'不行。按照'两个凡是'，就说不通为我平反的问题，也说不通肯定1976年广大群众在天安门广场的活动'合乎情理'的问题。"同年5月24日，他又对中央两位同志

邓小平治国论

说，"两个凡是"的问题，"这是个重要的理论问题，是个是否坚持历史唯物主义的问题。"①邓小平同志还在当年7月召开的党的十届三中全会和8月召开的十一大上，一方面强调"我们不能够只从个别词句来理解毛泽东思想，而必须从毛泽东思想的整个体系去获得正确的理解"；另一方面强烈呼吁要恢复和发展毛泽东同志倡导的实事求是作风。这里，他实际上提出了两个重大的问题：（1）究竟怎样理解毛泽东思想，是把它看作是科学的体系，还是不分正确与错误，看作是个别词句的简单相加？（2）怎么对待毛泽东同志的论断，是以实践为标准、实事求是地加以评判和区别，还是搞"两个凡是"，不管那些观点是否正确、是否矛盾，一概看作是行动的指南？

1978年3月26日，《人民日报》发表了以《标准只有一个》为题的思想评论，根据辩证唯物主义的认识论，指出只有社会实践才是检验认识真理性的标准。此文发表后，引起很大的反响，1个月内，《人民日报》编辑部陆续收到20多件读者来信、来稿，其中只有1封来信表示完全赞成社会实践是检验真理的唯一标准的观点，而其他来信、来稿均表示不能接受或不能完全接受这一观点。由此足见，经过长期"左"的指导思想的灌输和熏陶，人们的思想僵化到何等的程度！同时，也说明邓小平同志提出的问题正切中时弊，开展一场解放思想的运动是多么必要！

在这种背景下，一篇对思想解放运动起重大作用的重要文章发表了。这就是1978年5月10日先在中央党校内部刊物《理论动态》上刊载，以后又在5月11日以特约评论员的名义在《光明日报》发表的理论文章《实践是检验真理的唯一标准》。当天，新华社转发此文。12日，《人民日报》、《解放军报》同时转载。就是这篇文章，引发了一场全国范围的真理标准问题大讨论。一些持有"两个凡是"观点的同志认为，这篇文章是要"砍旗"，否定毛泽东思想。与此相反的观点认为，它符合辩证唯物主义的认识论，坚持了毛泽东思想。邓小平同志看了文章后说：文章符合马克思列宁主义嘛，扳不倒嘛。

1978年6月2日，邓小平同志在全军政治工作会议上发表讲话，系统

① 《邓小平文选》第二卷，人民出版社1994年版，第39、38页。

第二章　邓小平的治国理想

地阐述了怎样正确地对待马列主义、毛泽东思想的问题，强调实事求是是毛泽东思想的出发点、根本点。他非常深刻地告诉我们：离开实事求是原则，即使我们口头上大讲拥护毛泽东思想，实际上也只能是违反毛泽东思想；只有坚持实事求是、从实际出发、理论和实践相结合，才是坚决拥护毛泽东思想的表现。同年9月，他访问朝鲜归来，在东北视察工作，再次强调要高举毛泽东思想旗帜，坚持实事求是的原则。他说："怎么样高举毛泽东思想旗帜，是个大问题。现在党内外、国内外很多人都赞成高举毛泽东思想旗帜。什么叫高举？怎么样高举？大家知道，有一种议论，叫做'两个凡是'，不是很出名吗？凡是毛泽东同志圈阅的文件都不能动，凡是毛泽东同志做过的、说过的都不能动。这是不是叫高举毛泽东思想的旗帜呢？不是！这样搞下去，要损害毛泽东思想。毛泽东思想的基本点就是实事求是，就是把马列主义的普遍原理同中国革命的具体实践相结合。毛泽东同志在延安为中央党校题了，毛泽东思想的基本点就是实事求是。"

"所谓理论要通过实践来检验，也是这样一个问题。现在对这样的问题还要引起争论，可见思想僵化。根本问题还是我前边讲的那个问题，违反毛泽东同志实事求是的思想，违反辩证唯物主义、历史唯物主义的原理，实际上是唯心主义和形而上学的反映。"①

邓小平同志的这些论述，既有力地批驳了"两个凡是"的观点，为纠正毛泽东同志晚年的错误扫除了思想障碍，又恢复了毛泽东思想的基本点和精髓，坚持了毛泽东思想。这样，在把握的分寸上，既反对了"左"的思潮，又注意到了右的思想倾向。因此，一大批老一辈无产阶级革命家都投入了这场真理标准问题的大讨论；各地党委和各大军区负责人也纷纷发表谈话，支持实事求是的思想路线和实践是检验真理唯一标准的观点。史学家们说："这是自延安整风以来又一次马克思主义的思想解放运动。"

在党的十一届三中全会召开前举行的中央工作会议上，邓小平同志总结说："目前进行的关于实践是检验真理的唯一标准问题的讨论，实际上也是要不要解放思想的争论。大家认为进行这个争论很有必要，意义很大。从争论的情况来看，越看越重要。""只有解放思想，坚持实事求

① 《邓小平文选》第二卷，人民出版社1994年版．第126、128页。

是，一切从实际出发，理论联系实际，我们的社会主义现代化建设才能顺利进行，我们党的马列主义、毛泽东思想的理论也才能顺利发展。从这个意义上说，关于真理标准问题的争论，的确是个思想路线问题，是个政治问题，是个关系到党和国家的前途和命运的问题。"①正是经过这场声势浩大的大讨论，全党的思想从"左"倾教条主义的禁锢中解放出来，彻底抛弃了长期以来形成的"以阶级斗争为纲"的方针和"无产阶级专政下继续革命的理论"，在党的十一届三中全会上实现了工作重点由阶级斗争到经济建设的转移。这是最根本的拨乱反正。

——拨乱反正的保证：四项基本原则

拨乱反正要顺利进行，重点要克服"左"的僵化思想，这是毫无疑义的。因为，不解决这方面的问题，我们的思想不能解放，步子难以迈开，整个工作不可能走上合乎中国社会主义发展根本规律的正确道路。但是，另一方面，也要十分警惕有人从右的方面干扰我们的工作，把拨乱反正引入歧途。邓小平同志对此保持着高度的警觉，右的倾向一冒头就抓住不放，要求全党认真对待。1979年3月底，党中央召开理论工作务虚会议。这是推动拨乱反正、解放思想深入发展的一个重要步骤。与会者对当时党中央主要负责人提出的"两个凡是"以及长期影响党和人民的一系列"左"倾观点，诸如"无产阶级专政下继续革命的理论"、关于社会主义时期的主要矛盾和阶级斗争理论、关于个人迷信问题等，展开了极其热烈的讨论，有力地推动了全党和全国人民的思想解放。当月30日，邓小平同志到会讲话。按常人的思路，作为解放思想的领头人，他必定要在会上作一个以解放思想、冲破禁锢为主题的讲话。但出人意料的是，邓小平同志到会讲的主题是坚持四项基本原则。他说："我今天要说的是思想政治方面的问题。中央认为，我们要在中国实现四个现代化，必须在思想政治上坚持四项基本原则。这是实现四个现代化的根本前提。"②

这四项基本原则是：第一，必须坚持社会主义道路；第二，必须坚持无产阶级专政；第三，必须坚持共产党的领导；第四，必须坚持马列主

① 《邓小平文选》第二卷，人民出版社1994年版，第143页。
② 《邓小平文选》第二卷，人民出版社1994年版，第164页。

义、毛泽东思想。其中，坚持无产阶级专政，后来改为坚持人民民主专政。两者在本质上是一致的，后者更能体现中国无产阶级专政的特点。

邓小平同志为什么要提出这个问题呢？尤其是，为什么要在拨乱反正、解放思想深入发展的关键时刻提出这个问题呢？

诚然，这四项基本原则并不是新的东西，是我们党长期以来一贯坚持的。粉碎"四人帮"至党的十一届三中全会以来，党中央实行的一系列方针政策，一直是坚持四项基本原则的。包括邓小平同志领导和支持的真理标准问题讨论，坚持的就是实事求是这一马克思主义的精髓。

但是，他在此时此刻提出要坚持四项基本原则，是因为在拨乱反正、解放思想过程中，出现了复杂的情况。在党着力于解决"左"的思想束缚时，出现了一股怀疑和反对社会主义、反对人民民主专政、反对中国共产党的领导和反对马列主义、毛泽东思想的思潮。极少数人打着"拨乱反正""社会改革"的旗号，曲解"解放思想"的口号，企图否定中国共产党的领导和社会主义制度，出现了北京的"西单墙""北京之春""解冻社"和上海的"民主讨论会"等非法组织和刊物。其中有的打出大幅反革命标语，鼓吹"万恶之源是无产阶级专政"，要"坚决彻底批判中国共产党"。一些地方甚至出现了少数人煽动、诱骗一部分群众冲击党政机关，占领办公室，实行静坐绝食，阻断交通，破坏生产等事件。邓小平同志指出："中央认为今天还是有很大的必要来强调宣传这四项基本原则。因为现在一方面，党内有一部分同志还深受林彪、'四人帮'极左思潮的毒害，有极少数人甚至散布流言蜚语，攻击中央在粉碎'四人帮'以来特别是三中全会以来所实行的一系列方针政策违反马列主义、毛泽东思想；另一方面，社会上有极少数人正在散布怀疑或反对这四项基本原则的思潮，而党内也有个别同志不但不承认这种思潮的危险，甚至直接间接地加以某种程度的支持。虽然这几种人在党内外都是极少数，但是不能因为他们是极少数而忽视他们的作用。事实证明，他们不但可以而且已经对我们的事业造成很大的危害。因此，我们必须一方面继续坚定地肃清'四人帮'的流毒，帮助一部分还在中毒的同志觉悟过来，并且对极少数人所散布的诽谤党中央的反动言论给予痛击；另一方面用巨大的努力同怀疑上面所说的

邓小平治国论

四项基本原则的思潮作坚决的斗争。这两种思潮都是违背马列主义、毛泽东思想的，都是妨碍我们的社会主义现代化建设事业的前进的。"①概括起来，就是说，在拨乱反正、解放思想的过程中，出现了一股散布怀疑或反对四项基本原则的思潮，干扰了拨乱反正、解放思想的进行，我们必须在重点解决"左"的思潮的同时，警惕或反对这种右的思潮。因此，坚持四项基本原则，是拨乱反正的保证。

现在回过头来看，邓小平同志提出的这个问题十分重要。它关系到整个社会主义现代化建设事业，如果动摇了这四项基本原则中的任何一项，那就动摇了整个社会主义事业，整个现代化建设事业；它贯穿于社会主义现代化建设的全过程，如果哪一时刻动摇了四项基本原则，哪一时刻的工作就会受到干扰，遭到严重损失。

当然，正如坚持解放思想不能搞资产阶级自由化一样，在坚持四项基本原则时也不能把这四项基本原则僵化起来。"四项基本原则"是邓小平同志概括出来的，这本身就是对马克思主义的发展。邓小平同志还要求我们，用新的实践赋予这四项基本原则以新的内容。他说："实现四个现代化所必须坚持的四项基本原则，虽然我已经说过都不是什么新问题，但是这些原则在目前的新形势下却都有新的意义，都需要根据新的丰富的事实作出新的有充分说服力的论证。"并且指出"这是一项十分重大的任务，既是重大的政治任务，又是重大的理论任务。这决不是改头换面地抄袭旧书本所能完成的工作，而是要费尽革命思想家心血的崇高的创造性的科学工作。"②

在思想解放的推进过程中，及时地提出坚持和丰富四项基本原则这一重大政治原则问题，具有重大的意义，保证了思想解放运动的顺利进行。

——拨乱反正的完成：历史经验总结

由于拨乱反正遇到的最大的也是最难的问题，是如何正确地评价毛泽东同志和毛泽东思想，党内外不同认识的分歧点也在这个问题上，邓小平同志决定正本清源，总结新中国成立以来党的历史及其正反两方面经验，

---

① 《邓小平文选》第二卷，人民出版社1994年版，第165～166页。
② 《邓小平文选》第二卷，人民出版社1994年版，第179～180页。

统一全党的思想。

进行这一工作，除了国内原因外，还有一个复杂的国际背景、国际原因。在我国开展真理标准问题大讨论时，西方传媒不断散布我们党纠正"左"的错误、拨乱反正是搞所谓"非毛化"运动；国际上一些极左势力更是认为我们在"砍旗"、"大跃退"；许多社会主义国家的党和第三世界国家领导人对我们如何评价毛泽东和毛泽东思想也十分关切。一时间，这个问题成为国际上各种政治势力、各个国家判断中国走向的风向标。为了回击国际敌对势力的污蔑，让朋友们放心，澄清国际舆论，树立良好的国际形象，为我们顺利进行拨乱反正和现代化建设创造较好的外部环境，我们也有必要总结历史经验，对毛泽东同志和毛泽东思想这一举世瞩目的问题作出正确的、公允的、有说服力的评价。

1979年9月，党的十一届四中全会讨论并通过了叶剑英同志在庆祝中华人民共和国成立30周年大会上的讲话。这个重要讲话，对新中国成立以来的历史进行了初步的总结，深刻地批判了林彪、江青反革命集团，初步总结了我国社会主义革命和社会主义建设的基本经验，既肯定了新中国成立以来党和人民所取得的伟大成就，又对党在过去指导社会主义改造和社会主义建设中的错误作了初步分析。这个讲话对于统一全党和全国人民的思想起了一定的作用。

考察国际共产主义运动的历史经验，对一些领袖人物的功过是非如何评价，是一个极为复杂的问题，同时又是一个长期以来没有能够很好解决的问题。而这个问题往往关系到一个党乃至一个国家的发展方向，解决不好要出大问题。苏联没有解决好对斯大林的评价问题，从20世纪50年代中期开始党内无法形成统一的思想，最后终于导致苏共名誉扫地，失去政权。毛泽东同志在20世纪50年代就注意到这一事关大局的问题，认为对党的领袖在世时不能搞个人迷信，去世后不能搞全盘否定，而应坚持历史唯物主义的观点，正确评价党的领袖的功过是非，不丢"刀子"。邓小平同志在领导拨乱反正的过程中，十分注意这一问题，继承和发展了毛泽东同志定下的评价历史人物的一些基本原则，以巨大的政治勇气和冷静的科学态度，领导党总结历史经验，正确地评价毛泽东同志的功过是非，并且决定以历史问题决议的形式对毛泽东同志和毛泽东思想作一个正式的有权威的结论。

1979年11月，党中央决定成立以胡乔木同志为主要负责人的《关于建国以来党的若干历史问题的决议》的起草小组。这个小组在中共中央政治局、中央书记处领导下，由邓小平、胡耀邦两位同志主持进行。

为了抓好这项具有历史意义的重大工作，邓小平同志从1980年3月到1981年6月，先后十六七次约见中央负责同志和起草小组负责同志，阐述对《决议》起草工作的意见。《邓小平文选》第二卷，收集了其中九次谈话的部分内容。起草工作伊始，他就提出要坚持三条基本原则：（1）确立毛泽东同志的历史地位，坚持和发展毛泽东思想；（2）对新中国成立以来30年历史上的大事，哪些是正确的，哪些是错误的，要进行实事求是的分析，包括一些负责同志的功过是非，要做出公正的评价；（3）通过这个决议对过去的事情做个基本的总结。他强调的这三条中，最重要、最根本、最关键的是第一条。这三项原则是这个《决议》起草工作的总的指导思想。

邓小平同志不仅对《决议》的起草工作进行了精心的指导，而且通过一次又一次广泛征求意见，既集中全党的智慧，又反复统一全党思想，保证了《决议》的起草和修改工作具有科学的基础。《决议》起草工作历时一年多，1980年10月提交全国各省市自治区、各部门党员领导干部4000人中讨论，1981年5月又在40多位中央领导同志中进行讨论；然后，召开70多人的政治局扩大会议讨论；最后，经党的十一届六中全会预备会议讨论、修改，在1981年6月27日至29日召开的全会上正式通过。

《决议》彻底否定了"文化大革命"，指出："实践证明，'文化大革命'不是也不可能是任何意义上的革命或社会进步。""历史已经判明，'文化大革命'是一场由领导者错误发动，被反革命集团利用，给党、国家和各族人民带来严重灾难的内乱。"

在彻底否定"文化大革命"的同时，《决议》对毛泽东同志的历史贡献和晚年错误做了客观的评价，指出："如果没有毛泽东同志多次从危机中挽救中国革命，如果没有以他为首的党中央给全党、全国各族人民和人民军队指明坚定正确的政治方向，我们党和人民可能还要在黑暗中摸索更长时间。"① "党在面临着工作重心转向社会主义建设这一新任务因而需要特别谨慎的时候，毛泽东同志的威望也达到高峰，他逐渐骄傲起来，逐渐脱离实际和脱离群众，主观主义和个人专断作风日益严重、日益凌驾于党中央之上，使党和国家政治生活中的集体领导原则和民主集中制不断受到削弱以至破坏。"②他对于"文化大革命"的发生"负有主要责任"。从总体上讲，毛泽东同志的功绩是第一位的，错误是第二位的，他的错误在于违反了他自己正确的东西，是一个伟大的无产阶级革命家所犯的错误。

因此，十一届六中全会公报指出："这次会议是继十一届三中全会以后我党历史上又一次具有重大意义的会议，是总结经验、团结前进的会议。这次会议将以在党的指导思想上完成拨乱反正的历史任务而载入史册。"③

4.2 思想路线的恢复和发展

通过解放思想，拨乱反正，正本清源，恢复和发展了毛泽东同志倡导的辩证唯物主义和历史唯物主义的思想路线，在全党和全国各族人民中重新确立了马克思主义者认识世界、改造世界的立场、观点、方法，从而为党探索符合中国实际、符合人民群众利益和要求的建设有中国特色社会主义道路奠定了科学的世界观和方法论的基础。

——解放思想，实事求是

邓小平同志通过真理标准问题讨论，突破了重重障碍，提高了全党的马克思主义水平，重新确立了党的思想路线。这条思想路线的内容，简要地说，就是：解放思想，实事求是。

思想路线，就是哲学上所讲的认识路线。列宁在论述马克思主义认识论的基本原理时，告诉我们哲学上有"两条基本路线的区别"：一条认识路线是"从物到感觉和思想"，"即唯物主义的路线"；一条认识路线是"从思想和感觉到物"，"即唯心主义的路线"。哲学上的认识路线，

---

① 《十一届三中全会以来重要文献选读》上，人民出版社1987年版，第299页。
② 《十一届三中全会以来重要文献选读》上，人民出版社1987年版，第324页。
③ 《三中全会以来重要文献选编》下册，人民出版社1982年版，第847页。

是对所有的人来讲的，揭示的是认识运动的一般规律。党的思想路线，是以政党为主体的认识路线。对于一个政党来讲，是根据客观实际来决定自己的纲领和路线、方针、政策，还是根据主观愿望来决定自己的纲领和路线、方针、政策，就是坚持"唯物主义的路线"还是坚持"唯心主义的路线"的问题。毛泽东同志把党在制定自己的纲领和路线、方针、政策问题上的唯物主义和唯心主义之别，称为两种不同的"思想路线"的区别。1930年5月，他在《反对本本主义》中论述说："共产党的正确而不动摇的斗争策略，决不是少数人坐在房子里能够产生的，它是要在群众的斗争过程中才能产生的，这就是说要在实际经验中才能产生。"在论述这一重要思想时，他说这是"共产党人从斗争中创造新局面的思想路线"。①

中国共产党人尖锐地提出这个问题，是因为中国革命遇到了两个非常复杂的问题：一是中国共产党领导的革命不是在发达的资本主义国家发生的，而是在一个资本主义经济已经出现，无产阶级已经以独立的政治力量走上历史舞台，但整个社会仍处在极端落后的状态，即是在一个半殖民地半封建社会里发生的。二是中国共产党在组织上是共产国际的一个支部，必须服从共产国际的领导和指导；在队伍构成上以农民和城市小资产阶级居多数；在思想理论上真正懂马列主义的不多。这两个复杂的问题，决定了中国共产党虽然可以在中国进行无产阶级领导的以社会主义为目标的革命，但是没有现成的理论和经验可资借鉴，必须认真研究中国的历史、现实和马列主义理论，而不能搞教条主义；决定了中国革命过程中发生教条主义错误，有其各种复杂的原因，必须在全党进行马克思主义的思想路线教育。在长期的革命斗争中，以毛泽东同志为代表的中国共产党人同以教条主义为主要特征的主观主义作了曲折而又艰巨的斗争。在战胜了使中国革命遭到严重失败的王明"左"倾路线以后，毛泽东同志总结了这次斗争的教训，在1936年和1937年写下了《中国革命战争的战略问题》、《实践论》、《矛盾论》等一系列不朽著作，奠定了党的思想理论基础。他指出："辩证唯物论的认识论把实践提到第一的地位，认为人的认识一点也不能离开实践，排斥一切否认实践重要性、使认识离开实践的错误理论。"他强

① 《毛泽东选集》第一卷，人民出版社1991年版，第115～116页。

调：“只有人们的社会实践，才是人们对于外界认识的真理性标准。”①但是，党内有些反对毛泽东同志正确思想和路线的人并没有由于毛泽东同志的这些教导而改变他们的立场。因此，毛泽东同志在1941年、1942年发起了整风运动。《〈农村调查〉的序言和跋》、《改造我们的学习》、《整顿党的作风》、《反对党八股》等毛泽东同志的名著，是这次整风运动的主要文献。毛泽东同志在这些著作中反复强调，全党要坚持理论联系实际的原则，并把党的思想路线概括为“实事求是”，要求“在党内发动一个启蒙运动，使我们同志的精神从主观主义、教条主义的蒙蔽中间解放出来”。②

在这里，毛泽东同志为了使全党能解放思想，提出了实事求是的思想路线。他说：“‘实事’就是客观存在着的一切事物，‘是’就是客观事物的内部联系，即规律性，‘求’就是我们去研究。我们要从国内外、省内外、县内外、区内外的实际情况出发，从其中引出其固有的而不是臆造的规律性，即找出周围事变的内部联系，作为我们行动的向导。”③在毛泽东同志的教育下，培养了整整一代牢记实事求是、懂得实事求是、坚持实事求是的无产阶级革命家和共产主义坚强战士。邓小平同志是其中杰出的一员。新中国成立以后的毛泽东思想宣传运动中，对这一中国化的马克思主义及其精神实质做过各种解释，邓小平同志的理解最准确、最深刻。1977年9月19日，他说：“我们要准确地完整地理解毛泽东思想的体系。……毛泽东同志在延安为中央党校题词，就是‘实事求是’四个大字，这是毛泽东哲学思想的精髓。”④1978年6月2日，他又说：“实事求是，是毛泽东思想的出发点、根本点。这是唯物主义。”⑤1978年，邓小平同志领导真理标准问题大讨论，就是为了恢复在“左”倾错误主导的年代里被破坏的这一马克思主义的基本原则，继承和弘扬毛泽东同志倡导的这一辩证唯物主义和历史唯物主义的思想路线。党的十一届三中全会的胜

① 《毛泽东选集》第一卷，人民出版社1991年版，第284页。
② 《毛泽东选集》第三卷，人民出版社1991年版，第827页。
③ 《毛泽东选集》第三卷，人民出版社1991年版，第801页。
④ 《邓小平文选》第二卷，人民出版社1994年版，第67页。
⑤ 《邓小平文选》第二卷，人民出版社1994年版，第114页。

邓小平治国论

利召开，标志着党的思想路线的重新确立。邓小平同志说："三中全会确立了，准确地说是重申了党的马克思主义的思想路线。马克思、恩格斯创立了辩证唯物主义和历史唯物主义的思想路线，毛泽东同志用中国语言概括为'实事求是'四个大字。实事求是，一切从实际出发，理论联系实际，坚持实践是检验真理的标准，这就是我们党的思想路线。"[1]邓小平同志1978年12月13日作的《解放思想，实事求是，团结一致向前看》的著名报告，是标志党的思想路线重新确立的代表作。

这条思想路线，从党的十四大以后，被概括为"解放思想，实事求是"八个字，而不再是"实事求是"四个字。这是因为，在社会主义现代化建设的新时期里，邓小平同志在阐述和发挥这条思想路线时，一开始就把"实事求是"和"解放思想"联系在一起，并在拨乱反正和全面改革中十分突出地提出了解放思想的问题。有人认为，毛泽东同志强调党的思想路线是"实事求是"，邓小平同志则强调是"解放思想，实事求是"，这是邓小平同志在党的思想路线问题上对毛泽东思想的发展。将这八个字连在一起提，是邓小平同志的贡献，但决不能说毛泽东同志不讲"解放思想"问题。事实上，毛泽东同志在延安整风时就讲过精神上的解放问题，他强调实事求是就是为了让人们的思想从教条主义的精神枷锁中解放出来；不解放思想难以摆脱以"国际"名义出现的教条主义的束缚。邓小平同志如此强调解放思想，把解放思想和实事求是连在一起提，则是因为我们遇到的思想障碍不是一般的障碍，它涉及我国人民敬仰的伟大领袖毛泽东同志的错误，涉及我们党对自己的理论基础马克思列宁主义中某些重要观点（如计划经济问题）的理解。因此他在《解放思想，实事求是，团结一致向前看》中指出："解放思想，开动脑筋，实事求是，团结一致向前看，首先是解放思想。只有思想解放了，我们才能正确地以马列主义、毛泽东思想为指导，解决过去遗留的问题，解决新出现的一系列问题，正确地改革同生产力迅速发展不相适应的生产关系和上层建筑，根据我国的实际情况，确定实现四个现代化的具体道路、方针、方法和措施。"[2]

---

① 《邓小平文选》第二卷，人民出版社1994年版，第278页。

② 《邓小平文选》第二卷，人民出版社1994年版，第141页。

在论述"解放思想，实事求是"的思想路线时，邓小平同志的主要贡献是：

（1）科学地阐述了"解放思想"和"实事求是"的辩证统一关系。他说："什么叫解放思想？我们讲解放思想，是指在马克思主义指导下打破习惯势力和主观偏见的束缚，研究新情况，解决新问题。"①同时指出："解放思想，就是使思想和实际相符合，使主观和客观相符合，就是实事求是。"②这就是说，只有解放思想才能达到实事求是，只有实事求是才是真正的解放思想，两者是统一的。我们必须据此克服主观主义、盲目性、片面性和绝对化，掌握唯物辩证法，按客观规律办事。那种把解放思想看作是不顾客观条件盲目蛮干的做法或把实事求是看作是因循守旧的观点，都是错误的。

（2）准确地论证了这条思想路线在建设社会主义中的作用。邓小平同志为什么那样强调要重新确立解放思想、实事求是的思想路线？他多次指出："过去我们搞革命所取得的一切胜利，是靠实事求是；现在我们要实现四个现代化，同样要靠实事求是。不但中央、省委、地委、县委、公社党委，就是一个工厂、一个机关、一个学校、一个商店、一个生产队，也都要实事求是，都要解放思想，开动脑筋想问题、办事情。"③由此可见，邓小平同志考虑的是要为我们确立一条建设社会主义的思想路线。

（3）深刻地确定了这条思想路线在整个马克思主义科学体系中的地位。1978年年底，邓小平同志已经以明确的语言指出"实事求是，是无产阶级世界观的基础，是马克思主义的思想基础。"④这是从马克思主义哲学在整个马克思主义科学体系中的基础地位讲的。1992年南方谈话中，他进一步指出："实事求是是马克思主义的精髓。"⑤这是一个极其重要的结论。列宁曾经说过，无产阶级专政学说是马克思主义与机会主义区别的分水岭，是马克思主义的精髓。那是从政权问题是革命的中心问题这一角

---

① 《邓小平文选》第二卷，人民出版社1994年版，第279页。
② 《邓小平文选》第二卷，人民出版社1994年版，第364页。
③ 《邓小平文选》第二卷，人民出版社1994年版，第143页。
④ 《邓小平文选》第二卷，人民出版社1994年版，第143页。
⑤ 《邓小平文选》第三卷，人民出版社1993年版，第382页。

度说的，讲的是科学社会主义特别是无产阶级革命学说中的精髓问题。邓小平同志则进一步概括了包括革命和建设全部任务在内的马克思主义的精髓问题，是从世界观、方法论对于革命和建设具有关键的决定性作用的角度说的。这一新的概括是对马克思主义理论宝库的重要贡献。

解放思想、实事求是思想路线的重新确立，有力地推动和保证了拨乱反正和全面改革的进行，并在此基础上形成和发展了建设有中国特色社会主义理论。邓小平同志在党的十二大提出"建设有中国特色的社会主义"这一命题的时候，指出："我们的现代化建设，必须从中国的实际出发。无论是革命还是建设，都要注意学习和借鉴外国经验。但是，照抄照搬别国经验、别国模式，从来不能得到成功。这方面我们有过不少教训。把马克思主义的普遍真理同我国的具体实际结合起来，走自己的道路，建设有中国特色的社会主义，这就是我们总结长期历史经验得出的基本结论。"①他反复告诫我们，在中国建设社会主义这样的事，马克思、列宁的本本上找不出来；每个国家的基础不同，历史不同，所处的环境不同，左邻右舍不同，还有其他许多不同，别人的经验可以参考，但是不能照搬；离开自己国家的实际谈马克思主义，没有意义。因此，我们要坚持马克思主义，坚持走社会主义道路，但是，马克思主义必须是同中国实际相结合的马克思主义，社会主义必须是切合中国实际的有中国特色的社会主义。这里，邓小平同志一而再，再而三地反复强调的基本思想，就是要解放思想、实事求是。建设有中国特色社会主义理论就是解放思想、实事求是的产物，解放思想、实事求是是建设有中国特色社会主义理论的思想基础和活的灵魂。

解放思想、实事求是是保证我们党永葆蓬勃生机的法宝。我们伟大的马克思列宁主义者毛泽东同志，并不是在马克思、列宁的书本里寻求在落后的中国夺取新民主主义革命胜利的途径，而是把马克思主义基本原理和中国具体实际相结合，在一个半殖民地半封建的大国，领导我们党成功地进行了新民主主义革命，并把中国引上了社会主义道路。中国共产党从"文化大革命"这场浩劫中走出来以后，又是依靠解放思想、实事求是的

---

① 《邓小平文选》第三卷，人民出版社1993年版，第2～3页。

思想路线，在邓小平同志的领导下，科学地评价了毛泽东同志，维护了毛泽东思想的历史地位；成功地找到了在中国建设社会主义的正确道路，创立了建设有中国特色社会主义理论。现在回过头来看，再联系世界社会主义运动的教训，这是多么了不起的历史贡献！

在当今复杂的国际环境下，在以经济建设为中心，发展社会主义市场经济，发展社会主义民主政治，发展社会主义精神文明的过程中，只有始终不渝地用好解放思想、实事求是这一永葆党的蓬勃生机的法宝，才能正确认识错综复杂的世界发展的大势，才能借鉴别国现代化的经验服务于我国社会主义现代化建设的实践，才能把中央的决策同本地区本部门的具体实践结合起来，从实际出发创造性地开展工作，完成社会主义现代化建设和改革开放的伟大历史使命。

——尊重人民群众的首创精神

党的解放思想、实事求是的思想路线，有一个重要的特点，就是始终坚持从实际出发和从人民群众的根本利益出发的统一。这是一条见物又见人的思想路线。

在国际学术界中，科学主义与人文主义的分野产生的问题，令人瞩目。一些有识之士正在探寻两者接近和结合的途径，在哲学上、方法论上走出一条新路来，开辟人类文明的新境界。

中国共产党是用人类文明特别是中华文明养育起来的无产阶级先进分子，在自己的实践中深刻地认识到：见物不见人，是一种机械唯物论的观点。在抗日战争时期，毛泽东同志提出："兵民是胜利之本。"[1]解放战争时期，毛泽东同志又指出："世间一切事物中，人是第一个可宝贵的。"[2]因此，毛泽东同志在强调实事求是，一切从实际出发的时候，又强调"在我党的一切实际工作中，凡属正确的领导，必须是从群众中来，到群众中去。这就是说，将群众的意见（分散的无系统的意见）集中起来（经过研究，化为集中的系统的意见），又到群众中去作宣传解释，化为群众的意见，使群众坚持下去，见之于行动，并在群众行动中考验这些意

① 《毛泽东选集》第二卷，人民出版社1991年版，第509页。
② 《毛泽东选集》第四卷，人民出版社1991年版，第1512页。

邓小平治国论

见是否正确。然后再从群众中集中起来，再到群众中坚持下去。如此无限循环，一次比一次地更正确、更生动、更丰富。这就是马克思主义的认识论"。①学者们早已注意到，毛泽东同志以实践为基础，在揭示实践、认识、再实践、再认识的认识规律时，已经把从物质到精神、从精神到物质的辩证唯物论原则和从群众中来、到群众中去的历史唯物论原理统一起来了。

邓小平同志继承和发展了毛泽东同志倡导的物与人相统一的彻底唯物主义的思想路线，尊重实践，尊重群众，时刻关注最广大人民的利益和愿望，善于概括群众的经验和创造，这是他创立建设有中国特色社会主义理论的坚实基础。早在我国进入社会主义之初，在党的八大上，邓小平同志就非常突出地强调党的工作中的群众路线，具有深刻的理论意义和实际意义。他指出，共产党——这是工人阶级和劳动人民中先进分子的集合体，它对于人民群众的伟大的领导作用，是不容怀疑的。但是，它之所以成为先进部队，它之所以能够领导人民群众，正因为，而且仅仅因为，它是人民群众的全心全意的服务者，它反映人民群众的利益和意志，并且努力帮助人民群众组织起来，为自己的利益和意志而斗争。他还特别强调地指出，确认这个关于党的观念，就是确认党没有超乎人民群众之上的权力，就是确认党没有向人民群众实行恩赐、包办、强迫命令的权力，就是确认党没有在人民群众头上称王称霸的权力。粉碎"四人帮"后，邓小平同志在拨乱反正时，为了开创社会主义现代化建设的新时期，他以非常鲜明的语言强调："我认为，毛泽东同志倡导的作风，群众路线和实事求是这两条是最根本的东西。当然民主与集中的关系，自由和纪律的关系，都是很重要的。对我们党的现状来说，我个人觉得，群众路线和实事求是特别重要。"②在领导拨乱反正和全面改革的过程中，邓小平总是时刻关注最广大人民的利益和愿望，把"人民拥护不拥护""人民赞成不赞成""人民高兴不高兴""人民答应不答应"作为制定各项方针政策的出发点和归宿。因此，邓小平同志强调的"解放思想、实事求是"，始终包含着关注

---

① 《毛泽东选集》第三卷，人民出版社1991年版，第899页。

② 《邓小平文选》第二卷，人民出版社1994年版，第45页。

人民群众的利益和要求、尊重人民群众的首创精神、依靠人民群众的创造性实践、总结人民群众的新鲜经验等群众观点、群众路线的内容。

首先，关注人民群众的利益和要求，尊重人民群众的首创精神，是坚持解放思想、实事求是的基本出发点。历史唯物主义认为，社会实践的主体是人民群众，创造世界历史的动力是人民群众。以社会实践为基础解放思想、实事求是，其实质就是要从人民群众的根本利益和要求出发，尊重人民群众的首创精神。中国的改革从农村起步，农村改革的两大成果——家庭联产承包责任制和乡镇企业，都是农民群众的创造。当许多人囿于条条框框的束缚，怀疑农民的这些创造是不是姓"社"的时候，邓小平同志总是果敢地支持农民群众的创造，尊重农民群众的首创精神。他说过："我们改革开放的成功，不是靠本本，而是靠实践，靠实事求是。农村搞家庭联产承包，这个发明权是农民的。"[1]建设有中国特色社会主义理论正是反映了人民群众的根本利益和要求，是人民群众首创精神的产物。

同时，依靠人民群众的创造性实践，总结人民群众的新鲜经验，是坚持解放思想、实事求是的基本要求。改革开放是中国的第二次革命，是一项崭新的实践，因而也是一个大试验。在没有现成经验之前，最好的办法就是依靠人民群众的实践，进行探索，进行创新，由人民来决定取舍，由人民来解决问题，党的职能是全心全意地依靠人民群众并认真地总结人民群众创造的新鲜经验。党的十四大在确立邓小平建设有中国特色社会主义理论的指导地位时，邓小平同志曾对十四大报告送审稿提了一条十分重要的意见。他说："改革开放中许许多多的东西，都是由群众在实践中提出来的。报告中讲我的功绩，一定要放在集体领导范围内，绝不是一个人的脑筋就可以钻出什么新东西来，是群众的智慧，集体的智慧。我的功劳是把这些新事物概括起来，加以提倡。要写得合乎实际。"[2]建设有中国特色社会主义理论就是这样，是在依靠人民群众的创造性实践，总结人民群众的新鲜经验的过程中，逐步形成和发展起来的。

由此可见，重新确立党的解放思想、实事求是的思想路线，之所以能

邓小平治国论

① 《邓小平文选》第三卷，人民出版社1993年版，第382页。
② 《伟大的实践，光辉的篇章》，《人民日报》1992年10月24日。

有力地推动和保证拨乱反正、全面改革的进行，并在此基础上逐步创立建设有中国特色社会主义的理论，不仅在于这条思想路线是尊重实践、尊重事实、尊重规律、尊重科学的思想路线，而且在于这条思想路线是尊重人民利益和愿望，尊重人民经验和智慧的思想路线，是两者相统一的彻底唯物主义的思想路线。

——面向现代化，面向世界，面向未来

研究邓小平同志重新确立的解放思想、实事求是的思想路线，不仅要研究他关于思想路线的论述，而且要研究他解决现代化建设和改革开放的各种新问题，设计有中国特色社会主义蓝图的思维方式。

我们注意到，邓小平同志的思维方式有一个鲜明的特点，就是三个"面向"：面向现代化，面向世界，面向未来。

这三个"面向"，本来是邓小平同志1983年10月1日为北京景山学校所写的题词，全句是："教育要面向现代化，面向世界，面向未来。"[①]那么，他为什么要对教育提出这样的要求呢？教育，是一个民族最根本的事业。邓小平同志十分重视教育。粉碎"四人帮"，他第三次复出后，自告奋勇管科教方面的工作。他说："我们国家要赶上世界先进水平，从何着手呢？我想，要从科学和教育着手。"[②]教育的功能是育人，培养现代化建设的人才，提高整个民族的基本素质。邓小平同志在1985年曾经说过："我们国家，国力的强弱，经济发展后劲的大小，越来越取决于劳动者的素质，取决于知识分子的数量和质量。一个10亿人口的大国，教育搞上去了，人才资源的巨大优势是任何国家比不了的。有了人才优势，再加上先进的社会主义制度，我们的目标就有把握达到。现在小学一年级的娃娃，经过十几年的学校教育，将成为开创21世纪大业的生力军。中央提出要以极大的努力抓教育，并且从中小学抓起，这是有战略眼光的一着。"[③]那么，我们应该遵循什么样的思路来抓好教育呢？邓小平同志为北京景山学校的题词提出的，就是这样一个属于思路性的问题。这个思路就是：面向

第二章　邓小平的治国理想

---

① 《邓小平文选》第三卷，人民出版社1993年版，第35页。
② 《邓小平文选》第二卷，人民出版社1994年版，第48页。
③ 《邓小平文选》第三卷，人民出版社1993年版，第120页。

现代化，面向世界，面向未来。

这个思路讲的是教育问题，教育又是培养人的。要求教育实现三个"面向"，不仅是要求教育的内容要三个"面向"，而且更重要的是要求培养三个"面向"的人才，包括他们的思维方式应该是面向现代化、世界和未来的。因此，这里实际上提出了一个重大的问题：坚持解放思想、实事求是的思想路线，必须面向现代化、面向世界、面向未来。

更重要的是，这个思路实际上也是邓小平同志本人设计有中国特色社会主义蓝图的重要思维方式。他自告奋勇抓教育，就是为了中国赶上世界先进水平，实现社会主义现代化建设大业。他提出要抓住机遇、加快发展，提出科学技术是第一生产力，提出要改革开放，提出要建立社会主义市场经济体制等重要的命题，都是从现代化、世界、未来这三个角度提出来的。三个"面向"既是他对教育及其培养的人才的要求，也是他自己思考、研究、探索、解决当代中国基本问题的思维方式。

这个思维方式，作为一种具有时代特征的思维结构，为今天坚持解放思想、实事求是的思想路线规定了正确的思维方向。解放思想、实事求是的思想路线，反映了中国共产党人认识世界、改造世界的一般规律。但这种一般规律不是一种纯粹抽象的离开时代特征而存在的东西，它总是存在于特殊的思维方式之中，在革命时期和建设时期解决不同的问题，有着不同的思维方向。

首先，它要求我们解放思想、实事求是时，必须面向现代化。我们从僵化的思维定势中解放出来，从实际出发，认识事物内部的规律性，最终目的是要指导实践。当代中国的中心任务是要实现社会主义现代化，因此在坚持解放思想、实事求是的思想路线时，必须脚踏在中国实地上，面向着社会主义现代化的宏伟目标。只有这样，才能既不迷失方向，又能从实际出发找到出发点与目标之间的实现途径和正确道路。

其次，它要求我们解放思想、实事求是时，必须面向世界。从实际出发是唯物主义的基本原则，是科学思维的基本要求。但从实际出发不是止步不前，自我封闭，老是停留在狭隘的空间之内。邓小平同志经常强调，不要脱离世界，否则社会信息不灵。尤其是现在的世界是开放的世界，中

邓小平治国论

国的发展离不开世界。这种情况下，更要求我们把中国这个"空间"和世界这个"空间"联结起来，即务实求真，从实际出发，打开视野，面向世界，找到中国与世界之间联系的正确途径、正确政策。

最后，它要求我们解放思想、实事求是时，必须面向未来。过去、现在、未来，是历史长河中互相联系的三个时间段。这种时间段不是绝对的，而是相对中的绝对。因此辩证唯物主义者在强调一切从实际出发时，既不是把眼睛停留在现实的时间段上，更不是眼睛向后看，把视野盯在过去的时间段上，而是向前看，把过去、现在同未来联系起来，根据历史和现在的状况来展望未来，根据对未来的预测和设想来安排现在的工作。这样，才能在现在和未来之间找到正确的桥梁，形成奔向未来的科学构想。

4.3　判断利弊得失的根本标准

如前所述，实践是检验真理唯一标准的大讨论，冲破了"左"倾教条主义思想僵化的束缚，重新确立了解放思想、实事求是的思想路线。思想大解放，带来了社会大发展，我国的改革开放和社会主义现代化建设取得了重大发展。但是，"左"的那一套东西根深蒂固，对改革开放中出现的新生事物，提出姓"资"还是姓"社"的诘难。针对这种情况，邓小平同志提出了判断利弊得失的"三条标准"。"三条标准"的提出，打破了新的思想僵化，把思想解放提高到一个新的高度，为加快改革开放和社会主义现代化建设，又一次扫清了"左"的思想障碍。

——姓"社"姓"资"的质疑和困惑

我国在社会主义时期发生的"左"的错误，都是在坚持社会主义或共产主义的名义下发生的。尤其是阶级斗争扩大化的错误，把无产阶级与资产阶级、社会主义道路与资本主义道路之间的矛盾提高到整个社会主义历史阶段主要矛盾这样一个吓人的高度。这方面错误的观点，经过长期的灌输，在许多人的脑海中留下了深深的印记，成为一种强大的传统观念和习惯势力。当党的十一届三中全会实现工作重点由阶级斗争到经济建设的历史性转移，开始探索经济体制改革和对外开放等重大问题时，许多人囿于传统观念的束缚发生了一系列困惑，有的站在"左"的立场上不断提出改革开放的措施是姓"社"还是姓"资"的质疑。这是解决"两个凡是"观点后，邓小平同志遇到的又一重大思想障碍。

从党的十一届三中全会到十四大，我们不断遇到姓"社"姓"资"的质疑，其中较为突出的有四个回合：

第一，农村家庭联产承包责任制姓"社"还是姓"资"？

改革从农村起步，这种质疑和困惑也从农村改革问题开始。

1978年夏秋之交，安徽省发生特大干旱，灾荒威胁着广大农民。当时安徽省委决定，与其让大片受旱的土地抛荒，不如借给农民去种"保命田"，实行谁收谁种。肥西县山南公社率先贯彻执行，实行包产到户，小麦总产比历史最高水平还增产1435万斤。此举获得了省委领导人的肯定和支持。1979年，凤阳县小岗生产队的18户农民，在生产队长带领下"秘密"实行包产到户，鉴于历史的教训，防止日后被人说成是"搞资本主义"，使队干部受牵连，遭惩处，18户农民的代表在保证书上画押具结，保证万一不测遭惩处时共同照顾队长的家属。结果，这个全县出名的穷队在实行包产到户后，当年的粮食总产量就达13.2万斤，相当于这个队1966年到1970年5年粮食产量的总和；油料总产量3.52万斤，比20世纪50年代合作化以来20多年油料产量的总和还多。显然，小岗生产队18户农民的创造给当时中国落后的农业提供了新的发展思路。

但是，这种创造却遭到了一些人的非议。1979年3月，某报突然以头条新闻加"编者按"，批评包产到户这样的生产责任制是"单干"，是搞资本主义。它反映了从中央到地方，许多人对农村经济体制改革的不同认识。当时出现这种非议，其实也不奇怪。因为包产到户这种生产责任制形式在"文化大革命"前，就在安徽等一些地方出现过，但是当时被作为农民的"自发资本主义倾向"加以否定。20世纪60年代初，邓小平、邓子恢等领导同志曾经支持过农民的探索，后来也先后遭到批判。所谓的"三自一包"资本主义道路，其中"一包"就是农村的包产到户。于是，人们形成了一种思维定势和传统观念：搞包产到户就是走资本主义道路。因此，党的十一届三中全会后农民重新开始的这种探索，自然会有人认为这是在搞资本主义，而不是搞社会主义。

鉴于这种情况，邓小平同志说："农村政策放宽以后，一些适宜搞包

邓小平治国论

产到户的地方搞了包产到户，效果很好，变化很快。安徽肥西县绝大多数生产队搞了包产到户，增产幅度很大。'凤阳花鼓'中唱的那个凤阳县，绝大多数生产队搞了大包干，也是一年翻身，改变面貌。有的同志担心，这样搞会不会影响集体经济。我看这种担心是不必要的。我们总的方向是发展集体经济。实行包产到户的地方，经济的主体现在也还是生产队。这些地方将来会怎么样呢？可以肯定，只要生产发展了，农村的社会分工和商品经济发展了，低水平的集体化就会发展到高水平的集体化，集体经济不巩固的也会巩固起来。关键是发展生产力，要在这方面为集体化的进一步发展创造条件。"[1]这就是说，包产到户是集体化的组织形式，没有改变发展集体经济的总方向，它不姓"资"而姓"社"；选择包产到户这种形式，是因为它比人民公社的组织形式更有利于发展生产力，更有利于集体化的发展。1980年9月，中共中央召开各省、自治区、直辖市党委第一书记座谈会。在会议通过的《纪要》中，充分肯定了专业承包联产计酬责任制，指出群众要求包产到户的，应当给予支持。到1981年上半年，全国农村实行各种形式的联产承包责任制的生产队已发展到377.7万个，占生产队总数的64.2%。在实践的推动下，这场姓"社"姓"资"的争论获得了明确的结论。1982年1月，中共中央批转《全国农村工作会议纪要》，明确指出，目前农村实行的各种责任制，包括小段包工定额计酬，专业承包联产计酬，联产到劳，包产到户、到组，包干到户、到组，等等，都是社会主义集体经济的生产责任制。农民兴奋地说："我们终于给包产到户摘去了'资本主义'的帽子！"

第二，经济特区姓"社"还是姓"资"？

1979年7月，党中央和国务院根据广东、福建两省毗邻港澳、华侨众多、资源丰富、交通便利等有利条件，决定对闽粤两省实行"特殊政策、灵活措施"，更好地对外开放。主要的措施，就是在广东深圳、珠海、汕头和福建厦门划出一定区域试办经济特区，当时称为"出口特区"。1980年8月26日，第五届全国人大常委会批准了《广东经济特区条例》，并颁布施行。随即深圳、珠海、汕头经济特区相继投入施工开发建设，厦门经

① 《邓小平文选》第二卷，人民出版社1994年版，第315页。

济特区也参照兴建。

这些经济特区在所得税和投资环境方面给外商以一定的优惠，大量地吸引外资，取得了明显的成效，引起了国内外舆论广泛的关注。但长期来饱受帝国主义侵略、欺凌、压迫、剥削的中国人民，许多人对于一下子有那么多外商进入中国，在思想和感情上接受不了。特别是当时中国刚从"文化大革命"的灾难中走出来，十年动乱期间对于发展外贸就是所谓"崇洋媚外"的批判在一些人心头仍有阴影。于是，对于经济特区的一些非议出现了。这些非议集中到一点，就是：经济特区是姓"社"还是姓"资"？

面对着对经济特区或褒或贬、或是或非的种种议论，1984年年初，邓小平同志专程到广东、福建，视察了深圳、珠海、厦门三个经济特区，还到上海视察了开放之初同样争议很大的宝钢。经过实地考察，邓小平同志在深圳题词："深圳的发展和经验证明，我们建立经济特区的政策是正确的。"在珠海题词："珠海经济特区好。"在厦门题词："把经济特区办得更快些更好些。"在宝钢题词："掌握新技术，要善于学习，更要善于创新。"回到北京后，他找来中央几位负责同志，鲜明地表示："我们建立经济特区，实行开放政策，有个指导思想要明确，就是不是收，而是放。"他还说："特区是个窗口，是技术的窗口，管理的窗口，知识的窗口，也是对外政策的窗口。"①就在这次谈话中，他提出了不仅要支持和发展这些经济特区，还要再开放大连、青岛等沿海港口城市，开发海南岛。

1987年6月12日在同外宾的谈话中，邓小平同志回顾说："当时我们决定先搞深圳经济特区，除了深圳以外，还有珠海、汕头、厦门。一共四个经济特区，广东省占了三个，福建省占了一个。我去过一次深圳，那里确实是一派兴旺气象。……当时我们党内还有人采取怀疑的态度，香港舆论界不管是反对我们的还是赞成我们的，也都有人持怀疑态度，不相信我们是正确的。深圳搞了七八年了，取得了很大的成绩。当然一个完全新的事物不允许犯错误是不行的，有一点错误也是很小的。他们自己总结经

① 《邓小平文选》第三卷，人民出版社1993年版，第51～52页。

邓小平治国论

验，由内向型转为外向型，就是说能够变成工业基地，并能够打进国际市场。这一点明确以后，也不过两三年的时间，就改变了面貌。深圳的同志告诉我，那里的工业产品百分之五十以上出口，外汇收支可以平衡。现在我可以放胆地说，我们建立经济特区的决定不仅是正确的，而且是成功的。"①

1992年年初南方谈话中，邓小平同志进一步指出："对办特区，从一开始就有不同意见，担心是不是搞资本主义。深圳的建设成就，明确回答了那些有这样那样担心的人。特区姓'社'不姓'资'。从深圳的情况看，公有制是主体，外商投资只占四分之一，就是外资部分，我们还可以从税收、劳务等方面得到益处嘛！"②

我们可以看到，邓小平同志1984年、1987年、1992年这三次重要谈话，回答了三个问题：

（1）我们建立经济特区的政策是不是正确的？

（2）建立经济特区是不是成功的？

（3）经济特区是姓"社"还是姓"资"？

其中，第三个问题是管总的，从1979年建立经济特区之日起就有人提出，到1991年还有人在议论。邓小平同志始终坚持解放思想、实事求是的思想路线，以实践为基础，先后回答了这三个问题：

（1）1984年：我们建立经济特区的政策是正确的。

（2）1987年：我们建立经济特区的决定不仅是正确的，而且是成功的。

（3）1992年：特区姓"社"不姓"资"。

第三，商品经济姓"社"还是姓"资"？

改革开放一开始，就碰到一个重大问题：在社会主义社会中，怎样对待商品、货币？要不要搞商品经济？农村经济体制改革的成功，使我们日益深刻地体会到，在公有制基础上进行的经营管理必须高度重视公平的交换和分配，这种交换和分配只有利用商品和货币，按照价值规律的要求，

---

① 《邓小平文选》第三卷，人民出版社1993年版，第239页。

② 《邓小平文选》第三卷，人民出版社1993年版，第372页。

才能较好地做到。这样，就纠正了长期以来特别是"文化大革命"期间广为传播的商品、货币关系是"资本主义"的错误观念，确立了社会主义必须尊重价值规律，发展商品生产的正确观念。但是，社会主义要不要搞商品经济（而不只是商品生产）的问题仍没有解决。有的时候甚至把社会主义可以搞商品经济的理论观点，作为一种"精神污染"的表现加以批判。一时间，社会主义商品经济问题成了思想理论上一个无人敢问津的"禁区"。

随着改革开放的深入发展，农村经济体制改革逐步向城市推进，改革由局部推进进入到全面改革的新阶段。1984年4月，党中央决定召开一次中央全会，专门讨论经济体制改革问题，并组织了一个文件起草的班子。起草小组在广泛征求中央和地方各经济主管部门和理论界意见的基础上，九易初稿，供内部讨论征求意见，经反复修改补充，提交党的十二届三中全会讨论。会上根据各方面的意见，又作了150多处修改和补充，最后形成了著名的《中共中央关于经济体制改革的决定》。

在文件起草讨论过程中，人们对于决定中是否继续沿用十二大关于"计划经济为主、市场调节为辅"的提法展开了热烈的讨论。起草的文件前六稿一直沿用了过去这一提法。在讨论第六稿时，国务院主持文件起草工作的负责人在1984年9月9日向中央政治局常委会写了一封信，其中讲到，就总体说，我国实行的是计划经济，即有计划的商品经济，而不是那种完全由市场调节的市场经济。经中央同意，从第七稿以后，便采用了"社会主义商品经济"和"有计划的商品经济"的提法。十二届三中全会通过的决定，理论上最大的突破就是确立了经济体制改革的目标是要发展社会主义商品经济。尽管在当时的条件下，《决定》仍然强调我国经济从总体上说是计划经济，但突破了把计划经济和商品经济对立起来的传统观念，明确指出社会主义经济"是在公有制基础上有计划的商品经济"，"社会主义经济同资本主义经济的区别不在于商品经济是否存在和价值规律是否发挥作用，而在于所有制不同"。这就是说，商品经济不姓"资"，资本主义可用，社会主义也可用。这在当时对思想解放和改革开放的推进，起了重要的积极作用。

邓小平治国论

1984年10月22日，邓小平同志在中央顾问委员会第三次全体会议上讲道："这次经济体制改革的文件好，就是解释了什么是社会主义，有些是我们老祖宗没有说过的话，有些新话。我看讲清楚了。过去我们不可能写出这样的文件，没有前几年的实践不可能写出这样的文件。写出来，也很不容易通过，会被看作'异端'。我们用自己的实践回答了新情况下出现的一些新问题。不是说四个坚持吗？这是真正坚持社会主义，否则是'四人帮'的'宁要社会主义的草，不要资本主义的苗'。解放思想，我们老同志有这个任务。"[1]这就为商品经济是不是姓"资"，社会主义能不能搞商品经济的问题，作了一个真正马克思主义的回答。

第四，市场经济姓"社"还是姓"资"？

在确立社会主义商品经济的改革目标的时候，我们仍然把"市场经济"区别于"商品经济"，把它看作是资本主义的经济体制。可见，如何认识市场经济的性质和作用，是一个更为复杂的问题。

《中国经济改革开放大事典》一书，比较详细地记载了这一问题讨论的过程：

据介绍，1979年4月召开的中央工作会议上，在讨论经济问题时，触及到了计划与市场的关系，当时的提法是："在我们的整个国民经济中，以计划经济为主，同时充分重视市场调节的辅助作用。"4月16日至29日，经济学界在江苏省无锡市召开的历时14天、389人参加的价值规律讨论会上，有的专家学者明确提出"社会主义市场经济是建立在公有制基础上的新型市场经济"，"市场经济是社会主义商品生产的必然产物"，"计划经济和市场经济应该互相结合，你中有我，我中有你，计划经济要充分利用市场经济"。这是我国经济理论界经过长期刻苦钻研的成果，也是思想解放和改革开放的成果。但是，当时经济理论界占主导地位的观点是：社会主义经济只能是计划经济。"社会主义市场经济"这一新概念并未被经济理论界和经济实际部门的大多数同志所接受。其原因是，当时大多数人心目中认为市场经济是指资本主义自由贸易，同社会主义经济是对立的。

---

[1]《邓小平文选》第三卷，人民出版社1993年版，第91页。

但是，社会主义也可以搞市场经济的观点，得到了邓小平同志的肯定。1979年11月26日，正当经济理论界对计划与市场的关系展开热烈讨论的高潮中，邓小平同志在接见美国不列颠百科全书出版公司编委会副主席吉布尼和加拿大麦吉尔大学东亚研究所主任林达光教授等客人时，明确地指出："说市场经济只存在于资本主义社会，只有资本主义的市场经济，这肯定是不正确的。社会主义为什么不可以搞市场经济，这个不能说是资本主义。"①邓小平同志关于"社会主义也可以搞市场经济"的重要谈话，在这次会见外宾后不胫而走，在我国经济理论界和实际工作部门产生了强烈的反响。

由于党内外大多数人还不能接受"市场经济"这一概念，党的文件中长期以来采用的是"市场调节"的提法。党的十二大的正式提法是"计划经济为主、市场调节为辅"。党的十三大提出"国家调节市场，市场引导企业"。党的十三大以后，这一问题讨论重新活跃起来。1988年下半年，国务院发展研究中心在广州召开的理论研讨会上，许多人建议使用"社会主义市场经济"这一更加完整科学的提法代替"社会主义商品经济"的概念，并明确提出了"市场化取向"的改革主张。然而，1989年春夏之交政治风波后，这种观点被当作资产阶级自由化的观点进行了批判。1990年12月，邓小平同志在与几位中央负责同志谈话时，提出："我们必须从理论上搞懂，资本主义与社会主义的区分不在于是计划还是市场这样的问题。社会主义也有市场经济，资本主义也有计划控制。"②一个月以后，即1991年春节期间，邓小平同志在上海视察时，对上海市负责同志再次讲道："不要以为，一说计划经济就是社会主义，一说市场经济就是资本主义，不是那么回事，两者都是手段，市场也可以为社会主义服务。"③当上海《解放日报》发表四篇皇甫平的署名文章透露了邓小平同志的谈话内容后，在全国引起了重大反应，其中有些人对皇甫平的文章表示强烈的反对。一直到1992年年初邓小平同志在南方视察时的重要谈话在党内传达

---

① 《邓小平文选》第二卷，人民出版社1994年版，第236页。
② 《邓小平文选》第三卷，人民出版社1993年版，第364页。
③ 《邓小平文选》第三卷，人民出版社1993年版，第367页。

邓小平治国论

后，人们的认识才逐渐趋于统一。1992年6月9日，江泽民同志在中共中央党校发表重要讲话，针对当时在我国经济体制改革目标问题上的一些不同提法，表示"我个人的看法，比较倾向于使用'社会主义市场经济体制'这个提法。"①党的十四大正式决定："我国经济体制改革的目标是建立社会主义市场经济体制，以利于进一步解放和发展生产力。"②

由此可见，这一经济体制改革目标的确定，来之不易。它经历了十多年市场经济是姓"社"还是姓"资"的反复讨论，在实践、认识、再实践、再认识的过程中，在邓小平同志的指导下，我们终于认识到了市场经济既不姓"社"也不姓"资"，它只是一种手段，可以为资本主义所用，也可以为社会主义所用。于是，我们确定以建立社会主义市场经济体制作为我们经济体制改革的目标。

——"三个有利于"标准

面对着一系列姓"社"姓"资"的质疑，邓小平同志不断解疑，不断释惑，推动了改革开放一步又一步地向纵深方向推进。现在需要研究的是，他是怎样来解决这些疑难和困惑的。

我们注意到，邓小平同志突破各种思想障碍的武器是两个：

一是实践是检验真理的根本标准。

二是"三个有利于"是判断改革开放和各项工作利弊得失的根本标准。

实践，是人们能动地改造世界的物质活动。它联结主观和客观两个方面，可以成为判断认识是否正确的客观尺度。因此，它是对付形形色色的主观主义的最有力的武器。邓小平同志就是运用这一锐利的武器，揭穿了"两个凡是"观点的主观唯心主义实质，推动了拨乱反正的展开，实现了全党工作重点的转移。

但是，随着社会主义现代化建设和改革开放的推进，许多人囿于传统的观念，对改革开放的一系列重大实践提出了姓"社"还是姓"资"的质疑，有的时候还阻碍了改革开放的顺利进行。于是，我们碰到了一个难

① 《江泽民文选》第一卷，人民出版社2006年版，第202页。
② 《十四大以来重要文献选编》上，人民出版社1996年版，第18~19页。

题：认识的正确与否可以靠实践来检验，实践的对错靠什么来判断？

这个问题，实际上在"文化大革命"后期已经碰到。当时的难题是："文化大革命"这个"史无前例"的"伟大革命实践"，是不是像"四人帮"鼓吹的那样，"就是好"，"就是好"？判断"文化大革命"对错、好坏的标准是什么？在1975年邓小平同志主持中央日常工作时，曾有一些同志起草过一篇题为《论全党全国各项工作的总纲》的长文（后来被"四人帮"作为"三株大毒草"之一加以批判）。文中说："列宁说过：'政治教育的成果，只有用经济状况的改善来衡量。'毛主席也说过：'中国一切政党的政策及其实践在中国人民中所表现的作用的好坏、大小，归根到底，看它对于中国人民的生产力是否有帮助及其帮助之大小，看它是束缚生产力的，还是解放生产力的。区别真马克思主义和假马克思主义，区别正确路线和错误路线，区别真干革命和假干革命，区别真干社会主义和假干社会主义，区别干部所做工作的成绩是坏是好，是大是小，归根结底，只能也只应按照列宁和毛主席所提出的这个标准来衡量。'"这是什么标准？就是衡量人的认识和实践好坏、对错、利弊、得失的生产力标准。

邓小平治国论

粉碎"四人帮"以后，尤其是在拨乱反正过程中，邓小平同志对生产力标准问题，作了大量的深刻的论述。他认为，我们是社会主义国家，社会主义制度优越性的根本表现，就是能够允许社会生产力以旧社会所没有的速度迅速发展，使人民不断增长的物质文化生活需要能够逐步得到满足。按照历史唯物主义的观点来讲，正确的政治领导的成果，归根结底要表现在社会生产力的发展上，人民物质文化生活的改善上。正因为如此，社会主义国家判断各项工作利弊得失的根本标准，必须看它们是否有利于社会生产力的发展和人民生活水平的提高。1979年10月30日，邓小平同志在中国文学艺术工作者第四次代表大会上的祝词中说："对实现四个现代化是有利还是有害，应当成为衡量一切工作的最根本的是非标准。"[1]1980年5月5日，他进一步指出："社会主义经济政策对不对，归根到底要看生产力是否发展，人民收入是否增加。这是压倒一切的标准。空讲社会

① 《邓小平文选》第二卷，人民出版社1994年版，第209页。

主义不行，人民不相信。"①1983年1月12日，他再一次指出："各项工作都要有助于建设有中国特色的社会主义，都要以是否有助于人民的富裕幸福，是否有助于国家的兴旺发达，作为衡量做得对或不对的标准。"②这些论述中，可以看到这里讲的是判断认识和实践孰对孰错、有利无利的标准，即哲学界讲的价值标准；它最根本的是要看认识和实践是否有利于社会生产力的发展；同时，它还要看是否有利于国家的兴旺发达、人民的富裕幸福。1992年年初南方谈话中，邓小平同志对于这么一个实践对错、利弊的根本标准问题，作了一个总括性的回答，他说："改革开放迈不开步子，不敢闯，说来说去就是怕资本主义的东西多了，走了资本主义道路。要害是姓'资'还是姓'社'的问题。判断的标准，应该主要看是否有利于发展社会主义社会的生产力，是否有利于增强社会主义国家的综合国力，是否有利于提高人民的生活水平。"③

这就是著名的"三个有利于"的标准。它是生产力标准的进一步展开和发挥。

有人把它同生产力标准对立起来，认为"综合国力"不仅包括经济实力，而且包括政治实力、军事威慑力和精神力量等，因而用综合国力作标准纠了生产力标准的"偏"。这种说法是机械的。的确，综合国力是一个国家经济、政治、军事、文化等各种力量的综合指标，但其基础不是别的，还是经济实力。因此不应把"三个有利于"标准同生产力标准对立起来，而应看作是生产力标准的进一步展开和发挥。

又有人把"三个有利于"标准看作是区分姓"社"姓"资"的标准。这样来理解"三个有利于"标准是错误的。首先，"三个有利于"标准确实是针对着改革开放中屡屡出现的姓"社"姓"资"的质疑和困惑提出来的。邓小平同志说"改革开放迈不开步子，不敢闯，说来说去就是怕资本主义的东西多了，走了资本主义道路。要害是姓'资'还是姓'社'的问题。"④这就是说，姓"社"姓"资"的质疑束缚了人们的实践，使改革

① 《邓小平文选》第二卷，人民出版社1994年版，第314页。
② 《邓小平文选》第三卷，人民出版社1993年版，第23页。
③ 《邓小平文选》第三卷，人民出版社1993年版，第372页。
④ 《邓小平文选》第三卷，人民出版社1993年版，第372页。

开放迈不开步子，不敢闯。我们搞改革开放，不是要改变社会主义基本制度，而是要搞活社会主义、搞好社会主义。邓小平同志反复强调要坚持四项基本原则，就是坚持我们的现代化建设、我们的改革开放要姓"社"。但是，在坚持四项基本原则的前提下，还要大胆试、大胆闯、大胆改，不能一搞改革开放就说你在搞资本主义。"三个有利于"标准是破除这种思想障碍的最有力的武器。它告诉我们，既不要把那些合乎"三个有利于"的本来姓"社"的东西，错误地判定为姓"资"而加以排斥；也不要把那些合乎"三个有利于"的本来没有姓"资"姓"社"问题、既可为"资"所用又可为"社"所用的东西，错误地判定为姓"资"而加以排斥；就是对那些确实姓"资"，但在一定条件下和一定限度内合乎"三个有利于"、可以为"社"所用的东西（如在我国法律下合法经营的外国资本、私人资本），也要允许其存在和发展。这就是说，"三个有利于"标准不是判断姓"社"还是姓"资"的标准，而是判断那些可以为社会主义社会所用的标准。

"三个有利于"标准，也是衡量一切工作的根本标准。政治、法律、道德等各个领域的具体标准，是人们在社会生活各个领域的行为规范，都是必要的、不可缺少的。但是，不能离开生产力的发展，抽象地谈论这些标准。社会主义条件下的这些具体标准，归根到底都不能违背"三个有利于"的根本标准。

由此可见，同实践标准相联系的"三个有利于"标准是推动解放思想、深化改革的有力武器。

第三章　邓小平的治国哲学

> 如果用一个简单的词来概括邓小平的政治哲学，那就是"实事求是"。当然这个词在不同的文化中有不同的解释。在邓小平那里，实事求是主要是为了解放思想，摆脱僵硬的意识形态束缚，从而能够有效地实行改革开放的新政策。
>
> ——（美）卢西恩·派依

要治理好中国这样一个东方大国，谈何容易？特别是今天的中国，既面临着经济文化长期落后带来的种种困难，背负着沉重的历史负担，又欲跻身于世界现代化国家行列、实现民族复兴的历史追求，这就不仅要有实现理想的坚定意志、不懈奋斗，更要有把理想变为现实的科学方法、超常睿智。邓小平同志能够开创中国特色社会主义，能够担负起振兴中华的历史重任，就在于他历尽斗争风云的磨练，形成了极其务实而又极具智慧的治国哲学。

1. 解放思想、实事求是的思想路线[①]

建设有中国特色的社会主义，是邓小平同志对中国社会主义道路的总

---

① 本文选自《李君如文集：邓小平理论研究》（上），湖南人民出版社2002年版，第110~123页，原题为《论有中国特色社会主义理论的哲学基础》。

构想，是中国改革、开放与发展的总目标。研究这一设计思想的总脉络，人们可以清晰地看到：实事求是，是建设有中国特色的社会主义理论形成的哲学基础。

1.1 实事求是，是邓小平的哲学思想

考察邓小平同志在思考与处理中国问题的哲学思想时，不难发现：实事求是，是他在从"文化大革命"中走出来的中国这样一个如此复杂的国度处理各种两难问题，领导党和人民拨乱反正、全面改革的哲学基础。

讲到"实事求是"，人们就会说"这是毛泽东哲学思想的特点和精髓"。是的，"实事求是"本身就是毛泽东同志对辩证唯物主义认识论的中国化表述。那么，我再问你一个问题："你怎么认识到实事求是是毛泽东哲学思想的特点的？""你是什么时候认识到实事求是是毛泽东哲学思想的特点的？"对于我们绝大多数人来说，我们对毛泽东思想及其哲学思想之所以能够形成这样的认识，恰恰得益于邓小平同志的指点和论述。

在社会主义建设过程中，曾经对毛泽东思想及哲学世界观与方法论有过许多评论，每一种评论不仅反映了各种人对这一思想体系的看法，而且往往也折射出他们自己的哲学世界观与方法论。康生与林彪、"四人帮"先后都把毛泽东哲学思想看作为"斗争哲学"。这种概括与其说是对毛泽东哲学思想的概括，还不如说是对他们自己的哲学思想的表白。邓小平同志一贯认为，"毛泽东哲学思想的精髓"是实事求是。他在1977年9月19日同教育部主要负责同志的谈话中提出这一观点后，1978年6月2日在全军政治工作会议上对此做了历史的考察，同年9月16日在《高举毛泽东思想旗帜，坚持实事求是的原则》中做了理论的论证。以后他反复阐述这一观点，并且把它写进了建国以来党的若干历史问题的《决议》。经过学者们的研究，在众多的关于毛泽东哲学思想的评论中，唯有邓小平同志抓到了毛泽东哲学思想的要领，揭示了毛泽东哲学思想的本质特征。这既说明邓小平同志是真正理解与掌握毛泽东哲学思想的政治家与思想家，又可以从他竭力恢复与确立这一思想的论述中看出他自己的哲学思想——彻底唯物主义的哲学。有人曾统计过，仅仅在《邓小平文选（1975—1982年）》和《建设有中国特色的社会主义》（增订本）两本书中，就论及实事求是之处达80余次。

邓小平治国论

诚如他自己1992年视察南方讲话中所言：相信毛主席讲的实事求是。

我们注意到，邓小平同志在论述与应用实事求是的哲学思想时，除了坚持了毛泽东同志强调的从实际出发、理论联系实际、实践是检验认识真理性的标准以及对立统一等基本观点外，还有着许多重要的特点。

实事求是，在毛泽东哲学思想中，主要是一种认识路线或认识论。当然，毛泽东同志曾强调过"哲学就是认识论"①，在这个意义上，可以认为"实事求是"是毛泽东整个哲学思想的总概括。但从毛泽东同志大量的论述来看，他主要是从认识论角度来阐述"实事求是"的。邓小平同志在恢复实事求是思想路线的时候，尽管也从认识论角度作过阐述，但是他更多地把实事求是看作辩证唯物主义与历史唯物主义的总概括。比如，在1978年6月就已经说过："实事求是，是毛泽东思想的出发点、根本点。这是唯物主义。"②同年12月13日在中央工作会议上发表《解放思想，实事求是，团结一致向前看》这一著名讲话时，提出："实事求是，是无产阶级世界观的基础，是马克思主义的思想基础。"③1984年6月30日在同外宾谈到思想路线时，说："坚持马克思主义，坚持马克思主义的辩证唯物主义和历史唯物主义，也就是坚持毛泽东同志说的实事求是。"④同年12月19日同英国撒切尔夫人谈"一国两制"构想的思路时，又说："马克思主义的辩证唯物主义和历史唯物主义，用毛泽东主席的话来讲就是实事求是。"⑤事实上，邓小平同志在研究社会主义问题的时候，总是有机地把从实际出发的原则与从人民群众利益出发的原则统一起来，把实践标准与生产力标准结合起来，并且十分注意社会主义内部客观存在的矛盾，强调一系列的"两手抓"，使唯物论与辩证法、辩证唯物论与历史唯物论在"实事求是"这个总概括、总命题下形成"一整块钢"。

实事求是，在毛泽东那里，主要用于阶级状况与阶级关系的分析，尽管也多次分析生产力状况（尤其在社会主义时期），但最终都落脚到阶

① 《毛泽东文集》第八卷，人民出版社1999年版，第390页。
② 《邓小平文选》第二卷，人民出版社1994年版，第114页。
③ 《邓小平文选》第二卷，人民出版社1994年版，第143页。
④ 《十二大以来重要文献选编》，人民出版社1986年版，第511页。
⑤ 《邓小平文选》第三卷，人民出版社1993年版，第101页。

级分析。邓小平同志在革命战争年代也是如此，但自他挑起领导中国走向社会主义现代化的历史重任后，就把辩证唯物主义与历史唯物主义统一在"实事求是"这一总命题中，十分鲜明地突出了"生产力"的地位与作用。首先，他在强调"从实际出发"时，十分注重我国生产力发展的实际水平。比如1979年3月底提出"现在搞建设，也要适合中国情况"①时所强调的国情实际：一是底子薄，二是人口多、耕地少，讲的都是生产力状况。他对国情的基本判断是"我国处在社会主义初级阶段"②，其主要依据也是生产力的客观实际。其次，他探索的"是"（规律性），主要也是经济发展的客观规律和社会主义现代化建设的规律。比如"三步走"的现代化发展战略、"隔几年上一个台阶"等，都成为他"求是"的重点。再次，他引人注目地提出要以生产力标准来判别社会主义各项工作中的是非。实践是检验认识真理性的标准，这是马克思主义哲学的常识。那么，如何判别实践的成败得失之是非呢？为此，邓小平同志提出在社会主义建设时期的价值尺度只能是看它有利于还是有害于生产力的发展。早在1979年10月30日，他就提出："对实现四个现代化是有利还是有害，应当成为衡量一切工作的最根本的是非标准。"③1992年视察南方发表讲话时再次强调这一问题，提出要以三个"是否有利于"作为判断改革开放实践中是非的标准。以生产力为基础与为重点来展开实事求是的各项命题，是社会主义现代化建设的客观要求，也是邓小平同志哲学思想的重要特点。

实事求是，是无产阶级的世界观与方法论，毛泽东同志反复强调认识与改造世界的主体是无产阶级及其领导下的人民大众。邓小平同志在坚持这一观点时，更加强调知识分子在社会主义建设过程中的地位与作用。早在1977年5月24日号召党内要造成一种"尊重知识，尊重人才"的空气时，就提出"我们要实现现代化，关键是科学技术要跟上去。""靠空讲不能实现现代化，必须有知识，有人才。"并且强调"从事脑力劳动的人也是劳动者"④，即也是实践的主体。1978年3月18日在全国科学大会开幕

---

① 《邓小平文选》第二卷，人民出版社1994年版，第163页。
② 《邓小平文选》第三卷，人民出版社1993年版，第252页。
③ 《邓小平文选》第二卷，人民出版社1994年版，第209页。
④ 《邓小平文选》第二卷，人民出版社1994年版，第40~41页。

式的讲话中，他进一步提出知识分子是工人阶级的一部分，肯定了他们是社会主义现代化过程中认识与改造世界主体的中坚力量。

对邓小平哲学思想的这些特点，有的人也已经觉察到，但是他们不是客观地对它进行评论，而是认为它具有实用主义的特点，对此，我们难以苟同。确实，邓小平同志的实事求是思想十分强调"效益"等实用性的要求，但正如毛泽东同志说过的，"对实用主义所说的实用和效果，和我们所说的大体同样的名词，还需加以比较说明"①。邓小平同志强调的"效益"、"管用"等概念，和实用主义有根本的不同：第一，他主张所有的认识都必须符合实际，而不能像实用主义那样把经验看作是世界的基础；第二，他强调物质实践是检验真理的唯一标准，而不是像实用主义那样把主观经验作为真理的标准；第三，他申明实用与效果都必须看其是否有利于物质生产力的发展和人民生活的提高，而不是像实用主义那样看其是否满足个人的主观欲求。因此，邓小平同志的实事求是思想强调认识与实践的实用性，但不是实用主义。

1.2　从实际出发，是中国特色社会主义理论形成的根据

邓小平同志提出"有中国特色的社会主义"的理论，是以实事求是为其哲学基础的。这首先体现在他所强调的"一条最重要的原则：搞社会主义一定要遵循马克思主义的辩证唯物主义和历史唯物主义，也就是毛泽东同志概括的实事求是，或者说一切从实际出发的原则。"②从实际出发，必然要求走自己的道路，革命时期是这样，建设时期也是这样。

因为，第一，"一切从实际出发"要求人们摒弃关于科学社会主义的一切非科学的观念。恩格斯在《社会主义从空想到科学的发展》一文中指出："为了使社会主义变为科学，就必须首先把它置于现实的基础之上。"③以往，人们总认为，科学社会主义已经"置于现实的基础之上"了，我们只要照它办理就行了。实践告诉我们，一旦我们按照这种思路对待科学社会主义的时候，就悄悄地阉割了它的活的灵魂。邓小平同志既反

---

① 《毛泽东书信选集》，人民出版社1983年版，第487页。
② 《邓小平文选》第三卷，人民出版社1993年版，第118页。
③ 《马克思恩格斯全集》第二十六卷，人民出版社2014年版，第22页。

对不从中国实际出发的诸如"全盘西化"的观点等资产阶级自由化的倾向，更反对教条化地对待马克思主义与科学社会主义的僵化的思想倾向，始终强调科学社会主义不仅在创立的时候要"置于现实的基础之上"，在实践中还要"置于现实的基础之上"，即从中国的实际出发。事实上，教条化地对待马克思主义的结果必然是要求马列来承担他们去世之后所碰到的问题的责任，从而伤害马克思主义。所以邓小平同志说："绝不能要求马克思解决他去世之后上百年、几百年所产生的问题提供现成答案。列宁同样也不能承担为他去世以后五十年、一百年所产生的问题提供现成答案的任务。真正的马克思列宁主义者必须根据现在的情况，认识、继承和发展马克思列宁主义。"[①]也就是说，我们后人在坚持科学社会主义的时候，必须同照搬苏联或别国模式搞的社会主义，同在封建专制主义与小生产思想影响下主观设计的社会主义，同教条化地对待马克思主义即"唯书"思路下搞的社会主义划清界限。正如邓小平同志在1984年6月30日所说的，"要坚持马克思主义，坚持走社会主义道路。但是，马克思主义必须是同中国实际相结合的马克思主义，社会主义必须是切合中国实际的有中国特色的社会主义。"[②]

第二，"一切从实际出发"要求人们从当代中国的国情出发建设社会主义。邓小平与毛泽东一样，善于把"从实际出发"的哲学命题转换为"从国情出发"的战略学命题。他曾经十分明确地说过："过去搞民主革命，要适合中国情况，走毛泽东同志开辟的农村包围城市的道路。现在搞建设，也要适合中国情况，走出一条中国式的现代化道路。"[③]在党的十二大开幕词中，他把从国情出发走自己的道路，建设有中国特色的社会主义，作为"我们总结长期历史经验得出的基本结论"提了出来。而且，他不仅提出要重视国情问题，还亲自进行国情研究。在他论述国情问题的众多著作中，我们看到他触及自然国情与社会国情、客体与主体、正面与负面等许多方面国情因素，因此他所强调的"从实际出发"是一个同"从

① 《邓小平文选》第三卷，人民出版社1993年版，第291页。
② 《邓小平文选》第三卷，人民出版社1993年版，第63页。
③ 《邓小平文选》第二卷，人民出版社1994年版，第163页。

邓小平治国论

人民群众的利益出发"相联系的命题，即是一个科学出发点与社会主义价值出发点相统一的命题。正是在这种对国情全面认识的基础上，我们才有可能搞清毛泽东同志长期未能解决的社会主义主要矛盾问题，才真正认识到人民群众日益增长的物质文化需要同落后的社会生产之间的矛盾是现阶段我国社会的主要矛盾。根据这样全面而又深刻的分析，得出了我国尚处于社会主义初级阶段的科学结论，明确了社会主义初级阶段的根本任务是解放与发展生产力，制定了"一个中心、两个基本点"的基本路线，确定了有中国特色社会主义的建设道路。

第三，"从实际出发"要求人们从社会主义客观存在的矛盾出发，改革现存的社会主义体制。从实际出发，不是从事物表层的现象出发，而是要从事物内层的矛盾出发。毛泽东哲学思想强调要用对立统一的观点考察社会主义社会，即指出社会主义社会客观上充满了矛盾。邓小平同志不仅承认矛盾的存在，而且重视对矛盾进行具体的考察与分析。1979年3月30日在回答当时关于社会主义社会基本矛盾与主要矛盾问题的争论时，他说："关于基本矛盾，我想还是按照毛泽东同志在《关于正确处理人民内部矛盾的问题》一文中的提法比较好。"又说："指出这些基本矛盾，并不就完全解决了问题，还需要就此做深入的具体的研究。"至于什么是目前时期的主要矛盾，他当时的回答是："我们的生产力发展水平很低，远远不能满足人民和国家的需要，这就是我们目前时期的主要矛盾，解决这个主要矛盾就是我们的中心任务。"[①]值得注意的是，他后来对基本矛盾与主要矛盾的考察又不断深入和具体化，指出主要不是社会主义的根本制度，而是经济体制、政治体制等社会主义生产关系与上层建筑的"具体形式"，而且是它们"一系列相互联系的环节"，束缚了生产力的发展。从这个"实际"出发，形成了通过改革，解放与发展生产力，建设中国特色社会主义的思考。

第四，"从实际出发"还要求人们从时代特征即"世情"出发，探索加快社会主义发展的途径。邓小平同志在强调从实际出发的时候，不仅突出了国情的研究，而且也十分强调世情的研究，把它们共同作为制定路

第三章　邓小平的治国哲学

---

① 《邓小平文选》第二卷，人民出版社1994年版，第181~182页。

线和方针、政策的依据。早在1979年3月在论述四项基本原则时即指出，毛泽东制定的"三个世界"国际战略原则以及我们的外交工作已为实际现代化目标"争取到了一个很好的国际环境"。他多次对外宾说，中国人民不比世界上任何人更少关心和平和国际局势的稳定。1984年5月29日会见外宾时又提出"现在世界上问题很多，有两个问题比较突出。""一是和平问题。""二是南北问题。"①同年10月底又一次论述了这一问题。到1985年3月4日，他在此基础上进一步概括说："现在世界上真正大的问题，带全球性的战略问题，一个是和平问题，一个是经济问题或者说发展问题。和平问题是东西问题，发展问题是南北问题。概括起来，就是东西南北四个字。"②这篇谈话后来收入由作者审定的文集时，以"和平和发展是当代世界的两大问题"为题，进一步点明了当代世界的特点。我们常说的"当代中国"，包括当代世界背景下的中国的含义。事实上，处于和平与发展背景下的中国，同处于战争与革命世界背景下的中国，确实有重大的差异。而且，客观实际情况的差异会带来决策思路与政策的重大差异。比如"对外开放"、"学习与利用资本主义一切有用的东西"，本来都是社会主义题目中应有之义，但只有在以和平与发展为世界特点的背景下才能成为社会主义现实的方针、政策。邓小平同志并不是狭隘地、机械地坚持"从实际出发"的原则，而是辩证地揭示"实际"内部的丰富关系，客观地对待这些关系，对中国与世界、社会主义与资本主义都采取实事求是的态度，从而完善与发展了建设有中国特色的社会主义的路线、方针和政策。

1.3　尊重群众的实践，是中国特色社会主义理论形成的途径

实事求是的哲学思想，强调要尊重实践，尊重群众。邓小平同志多次强调，改革开放中许许多多的东西，都是由群众在实践中提出来的。他的功劳就是把这些新事物概括起来，加以提倡。建设有中国特色的社会主义理论，始终是以这种实践论的哲学观点为依据的。

首先，以群众的实践为标准，总结我国社会主义建设的历史教训，

---

① 《邓小平文选》第三卷，人民出版社1993年版，第56页。
② 《邓小平文选》第三卷，人民出版社1993年版，第105页。

揭示社会主义旧体制的弊端。粉碎"四人帮"以后展开的真理标准问题讨论，恢复与确立了实践标准的权威性。邓小平同志不仅以此为标准否定了"两个凡是"的错误观点及所谓"继续革命"的理论，而且指出发生"文化大革命"这样的错误同我们制度上存在的问题有关。对我们现存的制度进行批判，是一个极其复杂的问题，弄得不好会否定社会主义的优越性。而他坚持用实事求是的科学态度，以实践为标准，划清了一系列重要的界限：第一，区分了作为目标的社会主义和现实的社会主义之间的界限。1987年4月26日他在同外宾谈及我们对社会主义的思考时，说："考虑的第一条就是要坚持社会主义，而坚持社会主义，首先要摆脱贫穷落后状态，大大发展生产力，体现社会主义优于资本主义的特点。"[1]根据这个考虑，他指出："现在虽说我们也在搞社会主义，但事实上不够格。只有到了下世纪中叶，达到了中等发达国家的水平，才能说真的搞了社会主义，才能理直气壮地说社会主义优于资本主义。"[2]这段话很重要，他同毛泽东同志说过的我们已经"建立"了社会主义，但还没有"建成"社会主义的思想是一致的。第二，区分了社会主义的根本制度和具体制度（即各种体制）之间的界限。他多次强调，我们坚持社会主义，可是过去多少年对社会主义是什么，没有完全搞清楚，认识不是完全清醒的。这个话说得很辩证，我们要坚持社会主义，在于社会主义在本质上——如邓小平同志多次提到的社会主义能促进生产力发展、追求共同富裕等本质特征——是优越的。但是用什么样的形式来促进生产力的发展、走到共同富裕等，过去却是不清楚的。唯物辩证法告诉我们，事物的内容与形式尚未统一的时候，这种事物还只是一种可能。要使可能性成为现实，必须改变同内容不相适应的形式。邓小平同志早就提出要研究社会主义生产关系的形式即经济体制问题。这就区分了社会主义的根本制度与其形式（体制）之间的界限，使我们懂得了只有搞好体制改革才能真正使社会主义的根本制度显示其优越性。第三，进一步区分了计划经济、市场经济与社会主义的界限。在区分社会主义根本制度与具体制度界限的时候，许多人从"本本"出发

① 《邓小平文选》第三卷，人民出版社1993年版，第224页。
② 《邓小平文选》第三卷，人民出版社1993年版，第225页。

认为计划经济与市场经济分别是社会主义与资本主义的本质特征。他又一次以实践为标准，澄清了这种错误的认识，指出计划经济不等于社会主义、市场经济不等于资本主义。我们党决定把建立社会主义市场经济体制作为经济体制改革的目标，不是从中国的与外国的"本本"出发获得的，而是以实践为标准总结了历史经验之后获得的。

其次，邓小平同志以探索性的实践为途径，寻找社会主义建设的正确方向，构建适合中国情况的社会主义新形式。早在20世纪50年代末60年代初。毛泽东同志已经注意并告诫全党，对于搞社会主义，我们还处在"必然王国"之中，还没有到达"自由王国"。历史经验证明了这一判断。但是，重要的不在于认识这一点，而在于如何改变这种状况。邓小平与陈云等老一辈革命家提出了"摸着石子过河"的方法，即以探索性的实践为途径，寻找正确的方向与形式。事实上，当我们从"文化大革命"这场灾难中走出来的时候，既没有建设中国的现成的理论模型，也没有适合中国国情的现成经验，只能边实践边总结，由实践推着前进。农村改革就是如此。震撼中国的"一号文件"不是事先由领导设计好的，而是对群众实践经验的总结；每年"一号文件"之间的差异，就是实践推着我们前进留下的脚印。正是在这种探索性实践发展的过程中，我们找到了农村家庭联产承包责任制和乡镇企业、经济特区等多种形式的社会主义经济体制。尤其要指出的是邓小平说"不搞争论"，进一步解决了如何正确地对待探索性实践的方针性问题。在探索性实践刚开始的时候，就搞争论，就问姓"社"姓"资"，不仅会耽误探索的时机，而且是一种唯心主义的先验论的做法。当年毛泽东同志说："没有调查，没有发言权。"[1]今天我们同样可以说：没有经过实践，就不要妄下结论。

最后，邓小平同志以变革性的实践为基础，不断地由感性认识上升到理性认识，创立了建设有中国特色的社会主义的理论。有人以为，邓小平同志强调实践，强调"不是靠本本，而是靠实践"，是轻视理论。这是极大的误解。早在1978年年底决定工作重点转移的时候，邓小平同志就已经提出："实现四个现代化是一场深刻的伟大的革命。在这场伟大的革命

---

[1] 《毛泽东选集》第一卷，人民出版社1991年版，第109页。

邓小平治国论

中，我们是在不断地解决新的矛盾中前进的。因此，全党同志一定要善于学习，善于重新学习。"①所谓"重新学习"，就是实事求是的哲学思想所提倡的"再实践—再认识"的过程，也即要以新的实践为基础，学习理论，研究理论，创造理论，发展理论。提出这一问题，是因为原有的认识同不断发展的现实之间存在着日趋加大的差距，唯一的出路只能靠实践创造出新的理论。事实上，邓小平同志每隔一段时间就提出一些新的理论观点。比如经济建设为中心的观点，"三步走"的发展战略，科技是第一生产力的观点，建立社会主义市场经济的理论，等等，都是他在"再实践"的基础上，获得的关于社会主义的"再认识"。邓小平同志讲的"不是靠本本"指的是要反对唯本本是从的僵化观念与形式主义，"靠实践"指的是要以实践为基础创造理论。他提出的建设有中国特色的社会主义的理论，就是在马克思主义普遍真理和中国具体实际相结合过程中，第二次历史性飞跃所取得的理论硕果。

1.4　解放思想和实事求是的统一，是有中国特色社会主义理论的精髓

邓小平同志在论述"实事求是"问题的时候，十分明确地把它看作是一个解放思想的过程，比如1980年12月25日，他在中央工作会议上指出"解放思想，就是使思想和实际相符合，使主观和客观相符合，就是实事求是，今后，在一切工作中要真正坚持实事求是，就必须继续解放思想。"②他把实事求是问题与解放思想问题看作是同一个问题的两面，是因为他不是在书斋中研究与讲述哲学，而是在建设有中国特色的社会主义的伟大实践中研究与讲述实事求是，这就必须把实事求是同如何促使人们转换脑筋、解放思想的问题联系起来。

首先必须指出的是，有两种根本不同的思想解放。1958年"大跃进"时提出的"破除迷信，解放思想"是超越客观实际的解放思想；资产阶级自由化思潮下的"解放思想"，则是主观无视社会主义现实存在的解放思想。另一种是正确的解放思想，即邓小平同志强调的使得主观能和客观相符合的解放思想。也就是说，只有同实事求是相联系、相统一的解放

① 《邓小平文选》第二卷，人民出版社1994年版，第152～153页。
② 《邓小平文选》第二卷，人民出版社1994年版，第364页。

思想，才是科学的解放思想。邓小平同志能够在解放思想的过程中，同"左"的与右的错误倾向划清界限，就在于他的哲学思想是实事求是的思想。

同时，更必须指出的是，邓小平同志历来把解放思想看作是思想不断深化的一个过程，而不是一次行动。他常常说要"不断"解放思想，要"继续"解放思想，就是这个意思。近年来，有人对"要防止陷入新的思想僵滞"表示不理解，即在于他们没有懂得解放思想是一个过程。这是因为，实事求是即主观符合客观、思想符合实际是一个过程，是一个以实践为基础逐渐"符合"的过程；人们对旧观念的认识与更新也是一个过程。事实上，粉碎"四人帮"后的真理标准问题大讨论这场伟大的思想解放运动，仅仅是一个起点，而不是终结。这场思想解放运动的锋芒所向是"两个凡是"的观点，核心问题是要把人的思想从"以阶级斗争为纲"转到"以经济建设为中心"上来。但是在实现了全党工作重点转移以后，我们在如何搞经济建设的思路上又遇到过去"左"的指导思想的阻碍，于是思想解放运动就深入到这一问题上来。这一问题上形成了正确的指导思想后，体制中的弊端与生产力发展的矛盾突出了出来，于是党中央及时地提出了对社会主义"再认识"的研究课题，即把思想解放运动进一步从工作指导思想上的解放思想引导到社会主义体制问题上的解放思想。这场思想解放运动的成果集中地体现在党的十二届三中全会关于经济体制改革的决定与十三大报告中。但问题并没有到此结束，当我们深入到如何建立充满活力的社会主义新经济体制，如何建立公有制为基础的有计划的商品经济的时候，在运行机制问题上又发生"市场经济"姓"社"姓"资"之争。邓小平同志敏锐地提出了"进一步解放思想"的任务。因此，把解放思想看做是一次行动，是一个形而上学的观点。在建设有中国特色的社会主义的长期过程中，我们始终要警惕思想的僵化或僵滞，逐步地把解放思想的问题引向深入。

我们必须懂得，没有解放思想的不断深化，就没有中国特色的社会主义。因为，我们头脑里形成的各种各样的社会主义观念，哪些是科学的，哪些是非科学的，要经过长期实践的检验才能逐步澄清；不断地解放与发

邓小平治国论

展生产力，是建设有中国特色的社会主义的根本任务，而生产力的解放与发展，不仅在利用资本主义一切有用的经验与做法的问题上，而且在合理配置生产资源等问题上，都必须从原有的固定看法与陈规陋习中解放出来；改革开放是一个探索性的、变革性的伟大实践，不解放思想更是一事无成；有中国特色的社会主义的建成不是5年、10年的问题。在实践中形成的正确思想与做法要逐步定型化、系统化，也需要通过解放思想才能用社会主义学说的这种新体系去取代过去的旧体系。总之，解放思想、实事求是邓小平同志的建设有中国特色社会主义理论的精髓或活的灵魂。

综上所述，实事求是的哲学思想是"中国特色社会主义理论"的哲学基础，"中国特色社会主义理论"是实事求是哲学思想在社会主义建设过程中应用与展开的必然结果。因此，我们建设有中国特色的社会主义，必须始终如一地坚持实事求是的哲学思想，一切从实际出发，依靠实践，解放思想，创造出符合我们时代要求的科学社会主义的新形态、新理论。

2. 从实际出发就是要从社会主义 初级阶段这一基本国情出发①

党的十五大报告的突出之点，就是根据历史的经验，面对现实的情况，重新强调我国处在社会主义初级阶段这一科学论断，鲜明地指出要从这一基本国情出发，毫不动摇地坚持党的基本路线，持之以恒地为实现党的基本纲领而奋斗。

2.1 立论的根据

邓小平理论的科学性及其指导地位，已在越来越多的人们中间形成共识。改革开放以来，我们取得了举世瞩目的成就，靠的是邓小平理论和根据这一理论制定的党的基本路线的指导，证明了从社会主义初级阶段这一基本国情出发形成的理论、制定的路线方针政策，才是唯一正确的理论和路线方针政策。

① 本文选自《李君如文集：邓小平理论研究》（下），湖南人民出版社2002年版，第592~601页，原题为《坚持党在社会主义初级阶段的基本路线和基本纲领》。

恩格斯在《社会主义从空想到科学的发展》中指出："为了使社会主义变为科学，就必须首先把它置于现实的基础之上。"①邓小平同志强调建设、巩固和发展社会主义也要一切从实际出发，是要告诉我们，科学社会主义不仅在创立的时候要"置于现实的基础之上"，在实践中仍然要"置于现实的基础之上"。这样，不仅同抛弃科学社会主义的资产阶级自由化划清了界限，而且同教条化地对待科学社会主义的僵化观点划清了界限。

建设有中国特色的社会主义，必须一切从实际出发，这个"实际"是什么？就是当代中国的基本国情。最大的"实际"就是中国现在处于并将长期处于社会主义初级阶段。这是邓小平同志根据辩证唯物主义和历史唯物主义的世界观、方法论，即解放思想、实事求是的思想路线，科学地总结我国社会主义建设的历史经验，分析当代中国的基本国情，得到的科学结论。正如十五大报告所指出的："我们讲要搞清楚'什么是社会主义、怎样建设社会主义'，就必须搞清楚什么是初级阶段的社会主义，在初级阶段怎样建设社会主义。"②党的十一届三中全会前我们在社会主义建设方面出现失误的根本原因之一，就在于提出的一些任务和政策不符合社会主义初级阶段这一基本国情。

在邓小平理论的科学体系中，我国处在社会主义初级阶段的科学论断是全部理论立论的根据，是整个理论体系的重要基础。根据这一论断，我们克服了那些超越阶段的错误观点和政策，又拒绝了抛弃社会主义基本制度的错误主张，迅速地激发了社会主义的活力，改变了国家的落后面貌，走上了健康发展的正确道路。正如江泽民同志所指出的："这样做，没有离开社会主义，而是在脚踏实地建设社会主义，使社会主义在中国真正活跃和兴旺起来，广大人民从切身感受中更加拥护社会主义。"③

2.2　重新强调"社会主义初级阶段"论断的意义

那么，党的十五大为什么要重新强调我国处在社会主义初级阶段这一

①《马克思恩格斯全集》第二十六卷，人民出版社2014年版，第22页。
②《十五大以来重要文献选编》上，人民出版社2000年版，第14页。
③《江泽民文选》第二卷，人民出版社2006年版，第13页。

邓小平治国论

科学论断呢？江泽民同志精辟而又深刻地指出："这次大会进一步强调这个问题，是因为：面对改革攻坚和开创新局面的艰巨任务，我们解决种种矛盾，澄清种种疑惑，认识为什么必须实行现在这样的路线和政策而不能实行别样的路线和政策，关键还在于对所处社会主义初级阶段的基本国情要有统一认识和准确把握。"①

这就是说，第一，在社会主义改革开放和现代化建设这场新的革命过程中，认识和解决实践中的理论和路线方针政策问题，要有正确的学风，一切从社会主义初级阶段的实际出发。我们的改革开放在取得举世瞩目成就的同时，也遇到了一系列新情况新问题。当前，经济体制改革已经深入到国有企业改革攻坚的关键时刻，如何解决面临的新情况新问题，格外引人注目，引出了各种议论。于是，就发生了一个究竟是单纯从马克思主义书本里的片言只语中找答案，还是真正坚持马克思主义的立场观点方法来研究这些实际问题这样一个学风问题。毫无疑问，马列主义、毛泽东思想一定不能丢，丢了就丧失根本；同时，真正的马克思主义者一定要坚持理论联系实际的原则，从不断变化的实际生活出发运用和发展马克思主义、毛泽东思想。江泽民同志尖锐而又鲜明地提出了这个问题，要求全党"一定要以我国改革开放和现代化建设的实际问题、以我们正在做的事情为中心，着眼于马克思主义理论的运用，着眼于对实际问题的理论思考，着眼于新的实践和新的发展。"②要坚持这一马克思主义的学风，关键的一点，就是要认识我国现在仍然处在并将长期处于社会主义初级阶段。因为，只有认识到我国已经进入到社会主义，我们才能抛弃否定马克思主义的错误观点，坚持马克思主义的立场、观点、方法；只有认识到我国现阶段的社会主义是不发达的社会主义，我们才能在干中学，在实践中摸索，创造性地运用和发展马克思主义，找到解决当前各种新情况新问题的正确答案。

第二，在经济发展和经济体制改革过程中，建立合理的所有制结构，寻找合适的公有制实现形式，必须从社会主义初级阶段的实际出发。众所周知，从现在起到下世纪前10年，是我国向社会主义现代化第三步战略目

①《江泽民文选》第二卷，人民出版社2006年版，第13页。
②《江泽民文选》第三卷，人民出版社2006年版，第49页。

标迈进的关键时期。在这个时期，我们要实现两个根本性转变，解决好两个关键性课题，即在经济体制和经济增长方式的根本性转变中，建立起比较完善的社会主义市场经济体制，保持国民经济持续快速健康发展。面对着世界范围综合国力激烈竞争，特别是以信息技术为主要标志的新科学革命突飞猛进的严峻挑战，我们能不能实现两个根本性转变，能不能解决好两个关键性课题，已经关系到国家的长治久安和社会主义的前途命运。这就需要我们摆脱任何犹豫，大胆探索；澄清种种疑虑，开拓奋进。特别是在国有企业改革中，要进一步统一认识，下决心突破攻坚。我们要坚持从社会主义初级阶段这一基本国情出发，考虑经济发展的规划和经济体制改革的做法，认识党中央为什么要制定这样的而不是那样的方针政策。今天，我们强调要继续调整和完善以公有制为主体、多种所有制经济共同发展的所有制结构，就是因为我们今天建立的社会主义还不是马克思、恩格斯原来设想的社会主义，而是社会主义初级阶段。我们强调要以"三个有利于"为标准，努力寻找能够极大促进生产力发展的公有制实现形式，大胆利用一切反映社会化规律的经营方式和组织形式，也是因为我们今天所处的环境是社会主义初级阶段。党中央、国务院在一批国有大中型企业中进行股份制试点，对国有中小型企业采取改造、联合、兼并、租赁、承包经营和股份合作制、出售等形式放开搞活，同样是因为我们今天尚处在社会主义初级阶段。我们讲在改革开放中要坚持解放思想、实事求是的思想路线，就是要敢于和善于从社会主义初级阶段的实际出发，寻找能够极大地解放和发展生产力的体制、机制、企业组织形式。这就是今天要重新强调社会主义初级阶段理论的现实意义。

第三，在加强党的建设和全社会精神文明建设的过程中，要认识到全面落实"两手抓、两手都要硬"的方针，是社会主义初级阶段的历史任务。"社会主义初级阶段"说起来很简单，一是社会主义，二是初级阶段。其实，这是中国的一个独特而又复杂的历史发展阶段。在社会主义初级阶段，如果在学习、借鉴和利用发达资本主义国家现代化过程中创造的文化成果时，对资本主义腐朽思想的侵蚀毫不警惕，甚至否定社会主义道路和党的领导，就会走向右的轨道；如果把坚持社会主义同学习、借鉴和

邓小平治国论

利用发达资本主义国家现代化过程中创造的文明成果对立起来，拒绝这样的借鉴，就会出现"左"的错误。这就是社会主义初级阶段这一历史定位带来的历史复杂性。邓小平同志清醒地估计到了这一问题，改革开放一开始就提出了"两手抓"的重要思想，并对这一过程中党内出现的右的和"左"的两种倾向进行了严肃的斗争。这就要求我们，在加强党对改革开放领导的时候，必须大力加强党自身的建设；在加强物质文明建设的时候，必须大力加强精神文明建设。江泽民同志在十五大报告中，把党的建设问题如此突出地一再强调，把切实加强精神文明建设作为全面推进建设有中国特色社会主义事业的一个重要环节提出来，其根本原因就在于我们今天仍处在社会主义初级阶段，面临着各种困难和风险的考验。

由此可见，在十五大报告中，重新强调社会主义初级阶段是高举邓小平理论的旗帜，坚持马克思主义的学风这一根本问题的内在要求，同时又为论述经济体制改革和经济发展、政治体制改革和民主法制建设、有中国特色社会主义的文化建设和党的建设的方针原则奠定了根本出发点，具有重大的意义。

2.3 牢牢抓住现阶段的社会主要矛盾，坚持党的基本路线不动摇

要坚持社会主义初级阶段这一科学论断，不是在口头上说说、文章中写写就能解决的，重要的是要在思想中清醒地认识社会主义初级阶段的主要矛盾，在实践中准确地把握社会主义初级阶段的主要矛盾，毫不动摇地坚持党在社会主义初级阶段的基本路线。

众所周知，我们党经过1956年党的八大以后20多年的曲折实践，才在党的十一届三中全会后明确现阶段我国社会的主要矛盾是人民日益增长的物质文化需要同落后的社会生产之间的矛盾。由此而决定了我国现在所处的历史发展阶段是社会主义初级阶段。这一主要矛盾的揭示，意味着我们对中国社会主义发展规律认识的深化。因此，只要这个主要矛盾尚未解决，只要社会主义初级阶段尚未结束，我们决不能动摇这个付出了巨大代价获得的科学认识。

首先，要认识到，我国在改革开放推动下，国民经济持续快速健康发展，人民生活显著改善，但是社会主要矛盾没有变，仍然是人民日益增

长的物质文化需要同落后的社会生产之间的矛盾。由于历史的原因，我国底子薄，经过近20年发展，经济实力有所增强，但仍居于世界后列，仍是一个发展中国家；加上我国人口多，国民生产总值和国民收入一平均，人均占有量极低；各地区经济发展也不平衡，广大中西部地区特别是农村离现代化要求差距很大。总起来说，到20世纪末我们还只能达到小康水平。即使到2010年，经过艰苦奋斗，也只是到达一个比较宽余的小康水平。因此，我们既不能因为强调我国处在社会主义初级阶段而忽视改革开放以来经济发展的成就和社会取得的进步，也不能因为强调改革开放和经济发展的巨大成就而忘记今天仍然处在社会主义初级阶段，主要矛盾仍然没有变。

其次，要认识到，我们当前面临的矛盾很多，有的也比较突出，引人注目，但是社会主要矛盾没有变，仍然是人民日益增长的物质文化需要同落后的社会生产之间的矛盾。确实，在改革开放过程中出现了一系列新情况新矛盾，大家比较关注的有腐败问题、地区差距和社会成员收入差距拉大问题、国有企业改革和职工下岗问题等。有的地方还因诸如此类问题发生群众到政府上访等情况，似乎社会主要矛盾已经开始变化了。但是，只要我们仔细分析一下上述问题发生的原因，不管是直接的，还是间接的，归根到底，都是由经济落后造成的。落后的社会生产不能满足人民日益增长的物质文化需要，在一定条件下，就会发生利用权力满足个人欲望，就会发生经济发展的不平衡和收入差距的拉大，就会发生就业不足等问题。当然，发生这些问题还有其他因素，如政治上、文化上、教育上的因素等，但最基本的还是经济落后。江泽民同志在论述社会主义初级阶段的主要矛盾时说得好："只有牢牢抓住这个主要矛盾和工作中心，才能清醒地观察和把握社会矛盾的全局，有效地促进各种社会矛盾的解决。"[1]

最后，也是最重要的，要认识到，只有清醒地看到主要矛盾没有变，才能坚定地坚持党在社会主义初级阶段的基本路线不变。社会主义初级阶段的主要矛盾，决定了我们的根本任务是集中力量发展生产力，因此在建设有中国特色社会主义的时候，全党必须毫不动摇地坚持以经济建设为

---

[1] 《江泽民文选》第二卷，人民出版社2006年版，第15~16页。

中心。与此同时，我们要看到，主要矛盾所指的"落后的社会生产"不仅是生产力落后，而且指的是生产力的组织、管理和经营方式落后，因此要促进生产力的发展必须改革这些落后的经济体制和机制，大胆利用一切反映现代社会化生产规律的管理、经营方式和组织形式，也就是要改革开放。而这一切，最终是要满足于人民群众而不是少数人的日益增长的物质文化需要，即是为了实现社会主义的生产目的，坚持社会主义的原则和方向。所以，社会主义初级阶段的主要矛盾内在地决定了我们必须坚持"一个中心、两个基本点"，坚持党的基本路线。反过来，也就是说，以"一个中心、两个基本点"为主要内容的党的基本路线不是主观设定的，而是社会主义初级阶段主要矛盾的要求，是社会主义初级阶段矛盾运动规律的反映。只要社会主义初级阶段没有结束，只要这一主要矛盾没有解决，党的基本路线就不能动摇。要像江泽民同志强调的那样：全党要保持清醒头脑，排除各种干扰，"毫不动摇地坚持党在社会主义初级阶段的基本路线，把以经济建设为中心同四项基本原则、改革开放这两个基本点统一于建设有中国特色社会主义的伟大实践。"①

2.4 为实现党的基本纲领而奋斗

江泽民同志在十五大报告中强调全党要毫不动摇地坚持党在社会主义初级阶段的"一个中心、两个基本点"的基本路线之后，接着进一步阐述了什么是社会主义初级阶段有中国特色的经济、政治和文化，以及怎样建设这样的经济、政治和文化问题。他既阐述了建设有中国特色社会主义在经济、政治和文化上的基本目标，又阐述了实现和达到这些基本目标的基本政策。这些基本目标和基本政策有机统一，不可分割，构成党在社会主义初级阶段的基本纲领。

提出党的基本纲领，在我国社会主义建设史上还是第一次。众所周知，基本路线强调，要"把我国建设成为富强、民主、文明的社会主义现代化国家"。这是党在社会主义初级阶段的基本目标，是邓小平理论的重要内容。这个基本纲领，是党在社会主义初级阶段的基本路线在经济、政治、文化等方面的展开。

---

① 《江泽民文选》第二卷，人民出版社2006年版，第16页。

早在1979年10月，邓小平同志在中国文学艺术工作者第四次代表大会上的祝词中指出：“我们的国家已经进入社会主义现代化建设的新时期。我们要在大幅度提高社会生产力的同时，改革和改善社会主义的经济制度和政治制度，发展高度的社会主义民主和完备的社会主义法制。我们要在建设高度物质文明的同时，提高全民族的科学文化水平，发展高尚的丰富多彩的文化生活，建设高度的社会主义精神文明。”[①]

1980年1月，邓小平同志在《目前的形势和任务》中指出：“为了建设现代化的社会主义强国，任务很多，需要做的事情很多，各种任务之间又有相互依存的关系，如像经济与教育、科学，经济与政治、法律等等，都有相互依存的关系，不能顾此失彼。”[②]

1983年4月，邓小平同志在会见外国客人时指出：“在社会主义国家，一个真正的马克思主义政党在执政以后，一定要致力于发展生产力，并在这个基础上逐步提高人民的生活水平。这就是建设物质文明。过去很长一段时间，我们忽视了发展生产力，所以现在我们要特别注意建设物质文明。与此同时，还要建设社会主义精神文明，最根本的是要使广大人民有共产主义的理想，有道德，有文化，守纪律。”[③]

1986年9月，党的十二届六中全会通过的《关于社会主义精神文明建设指导方针的决议》把邓小平同志这一系列论述，概括为社会主义现代化建设的“总体布局”，指出：“我国社会主义现代化建设的总体布局是：以经济建设为中心，坚定不移地进行经济体制改革，坚定不移地进行政治体制改革，坚定不移地加强精神文明建设，并且使几个方面互相配合，互相促进。”[④]

由此可见，提出党在社会主义初级阶段的基本纲领，是这些年来最主要经验的总结，是邓小平理论新的重要概括。其意义在于更加清楚明晰了党的奋斗目标，更加清楚明晰了我们坚持“以经济建设为中心”，既要求政治建设、文化建设服从和服务于经济建设，又要求政治建设、文化建设

邓小平治国论

① 《邓小平文选》第二卷，人民出版社1994年版，第208页。
② 《邓小平文选》第二卷，人民出版社1994年版，第249~250页。
③ 《邓小平文选》第三卷，人民出版社1993年版，第28页。
④ 《十二大以来重要文献选编》下，人民出版社1988年版，第1173~1174页。

为经济建设提供方向指导、智力支持和思想保证。经济、政治、文化，互相配合，互相促进，才能推动社会的全面发展和全面进步。在社会主义建设新时期，在社会主义初级阶段，我们要始终坚持党的基本路线，为实现党的基本纲领，全面推进建设有中国特色社会主义的伟大事业而奋斗。

3. 不断加深对社会主要矛盾的认识①

江泽民同志在党的十五大论述社会主义初级阶段理论的时候，明确地指出："只有牢牢抓住这个主要矛盾和工作中心（指社会主义初级阶段的主要矛盾和经济建设的工作中心，编者注），才能清醒地观察和把握社会矛盾的全局，有效地促进各种社会矛盾的解决。"②认真领会江泽民同志这一讲话精神，不断加深对社会主要矛盾的认识，是坚持党的基本路线一百年不动摇的重要前提。

3.1 来之不易的认识

我们党对社会主义初级阶段及其社会主要矛盾的认识，经历了一个极其曲折的认识过程。

在我国完成对生产资料私有制的社会主义改造后，即进入了社会主义社会后，我们要解决的主要矛盾是什么呢？毛泽东同志和党中央最初的认识是："我国的无产阶级同资产阶级之间的矛盾已经基本上解决，几千年来的阶级剥削制度的历史已经基本上结束，社会主义的社会制度在我国已经基本上建立起来了"，"我们国内的主要矛盾，已经是人民对于建立先进的工业国的要求同落后的农业国的现实之间的矛盾，已经是人民对于经济文化迅速发展的需要同当前经济文化不能满足人民需要的状况之间的矛盾。"③这是1956年9月党的八大的认识。这个认识，现在回过头来看，基本上是正确的。当然，当时的认识也有不足之处，即认为这一矛盾的实质

① 本文选自《李君如文集：邓小平理论研究》（下），湖南人民出版社2002年版，第573~580页，原题为《不断加深对社会主义矛盾的认识》。
② 《江泽民文选》第二卷，人民出版社2006年版，第15~16页。
③ 《中共中央文件选集（一九四九年十月~一九六六年五月）》第24册，人民出版社2013年版，第248页。

是"先进的社会主义制度同落后的生产力之间的矛盾"，给人的印象似乎是社会制度可以超越生产力，似乎我们的生产关系和上层建筑已经完善无缺了。但从总体而言，八大的论断是正确的。

但是，在1957年党领导的整风运动中，出现极少数资产阶级右派分子猖狂向党进攻的历史事件后，毛泽东同志在党的八届三中全会讲话中认为八大关于主要矛盾有的提法是不对的，认为"无产阶级和资产阶级的矛盾，社会主义道路和资本主义道路的矛盾，毫无疑问，这是当前我国社会的主要矛盾"[①]。在1958年5月党的八大二次会议上，党中央正式改变八大一次会议关于社会主要矛盾的判断，指出："整风运动和反右派斗争的经验再一次表明，在整个过渡时期，也就是说，在社会主义社会建成以前，无产阶级同资产阶级的斗争，社会主义道路同资本主义道路的斗争，始终是我国内部的主要矛盾。这个矛盾，在某些范围内表现为激烈的、你死我活的敌我矛盾"[②]。以后，这一观点不断发展，到1962年党的八届十中全会通过的公报中，进一步系统化。历史证明，这个认识是错误的。之所以错误，一是脱离了我国经济政治文化发展状况的实际，脱离了人民的要求；二是根据这一认识制定的以阶级斗争为纲的路线方针政策，不仅破坏了社会生产力的发展，而且破坏了党的团结、人民的团结和社会的安定，从而损害了社会主义的巩固和发展。

"文化大革命"结束后，党在领导人民拨乱反正的时候，对社会主要矛盾问题进行了反思。在1979年年初的理论工作务虚会上，邓小平同志明确地指出："至于什么是目前时期的主要矛盾，也就是目前时期全党和全国人民所必须解决的主要问题或中心任务，由于三中全会决定把工作重点转移到社会主义现代化建设方面来，实际上已经解决了。我们的生产力发展水平很低，远远不能满足人民和国家的需要，这就是我们目前时期的主要矛盾，解决这个主要矛盾就是我们的中心任务。"[③]这是我们党在新时

邓小平治国论

---

① 《中共中央文件选集（一九四九年十月~一九六六年五月）》第26册，人民出版社2013年版，第254页。
② 《中共中央文件选集（一九四九年十月~一九六六年五月）》第28册，人民出版社2013年版，第6页。
③ 《邓小平文选》第二卷，人民出版社1994年版，第182页。

期对主要矛盾的最初表述。考虑到生产力的发展从来都是同生产关系以及上层建筑的改革联系在一起的，同时考虑到人民日益增长的物质文化需要不能得到满足，除了生产力水平低下这一因素外，还有体制和管理等方面的因素，因此在1979年6月由党中央政治局常委会主持起草的五届人大二次会议政府工作报告中，对主要矛盾的表述又做了充实，提出："在本世纪内实现四个现代化，把我国目前很低的生产力水平迅速提高到现代化水平，为此而改革我国目前生产关系和上层建筑中那些妨碍实现四个现代化的部分，扫除一切不利于四个现代化的旧习惯势力，这就是我国现阶段所要解决的主要矛盾，也就是全国人民在现阶段的中心工作。"经过这样的探索，党中央在《关于建国以来若干历史问题的决议》中，用简洁明了的语言把我国进入社会主义以后的主要矛盾表述为："人民日益增长的物质文化需要同落后的社会生产之间的矛盾"。

需要指出的是，党的十一届六中全会通过的历史问题决议，在论述社会主要矛盾问题时，认为这是"在社会主义改造基本完成以后，我国所要解决的主要矛盾"。这就是说，它对这一主要矛盾的起始时间及其条件，作了规定，即对其时间下限等未作规定。

到党的十三大，在论述建设有中国特色社会主义理论时，党中央再次重申社会主要矛盾是人民群众日益增长的物质文化需要同落后的社会生产之间的矛盾时，指出这是"我们在现阶段面临的主要矛盾"。党的十四大报告沿用了这一提法。这就是说，我国在进入社会主义社会之初的社会主要矛盾，到现阶段仍没有变。

这次江泽民同志在中央党校发表的重要讲话，关于主要矛盾的提法没有变，但明确了这是"社会主义初级阶段"的主要矛盾。这就是说，从我国进入社会主义社会之日起，到社会主义现代化的目标基本实现之前，这一整个历史阶段即社会主义初级阶段的主要矛盾，始终是人民日益增长的物质文化需要同落后的社会生产之间的矛盾，这种认识，有助于人们更好地把握社会主义初级阶段这个最大的实际和最基本的国情，有助于我们更清醒地看到人民日益增长的物质文化需要同落后的社会生产之间的矛盾存在于整个社会主义初级阶段的长期性，展现了中国共产党人对我国社会发展规律的曲折发展、不断深化的认识过程。

3.2　符合实际的判断

深刻认识和把握党中央关于社会主义初级阶段的主要矛盾的判断，必须全面认识整个社会矛盾的状况。应该讲，社会主义初级阶段的社会矛盾是非常复杂的。在经济领域，就总体状态而言，存在着人民群众日益增长的物质文化需要同落后的社会生产之间的矛盾，存在着底子薄、人口多同现代化目标之间的矛盾，存在着旧的经济体制、经营机制、组织形式同生产力发展之间的矛盾。在改革开放的过程中，还出现了东部沿海地区和中西部地区在区域经济发展上不平衡的矛盾，不同经济成分之间的矛盾，不同社会成员收入差距的矛盾，第一、二、三产业之间发展中的矛盾，速度与效益之间的矛盾，合法经营与非法经营的矛盾，正当竞争与不正当竞争的矛盾，等等。

在思想领域，存在着解放思想、实事求是思想路线与主观主义思想路线的矛盾，"左"的思想倾向与十一届三中全会以来路线方针政策的矛盾，资产阶级自由化与四项基本原则的矛盾，官僚主义与群众路线的矛盾，拜金主义、享乐主义、个人主义与社会主义价值观、道德观的矛盾，等等。

这些矛盾反映在人与人之间的关系上，更有着大量的非阶级斗争性质的人民内部矛盾：工人、农民、知识分子内部及其相互之间的矛盾，各民族内部及其相互之间的矛盾，领导和群众、管理者和生产者之间的矛盾，私营、外资企业的业主和雇员之间的矛盾，等等。

敌我矛盾也依然存在着，它包括破坏社会主义事业的敌对分子和人民群众之间的矛盾，破坏祖国统一的分裂分子和中华民族各族人民的矛盾，等等。

在所有这些矛盾中，思想领域和政治领域的矛盾都是直接的由经济领域的矛盾决定的，在各种矛盾中，起决定性支配性作用的矛盾，是经济领域中人民日益增长的物质文化需要同落后的社会生产之间的矛盾，因而它是社会矛盾全局中的主要矛盾。

这个判断，完全符合社会主义初级阶段中国的基本国情。第一，我国进入社会主义后，社会的性质决定了人民日益增长的物质文化需要必须得到满足，而社会的客观基础和条件是"底子薄"、"人口多"、"耕地少"，即社会生产落后，不能很快就满足人民的要求，这就构成了社会主义初级阶段难以回避、必须解决的主要矛盾。第二，在社会主义社会，阶级矛盾已不是主要矛盾，大量的矛盾是人民内部矛盾。各种人民内部矛盾都根源于人民内部利益的差异。这种利益的差异，归根到底是因社会生产落后而引起的。因此，党中央关于社会主义初级阶段主要矛盾的判断，是符合社会主义初级阶段实际的，因而也是完全正确的。

这里需要澄清的一点是：有人说，生产与需要的矛盾是人类社会长期存在的矛盾，怎么能说是社会主义初级阶段的矛盾呢？这实际上是一种误解。生产与需要的矛盾，确实贯穿于人类社会的始终。但邓小平同志和党中央讲的，不是笼统的生产与需要之间的矛盾，而是指社会主义现代化基本实现之前的"落后的社会生产"不能满足在社会主义国家当家做主后的人民群众的日益增长的物质文化需要。这是有具体针对性、具体内涵、具体历史阶段的具体矛盾，决不能离开其具体内容作抽象的解释。实践证明，我们对社会主义初级阶段这一基本国情的认识是正确的。之所以是正确的，就在于我们科学地揭示了社会主义初级阶段的主要矛盾，即这一历史发展阶段的矛盾运动规律。

3.3 不能动摇的结论

提出"不能动摇"的问题，是因为在历史上我们曾经发生过动摇的问题。这就是如前所述，党的八大二次会议在社会主要矛盾问题上改变了八大一次会议的正确论断。这件事的后果极其严重。历史告诉我们，动摇就会失误，否定就要失败。前车之覆，后车须鉴。

提出"不能动摇"的问题，还因为在现实生活中我们仍有人存在这样的或那样的模糊认识，常常只看到身边发生的或经验上感受到的某个方面的社会矛盾，忘记了主要矛盾，甚至把它置于主要矛盾之上。因此，重新强调社会主义初级阶段的主要矛盾仍然是人民日益增长的物质文化需要同落后的社会生产之间的矛盾有很强的现实针对性，需要我们不断加深认识和准确把握。

首先，要认识到，我国在改革开放推动下，国民经济持续快速健康发展，人民生活显著改善，但是社会主要矛盾没有变，仍然是人民日益增长的物质文化需要同落后的社会生产之间的矛盾。因此，我们不能因为强调改革开放和经济发展的巨大成就而忘记今天仍然处在社会主义初级阶段，主要矛盾仍然没有变。

其次，要认识到，我们当前面临的矛盾很多，有的也比较突出、引人注目，但是社会主要矛盾没有变，仍然是人民日益增长的物质文化需要同落后的社会生产之间的矛盾。当前，大家比较关注的腐败问题、地区差距和社会成员收入差距拉大问题、国有企业改革和职工下岗问题，只要我们仔细分析一下上述问题发生的原因，归根到底，都是由经济落后造成的。只有牢牢抓住这个主要矛盾，才能清醒地观察和把握社会矛盾的全局，有效地促进各种社会矛盾的解决。

再次，要认识到，我们在努力实现社会生活的全面进步、实现两个文明协调发展的时候，更要牢记社会主义初级阶段的主要矛盾是人民日益增长的物质文化需要同落后的社会生产之间的矛盾。"全面进步"和两个文明建设离不开经济的发展。正如江泽民同志所强调的：社会生活的全面进步，归根到底取决于主要矛盾的解决，取决于社会生产力的发展。

最后，只有清醒地看到主要矛盾没有变，才能坚定地坚持党在社会主义初级阶段的基本路线不变。社会主义初级阶段的主要矛盾，决定了我们的根本任务是集中力量发展生产力，全党必须毫不动摇地坚持以经济建设为中心。要像江泽民强调的那样：全党要保持清醒头脑，排除各种干扰，毫不动摇地坚持党在社会主义初级阶段的基本路线，把以经济建设为中心，同坚持四项基本原则、坚持改革开放，统一于建设有中国特色的社会主义的全过程。

因此，今天有必要重新强调我国处在社会主义初级阶段，重新强调要解决社会主义初级阶段各种矛盾必须牢牢抓住主要矛盾。我们必须十分清醒地认识到，只要这一主要矛盾尚未解决，只要社会主义初级阶段尚未结束，我们就不能动摇这个付出了巨大代价而获得的科学认识。

4. 研究"国情"要联系"世情" [①]

建设有中国特色社会主义的理论是当代中国的马克思主义，这是说的"当代中国"，不仅指的是进入全面的大规模的社会主义建设时期的中国，而且指的是当代世界特点下的中国。也就是说，研究"国情"要联系"世情"，要研究当代世界的时代特征。这是建设有中国特色的社会主义理论提出的又一客观根据。

4.1 国际关系的变化由来已久

第二次世界大战结束后，东西方之间就形成了冷战的格局。所谓东西方，最初指的是以苏联为首的社会主义阵营与以美国为首的帝国主义阵营之间的关系，但是在20世纪六七十年代，国际形势发生了一系列重大的变化。首先，苏联逐步发展成为霸权主义的超级大国，社会主义阵营不复存在；其次，在世界范围内，兴起了民族解放运动的高潮，近百个挣脱帝国主义殖民统治的发展中国家形成一股新兴的政治力量；再次，一批经济上比较发达的国家摆脱超级大国控制的要求日趋明显和强烈。这样，东西方的关系就变为苏美两个超级大国争霸世界的关系。20世纪70年代初，毛泽东同志就注意到这一系列重大的变化，敏锐地揭示了国际关系的新走向，提出了著名的"三个世界"理论。当时，针对西方出现的"大三角"理论，毛泽东同志说："我不赞成'大三角'，我喜欢亚非拉，中国属于第三世界。"1974年2月22日，他在同赞比亚总统卡翁达讨论这一问题时，表示不赞成以意识形态为标准来划分"三个世界"，即不同意当时西方一些学者所讲的帝国主义、社会主义和亚非拉民族独立国家为第一、第二与第三世界的说法。他说："我看美国、苏联是第一世界。中间派，日本、欧洲、澳大利亚、加拿大，是第二世界。咱们是第三世界。" [②]邓小平同

① 本文选自《当代中国的马克思主义：邓小平理论》，河南人民出版社1994年版，第100~107页，原题为《时代主题：和平与发展》。
② 《毛泽东文集》第八卷，人民出版社1999年版，第441页。

志1974年4月10日在联合国大会第六届特别会议上的讲话，系统地阐述了毛泽东同志的"三个世界"理论。他指出："在'天下大乱'的形势下，世界上各种政治力量经过长期的较量和斗争，发生了急剧的分化和改组。一系列亚非拉国家纷纷取得独立，在国际事务中起着愈来愈大的作用。在战后一个时期内曾经存在的社会主义阵营，因为出现了社会帝国主义，现已不复存在。由于资本主义发展不平衡的规律，西方帝国主义集团，也已四分五裂。从国际关系的变化看，现在的世界实际上存在着互相联系又互相矛盾着的三个方面，三个世界。美国、苏联是第一世界。亚非拉发展中国家和其他地区的发展中国家，是第三世界。处于这两者之间的发达国家是第二世界。"[1]这个理论对于我们争取一个和平的国际环境，打开对外联系的渠道，发挥了积极的作用。同时，这一理论的提出，也反映出了自20世纪50年代中后期开始的国际关系变化的特点。

4.2　时代主题：和平与发展

自党的十一届三中全会以后，邓小平同志进一步分析了国际关系与世界格局的变化特点，提出了两个十分深刻的观点：

（1）和平是东西方关系的主题。过去我们认为战争不可避免，而且立足于早打、大打，其根据在于美苏两个超级大国在争霸世界的过程中拼命地展开了军备竞赛，竭力控制与扩大自己的势力范围。邓小平同志依据新的情况，分析了美苏对抗与冷战的特点后指出：苏联的全球战略部署还没有准备好，美国在东南亚失败后，全球战略目前是防守的，打世界大战也没有准备好，加上国际反霸力量的增强，所以可以延缓战争的爆发，争取较长的和平时间；美苏在军备竞赛中建立起来的庞大的核武库，使双方都拥有毁灭对手的核力量，实际上是军事上的平衡，谁对谁都没有绝对优势，所以战略核均势可以遏制战争的爆发；要区别局部战争与世界性战争，局部战争难以避免，但世界性战争由于受到各种因素的制约可以推迟，因此东西方之间出现了缓和的趋势。据此，邓小平同志作出了重要的判断："世界和平力量的增长超过战争力量的增长。"[2]"和平问题是东

---

① 《邓小平文集（一九四九——一九七四年）》下卷，人民出版社2014年版，第346页。
② 《邓小平文选》第三卷，人民出版社1993年版，第127页。

西问题"。①

（2）发展是南北关系的主题。自从20世纪六七十年代，第三世界崛起以后，就在寻找经济发展的道路。1964年，在联合国第一次贸易和发展会议上，77个发展中国家和地区代表发表联合宣言，主张摆脱帝国主义和殖民主义的压迫、剥削和掠夺，加速自身经济发展。同年10月，不结盟国家召开第二次首脑会议，提出"所有国家都有责任为迅速建立一种新的和公正的经济秩序贡献力量。"从此，发展中国家和发达国家之间开始了以经济为主题的对话，即"南北对话"。当然，南北对话中间也夹杂着东西方之间矛盾的影响，因此，这一问题解决的进展不很顺利。进入20世纪80年代以后，世界3/4的人口处于贫困落后状况，南北之间的差距不仅没有缩小，反而更加扩大。但是，这一问题不解决，不仅会给发展中国家带来困难，而且也会给发达国家的经济发展带来不利的影响。1984年10月，邓小平同志两次指出："西方政治家要清楚，如果不帮助发展中国家，西方面临的市场问题、经济问题，也难以解决。"②"南方要改变贫困和落后，北方也需要南方发展。南方不发展，北方还有什么市场？"③正是鉴于这一点，邓小平同志说："经济问题是南北问题。"④

这两个观点，概括起来，就是：和平与发展是当前世界的两大主题。这是邓小平同志对当今时代特征的基本看法，也是20世纪50年代中后期以来国际形势逐步发展形成的客观走向与现实特点。搞清这一点，对于建设有中国特色的社会主义理论的形成，具有重要的意义。因为即使在社会主义初级阶段这样的国情条件下，倘若国际形势不允许我们集中精力搞建设，我们仍然难以实行以"一个中心、两个基本点"为根本内容的基本路线。所以，党的十四大报告强调："建设有中国特色社会主义的理论，是在和平与发展成为时代主题的历史条件下，在我国改革开放和社会主义现代化建设的实践过程中，在总结我国社会主义胜利和挫折的历史经验并借鉴其他国家社会主义兴衰成败历史经验的基础上，逐步形成和发展起来的。"

---

① 《邓小平文选》第三卷，人民出版社1993年版，第105页。
② 《邓小平文选》第三卷，人民出版社1993年版，第79页。
③ 《邓小平文选》第三卷，人民出版社1993年版，第96页。
④ 《邓小平文选》第三卷，人民出版社1993年版，第105页。

5. 实践观点和改革开放①

毛泽东的《实践论》，是指导我国新民主主义革命和社会主义改造取得历史性胜利的思想武器，也是指导我国改革开放和社会主义现代化建设创造历史性成就的思想武器。1997年3月5日，江泽民同志在参加全国人大八届五次会议湖南代表团、广东代表团讨论时，指出："现在全国各地的改革开放都在深化，现代化建设都在发展，面临的新情况、新矛盾、新问题不少，需要全党和全国上下，同心协力去积极研究和解决。我们要坚持辩证唯物主义和历史唯物主义的观点，在实践中遇到的问题只有在实践中加深认识，在实践中寻找解决问题的正确方法。"值毛泽东的《实践论》发表60周年之际，学习江泽民同志这一重要指示，可以更加深切地体会到《实践论》的认识论对于我们完成邓小平同志开创的改革开放和社会主义现代化事业的重大指导意义。

5.1 改革开放政策具有鲜明的实践特征

马克思列宁主义的认识论，按照毛泽东同志在《实践论》中的指示，它是"以科学的社会实践为特征"的认识论。②根据这种认识论，我们党经毛泽东倡导、邓小平弘扬，形成了解放思想、实事求是的思想路线。在这样的认识论和思想路线的指导下，我们党制定了改革开放政策。在这一政策提出和贯彻过程中，显示出它具有鲜明的实践的特征。

这种实践特征，首先表现在，这一政策不是人们主观设定的，或根据某种事先预备好的理论来提出的，而是从社会主义的历史实践及其经验教训中呼唤出来的。邓小平同志在谈到制定改革开放政策的动因时，两次使用了"迫使"这样的字眼。一次是1985年8月21日，他说："过去我们进行了新民主主义革命，建国后完成了土地改革，又进行了农业、手工业和

---

① 本文选自《李君如文集：邓小平理论研究》（下），湖南人民出版社2002年版，第514~523页，原题为《实践观点和改革开放——为〈实践论〉发表60周年而作》。
② 《毛泽东选集》第一卷，人民出版社1991年版，第295页。

资本主义工商业的社会主义改造，建立了社会主义经济基础，那是一个伟大的革命。那个革命搞了三十几年。但是在建立社会主义经济基础以后，多年来没有制定出为发展生产力创造良好条件的政策。社会生产力发展缓慢，人民的物质和文化生活条件得不到理想的改善，国家也无法摆脱贫穷落后的状态。这种情况，迫使我们在一九七八年十二月召开的党的十一届三中全会上决定进行改革。"①另一次是1987年4月26日，他在总结了我国社会主义建设取得的成就后指出："总的来说，很长时间处于缓慢发展和停滞的状态，人民的生活还是贫困。""这才迫使我们重新考虑问题。"②这两段话说明了一个问题：中国共产党之所以提出改革开放政策，是根据社会主义实践曲折发展的经验教训提出的历史性任务。

这种实践特征，体现在这一政策不可能有一套先验的具体构想，只能在实践中大胆探索，寻找建设有中国特色社会主义的道路。改革开放政策是针对束缚生产力的旧体制提出的，是要从根本上变革旧体制，具有革命的意义。但这场革命不是对社会主义基本制度的否定，而是社会主义的自我完善和发展。对于社会主义，在马克思、恩格斯使之从空想转化为科学之日起，就已经鲜明地指出他们不打算具体地描述这一新制度的细节，只是从规律上指出这种制度是解决资本主义社会基本矛盾的手段。而且，他们还反复强调科学社会主义基本原理的实际运用，"随时随地都要以当时的历史条件为转移"③。科学社会主义的这种科学性，决定了它在转化为一种现实后，必须比别的社会学说更注重实践。从列宁、斯大林到毛泽东，总是努力在实践中寻找符合本国实际的社会主义革命和建设的道路。他们的成功和挫折，都同这种情况有关。深谙马克思主义精髓的邓小平同志，在改革开放中反复提醒全党："我们也讲现在我们搞的实质上是一场革命。从另一个意义来说，我们现在做的事都是一个试验。对我们来说，都是新事物，所以要摸索前进。"④"我们现在所干的事业是一项新事业，马克思没有讲过，我们的前人没有做过，其他社会主义国家也没有干过，

① 《邓小平文选》第三卷，人民出版社1993年版，第134页。
② 《邓小平文选》第三卷，人民出版社1993年版，第223~224页。
③ 《马克思恩格斯选集》第一卷，人民出版社2012年版，第376页。
④ 《邓小平文选》第三卷，人民出版社1993年版，第174页。

所以，没有现成的经验可学。我们只能在干中学，在实践中摸索。"①正因为改革既是革命又是试验，又没有现成的经验可学，所以邓小平同志在领导改革开放的时候总是强调胆子要大，步子要稳，不搞争论，要允许看，在实践中寻找正确的方案。

这种实践特征，同时还表现在，这一政策不仅强调注重探索性的实践，而且强调要以实践为标准纠正那些不符合客观实际及其规律的错误观点，指导改革开放的顺利发展。改革从发动到推进，不断遇到观念上的障碍。有来自右面的资产阶级自由化的干扰，有来自"左"面的僵化思想的抵抗。这些观念上的障碍不解决，改革开放就难以深入发展，难以取得最后的成功。解决这些观念上的障碍，只有运用《实践论》提供的武器。毛泽东在《实践论》中指出："判定认识或理论之是否真理，不是依主观上觉得如何而定，而是依客观上社会实践的结果如何而定。真理的标准只能是社会的实践。"②在拨乱反正过程中，邓小平同志领导和支持了真理标准问题大讨论，运用实践标准纠正了"两个凡是"的错误观点。在改革开放过程中，他又领导党和人民群众运用实践标准，抛弃那些对马克思主义的某些原则、某些本本的教条式理解，抛弃那些超越社会主义初级阶段的不正确思想，坚决反对那些根本否定马克思主义的错误观点，坚持用辩证唯物主义和历史唯物主义的世界观、方法论去分析和解决问题，明确了改革开放的目标，制定了正确的发展战略。改革开放过程中这种鲜明的实践特征说明了什么？它说明这一政策的贯彻执行过程一定是一个实践、总结、再实践、再总结，不断开拓创新，不断完善发展的过程。正如邓小平同志所指出的那样，改革开放必须以实践为基础，大胆地闯，大胆地试。事实上正是在解放思想，实事求是，以实践为检验真理的唯一的标准这样一条科学的思想路线的基础上，邓小平同志把马列主义基本原理和当代中国实际和时代特征结合起来，创立了既区别于资产阶级自由化，又区别于僵化观念的有中国特色社会主义的理论，使得我国改革开放有了正确的理论指南。

① 《邓小平文选》第三卷，人民出版社1993年版，第258~259页。
② 《毛泽东选集》第一卷，人民出版社1991年版，第284页。

邓小平治国论

5.2　改革开放作为总政策属于认识范畴

改革开放作为一项大政策、总政策，属于认识范畴。这一政策，这一认识由于其有鲜明的实践特征，一形成就转化为亿万人民群众参加的波澜壮阔的社会实践。改革开放作为实践，是中国共产党领导的第二次革命，是社会主义运动的一个伟大的试验。它既要求我们的马克思主义理论在指导实践的过程中随着实践发展而发展，又要求我们正确认识和处理实践中出现的一系列复杂问题，始终保持政治的坚定性和认识的科学性。

首先，我们要坚持改革开放这一伟大实践的社会主义方向。在邓小平同志确定改革开放为党的基本路线一个基本点的时候，他同时明确坚持四项基本原则是党的基本路线的另一基本点，并且鲜明地指出"这两个基本点是相互依存的"。[1]社会实践有其客观的现实性，又有其自觉的能动性。这种能动性和实践主体的目的性相联系。在某种意义上说，实践就是实践者目的性的展开的过程。邓小平同志发动改革开放和现代化建设这场新的革命，不是为了别的，就是为了使社会主义的优越性能够充分地发挥出来，发展社会主义社会的生产力，改革人民的生活。在实际上是十一届三中全会主题报告的《解放思想，实事求是，团结一致向前看》这篇著名讲话中，他说："如果现在再不实行改革，我们的现代化事业和社会主义事业就会被葬送。"[2]邓小平同志是一位坚定而又清醒的共产主义者，他矢志不渝地为社会主义和共产主义的理想而奋斗，同时又深刻地认识到继续在原有的体制、原有的路子上走下去，只会葬送社会主义。所以他为了社会主义的完善和发展而改革开放，强调要在改革开放过程中坚持四项基本原则，坚持正确的实践方向。

同时，我们要认识到改革开放这一伟大实践是一个过程。20世纪70年代末，我们在毛泽东哲学思想的研究中注意到，"过程论"是毛泽东同志在哲学上的重大贡献。物质运动是一个过程，矛盾运动是一个过程，社会实践更是一个过程。《实践论》始终把社会实践，包括物质生产、阶级斗争和科学实验，看作是一个过程。我国的改革开放作为中国的第二次革

---

① 《邓小平文选》第三卷，人民出版社1993年版，第248页。
② 《邓小平文选》第二卷，人民出版社1994年版，第150页。

命，毫无疑问是一个长过程、大过程、复杂的过程。作为一个过程，它总是有一个从初级到高级、从片面到全面的发展进程。因此对于改革开放初期中期出现的这样那样的问题，既要认真对待，又不能大惊小怪，而要像邓小平同志反复告诫的那样"对的就坚持，不对的赶快改，新问题出来抓紧解决"。①只要我们头脑清醒，及时总结经验，一定能保证改革开放达到预期的目的。

需要指出的是，在改革开放这一伟大实践发生和发展过程中，囿于传统观点的束缚，我们对实践中的许多所谓"问题"的看法，并非一定正确。人贵有自知之明，我们对自己的认识能力也要有清醒的认识。我们的认识能力总有其难以避免的二重性，包括局限性。比如在农村改革之初，我们一些同志一听到"包"、"分"，就十分紧张，认为把公有的生产资料分给农户，就是搞私有化，就是走资本主义道路。到农村改革的实践阶段，且进入阶段性推进，其过程性逐渐展开的时候，我们才弄明白，实行家庭联产承包责任制并非在瓦解公有制，而是在实践中找到了一条统分结合、双层经营的新型合作经济。这样的事举不胜举。过去毛泽东同志曾说过："一切结论产生于调查情况的末尾，而不是在它的先头。"②今天我们还应再说一句："一切结论产生于实践过程的后期，而不是在它的初期。"只要我们把改革开放的进程始终掌握在党的驾驭之中，始终坚持为人民服务，为人民谋利，一切改革最终都有利于社会主义的巩固、完善和发展，建立起符合中国实际的社会主义新体制、新机制。

一句话，对于改革开放这样一种从根本上变革束缚生产力旧体制的伟大实践，我们作为这一实践的参加者，一定要有一个"坚定"、两个"清醒"：坚定地坚持改革的社会主义方向；清醒地认识和处理实践中出现的新情况、新问题，清醒地认识我们自身认识能力的二重性，在改造客观世界的同时自觉地改造自己的主观世界，保证改革开放顺利推进。

5.3　将实践和改革开放结合起来

必须指出，毛泽东强调的"以科学的社会实践为特征的马克思列宁

---

① 《邓小平文选》第三卷，人民出版社1993年版，第372页。
② 《毛泽东选集》第一卷，人民出版社1991年版，第110页。

主义的认识论"①，是能动的革命的反映论，即是以辩证唯物论为基石的认识论。毛泽东同志所说的"实践"是"社会的人"的实践。这种实践毫无疑问要受到一定时间、空间的社会历史条件的制约。正如毛泽东同志在《论持久战》中所说的："战争指挥员活动的舞台，必须建筑在客观条件的许可之上，然而他们凭借这个舞台，却可以导演出很多有声有色、威武雄壮的戏剧来。"②这里讲的"活动"与"舞台"的关系，即"实践"与"实际"的关系。中国革命的经验告诉我们，囿于客观实际的制约而忽视实践能动性的机械论是有害的，超越客观实际片面强调实践能动性的唯心论也是错误的。

提出要正确认识"实践"和"实际"的关系，对于正确解决实践中的理论问题，十分重要。实践要由理论来指导，理论要在实践中检验和发展，这是理论（认识）和实践的关系问题。但是在同一实践过程中往往出现多种理论主张，都想影响实践。这时，就必须考虑我们的实践是在什么样的时间、空间中进行的，是在什么样的社会历史条件下展开的。这样，理论和实践的关系，就以实践和实际的关系为中介，进入到理论和实际的关系中来。我们的认识、实践具有能动性，同时又不能离开客观实际的制约。这就是实事求是。

我国的改革大业，经过19年探索总结、闯关夺隘、开拓前进，现在已进入到关键的攻坚阶段。以建立现代企业制度为目标的国有企业改革，要在重点难点上取得突破。社会主义市场经济体制要在20世纪末初步建立起来。一幅宏伟壮丽的前景已经展现在我们面前。与此同时，一些深层次的矛盾也突现出来。特别是社会主义公有制能不能和市场经济结合，共同富裕的目标能不能在市场经济条件下实现，精神文明建设的要求能不能和市场经济协调，反腐败的任务能不能在市场经济环境中完成，这些问题更加引人注目。人们对此众说纷纭，各种观点竞相登台。

毫无疑问，在探索和解决这些问题的时候，我们决不能放弃社会主义的根本原则，决不能搞私有化和两极分化。同时，也决不能倒退到高度

第三章　邓小平的治国哲学

集中、平均主义的旧体制中去。必须警惕和防止来自右面的和"左"面的干扰，坚持邓小平同志为我们开辟的正确道路。这就要求我们在探索和解决新问题的时候，要有一个正确的思路，坚持毛泽东倡导、邓小平在新时期进一步弘扬的实践论的认识路线，即解放思想、实事求是的思想路线。这里特别要坚持的是，必须把我国处在社会主义初级阶段的实际，作为探索和解决新问题的出发点。《实践论》指出："唯心论和机械唯物论，机会主义和冒险主义，都是以主观和客观相分裂，以认识和实践相脱离为特征的。以科学的社会实践为特征的马克思列宁主义的认识论，不能不坚决反对这些错误思想。""我们的结论是主观和客观、理论和实践、知和行的具体的历史的统一，反对一切离开具体历史的'左'的和右的错误思想。"①

有人会问：今天的"客观"是什么？"实践"是什么？今天的"客观"，就是我们进入了社会主义社会，但是这是脱胎于半殖民地半封建社会，即未经过资本主义充分发展的，经过新民主主义革命和社会主义改造建立起来的社会主义社会。邓小平同志和我党称它为"社会主义初级阶段"。在这一发展阶段里，工人阶级和人民群众的"实践"，势必是要去实现别的许多国家在资本主义条件下实现的工业化和生产的商品化、社会化、现代化，巩固、建设和发展社会主义。我们的主观应该和这样的"客观"相统一，我们的认识应该和这样的"实践"相联系。

了解和坚持这一点，可以使我们的认识和实践有了一个正确的出发点。当年在对革命的战略和路线莫衷一是的时候，毛泽东同志就是从国情的认识入手，从近代中国是一个半殖民地半封建社会这一"客观实际"出发，提出了新民主主义的理论和路线，明确中国革命要分两步走，第一步只能搞新民主主义革命即无产阶级领导的资产阶级民主主义革命，第二步才能搞社会主义革命。再上溯到列宁在十月革命后制定新经济政策的背景，他也是首先考察国情，认识到苏维埃俄国是一个农民占优势的国家，无产阶级政党只有找到"中间的途径、方法、手段和辅助办法，才能使资本主义以前的各种关系过渡到社会主义。"②今天，我们研究改革开放的

---

① 《毛泽东选集》第一卷，人民出版社1991年版，第295~296页。
② 《列宁选集》第四卷，人民出版社2012年版，第509页。

理论，包括社会主义市场经济理论、以公有制为主体多种经济成分共同发展的理论、公有制实现形式理论、股份制和股份合作制理论、对外开放理论、一部分地区和一部分人先富起来和共同富裕关系的理论、反腐败理论等，都要从我国处在社会主义初级阶段的这个大实际出发。

社会主义初级阶段，一是社会主义，二是初级阶段。客观实际的这两方面情况，决定了我们研究改革开放理论的时候，首先必须坚持科学社会主义的原理和原则，同时要探索符合初级阶段特点的新论断。在这里，盲目地照搬西方的理论不能解决问题，简单地照抄马克思主义书本上关于未来社会的论述也同社会主义初级阶段的实际有距离。我们要像列宁研究新经济政策、毛泽东创立新民主主义理论那样，把马克思主义的基本原理同社会主义初级阶段的实际结合起来，思考问题、研究问题、解决问题，沿着邓小平同志开辟的建设有中国特色社会主义的正确道路坚定不移地走下去。

毛泽东同志30多年前离开了我们，邓小平同志又在1997年年初离开了我们，但是他们的宝贵思想永远是我们的珍贵财富，他们研究问题、解决问题的立场、观点、方法，更是我们党永葆生机和活力的无比珍贵的法宝，我们一定要好好学习，好好运用，完成历史赋予我们的重任。

6. 依靠工人阶级的思想和改革开放实践[①]

从现在起到2010年这些年，我们将在国际格局深刻变动和经济体制根本转变的历史条件下，在一个世界人口最多的大国推进社会主义现代化建设。在这个既充满希望又非常艰巨的开创性事业中，进一步学习和坚持邓小平建设有中国特色社会主义理论，更好地贯彻党的全心全意依靠工人阶级的方针，动员和依靠全国职工为完成跨世纪宏伟大业而奋斗，是一个亟须我们重视和研究的重大课题。

---

① 本文选自《李君如文集：邓小平理论研究》（上），湖南人民出版社2002年版，第367~377页，原题为《邓小平依靠工人阶级的思想和改革开放实践》。

6.1　依靠工人阶级是邓小平理论的重要内容

社会主义是人民群众自己的事业。在党的十二大，邓小平提出走自己的路，建设有中国特色社会主义的时候，他告诉全党："我们党提出的各项重大任务，没有一项不是依靠广大人民的艰苦努力来完成的。"①在现时代"人民"这一范畴中，工人阶级是我们国家的领导阶级，是先进生产力和生产关系的代表，是建设和改革最基本的动力，是维护社会稳定的强大而集中的社会力量。邓小平同志指出："工人阶级最重要的特点之一就是同社会化的大生产相联系，因此它的觉悟最高，纪律性最强，能在现时代的经济进步和社会政治进步中起领导作用。"②全心全意依靠工人阶级，是邓小平建设有中国特色社会主义理论所坚持的重要观点。党的十四大在概括邓小平理论的主要内容时，指出了这一当代中国的马克思主义包括"关于社会主义的领导力量和依靠力量"这一重要理论内容。中共中央印发的《邓小平同志建设有中国特色社会主义理论学习纲要》，列出专章论述关于社会主义事业依靠力量的理论，强调工人阶级是领导阶级，党在任何时候、任何情况下都要全心全意依靠工人阶级，明确肯定这方面理论是邓小平理论科学体系的组成部分和重要内容。

邓小平理论强调在改革开放和社会主义现代化建设中要依靠工人阶级，是对毛泽东思想特别是毛泽东社会主义理论的继承和发展。

"全心全意地依靠工人阶级"，是毛泽东同志的重要思想。在党的七大上所作的《论联合政府》这篇建国纲领中，毛泽东同志指出："在抗日结束以后，可以预断，中国工人阶级的努力和贡献将会是更大的。中国工人阶级的任务，不但是为着建立新民主主义的国家而斗争，而且是为着中国的工业化和农业现代化而斗争。"③在新中国即将诞生之际，在党的七届二中全会上，毛泽东同志明确提出："在城市斗争中，我们依靠谁呢？有些糊涂的同志认为不是依靠工人阶级，而是依靠贫民群众。有些更糊涂的同志认为是依靠资产阶级。……我们必须全心全意地依靠工人阶级，团

---

① 《邓小平文选》第三卷，人民出版社1993年版，第4页。
② 《邓小平文选》第二卷，人民出版社1994年版，第136页。
③ 《毛泽东选集》第三卷，人民出版社1991年版，第1081页。

结其他劳动群众，争取知识分子，争取尽可能多的能够同我们合作的民族资产阶级分子及其代表人物站在我们方面，或者使他们保持中立，以便向帝国主义者、国民党、官僚资产阶级作坚决的斗争，一步一步地去战胜这些敌人。"①毛泽东强调这一点，是因为人民解放战争的胜利使我国进入了城市领导乡村的历史时期，城市工作的中心是生产建设，要求我们依靠工人阶级这一先进阶级，恢复和发展生产，搞好生产管理；是因为在这一新的历史时期，随着土地问题的解决，工人阶级和资产阶级的矛盾就上升为国内的主要矛盾，解决这一主要矛盾才能实现从新民主主义到社会主义的转变，这也要求我们必须全心全意依靠工人阶级。

邓小平同志根据毛泽东同志这一重要思想，在主持西南局工作时，对于党在城市工作中如何依靠工人阶级问题，提出了四个重要思想：（1）必须从思想上认识工人阶级的作用，不依靠工人就无法搞好工业生产，就不可能走向社会主义；（2）必须把工人的最大多数组织到工会中去，并依靠工会去教育工人，启发其阶级觉悟，发挥其生产积极性；（3）用高度的热忱去关怀工人阶级的各方面，从政治上、文化上、生活和物质福利上去关心他们，不要忽略有利于工人的"小事"；（4）依靠工人阶级必须成为党的指导思想，必须贯彻到各部门中去，不能把它看作只是工会和工厂的事情。此外，他还就依靠工人搞好"管理民主化"和"经营企业化"以及工会工作，提出了一系列重要而又具体的意见。邓小平同志关于依靠工人阶级的这些思想尽管是在党从新民主主义到社会主义的过渡时期提出的，但对今天的改革开放和社会主义现代化建设仍有实际的指导意义。

在领导我们党探索建设有中国特色社会主义新路时，邓小平同志在依靠工人阶级问题上，又提出了一系列具有时代特点的新思想。他强调科学技术是第一生产力，知识分子是工人阶级，对"依靠对象"赋予了新的内涵；他强调要尊重知识、尊重人才，提出我们国家国力的强弱，经济发展后劲的大小，越来越取决于劳动者的素质，取决于知识分子的数量和质量，对于工人阶级要提高整体素质，用最大的努力来掌握现代化的技术知识和管理知识，提出了明确的要求；他强调改革是全国人民的长远利益所

① 《毛泽东选集》第四卷，人民出版社1991年版，第1427~1428页。

在，要求全国工人阶级为了社会主义的利益，为了四个现代化的利益，在改革中起大公无私的先锋模范作用；他强调在改革开放和现代化建设中，工人阶级要发扬艰苦奋斗等光荣传统；他强调为了实现社会主义现代化，广大工人要积极参加企业的管理，所有的企业必须毫无例外地实行民主管理，使集中领导和民主管理结合起来；他还强调党和政府、企业领导和工会必须努力保障工人的福利，改善工人的劳动条件、居住条件、饮食条件和卫生条件，要在工人中间积极开展各种形式的互助活动。这些重要的思想，是在我国已经进入社会主义社会，国内阶级状况发生根本变化，并且开始社会主义现代化建设的新时期这一历史条件下提出来的，给毛泽东同志提出的"全心全意地依靠工人阶级"的思想赋予了新的意义，是对毛泽东思想的重要继承和发展。

我们应该认识到，中国的现代化之所以是社会主义的现代化，中国的改革开放之所以是社会主义的改革开放，究其原因，归根到底，即在于我们的现代化和改革开放，代表了工人阶级和广大人民群众的根本利益，实践的主体是工人阶级和广大人民群众。这样的实践要取得成功，也必然取决于工人阶级和人民群众自觉参与，取决于工人阶级和人民群众能在现代化建设和改革开放中获得实际的利益。

6.2 依靠工人阶级必须维护全体职工的国家主人翁地位

我们讲要"全心全意地依靠工人阶级"，其内涵是什么呢？这在1989年《中共中央关于加强和改善党对工会、共青团、妇联工作领导的通知》中已有明确的规定和具体的要求，这就是："充分尊重他们的国家主人翁地位，保护他们的合法权益，调动他们的积极性和创造性，扩大他们对党和政府工作的监督，提高他们的思想政治素质和科学文化水平。"①

必须指出，以江泽民同志为核心的党中央为贯彻全心全意依靠工人阶级的方针，在建立和完善社会主义市场经济体制过程中，通过制定《企业法》、《劳动法》等立法手段，通过树立典型、表彰先进、批评曝光等教育引导手段，努力维护工人阶级的国家主人翁地位，保障工人群众的合法权益，改善职工的工作条件和生活福利条件，做了大量的工作。

---

① 《十三大以来重要文献选编》，人民出版社1991年版，第791页。

实践使我们认识到，在建立社会主义市场经济体制，按照现代企业制度的要求改革和完善企业领导体制和组织管理制度，加强企业管理的过程中，依靠工人阶级必须维护工人阶级的国家主人翁地位。企业是经济组织，它必须实行厂长（经理）负责制，保证他们依法行使职权，这是毫无疑问的。与此同时，社会主义企业还必须坚持两条重要的原则，这就是：（1）企业中的党组织要发挥政治核心作用，保证监督党和国家方针政策的贯彻执行；（2）要全心全意依靠工人阶级，工会和职工代表大会要组织职工参加企业的民主管理，维护职工的合法权益。党中央的文件都是这样讲的，我们的工作也是往这个方向做的。就是在决定建立现代企业制度的十四届三中全会，以及全会通过的《决定》中，对此也有明确的规定。那么，在这样一个三角形的结构中，如何体现工人阶级的国家主人翁地位呢？从理论上讲，从原则上讲，这个问题并不复杂。因为在社会主义企业里，厂长（经理）、党组织领导、职工（这里指的是生产工人、技术人员和科室管理人员等）都是工人阶级的成员，都是工会会员，都是国家的主人翁。我们讲依靠工人阶级，在社会主义企业里就是要依靠这三种基本身份的人；我们讲工人阶级是国家的主人翁，社会主义企业里这三种身份的人都是国家的主人翁。但从实际情况看，前两种身份的人在企业内都有一定的实权。如何体现工人阶级国家主人翁的问题，实际上是如何在企业中体现职工的国家主人翁的问题。研究这个问题必须明确三点：

　　第一，"国家主人翁"和"企业主人翁"是两个不同的范畴。国家主人翁讲的是工人阶级和广大人民群众在国家政治生活中的地位，这是由宪法所规定的，谁也无权随意改变。但国家主人翁也不是一种抽象的规定，它在企业内部应有所体现。这种体现因企业的所有制性质不同又有所不同。在国有企业、集体企业及公有产权占主导地位的企业的职工，既是国家的主人翁，也是企业的主人翁，他们可以依法行使企业内部民主管理、民主监督的权利。非公有制企业的职工，虽然不是企业的主人，但他们作为国家主人翁的政治地位依然不变，他们可以通过法律手段维护自己的劳动权、休息权等一系列权利。因此，不管什么性质的企业，广大职工都是宪法所规定的国家主人翁。

第二，突出问题是要加强企业内部的民主管理和民主监督。职工的国家主人翁地位在国有和集体企业内部的体现，除了职工享有选举权和被选举权等管理国家的权利和义务外，主要是要通过工会和职代会来实施对企业的民主管理和民主监督。对此，《宪法》《企业法》《工会法》《城镇集体所有制企业条例》等法律法规都有明确的规定。现在的问题是领导重视不够，落实不够。有人认为厂长（经理）应享有经营管理的最大权限，职工的民主管理、民主监督是一种累赘。有人认为职工的本分就是干好活，是打工的；厂长（经理）是管理企业的，是主人。这些认识的误区，在于混淆了政治意义上的主人翁和公仆的关系，同管理意义上的管理与被管理的关系。从管理的角度讲，毫无疑问，经营管理者处于主体的地位。但是，社会主义企业经营管理者的权力是从哪里来的呢？当我们从管理的方法论进入到本体论思考的时候，就会发现，国有企业的经营管理者，他们的权力归根到底是人民民主专政的国家及其代表的人民赋予的，是企业全体职工赋予的；集体企业的经营管理者，他们的权力是地方或基层政权及其代表的人民赋予的，是企业全体职工赋予的。因此，社会主义企业必须实行民主管理、民主监督，企业的经营管理者必须努力提高自己的民主素养，在尊重这种民主管理和民主监督的基础上，进行大胆的、负责的管理。当然，反过来，广大职工也必须尊重经营管理者依法行使的职权，不能泛化民主管理和民主监督。应该看到，经营管理者在管理中行使的职权，包括惩处和开除违纪职工的权力，是在执行国家和企业全体主人翁的意志。至于他们滥用职权，职工可以通过民主监督的程序予以制止。对于非公有制企业，目前尚未形成民主管理和民主监督的内部机制。广大职工除了可以依靠法律来维护自己权益外，还应该建立起代表职工利益的工会，依靠工会来维护和保障自己的权益。这是可以探索的问题。

　　第三，关键是企业党组织要充分发挥自己的政治核心作用，更好地代表、组织职工进行民主管理和民主监督，更好地协调经营管理者和广大职工的关系，更好地调动和发挥广大职工的生产积极性。我们党是工人阶级的先锋队，必须代表工人阶级和广大群众的利益，全心全意地依靠工人阶级，全心全意地为人民服务。企业党组织在企业内部担负着重要而又复杂

邓小平治国论

的使命，它不是经营管理者，但要保证监督党和国家的方针政策能在本企业贯彻执行，要支持厂长（经理）依法行使职权，又要支持职工代表大会开展工作，参与企业重大问题的决策。党章对企业党组织的"政治核心作用"的明确规定，要求党组织成为职工利益的代表者和支持者。因此，要更好地体现职工在企业内部的国家主人翁地位，加强和发挥企业党组织的政治核心作用是必不可少的。当然，要做到这一点，企业党组织必须坚持党的群众路线，反对官僚主义，把自己的根扎在职工群众这一深厚的土地之中。

我们相信，只要我们坚定不移地坚持党的基本理论和基本路线，贯彻落实好党中央关于全心全意依靠工人阶级的方针，把企业党组织、经营管理者和广大职工的思想统一到党中央制定的正确方针政策上来，我们一定能在企业中充分体现职工的国家主人翁地位。

6.3 依靠工人阶级必须研究新情况解决新问题

建设有中国特色的社会主义，推进以社会主义市场经济为目标的经济体制改革，是我们党的伟大创举。在这个前无古人的伟大实践中，必然会碰到一些我们过去没有遇到过的新情况、新问题，这就需要我们认真学习邓小平建设有中国特色社会主义理论包括社会主义建设依靠力量的理论，解放思想，实事求是，大胆实践，大胆探索，贯彻好全心全意地依靠工人阶级的方针。

现在我们面临的问题，比较突出的，一是职工的失业和下岗问题。在产业结构调整、市场机制形成和企业内部管理加强的过程中，一批富余劳动力下岗甚至失业，进入劳动力市场重新择业。尽管各地产业的情况不尽相同，但对长期捧铁饭碗、吃大锅饭的状况以及由此而形成的社会心理是一个明显的冲击。对于如何保障他们的福利和家庭生活，如何解决他们再就业，如何减少社会负面影响、维护社会稳定等问题，也提出了新的研究课题，我们决不能忽视这个问题。

二是收入差距拉大的问题。在由原来那种单一公有制向以公有制为主体、多种经济成分共同发展的过程中，在证券、土地批租等生产要素市场形成过程中，在产业结构调整过程中，不同所有制企业、不同产业和行业之间职工的收入差距逐渐扩大，经营管理者和生产工人的收入差距逐渐扩大。这种收入差距的扩大，有的是合理的，有利于促进产业结构的调整和市场机制的形成，有的则明显不合理，弊端甚多。

三是企业内部经营管理者与生产工人之间的矛盾开始突出起来的问题。在三资企业和私营企业中，因劳资关系引起的劳动纠纷有所增加，其中主要是由于经营管理者侵犯职工人身自由、无理惩处职工和劳动报酬问题所致。同时，国有和集体企业中，经营管理者与生产工人的矛盾以及由此而引起的纠纷也时有发生。不少职工对经营管理者的官僚主义和腐败现象很不满意。

出现这些新情况和新问题，我们既不要张皇失措、消极悲观，也不能熟视无睹、盲目处置。我们要紧密地团结在以江泽民为同志核心的党中央周围，充分运用毛泽东和邓小平交给我们的法宝，按照解放思想、实事求是的思想路线，以实践为检验认识真理性的标准，探索解决问题的方案和办法。

首先，我们要看到，解决这些问题，希望在改革和发展，出路也在改革和发展。当前出现的职工失业和下岗的问题，一是在产业结构调整中发生的，二是由于国有企业亏损面增大、开工不足甚至停产半停产造成的。这是因为计划经济体制下形成的产业结构、产品结构和企业管理方式已不适合于实行平等竞争的市场经济体制。因此，就业问题的解决，出路在于改革和发展。只有根据"三个有利于"的标准来探索和解决好国有企业改革问题，才能使广大职工能乐其所业，使失业和下岗职工重新就业和上岗。现在有些人对国有企业改革畏首畏尾，不敢动手，他们心里缺少的东西，就是我们党反复强调的全心全意地为人民服务的根本宗旨、全心全意地依靠工人阶级的根本方针。只有改革和发展，才能真正为工人群众谋利益，才是真正依靠工人阶级。

其次，我们要努力完善体制改革，加强宏观调控，落实社会保障等配套措施。以社会主义市场经济为目标的经济体制改革，是一项复杂的系统工程，涉及企业内部和外部一系列机制的建立和完善。党中央对此都有设想、要求和部署，实践中还要进一步发展和完善。企业内部收入差距问

邓小平治国论

题、企业与行业间收入差距问题、失业和下岗工人的收入和福利问题，可以在企业内部管理机制的完善、国家宏观调控的加强和社会福利保障机制的建立中，逐步得到解决。有的地方进行了这样的试点，已经收到明显的成效。企业经营管理者和广大职工的矛盾，也可以在改革的深化过程中，通过企业内部管理机制的完善，通过强有力的反腐倡廉斗争和法律手段，逐步得到解决。改革开放的成果最终要体现在工人阶级和广大人民群众能获得实际的利益上，这是邓小平理论和以江泽民同志为核心的党中央对我们的要求。

最后，广大职工也要想党之所想，忧党之所忧，急党之所急，顾全大局，艰苦奋斗，和党一起来解决前进中的问题，完成我们肩负的历史重任。中国工人阶级有光荣的传统，在改革、发展和稳定中是最可靠的力量。值得一提的是，邓小平同志关于改革的设想，最早就是在中国工会第九次全国代表大会上明确提出的。这是对工人阶级的信任，也是对工人阶级的希望。邓小平同志深知改革开放中工人群众会承担一些困难，早在1980年就提出要做好停工半停工企业职工的工作，提出"除了安排他们轮流从事一些生产劳动，例如植树造林、修路、修水利、搞市政建设和卫生设施之外，主要应该有计划地、认真地对他们进行正规培训，提高所有受训干部、工人的政治觉悟和业务能力，并且经过考核，从中发现和选择优秀人才"。邓小平同志还寄希望于工人素质的提高，加强企业内部民主管理，创造有中国特色的社会主义企业。因此，我们要看到面临的新情况、新问题，更要看到肩负的历史使命，从大局出发，创造解决新情况、新问题的新经验，为改革、发展、稳定做出我们的贡献。

7. 邓小平的管理思想和领导艺术①

邓小平同志的领导活动与管理实践，贯穿在现代中国革命和建设的一个长过程中，具有十分丰富的内容。接下来，我们来探讨邓小平同志成为中国共产党第二代领导核心以后，即党的十一届三中全会以后时期，他的

---

① 本文选自《李君如文集：邓小平理论研究》（上），湖南人民出版社2002年版，第126~141页。

管理思想与领导艺术。

党的十一届三中全会开辟了新的历史时期，在这一时期中，我们党面临着极其伟大而艰巨的任务：经济上，解放与发展生产力，实现社会主义现代化；政治上，巩固与改进社会主义国家制度，完成祖国的统一大业，维护世界和平；理论上，坚持与发展毛泽东思想。总起来说，就是要在一个较长的历史时期中建设有中国特色的社会主义，实现社会主义现代化。要完成这一宏伟的历史任务，困难是很大的，因为从某种意义上说，它是史无前例的，缺乏现成的经验与理论可资借鉴与遵循。这是由于：马克思主义的基本原理虽具有普遍指导意义，但它的某一些具体原理和结论与东方社会的实际尚有一定距离；十月革命开创的苏联模式曾为许多社会主义国家所仿效，并取得一定成效，但在新的社会条件下日益显露其弊端；1958年后我国做过走自己的社会主义道路的多方面的尝试而屡受挫折，等等。这些历史背景与客观条件为邓小平同志提供了领导活动与管理实践的特定舞台。邓小平同志适应这些客观条件的要求，以他鲜明的个性特征，把科学的威力与艺术的魅力有机地巧妙地结合起来，在领导活动的舞台上，演出一幕幕宏伟瑰丽的活剧。

7.1 管理思想的特点

管理思想作为一门科学，具有共通的原理与要求，但各派各家的管理思想又有其自身的特点。邓小平的管理思想的哲学基础是实事求是，它包含丰富的内容，在战略目标的确定与实施问题上，在管理的制度与方法问题上，在用人问题上，都有其鲜明的特点，这主要表现在：

——现实基础与宏伟目标相统一的决策思想

管理的问题首先是决策的问题，决策的目的是确定实现目标的战略及其步骤。邓小平同志在进行战略决策时，总是力戒主观主义的空想，把奋斗目标同现实基础统一起来加以考虑，以提出切实可行的战略步骤。党的十一届三中全会决定把全党的工作重点转移到经济建设上来，"实现四个现代化"成为全党与全国人民全力奋斗的宏伟目标。中国人民对于"四个现代化"的渴望，既是社会发展的客观要求，又是自身利益的迫切追求。粉碎"四人帮"，结束"文化大革命"，实现工作重点转移，得人心

邓小平治国论

之处也在于党把"实现四个现代化"作为自己的奋斗目标。邓小平同志力主工作重点转移，但是他在进行这一战略决策的时候，采取了极其求实的态度。他认为当时盛行的"20世纪内实现四个现代化"的口号是不切实际的。因此在1979年3月底，提出了"中国式的现代化道路"这一新概念。他说："过去搞民主革命，要适合中国情况，走毛泽东同志开辟的农村包围城市的道路。现在搞建设，也要适合中国情况，走出一条中国式的现代化道路。"①指出这一问题时，他的思路很清晰，这就是：（1）要实现四个现代化；（2）也要看到中国底子薄和人口多、耕地少这样两个重要特点；（3）必须把这两点统一起来考虑。经过深思熟虑，他在1979年12月6日同外宾谈话时，提出了分步骤实现四个现代化的思想，最后终于形成了中国现代化建设的"三步走"战略构想。这个个案可以使我们看到，邓小平同志在进行战略决策的时候，始终坚持了实事求是的原则，既不放弃追求的目标，又把它放在客观的现实基础之上，具有求实的特点。他提出"建设有中国特色的社会主义"、"改革开放"、"一国两制"等重要战略构想时，都具有这样的特点。

——以实践为基础的战略实施思想

许多管理学家都把战略的实施看作是一个按照严密的计划进行严格的操作的过程。这在中国社会主义现代化建设的初期是很难做到的。我们既不能等到有了一个严密的计划之后再干，也不可能先验地设计出一套中国社会主义现代化的实施方案。邓小平同志创造性地把战略的实施看作是一个大胆实践、大胆试验的过程。比如农村经济体制改革，不是先订出一个实行联产承包责任制的计划，然后严格地按计划付诸实施，而是边实践边总结边提高，"摸着石子过河"。在十一届四中全会通过的决定中，还只是肯定"可以在生产队统一核算和分配的前提下，包工到作业组，联系产量计算劳动报酬，实行超产奖励"，同时还规定了"不许分田单干"，"除某些副业生产的特殊需要和边远山区、交通不便的单家独户外，也不要包产到户。"一年后，1980年中央在《关于进一步加强和完善农业生产责任制的几个问题》这一文件中，肯定了"小段包工，定额计酬"和"包

---

① 《邓小平文选》第二卷，人民出版社1994年版，第163页。

工包产，联产计酬"都是从实际出发的生产责任制，并且肯定"专业承包联产计酬责任制，更为社员所欢迎"。但同时又明文规定"集体经济比较稳定，生产有所发展，现行的生产责任制群众满意或经过改进可以使群众满意的，就不要搞包产到户"。一直到1981年年底全国农村工作会议纪要中，由于有了更丰富、全面的实践经验，中央才肯定"目前实行的各种责任制，包括小段包工定额计酬，专业承包联产计酬，联产到劳，包产到户、到组，包干到户、到组等等，都是社会主义集体经济的生产责任制"。中央文件的这些提法的演变过程，从哲学上讲，它反映了认识是随着实践的发展而发展的；从管理科学上讲，它说明了邓小平同志的管理思想是一种实践型的管理思想，即把管理看作是一种实践的过程，依靠实践来形成实现目标的实施方案。他说的"不是靠本本，而是靠实践"[1]，包含了这样一种含义。

——原则性与灵活性相结合的调控方法

现代管理不再把管理看作是一种线性的管理，而是强调在信息的反馈与要素的有机联系中进行非线性的系统管理。在这种情况下，调控方法的研究日益成为管理科学的一个重要问题。邓小平同志在战略实施过程中强调"靠实践"逼近战略目标，这就对调控问题提出了更高的要求。同目标与现实基础相统一的战略决策思想相适应，在调控方法上，邓小平同志很强调原则性与灵活性相结合。比如在改革开放中，多种形式的经济，诸如个体经济、私营经济、合资经济、独资经济等纷纷出现，十分活跃。如何调控国有经济、集体经济与这些经济形式之间的关系？邓小平同志提出了"以公有制为主体、多种经济形式并存的原则"，使之形成一种合理的结构，这里突出"主体"，即坚持了社会主义的原则性，强调"多种经济形式并存"，又体现社会主义原则应用的灵活性。

有一种观点，把邓小平同志的管理思想看作是一种带有实用主义特征的管理思想。他们认为，邓小平同志"政策多变"，过于灵活与实用，不讲社会主义的原则性。这是极大的误解或错误的看法。政策往往只是一个时期实践的产物，因而带有一定的权宜性。政策不变是不正常的，随着

[1]《邓小平文选》第三卷，人民出版社1993年版，第382页。

实践的发展，政策确实要常变常新。这种灵活性与实用性，不能证明邓小平同志的管理思想是实用主义的管理思想。而且，只要认真地阅读邓小平同志的文献，仔细地研究邓小平同志的思想，他的"变"中有"不变"，最突出的是"一个中心，两个基本点"，他说过百年不变，也确实始终不变。坚持以经济建设为中心，坚持四项基本原则，坚持改革开放，这就是他的原则性。各个时期、各个地方如何坚持"一个中心，两个基本点"，可以由各地审时度势，大胆探索，这又有极大的灵活性。这种原则性与灵活性相结合的管理思想，显然不是实用主义的管理思想，而是唯物辩证法的管理思想。

——倾向科学的仲裁方法

仲裁，是管理科学的又一重要问题。在调控过程中遇到矛盾，只有通过适当的仲裁，才能解决矛盾，完成既定的战略任务。在仲裁问题上，邓小平同志和中国传统的重伦理轻科学的做法与当代人文主义思潮不同，倾向于以科学为依据，立下相应的标准，来解决复杂的矛盾。比如在总结历史经验时，碰到了一系列认识上的矛盾，邓小平同志就提出以实践为标准来仲裁这些理论上的和观念上的是非。在发扬民主的过程中，碰到了"左"与"右"两种错误思潮的干扰，邓小平同志马上提出了"四项基本原则"，强调它们是社会发展规律的反映，以坚持还是反对四项基本原则为标准来区分各种人的政治立场与政治态度。在改革开放过程中，有些人老是用姓"社"姓"资"来责难，邓小平同志就用生产力标准来回答这些责难，指出判断改革开放的是非得失，应该看是否有利于发展社会主义社会的生产力，是否有利于增强社会主义国家的综合国力，是否有利于提高人民的生活水平。

——思想建设与制度建设相结合的管理原则

在管理中，邓小平同志十分看重制度建设。对于社会主义的管理问题，毛泽东同志强调人的思想建设，人的思想革命化。"管理也是社教"，就是这种特点的鲜明体现。邓小平同志认为人的思想建设也很重要，为此还把精神文明建设作为社会主义的特征提了出来。但是他吸取毛泽东同志的经验教训，主张把思想建设与制度建设结合起来，要通过制度建设来加强管理。他说："我们过去发生的各种错误，固然与某些领导人的思想、作风有关，但是组织制度、工作制度方面的问题更重要。这些方面的制度好可以使坏人无法任意横行，制度不好可以使好人无法充分做好事，甚至会走向反面。"①为此，他把党和国家领导制度的改革作为一项带有根本性的战略任务提了出来。也就是说，他把体制改革和民主的制度化、法律化，作为加强宏观与微观管理的根本措施。在1992年的南方谈话中，他又一次强调要把我们这几年搞的一套逐步定型，即实行制度化、规范化的管理。

——同现代化相适应的用人之道

用人之道，是任何一种管理理论都强调的重要问题，邓小平同志在用人问题上，坚持与发展了"德才兼备"的原则，提出了"革命化、年轻化、知识化、专业化"的"四化"标准。其核心是他多次反复强调的"尊重知识，尊重人才"。他十分重视"又红又专"，同时他强调"红"不是一种抽象的东西，爱国、为社会主义服务、为工农兵服务是"红"；科研出成果，为社会主义科学事业做出贡献，一定意义上也是"红"的表现。因此，"红"不是离开"专"的抽象物，对有专业知识的人才要尊重、信任、使用与保护。显而易见，这是一种反映了现代化潮流客观要求的人才管理思想。

7.2 领导风格与领导艺术

邓小平的领导风格与领导艺术，在符合科学性的前提下，富有鲜明的个性特征。

——无畏的胆略

说到领导艺术，自然离不开灵敏的反应、熟练的技巧等，但又不能仅仅归结为这些，其中还包含着更深层次的带有基础性的东西，那就是革命的胆略。邓小平同志的领导艺术不仅在日常的领导活动中显露出来，而且越是到革命的紧要关头和重大转折时刻，就发挥得越充分，越放射出耀眼的光彩。其原因就在于邓小平同志具有无畏的革命胆略。这种胆略来自于共产主义的坚定信念，来自于对马克思主义的充分信仰。有了这

---

① 《邓小平文选》第二卷，人民出版社1994年版，第333页。

种信仰，就能把个人的利害得失放在从属于革命利益的地位，以极大的勇气和魄力投入战斗，在战斗中充分施展自己的才能。这就是无私才能无畏的道理。1975年，邓小平同志受命于危难之际，顶着"四人帮"的干扰破坏，不顾个人的荣辱安危，明确坚定地、大刀阔斧地在全国工业、农业、商业、财贸、文教、科技、军队等各个方面，特别是对这些方面党的领导班子，开展全面的整顿，迅速收到显著的效果。他强调："没有一股劲不行。要敢字当头，横下一条心。""要敢于负责，不要怕。""共产党员为什么怕？要下决心'摸老虎屁股'。"这种义无反顾的革命气概是何等地可贵！

1977年4月11日，在邓小平同志正式恢复工作以前，他就在写给党中央的信中针对"两个凡是"的观点，指出必须准确地完整地掌握毛泽东思想体系。5月24日，他又在同中央两位同志的谈话中指出："两个凡是"不符合马克思主义。在党的十一届三中全会上，他集中批判了"林彪、'四人帮'大搞禁区、禁令、制造迷信，把人们的思想封闭在他们假马克思主义的禁锢圈内，不准越雷池一步"的流毒，反对随风倒的现象，大力提倡"独立思考，敢想、敢说、敢做"。

1992年年初，邓小平同志在南方谈话中，又反复强调："没有一点'冒'的精神，没有一股气呀、劲呀，就走不出一条好路，走不出一条新路，就干不出新的事业。"[①]处处都显现出邓小平同志的无畏的革命胆略。

——创新的精神

科学需要创新，艺术也需要创新。现代社会日益加速发展，创新更是现代领导者必不可少、弥足珍贵的品质。邓小平同志一贯强调解放思想，勇于思考，勇于探索，勇于创新，反对思想僵化，反对死守条条框框、一切照抄照搬照转。邓小平同志在自己的领导活动中，更是处处体现出创新的精神，在现代化建设的理论和实践上取得一个又一个重大的突破。例如：1978年在全国科学大会开幕式上提出科学技术是第一生产力；20世纪80年代初以来，多次作出关于建立经济特区和增加开放城市的决

---

① 《邓小平文选》第三卷，人民出版社1993年版，第372页。

策；1984年提出以"一国两制"的方式实现祖国的和平统一；1979年以来多次提出市场经济概念；1992年南方谈话中更明确指出，"计划和市场都是经济手段"，"计划多一点还是市场多一点，不是社会主义与资本主义的本质区别"。①

——务实的作风

务实是邓小平同志领导风格一大特点。同是伟大的马克思主义政治家，邓小平与毛泽东有不同的风格。毛泽东同志兼有诗人与哲学家的气质，他的讲话文章，富于激情，善于从哲学的高度提出问题，分析问题，运笔如行云流水，才华横溢，文采风流。相比起来，邓小平同志的文风更为朴实，用语精炼，要言不烦。考虑到有中国特色的社会主义的系统理论和具体模式尚在探索的过程中，真正成熟和定型还需要几十年的时间。如果现在就规定得过死过细，那就不仅不切实际，而且会束缚住人们试和闯的手脚。倒不如在确定前进的方向、目标和基本路线的前提下，鼓励人们去大胆地试，大胆地闯，在实践中积累经验，加以总结，逐步使之规范化和制度化，以至上升为系统的理论。正因为如此，邓小平同志务实的作风和朴实的文风恰恰适合于现时代的要求。邓小平同志说的"不管黄猫黑猫，能捉住老鼠的就是好猫'，"摸着石子过河"，都是鼓励人们为了实现既定的目标，敢于去创造新的形式与方法，走出新的路子。

邓小平同志在南方谈话中指出："不搞争论，是我的一个发明。"②但这决不意味着可以忽视理论，不再需要在理论研究中贯彻"双百"方针了。邓小平同志反对的是那种不从实际出发，而只从本本出发的空洞抽象、教条式的争论，尤其是反对一事当前，不顾实践中的效果如何，先验地争一番姓"资"姓"社"的问题，"把时间都争掉了，什么也干不成"。"不争论，是为了争取时间干。"这与在总结实践经验的基础上不断进行理论上的自由探索和争鸣，不是一回事。

——敏锐的洞察力

政治家与理论家的职能不同，有些理论问题一时解决不了，理论家尽

邓小平治国论

---

① 《邓小平文选》第三卷，人民出版社1993年版，第373页。
② 《邓小平文选》第三卷，人民出版社1993年版，第374页。

可存疑，留待以后长期探讨。但是，政治家面对的却是大多数需要在较短时间内付诸实践的问题，在紧急情况下，即使情况还不十分清楚，问题还不完全明朗，也要做出相应的决断。特别是中国目前还处在社会主义的初级阶段，许多事情的界限还不清晰，即使已掌握了的一些界限，也大多数是定性的，难以精确地定量，存在一定的模糊性。在这种情况下，为了做出正确的决断，政治家的敏锐洞察力就显得很重要。邓小平同志正是具备这种突出的能力。

在贯彻党在社会主义初级阶段的基本路线、建设有中国特色的社会主义的过程中，必然会出现来自"左"和右两方面的干扰。什么是"左"，什么是右，是有界限的，但是，不同时期它们有不同的表现，它们相互对立，又相互依存，形成错综复杂的情况，往往难以做出正确的判断和采取相应的措施。邓小平同志凭借其敏锐的洞察力，能够及时地发现当前存在的主要错误倾向，并根据错误倾向发展的程度，提出恰当的反倾向的措施。

这种敏锐的洞察力，与作为一种认识能力的直觉有关。直觉并不是神秘的不可捉摸的东西，它是以知识和经验的积累为依据的。在长期的领导活动包括指挥革命战争的活动中，邓小平同志积累了极其丰富的政治经验，锻炼了总揽全局情况的本领，从而能在转折和关键时刻，显示出迅速做出正确决断的包括直觉在内的敏锐的洞察力。

——"柔中有刚，绵里藏针"

邓小平同志不是锋芒毕露、雄辩滔滔的人。遇有不同的意见，在时机尚未成熟，一般不轻易表态，而是留有余地，让实践去继续检验，并使问题的症结显现明朗。但是，这决不意味着自由放任或优柔寡断，一旦形势需要做出明确的抉择和采取断然的措施时，他是不会手软的。当1975年邓小平复出的前夕，毛泽东曾对他做出"柔中有刚，绵里藏针"的评语，这是长期共事所得出的判断，应该说是很精辟的，把邓小平同志领导作风的一个重要特点生动而鲜明地勾勒出来了。

江泽民同志在十四大报告中，在"建设有中国特色的社会主义理论"一词之前，标明"邓小平同志"或"邓小平同志的"，并强调要在这一理论"指导"下总结经验、部署工作、推进实践。这一些提法，标志着以邓小平同志命名的建设有中国特色的社会主义理论正式确立为党的指导性理论，全党与全国人民的思想与行动都要统一到邓小平同志的理论上来。仅就这一点而言，党的十四大就有历史性的意义。

十四大报告强调，邓小平同志这一指导性的理论"是马克思列宁主义基本原理与当代中国实际和时代特征相结合的产物"。这说明邓小平理论是一种时代精神体现。考察这一理论形成与发展的历史背景，正是如此：

首先，它是在总结我国社会主义的历史经验，并借鉴其他社会主义国家的兴衰成败的经验教训的基础上，逐步形成与发展起来的。我国在社会主义改造基本完成之后不久，就已经觉察到苏联模式的社会主义体制存在着严重的缺陷。但是在探索中国自己的社会主义建设道路时，毛泽东同志领导的两次尝试——"大跃进"与"文化大革命"，都因指导思想的错误而失败，留下了沉痛的教训。与此同时，尤其是在"大跃进"前后，毛泽东同志在探索中也提出了一系列正确的思想。因此，邓小平同志在党的十一届三中全会以后，对此采取了科学的态度与做法，即坚持毛泽东正确的思想，做到毛泽东同志没有实行的正确设想，纠正毛泽东同志的错误理论，开拓毛泽东同志没有开辟的新路，"四管齐下"，扬弃毛泽东同志的社会主义理论与实践，从而继承与发展了毛泽东思想。这种"继承与发展"，包括对邓小平自己20世纪50年代中期以来一系列思想的继承与发展。邓小平建设有中国特色的社会主义理论是在十一届三中全会以后逐步形成与发展起来的，但是其基本思路与一系列重要观点早在20世纪五六十年代已经萌芽或孕育。因此，总结历史经验，包括正确地总结苏联、东欧的经验教训，是邓小平同志形成这一时代性特征的理论的基础。

其次，它是在和平与发展成为时代主题的条件下，逐步形成与发展起来的。20世纪50年代中期以后，东西方之间的冷战逐渐出现变化，戴维营会谈、裁军谈判、中国恢复联合国席位……一系列重大的国际事件使得时代的主题由战争与革命，逐步演变为今天的和平与发展。这种变化决定了社会主义国家与资本主义国家之间尽管存在着社会制度与意识形态的根本差异，但相互交流、相互吸收对方长处的合作关系必将日趋发展。这种难

邓小平治国论

得的机会，给我们提供了利用世界各国包括资本主义最发达国家所创造的一切先进文明成果，来发展社会主义的有利条件。为此，我们就要改革原有的封闭与僵化的体制，在市场、管理等方面逐步同国际接轨。这种接轨固然有风险，但不接轨、搞封闭更有落后挨打的危险。唯一的出路就是要探索在和平与发展为时代主题的国际环境里如何搞好社会主义。邓小平同志的建设有中国特色的社会主义理论就是在这种极其重要的时代条件下产生的具有时代性特征的科学社会主义。

最后，它是在我国现代化建设与改革开放的崭新实践中，逐步形成与发展起来的。历史经验的总结、国际经验的借鉴固然重要，但任何一种总结与借鉴，只有经过实践才能取其精华，弃其糟粕，并付诸实施。更重要的，实践不仅具有现实性，而且具有创造性。尊重实践，尊重人民群众，是中国共产党的传统，也是邓小平的领导风格。他作为改革开放的总设计师，重视群众的利益和愿望，善于概括群众的经验与创造，敏锐地把握时代发展的脉搏与契机，既继承前人又突破成规，从而在开辟社会主义巩固与发展的新路过程中，从农村改革的探索开始到城市改革，从"有计划商品经济"的提出到"社会主义市场经济"的新突破，从物质文明的建设到精神文明的重视，创立了具有鲜明时代特征的中国特色的社会主义理论。

8. 学习邓小平南方谈话应对复杂局面的科学方法①

20年前，在改革开放的关键阶段，邓小平同志发表了著名的南方谈话。党中央评价这是"又一个解放思想的宣言书"。今天，我们站在新的历史阶段，重温这篇在中国改革开放中发挥过重大历史作用的历史文献，完整地系统地学习领会这篇重要文献，学习邓小平同志在应对复杂形势时的科学方法，对于我们今天认清国际国内两个大局及其发展趋势，进一步抓住历史机遇，解放思想，深化改革，科学发展，具有极其重大的现实意义。

8.1　明确目标抓重点：坚持解放思想，深化改革，发展自己

今天，我们已经进入21世纪第二个十年，处在发展的关键时期和改革的攻坚阶段。由于经济社会在发展中呈现出一系列新的阶段性特征，情况复杂，头绪繁多，发展抓什么，改革改什么，已经成为战略研究中不能回避的大问题。在这个时候，老老实实地学习邓小平同志南方谈话，原原本本地展现邓小平同志分析问题的思想脉络，认认真真地研究邓小平同志应对复杂局面的思想方法，对我们今天的发展大有裨益。

我们所讲的"邓小平南方谈话"，指的是他在视察武昌、深圳、珠海、上海等地时陆陆续续发表的重要谈话。这些谈话经过整理正式发表时，编为六个部分。我们学习这个谈话，要力避你抓这句话，他抓那句话，断章取义，为己所用，而应该全面系统地学习领会他的科学思想，特别要按照这六个部分的内容及其逻辑展现他分析问题的思想脉络，学习他应对复杂局面的思想方法。

我们许多同志讲今天的形势多么多么复杂，实际上邓小平同志发表南方谈话时的情况更加复杂。那时，我们不仅经历了国内政治风波的阵痛，而且正在经受苏东剧变以及由此带来的世界社会主义运动遭受严重挫折的考验。中国要不要继续坚持"以经济建设为中心"的基本路线的问题发生了，改革开放要不要继续推进的问题发生了，经济体制改革能不能搞市场经济的争论更是尖锐地摆到了人们面前，而且这些争论被提到了姓"社"还是姓"资"的高度。

邓小平同志是怎么回答这些问题的呢？我们注意到，在南方谈话中，邓小平同志在第一部分也就是全篇谈话的总论中指出："革命是解放生产力，改革也是解放生产力。""过去，只讲在社会主义条件下发展生产力，没有讲还要通过改革解放生产力，不完全。应该把解放生产力和发展生产力两个讲全了。"他说："要坚持党的十一届三中全会以来的路线、方针、政策，关键是坚持'一个中心、两个基本点'。不坚持社会主义，不坚持改革开放，不发展经济，不改善人民生活，只能是死路一条。"[1]

紧接着，在第二部分，他集中阐述了解放和发展生产力必须解放思

[1]《邓小平文选》第三卷，人民出版社1993年版，第370页。

想，深化改革。特别是在社会主义与市场的关系问题上，要解放思想。他尖锐地指出："改革开放迈不开步子，不敢闯，说来说去就是怕资本主义的东西多了，走了资本主义道路。要害是姓'资'还是姓'社'的问题。判断的标准，应该主要看是否有利于发展社会主义社会的生产力，是否有利于增强社会主义国家的综合国力，是否有利于提高人民的生活水平。"①

因此，邓小平同志在南方谈话中，以他丰富的经验和宽广的视野，总结了中国和世界社会主义运动的历史经验，总结了改革开放的新鲜经验，提出了一系列重大的战略思想。这些战略思想的核心，就是：解放思想，深化改革，发展自己。

这个问题，是理论问题，更是政治问题。邓小平同志提出这个问题，是为了动员和告诫全党更加坚定地坚持党的十一届三中全会以来形成的"一个中心、两个基本点"的基本路线。他的重要政治交代就是："基本路线要管一百年，动摇不得。"②

联系社会主义发展的历史经验，认识并提出这个根本问题，形成并确立这条基本路线，我们付出了多大的代价？实在是来之不易！我们既不能因为遇到国内外政治风波这样的压力而退回到以阶级斗争为纲的老路上去，以至否定以经济建设为中心的基本路线，也不能因为坚持科学发展观而把社会建设摆在突出位置而改变以经济建设为中心的基本路线。

值得庆幸的是，今天，我们的党中央在这个大是大非问题上，头脑十分清醒。胡锦涛总书记在庆祝中国共产党成立90周年大会上强调："以经济建设为中心是兴国之要，是我们党、我们国家兴旺发达和长治久安的根本要求。""改革开放30多年来，我们坚持以经济建设为中心，推动社会生产力以前所未有的速度发展起来，这是我国综合国力、人民生活水平、国际地位大幅度提升的根本原因。今后，我们必须继续牢牢坚持发展是硬道理的战略思想，牢牢扭住经济建设这个中心，决不能有丝毫动摇"。③

第三章　邓小平的治国哲学

① 《邓小平文选》第三卷，人民出版社1993年版，第372页。
② 《邓小平文选》第三卷，人民出版社1993年版，第371页。
③ 胡锦涛：《在庆祝中国共产党成立90周年大会上的讲话》，人民出版社2011年版，第19页。

8.2 把握大局抓机遇：努力把挑战转化为机遇

邓小平为什么要这么坚定而又尖锐地提出这个问题呢？

在南方谈话第三部分，邓小平同志明确提出："抓住时机，发展自己，关键是发展经济。"他还语重心长地对我们说："我就担心丧失机会。不抓呀，看到的机会就丢掉了，时间一晃就过去了。"①从这个话语及其语气中，我们可以感受到，一个为国家为人民奋斗终生的老革命家，时时刻刻牵挂的，就是这样一个关系到中华民族复兴大业、关系到全国人民根本福祉的大问题。

在邓小平南方谈话中，以及他指导改革开放的科学理论中，提出的"抓机遇"思想，具有丰富的内容。可以这样说，抓住机遇，是解放思想、实事求是思想路线的战略要求，是建设中国特色社会主义的全部战略和全部策略的着眼点，是邓小平同志对中国化马克思主义的杰出贡献。

抓机遇，就是要认识和把握历史提供的有利条件，这是唯物主义；抓机遇，同时是要充分发挥主观能动性，这又是主观与客观相统一的辩证唯物主义。事实上，在历史发展进程中，机遇总是与挑战相伴相生，辩证唯物主义不仅要善于发现和清醒地认识到挑战背后就是机遇，而且要敢于和善于把挑战变为机遇。邓小平同志的机遇论就是唯物辩证法的革命转化论。

邓小平同志在南方谈话中，看到的机遇，不仅指的是世纪之交中国面临的难得的机遇，而且指的是进入21世纪以后中国还将面临着极大的机遇。在南方谈话的结束语中，他深沉而又期待地指出："如果从建国起，用一百年时间把我国建设成中等水平的发达国家，那就很了不起！从现在起到下世纪中叶，将是很要紧的时期，我们要埋头苦干。我们肩膀上的担子重，责任大啊！"②

党的十六大在邓小平理论指导下，作出了"抓住21世纪头20年这一重要战略机遇期"的重大决策，提出了全面建设小康社会的历史任务。十六大以来10年的历史进程证明了，在任何复杂的情况下，只要保持清醒的头

① 《邓小平文选》第三卷，人民出版社1993年版，第375页。
② 《邓小平文选》第三卷，人民出版社1993年版，第383页。

脑，就能抓住历史机遇；只要有了机遇意识，就能保持清醒的头脑。

现在我们面临的是21世纪第二个十年。在我们进入新十年的开初这两年，面临的挑战包括种种新的困难以非常严峻的形势显现了。这样，就提出了一个需要回答的问题：是不是还存在这个"战略机遇期"？

应该讲，党中央从来没有改变过对这一问题的判断。2010年，在党的十七届五中全会制定"十二五"规划时，明确说过："当前和今后一个时期，世情、国情继续发生深刻变化，我国经济社会发展呈现出新的阶段性特征。综合判断国际国内形势，我国发展仍处于可以大有作为的重要战略机遇期，既面临难得的历史机遇，也面对诸多可以预见和难以预见的风险挑战。"2011年，在庆祝中国共产党成立90周年的大会上，胡锦涛总书记再一次强调指出："牢牢抓住和用好我国发展的重要战略机遇期，是我们赢得主动、赢得优势、赢得未来的关键所在，是对我们党执政能力的重大考验，也是对我们民族自强能力的重大考验。"①

至于一些人之所以会对这一问题感到困惑，主要是因为他们注意到了我们今天在国内外遇到了许多新的挑战。比如在国际金融危机影响下，加上我们自身在经济结构和经济发展方式上存在的问题，许多企业在发展中遇到了前所未有的困难。社会矛盾也在逐步积累和发展。诸如此类的问题，尤其需要我们认真分析面临的形势，特别是要求能够找到挑战背后的机遇，把挑战转化为机遇。

应该讲，我们现在的情况比南方谈话时要好多了。今天的许多问题，是发展中的问题，或者说是快速发展中的问题。这些问题，不仅要求我们坚持科学发展这个主题、坚持加快转变经济发展方式这条主线，而且可以成为我们坚持科学发展、加快转变经济发展方式的"倒逼"机制。也就是说，我们要看到这些问题和挑战背后，隐藏的正是我们科学发展的新机遇。

联系国际形势来讨论这个问题，我们还可以看到，虽然有国际金融危机和欧洲主权债务危机的消极影响，但这也正是我们在世界经济发展中发挥更大作用的极好机遇。可以预见的是，从2010年到2020年这10年，我国

① 胡锦涛：《在庆祝中国共产党成立90周年大会上的讲话》，人民出版社2011年版，第20页。

以生产力为中心的经济社会将出现历史性的新跨越。展开地说，从经济社会发展来说，我们将实现惠及更多人的"全面小康"；从制度建设来说，中国特色社会主义将更加成熟更加定型；从对外开放来说，我国将以更深层次和更广大规模参与经济全球化；从国际地位来说，我国将以和平发展的负责任的大国形象活跃在世界的中心舞台。

因此，今天我们的各项决策，还是要围绕"抓住机遇而不能错失机遇"来思考和布局。

国内问题的要害，在于从社会主义初级阶段实际出发，坚持科学发展观，加快转变经济发展方式。坚持科学发展观，有许多事要做，孰先孰后，孰重孰轻，都要从"抓住机遇而不能错失机遇"来思考和布局。科学发展观的科学性，根本点就在于发展目标、发展要求、发展思路、发展方针的实事求是性。要清醒地认识到我们今天的社会主义还"不够格"，社会主义的优越性在社会主义初级阶段能够体现和实现多少不是主观愿望决定的。发展离不开这一实际，公平离不开这一实际，社会福利离不开这一实际。要引导群众中不断膨胀的利益需求和社会心态，继续鼓励和保护创业，同时采取正确的步骤缩小社会成员之间的收入和福利差距。

国际问题的要害，在于从发展中国家的实际出发，坚持中国和平发展道路。要着眼于"抓住机遇而不能错失机遇"来思考和应对来自国际包括周边的各种挑战。在对外开放和同世界各国和睦相处中，维护民族利益，坚持国家主权，保障国家安全，是中国和平发展道路的题中之义。要清醒地认识到我们现在依然是发展中国家，在复杂的国际关系中，要以极大的智慧巧于周旋，特别是要努力寻找各方的利益交汇点，形成利益共同体，以从根本上维护我们的国家利益。同时要正确引导国内的民族主义情绪，不要把可以争取的朋友推向我们的对立面，这不仅不能维护我们的民族利益，反而会危害民族利益。

我们常讲，思想政治工作是经济工作和各项工作的生命线。今天的思想政治工作要大幅度地加强，加强的方向不是把群众的胃口吊高，而是让广大人民群众认识到我国依然处在社会主义初级阶段，我们要解决的社会矛盾依然是人民群众日益增长的物质文化需要同落后的社会生产之间的矛

邓小平治国论

盾，我国在国际上依然是发展中国家，我们的历史使命是要紧紧抓住21世纪第二个十年这一战略机遇期而不能错过这一战略机遇期，从根本上调整全民心态，为中华民族伟大复兴提供健康的思想氛围。

8.3　保持清醒抓全面：完成我们肩负的历史使命

怎么样在改革发展中抓住机遇？怎么样沿着正确的方向上坚持解放思想，深化改革，发展自己？

在南方谈话第四部分，邓小平同志根据唯物辩证法的基本原理和改革开放的现实，在旗帜鲜明地强调解放思想、解放生产力和改革开放的同时，旗帜鲜明地提出了"坚持两手抓"的工作思路。他还特别强调要坚持四项基本原则，告诫我们："在整个改革开放的过程中，必须始终注意坚持四项基本原则。"[①]这里体现的，就是马克思主义的清醒和自觉；这里提出的，就是全面发展中国特色社会主义的战略思想。

而这个问题的关键在党自身，尤其在党的各级领导干部。因此，在南方谈话第五部分，他紧接着说："中国的事情能不能办好，社会主义和改革开放能不能坚持，经济能不能快一点发展起来，国家能不能长治久安，从一定意义上说，关键在人。"他还说："中国要出问题，还是出在共产党内部。"[②]这是多么清醒的提示，多么深刻的见解，多么重要的告诫！

我们注意到，在整篇南方谈话中，在深刻阐述了建设中国特色社会主义的根本任务和根本动力后，再讲"两手抓"和党的建设问题，邓小平同志是有考虑的。

因为，在社会主义社会坚持四项基本原则，可以有两种"坚持"法：一种是离开生产力的发展和经济建设这个中心来坚持；一种是始终围绕生产力的发展和经济建设这个中心来坚持。邓小平同志吸取了过去在"突出政治"问题上的经验教训，在南方谈话中，围绕解放生产力，围绕经济建设这个中心，来坚持四项基本原则，这就能够改变空谈马克思主义的种种主观主义和形式主义。毫无疑问，共产党人是为社会主义和共产主义而奋斗的。但共产党人从来都反对离开生产力的发展，空谈社会主义和共产

---

① 《邓小平文选》第三卷，人民出版社1993年版，第379页。
② 《邓小平文选》第三卷，人民出版社1993年版，第380页。

主义的假马克思主义。改革开放一开始，邓小平同志就提出："我们要在中国实现四个现代化，必须在思想政治上坚持四项基本原则。"①也就是说，我们坚持四项基本原则，是为了实现中国的现代化；只有坚持四项基本原则，才能在正确的方向上实现中国的现代化。

围绕解放生产力推进改革开放，围绕解放生产力坚持四项基本原则，这两个方面结合起来，在政治路线上，就是要全面贯彻党的"一个中心、两个基本点"的基本路线。

在邓小平为我们党制定的基本路线中，"四项基本原则"和"改革开放"是两个基本点，这两个基本点都服务于"一个中心"——经济建设。这就是江泽民同志一再提醒我们的："党的基本路线是一个中心，不是两个中心；是两个基本点，不是一个基本点。"

由此而激发我们深入思考的，就是中国的全面发展。南方谈话重点讲发展，留下的名言就是："发展才是硬道理。"但这种发展包括怎么样坚持"两手抓，两手都要硬"的方针，在发展物质文明的同时加强社会主义精神文明建设；怎么样坚持"稳定压倒一切"的原则，处理好改革、发展与稳定的关系；怎么样在改革开放过程中坚持"关键在党"的要求，加强党的自身建设。

以胡锦涛同志为总书记的党中央总结了这一重要经验，在党的十七届五中全会上深刻地指出："坚持发展是硬道理的本质要求就是坚持科学发展。"也就是说，从邓小平到江泽民、胡锦涛，我们党讲的发展，就其本质而言，就是要坚持以人为本，全面、协调、可持续发展。因此，我们今天重温邓小平同志在20年前发表的南方谈话，归根到底，就是要落实好科学发展观，完成我们肩负的历史使命。

这个历史使命，就是胡锦涛同志2011年在庆祝中国共产党成立90周年大会上再次强调的："在本世纪上半叶，我们党要团结带领人民完成两个宏伟目标，这就是到中国共产党成立100年时建成惠及十几亿人口的更高水平的小康社会，到新中国成立100年时建成富强民主文明和谐的社会主义现代化国家。我们肩膀上的担子重、责任大。全党同志要牢记历史使

① 《邓小平文选》第二卷，人民出版社1994年版，第164页。

邓小平治国论

命，永远保持谦虚、谨慎、不骄、不躁的作风，永远保持艰苦奋斗的作风，勇于变革、勇于创新，永不僵化、永不停滞，不动摇、不懈怠、不折腾，不为任何风险所惧，不被任何干扰所惑，坚定不移沿着中国特色社会主义道路奋勇前进，更加奋发有为地团结带领全国各族人民创造自己的幸福生活和中华民族的美好未来！"①

---

① 胡锦涛：《在庆祝中国共产党成立90周年大会上的讲话》，人民出版社2011年版，第30页。

第四章　邓小平的治国"硬道理"

> 他坚决拒绝了这样一种思想，即贫穷才是社会主义，而富有就会导致资本主义。他提出了与此相反的口号："你们致富吧！"顺便说一句，这是完全符合中国传统观念的。中国经济学派的杰出代表人物管子曾说过："是以善为国者，必先富民，然后治之。"
>
> ——（俄）Л．杰柳辛

要把中国这样一个贫穷落后的东方大国，建设成为一个国泰民安的现代化强国，最重要的，是要找到一条正确的治国之道、富国之途、强国之路。这是历史给我们的启迪，也是现实对我们的要求。邓小平同志认真总结了我国社会主义建设的历史经验，言简意赅地指出："发展才是硬道理"。

1. 发展才是硬道理[①]

在1992年的南方谈话中，邓小平同志深刻地指出："发展才是硬道理。这个问题要搞清楚。"[②]为什么发展是"硬道理"？为什么"这个问

[①] 本文选自《科学发展纵横谈》，北京出版社2010年版，第2~4章。
[②] 《邓小平文选》第三卷，人民出版社1993年版，第377页。

题要搞清楚"？这是许多认为阶级斗争是纲的人感到难以理解的问题。然而，不搞清楚这个问题，就难以理解今天我们中国特色社会主义的基本理论和党的基本路线。

1.1 发展是当代中国最大的政治

要理解"发展才是硬道理"，就必须了解中国的近代史，了解中国的社会主义建设史，了解中国的改革开放史。因为，中国自近代以来的全部历史都告诉我们，落后就要挨打，发展是当代中国最大的政治。

"最大的政治"，是邓小平同志的话语。他在1979年就说过："经济工作是当前最大的政治。经济问题是压倒一切的政治问题。不只是当前，恐怕今后长期的工作重点都要放在经济工作上面。"[①]同年，他还说过："就我们国内来说，什么是中国最大的政治？四个现代化就是中国最大的政治。"[②]

为什么这样说呢？我们都知道，近代以来，中华民族面临着"求得民族独立和人民解放"、"实现国家繁荣富强和人民共同富裕"这样两大历史性课题。解决第一个历史性课题，其工作中心就是革命，目标就是建立新中国。解决了第一个历史性课题，就为进一步解决第二个历史性课题创设了前提和条件，而第二个历史性课题的任务是"实现国家繁荣富强和人民共同富裕"，其中心任务则是经济建设，目标就是现代化。一句话，就是"发展"。因此邓小平同志反复强调："社会主义现代化建设是我们当前最大的政治，因为它代表着人民的最大的利益、最根本的利益。"[③]

1.2 科学发展观纳入中国特色社会主义理论体系的理由

发展是当代中国最大的政治，还因为在发展中有一个方向的把握和道路的选择问题。在解决第一个历史性课题的过程中，我们党把马克思主义与中国实际结合起来，创立了新民主主义理论体系。中国特色社会主义理论体系，是在解决第二个历史性课题的过程中，即在解决发展问题的过程中，马克思主义与中国实际相结合的产物。所以，发展本身虽然是一个非

---

① 《邓小平文选》第二卷，人民出版社1994年版，第194页。
② 《邓小平文选》第二卷，人民出版社1994年版，第234页。
③ 《邓小平文选》第二卷，人民出版社1994年版，第163页。

意识形态的问题，但在中国作为"最大的政治"它又是一个意识形态的问题，由此而使之成为中国特色社会主义要研究和解决的重大的甚至是基本的课题。

在中国特色社会主义伟大进程中，中国共产党形成了自己关于发展问题的科学观点，这就是马克思主义与中国实践相结合的科学发展观。实践告诉我们，在探索中国特色社会主义的过程中，要解决"实现国家繁荣富强和人民共同富裕"这个历史性课题，必须思考和解决三个重大问题：一是走什么样的道路，是走资本主义道路还是走社会主义道路，走社会主义道路是照搬苏联模式，还是走中国特色社会主义道路，也就是在选择社会主义道路之后，还要搞清楚什么是社会主义、怎样建设社会主义；二是在"求得民族独立和人民解放"过程中建立了丰功伟绩的党，怎么样实现从"革命党"到执政党的转型，也就是要搞清楚建设什么样的党、怎样建设党；三是在道路的选择和党的转型过程中，在决定是以阶级斗争为纲还是以经济建设为中心来发展中国的过程中，还要确定符合中国国情和时代要求的发展观念和发展方式，也就是要搞清楚实现什么样的发展、怎样发展。

需要注意的是，这三个重大问题，是互相联系的。比如发展问题，既是建设社会主义的"硬道理"，也是执政党的第一要务，同时是科学发展观的第一要义。党的十一届三中全会以来，从以邓小平同志为核心的党的第二代中央领导集体，到以江泽民同志为核心的党的第三代领导集体，到以胡锦涛同志为总书记的党中央，以及以习近平同志为总书记的新一代中央领导集体，围绕着这三个重大问题，进行了坚持不懈的探索。在这个探索过程中逐步形成的科学发展观，显然是中国特色社会主义理论体系的重要组成部分，而且是直接解决国家繁荣富强和人民共同富裕这一历史性课题的重要组成部分。

从上述分析中，我们可以清楚地看到，第一，科学发展观是在我们党探索中国特色社会主义的过程中形成的；第二，科学发展观是为了建设中国特色社会主义，实现国家繁荣富强和人民共同富裕，解决中华民族面临的第二个历史性课题而提出的；第三，科学发展观的全部观点都是围绕着

邓小平治国论

建设和发展中国特色社会主义展开的。正由于科学发展观的提出有这样的背景，承担着这样的任务，有着这样的主题，所以党的十七大把这一重大战略思想同邓小平理论和"三个代表"重要思想一起，整合为中国特色社会主义理论体系。

1.3　科学发展观同邓小平理论和"三个代表"重要思想的关系

第一，我们要清醒地看到，党中央提出科学发展观，针对的是我们工作中存在的问题，而不是党的指导思想。我们可以回顾一下党中央提出科学发展观的过程。科学发展观是在贯彻十六大提出的全面建设小康社会的历史任务，特别是应对"非典"疫情的过程中提出来的。党的十六大在全面分析世纪之交改革发展形势的基础上作出了两个重要判断：一是我国总体上已经达到小康水平；二是这种小康是低水平的、不全面的、发展很不平衡的小康。特别是，"三农"问题、社会建设滞后问题已经成为实现社会主义现代化目标的瓶颈，因此提出了要用20年时间"全面建设小康社会"的历史任务。2003年的"非典"把这些问题更加突出地提了出来。以胡锦涛同志为总书记的党中央在总结这次抗击"非典"经验时，提出了全面、协调、可持续发展的科学发展观。在党的十六届三中全会上，中央正式提出了要树立以人为本、全面协调可持续发展的科学发展观。当时主要针对的是我国"经济结构不合理、分配关系尚未理顺、农民收入增长缓慢、就业矛盾突出、资源环境压力加大、经济整体竞争力不强等问题"。[1]十六届四中全会在论述坚持科学发展观的问题时，强调要"注重加强薄弱环节"，包括"三农"问题、欠发达地区发展问题、就业和社会保障问题、可持续发展问题等。从中可以看到，以胡锦涛同志为总书记的党中央提出要树立和落实科学发展观，针对的是我们工作中存在的问题，而不是在邓小平同志和江泽民同志为核心的两代中央领导集体在改革开放过程中形成的发展理论。

第二，我们还要清醒地看到，科学发展观是邓小平理论和"三个代表"重要思想关于发展思想的继承和发展。对此，党的十七大明确指出："科学发展观，是对党的三代中央领导集体关于发展的重要思想的继承和

---

[1] 《十六大以来重要文献选编》上，中央文献出版社2005年版，第464页。

发展，是马克思主义关于发展的世界观和方法论的集中体现，是同马克思列宁主义、毛泽东思想、邓小平理论和'三个代表'重要思想既一脉相承又与时俱进的科学理论"。①

关于一脉相承问题，说的是科学发展观与三代中央领导集体关于发展的重要思想，不是对立的。特别是，从党的十一届三中全会形成的邓小平同志的发展思想是科学发展观形成和提出的理论依据。邓小平同志深刻总结我国社会主义建设的经验教训，科学揭示社会主义的本质和根本任务，正确认识我国社会主义初级阶段的主要矛盾，逐步形成了以实现社会主义现代化为目标的包含着丰富内容的发展理论。在发展的战略地位、发展的战略目标、发展的战略布局、发展的战略步骤、发展的战略重点、发展的战略要求、发展战略的实现途径、发展战略的关键、发展战略实现的必由之路、发展战略实现的政治保证、发展战略实现的条件、发展战略实现的领导核心和依靠力量等问题上，邓小平同志都有重要的论述。可以这样说，邓小平同志的发展理论在马克思主义的发展史上是第一个比较完备的科学的发展理论。以江泽民同志为主要代表的中国共产党人，在形成和创立"三个代表"重要思想的过程中提出的发展思想，是科学发展观形成的直接的思想来源。江泽民同志毫不动摇地坚持邓小平同志的发展理论，同时既努力纠正邓小平同志指出的"一手比较硬、一手比较软"的"失误"，又不断从新的实践出发提出一系列具有时代特点的新观点新思想，丰富和发展了邓小平同志的发展理论。特别是，江泽民同志提出要实现经济结构的战略性调整和经济增长方式的转变；要实施科教兴国战略和国家知识创新体系；要把经济发展同人口、资源、环境问题结合起来，实施可持续发展战略；要进一步促进区域经济协调发展，实施西部大开发战略；要高度重视农业、农村、农民问题，积极探索扶持、保护、促进农业发展的新机制新办法；等等。我们从中不难发现，科学发展观的基本思想及其主要内容，都是来自邓小平理论和"三个代表"重要思想关于发展问题的科学思想。

关于与时俱进问题，说的是科学发展观的形成和提出，发展了邓小平

① 《十七大以来重要文献选编》上，中央文献出版社2009年版，第554页。

理论和"三个代表"重要思想关于发展的重要思想。第一，科学发展观把发展这个第一要务与以人为本的原则统一起来，明确地阐明我们党的发展理念；第二，科学发展观把统筹城乡和区域发展提到战略地位，并且提出了以工促农、以城带乡的反哺理论，把解决"三农"问题和东中西部协调发展放到了战略的重要位置；第三，科学发展观把统筹经济与社会发展提到战略地位，形成了以经济建设为中心，把社会建设放到突出位置，把中国特色社会主义推进到了新的阶段；第四，科学发展观把统筹人与自然提到战略地位，把中国的现代化提升到了新的高度。这一切都发展了邓小平理论、"三个代表"重要思想中关于发展的思想。

综合上述两方面情况，我们可以看到，科学发展观是对邓小平理论和"三个代表"重要思想有关发展思想的坚持和继承，同时又是对邓小平理论和"三个代表"重要思想有关发展思想的重大发展。在这个重大的原则问题上，我们决不能有任何片面性和错误认识。把科学发展观与邓小平理论、"三个代表"重要思想一起整合为中国特色社会主义理论体系，有助于防止和克服在这个问题上的片面性和错误认识，有助于进一步明确科学发展观是发展中国特色社会主义必须坚持和发展的重大战略思想。

1.4　对"发展"要全面认识

要深入领会科学发展观，必须澄清在发展的问题上出现的一系列模糊的甚至错误的认识。一是把发展等同于经济增长，甚至更为简单地等同于GDP。胡锦涛总书记最初提出要树立正确的发展观的时候就说过："这里的发展绝不只是指经济增长，而是要坚持以经济建设为中心，在经济发展的基础上实现社会全面发展。"①因此，在学习领会科学发展观的时候，要注意我们所讲的发展是包括而又不等同于经济增长的发展。二是离开以经济建设为中心强调社会全面发展。在科学发展观提出来以后，人们开始关注社会全面发展，这是正确的。但有人走向另一种片面性，忽视了发展要以经济建设为中心。针对这种情况，党中央提醒大家，科学发展观的第一要义是发展，不讲发展的发展观绝不是科学发展观；发展要坚持以经济建设为中心，只有不断解放和发展社会生产力，才能为社会全面进步和人

---

① 《十六大以来重要文献选编》上，中央文献出版社2005年版，第396页。

的全面发展奠定坚实的物质基础。三是把"以人为本"与"以经济建设为中心"对立起来。在科学发展观提出来以后，一个重大的贡献，是在全社会树立起了"以人为本"的理念。但是也有人以此为由指责"以经济建设为中心"是"见物不见人"的庸俗生产力论。这是毫无道理的。正确的做法，应该是根据科学发展观的要求，更好地把"以人为本"与"以经济建设为中心"统一起来而不是对立起来。也就是说，在发展经济的时候要把实现好、维护好、发展好最广大人民的根本利益作为出发点和落脚点，在为人民办实事、办好事时要考虑已有的经济实力以及对经济发展是否有利。

这里，我想从理论上说明一下为什么要把"以人为本"与"以经济建设为中心"统一起来，为什么要坚持以经济建设为中心，来推进经济、政治、文化、社会全面发展的问题。

坚持以经济建设为中心，解放和发展社会生产力，就是要通过经济体制和其他各方面体制的根本变革，把生产过程中的各方面生产要素都解放出来，包括把生产过程中的土地、资本、技术、知识等要素解放出来，也要把劳动力这个最重要的要素解放出来。马克思主义告诉我们，生产力是劳动者与劳动资料、劳动对象的统一，是人的因素与物的因素的统一，而且人的因素是其中最重要的、最活跃的因素。解放生产力，最根本的，就是要解放人的因素。

解放生产力中的人，包括要把人从束缚他发展的生产关系和整个社会关系中解放出来，成为整个社会关系的主体。我们知道，生产力中人的地位和作用，与生产关系乃至整个社会关系中人的地位和作用，是有区别的。马克思主义在对资本主义的批判中，深刻地指出了在生产力中承担价值创造者的人，在生产关系和社会关系中却是被奴役的对象，这是一种不合理的"人的异化"现象。因此，社会主义的任务，不仅要使生产力中的人成为推动生产力发展的主体，而且成为在生产关系乃至整个社会关系中都具有创造力的主体；只有这样，才能真正持久地推动生产力的发展和社会的进步。我们讲"改革也是解放生产力"，一个重要的任务，就是把人的积极性、主动性和创造性解放出来，使现实的人成为生产力发展和社会发展的主体。

要做好这篇文章，除了要不断推进和深化经济体制改革，而且要配套推进民主政治建设和政治体制改革、先进文化建设和文化体制改革、和谐社会建设和社会治理体制改革，在全面改革中全面推进中国特色社会主义经济、政治、文化、社会建设。首先，要深化政治体制改革。人的因素的解放与经济体制有关，与政治体制也有关，与民主政治的发展有关；其次，要发展教育、科学、文化事业。人的因素的解放与人的素质的开发和提高，即与教育、科学、文化事业的发展有关；再次，要加强社会建设，形成利益协调机制。人的因素的解放还与处理好人与人之间的关系，包括解决好城乡之间、地区之间、经济社会之间的发展不平衡问题，化解社会矛盾有关，即与社会和谐有关。这里，把民主政治、先进文化、和谐社会的建设和发展，都同社会生产力的解放和发展，特别是人的解放和发展联系起来，是因为只有这样来考虑问题、指导改革、部署工作，才能以经济建设为中心把经济、政治、文化、社会建设有机地统一起来，才会不迷失改革的方向，从而确保改革的成功。我们过去说过，离开生产力的发展抽象地谈论生产关系和上层建筑的变革，是历史唯心主义的"空想"。同样，离开生产力的发展抽象地谈论民主政治、先进文化、和谐社会等，也要当心陷入这样的"空想"。

所以，只有把社会生产力中"人的因素"与"物的因素"有机地统一起来，把中国特色社会主义事业发展中"以人为本"的原则与"以经济建设为中心"的原则有机地统一起来，才能更好地解放和发展社会生产力，才能在历史唯物主义的基础上全面推进中国特色社会主义事业的发展需要。我理解，这就是以人为本、全面协调可持续发展的科学发展观提出来的一个深刻背景，也是我们在理解科学发展观内涵的时候必须全面认识和把握的一个重大问题。

2. 邓小平的"建设道路"论①

党的十四大指出，建设有中国特色社会主义的理论，其全部贡献，集中到一点，就是"第一次比较系统地初步回答了中国这样的经济文化比较落后的国家如何建设社会主义、如何巩固和发展社会主义的一系列基本问题"。②许多同志已经注意到，这里讲的"第一次"、"系统"，是对这一理论在马克思主义中的地位和贡献的高度评价；这里讲的"比较"、"初步"又很有分寸，很实事求是。但是，我们更应注意到这一理论"回答"的问题是两个"如何"——如何建设社会主义、如何巩固和发展社会主义，这就是我们通常讲的"建设道路"问题。因此，邓小平同志奠基的这一理论，杰出的贡献就是第一次比较系统地初步解决了中国建设与发展社会主义的道路问题。

2.1 两个根本的理论问题

毛泽东同志在社会主义建设几经挫折后，多次坦诚地指出："在社会主义建设上，我们还有很大的盲目性。社会主义经济，对于我们来说，还有许多未被认识的必然王国。"③这就是说，在建设和发展社会主义问题上，我们还没有找到正确的道路。毛泽东的未竟之业，即成了邓小平和我们党十一届三中全会以来探索的课题。

邓小平同志的探索是求实的，又是理智的。他主张"摸着石头过河"，同时又不断地进行理论思考与理论概括。他在实践中不断地思考着两个根本的理论问题：什么是社会主义？如何建设和发展社会主义？

从目前公开发表的文献来看，邓小平对此至少进行过近十次探讨。

第一次是1978年9月16日，他说："如果在一个很长的历史时期内，社会主义国家生产力发展的速度比资本主义国家慢，还谈什么优越性？"

① 本文选自《李君如文集：邓小平理论研究》（上），湖南人民出版社2002年版，第193~203页。
② 《十四大以来重要文献选编》上，人民出版社1996年版，第10页。
③ 《毛泽东文集》第八卷，人民出版社1999年版，第302页。

邓小平治国论

他的回答是："我们是社会主义国家，社会主义制度优越性的根本表现，就是能够允许社会生产力以旧社会所没有的速度迅速发展，使人民不断增长的物质文化生活需要能够逐步得到满足。"①

第二次是1980年1月16日，他先是区分了"社会主义制度并不等于建设社会主义的具体做法"，然后提出了"怎么搞社会主义"的问题，说"苏联搞社会主义，从1917年十月革命算起，已经63年了，但是怎么搞社会主义，它也吹不起牛皮。我们确实还缺乏经验，也许现在我们才认真地探索一条比较好的道路。"②

1982年9月，在党的十二大提出要"走自己的道路，建设有中国特色的社会主义"后，邓小平对社会主义建设道路的思考更加深入，他不仅探讨了建设社会主义的"做法"问题，而且还对社会主义做了本体论意义的思考。1984年6月30日，他在第三次论及这一问题时，尖锐地指出："什么叫社会主义，什么叫马克思主义？我们过去对这个问题的认识不是完全清醒的。"他认为，"贫穷不是社会主义，更不是共产主义"。因为"马克思主义最注重发展生产力"。"社会主义阶段的最根本任务就是发展生产力"。"社会主义的优越性就是体现在它的生产力要比资本主义发展得更高一点、更快一些。"③

第四次是1985年4月15日，他把社会主义建设的本体论与方法论问题首次联结起来，提出了两个"要搞清楚"。他说："问题是什么是社会主义，如何建设社会主义。我们的经验教训有许多条，最重要的一条，就是要搞清楚这个问题。"④他强调社会主义就是要发展生产力，提高人民的生活水平；建设社会主义一定要遵循实事求是的原则。

第五次是1985年8月28日，他又一次尖锐地指出："社会主义是什么，马克思主义是什么，过去我们并没有完全搞清楚。"⑤要实现共产主义，一定要完成社会主义阶段的任务。社会主义的任务很多，但根本一

① 《邓小平文选》第二卷，人民出版社1994年版，第128页。
② 《邓小平文选》第二卷，人民出版社1994年版，第250~251页。
③ 《邓小平文选》第三卷，人民出版社1993年版，第63~64页。
④ 《邓小平文选》第三卷，人民出版社1993年版，第116页。
⑤ 《邓小平文选》第三卷，人民出版社1993年版，第137页。

条就是发展生产力，为共产主义创造物质基础。因此，他在1987年4月26日的一次谈话中指出："现在虽说我们也在搞社会主义，但事实上不够格。"①这一论断补充说明了过去"我们并没有完全搞清楚"什么叫社会主义。

第六次是1987年4月30日，他指出："我们建设社会主义的方向是完全正确的，但什么叫社会主义，怎样建设社会主义，还在摸索之中。"②从1980年1月说："也许现在我们才认真地探索一条比较好的道路"③，到这里强调已在"摸索之中"，是一个重要的进展。事实也是如此，从1978年年底决定以经济建设为中心建设社会主义，到1981年6月党中央《关于建国以来党的若干历史问题的决议》概括出中国社会主义现代化建设道路的十个"主要点"；从1982年十二大提出"建设有中国特色的社会主义"，到1984年10月提出通过发展社会主义商品经济来建立充满生机的社会主义经济体制，党已经并正在领导人民探索一条建设与发展社会主义的新路子。

1987年10月召开的党的十三大，以我国处在社会主义初级阶段为立论的根据，阐述了有中国特色社会主义的理论轮廓，强调这是马克思主义与我国实践相结合的"第二次飞跃"的成果。十三大报告的设计，事先征得过邓小平同志的肯定，可以看作是他第七次探讨了什么是社会主义、如何建设社会主义的问题。与前几次不同的是，这一次以十分明确的语言，指出"十一届三中全会以后，中国共产党人在总结建国三十多年来正反两方面经验的基础上，在研究国际经验和世界形势的基础上，开始找到一条建设有中国特色的社会主义的道路，开辟了社会主义建设的新阶段。"④这里讲的"开始找到"，是一个很重要的判断。

因此，1988年6月22日第八次论及这一问题时，邓小平同志说："在'文化大革命'的10年中，什么叫社会主义，没有搞清楚，什么叫马克思主义，也没有搞清楚。现在，我们坚持马克思主义、列宁主义和毛泽东思

邓小平治国论

① 《邓小平文选》第三卷，人民出版社1993年版，第225页。
② 《邓小平文选》第三卷，人民出版社1993年版，第227页。
③ 《邓小平文选》第二卷，人民出版社1994年版，第250页。
④ 《十三大以来重要文献选编》上，人民出版社1991年版，第56页。

想。从经验教训中，我们已经了解到什么是马克思主义。"

1990年12月24日，他进一步指出："必须从理论上搞懂，资本主义与社会主义的区分不在于是计划还是市场这样的问题。社会主义也有市场经济，资本主义也有计划控制。资本主义就没有控制，就那么自由？最惠国待遇也是控制嘛！不要以为搞点市场经济就是资本主义道路，没有那么回事。"① 这可以看作他第九次回答了什么是社会主义、如何建设社会主义的问题。

这两个理论问题，究竟应该怎样回答呢？经过14年的实践与思考，并在总结中国与世界社会主义兴衰成败经验的基础上，邓小平同志在1992年年初视察南方的谈话中回答了。

——什么是社会主义？

"社会主义的本质，是解放生产力，发展生产力，消灭剥削，消除两极分化，最终达到共同富裕。""改革开放迈不开步子，不敢闯，说来说去就是怕资本主义的东西多了，走了资本主义道路。要害是姓'资'还是姓'社'的问题。判断的标准，应该主要看是否有利于发展社会主义社会的生产力，是否有利于增强社会主义国家的综合国力，是否有利于提高人民的生活水平。"②

——怎么建设社会主义？

"关键是坚持'一个中心、两个基本点'。""军队、国家政权，都要维护这条道理、这个制度、这些政策"。"过去，只讲在社会主义条件下发展生产力，没有讲还要通过改革解放生产力，不完全。应该把解放生产力和发展生产力两个讲全了。""市场经济不等于资本主义，社会主义也有市场。计划和市场都是经济手段。"③ 等。

从上述探讨的过程可以看到，过去我们在社会主义建设问题上失误的症结，邓小平同志认为是两个"没有搞清楚"，既没有搞清楚什么叫社会主义（包括什么叫马克思主义），也没有搞清楚怎么建设社会主义。

① 《邓小平文选》第三卷，人民出版社1993年版，第364页。
② 《邓小平文选》第三卷，人民出版社1993年版，第372~373页。
③ 《邓小平文选》第三卷，人民出版社1993年版，第370~373页。

第四章　邓小平的治国「硬道理」

党的十一届三中全会以来的全部探索，从理论上来讲，我们探索的就是"什么是社会主义，如何建设社会主义"这两个根本的理论问题，建设有中国特色社会主义的理论初步回答的，也是这两个根本的理论问题。

2.2 一条正确的建设道路

这两个根本的理论问题，讲的就是社会主义建设的道路问题。

无论在革命中，还是在建设中，都有一个道路问题。道路，是革命或建设的规律在党的认识中的反映与实践中的运用。探索社会主义建设的规律，寻找社会主义建设的道路，也必须认清建设社会主义的根本任务、内部动力、外部条件、政治保证与战略步骤等，其中最重要的是目的（任务）与方法（途径）两大基本要素。

邓小平同志思考和提出的第一个"要搞清楚"，解决了建设道路中的目的（任务）要素问题。"什么是社会主义"的问题，探讨的就是建设的目的问题。目的是奋斗的方向，即党的任务。邓小平同志关于社会主义本质的论述，比人们往常讲的社会主义特征（公有制、按劳分配等）理论，更深刻地揭示了社会主义的内涵。它告诉我们，建设社会主义的任务，就是要解放生产力，发展生产力，消灭剥削，消除两极分化，最终达到共同富裕。如果说，解放生产力，发展生产力，就是要发展生产；消灭剥削，消除两极分化，最终达到共同富裕，就是要实现社会公正、共同致富，那么，建设社会主义的目的或任务，最根本的，就是两条：发展生产与共同致富。只有这样，才能为进入共产主义打好基础。

邓小平治国论

邓小平同志思考和提出的第二个"要搞清楚"，解决的是建设道路中的方法（途径）要素问题。他把坚持"一个中心，两个基本点"，作为解决"如何建设"问题的关键，这是很深刻的诠释。"一个中心"，就是要在社会主义的经济建设、政治建设、国防建设、文化建设中，把经济建设摆在全部建设的中心的位置上。这是由社会主义的本质与任务决定的。同时，通过体制改革从内部推动社会主义建设的发展，通过开放从外部创造条件以利于社会主义建设的发展，通过坚持四项基本原则保证改革开放与经济建设顺利发展，全面解决建设社会主义的方法（途径）问题。

因此，有中国特色社会主义建设的道路，可以说，就是通过"一个中心，两个基本点"来解放与发展生产力，最终达到共同富裕的道路。

倘若再深入地研究一下这个问题，我们就可以发现，邓小平同志在论述经济建设、改革、开放、坚持四项基本原则这四个基本问题时，不仅揭示了它们之间的相互联系（即十四大讲的根本任务、内部动力、外部条件与政治保证之间的关系），而且抓住了联结这四个问题的一个关键环节，这就是：社会主义市场经济。

有的同志已经回顾了邓小平同志提出社会主义市场经济问题的历史过程，这里不再赘述。但时下许多人把发展社会主义市场经济仅仅看作是经济建设中一个方面的问题，这是远远不够的。应该看到，邓小平同志是把它作为建设和发展社会主义的一个根本方法提出来的。而且，它是经济建设、改革、开放中共有的或通用的关键环节，也是坚持社会主义原则的一个重要方面。因此有必要从社会主义建设道路的方法要素这一角度，对社会主义市场经济问题作一探讨。

自进入社会主义社会以来，我们长期处于人民日益增长的物质文化需要与落后的社会生产之间的矛盾中。邓小平同志在党的十一届三中全会以后，鲜明地指出："这就是我们目前时期的主要矛盾。"

仔细研究这一主要矛盾以及解决这一主要矛盾所面临的问题，即可发现：长期以来，中国的社会主义建设事业一直处于由这一主要矛盾决定的三大矛盾之中。

第一，像中国这样的发展中国家，要满足人民群众日益增长的物质文化需要，就必须像世界各国一样，走现代化之路。这就碰到了落后的经济文化与现代化之间的矛盾。

第二，要满足人民群众的利益和要求，就必须选择社会主义的价值观和发展道路。而要通过现代化改变落后的社会生产又必须学习和利用资本主义一切有用的经验和文明的成果，这又碰到了新生的、年轻的社会主义与成熟的、发达的资本主义之间的矛盾。

第三，在一个经济文化比较落后的国家建设社会主义，还有一个传统的社会主义理论和体制与客观的现实之间的矛盾。

过去我们为了加快中国的社会主义建设，改变中国的落后面貌，主要采取计划经济的体制和方法，辅之以群众运动或阶级斗争的做法，虽然在建设的初期集中了国家物力、财力与人力，为工业化打下基础，取得了较好的效果，但同时日益暴露出严重的弊端。计划经济的体制和方法，不仅不适应我国疆域辽阔、各地经济发展不平衡等实际情况，容易滋生官僚主义与平均主义，而且必然同世界经济和科技发展相隔绝，走向自我封闭之路。也就是说，采取计划经济的体制与方法，不能解决中国社会主义建设过程中面临的三大矛盾及其背后的社会主要矛盾。

邓小平同志在1979年11月提出了一条新的思路：社会主义为什么不可以搞市场经济？1980年1月，他说这是为了"寻求一条合乎中国实际的，能够快一点、省一点的道路"①。1985年10月，他更明确地指出："社会主义和市场经济之间不存在根本矛盾。问题是用什么方法才能更有力地发展社会生产力。"②以后他又多次论述这一问题，直到1992年年初视察南方时，回答了人们在市场经济问题上的种种困惑和责难。这样，经过一场争论，党的十四大终于确定了市场在资源配置中的"基础性作用"，明确宣布中国经济体制改革的目标就是要建立社会主义市场经济。

考察邓小平同志提出社会主义市场经济的思路，我们可以发现，他敏锐地抓住了当代中国社会的主要矛盾及其所决定的三大矛盾的交汇点。对于中国社会主义建设纵向发生的落后的经济文化与现代化的矛盾，市场经济能够按照现代化的要求合理地配置资源，能动地调节产业结构和产品结构，解放和发展生产力，满足人民群众日益增长的物质文化需要；对于中国社会主义建设横向发生的同国际资本主义的矛盾，市场经济既有助于中国经济与世界经济接轨，以利于中国及时地获取世界的科学技术、信息、资金、先进设备和科学的管理经验，又有助于在竞争中保持中国社会主义经济的相对独立性，壮大中国社会主义经济；对于中国社会主义建设内向发生的传统的社会主义与客观现实的矛盾，市场经济既适合中国在社会主义初级阶段由自然经济、半自然经济向商品经济转变的客观要求，又创造了一种充满生机与活力的新社会主义。因此，建立社会主义市场经济，是

---

① 《邓小平文选》第二卷，人民出版社1994年版，第246页。
② 《邓小平文选》第三卷，人民出版社1993年版，第148页。

解决中国社会主义建设过程中面临的3大复杂矛盾及其背后的主要矛盾的最佳选择。

这一选择意味着什么呢？它意味着我们根据中国社会主义建设的客观规律，找到了"通过社会主义市场经济解放和发展生产力，最终达到共同富裕"的建设道路。

找到正确的道路，标志着我们党在邓小平同志领导之下，正在实现着毛泽东同志的遗愿，在社会主义建设问题的理论和实践中，产生了一个历史性的飞跃。

2.3 三个重要的认识

我们学习邓小平同志关于两个"要搞清楚"的论述，提出他初步解决了社会主义建设的道路问题，使我们在理论上和实践上产生了一个历史性的飞跃，是基于以下三个重要的认识：

第一，关于"信心"的认识。

邓小平同志视察南方的谈话与党的十四大报告，最后部分都讲了信心问题。我们对社会主义事业的前途，对建设有中国特色社会主义的前途，充满了必定胜利的信心。这种信心，不是盲从或迷信之心，而是有科学根据的信心。科学根据是什么？就是我们已经走在正确的道路上。因此，我们必须研究邓小平同志的"建设道路"论。而且我们必须认识到邓小平同志的"建设道路"是正确的，即符合中国社会发展规律的；必须认识到我们在建设和发展社会主义的问题上，已经历经磨难与曲折，进入了自觉的、理性的大门。如果不承认这一点，我们怎么解释自从十一届三中全会以来已经发生了"第二次历史性的飞跃"呢？我们用什么确定的东西来"武装全党"呢？我们怎么要求全党与全国人民"100年不变"呢？邓小平同志说："改革开放以来，我们立的章程并不少，而且是全方位的。经济、政治、科技、文化、军事、外交等各个方面都有明确的方针和政策，而且有准确的表述语言。"这里讲的"全方位""明确""准确"，分量很重。这正表明我们在社会主义建设道路的探索中，初步认识了发展的规律，找到了正确的道路。我们的信心，就来自这一点。

第二，关于"前进方向"的认识。

当前，我国的现代化建设与改革开放进入了一个新的阶段。新的阶段出现了一系列新的情况、新的矛盾和新的问题。于是，继续前进的方向问题提了出来。学习邓小平同志的理论，强调要通过"一个中心，两个基本点"来发展生产，共同致富，强调要通过社会主义市场经济来解放和发展生产力，最终达到共同富裕，指出这是我们在实践中找到的建设社会主义的正确道路，可以使我们在任何复杂的情况下，都保持清醒的头脑，按照已经走上的道路，坚定不移地走下去。比如，在经济建设中如何处理好改革、发展、稳定的关系，如何加强精神文明建设，如何加强党的建设，我们都只能通过社会主义市场经济解放和发展生产力的道路，来思考新的对策，设计新的方案。

这里，必须明确一个问题，我们认识到了中国只有通过社会主义市场经济才能较好地解放和发展生产力，最终达到共同富裕，这是认识上的一个质的飞跃。但还有许多下一层次的问题，如怎么样建设社会主义市场经济，怎么样在社会主义市场经济条件下加强精神文明建设与党的建设等，还需要我们持之以恒地继续探索。只有这样，才能使我们在认识上和行动上更自由一些，把自觉的理性的认识疆域拓展得更大一些。然而，由于我们已经进入它的大门，就不能再倒退，这就是前进的方向问题。

第三，关于"负面问题"的认识。

毛泽东同志说，任何事物都是一分为二的。这在寻找道路的问题上也不可避免。当年，毛泽东同志提出农村包围城市的道路，是正确的。但在这条道路上，就有一个如何克服农民小生产思想的影响问题。毛泽东同志并不因为有这种负面问题而停止农村包围城市道路的探索，也不因为选择了农村包围城市的道路就忽视党内和革命队伍内的非无产阶级思想的销蚀作用。这就是毛泽东的高明之处。

今天，我们认识到社会主义市场经济是社会主义建设道路问题上的关键环节，这是正确的。但市场也难免有其自身的负面因素或消极因素，这都不能讳言。然而它的积极作用是基本的方面，更不能否定。正确的态度是，应该在坚定不移地走通过社会主义市场经济解放和发展生产力，最终达到共同富裕的道路时，认真并且有效地防止和克服那些负面的影响。党

邓小平治国论

中央强调要克服利己主义、拜金主义等问题，正是为了更好地建设有中国特色的社会主义。也就是说，我们既不能轻视这些负面问题，也不能因为有这些问题而改弦易辙，改变道路。

3. 社会主义建设从必然王国到自由王国的初步探索①

邓小平同志反复强调，什么是社会主义、怎样建设社会主义，我们还没有完全搞清楚。这一根本性的问题，经过最近14年的最新探索，终于在认识上获得了一个飞跃。党的十四大报告指出，建设有中国特色社会主义的理论，其全部贡献，集中到一点，就是"第一次比较系统地初步回答了中国这样的经济文化比较落后的国家如何建设社会主义、如何巩固和发展社会主义的一系列基本问题。"这就是说，我们在社会主义建设问题上，历经30多年甘苦，终于由"必然王国"进入了"自由王国"的门槛。

3.1 中国特色社会主义理论是进入自由王国大门的标志

建设有中国特色社会主义理论的形成与发展，标志着我国初步进入了社会主义建设的自由王国的大门。

说是"标志"，即在于我们在认识中国社会主义建设规律的基础上，逐步找到了建设有中国特色的社会主义道路，初步形成了正确的理论和路线、方针、政策。

民主革命时期，我们也是长期处于必然王国之中。一直到我们认识了中国社会的主要矛盾，找到了农村包围城市的革命道路，并且形成了新民主主义革命的理论及其总路线与一整套方针、政策之后，才进入了革命的自由王国。这里，道路、理论、路线的正确与否是关键。

自进入社会主义社会以来，我们长期处于人民群众日益增长的物质文化需要与落后的社会生产之间的矛盾之中。不管人们是不是承认这一点，都始终如此。这意味着我们已经认识到中国社会内在的矛盾运动规律，逐步找到了一条建设有中国特色社会主义的正确道路。邓小平建设有中国特色社会主义的理论，是这条道路提出的根据和全部内容的展开。根据中国

① 本文选自《李君如文集：邓小平理论研究》（上），湖南人民出版社2002年版，第204~215页。

社会主义建设的客观矛盾和客观规律，找到正确的道路，形成科学的理论，制定正确的路线和方针、政策，标志着我们党在邓小平理论的指导之下，正在实现着伟大领袖毛泽东同志的遗愿，在社会主义建设问题上正在从必然王国进入自由王国的门槛。

中国在社会主义建设问题上，由必然王国进入到自由王国的大门，经历了一系列曲折的认识发展过程。这个过程即建设有中国特色社会主义理论在实践中逐步形成与发展过程。

从党的认识过程来讲，从社会主义建设的必然王国到自由王国的探索，有两个起点，经历过两次探索：第一次，是以毛泽东同志为核心的第一代领导集体的探索，以1956年为探索的起点，经历了两次失败的尝试和两次有益的探索。第二次，以邓小平同志为核心的第二代领导集体，于1978年在新的起点上，分三个阶段初步形成了建设有中国特色社会主义理论的体系。

1956年年初到1957年夏天，党中央在毛泽东同志领导下，初步总结了苏联建设社会主义的经验教训与我国社会主义改造和建设的经验教训，提出了要寻找适合中国实际情况的社会主义建设道路的思想，并从经济到政治、文化，形成了许多珍贵的思想。可以说，这是党思考中国特色社会主义的最初思想萌芽，也是党第一次有益的探索。但是1957年夏天"反右"斗争扩大化后，我们在社会主义建设道路的探索过程中进行了第一次失败的尝试，就是发动了"大跃进"和人民公社化运动，以及后来错误地进行的所谓的"反右倾"斗争。在总结这次失败的经验教训时，党中央和毛泽东同志重新强调要从中国实际出发建设社会主义，并且提出了社会主义时期要在坚持计划经济的前提下，发展商品生产和商品交换，这在认识社会主义建设客观规律，从必然王国到自由王国的过程中前进了一步。这是党第二次有益的探索。然而，由于党尚未从根本上突破传统的社会主义观念，这次探索不仅没有深化，相反从20世纪60年代中期开始发动了"文化大革命"，试图通过"以阶级斗争为纲"的理论与路线来巩固和发展社会主义，结果给党和人民带来了一场灾难。这是党在毛泽东同志领导下进行的第二次失败的尝试。

邓小平治国论

经过两次有益的探索与两次失败的尝试，党对于社会主义建设规律的认识更加深入。十一届三中全会前后在邓小平领导下，党既继承以往探索的成果，又有新的发展，终于在一个新的起点上，开始了从必然王国到自由王国的新的探索。这一探索，从真理标准问题讨论和十一届三中全会起，到十二大概括出"建设有中国特色的社会主义"这一命题，是建设有中国特色社会主义理论的主要观点和理论命题的提出时期，其间从社会主义发展规律上提出全党要以经济建设为中心，标志着党在从必然王国到自由王国的飞跃道路上有了一个根本性的进步；从十二大到十三大是建设有中国特色社会主义的"理论轮廓"的形成时期，其间最重要的理论建树是提出了社会主义初级阶段的理论和有计划商品经济的理论，它标志着党在从必然王国到自由王国的飞跃中又前进了一大步；从十三大到十四大，党初步形成了建设有中国特色社会主义的理论体系，尤其是明确了通过社会主义市场经济体制解放与发展生产力的任务，这是党迄今为止在社会主义建设自由王国里取得的最大成就。

综上所述，党对于建设有中国特色社会主义的认识发展过程，有两个起点，一共经历了七个阶段曲折的探索，前四个阶段在必然王国向自由王国发展中有前进也有后退，但最终没有完成"飞跃"的任务。后3个阶段是党在从必然王国到自由王国逐步发展的过程，终于实现了马克思主义与中国实际相结合的历史性飞跃。因此，从"飞跃"的角度来考察，第二个起点（即"新的起点"）是党在社会主义建设问题上进入自由王国的真正的起飞点。

这种情况，同毛泽东同志的新民主主义理论的形成与发展，十分相似。开始时，毛泽东同志在实践中形成的观点并未为全党所接受，而是经过一系列曲折之后，才决定党以毛泽东思想为自己的指导思想。因此，党从必然王国到自由王国探索的过程，同其杰出代表人物的思想的形成与发展过程，既有联系，又有区别，必须进行科学的阐述。

3.2 自由王国要求我们孜孜不倦地探索前进

党在社会主义建设问题上进入自由王国的门槛，并不意味着党已经掌握了建设、巩固和发展社会主义的全部规律。对规律的认识和应用是一个过程，走向自由王国也必然是一个动态的发展过程，它要求我们孜孜不倦地继续探索，继续前进。

根据毛泽东同志在民主革命时期探索自由王国的经验，找到农村包围城市的革命道路后，还需要做两个方面的工作：一方面是继续解放思想，从实际出发，深入研究中国革命战争的规律、统一战线的规律、党的建设与政权建设的规律，制定一系列具体的方针、政策，全面保证农村包围城市道路的实现；另一方面是针对党在农村活动的特点，深入研究农民小生产思想和乡村封建专制主义传统对党的影响，从各方面采取措施克服主观主义、宗派主义、自由主义和极端平均主义等各种非无产阶级思想。因为事物在发展过程中总是呈现出"对立统一"的特点，即正反的两个方面总是出现于同一个事物的发展过程之中，只有把建设性的研究与防范性的研究结合起来，才能真正做到在自由王国里自由翱翔。

当年毛泽东同志抓住"农村"，做出了一篇有声有色的好文章。我们今天找到的道路，其关键环节是"市场经济"，我们也必须抓住这一关键环节，做出一篇建设有中国特色社会主义的好文章。一方面，要进行建设性的研究，即要继续解放思想，从当代中国和世界的实际出发，深入探讨社会主义市场经济体制的产权制度、企业制度、市场运作机制和宏观调控机制等一系列具体问题，探讨同社会主义市场经济体制相适应的民主政治体制和精神文明问题，探讨社会主义市场经济条件下党的建设问题；另一方面，要进行防范性的研究，即要深入研究市场经济发展过程中，如何把思想教育手段与法律手段、行政手段结合起来，限制享乐主义、利己主义、拜金主义思潮的蔓延，防止贫富差距的过于悬殊，保证以社会主义市场经济为目标的改革开放的顺利进行，建设有中国特色的社会主义。

邓小平治国论

也就是说，从社会主义建设的必然王国进入自由王国，是一个伟大的飞跃、伟大的胜利，但进入自由王国不等于探索社会主义建设规律的终结。任何一个复杂事物，它内部起作用的不止是一种规律，而是有多种规律，它们有层次地结合在一起，并且既相互促进又相互制约地推动着事物的发展，因此认识规律也是不断深化、不断发展的。由此决定了，建设有

中国特色社会主义的理论还要继续在实践的检验中拓展、丰富和深化，直

到科学社会主义的这一新形态形成一整套更加成熟、更加定型的制度。

4. 社会主义本质的探索和提出①

邓小平同志是建设有中国特色社会主义理论的创立者。研究这一当代中国马克思主义形成和创立的历史过程，我们可以看到，邓小平同志根据马克思主义的基本原理和社会主义的实践经验，对"什么是社会主义、怎样建设社会主义"这个首要的基本的理论问题进行的锲而不舍的思考，尤其是对社会主义本质进行的孜孜不倦的探索，是创立建设有中国特色社会主义理论的关键。

4.1 问题的提出

有些人感到困惑和不解：我国已经进入了社会主义社会，我们正在从事宏伟壮丽的社会主义建设事业，为什么还要搞清楚"什么是社会主义"？

邓小平同志提出这个问题，鉴于这样三个事实：

一是中国社会主义建设的经验教训。

社会主义，是中国共产党在进行民主革命时就热切期待的前途。经过对生产资料私有制的社会主义改造，1956年中国共产党豪迈地宣布，社会主义制度已经在古老的神州大地确立起来，并真诚地认为有了这种崭新的社会制度，中国社会生产力将获得迅速发展。的确，社会主义制度一经确立，中国的经济社会面貌明显改观，民族精神为之一振。但是，1957年以后我们的工作出现了许多严重失误。当这些失误发生时，我们还非常自信地认为是在坚持社会主义的正确道路，在大踏步奔向共产主义。这种情况，在"文化大革命"期间发展到了极点。因此，当我们从"文化大革命"这场灾难中走出来时，不得不思考：这是为什么？

从1980年到1991年，邓小平同志不下20次提出要搞清楚"什么是社会主义"这一问题，其主要出发点是中国社会主义建设的经验教训。1980年

① 本文选自《李君如文集：邓小平理论研究》（上），湖南人民出版社2002年版，第331~340页，原题为《邓小平是怎样思考和回答"什么是社会主义"的》。

4月12日他说："不解放思想不行，甚至于包括什么叫社会主义这个问题也要解放思想。经济长期处于停滞状态总不能叫社会主义。人民生活长期停止在很低的水平总不能叫社会主义。"[1]1984年6月30日他说："什么叫社会主义，什么叫马克思主义？我们过去对这个问题的认识不是完全清醒的。"[2]尤其是1985年4月15日，他系统地阐述了为什么要提出这个问题："我们冷静地分析了中国的现实，总结了经验，肯定了从建国到1978年30年的成绩很大，但做的事情不能说都是成功的。我们建立的社会主义制度是个好制度，必须坚持。我们马克思主义者过去闹革命，就是为社会主义、共产主义崇高理想而奋斗。现在我们搞经济改革，仍然要坚持社会主义道路，坚持共产主义的远大理想，年轻一代尤其要懂得这一点。但问题是什么是社会主义，如何建设社会主义。我们的经验教训有许多条，最重要的一条，就是要搞清楚这个问题。"[3]这里，鲜明地强调了我国社会主义建设的经验教训中，"最重要的一条"，是要搞清楚"什么是社会主义，如何建设社会主义"。

邓小平同志提出这个问题，不仅在于我们过去的经验教训，而且还在于改革开放以来，从推行家庭联产承包为主的责任制到设立经济特区、引进外资，直至决定建立社会主义市场经济体制，改革开放的每一步推进都遇到姓"社"姓"资"的质疑。产生这种困惑，就在于我们长期以来没有完全搞清楚"什么是社会主义"。

二是苏联社会主义建设的经验教训。

如果说像中国这样一个脱胎于半殖民地半封建社会的东方大国，搞社会主义有其特殊复杂性，如果说中国在建设社会主义的过程中发生的"大跃进""人民公社化运动"和"文化大革命"是我们工作指导思想上的错误造成的，那么，其他社会主义国家又如何呢？1985年8月，邓小平同志指出："社会主义究竟是个什么样子，苏联搞了很多年，也并没有完全搞清楚。可能列宁的思路比较好，搞了个新经济政策，但是后来苏联的模式

① 《邓小平文选》第二卷，人民出版社1994年版，第312页。
② 《邓小平文选》第三卷，人民出版社1993年版，第63页。
③ 《邓小平文选》第三卷，人民出版社1993年版，第115页。

邓小平治国论

僵化了。"①这就是说,像当时苏联这样已有相当实力的世界上第一个社会主义国家,在理解什么是社会主义这一问题上也存在一系列问题。正是鉴于这一点,邓小平同志特别强调要搞清楚"什么是社会主义"。这是整个社会主义运动要解决的基本的理论问题。

三是非洲一些国家搞社会主义的经验教训。

第二次世界大战后,亚洲、非洲、拉丁美洲地区民族解放运动风起云涌。到20世纪60年代,一大批国家挣脱殖民主义枷锁的束缚获得了独立,不少国家独立后都向往社会主义,甚至直接把民族的命运和社会主义前途联系起来。其中,流行于撒哈拉以南黑非洲的非洲社会主义思潮,比如恩克鲁玛主张的"加纳式的社会主义",尼雷尔提出的坦桑尼亚"乌贾马社会主义",在非洲新兴独立国家中很有影响。这些新兴独立国家原来想通过社会主义措施来建立平等、公正的新社会,但结果不仅没有达到目标,而且给经济发展造成了严重的困难。邓小平同志很重视非洲新兴独立国家的社会主义运动。1980年4月21日在会见阿尔及利亚民族解放阵线代表团时,他就指出:"要研究一下,为什么好多非洲国家搞社会主义越搞越穷。不能因为有社会主义的名字就光荣,就好。"②同年5月5日会见几内亚总统杜尔时又说:"社会主义是一个很好的名词,但是如果搞不好,不能正确理解,不能采取正确的政策,那就体现不出社会主义的本质。"③由此不难发现,一些非洲国家搞社会主义的经验教训,也是促使邓小平同志提出要搞清楚"什么是社会主义"的缘由。

4.2　邓小平的思路

邓小平同志是怎样思考和回答"什么是社会主义、怎样建设社会主义"这个首要的基本的理论问题的呢?

1987年4月26日,在会见捷克斯洛伐克总理什特劳加尔时,邓小平同志提出:"我们过去固守成规,关起门来搞建设,搞了好多年,导致的结果不好。经济建设也在逐步发展,也搞了一些东西,比如原子弹、氢弹搞

---

① 《邓小平文选》第三卷,人民出版社1993年版,第139页。
② 《邓小平文选》第二卷,人民出版社1994年版,第313页。
③ 《邓小平文选》第二卷,人民出版社1994年版,第313页。

成功了，洲际导弹也搞成功了，但总的来说，很长时间处于缓慢发展和停滞的状态，人民的生活还是贫困。'文化大革命'当中，'四人帮'更荒谬地提出，宁要贫穷的社会主义和共产主义，不要富裕的资本主义。不要富裕的资本主义还有道理，难道能够讲什么贫穷的社会主义和共产主义吗？结果中国停滞了。这才迫使我们重新考虑问题。考虑的第一条就是要坚持社会主义，而坚持社会主义，首先要摆脱贫穷落后状态，大大发展生产力，体现社会主义优于资本主义的特点。"①

相似的话早在1985年10月23日会见美国高级企业家代表团时也说过："三中全会以来，我们一直强调坚持四项基本原则，其中最重要的一条是坚持社会主义制度。而要坚持社会主义制度，最根本的是要发展社会生产力，这个问题长期以来我们并没有解决好。社会主义优越性最终要体现在生产力能够更好地发展上。多年的经验表明，要发展生产力，靠过去的经济体制不能解决问题。所以，我们吸收资本主义中一些有用的方法来发展生产力。"②

邓小平同志的这些论述，出发点是相同的，基本观点是相同的，论述的逻辑也是相同的。邓小平同志在思考和回答"什么是社会主义"这个首要的基本理论问题时，有着一以贯之的思路：

——社会主义制度是好的，但是在社会主义经济基础建立以后，很长时间经济发展缓慢，人民生活还是贫困，现实迫使我们考虑这个问题。

——考虑的第一条是要坚持四项基本原则，不能因为发生一些问题就动摇社会主义信念，否定四项基本原则。

——问题是怎么坚持社会主义，怎么坚持四项基本原则？那就是必须选择好的政策，建立好的体制。

——什么叫好的政策和体制？就是能使生产力大大发展，体现社会主义优于资本主义的特点的政策和体制。

于是问题就深化了：为什么确立了以社会主义公有制生产关系为经济基础的社会主义基本制度，还要有一个选择好的政策和建立好的体制的问

① 《邓小平文选》第三卷，人民出版社1993年版，第223页。
② 《邓小平文选》第三卷，人民出版社1993年版，第149页。

邓小平治国论

题？为什么好的政策必须是使社会主义生产力能得到较快发展的政策，好的体制必须是能促进社会生产力较快发展的体制？在1992年年初南方谈话中，邓小平同志关于社会主义本质的科学论断，使我们豁然开朗。这是因为，"社会主义的本质，是解放生产力，发展生产力，消灭剥削，消除两极分化，最终达到共同富裕。"①

由此可见，邓小平同志对于"什么是社会主义"这个首要的基本理论问题的思考，有着一个十分明确的基本思路：要在坚持社会主义基本制度的基础上，进一步认清社会主义的本质。也就是说，对于要坚持社会主义基本制度这一点，我们从来没有动摇过。邓小平同志反复强调要坚持四项基本原则，其实质就是要求我们坚持社会主义基本制度。需要进一步搞清楚的，是社会主义的本质问题。

4.3 "社会主义本质"的探索和概括

不少研究者已经注意到，"社会主义的本质"这一概念是邓小平同志首次提出的科学社会主义概念。那么，他是怎样解决这一重大理论问题的呢？

在《邓小平文选》中，谈到"社会主义的本质"共有4处：

1980年5月5日，他说："社会主义是一个很好的名词，但是如果搞不好，不能正确理解，不能采取正确的政策，那就体现不出社会主义的本质。"②

1985年8月21日，他说："对内搞活经济，是搞活了社会主义，没有伤害社会主义的本质。"③

1990年12月24日，他说："社会主义最大的优越性就是共同富裕，这是体现社会主义本质的一个东西。"④

1992年年初，他说："社会主义的本质，是解放生产力，发展生产力，消灭剥削，消除两极分化，最终达到共同富裕。"⑤

---

① 《邓小平文选》第三卷，人民出版社1993年版，第373页。
② 《邓小平文选》第二卷，人民出版社1994年版，第313页。
③ 《邓小平文选》第三卷，人民出版社1993年版，第135页。
④ 《邓小平文选》第三卷，人民出版社1993年版，第364页。
⑤ 《邓小平文选》第三卷，人民出版社1993年版，第373页。

这4处论及"社会主义的本质",前两处的贡献是提出了这一新概念;第三处首次论及"共同富裕"是体现社会主义本质的一个东西,触及了社会主义本质的内涵;第四处是总结性的理论概括,首次全面、深刻、精辟地阐述了社会主义本质的内涵。

这样排列和分析邓小平同志关于社会主义本质的论述是有益的,说明邓小平同志早在1980年就已经提出这一问题,说明邓小平同志是经过长达10多年的思考才逐步解决这一重大理论问题的。但是,仅仅这样排列和分析是不够的,它还不能说明邓小平是怎样形成这一新的概念,怎样解决这一重大理论问题的。因此,有必要对此做深入的考察和研究。

首先,邓小平同志关于社会主义本质的论断,是以"四人帮"鼓吹的"宁要贫穷的社会主义"这一谬论为反面教材提出来的。

邓小平同志1979年7月29日指出:"我们的政治路线就是搞社会主义现代化建设。'四人帮'提出宁要穷的社会主义,不要富的资本主义,社会主义如果老是穷的,它就站不住。"[①]1980年4月12日,他尖锐地指出:"宁肯要穷的社会主义,不要富的资本主义。其本质就是说,社会主义就是穷的。马克思主义历来认为,社会主义要优于资本主义,它的生产发展速度应该高于资本主义。所以,林彪、'四人帮'完全背离了马列主义、毛泽东思想的根本原则。"[②]正是经过这样的马克思主义分析,他提出了"贫穷不是社会主义,社会主义要消灭贫穷"的著名论断。

其次,邓小平同志关于社会主义本质的论断,是根据社会主义制度最根本的优越性提出来的。邓小平同志对社会主义问题的重新思考,最初就是从"什么是社会主义的优越性"开始的。1978年9月16日他就已经指出:"我们是社会主义国家,社会主义制度优越性的根本表现,就是能够允许社会生产力以旧社会所没有的速度迅速发展,使人民不断增长的物质文化生活需要能够逐步得到满足。"[③]并且尖锐地问道:"如果在一个很长的历史时期内,社会主义国家生产力发展的速度比资本主义国家慢,还

① 《邓小平文选》第二卷,人民出版社1994年版,第191页。
② 《邓小平文选》第二卷,人民出版社1994年版,第312页。
③ 《邓小平文选》第二卷,人民出版社1994年版,第128页。

谈什么优越性？"①从社会主义制度的优越性入手揭示社会主义的本质，是完全正确的方法。因为，任何一种社会制度都由一定的生产关系和建立于这种经济基础之上的上层建筑（包括意识形态）构成，这是毫无疑义的。但是，人们选择某种社会制度的根据不是这种制度的特征，而是它在当时的社会条件下具有的优越性，这也是毫无疑义的。那么，这种"优越性"是什么呢？它实际上就是某种社会制度内在本质的外部显现。

最后，邓小平同志关于社会主义本质的论断，是根据社会主义在人类社会发展过程中所处的特定地位及其根本任务提出来的。1986年9月2日在接受美国记者迈克·华莱士采访时，他说："社会主义是共产主义第一阶段，当然这是一个很长很长的历史阶段。社会主义时期的主要任务是发展生产力，使社会物质财富不断增长，人民生活一天天好起来，为进入共产主义创造物质条件。不能有穷的共产主义，同样也不能有穷的社会主义。致富不是罪过。但我们讲的致富不是你们讲的致富。社会主义财富属于人民，社会主义的致富是全民共同致富。社会主义原则，第一是发展生产，第二是共同致富。"②人们不难发现，这个论断同邓小平同志关于社会主义本质的科学概括，具有明显的一致性。而且从解放生产力，发展生产力，到消灭剥削，消除两极分化，到最终达到共同富裕，正是从社会主义向共产主义发展的过程。

4.4 科学涵义和深刻意义

对于邓小平同志概括的社会主义本质，随着改革的推进，认识的深化，人们越来越体会到这是一个内涵深刻、判断正确、表述精辟的科学概括。

这个科学概括具有三个鲜明的特点：

一是完整性。社会主义制度不是一个单要素构成的简单事物，而是一个复杂的大系统和发展的长过程。对于这种具有特殊的系统性和过程性的复杂事物的本质，如何进行概括，本身就是一项艰巨的理论创造工作。邓小平同志对社会主义本质的概括，每句话都是用逗号（，），中间既没有

---

① 《邓小平文选》第二卷，人民出版社1994年版，第128页。
② 《邓小平文选》第三卷，人民出版社1993年版，第171页。

用句号（。）隔断，也没有用分号（；）连接，也就是说，它是完整的一段话。提出这个语言表达上的问题，是想提请我们注意：这一科学概括，既包括了社会主义社会的生产力问题，又包括了以社会主义生产关系为基础的社会关系问题，是一个有机的整体。它强调"解放生产力，发展生产力"，纠正了过去忽视生产力发展的错误观念，反映了中国社会主义整个历史阶段尤其是初级阶段特别需要注重生产力发展的迫切要求，明确了社会主义基本制度建立后还要通过改革进一步解放生产力。它强调"消灭剥削，消除两极分化，最终达到共同富裕"，阐明了社会主义社会的发展目标以及实现这个目标必须以解放和发展生产力为基础，提出了我们发展生产力与剥削阶级统治的社会发展生产力的目的根本不同。

二是科学性。对社会主义本质的概括，如果离开消灭剥削，消除两极分化和最终达到共同富裕，只强调解放生产力、发展生产力是社会主义的本质，就难以同右的观点划清界限。邓小平同志不仅强调生产力的解放和发展，而且同时强调生产力的解放和发展是为了消灭剥削，消除两极分化，最终达到共同富裕。同样，仅仅强调消灭剥削，消除两极分化，最终达到共同富裕是社会主义的本质，就无法同过去那种离开生产力实际状况"割资本主义尾巴""穷过渡"的"左"的观点划清界限。邓小平同志在强调"消灭剥削，消除两极分化，最终达到共同富裕"之前，先讲"解放生产力，发展生产力"不是偶然的，它揭示了一条历史唯物主义的真理：社会改造必须以生产力的发展为基础。因此，这种表述的完整性，正是理论的科学性。

三是指导性。邓小平同志关于社会主义本质的科学概括，首先，它告诉我们建设社会主义必须坚持"一个中心、两个基本点"。其次，它告诉我们不要把计划经济等非本质的东西当作社会主义的本质来固守。邓小平同志在论述社会主义本质时，前面说了这样一段话："计划多一点还是市场多一点，不是社会主义与资本主义的本质区别。计划经济不等于社会主义，资本主义也有计划；市场经济不等于资本主义，社会主义也有市场。计划和市场都是经济手段。"[1]再次，它为我们坚持公有制又完善和发展

① 《邓小平文选》第三卷，人民出版社1993年版，第373页。

公有制指出了明确的方向。一方面，毫不动摇地坚持公有制，维护公有制的主体地位，是体现社会主义本质的前提；另一方面，完善和发展公有制就是为了体现社会主义的本质。在改革中，公有制的实现形式和以公有制为主体的所有制结构，只能按照生产力解放和发展的实际要求和逐步实现共同富裕的实际进程来确定。可以这样说，邓小平同志关于社会主义本质的概括，反映了人民的利益和时代的要求，廓清了不合乎时代进步和社会发展规律的模糊观念，深化了对科学社会主义的认识。它对于我们在坚持社会主义基本制度的基础上推进改革，对于建设有中国特色的社会主义，具有重大的政治意义、理论意义和实践意义。

5. 邓小平发展战略理论的体现和展开[①]

具有重大历史意义的十四届五中全会及其通过的文件，有一个鲜明的理论特点：注重发展的战略研究。它们是邓小平社会主义建设发展战略理论的生动体现和具体展开，是中华民族在建设有中国特色社会主义的旗帜下迈向21世纪的宏伟战略。研究邓小平同志的发展战略理论，阐发党中央制定的跨世纪发展战略理论，是一项具有重大现实意义的研究课题。

5.1 邓小平发展战略理论的科学根据

重视战略问题研究，是中国共产党理论研究传统的特点和优点。在革命战争年代，毛泽东同志的《中国革命战争的战略问题》《抗日游击战争的战略问题》和《论持久战》等，都是研究革命战争规律和战略的名篇，对中国革命的胜利产生过巨大的指导作用。在《邓小平文选》第二、三卷中，论及"战略"的多达86次，从经济、科技、教育、人才、军事、外交和祖国统一等各个方面阐述了社会主义建设的发展战略，对各个领域的发展明确了宏观思路。

考察毛泽东同志研究中国革命战争规律和战略的方法论，我们注意到，他总是从对事物本质的揭示中确定人们的行动目的和基本原则，并以此为制定正确战略的科学根据。在《中国革命战争的战略问题》中，论述

① 本文选自《李君如文集：邓小平理论研究》（上），湖南人民出版社2002年版，第341~351页。

战略问题之前，他先阐述了"战争的目的"；《抗日游击战争的战略问题》论述战略问题，也是从战争的政治目的和军事目的论起，并据此强调"战争的基本原则是保存自己消灭敌人"；在《论持久战》中，毛泽东同志还强调"保存自己消灭敌人这个战争的目的，就是战争的本质，就是一切战争行动的根据，从技术行动起，到战略行动止，都是贯彻这个本质的。"这里讲的"战争的本质""战争的目的""战争的基本原则"，就其内容而言，实际上是一回事。它们的区别在于，"本质"是从客观事物的内在关系上讲的，"目的"是从人们通过对客观事物内在本质的认识转化为自觉行动的意图这一角度讲的，"基本原则"则是从实践过程中必须体现这种目的的意义上讲的。因此，在毛泽东同志那里，战略问题即是根据对事物本质的认识所形成的实践目的及其贯穿于实践过程中的基本原则，是一种关于事物全局的规律性的东西。

根据毛泽东同志研究战略问题的这一重要方法，来考察邓小平同志的发展战略理论及其形成过程，我们可以看到，邓小平同志对中国发展战略的研究同他对"什么是社会主义、怎样建设社会主义"这个首要的基本理论问题的思考直接相关，同他对社会主义本质和社会主义发展阶段的研究直接相关。

我国进入社会主义建设新时期不久，邓小平同志就提出要搞清楚"什么是社会主义""怎样搞社会主义"，就提出我们的实践、认识和政策要体现社会主义的本质。差不多同时，在这前后，他开始了中国发展的起点、发展的目标等发展战略问题的研究。社会主义本质一步步明确的过程，也就是社会主义建设发展战略一步步完善的过程。邓小平同志关于"社会主义的本质就是解放生产力，发展生产力，消灭剥削，消除两极分化，最终达到共同富裕"的论断，是关于社会主义基本制度内在关系的深刻的完整的科学揭示。为建设这样的社会主义而奋斗，就是我们的目的。根据社会主义的本质以及由此而决定的实践目的，决定了在改革开放和现代化建设中，必须坚持发展生产、共同致富，坚持以公有制为主体，不搞两极分化，等等，这是我们必须牢记并遵循的社会主义的根本原则。同社会主义本质相统一的社会主义目的、社会主义根本原则，就是贯穿于邓小

邓小平治国论

平社会主义建设发展战略理论之中的科学根据。

如果说关于社会主义本质的研究，是关于社会主义一般的深层次研究，那么，关于社会主义发展阶段的研究，就是关于社会主义的特殊的具体研究。从矛盾的普遍性和矛盾的特殊性相联系中研究具体事物的矛盾运动规律，是毛泽东同志研究战略问题的重要特点。邓小平同志在研究中国社会主义建设发展战略过程中，不仅强调要搞清楚"什么是社会主义、怎样建设社会主义"，而且强调"要阐述中国社会主义是处在一个什么阶段"，提出了我国处在社会主义初级阶段的重要论断。这使我们对当代中国的社会特质、我们各项工作的目的和必须遵循的原则，有了更为深刻的认识。可以这样说，邓小平关于社会主义建设发展战略的科学理论，就是建立在社会主义本质理论和社会主义发展阶段理论相统一的社会主义初级阶段理论基础之上的。因而，这是一个具有科学根据的，振兴中华，巩固和发展社会主义的发展战略理论。

5.2 邓小平发展战略理论的主要内容

对于发展战略问题的研究，是邓小平同志设计中国式现代化的核心内容，是建设有中国特色社会主义理论的重要构成部分。考察邓小平同志关于发展战略问题大量的论述，可以清楚地看到，这是一个具有丰富内容的科学体系。就其要点而言，至少可以列举10个方面的主要内容：

（1）发展的战略布局——"一个中心，两个基本点"。对当代中国发展战略的思考，首先要解决的一个带有根本性的问题是：在中国这样一个脱胎于半殖民地半封建社会，经济文化比较落后的国家，建设社会主义究竟应该以什么为工作的中心？是阶级斗争，还是经济建设？中国共产党在党的八大前后一个时期里，曾经十分明确地强调过要以发展社会生产力为根本任务。但是后来由于错综复杂的原因，改变了这一战略思考，强调社会主义社会的主要矛盾仍然是两个阶级、两条道路的斗争，要念念不忘阶级斗争，直到提出要以阶级斗争为纲建设社会主义、防止资本主义复辟。面对历史的教训，邓小平同志果断地领导党实现工作重点的转移，以经济建设为中心建设、巩固和发展社会主义。与此同时，提出了改革开放的总方针和四项基本原则，给经济建设提供了动力和保证。党的十三大把

"一个中心、两个基本点"概括为党的基本路线的主要内容。1989年11月23日，邓小平同志明确地提出这是我们的"战略布局"，他说："十三大确定了'一个中心、两个基本点'的战略布局。我们10年前就是这样提出的，党的十三大用这个语言把它概括起来。这个战略布局我们一定要坚持下去，永远不改变。"①掌握邓小平社会主义建设发展战略理论，最重要的，就是要把握并坚持这一战略布局。

必须指出的是，这一战略布局包括坚持"一个中心、两个基本点"的目的，是要建设一个富强、民主、文明的社会主义现代化强国。也就是说，这是一个政治民主和经济发展相配合、精神文明建设和物质文明建设相协调的社会全面进步的布局。

（2）发展的战略目标——分三步走基本实现现代化。面对中国经济文化落后的现实和世界的现代化潮流，我们党在进入社会主义前后多次强调要为实现现代化而奋斗，并在20世纪50年代末、60年代初形成了四个现代化的提法。三届人大一次会议庄严宣布：我国国民经济即将进入一个新的发展时期，1960年将开始执行第三个五年计划，全国人民要努力奋斗，把我国逐步建设成为一个具有现代农业、现代工业、现代国防和现代科学技术的社会主义强国。四届人大一次会议进一步强调要分两步走，在20世纪内全面实现四个现代化。这是毛泽东、周恩来对我国发展战略目标的设计。但由于"文化大革命"的干扰和破坏，这一战略目标没有能成为现实的奋斗目标。粉碎"四人帮"后，特别是十一届三中全会实行工作重点转移以后，这一战略目标才真正纳入发展战略的总体布局，成为全党全国人民奋斗的现实目标，这是邓小平同志的杰出贡献。与此同时，邓小平同志从1979年3月提出"中国式的现代化"起，对这一战略目标进行了深入、实际、具体的研究。首先，他从中国的国情出发，把标准放低，强调到20世纪末实现的四个现代化，只是"小康水平"的现代化；其次，他提出分三步走，到下世纪中叶基本实现现代化，达到世界中等发达国家水平的宏伟目标；再次，他确定了三步走每一步的具体指标。从1979年到1992年，他反复论述强调这是我们的战略目标。1989年6月9日，在论述解决政治风

① 《邓小平文选》第三卷，人民出版社1993年版，第345页。

波后党的路线方针政策不能动摇和改变这一重大问题时，他首先提出的就是我们发展战略的"三部曲"没有错，不能变，可见这一问题在他的发展战略理论中的地位。

（3）发展的战略重点——农业，交通、能源，教育、科技。20世纪80年代初，在设计发展战略时，邓小平同志从中国的国情特点出发，研究了战略重点。他强调："战略重点，一是农业，二是能源和交通，三是教育和科学。"[①]后来又把通讯和交通一起作为发展的重点。考察邓小平同志的这些论述，农业，能源和交通、通讯，教育和科学分别是作为国民经济发展的基本环节、薄弱环节、关键环节，列为发展的战略重点的。抓住这三个环节，才能在中国这样一种特殊的国情条件下实现我们的战略目标。

（4）发展的战略要求——速度和效益相统一。在总结历史经验教训，研究世界经济发展规律的过程中，邓小平同志在制定中国发展战略时，一方面，十分突出地强调中国一定要抓住机遇，快速发展，争取有一个较快的增长速度，隔几年就上一个台阶；另一方面，同时强调这种快速发展是有条件的、有区别的、没有水分的，最终要体现到人民生活水平上，必须是有效益的。他说过"比较好的又比较快的发展速度""适度的发展""扎扎实实，讲求效益，稳步协调地发展""持续、有后劲"等等。概括起来，就是发展要持续、快速、健康，求得速度和效益的统一。

（5）发展战略实现的捷径——让一部分人、一部分地区先富裕起来，逐步达到共同富裕。在作出工作重点转移的战略决策时，邓小平同志从中国各地发展不平衡的实际出发，提出了一个"大政策"："我认为要允许一部分地区、一部分企业、一部分工人农民，由于辛勤努力成绩大而收入先多一些，生活先好起来。"[②]以后，他多次强调：①致富不是罪过，勤劳致富是正当的；②我们的根本目标是实现共同富裕，然而平均发展是不可能的，只能导致共同落后、共同贫穷；③要打破平均主义，提倡一部分人、一部分地区先富起来，以此来影响、激励和带动其他人、其他地区逐步富裕；④要研究先富带动后富，最终达到共同富裕的时机和办法。他

---

① 《邓小平文选》第三卷，人民出版社1993年版，第9页。
② 《邓小平文选》第二卷，人民出版社1994年版，第152页。

认为，"一部分地区发展快一点，带动大部分地区，这是加速发展、达到共同富裕的捷径。"①

（6）发展战略实现的关键——人才。在论述中国的发展战略问题时，邓小平同志曾经指出，我国的经济到建国100周年时能接近发达国家的水平，其根据之一，就是我们完全有能力把教育和科技搞上去，培养出数以亿计的各级各类人才。他深刻地指出："我们国家，国力的强弱，经济发展后劲的大小，越来越取决于劳动者的素质，取决于知识分子的数量和质量。"②因此，在粉碎"四人帮"不久，他就大声疾呼"尊重知识，尊重人才"。在改革由农村推进到城市，开始全面改革之际，他再次强调经济体制改革的文件"最重要的是第九条"，"第九条，概括地说就是'尊重知识，尊重人才'八个字，事情成败的关键就是能不能发现人才，能不能用人才。"一直到1992年南方谈话，在他关于发展战略的论述中，人才问题始终具有特殊重要的地位。

（7）发展战略实现的必由之路——改革开放。邓小平同志在十一届三中全会召开之前就提出"'各个经济战线不仅需要进行技术上的重大改革，而且需要进行制度上、组织上的重大改革"。③在十一届三中全会上进一步强调"但是如果现在再不实行改革，我们的现代化事业和社会主义事业就会被葬送"。④从农村开始的改革，证明了只有毫不动摇地探索符合中国实际的新体制，才能解放和发展生产力。当改革进入到全面改革的关键时刻，邓小平同志在1985年深刻地揭示了一条真理："要发展生产力，经济体制改革是必由之路"。⑤后来他又说过："坚持改革开放是决定中国命运的一招。这方面道理也要讲够。"⑥值得注意的是，邓小平同志讲改革，始终是同发展联系在一起的。他说过："如果放弃改革开放，就等于放弃我们的根本发展战略。"⑦

---

① 《邓小平文选》第三卷，人民出版社1993年版，第166页。
② 《邓小平文选》第三卷，人民出版社1993年版，第120页。
③ 《邓小平文选》第二卷，人民出版社1994年版，第136页。
④ 《邓小平文选》第二卷，人民出版社1994年版，第180页。
⑤ 《邓小平文选》第三卷，人民出版社1993年版，第138页。
⑥ 《邓小平文选》第三卷，人民出版社1993年版，第368页。
⑦ 《邓小平文选》第三卷，人民出版社1993年版，第347页。

邓小平治国论

（8）发展战略实现的政治保证——四项基本原则。由于中国的发展是以现代化为目标的发展，而现代化又是从西方一些发达国家开始的，于是在中国的发展过程中难免会出现盲目拒绝西方发达国家经验的"左"的思潮和全盘西化的右的思潮。加上国际敌对势力总是希望我们和平演变，放弃社会主义道路，情况十分复杂。为了正确地把握我们的发展方向，邓小平同志在强调改革开放的同时，及时提出要坚持四项基本原则。他多次谈过，坚持四项基本原则是实现四个现代化的根本前提；"左"的和右的两种思潮都是违背马列主义、毛泽东思想的，都是妨碍我们的社会主义现代化建设事业的前进的；要理直气壮地坚持四项基本原则，旗帜鲜明地反对资产阶级自由化；要警惕右，但主要是防止"左"等等。这一切，就是强调我们的发展，我们的现代化，是社会主义的发展和现代化，具有明确的政治方向，要有坚强的政治保证。

（9）发展战略实现的条件——国内稳定和国际和平。党的十一届三中全会以后，邓小平同志多次指出："中国的主要目标是发展，是摆脱落后，使国家的力量增强起来，人民的生活逐步得到改善。要做这样的事，必须有安定的政治环境。"①"中国的问题，压倒一切的是需要稳定。"②与此同时，他强调要寻求一个和平的环境来实现四个现代化。为此，他提出了反对霸权主义、维护世界和平的外交战略，制定了独立自主的和平外交政策。1990年7月，他明确地指出："中国要实现自己的发展目标，必不可少的条件是安定的国内环境与和平的国际环境。"③

（10）发展战略实现的领导核心——中国共产党。由于我们在社会主义建设过程中发生过多次失误，于是就发生了一个中国共产党能不能领导建设的问题。资产阶级自由化思潮的要害，就是要削弱、摆脱、取消、反对党的领导。因此邓小平同志强调坚持四项基本原则的核心，是坚持党的领导，"这是四个现代化能否实现的关键"。与此同时，他提出为了坚持党的领导，必须努力改善党的领导；要聚精会神地抓党的建设。而改善

---

① 《邓小平文选》第三卷，人民出版社1993年版，第244页。

② 《邓小平文选》第三卷，人民出版社1993年版，第286页。

③ 《邓小平文选》第三卷，人民出版社1993年版，第360页。

党的领导，加强党的建设，还是为了实现党对现代化建设的有效领导，实现我们的发展战略。

5.3 跨世纪的发展战略

在以邓小平同志为核心的党中央第二代领导集体同以江泽民同志为核心的第三代领导集体交接班之际，邓小平同志曾经说过这样一段话："要在今后的11年半中争取一个比较满意的经济发展速度。如果再翻一番，没有水分地翻一番，那时候人民就会看到我们的国家、我们的社会主义事业是兴旺发达的。党中央、国务院应当是有权威的，有能力的。没有权威不行啊。我建议组织一个班子，研究下一个世纪前50年的发展战略和规划。"[①]这里，他向第三代中央领导集体提出了20世纪的最后11年和21世纪的前50年，要有发展战略和规划这样一个重大的问题。

党的十四届五中全会以邓小平发展战略理论为指导，在大量调查研究的基础上，提出了关于制定国民经济和社会发展"九五"计划和2010年远景目标的建议，江泽民同志论述了正确处理社会主义现代化建设中的若干重大关系。党中央关于跨世纪15年中国发展全局的规律的研究，是邓小平发展战略理论的生动体现和具体展开。说它是"生动体现"，是因为这个发展战略制定的基本原则是邓小平同志的发展战略理论；说它是"具体展开"，是因为它规划了邓小平同志提出的第二步战略目标最后5年、第三步战略目标前10年的具体奋斗目标，提出了实现这一目标的指导方针和经济建设、改革开放、社会发展中的主要任务。显而易见，党中央制定的这一跨世纪的发展战略，具有全面性、规律性和可操作性等鲜明特点。

（1）全面性。这个发展战略所强调的发展，既包括物质文明方面的发展，又包括精神文明方面的发展；既包括经济发展，又包括社会发展；既包括当下的发展，又包括为子孙后代着想的可持续发展。这是真正现代意义上的全面发展。不仅如此，15年发展战略还把发展与改革、稳定，发展的速度与效益等一系列重大问题作为专门问题提出来，制定了明确的方针政策。这是一个以丰富的社会主义建设的经验教训为基础的，考虑周全缜密的发展战略。

邓小平治国论

① 《邓小平文选》第三卷，人民出版社1993年版，第312页。

（2）规律性。对于社会主义建设的规律问题，我们党做了相当长时期的探索，直到十一届三中全会恢复和发展解放思想、实事求是的思想路线，总结历史经验又进行了大胆探索，才逐渐对中国社会主义建设的客观规律有了比较正确的深刻的认识。江泽民同志关于处理社会主义现代化建设中若干重大关系的讲话，体现了我们党对社会主义建设客观规律认识的深化。关于改革、发展、稳定三者关系的论述，体现了党在社会主义初级阶段"一个中心、两个基本点"的基本路线或战略布局，反映了社会主义建设的根本规律；关于速度和效益，经济建设和人口、资源、环境，第一、二、三产业，东部地区和中西部地区等关系的论述，反映了我们党对经济建设内部一些重要规律的认识；关于市场机制和宏观调控，公有制经济和其他经济成分，收入分配中国家、企业和个人，扩大对外开放和坚持自力更生，中央和地方等关系的论述，反映了我们党对于改革开放中一些重要规律的认识；关于国防建设和经济建设关系、物质文明建设和精神文明建设关系的论述，也是一些带有根本性的规律的反映。党中央制定的15年发展战略，就是建立在这种对客观规律的认识的基础之上的，是一个具有科学内涵的发展战略。

（3）可操作性。15年发展战略不仅提出了"九五"时期和2010年的主要奋斗目标，而且提出实现这些奋斗目标的关键，是要实行经济体制从传统的计划经济体制向社会主义市场经济体制的转变、经济增长方式从粗放型向集约型的转变，还提出了9条切实可行的重要方针，因而十四届五中全会既有战略性、指导性的特点，又有政策性、可操作性的要求。这样，有助于统一思想、统一行动，抓住机遇，满怀信心地迎接来自国内外的严峻挑战，在邓小平同志指出的建设有中国特色社会主义的道路上争取更大的胜利。

第五章 邓小平的治国"动力论"

> 邓成为中国历史上一个时代的象征。在这个时代，中国打破了它的封闭性，抛弃了意识形态中不切实际的华丽辞藻，并使之成为人民的共识。
>
> ——（美）卢西恩·派依

治理中国，不仅要明确根本任务是解放和发展社会生产力，而且要明确解放和发展生产力的根本动力是改革开放。这是邓小平同志的深刻见解。

1. 社会主义社会发展的动力释疑[①]

在建设、巩固与发展社会主义的问题上，长期以来没有解决的一个问题是：社会主义社会发展的动力是什么？

1.1 斯大林、毛泽东在社会主义社会发展动力问题上的探索

在斯大林领导下的苏联，理论界的观点是："精神上政治上的一致，苏联各族人民的友谊和苏维埃爱国主义是苏维埃社会发展的动力"。其理由是，在社会主义社会，生产关系同生产力已经完全适合，阶级矛盾与阶级斗争已经不存在，这在人类历史上第一次产生了社会在精神上政治上的

---

① 本文选自《李君如文集：邓小平理论研究》（上），湖南人民出版社2002年版，第186~192页，原题为《邓小平的"动力论"》。

一致，这种一致性是社会发展的新的历史规律、新的动力。斯大林曾经亲自论证过这一问题，说："现时苏维埃社会与任何一个资本主义社会不同的地方，就是在苏维埃社会里已没有什么彼此对抗敌视的阶级了，剥削阶级已被消灭了，而构成苏维埃社会的工人、农民和知识分子是在友爱合作基础上生活和工作着。……在这种共同性的基础上，也就有苏维埃社会在精神和政治上的一致、苏维埃各族人民友谊、苏维埃爱国主义这样一些动力扩展起来。"

他们这样说，并非否认社会主义社会中的矛盾，因为他们认为这些矛盾是非对抗性的矛盾，可以通过批评与自我批评来解决。所以苏联理论界关于动力问题的另一个表述是："批评与自我批评是社会主义社会发展的动力。"[1]苏联的这些观点，带有浓厚的主观空想性质，但在20世纪50年代初对我国有很大的影响。

我国进入社会主义社会以后，毛泽东同志研究了这一复杂的问题。首先，他不同意斯大林关于在社会主义社会中，生产力与生产关系完全适合的观点，强调在社会主义社会中基本的矛盾仍然是生产力与生产关系、经济基础与上层建筑之间的矛盾。这是他对马克思主义历史唯物论与科学社会主义的重大贡献。但是，由这一基本矛盾而决定的社会主义发展的直接动力是什么呢？他在1957年《关于正确处理人民内部矛盾的问题》中认为："许多人不敢公开承认我国人民内部还存在着矛盾，正是这些矛盾推动着我们的社会向前发展。"[2]这实际上认为人民内部矛盾是社会主义社会发展的直接动力。

但是在提出阶级斗争仍然是社会主义社会主要矛盾的错误观点后，尤其是在1962年提出"阶级斗争，一抓就灵"的说法后，他又逐渐认为社会主义社会生产力与生产关系、经济基础与上层建筑之间的矛盾集中表现为两个阶级、两条道路的矛盾与斗争，阶级斗争是社会主义社会发展的动力。一直发展到"文化大革命"，提出"抓革命，促生产"的口号，认为在社会主义条件下继续进行政治大革命是必要的，是加速社会生产力发展

① 康士坦丁诺夫主编：《历史唯物主义》第十一章，人民出版社1955年版，第518～532页。
② 《毛泽东文集》第七卷，人民出版社1991年版，第213页。

第五章　邓小平的治国「动力论」

的巨大的直接动力。但是实践雄辩地证明并宣告了这种社会主义发展"动力论"的错误。

1.2 邓小平的改革动力论

历史把这一理论难题留给了邓小平同志，同时也给邓小平同志探讨与解决这一难题提供了机会。

邓小平同志认为，社会主义社会发展的直接动力，既不是阶级斗争，也不是人民群众精神上政治上的一致，尽管它们在一定范围内也对社会主义的发展起着自己的作用。只有改革才是社会主义社会发展的真正动力。他在1978年年底提出："如果现在再不实行改革，我们的现代化事业和社会主义事业就会被葬送。"[①]事实验证了这一论断的科学性。

在农村改革中，党中央尊重群众愿望，积极支持农民进行家庭联产承包试验，8亿农民获得了对土地的经营自主权，加上基本取消农产品的统购派购，放开大部分农产品价格，从而使农业生产摆脱了长期停滞的困境，农村经济向着专业化、商品化、社会化迅速发展，广大城乡人民得到显著实惠，并且为城市改革提供了条件与经验。

经过从农村改革到城市改革逐步深入的实践，邓小平同志在1985年8月一次会见外宾时总结说："我们要发展生产力，对经济体制进行改革是必由之路"。[②]

1.3 为什么改革是社会主义发展的直接动力？

邓小平同志的改革动力论，其理论根据是什么呢？

动力论，是历史辩证法研究的对象。辩证法告诉我们，矛盾是事物发展的内在动力。在人类社会中，生产力与生产关系的矛盾、经济基础与上层建筑的矛盾，是社会结构内在的基本矛盾，也就是社会发展的基本动力。在阶级社会中，由于社会基本矛盾集中表现为两个阶级、两条道路的矛盾斗争，因而阶级斗争是阶级社会发展的直接动力。毛泽东同志的贡献，是找到了社会主义社会发展的基本动力。但他没有找到由基本动力所决定的社会主义社会发展的直接动力。应该看到，自从社会主义改造基本

---

① 《邓小平文选》第二卷，人民出版社1994年版，第150页。

② 《十一届三中全会以来重要文献选读》下，人民出版社1987年版，第908页。

完成，中国进入社会主义社会后，毛泽东同志在总结实践的经验教训后，曾经指出社会主义社会的基本矛盾同旧社会相比，具有根本不同的性质和情况，生产关系和生产力、上层建筑和经济基础之间"又相适应又相矛盾"，它可以经过社会主义制度本身不断地得到解决。这一见解十分重要，也很正确。但是社会主义怎么通过自身的力量来解决这些矛盾，毛泽东同志在当时没有找到明确的答案。后来由于反右派斗争扩大化等错误，毛泽东同志日益偏离这一思想，提出要用阶级斗争甚至像"文化大革命"那样的政治大革命来解决社会主义社会的基本矛盾，从而导致了一场灾难。邓小平同志在纠正毛泽东同志晚年错误的时候，继承了毛泽东哲学思想的遗产。他一方面肯定了毛泽东同志关于社会主义社会基本矛盾的科学论断，另一方面指出，社会主义的根本制度是适应生产力发展要求的，不适应的是社会主义的具体制度，包括经济体制、政治体制、教育体制、科技体制等。正因为如此，社会主义社会的基本矛盾不表现为两个阶级、两条道路的矛盾斗争。所以，用阶级斗争乃至于政治革命的形式来解决社会主义社会的基本矛盾，违背了这一矛盾的特点及其客观要求；用不改变社会主义根本制度的体制改革来解决社会主义社会的基本矛盾，才符合这一矛盾的特点及其客观要求，因而能经过社会主义制度自身来解决矛盾，推动社会主义的发展。

首先，改革是对社会主义旧体制的革命。由于社会主义社会基本矛盾的特殊性与复杂性，改革对于社会主义根本制度而言，是社会主义的自我完善与发展，这同"左"的与右的错误观点、错误做法有严格的界限。但对于具体制度而言，它不是对原有体制细枝末节的修补，而是对旧体制的根本性变革，是一场革命。党的十一届三中全会公报指出："实现四个现代化，要求大幅度地提高生产力，也就必然要求多方面地改变同生产力发展不相适应的生产关系和上层建筑，改变一切不适应的管理方式、活动方式和思想方式，因而是一场广泛、深刻的革命。"[①]党的十二届三中全会通过的经济体制改革的决定中，进一步强调我们要改革的是生产关系和上层建筑中不适应生产力发展的"一系列相互联系的环节和方面"。这就是

---

① 《十一届三中全会以来重要文献选读》上，人民出版社1987年版，第4页。

说，第一，改革的对象是生产关系与上层建筑中的具体"环节和方面"，而非社会主义根本制度；第二，改革的对象不是体制的某些问题，而是"一系列相互联系"的问题，即整体问题。把这两点综合起来，改革即是对于社会主义体制的一场革命。邓小平同志明确说过："这不是对人的革命，而是对体制的革命。"[①]正是在这个意义上，邓小平同志强调："改革是中国的第二次革命。"[②]改革的这种性质与特点，决定了它能够通过对社会主义体制的根本性变革，来完善和发展社会主义根本制度，进而促进生产力的迅速发展，所以改革是社会主义社会发展的直接动力。1985年9月邓小平同志在党的全国代表会议上深刻而精辟地指出："改革促进了生产力的发展，引起了经济生活、社会生活、工作方式和精神状态的一系列深刻变化。改革是社会主义制度的自我完善，在一定的范围内也发生了某种程度的革命性变革。这是一件大事，表明我们已经开始找到了一条建设有中国特色的社会主义的路子。"[③]

其次，改革的目的是解放生产力。过去我们的认识是：在民主革命与社会主义改造的时候，革命是解放生产力，在进入社会主义社会以后，党与国家的主要任务或根本任务就从解放生产力转到发展生产力上来了。党的八大是这样讲的，毛泽东同志在《关于正确处理人民内部矛盾的问题》中也是这样讲的。毛泽东同志说："我们的根本任务已经由解放生产力变为在新的生产关系下面保护和发展生产力。"[④]这种说法的实质，表明我们对社会主义社会基本矛盾的认识尚不深刻，没有认识到我们的社会主义体制中存在的严重弊端，即没有认识到社会主义社会中仍然存在着"束缚生产力发展"的问题。邓小平同志总结了历史的经验教训之后，指出了这一问题。并且提出要用改革来解决这一问题。这就给改革赋予了一个重大的历史使命：解放被旧体制束缚的生产力。新中国成立以来，我们创办了大量的工业企业，兴修了大量的农田水利等基本建设……，所有这些对中国经济的发展都起了积极的作用，但是，大量的资金投入与固定资产产生

① 《邓小平文选》第二卷，人民出版社1994年版，第397页。
② 《邓小平文选》第三卷，人民出版社1993年版，第113页。
③ 《邓小平文选》第三卷，人民出版社1993年版，第142页。
④ 《毛泽东文集》第七卷，人民出版社1999年版，第218页。

邓小平治国论

的效益却比预期的要低，工人、农民的劳动生产率不高。农村改革的奇迹就在于，国家对农业的投入并没有增加，相反农业投资的绝对额及其在总投资中的比重在20世纪80年代还大幅度下降，但是农业生产的增长速度，尤其是创造的农业总产值，却在大幅度增长。其原因就在于改革把过去长期积淀下来的潜在的生产力从束缚的状态中解放了出来。因为，体制尽管是生产关系与上层建筑的具体形式，但它的位置比生产关系与上层建筑的根本制度更接近于生产力，体制的变革能够直接解放生产力。邓小平同志从农村改革的经验中总结出："农村改革实际上是一场革命，其目的是解放生产力。"[①]1985年党中央在通过科技体制改革决定的时候，进一步指出："经济体制，科技体制，这两方面的改革都是为了解放生产力。"[②]1992年年初邓小平同志巡视南方时，他从理论上论证了这一问题，说："革命是解放生产力，改革也是解放生产力。推翻帝国主义、封建主义、官僚资本主义的反动统治，使中国人民的生产力获得解放，这是革命，所以革命是解放生产力。社会主义基本制度确立以后，还要从根本上改变束缚生产力发展的经济体制，建立起充满生机和活力的社会主义经济体制，促进生产力发展，这是改革，所以改革也是解放生产力。过去，只讲在社会主义条件下发展生产力，没有讲还要通过改革解放生产力，不完全。应该把解放生产力和发展生产力两个讲全了。"[③]这正是因为改革的目的是解放生产力，改革的实际进程也确实解放了生产力，所以它是直接推动社会主义社会发展的动力。

邓小平同志的"体制改革动力论"不仅同斯大林的"精神和政治一致动力论"、毛泽东同志晚年的"阶级斗争动力论"有根本的区别，而且在体制改革问题上，强调经济体制改革率先、政治体制改革相配套。实践证明，中国特色的社会主义发展的动力论，既是马克思主义的唯物史观在社会主义现代化建设中的应用，具有科学的基础，又是根据中国国情，在实践中总结出来的新鲜经验。它是中国特色社会主义建设理论中最重要的组

---

① 1984年11月21日新华社讯。

② 《十二大以来重要文献选编》，人民出版社1986年版，第656页。

③ 《邓小平文选》第三卷，人民出版社1993年版，第370页。

成部分。

2. 改革也是解放生产力[①]

邓小平同志在1992年视察南方的重要谈话中，论述了一个极其重要的观点："革命是解放生产力，改革也是解放生产力。"[②]在建设有中国特色社会主义的过程中，尤其在全面贯彻"一个中心、两个基本点"的基本路线的时候，我们必须深刻地领会这一马克思主义的观点。

2.1 崭新实践的崭新概括

长期以来，在马克思主义的教科书中盛行的观点是，社会主义革命的目的是解放生产力，社会主义建设的根本任务是发展生产力。毛泽东同志在《关于正确处理人民内部矛盾的问题》这一研究社会主义理论的经典性著作中，就说过："我们的根本任务已经由解放生产力变为在新的生产关系下面保护和发展生产力。"[③]这似乎成了不可更改的金科玉律。

然而，实践冲破了这一已经成为"经典"的理论观点。党的十一届三中全会以后，党从中国国情出发，领导了农村经济体制改革，用家庭联产承包责任制和政社分开的新体制取代了人民公社制度。结果，奇迹在中国古老的农村发生了。到1984年，粮食产量达到4.0730亿吨，比1978年的3.0477亿吨增加了1.0253亿吨，年平均增长1.708万吨；棉花产量达到625万吨，比1978年的216万吨增加了409万吨，年平均增长68万吨；油料产量达到1191万吨，比1978年的521万吨增加了670万吨，年平均增长111万吨。其间，种植业产值由988.6亿元增长到1966.7亿元，翻了一番；农业总产值由1458.8亿元增长到3390.7亿元，增长近1.4倍；农民人均纯收入也由133.6元增长到355.33元，增长1.5倍以上。农业生产的这种高速增长使我国基本上解决了温饱问题，也为中国的经济体制改革由农村转入城市提供了良好的示范效应。

---

① 本文选自《李君如文集：邓小平理论研究》（上），湖南人民出版社2002年版，第172~185页，原题为《论改革和解放生产力》。
② 《十三大以来重要文献选编》下，人民出版社1993年版，第2064页。
③ 《毛泽东文集》第七卷，人民出版社1999年版，第218页。

需要进一步研究的是，农业生产的这种奇迹是靠新的投入获得的，还是靠原有的投入获得的？统计数据表明，从农村改革之日起，农业投入的资金在全国基本建设总投资的比重呈逐年下降的走向，农业投资的绝对额也逐年减少。1979年为57.92亿元，1985年降为35.91亿元。农业投入的减少造成了农业发展后劲不足的问题，这是我国经济发展中的一个教训，它被及时发现并纠正了。但是，它也有力地证明了农村改革过程中农业生产的高速增长，不是靠新的投入获得的，而是靠原有的投入获得的，或者说主要是靠原有的投入获得的。那么，原有的投入为什么在旧体制下没有如此巨大的产出，而在今天会形成这样大的产出呢？除了从投入到产出有一定的周期这一原因外，如此高速的增长主要取决于联产承包责任制这种崭新的经济体制。

这就是说，我国过去在农业生产上的大量的投入，在旧体制下被严重地束缚了。是农村经济体制改革，把被束缚的生产力解放了出来。邓小平同志在1984年年底说："农村改革实际上是一场革命，其目的是解放生产力。"他在这个时候做出这样的结论不是偶然的，正是实践教育了我们：改革能够解放生产力。邓小平同志及时地总结了这一经验，并从理论上做了深刻而又精辟的概括。自此以后，他不断地阐述这一来自实践的新观点。譬如，1985年3月7日在全国科技工作会议上讲话时，又明确地指出："经济体制，科技体制，这两方面的改革都是为了解放生产力。"[①]同年8月与10月两次谈话中，反复强调改革是为了进一步解放生产力。1992年南方谈话，他用同过去的观点进行对比的方式，更加鲜明地论述了"革命是解放生产力，改革也是解放生产力"这一崭新的马克思主义观点。

2.2 "束缚生产力"与"解放生产力"

邓小平同志提出"改革也是解放生产力"这一命题的前提，是社会主义社会还存在着"解放生产力"的任务，也就是要承认社会主义条件下还存在着"束缚生产力"的现实。这是一个非常大胆的判断。

因为，按照科学社会主义经典性的传统观点，在以私有制为基础的，即剥削阶级占统治地位的社会里，随着生产力的发展，它会同日趋没落、

---

① 邓小平：《有理想、有道德、有文化、有纪律》，人民出版社1985年版，第3页。

腐朽的生产关系相对抗。当这种生产关系日益成为生产力发展的"桎梏"的时候，就要通过社会变革来解放被束缚的生产力，资本主义是私有制发展过程中最后一种完整的社会形态，当资本主义生产关系成为生产力发展的"桎梏"的时候，社会主义革命将担负起解放生产力的历史重任，即毛泽东说的："社会主义革命的目的是为了解放生产力。"①换言之，有"束缚生产力"的问题，才有"解放生产力"的任务。到了社会主义社会，因为以公有制为基础的生产关系与上层建筑基本上是适应生产力发展的性质与状况的，所以它能促进生产力的发展。毛泽东同志曾经明确地指出："所谓社会主义生产关系比较旧时代生产关系更能够适合生产力发展的性质，就是指能够容许生产力以旧社会所没有的速度迅速发展。"②也就是说，社会主义的优越性即在于能创造出比资本主义更高的劳动生产率。

但是，这样的论断要能够成立，必须具备两个条件：第一，这样的"社会主义生产关系"必须是科学意义上的，即真正的社会主义性质的生产关系，而非名为社会主义实为平均主义或其他非科学意义上的生产关系；第二，这样的"社会主义生产关系"必须伴随着生产力的发展而不断调节与完善自身的动态发展的生产关系，而非僵化的、封闭的生产关系。如果不具备这两个条件，不仅不能促进或持久地促进生产力的发展，而且会逐渐成为生产力发展的"桎梏"。

我国经过对生产资料私有制的社会主义改造，建立了社会主义的基本制度。这种制度比蒋介石国民党政府实行的经济、政治制度先进，因此显示了它的明显的优越性，解放和发展了生产力。但是长期的实践证明，我们建立的社会主义经济制度，即现实的社会主义生产关系，在它一系列相互联系的环节和方面，还存在着"束缚生产力"的种种弊端。其一，在我们建立的经济体制中，存在着政企职责不分，条块分割，国家对企业统得过多过死，企业内实行的"铁饭碗""铁工资""铁交椅"等平均主义的分配制度等，这一切并不符合社会主义生产关系的性质和要求。其二，

① 《毛泽东文集》第七卷，人民出版社1999年版，第1页。
② 《毛泽东文集》第七卷，人民出版社1999年版，第214页。

邓小平治国论

在现实的社会主义经济制度中，僵硬的计划经济，自我封闭，忽视商品生产、价值规律的调节功能，又使本来应该生机盎然的社会主义经济在很大程度上失去了活力。出现这些弊端，是由于我们对于如何进行社会主义建设经验不足，是由于我们长期以来在对社会主义的理解上形成了若干不适合实际情况的固定观念乃至于各种"空想"，是由于我们党在指导思想上受"左"的错误的严重影响，排斥商品经济与现代资本主义的一切有用经验而造成的。

邓小平同志在1978年已经提出这些问题。同年9月16日，他在《高举毛泽东思想旗帜，坚持实事求是的原则》一文中指出，社会主义制度优越性的根本表现，就是能够允许社会生产力以旧社会所没有的速度迅速发展，"如果在一个很长的历史时期内，社会主义国家生产力发展的速度比资本主义国家慢，还谈什么优越性？"[1]接着，10月11日在中国工会第九次全国代表大会上致词时，他提出加快实现四个现代化的步伐是一场伟大的革命，"这场革命既要大幅度地改变目前落后的生产力，就必然要多方面改变生产关系，改变上层建筑，改变工农业企业的管理方式和国家对工农业企业的管理方式，使之适应现代化大经济的需要。"[2]那么，为什么社会主义的优越性尚未充分地发挥出来？为什么我们在改变落后的生产力时要多方面改变生产关系、上层建筑及其管理方式呢？12月13日，他在《解放思想，实事求是，团结一致向前看》这一著名的报告中，分析了我们的管理方法、管理制度与经济改革中存在的问题，包括"机构臃肿，层次重叠，手续繁杂，效率极低"和"政治空谈往往淹没一切"等严重的官僚主义。他言简意赅地指出："这并不是哪一些同志的责任，责任在于我们过去没有及时提出改革。但是如果现在再不实行改革，我们的现代化事业和社会主义事业就会被葬送。"[3]这里实际上已经提出了在我国社会主义现实的生产关系与上层建筑中还存在着束缚生产力发展，使社会主义优越性未能充分显示出来的问题。

① 《邓小平文选》第二卷，人民出版社1994年版，第128页。
② 《邓小平文选》第二卷，人民出版社1994年版，第135页。
③ 《邓小平文选》第二卷，人民出版社1994年版，第150页。

党的十一届三中全会以后，邓小平同志从各种不同的角度，进一步分析了现实的社会主义中存在的问题。他指出，第一，现实的社会主义中存在着旧社会历史遗留下来的严重影响。1979年3月在《坚持四项基本原则》中，他分析说："社会主义的中国在经济、技术、文化等方面现在还不如发达的资本主义国家，这是事实。但是这不是社会主义制度造成的，从根本上说，是解放以前的历史造成的，是帝国主义和封建主义造成的。"[①]第二，现实的社会主义在其通行的一些具体制度中存在着不少的弊端。1980年8月18日在著名的《党和国家领导制度的改革》一文中，他尖锐地提出："党和国家现行的一些具体制度中，还存在不少的弊端，妨碍甚至严重妨碍社会主义优越性的发挥。如不认真改革，就很难适应现代化建设的迫切需要，我们就要严重地脱离广大群众。"[②]这里，邓小平同志区分了社会主义的"基本制度"与"具体制度"这两个范畴，深化了对于新社会主义制度的层次性认识。至于邓小平同志在这里提出的"弊端"问题，既有旧社会历史造成的思想影响问题，更有因我们对科学社会主义的误解以及在实践中出现的各种空想而建立的体制问题。邓小平同志说："我们过去发生的各种错误，固然与某些领导人的思想、作风有关，但是组织制度、工作制度方面的问题更重要。这些方面的制度好可以使坏人无法任意横行，制度不好可以使好人无法充分做好事，甚至会走向反面。"[③]这以后，他多次论及体制改革的任务，并且强调这是一场革命。党的十二届三中全会对邓小平的这些思想与改革开放的实践经验做了系统的总结，提出了"从根本上改变束缚生产力发展的经济体制"这一命题。会议通过的《中共中央关于经济体制改革的决定》指出：社会主义的优越性之所以没有得到应有的发挥，"除了历史的、政治的、思想的原因之外，就经济方面来说，一个重要的原因，就是在经济体制上形成了一种同社会生产力发展要求不相适应的僵化的模式。"[④]这种模式的弊端"严重压抑了企业和广大职工群众的积极性、主动性、创造性，使本来应该生

① 《邓小平文选》第二卷，人民出版社1994年版，第166页。
② 《邓小平文选》第二卷，人民出版社1994年版，第327页。
③ 《邓小平文选》第二卷，人民出版社1994年版，第333页。
④ 《十二大以来重要文献选编》下，人民出版社1987年版，第769页。

邓小平治国论

机盎然的社会主义经济在很大程度上失去了活力。"①

由此可见，邓小平同志和党中央提出改革开放问题的基本思路是：社会主义优越性没有充分发挥是因为现实的社会主义在体制上存在着"束缚生产力发展"的弊端；既然有"束缚"，就会有"解放"，即通过改革来"解放生产力"的问题。邓小平同志的南方谈话，进一步从理论上概括了这一基本的思路。

2.3 社会主义改革与解放生产力

革命是解放生产力，这是马克思主义的基本观点。在政治革命推翻了旧制度，社会主义根本制度建立起来以后，还要通过改革来解放生产力，是邓小平同志对马克思主义的新贡献。

邓小平同志的这个思想，指明了社会主义条件下解放生产力的根本途径是改革。应该讲，中国共产党人早在20世纪50年代中期已经注意到，在社会主义社会里仍然存在着生产关系与生产力，上层建筑与经济基础之间的矛盾。毛泽东同志指出："总之，社会主义生产关系已经建立起来，它是和生产力的发展相适应的；但是，它又还很不完善，这些不完善的方面和生产力的发展又是相矛盾的。除了生产关系和生产力发展的这种又相适应又相矛盾的情况以外，还有上层建筑和经济基础的又相适应又相矛盾的情况。"②这种观点在国际共产主义运动中是中国共产党人最早提出的，无疑对马克思主义的研究有创造性的贡献。也就是说，中国共产党人较早地注意到了，在社会主义条件下还要解放生产关系与上层建筑不适应生产力发展这一矛盾的艰巨任务。可惜，在"左"的指导思想下，我们常把这种矛盾归结为阶级矛盾，总是通过政治运动，乃至于政治大革命的方式来解决社会主义社会的基本矛盾，以促进生产力的大发展。所谓"无产阶级专政下的继续革命"理论，集中地体现了这种观点。实践证明，抓阶级斗争促生产力发展的模式，到头来总是破坏生产力的发展。今天，有些人仍然迷恋着"以阶级斗争为纲"的旧思路，以为它能帮助与保证我们的社会主义现代化事业，这是一种极其有害的"空想"。与此相反，党的十一届

---

① 《十二大以来重要文献选编》下，人民出版社1987年版，第770页。

② 《毛泽东著作选读》第七卷，人民出版社1999年版，第215页。

三中全会以来，在党与政府的领导下，有计划、有步骤、有秩序地推进的社会主义改革，在根本上改变束缚生产力发展的经济体制的过程中，不仅解放了原有的生产力，而且在新的经济体制下发展了新的生产力。"改革也是解放生产力"即是这种实践经验的科学概括与理论总结。它纠正了"以阶级斗争为纲"解放生产力的旧思路，找到了社会主义条件下解放生产力的正确途径。

为什么在社会主义条件下，只有改革才能解放生产力呢？

改革能够解放生产力，是因为改革的锋芒所向是旧体制。在生产关系的大系统中，经济体制作为生产关系各个环节的具体形式，同生产力有着直接的联系。生产关系促进或束缚生产力，总是通过经济体制来实现的。邓小平同志早就指出，对体制的革命要比对人的革命更为深刻。经济体制的改革不仅能够解放被旧体制束缚了的劳动者的积极性、主动性与创造性，而且能够解放对被束缚了的劳动者与劳动资料进行技术更新的能力，使得科学技术转化为强大的现实生产力，还能够解放未被充分开发与利用的劳动对象。比如，在农村改革中，不仅提高农业劳动生产率，而且在10年中把近7亿的农业劳动力从种植业释放出来，转移到其他部门和行业，使生产要素得到了合理的调整与组合，解放了劳动力。从1983年到1987年的5年里，仅乡镇企业创造的总产值就有13202.6亿元，其中1989年一年实现总产值7530亿元，相当于1978年全国社会总产值。1989年乡镇企业上交国家税金达360亿元，创汇100亿元，为国家财政收入的增加做出了巨大的贡献。这种生产能力即是靠改革解放出来的。又比如，城市经济体制改革也是如此。党中央和国务院决定，1978年10月起，在四川省宁江机床厂等6个企业先行试点。试点企业在完成国家计划的前提下，可以增产市场需要的产品，或承接来料加工；可以在全面完成国家计划的情况下，实行利润留成和提取企业基金；可以提拔中层干部，不需经上级批准；可以销售商业部门不收购的产品和试销新产品；等等。仅仅这些放权让利措施，就使企业有了经营自主权，职工有了生产的主动性与积极性。到1979年8月，四川省的企业改革试点单位迅速发展到84个。据该省人民政府有关部门对这84个试点企业的考察，1979年头8个月的产值和实现利润，分别比

邓小平治国论

1978年同期增长了14.1%和21.8%。这同全省非试点企业相比,平均增长幅度高出39.3%和1倍以上。产品质量的提高和品种的增加都比一般企业好。由此可见,无论是农村改革,还是城市改革,都雄辩地证明了:"改革也是解放生产力"是一个颠扑不破的客观真理。

与此同时,我们应该注意到,"改革也是解放生产力"这一命题,正是"革命是解放生产力"这一命题的展开与深化。"革命是解放生产力",这是马克思主义的常识。社会主义改革与社会主义革命既有一定的差异性,又有直接的同一性。关于社会主义革命,马克思主义经典作家有许多论述。总起来说,它是以建成社会主义为目标的社会革命。我国的社会主义改造是社会主义革命的重要步骤,但社会主义革命不局限于此。毛泽东同志在我国进入社会主义之初就说过:"我国的社会主义制度还刚刚建立,还没有完全建成。"[①]他后来多次论述过一个重要的问题:工作重点转到建设上来并不是革命的终结,而是社会主义革命进入到新的阶段。1957年3月底他在上海党的干部会议上甚至明确地说过:"现在是一个转变时期,在我们面前的新任务,就是建设。建设也是一种革命,就是技术革命和文化革命。"对此,《中共中央关于建国以来党的若干历史问题的决议》讲得很明确:"社会主义不但要消灭一切剥削制度和剥削阶级,而且要大大发展社会生产力,完善和发展社会主义的生产关系和上层建筑,并在这个基础上逐步消灭一切阶级差别,逐步消灭一切主要由于社会生产力发展不足而造成的重大社会差别和社会不平等,直到共产主义的实现。这是人类历史上空前伟大的革命。我们现在为建设社会主义现代化国家而进行的斗争,正是这个伟大革命的一个阶段。"[②]更重要的是,我国对生产资料私有制的社会主义改造,尽管取得了历史性的成就,但由于我们对于我们所要建立的社会主义模式,在当时缺乏足够的经验与科学的认识,最终建立的是苏联模式的社会主义,因此党随着实践的发展与认识的深化,不得不在社会主义制度建立以后,继续探索生产关系与上层建筑的变革问题,以建立符合中国实际的社会主义的具体形式及其实现途径。

① 《毛泽东文集》第七卷,人民出版社1999年版,第214页。
② 《十一届三中全会以来重要文献选读》上,人民出版社1987年版,第351页。

毛泽东同志与党中央在1956年已经觉察到这一问题，并做了一系列可贵的探索，但几次探索几次夭折，终未获得成功。邓小平同志在党的十一届三中全会后，总结了历史的经验教训，开辟了改革开放的新途径，提出了中国特色社会主义的新目标，为完成毛泽东同志的未竟事业进行了有益的探索，获得了巨大的成功。邓小平同志把改革开放看作是社会主义制度的自我完善与发展，是为了区别于推翻旧的上层建筑并进而改造旧的生产关系的以阶级斗争为特点的政治革命与社会革命，但是，这种完善与发展的实质仍是对生产关系与上层建筑进行符合生产力发展要求的变革。正是在这一点上，它具有革命的意义，是社会主义革命的深入与展开。或者讲，改革是和平建设时期的社会主义革命，是社会主义制度自我完善与发展的最好形式。所以，"改革也是解放生产力"这一命题，是"革命是解放生产力"这一命题在建设社会主义时期的现实的展开与深化。正因为如此，改革能够解放生产力，也必须以"解放生产力"作为自己的根本任务。

2.4 "解放生产力"与"发展生产力"

邓小平同志在论述"改革也是解放生产力"时指出："应该把解放生产力和发展生产力两个讲全了。"[1]这个观点符合社会主义社会基本矛盾运动的特点。众所周知，社会主义基本制度确立以后，生产关系与生产力之间处于"又相适应又相矛盾"的状况之中。"相适应"，决定了社会主义能够促进生产力的发展；"相矛盾"，决定了社会主义社会中仍然有一个解放生产力的任务。我们强调社会主义的优越性，指出社会主义能够促进生产力的发展，这当然是正确的。但这不等于现实的社会主义已经没有任何缺陷与弊端了。当我们和世界一些发达的国家，以及亚洲"四小龙"之间的差距日益拉大的情况下，仍然陶醉于理论上的"优越性"，而无视现实中的弊端的时候，或只肯定已经显现的部分优越性，忽视我们的缺陷的时候，我们的社会主义现代化事业就会出现严重的危机。

事实上，只讲发展生产力，不讲解放生产力，并不能真正有效地发展生产力。自从新中国成立后有计划地组织经济建设以来，我们为了发展生产力，做了大量的工作。虽然同旧社会相比，也取得了显著的成绩，但

① 《邓小平文选》第三卷，人民出版社1993年版，第370页。

按照社会主义的本质要求来讲，我们的劳动生产率、经济效益并不理想，同发达的资本主义国家相比，差距甚大。经济学专家分析了我国经济增长因素，并把它同其他国家比较之后，指出：我国经济增长是资本投入型增长，且投入产出水平很低，经济效益很差。见下表。

经济增长因素国际比较

单位：%

年份\指标 \ 国别地区	中 国	美 国	联邦德国	日 本	韩 国
	1954～1984	1948～1969	1950～1962	1953～1976	1963～1976
国民收入增长率	11.9	4.00	6.27	8.81	9.28
总要素耗费增长率	9.68	2.09	2.78	3.95	5.68
劳动	3.21	1.30	1.37	1.85	3.47
资本	6.65	0.79	1.41	2.10	2.21
单位要素投入产出率	2.04	1.91	3.49	4.86	3.60

此表说明，我国国营工业部门的国民收入的11.90%的增长率中，由总要素耗费（根据劳动耗费指数、固定资产耗费指数、流动资金耗费指数等计算出来的综合要素耗费指数）增加所带来的为9.86%，在总增长率中所占比重为82.86%，而美国所占比重为52.25%、联邦德国为44.34%、日本为44.84%、韩国为61.21%，我国要比其他国家高出许多。而单位要素投入产出率（根据企业资源配置效益、规模经济效益、资本效益和劳动效益计算出来的投入产出综合指数）则呈相反的状况，要低于联邦德国、日本和韩国等。这表明我国经济增长主要依赖投入的增加。进一步分析投入增加的结构，又可以发现，在我国国营工业部门总要素耗费增加的作用率中，由资本投入增加所带来的增长作用率为6.65%，而由劳动投入所带来的增长作用率仅仅是3.21%，这就进一步表明我国经济增长不仅主要依靠投入的增长，而且又主要依靠资本投入的增长。也就是说，我国社会主义建设进程中取得的成就，主要是靠国家大量的资金投入获得的，并不是依

靠劳动生产率的提高获得的。不仅如此，深入的调查表明，国家在国营工业部门大量投入的国有资产，有相当一部分投入就沉淀下来，处于闲置状态。因此投入的产出水平相当低。造成诸如此类问题的根子，在于我们的经济体制不合理，保护落后，缺乏活力。因此，发展生产力不能离开解放生产力来空谈所谓"发展"。可以设想一旦我们把体制搞活了，不增加新的投入，就可以在解放原有生产力的过程中，使新的生产力获得大发展。仅以上述对比表为例，倘若我们达到韩国的水平，总要素耗费增长率只占国民收入增长率的61.21%，即由82.86%下降了21.65%，我们就可以使国民收入增长率达到16.11%，比11.90%增加4.21%。由此可见，在现实的社会主义社会里，"解放生产力"与"发展生产力"虽有不同的涵义，但又是相互联系、相互支持的。

总之，我们不仅要强调社会主义条件下能够发展生产力，还要进一步强调社会主义条件下必须通过改革，即从根本上变革束缚生产力发展的经济体制，来解放生产力，这在现实的中国早已超出纯经济的范围，成为一个现实而又迫切的政治问题。

3. 邓小平是社会主义市场经济理论的奠基者

邓小平同志对中国经济体制改革的理论和实践的最大贡献，是提出了社会主义也可以搞市场经济的科学论断；邓小平同志对中国特色社会主义的理论和实践的最大贡献，是他奠基的社会主义市场经济理论。深入学习和研究邓小平同志奠基的社会主义市场经济理论，对于我们今天全面深化改革，具有重大的指导意义。

3.1 开天辟地第一声："社会主义也可以搞市场经济。"

我国确立社会主义市场经济体制的改革目标，是党的十四大。这是中国共产党的伟大创举，这已经写在党的历史上。社会主义市场经济体制的理论基础，是社会主义市场经济理论。这一理论是在改革开放实践中逐步形成和完善、发展起来的，其奠基者是中国改革开放的总设计师邓小平。

为什么这样说呢？有8件事可以佐证：

第一件事，在党的十一届三中全会提出扩大农民生产经营自主权时，邓小平同志就已经提出可以用价值规律来解决国家经济计划与农民自主经营之间的矛盾。十一届三中全会一个重要的决策，是为了改变我国经济管理体制权力过于集中的问题，扩大生产队的自主权。邓小平同志在全会的主题报告《解放思想，实事求是，团结一致向前看》中说，这是"当前最迫切"的问题。由"自主权"带来了一个深刻的问题：一方面，整个经济体制实行的是计划经济，另一方面，生产队和农民又可以自主决定生产什么，生产队和农民的自主生产会不会影响经济计划的完成，这两者怎么对接？在邓小平同志亲笔写的《解放思想，实事求是，团结一致向前看》报告的提纲中，他提出并回答了这个问题。他说："自主权与国家计划的矛盾，主要从价值法则、供求关系（产品质量）来调节。"[①]邓小平同志当年的思想，就是通过市场经济的价值法则来调节自主权与国家计划的矛盾。他把这个办法称为"经济民主"，是"用经济的方法管理经济"。[②]由此可见，"自主权"这三个字很简单，但是在计划经济体制中撕开了一个口子。后来小岗村的家庭联产承包责任制，就是在此基础上的突破。

第二件事，在领导拨乱反正时，邓小平同志明确提出了"社会主义也可以搞市场经济"。1979年11月26日，邓小平同志在会见美国不列颠百科全书出版公司副总裁吉布尼和加拿大麦吉尔大学东亚研究所主任林光达等外宾时，当林光达提问中国是不是"需要在社会主义计划经济的指引之下，扩大非资本主义的市场经济作用"时，邓小平同志回答说："说市场经济只存在于资本主义社会，只有资本主义的市场经济，这肯定是不正确的。社会主义为什么不可以搞市场经济，这个不能说是资本主义。我们是计划经济为主，也结合市场经济，但这是社会主义的市场经济。"[③]在这里，邓小平同志虽然认为社会主义经济是以计划经济为主的经济，但是提出了"社会主义也可以搞市场经济"的明确论断。这一论断的意义，是明确了中国经济体制改革的市场化取向。后来在党的经济政策中，尽管出现

第五章　邓小平的治国「动力论」

---

① 《邓小平年谱（1975—1997年）》（上），中央文献出版社2004年版，第445～446页。
② 《邓小平文选》第二卷，人民出版社1994年版，第145、150页。
③ 《邓小平文选》第二卷，人民出版社1994年版，第236页。

过"在计划经济指导下发挥市场调节的辅助作用""计划调节和市场调节相结合"等提法，其共同特点是突破单一计划经济体制的束缚，按照市场化的取向推进改革。

第三件事，在提出和研究到2000年"翻两番"即"奔小康"的战略任务时，邓小平同志在调查研究过程中指出"市场经济很重要"。1983年2月6日，邓小平同志到苏州调研。7日在同江苏省和苏州市领导座谈2000年能不能实现"翻两番"的目标时，他听到省委负责同志说社队工业是计划经济体制外的东西，实行的是市场经济体制这一介绍时，不但没有做任何批评，反而讲了一句让江苏人至今记忆犹新的话："看来，市场经济很重要。"①

第四件事，在推进农村改革向城市改革发展，指导经济体制全面改革时，邓小平同志以十分明确的态度肯定发展社会主义商品经济是"马克思主义的基本原理和中国社会主义实践相结合的政治经济学"。1984年10月召开的党的十二届三中全会是推动中国改革从农村到城市发展的历史性会议，会议通过的《中共中央关于经济体制改革的决定》指出，加快以城市为重点的整个经济体制改革的步伐，是当前我国形势发展的迫切需要。这个决定的最大贡献，是突破了把计划经济和商品经济对立起来的传统观念，明确社会主义经济是公有制基础上的有计划的商品经济，提出了发展社会主义商品经济的改革目标。对这个决定，邓小平同志给予了极高的评价，他说："这次经济体制改革的文件好，就是解释了什么是社会主义，有些是我们老祖宗没有说过的话，有些新话。""我的印象是写出了一个政治经济学的初稿，是马克思主义基本原理和中国社会主义实践相结合的政治经济学，我是这么个评价。"②由于这个决定突破了社会主义经济是计划经济的传统观念，对于后来进一步提出和形成社会主义市场经济的理论和体制，具有决定性的意义。

第五件事，在全面改革推进过程中，邓小平同志针对改革中出现的思想困惑提出"社会主义和市场经济不存在根本矛盾"。十二届三中全会

---

① 《邓小平年谱（1975—1997年）》（下），中央文献出版社2004年版，第886~887页。
② 《邓小平文选》第三卷，人民出版社1993年版，第91、83页。

邓小平治国论

后，改革热潮在全国迅速兴起，与此同时，在物价、货币、工资改革中也出现了许多问题，特别是出现了腐败和滥用权力等人民群众极不满意的问题，于是在人们的思想中出现了各种各样的议论和争论。1985年10月23日，邓小平同志在会见美国时代公司组织的美国高级企业家代表团，回答了海内外关心的问题时指出："但是我们有信心，我们的党、我们的国家有能力逐步克服并最终消除这些消极现象。"①当有人问"这种现象是否反映了一个潜在的、很难解决的矛盾，即市场经济和社会主义制度之间的矛盾"时，邓小平同志回答说："社会主义和市场经济之间不存在根本矛盾。问题是用什么方法才能更有力地发展社会生产力。我们过去一直搞计划经济，但多年的实践证明，在某种意义上说，只搞计划经济会束缚生产力的发展。把计划经济和市场经济结合起来，就更能解放生产力，加速经济发展。"②

第六件事，在1986年"学潮"发生后，针对有人对市场化改革提出的质疑，小平同志指出"计划和市场都是发展生产力的方法"，并提出以后不要再讲"计划经济为主"了。1987年2月6日，他在同中央几位负责同志谈十三大的筹备及十三大报告的起草工作时鲜明地指出："为什么一谈市场就说是资本主义，只有计划才是社会主义呢？计划和市场都是方法嘛。只要对发展生产力有好处，就可以利用。它为社会主义服务，就是社会主义的；为资本主义服务，就是资本主义的。好像一谈计划就是社会主义，这也是不对的，日本就有一个企划厅嘛，美国也有计划嘛。我们以前是学苏联的，搞计划经济。后来又讲计划经济为主，现在不要再讲这个了。"③这一论断，在我们党形成社会主义市场经济理论的过程中是一个重要的进展。

第七件事，在国内外政治风波发生后，有人对市场经济的改革提出"姓社姓资"的质疑，邓小平同志经过深入思考，在原有认识的基础上进一步明确指出"计划多一点还是市场多一点，不是社会主义与资本主义的本质区别。计划经济不等于社会主义，资本主义也有计划；市场经济不

① 《邓小平文选》第三卷，人民出版社1993年版，第148页。
② 《邓小平文选》第三卷，人民出版社1993年版，第148页。
③ 《邓小平文选》第三卷，人民出版社1993年版，第203页。

等于资本主义，社会主义也有市场"。他在1990年12月24日就提醒大家："我们必须从理论上搞懂，资本主义与社会主义的区分不在于是计划还是市场这样的问题。社会主义也有市场经济，资本主义也有计划控制。""不要以为搞点市场经济就是资本主义道路，没有那么回事。"[①]1991年1月28日到2月18日，他在上海视察期间又一次强调"不要以为，一说计划经济就是社会主义，一说市场经济就是资本主义，不是那么回事，两者都是手段，市场也可以为社会主义服务。"[②]特别是在1992年南方谈话这一开辟改革开放新阶段的宣言书中，邓小平同志强调指出："计划多一点还是市场多一点，不是社会主义与资本主义的本质区别。计划经济不等于社会主义，资本主义也有计划；市场经济不等于资本主义，社会主义也有市场。"[③]这就为我们党在十四大创立社会主义市场经济理论、明确社会主义市场经济体制的改革目标，奠定了思想理论基础。

第八件事，在江泽民同志提出中国的经济体制改革目标是"社会主义市场经济体制"时，邓小平同志明确表示赞成，而且说"深圳就是社会主义市场经济"。1992年6月9日，江泽民同志在中央党校省部级干部进修班上，对于经济体制改革目标讨论中提出的几种说法，表态说："我个人的看法，比较倾向于使用'社会主义市场经济体制'这个提法。"[④]6月12日，邓小平同志在住地同江泽民同志谈话时，明确表示赞成使用"社会主义市场经济体制"这个提法，他说："实际上我们是在这样做。我讲过深圳有个四分之一和四分之三的问题，四分之三就是社会主义，深圳就是社会主义的市场经济。不搞市场经济，没有竞争，没有比较，连科学技术都发展不起来。产品总是落后，也影响到消费，影响到对外贸易和出口。"[⑤]他还说："可以先发内部文件，反映好的话，就可以讲。这样，十四大也就有了一个主题了。"[⑥]正是邓小平同志对经济体制改革目标是建立社会主

① 《邓小平文选》第三卷，人民出版社1993年版，第364页。
② 《邓小平文选》第三卷，人民出版社1993年版，第367页。
③ 《邓小平文选》第三卷，人民出版社1993年版，第373页。
④ 《江泽民文选》第一卷，人民出版社2006年版，第202页。
⑤ 《江泽民文选》第二卷，人民出版社2006年版，第290页。
⑥ 《江泽民文选》第二卷，人民出版社2006年版，第290页。

邓小平治国论

义市场经济这样明确的表态，使得我们党从十四大开始，以积极自觉的态度投入了社会主义市场经济的实践创新、理论创新和制度创新。

讲了这八件大事，我们可以做一个结论了：我国确立社会主义市场经济体制的改革目标，是党的十四大；社会主义市场经济体制的理论基础，是社会主义市场经济理论，这一理论的奠基者是中国改革开放的总设计师邓小平。

3.2 破解传统思维定势的钥匙："资本主义与社会主义的区分不在于是计划还是市场这样的问题。"

提出"社会主义也可以搞市场经济"，创立社会主义市场经济理论，建立社会主义市场经济体制，之所以是中国共产党的伟大创举，是因为在传统的理论中，不论是马克思主义政治经济学，还是西方经济学，都认为计划经济是社会主义的本质特征、市场经济是资本主义的本质特征。邓小平同志的科学论断，突破了这种种经济理论的固有观念及其思维定势。

需要深入研究的是，邓小平同志是怎么突破、怎样创新的？或者说，社会主义也可以搞市场经济的根本依据是什么？

有一种认识，认为小平同志提出这一论断，是坚持从社会主义初级阶段实际出发的必然结果。小平同志始终强调要坚持实事求是，并由此提出我国现在处在并将长期处在社会主义初级阶段。这是他提出"一个中心、两个基本点"的基本路线的立论的根据，社会主义市场经济的理论构想和制度设计也是以此为依据提出的。

但是对这一思想的解读不能简单化。如果简单地说，社会主义初级阶段要搞社会主义市场经济，也就是说，社会主义初级阶段是搞社会主义市场经济的依据，那么，初级阶段结束后，社会主义要不要坚持搞社会主义市场经济呢？这就有问题了。

我们应该认识到，小平同志强调我们的工作要从社会主义初级阶段这一基本国情出发，强调的重点是我国虽然已经进入了社会主义社会，但生产力落后，社会主义还没有取得同资本主义相比较的优势。因此，邓小平同志一再强调，社会主义的根本任务是发展社会生产力。也就是说，邓小平同志提出发展社会主义市场经济，是为了解放和发展社会主义社会的生产力，是为了让社会主义的优越性更好地发挥出来，以赢得同资本主义相比较的优势。

如果重温一下小平同志的南方谈话，我们可以注意到，他在论述"计划多一点还是市场多一点，不是社会主义与资本主义的本质区别"这一问题时，明确指出"社会主义的本质，是解放生产力，发展生产力，消灭剥削，消除两极分化，最终达到共同富裕。"①也就是说，小平同志著名的社会主义本质理论是作为社会主义市场经济的理论根据提出来的。

由此可见，邓小平同志破解传统的计划经济思维的钥匙，是他对于社会主义本质的科学认识；邓小平同志提出社会主义也可以搞市场经济，并最终形成社会主义市场经济理论的依据，是他提出的社会主义本质理论。认识这一点，非常重要！

第一，同社会主义本质相联系的社会主义市场经济理论，阐明了发展社会主义市场经济不仅是初级阶段的要求，而且更是社会主义本质的要求。也就是说，即使我们完成了社会主义初级阶段的任务，我国已经成为一个中等发达的国家，只要我们的经济社会发展还没有取得同资本主义相比较的优势，我们就要始终坚持发展社会主义市场经济。

第二，同社会主义本质相联系的社会主义市场经济理论，阐明了发展社会主义市场经济，归根到底，是要解放和发展社会主义社会的生产力，以巩固和发展社会主义。邓小平同志在说明为什么要发展市场经济时一再指出："我们发挥社会主义固有的特点，也采用资本主义的一些方法（是当作方法来用的），目的就是要加速发展生产力。"②他还说："中国不走这条路，就没有别的路可走。只有这条路才是通往富裕和繁荣之路。"③事实也证明，我国改革开放36年就发展成为世界第二大经济体，靠的就是社会主义市场经济。

第三，同社会主义本质相联系的社会主义市场经济理论，阐明了发展社会主义市场经济，既要充分发挥市场的作用，又要加强政府的宏观调控

---

① 《邓小平文选》第三卷，人民出版社1993年版，第373页。
② 《邓小平文选》第三卷，人民出版社1993年版，第149页。
③ 《邓小平文选》第三卷，人民出版社1993年版，第149页。

邓小平治国论

作用。早在1982年10月，小平同志就已经提出："社会主义同资本主义比较，它的优越性就在于能做到全国一盘棋，集中力量，保证重点。缺点在于市场运用得不好，经济搞得不活。计划与市场的关系问题如何解决？解决得好，对经济的发展就很有利，解决不好，就会糟。"①因此在他决定发展市场经济，搞活经济的同时，一直在思考怎样在这样的条件下发挥社会主义的优越性。在1988年9月发表的《中央要有权威》等文章中，邓小平同志一方面肯定我们发展社会主义市场经济的路子是对的，另一方面强调在发展社会主义市场经济的过程中要加强宏观调控。同时，他还指出这种宏观调控，不同于计划经济年代的管理。他说："过去我们是穷管，现在不同了，是走向小康社会的宏观管理。"②

第四，同社会主义本质相联系的社会主义市场经济理论，阐明了发展社会主义市场经济，一定会以市场为纽带，同世界相联系，学习和借鉴人类社会创造的一切文明成果，用以发展中国的社会生产力。由于社会主义是建立在社会化生产的基础上的，学习和借鉴反映现代社会化生产规律的东西，就能够在与时俱进中，不断在新的生产力基础上巩固和发展社会主义。邓小平同志在1992年南方谈话中就说过："社会主义要赢得与资本主义相比较的优势，就必须大胆吸收和借鉴人类社会创造的一切文明成果，吸收和借鉴当今世界各国包括资本主义发达国家的一切反映现代社会化生产规律的先进经营方式、管理方法。"③

第五，同社会主义本质相联系的社会主义市场经济理论，阐明了发展社会主义市场经济，不仅要推进社会化生产的发展，还要探索以"最终达到共同富裕"为目的的社会主义发展路径。小平同志明确地说过："社会主义与资本主义不同的特点就是共同富裕，不搞两极分化。"④对于共同富裕，小平同志既是从社会主义的"本质"和"最终目的"上来定义的，又是作为一个"过程"来定义的，即要求我们"逐步"实现共同富裕。因此，共同富裕在社会主义社会，既是一个"最终目的"，又是一个逐步实

① 《邓小平文选》第三卷，人民出版社1993年版，第16页。
② 《邓小平文选》第三卷，人民出版社1993年版，第278页。
③ 《邓小平文选》第三卷，人民出版社1993年版，第373页。
④ 《邓小平文选》第三卷，人民出版社1993年版，第123页。

现的"过程"。这就要求我们，既不能坠入空想，把"最终目的"当作当下就能够实现的目的，也不能忘记甚至偏离目的，不断拉大差距。这就需要在发展社会主义市场经济的过程中，通过适当的政策和方法，一步一步地去接近这个"最终目的"，而不是远离这个"最终目的"。

经过这样的分析，我们就可以认识到，邓小平同志提出发展社会主义市场经济的根本依据是什么、要求是什么。从中我们可以进一步思考，中国为什么要发展社会主义市场经济，怎么样发展一个充满蓬勃生机而又健康发展的社会主义市场经济。

3.3　对付开放、搞活必然带来一些不好东西的办法："一定要有两手，只有一手是不行的。"

小平同志作为社会主义市场经济理论的奠基者，不仅关注中国市场经济的发展，而且思考着怎么在发展社会主义市场经济的过程中，解决好人们的思想道德建设问题、经济犯罪问题、干部腐败问题等一系列新问题，他说："开放、搞活，必然带来一些不好的东西，不对付它，就会走到邪路上去。"[1]对付的办法，就是他一再强调的"两手抓，两手都要硬"。

1985年10月23日，邓小平同志在会见美国时代公司组织的美国企业家代表团时，时代公司总编辑格隆瓦尔德问道："中国共产党一直教育人民要大公无私，为人民服务。现在经济改革，你们教育人民要致富，出现了少数贪污腐化和滥用权力的现象，你们准备采取什么办法解决这些问题？"邓小平同志回答说："我们主要通过两个手段来解决，一个是教育，一个是法律。这些问题不可能在一夜之间解决，也不可能靠几个人讲几句话就见效。但是我们有信心，我们的党、我们的国家有能力逐步克服并最终消除这些消极现象。"[2]小平同志的思路，就是他一再强调的，在推进经济建设和改革开放的同时，要下大力气抓好思想政治教育和法制建设。这个思路，就是他经过深思熟虑提出的："搞四个现代化一定要有两手，只有一手是不行的"。[3]他还说过："这两只手都要硬。"[4]

①《邓小平文选》第三卷，人民出版社1993年版，第164页。
②《邓小平文选》第三卷，人民出版社1993年版，第148页。
③《邓小平文选》第三卷，人民出版社1993年版，第154页。
④《邓小平文选》第三卷，人民出版社1993年版，第378页。

邓小平治国论

小平同志所说的"两手抓"，具有丰富的内容，包括一手抓物质文明，一手抓精神文明；一手抓建设，一手抓法制；一手抓对外开放和对内搞活经济，一手抓打击经济犯罪活动；一手抓改革开放，一手抓惩治腐败；等等。他始终认为，只要我们坚持"两手抓，两手都要硬"的战略思想，社会主义市场经济就一定能够健康发展，中国特色社会主义就一定能够建成。

需要我们深入研究的是，这"两手抓，两手都要硬"的战略思想是否行得通。问题的关键是，在发展社会主义市场经济过程中出现的社会思想道德建设问题、经济犯罪问题、干部腐败问题等，究竟和市场经济是什么关系。如果这些问题是社会主义市场经济体制内生的，那么你怎么抓都解决不了；如果这些问题不是社会主义市场经济体制内生的，而是寄生的，那么我们就能够通过长期的努力把这些问题解决掉。

这里关于思想道德建设方面出现的问题比较复杂。有的是在思想解放和改革开放过程中放松思想政治工作即小平同志批评的"一手比较硬、一手比较软"造成的，有的是在体制转变过程中新旧思想观念转型时出现的不适应性反应。不论是前者，还是后者，都要求我们加强社会主义精神文明建设，形成能够规范全体公民思想和行为的社会主义核心价值观。正如小平同志要求我们的，物质文明和精神文明两个文明都搞好，才是中国特色社会主义。

至于改革开放过程中出现的经济犯罪和干部腐败等问题，我们注意到，改革开放初期的问题和中期、近期的问题有很大的不同。初期的问题更多地发生在商品领域即利用价格双轨制犯罪和腐败上，后来随着价格放开，经济犯罪和腐败更多地发生在资金、土地、矿产资源等生产要素等领域，再后来随着市场化进程的推进和行政审批权的下放，经济犯罪和腐败的发生领域又变化，甚至连"党票""官帽子"等都成为交换的对象。也就是说，经济犯罪和干部腐败问题和市场经济的发展是有关系，但随着社会主义市场经济的推进和体制的完善，经济犯罪和干部腐败的"缺口"在一个接一个被堵上。这说明，这些问题不是社会主义市场经济内生的，而是市场经济的"寄生虫"。我们完全可以通过坚持不懈地推进的"两手抓"，把这些问题一个接一个解决。

当然，老问题解决了，新问题还会出现，我们并不期望在某一天早晨醒过来，什么问题都没有了。但是，我们坚信，我们党在发展社会主义市场经济过程中，有能力逐步克服并最终消除这些消极现象。

4. 和平的国际环境和中国发展的起点①

和平与发展，是邓小平同志对当代世界纷繁复杂的问题中两个"带全球性的战略问题"所做出的科学判断和概括。这一判断对于中国有什么意义呢？在这样的世界环境中，中国也有一个"和平与发展"的问题，这就是："在争取和平的前提下，一心一意搞现代化建设，发展自己的国家，建设有中国特色的社会主义。"简言之，即：争取和平，发展自己。邓小平同志对这个问题有大量的论述，其中之一即关于和平的国际环境和中国发展的起点之间的关系问题。

4.1 邓小平的"发展起点论"

在再版的《邓小平文选》第二卷中，新增的《实现四化，永不称霸》《用先进技术和管理方法改造企业》《实行开放政策，学习世界先进科学技术》等文章中，提出和阐述了一个重要的观点："我们要把世界一切先进技术、先进成果作为我们发展的起点。"②

对于邓小平同志的发展理论，国内学术界做过许多研究，但几乎都没有直接论述到"发展的起点"问题，因此很有必要提出来和大家一起学习和研究邓小平同志的这一重要思想。

邓小平同志提出"要把世界一切先进技术、先进成果作为我们发展的起点"③，首要的也是最根本的原因，是因为我们的工作重点和发展路线是要实现现代化。党的十一届三中全会抛弃"以阶级斗争为纲"，把全党的工作重点转移到经济建设上来，这里讲的"经济建设"，不总是停留在

① 本文选自《李君如文集：邓小平理论研究》（上），湖南人民出版社2002年版，第298~300页。
② 《邓小平文选》第二卷，人民出版社1994年版，第111页。
③ 《邓小平文选》第二卷，人民出版社1994年版，第111页。

邓小平治国论

维持传统生产力发展水平的经济建设，而是逐步发展现代生产力的经济建设。邓小平同志多次明确指出："我们当前以及今后相当长一个历史时期的主要任务是什么？一句话，就是搞现代化建设。"[①] "我们党在现阶段的政治路线，概括地说，就是一心一意地搞四个现代化。"[②] 既然我们的工作重点和发展路线是搞四个现代化，而我们的现实基础又是那么落后的传统生产力，那么，解决这一矛盾的出路，除了尽一切可能调动人民群众艰苦奋斗的积极性外，除了客观地确定分步骤实现现代化的战略目标外，一个重要的措施，就是要千方百计地利用世界上一切先进技术、先进成果，作为我们发展的起点。只有起点高了，才能实现现代化。1978年5月7日，邓小平同志第一次提出"发展的起点"问题，就是从实现四个现代化的可能性这一角度来阐述的。

邓小平同志提出这一"发展的起点"，还因为他清醒地认识到了科学技术是没有阶级性的，以及世界科学技术飞速发展的态势对我们的挑战。1975年在同"四人帮"斗争的时候，邓小平同志就已经根据马克思的思想提出科学技术是生产力的论断。粉碎"四人帮"后，他不仅重申了这一科学论断，阐述了科技现代化是四个现代化的关键，而且强调了"科学技术本身是没有阶级性的，资本家拿来为资本主义服务，社会主义国家拿来为社会主义服务"，并以此为据提出了现在世界上的一切先进技术、先进成果都可以为我所用，成为我们发展的起点的观点。与此同时，我们注意到，邓小平同志非常关心世界科技发展的动态。他形象地指出："世界上先进技术发展很快，发展速度不是用年来计算，而是用月、用日来计算的，叫做'日新月异'。"[③] 他深刻地总结了历史经验，指出20世纪60年代前期我们同国际上科技水平差距还不很大，而这十几年来，世界有了突飞猛进的发展，差距就拉得很大了，要加快我们的现代化建设必须学习和吸收世界科技成果。一是科学技术没有阶级性，我们可以利用；一是世界科技发展日新月异，我们不学习就赶不上时代。正是这两点综合起来，我

①《邓小平文选》第二卷，人民出版社1994年版，第162页。
②《邓小平文选》第二卷，人民出版社1994年版，第276页。
③《邓小平文选》第二卷，人民出版社1994年版，第112页。

们必须把利用世界一切先进技术、先进成果作为自己发展的起点。

如果说前面两个原因讲的是中国利用世界一切先进技术、先进成果作为我们发展起点的必要性和可能性，那么，其现实的条件性就是邓小平同志在提出这一问题的时候，充分地注意到了国际形势正在朝着有利于和平的方向发展，我们可以争取到一个和平的国际环境。1977年年底，邓小平同志在中央军委讲话中就已经提出："国际形势也是好的。我们有可能争取多一点时间不打仗。因为我们有毛泽东同志的关于划分三个世界的战略和外交路线，可以搞好国际的反霸斗争。另一方面，苏联的全球战略部署还没有准备好。美国在东南亚失败后，全球战略目前是防守的，打世界大战也没有准备好。所以，可以争取延缓战争的爆发。"①这一重要的判断，不仅为历史所证实，而且因和平因素不断发展终于使我们在战争与和平的问题上发展了这一新的判断。正是这一不断发展的有利于世界和平的国际形势，使得我们有条件在不同社会制度的国家之间进行合作交流，以便利用世界上一切先进的科学技术成果，作为我们现代化建设的起点。

邓小平同志的这一"发展起点论"，继承和发展了毛泽东同志关于我们不能跟在西方资产阶级后面爬行的观点，揭示了后发展现代化国家追赶发达国家的客观要求，反映了当代世界的发展特点，是我们制定社会主义现代化发展战略的科学指南。

4.2 "利用"的实质是开放和引进

邓小平同志的"发展起点论"，把社会主义根本任务的理论、科学技术是第一生产力的理论和对外开放的理论融为一体，实际上就是要通过对外开放来引进世界先进的科学技术和管理方法，把发展放到一个较高的起点上。他说："现在世界上的先进技术、先进成果我们为什么就不能利用呢？"②他主张"实行开放政策，学习世界先进科学技术"。因此，开放和引进是中国在较高的起点上发展的重要一环。邓小平同志强调的"利用"二字，其实质就是开放和引进。

长期以来，我们在发展问题上举步维艰，十分困难。其中原因之一，

① 《邓小平文选》第二卷，人民出版社1994年版，第77页。
② 《邓小平文选》第二卷，人民出版社1994年版，第111页。

邓小平治国论

就是闭关自守。这里有帝国主义封锁我们的因素，有林彪和"四人帮"破坏的因素，也有我们党工作上失误的因素。邓小平同志说："经验证明，关起门来搞建设是不能成功的，中国的发展离不开世界。"[1]尤其是当今的世界已经成为开放的世界，无论是商品，还是技术、资金、信息、人才，都可以在全球交流。因此党的十一届三中全会后，邓小平同志在为党制定对内搞活方针的同时，提出了对外开放的政策，通过引进外资和技术、智力以及管理经验，来加快我们自己的发展。深圳等经济特区的经验、上海等沿海城市的巨变，以及沿江、沿边和内陆省会城市的变化，都同党的开放政策直接相关。

当然，作为"发展的起点"，这种开放必须是有利于经济发展的开放。离开发展谈开放，不是我们所主张的开放；不符合发展要求，以"开放"为名行走私、贩毒、淫秽之实者，更是我们反对的。因此，学习和掌握邓小平同志的"发展起点论"，可以帮助我们更好地理解开放、掌握开放、实现开放。

我们把开放和引进即利用世界先进技术、先进成果作为我们发展的起点，并不是说我们的发展只能依赖于国外的力量。邓小平同志历来主张，要坚持独立自主的原则，要发展自己的科学技术。即使我们通过开放引进国外先进的技术和装备，也要有自己的改造和创造。而且，只有这样自己创造的"第一生产力"，才是社会生产持久发展的推动力量。但在我们相对落后的情况下，利用世界上已有的先进成果来发展我们自己，可以把我们发展的起点迅速提高，加快社会主义现代化建设，这是极其高明的一招。

4.3　重要的在于"抢时间"

历史告诉我们，实行开放是有条件的。邓小平同志说："我们现在要实现四个现代化，有好多条件，毛泽东同志在世的时候没有，现在有了。中央如果不根据现在的条件思考问题、下决心，很多问题就提不出来、解决不了。"[2]他还认为，现在国际形势也有利于我们争取时间搞建设。这

---

[1] 《邓小平文选》第三卷，人民出版社1993年版，第78页。
[2] 《邓小平文选》第二卷，人民出版社1994年版，第127页。

就是说，通过开放和引进，将世界上先进的科技成果为我所用，一要有条件，二要敢于抓时机。两者缺一，全谈不上。对于我们这样一个实行社会主义制度的落后的大国，能不能抓住机遇，尤为重要。这就是邓小平同志在论述"发展的起点"问题时所说的："现在抢时间很重要。[①]"

抢时间，抓机遇，首先指的是要善于抓住和利用有利于我们搞现代化建设的和平因素。和平与发展已经成为当代世界的两大主题。世界大战难以打起来，国家之间的竞争已逐渐表现为以科技和经济为基础的综合国力竞争。尤其是我国自十一届三中全会以来坚持反对霸权主义、维护世界和平的国策，开展了大量的卓有成效的外交活动，同周边国家的友好互利关系继续巩固和发展，同广大发展中国家的团结合作不断加强，同西方国家的关系经历了一段曲折之后得到了恢复和发展。但是，这并不是说世界已经太平无事了。当今世界变化多端，局部战争和民族冲突乃至种族残杀，不断发生，尤其是霸权主义和强权政治仍然在威胁着各国的独立和世界和平。世界各国都在争取在21世纪的世界格局中占据最佳有利位置。因此，我们决不能掉以轻心、稍有懈怠，必须认清有利的形势和潜伏的危机，紧紧抓住和平的因素，加强国际合作和交流，引进先进的科技成果推进我国的现代化。

抢时间，抓机遇，同时指的是要善于抓住和利用科技发展和经济发展的一切有利因素。现代科学技术正在经历着一场伟大的革命，我们由于过去工作中的失误，在这场关系人类文明前景的革命中落伍了，这仅是问题的一方面。另一方面，这场新科技革命尚未划上句号，而且有许多新兴的科学理论尚未进入应用和产业化阶段，更加灿烂的前景在等待着我们。已有的新科技革命成果，是我们可以直接利用的技术资源；已有的科学研究成果尚未进入应用和产业化阶段，更为我们提供了迎头赶上的机遇。加上我们自己创造性的科学研究和技术发明，我们在科技现代化乃至在整个现代化建设中加快发展，实在是大有可为。关键是我们能不能抓住这些机遇，抢到时间。邓小平同志对此十分重视，在制定"863"计划时，他的指导思想就是"中国必须在世界高科技领域占有一席之地"。在视察北京

① 《邓小平文选》第二卷，人民出版社1994年版，第129页。

正负电子对撞机工程时，他明确地指出："不仅这个工程，还有其他高科技领域，都不要失掉时机，都要开始接触，这个线不能断了，要不然我们很难赶上世界的发展。①"

这两个"抢时间"不是互相割裂的，抓住科技发展和经济发展的有利因素，有赖于抓住国际形势发展中的和平因素，没有和平的国际环境和周边环境，就难以进行国际合作和交流，包括技术交流、科学交流和人才交流。正如邓小平同志所说的："中国要实现自己的发展目标，必不可少的条件是安定的国内环境与和平的国际环境。我们不在乎别人说我们什么，真正在乎的是有一个好的环境来发展自己。②"因此，要利用世界上一切先进技术、先进成果作为我们发展的起点，重要的是要抓住可以为我所用的机遇，要抢到时间。

4.4 我们的雄心壮志在"先进"

邓小平同志的"发展起点论"除了强调"利用"二字外，尤其令人注目的是强调凡是为我利用的都必须是"先进"的。

他在论"发展的起点"时，说过要利用"先进技术""先进成果""先进装备"，以及管理先进的技术设备的"先进的管理方法""先进的经营方法"等等。其中，一类属于生产力范畴，一类属于管理体制范畴，但都必须是在世界上先进的。他说："我们要以世界先进的科学技术成果作为我们发展的起点。我们要有这个雄心壮志。③"

"先进"的核心，在于真正的现代化，能赶上世界现代化的潮流。

1978年9月18日在同鞍山市委负责同志谈话时，邓小平同志从技术设备、管理和人三个方面展开了这一问题的论述：

第一是技术设备。他说："凡是引进的技术设备都应该是现代化的，必须是70年代的，配套也要是70年代的。世界在发展，我们不在技术上前进，不要说超过，赶都赶不上去，那才真正是爬行主义。④"这是一个极其重要的富有战略前瞻的思想，具有实际的指导意义。我们有些地方在对

① 《邓小平文选》第三卷，人民出版社1993年版，第280页。
② 《邓小平文选》第三卷，人民出版社1993年版，第360页。
③ 《邓小平文选》第二卷，人民出版社1994年版，第129页。
④ 《邓小平文选》第二卷，人民出版社1994年版，第129页。

外开放的过程中，由于缺少这种现代化的眼光，加上对世界科技和经济发展的信息缺少全面的了解，引进了不少人家淘汰的技术设备或即将落伍的生产流水线，付出了很大的代价。联系这些教训读邓小平同志的著述，更觉其可贵。

第二是管理。"引进先进技术设备后，一定要按照国际先进的管理方法、先进的经营方法、先进的定额来管理"，这是邓小平同志又一重要思想。这是他比较了鞍钢和日本钢铁生产的实际情况后，从肯定鞍钢改革设想角度提出的一个重大问题。这个问题不仅对于开放，而且对于改革，显然都具有普遍的指导意义。上海宝钢的特点，就是不仅引进了先进的技术设备，而且在引进的基础上加以创造，改革我们的旧体制，形成了先进的管理体制和管理方法，达到了世界冶金工业先进的生产水平，创造了一连串的奇迹。

第三是人。邓小平同志说："我们改造企业，为了保证应有的技术水平、管理水平，要有合格的管理人员和合格的工人。应该设想，经过技术改造，文化和技术操作水平较高的工人应当是大量的；否则不能操作新技术、新工艺和新设备。"[1]人的因素，无论在革命中，还是在建设中，都具有决定性的作用。我们决不能把强调人的决定作用的原理同强调科学技术是第一生产力的原理对立起来，两者是一致的。因为，在建设中起决定作用的人，不仅是具有较高政治觉悟、能艰苦奋斗的人，而且是掌握先进的科学技术或先进的管理方法的人。

引进先进的技术和设备，引进先进的管理，以及培养相应的人才，是中国加快社会主义现代化建设所必需的，也只有在和平的国际环境中才能获得的。因此，无论从我们的社会主义制度的性质来说，还是从中国实现社会主义现代化的客观要求来说，维护世界和平，发展我国经济，是我们一项长期的根本的任务。

邓小平治国论

① 《邓小平文选》第二卷，人民出版社1994年版，第130页。

5. 新阶段改革开放和经济发展的强大动力①

回想当年邓小平同志1992年南方谈话的精神传来时的激动心情，犹如一家报纸描述的那样："东方风来满眼春"。如今重温这篇重要讲话，回溯走过的道路，展望未来的征程，心潮迭起，体会不少。

5.1 邓小平南方谈话指引中国改革开放进入新的发展阶段

评价一个思想、一部著作、一篇讲话，要重实践。检验真理的唯一标准是实践，这是马克思主义的观点。把邓小平同志1992年南方谈话，放到我国改革开放和现代化建设的伟大实践中去考察，去评判，才能更显示出真理的光辉。

南方谈话发表以来的实践，是以十一届三中全会为起点的改革开放和社会主义现代化建设新时期的继续，又把改革开放和现代化建设推进到了一个新阶段。关于"新阶段"的提法，最初是党的十四大报告的概括。那里说："以邓小平同志的谈话和今年3月中央政治局全体会议为标志，我国改革开放和现代化建设事业进入了一个新的阶段。"②后来在十四届三中全会通过的决定中，关于"新阶段"的表述是："以邓小平同志1992年年初重要谈话和党的十四大为标志，我国改革开放和现代化建设事业进入了一个新的发展阶段。"③这个表述一直沿用至今。

从名与实的关系看，"新阶段"不仅是一个"名"，而且是"实"。第一，这是经济体制改革明确建立社会主义市场经济体制为目标的新阶段。自南方谈话以后，经过党的十四大、十四届三中全会、十四届四中全会、十四届五中全会，新体制正在逐步建立起来。特别是财税、金融和外汇管理等宏观体制的改革推进显著，生产要素市场的建立和管理已有进展，社会保障制度也在建立过程之中，当前正在加大国有企业改革的力度。

① 本文选自《李君如文集：邓小平理论研究》（下），湖南人民出版社2002年版，第505~513页。
② 《十四大以来重要文献选编》，人民出版社1996年版，第9页。
③ 《十四大以来重要文献选编》，人民出版社1996年版，第520页。

第五章　邓小平的治国「动力论」

第二，这是在改革开放的推动下，国民经济持续、快速、健康发展的新阶段，"八五"时期是历次国民经济计划执行得最好的年份。去年是"九五"第一年，又开了一个好头，既保持了经济快速增长，又有效地抑制了通货膨胀。中国社科院的"经济蓝皮书"从八个方面分析了1996年的经济形势，他们的结论是：物价涨幅明显降低，经济保持适度较快增长，农业生产连续取得较好收成，金融运行平稳健康，财政形势继续改善，外汇储备连年稳步上升，外贸形势基本正常，城乡居民生活水平逐步提高。这种分析是客观的、真实的。

第三，这是在物质文明发展的同时，精神文明建设出现积极、健康、向上发展态势的新阶段。面对着国际国内错综复杂的形势，坚持重在建设，努力以科学的理论武装人，以正确的舆论引导人，以高尚的精神塑造人，以优秀的作品鼓舞人，涌现了像孔繁森、李国安、徐虎、李素丽等一批全心全意为人民服务的先进典型。特别是去年十四届六中全会后，以创建文明城市、文明村镇、文明行业为载体的群众性精神文明建设新气象正在全国城乡悄然出现。这是"新阶段"的三个主要标志。此外，还有一些事实，一些标志，比如政治稳定、民族团结、对外关系取得重大进展等。这一切都表明，我国自邓小平同志1992年南方谈话和十四大以来确确实实进入了一个可以称得上"新阶段"的发展时期。

5.2 邓小平南方谈话对中国特色社会主义的贡献

邓小平同志1992年南方谈话发表以来我国社会方方面面巨大变化的事实，是改革开放和现代化建设这一伟大实践的果实。实践证明，邓小平同志1992年南方谈话和在这一谈话指导下形成的十四大报告，是推动新阶段改革开放和经济发展的强大精神动力。

理论一经被群众掌握，就会变成物质力量。这是马克思说的。而理论要能真正被群众掌握，并不在于它有没有华丽的辞章或深奥的论证等表现形式，而在于它的内容是否反映了事物的本质和规律，是否回答了人们的困惑和问题。十四大报告认为邓小平同志1992年南方谈话"精辟地分析了当前国际国内形势，科学地总结了党的十一届三中全会以来党的基本实践和基本经验，明确地回答了这些年来经常困扰和束缚我们思想的许多重大

邓小平治国论

认识问题"。

邓小平同志1992年南方谈话的贡献，确实是多方面的。最直接的贡献，就是对开好十四大起了重要的指导作用。思想理论上的贡献，细分起来，可以概括出10多条，最重要的恐怕是三条。

重要贡献之一，就是深刻地总结了改革开放以来的经验，又深刻地从经验中揭示了社会主义的本质和建设有中国特色社会主义的根本规律。自从科学社会主义问世以来特别是社会主义从一种学说变为一种现实以来，"什么是社会主义、怎样建设社会主义"这个基本问题就是一代又一代马克思主义者探索的重大课题。列宁探索过，斯大林探索过，毛泽东探索过，邓小平在前人探索的基础上又开始了新的探索。从1978年到1992年，邓小平同志的探索取得了举世瞩目的思想理论成果。南方谈话是这些成果的重要概括。比如"革命是解放生产力，改革也是解放生产力""发展才是硬道理"等，都是新概括。其中最突出的，是科学地、精辟地、创造性地揭示了"社会主义的本质，是解放生产力，发展生产力，消灭剥削，消除两极分化，最终达到共同富裕。"同时，根据对于科学社会主义的深入思考和对当代中国国情的研究，鲜明地指出："要坚持党的十一届三中全会以来的路线、方针、政策，关键是坚持'一个中心、两个基本点'。不坚持社会主义，不改革开放，不发展经济，不改善人民生活，只能是死路一条。基本路线要管一百年，动摇不得。"[1]为什么"一个中心、两个基本点"的基本路线不能变？为什么变了"只能是死路一条"？这就是《邓小平同志建设有中国特色社会主义理论学习纲要》中所说的："这条基本路线，体现了社会主义本质的要求，反映了中国社会主义发展的根本规律，指明了有中国特色社会主义的发展道路。"

重要贡献之二，就是鲜明地回答了许多重大认识问题，又鲜明地在回答中阐述了一系列重大理论问题。改革开放以来，实践中的问题层出不穷，人们的思想认识问题也不断解决不断出现，来自"左"的方面和右的方面的干扰从未间断。一些重大的问题不解决，改革开放和现代化建设就难以进入新阶段。这些问题包括：是否因为帝国主义搞和平演变，就要改

---

[1] 《邓小平文选》第三卷，人民出版社1993年版，第376页。

变以经济建设为中心的基本路线？同时，是否因为要坚持以经济建设为中心就可以听任腐朽的东西长驱直入、丑恶的现象滋长蔓延、资产阶级自由化泛滥？是否多一分外资就多一分资本主义？市场经济是不是资本主义的？苏东形势剧变是不是意味着马克思主义失败了？等等。邓小平同志以辩证唯物主义和历史唯物主义为锐利的思想武器，科学地回答了这些重大问题。其回答，一是坚持了全面的观点。他既强调不能因敌对势力搞和平演变而动摇我们制定的"一个中心、两个基本点"的基本路线，又强调要在以经济建设为中心的前提下，坚持两手抓，提出两个文明都搞好才是有中国特色的社会主义。二是坚持了历史的观点。他深刻地指出"改革开放迈不开步子，不敢闯"的思想障碍，是怕走资本主义道路。破除这种障碍的思想武器是"三个有利于"的标准。即使是资本主义的东西，只要在今天符合"三个有利于"的，也可以为我所用。比如"三资"企业受到我国整个政治、经济条件的制约，是社会主义经济的有益补充，归根到底是有利于社会主义的。有些东西既不姓"资"也不姓"社"，符合"三个有利于"，更可以为我所用。比如市场经济不等于资本主义，社会主义也可以搞市场经济。这种历史唯物主义的观点，同列宁制定新经济政策时的思路完全一致，十分可贵。三是坚持了发展的观点。他坚信世界上赞成马克思主义的人会多起来，社会主义经历一个长过程发展后必然代替资本主义是社会发展不可逆转的总趋势，曲折将促使社会主义向着更加健康的方向发展。

重要贡献之三，就是有力地推动了思想解放，又有力地在思想解放中统一了人们的思想。正因为南方谈话是在人们遇到一系列困扰的背景下，有针对性地发表的重要讲话，所以这是一篇解放人的思想的力作。正如江泽民同志在著名的1992年"6·9"讲话中所指出的："这些重要谈话贯穿了一个鲜明的中心思想，这就是：必须坚定不移地全面贯彻执行党的'一个中心、两个基本点'的基本路线，解放思想，实事求是，放开手脚，大胆试验，排除各种干扰，抓住有利时机，加快改革开放步伐，集中精力把经济建设搞上去，不断地把有中国特色的社会主义事业全面推向前进。"[①]当人们的困扰被冲破后，思想就统一到邓小平建设有中国特色社会主义理

[①]《十三大以来重要文献选编》下，人民出版社1993年版，第2055页。

论和党的基本路线上来了。

显然，邓小平同志1992年南方谈话是一个具有鲜明的真理性、科学性和指导性的马克思主义篇章。正是这样的贡献，这样的特点，决定了它能在新阶段发挥出推动改革开放和经济发展的精神动力作用。

5.3　党中央在深化改革开放中身体力行南方谈话精神

无论物质变精神，还是精神变物质，都离不开人的作用。邓小平同志1992年南方谈话之所以能发挥出巨大的精神动力作用，靠的是以江泽民同志为核心的党中央全面、正确、积极地贯彻落实南方谈话精神，靠的是以江泽民同志为核心的党中央坚持用邓小平建设有中国特色社会主义理论武装全党，教育干部和人民。

邓小平同志发表南方谈话后，中央政治局在1992年3月9日至10日召开全体会议，在江泽民同志主持下讨论了我国改革和发展的若干重大问题。强调解放和发展生产力是我们党领导人民建设社会主义的根本任务；强调改革开放胆子要大一些，勇于创新，敢于试验；强调要抓住当前有利时机，努力发展自己，特别是把经济建设搞上去；强调坚持党的基本路线，加快改革和建设步伐，关键在于狠抓各项工作的落实；强调全党要认真学习邓小平关于建设有中国特色社会主义的一系列重要论述，进一步提高全面贯彻执行党的基本路线的自觉性。要警惕右，但主要是防止"左"。这是一次具有标志性的重要会议，是以江泽民同志为核心的党中央贯彻落实南方谈话精神的第一个重大举措。

1992年6月9日，在十四大报告起草的重要时刻，江泽民同志在中央党校省部级干部进修班上发表重要讲话，主题就是如何更深刻地领会和全面落实邓小平同志的重要谈话精神，把我们的经济建设和改革开放搞得更快更好。江泽民同志在讲话中，联系学习邓小平同志十一届三中全会以来的一系列重要文章和讲话，对邓小平同志提出的建设有中国特色社会主义的基本思想作了系统的概括，强调这些重要思想是一以贯之的，南方谈话"也是他十多年来关于建设有中国特色社会主义的一贯思想的高度体现和新的发展"[1]。就是在这个重要的讲话中，江泽民同志根据邓小平同志的

---

[1]《十三大以来重要文献选编》下，人民出版社1993年版，第2059页。

思想，在和中央一些同志交换意见的基础上，提出改革开放建立的新经济体制可以使用"社会主义市场经济体制"这个提法。毫无疑问，这对党的十四大明确经济体制改革的目标，具有直接而又重大的意义。这是以江泽民同志为核心的党中央贯彻落实南方谈话精神的第二个重大举措。

举世瞩目的党的十四大，既是在南方谈话指导下召开的，又是以江泽民同志为核心的党中央全面贯彻落实这一重要谈话和邓小平同志建设有中国特色社会主义理论的第三个也是最重大的举措。这次代表大会，最重大的贡献，一是确立了邓小平理论的指导地位；二是明确了社会主义市场经济体制的改革目标。党的十四大和十四大以后中央作出的一系列重大部署，包括三中全会提出的社会主义市场经济体制的框架、四中全会关于党的建设"新的伟大工程"的设计、五中全会关于跨世纪15年国民经济和社会发展的规划、六中全会提出的跨世纪15年精神文明建设的行动纲领，都是以江泽民同志为核心的党中央在邓小平理论指导下，创造性地开展工作，建设有中国特色社会主义的战略部署。南方谈话以来5年间发生的一系列巨大变化，都是以江泽民同志为核心的党中央以科学的理论武装人，变精神为物质所取得的丰硕果实。

值得指出的是，当有些人片面地理解邓小平同志南方谈话精神，导致经济过热时，也是以江泽民同志为核心的党中央在邓小平同志的支持下，果断加强宏观调控，保证了过热的经济"软着陆"获得成功。中国社科院"经济蓝皮书"中描述了这一过程：1992年中国经济高速增长，当年GDP比上年增长14.2%，是改革开放以来除1984年（15.2%）以外的第二个高增长年；当年投资总额为9636亿元，比1991年增加了28.2%，投资率为36.2%；1993年GDP增长率仍高达13.5%，总投资比上一年名义增长率高达58.6%，实际增长率为25.3%，投资率为36%。在这种情况下，中国出现了经济"过热"，特别是"房地产热"和"开发区热"。中央果断地采取措施，决定从1993年下半年起加强宏观调控，实行以抑制通货膨胀为主要目标的经济"软着陆"。这些措施贯彻以来，到1996年上半年已取得了显著成绩。事实确实如此，有目可以共睹。但有些人又把经济过热的账算到南方谈话的身上，这是不正确的。在南方谈话中，邓小平同志在强调"抓

邓小平治国论

住时机，发展自己，关键是发展经济"时，总是同时强调这种快速发展要"讲效益，讲质量"，"不是鼓励不切实际的高速度，而是要扎扎实实，讲求效益，稳步协调地发展"等。邓小平理论是全面的，以江泽民同志为核心的党中央贯彻落实也是全面的，这就是改革开放和现代化建设新阶段我们取得如此巨大进步和成就的根本原因。

　　总之，改革开放是推进我国社会主义社会特别是社会主义经济发展的强大动力，以1992年邓小平同志南方谈话和党的十四大为标志，我国改革开放进入了新的发展阶段。实践反复告诉我们，经济要发展，必须走改革开放之路，建立完善社会主义市场经济体制；改革要深化，国有企业改革要推进，必须进一步解放思想，实事求是，以"三个有利于"为根本标准，狠抓落实，加大改革力度，加快改革步伐；社会要全面进步，必须在把物质文明搞得更好的同时，切实把精神文明建设放到更加突出的地位。总之，我们要始终不渝地高举邓小平建设有中国特色社会主义理论的伟大旗帜，进一步发扬光大1992年邓小平南方谈话的精神，不断在改革开放中创造新的历史辉煌。

第六章　邓小平的文明治国战略

> 变革深入影响到中国传统模式的灵魂和
> 行为。中国传统上是一个封闭的社会，横向
> 上的组织是松散的，交流策略是建立在地缘
> 政治的位置和历史上的。但现在卫星电视在
> 局部传播，新闻报道活跃。
>
> ——（美）格里特·龚

经历过一次又一次社会剧烈变革的邓小平同志，深知"文明"对于中国社会进步的意义。他在治理这个国家的时候，引人注目地把物质生产力的发展进步称为"物质文明"，把思想道德和文化的发展进步称为"精神文明"，要求把中国特色社会主义建设成为这两个文明相互联系、相互促进的社会。

1. 两个文明都搞好才是有中国特色的社会主义①

邓小平同志一贯强调物质文明和精神文明两手抓，两手都要硬。他要求上海交出两份答卷，一份是经济建设，一份是精神文明。他在要求广东20年赶上亚洲"四小龙"时，强调："不仅经济要上去，社会秩序、社会风气也要搞好，两个文明建设都要超过他们，这才是有中国特色的社会主义。"②我们不难发现，对上海、广东等地提出的这些要求，具有普遍的

---

① 本文选自《李君如文集：邓小平理论研究》（上），湖南人民出版社2002年版，第247~259页。
② 《邓小平文选》第三卷，人民出版社1993年版，第378页。

指导意义。两个文明都搞好了，才是有中国特色的社会主义——这是邓小平同志一个极其重要的思想。

1.1 精神文明与社会主义建设的战略布局

什么是社会主义？怎样建设社会主义？这是长期困扰人们，没有完全搞清楚的大问题。

邓小平同志从提出"以经济建设为中心"建设社会主义，到明确"社会主义的本质"，从本质论这样一个最深的层次，回答了社会主义的这一基本问题。

与此同时，邓小平同志从结构论的层次，论述了社会主义的构成要素和社会主义建设的战略布局。他在1979年就已经深刻地指出："我们的国家已经进入社会主义现代化建设的新时期。我们要在大幅度提高社会生产力的同时，改革和完善社会主义的经济制度和政治制度，发展高度的社会主义民主和完备的社会主义法制。我们要在建设高度物质文明的同时，提高全民族的科学文化水平，发展高尚的丰富多彩的文化生活，建设高度的社会主义精神文明。"[①]党的十二届六中全会通过的《中共中央关于社会主义精神文明建设指导方针的决议》，根据邓小平同志的这一思想，明确地指出："我国社会主义现代化建设的总体布局是：以经济建设为中心，坚定不移地进行经济体制改革，坚定不移地进行政治体制改革，坚定不移地加强精神文明建设，并且使这几个方面互相配合，互相促进。"[②]显而易见，邓小平同志和党中央像毛泽东同志规划新民主主义社会的蓝图时一样，以经济、政治、文化为社会构成的3个基本要素，以经济建设为中心，把社会主义经济体制改革、民主和法制建设、精神文明建设，作为一个完整的社会发展的战略布局提了出来。

这一战略布局，首先意味着精神文明建设是一项关系建设有中国特色社会主义全局的大问题。社会是整体，经济体制和政治体制僵硬，就会像"文化大革命"时期一样破坏精神文明建设，甚至影响整个社会主义的外部形象和内在活力；精神文明搞不好，也会妨碍经济体制和政治体制改

---

① 《邓小平文选》第二卷，人民出版社1994年版，第208页。
② 《十二大以来重要文献选编》下，人民出版社1988年版，第1173页。

革，乃至干扰整个社会主义建设。邓小平同志多次告诫全党："不加强精神文明的建设，物质文明的建设也要受破坏，走弯路。"① "风气如果坏下去，经济搞成功又有什么意义？会在另一方面变质，反过来影响整个经济变质，发展下去会形成贪污、盗窃、贿赂横行的世界。"②因此，邓小平同志把精神文明的好坏同社会主义优越性的全面发挥直接联系起来，说："我们再不下大的决心迅速改变这种情况，社会主义的优越性怎么能全面地发挥出来？"③

这一战略布局，同时意味着精神文明建设是一项关系中国社会主义在世界综合国力较量中的前途和命运的大问题。中国是一个大国，又是一个坚持独立自主方针的社会主义国家，势必在国际竞争中成为引人关注的多极格局中的一极。我们在国际事务中既不示弱，也不逞强；既不低头，也不当头。但要真正自立于世界民族之林，必须有强大的综合国力，也就是不仅要有比较强大的经济实力、科技实力和国防实力，还要有比较强大的文化力量和精神力量。而且，对于我们这样一个发展中国家来说，文化力量和精神力量在综合国力中占有特别重要的地位。正如邓小平同志所说的："过去我们党无论怎样弱小，无论遇到什么困难，一直有强大的战斗力，因为我们有马克思主义和共产主义的信念。有了共同的理想，也就有了铁的纪律。无论过去、现在和将来，这都是我们的真正优势。"④更何况，我们清醒地看到，在当前国内经济发展和国际有利的条件下，还存在不少国内的隐忧和国际的压力，其中有经济的、政治的、军事的，也有价值观和文化等精神方面的问题。如果没有自己强有力的文化力量和精神力量，就会削弱我们的综合国力，就会在国内外复杂的矛盾斗争中危及社会主义的前途和命运。邓小平同志强调两手抓，两手都要硬，始终包含着两个文明都要超过资本主义国家，两个文明都要赢得同资本主义相比较的优越性这样一个基本的战略思想。

邓小平治国论

---

① 《邓小平文选》第三卷，人民出版社1993年版，第144页。
② 《邓小平文选》第三卷，人民出版社1993年版，第154页。
③ 《邓小平文选》第三卷，人民出版社1993年版，第144页。
④ 《邓小平文选》第三卷，人民出版社1993年版，第144页。

1.2 精神文明建设与社会主义市场经济

精神文明在社会主义建设的战略布局中，是同社会结构中其他构成要素相互联系、相互支持的，但由于它从总体上来说，属于社会意识范畴，又具有不同于其他基本构成要素的特点，因而它必须服从和服务于一定时期的经济和政治。

在建设有中国特色社会主义的创造性实践中，社会主义精神文明建设在"服从和服务"的方向与内容上，经历了两次互相衔接的战略性转移。一是党的十一届三中全会实现了全党工作重点由"以阶级斗争为纲"到"以经济建设为中心"的战略转移。邓小平同志指出："现代化建设的任务是多方面的，各个方面需要综合平衡，不能单打一。但是说到最后，还是要把经济建设当作中心。离开了经济建设这个中心，就有丧失物质基础的危险。其他一切任务都要服从这个中心，围绕这个中心，决不能干扰它，冲击它。"①社会主义精神文明建设同样必须服从、围绕这个中心，而不能干扰、冲击这个中心。二是以邓小平同志1992年年初视察南方的重要谈话和党的十四大为标志，全党进一步以经济建设为中心，开始了从计划经济到社会主义市场经济的战略转移。这是一场在广度、深度、力度和难度上都令人瞩目的伟大革命。这就要求我们的精神文明建设，既要适应社会主义市场经济发展的要求，又要推动社会主义市场经济的健康发展。也就是说，今天我们的精神文明建设必须服从和服务于加快建设社会主义市场经济新体制这一重大的政治任务。

邓小平同志1985年10月23日同外宾谈话时，已经论述了这一问题。1992年年初视察南方的重要谈话更是我们研究社会主义市场经济条件下加强精神文明建设的科学指南，值得我们全面、深刻地学习和领会。

第一，他强调"要坚持党的十一届三中全会以来的路线、方针、政策，关键是坚持'一个中心、两个基本点'。不坚持社会主义，不改革开放，不发展经济，不改善人民生活，只能是死路一条。基本路线要管100年，动摇不得"。这是加强精神文明建设时，必须时刻牢记的基本原则。离开了这一条，精神文明建设就会迷失方向，甚至会干扰经济建设这个中

---

① 《邓小平文选》第二卷，人民出版社1994年版，第250页。

心和建立社会主义市场经济新体制这场革命。

第二，他强调"计划多一点还是市场多一点，不是社会主义与资本主义的本质区别。计划经济不等于社会主义，资本主义也有计划；市场经济不等于资本主义，社会主义也有市场。计划和市场都是经济手段。社会主义的本质，是解放生产力，发展生产力，消灭剥削，消除两极分化，最终达到共同富裕。就是要对大家讲这个道理"。我们不是要加强理想和信念教育吗？我们不是要以爱国主义、集体主义和社会主义为主要内容加强思想道德教育吗？社会主义本质论的提出，社会主义市场经济理论的提出，已经为社会主义赋予了具有时代意义的新内容，因此在今天加强精神文明建设，包括进行理想信念教育和思想道德教育，都必须按照邓小平同志"要对大家讲这个道理"的要求去做。

第三，他强调"抓住时机，发展自己，关键是发展经济"，"发展才是硬道理。这个问题要搞清楚"。显然，通过深化改革、扩大开放来促进国民经济持续、快速、健康地发展，是物质文明建设的任务，邓小平同志的这些思想主要是对物质文明建设的要求。但是他同时提出了这里有个"道理"问题，而且不是一般道理，是"硬道理"；提出"这个问题要搞清楚"。研究"道理"，讲清"道理"，又显然是理论建设的任务、思想教育的任务、舆论宣传的任务，即社会主义精神文明建设的任务。

第四，他强调"在整个改革开放过程中都要反对腐败"。"要坚持两手抓，一手抓改革开放，一手抓打击各种犯罪活动。这两只手都要硬。打击各种犯罪活动，扫除各种丑恶现象，手软不得"。在建设社会主义市场经济体制过程中，精神文明建设面临的一个重要任务，就是要在党内和干部队伍中反对腐败，在全社会扫除吸毒、嫖娼、经济犯罪等各种丑恶现象。上述消极腐败现象发生的原因十分复杂，既有体制转轨中的缝隙造成的"沉渣泛起"，又有开放以后难以避免的外来腐朽现象的侵入，但归根到底是封建主义残余思想、资本主义的腐朽思想和小生产者的传统观念，包括特权思想、享乐主义、拜金主义和极端个人主义等各种错误观念的恶性膨胀造成的。因此，邓小平同志强调在改革开放环境中加强精神文明建设，必须坚决取缔和打击各种丑恶现象，尤其要在党的干部队伍中反

邓小平治国论

腐倡廉。

第五，他强调"在整个改革开放的过程中，必须始终注意坚持四项基本原则"。改革计划经济体制，建立社会主义市场经济体制，势必会遇到力图维护旧体制的"左"的习惯势力的干扰，因此我们在政治思想上主要是防止"左"。与此同时，我们要警惕右的东西以改革开放为名，鼓吹"全盘西化"、走资本主义道路。邓小平同志提出要坚持四项基本原则，就是为了保证在主要纠正"左"的干扰时，警惕和克服来自右的方面的资产阶级自由化的干扰。他在1985年8月就说过："如果不坚持这四项基本原则，纠正极'左'就会变成'纠正'马列主义，'纠正'社会主义。"[①]1992年年初视察南方的重要谈话中，他再一次把坚持四项基本原则，排除"左"与右两方面的干扰，作为社会主义精神文明建设的一个重要内容提了出来。

第六，他强调"十一届三中全会确立的这条中国的发展路线，是否能够坚持得住，要靠大家努力，特别是要教育后代"。"要把我们的军队教育好，把我们的专政机构教育好，把共产党员教育好，把人民和青年教育好"。关键在人，是邓小平同志对中国前途进行深入思考得出的重要结论。这不仅是党的组织工作的任务，而且是党的宣传思想和文化教育工作的任务。值得注意的是，对人的问题，邓小平同志一是强调"教育"，二是强调"教育后代"。这就是他在论述社会主义精神文明建设的目标时，一直强调的要培养一代又一代有理想、有道德、有文化、有纪律的社会主义新人。只有把精神文明建设的任务落实到人的教育和培养上，才抓到了根本。

在1992年年初视察南方的这篇重要谈话中，邓小平同志对精神文明建设还有许多重要的思想，这里因限于篇幅，不能一一论列。他的总结论是："只要我们的生产力发展，保持一定的经济增长速度，坚持两手抓，社会主义精神文明建设就可以搞上去"[②]。由于这些论述都是在我国改革开放进入建设社会主义市场经济体制的新阶段这一关键时刻说的，尤其值

---

① 《邓小平文选》第三卷，人民出版社1993年版，第137页。

② 《邓小平文选》第三卷，人民出版社1993年版，第379页。

得我们重视。

1.3 加强精神文明必须重在建设

现在的问题是怎么样加强精神文明建设？怎么样做到"两手抓，两手都要硬"？

邓小平同志认为，首先要研究和总结我们的历史经验。在革命战争年代，在新中国成立初期和20世纪50年代，我们党在思想道德和文化教育等方面，在党风和社会风气乃至家风等方面，抓精神文明都有一套成功的经验和做法（尽管那时还没有"精神文明"的提法）。邓小平同志对此很重视，多次论及那时的经验，包括重视共同理想和铁的纪律，注意党的干部以身作则，据实讲解群众关心的实际生活问题和时事政策问题，果断打击社会丑恶现象，等等。与此同时，他总结了"左"的指导思想对思想政治工作和文化教育工作的消极破坏作用。其中最突出的教训有两条：一是破坏了党的实事求是和群众路线传统，致使优良的党风受到损害；二是丢掉了深入细致的思想教育工作传统和尊重知识与知识分子的传统，搞大批判，搞运动，搞围攻，社会秩序日趋混乱，是非标准日趋混乱，搞坏了社会风气。所以他在1977年7月21日就提出："要搞好我们的党风、军风、民风，关键是要搞好党风。"[1] "对我们党的现状来说，我个人觉得，群众路线和实事求是特别重要"[2]。1980年和1981年又多次强调："对待当前出现的问题，要接受过去的教训，不能搞运动。[3]" "批评的武器一定不能丢。"[4] "批评的方法要讲究，分寸要适当，不要搞围攻、搞运动"。[5]

经验给人以理性的启示和清醒的提示：加强社会主义精神文明，必须坚持重在建设。换言之，唯有"建设"才能"加强"。我们注意到，邓小平同志最初提出"社会主义精神文明"时，既要把它纳入到"社会主义现代化建设"的总范畴之中，又是把人的精神文明过程看作是"建设"的过程。因此，无论在邓小平的著作中，还是在党的文献中，我们的

---

① 《邓小平文选》第二卷，人民出版社1994年版，第46页。
② 《邓小平文选》第二卷，人民出版社1994年版，第45页。
③ 《邓小平文选》第二卷，人民出版社1994年版，第390页。
④ 《邓小平文选》第二卷，人民出版社1994年版，第390页。
⑤ 《邓小平文选》第二卷，人民出版社1994年版，第390页。

邓小平治国论

用语都是"建设社会主义精神文明",或者"社会主义精神文明建设"。党中央据此制定了精神文明"重在建设"的方针,这项建设工程的重点在4个方面:

一是理论建设。在1979年3月底《坚持四项基本原则》的著名讲话中,邓小平同志以科学的态度和极大的热情论述了新时期理论建设的重要性和紧迫性。其中特别讲到对四项基本原则"需要根据新的丰富的事实做出新的有充分说服力的论证",并且强调:"我们思想理论战线的同志们一定要赶快组织力量,定好计划,在尽可能短的时间里陆续写出并印出一批有新内容、新思想、新语言的有分量的论文、书籍、读本、教科书来,填补这个空白。"①这里的核心问题或重点课题,是要研究社会主义的基本理论和发展道路。他说过:"我们搞改革开放,把工作重心放在经济建设上,没有丢马克思,没有丢列宁,也没有丢毛泽东。老祖宗不能丢啊!问题是要把什么叫社会主义搞清楚,把怎么样建设和发展社会主义搞清楚。"②社会主义问题涉及众多的理论问题,邓小平同志强调研究这一重大的理论问题必须坚持解放思想、实事求是的思想路线,从中国的实际出发坚持和发展科学社会主义理论。他精辟地指出:"我们多次重申,要坚持马克思主义,坚持走社会主义道路。但是,马克思主义必须是同中国实际相结合的马克思主义,社会主义必须是切合中国实际的有中国特色的社会主义。"③这就给我们加强理论建设指明了努力的方向和首要的任务。

二是舆论引导。在社会主义精神文明建设的各个领域中,报刊、广播、电视是联系党和人民群众的重要渠道。它既是党联系群众、引导群众、宣传群众、激励群众的重要手段,又是群众监督各级党政机关和干部,表达自己愿望和意见的重要通道。因此邓小平同志十分重视舆论的导向作用。在这个问题上,他提出了两大至关重要的任务:一是"党报党刊一定要无条件地宣传党的主张"。这就是说,宣传"一个中心、两个基本点"的基本路线,宣传改革开放及其同发展和稳定的关系,是党报党刊的

---

① 《邓小平文选》第二卷,人民出版社1994年版,第180页。
② 《邓小平文选》第三卷,人民出版社1993年版,第369页。
③ 《邓小平文选》第三卷,人民出版社1993年版,第63页。

根本任务。二是"要使我们党的报刊成为全国安定团结的思想上的中心。报刊、广播、电视都要把促进安定团结，提高青年的社会主义觉悟，作为自己的一项经常性的、基本的任务。"我们只有按照邓小平同志的要求，坚持正确的舆论导向，才能有利于一心一意搞建设，有利于深化改革、扩大开放，建设社会主义市场经济体制，有利于加强民主和法制建设，有利于加强社会主义精神文明建设，有利于政治稳定、民族团结和国家统一，把我国建设成为富强、民主、文明的社会主义现代化强国。

三是思想教育。邓小平同志在提出要加强精神文明建设问题时，就把加强和改善思想教育放在突出的地位。他十分明确地提出："所谓精神文明，不但是指教育、科学、文化（这是完全必要的），而且是指共产主义的思想、理想、信念、道德、纪律，革命的立场和原则，人与人的同志式关系，等等。"[①]他还说过："思想战线上的战士，都应当是人类灵魂工程师。在当前这个转变时期，在社会主义精神文明建设和整个社会主义建设事业中，他们在思想教育方面的责任尤其重大。"[②]在加强和改进思想教育方面，邓小平同志有极其丰富的论述，包括通过自我教育和自我改造来肃清封建主义残余影响，决不能丝毫放松和忽视对资产阶级思想和小资产阶级思想的批判；发扬爱国主义精神，提高民族自尊心和民族自信心；反对个人主义，发扬集体主义精神；反对资产阶级自由化，坚持社会主义；保持艰苦奋斗的传统，抗拒腐败现象；用历史教育青年；等等。与此同时，他提出："在工作重心转到经济建设以后，全党要研究如何适应新的条件，加强党的思想工作，防止埋头经济工作、忽视思想工作的倾向。"[③]他对这方面的工作长期没有收到理想的效果很不满意，极其深刻地告诫全党："我们最近十年的发展是很好的。我们最大的失误是在教育方面，思想政治工作薄弱了，教育发展不够。"[④]因此，加强思想教育是一项必须引起全党高度重视的精神文明建设工作。

四是文化建设。文化建设，包括教育、科技和文艺等众多方面。对

---

① 《邓小平文选》第二卷，人民出版社1994年版，第367页。
② 《邓小平文选》第三卷，人民出版社1993年版，第40页。
③ 《邓小平文选》第三卷，人民出版社1993年版，第48页。
④ 《邓小平文选》第三卷，人民出版社1993年版，第290页。

邓小平治国论

这些主要文化领域的建设工作，邓小平同志有大量的论述。其中，尤其在文艺方面，他在重申党的为人民服务、为社会主义服务的方针和"百花齐放、百家争鸣"的方针的同时，提出了许多具体的要求。在1979年10月30日《在中国文学艺术工作者第四次代表大会上的祝辞》中，他深情地提出："我们的社会主义文艺，要通过有血有肉、生动感人的艺术形象，真实地反映丰富的社会生活，反映人们在各种社会关系中的本质，表现时代前进的要求和历史发展的趋势，并且努力用社会主义思想教育人民，给他们以积极进取、奋发图强的精神。"[1]也就是要在多样化的文艺作品中弘扬主旋律。他诚恳地指出："对人民负责的文艺工作者，要始终不渝地面向广大群众，在艺术上精益求精，力戒粗制滥造，认真严肃地考虑自己作品的社会效果，力求把最好的精神食粮贡献给人民。"[2]对于文艺界出现的"一切向钱看"的歪风，对于把西方国家低级庸俗或有害的书籍、电影、音乐、舞蹈以及录像、录音不加鉴别与分析地引进等现象，他表示了"再也不能容忍"的义愤，要求各级组织严肃地注意这些问题，抓好文化艺术的建设工作。

江泽民同志在全国宣传思想工作会议上，提出要在邓小平建设有中国特色社会主义理论这一根本指针下，"以科学的理论武装人，以正确的舆论引导人，以高尚的精神塑造人，以优秀的作品鼓舞人"，简明而又生动地概括了邓小平同志的思想，进一步明确了精神文明"重在建设"的4大重点工程，为解决"一手比较硬，一手比较软"的问题指明了前进的方向和工作的重点。

1.4　精神文明建设必须重视管理

邓小平同志在领导改革开放和社会主义现代化建设的过程中，十分清醒地意识到，在我们这么大的国家，进行这么深刻的革命，不会没有风险。1986年3月底，他指出："实行开放政策必然会带来一些坏的东西，影响我们的人民。要说有风险，这是最大的风险。"[3]为此，他提出了

---

① 《邓小平文选》第二卷，人民出版社1994年版，第210页。
② 《邓小平文选》第二卷，人民出版社1994年版，第211页。
③ 《邓小平选集》第三卷，人民出版社1993年版，第156页。

"用法律和教育这两个手段来解决这个问题"的设想。这里提出的，实际上是思想文化战线的管理问题。

应该认识到，建设和管理不是对立的两回事。建设包括管理、管理促进建设，两者是相互包含、相互促进的关系。没有科学的、规范的管理，整个思想文化战线就会像邓小平同志所说的那样，"是乱哄哄的"，什么建设都无从说起，无法做好。因此，要坚持精神文明重在建设，必须重视管理。

根据邓小平同志的一贯思想，他的管理思想有3个重要的基点：一是加强管理的目的，不是管死，而是要管好、管活。他说："无论如何，思想理论问题的研究和讨论，一定要坚决执行百花齐放、百家争鸣的方针，一定要坚决执行不抓辫子、不戴帽子、不打棍子的'三不主义'的方针，一定要坚决执行解放思想、破除迷信、一切从实际出发的方针。"[1]二是加强管理的手段，不是搞运动、整人，而是严格纪律、严肃法制。没有纪律就没有秩序，没有法制就没有制约。因此他特别强调社会主义新人要有"守纪律"的素质，社会主义现代化要有法制的保障。三是加强管理的准则，不是片面强调精神产品的经济效益，而是要把经济效益和社会效益结合起来，并且坚持把社会效益放在首位。他说："思想文化教育卫生部门，都要以社会效益为一切活动的唯一准则，它们所属的企业也要以社会效益为最高准则。"[2]在社会主义市场经济建设的过程中，精神文明建设领域的管理问题显得更为复杂，这是一门全新的学问，邓小平同志的上述思想为我们研究这门学问、完善这门学问，提供了科学的指导。只要我们全党重视，立足建设，抓好管理，我们的精神文明建设一定会像物质文明建设一样，取得更大的成绩。

我军是党领导下的人民军队，军队的精神文明建设在我国社会主义精神文明建设整体中占有极为重要的地位。邓小平同志对军队的精神文明建设历来是十分关心、寄予厚望的。早在20世纪80年代初，他在论述社会主义精神文明建设的重要性和必要性时，就充分肯定了军队"四有三讲两

---

① 《邓小平文选》第二卷，人民出版社1994年版，第183页。
② 《邓小平文选》第三卷，人民出版社1993年版，第145页。

不怕"的口号，指出"军队就这样办"。1983年，又号召"发扬我军拥政爱民的光荣传统，军民共建社会主义精神文明"。到了1992年年初，邓小平在视察南方的重要谈话中，进一步语重心长地嘱托我们："要把我们的军队教育好"①。以江泽民同志为核心的党的第三代领导集体，对军队的精神文明建设非常重视和关心，曾多次号召：军队有责任带头搞好精神文明建设，并走在社会的前列。这是对我军官兵的巨大鼓舞和鞭策。要搞好军队精神文明建设，最根本的是用邓小平建设有中国特色社会主义理论和党的基本路线武装全体官兵的头脑，这是我军最重要的、基本的政治建设和思想理论建设，是我们这支人民军队的强有力的精神支柱。同时，要在继承中华民族传统美德的基础上，建立和发展适合我军性质和特点的军人道德规范，树立良好的道德风尚。尤其要大力弘扬邓小平同志倡导的"五种革命精神"和江泽民同志提出的"64字创业精神"，用自我牺牲、大公无私、先人后己、艰苦奋斗等高尚的思想道德规范官兵的言行，用爱国主义、集体主义、社会主义等思想和精神教育官兵，帮助他们树立正确的人生观、价值观，自觉献身祖国的国防事业。军队应大力提倡高格调的精神生活和健康向上的军营文化生活，创造催人奋进、丰富多彩的军营文化氛围，从而增强部队的凝聚力、战斗力，努力培养官兵成为"四有"新人。这样，我们才能不辜负邓小平同志的嘱托，真正把军队教育好、建设好，让党中央放心，使我军为社会主义精神文明建设做出更多更大的贡献，更好地担负起新时期的历史使命。

2. "中国式的现代化"是经济振兴
和文化复兴两位一体的发展战略②

"中国式的现代化道路"，是邓小平同志在1979年3月30日提出的一个新范畴，它集中地概括了邓小平同志的基本战略构想。那么，这是一个什么样的发展战略呢？它有什么样的基本特点呢？

---

① 《邓小平文选》第三卷，人民出版社1993年版，第380页。
② 本文选自《李君如文集：邓小平理论研究》（上），湖南人民出版社2002年版，第267~272页。

2.1 "中国式的现代化"是中国文化背景下的现代化

关于"中国式的现代化道路"这一战略构想，人们已经做过许多研究，尤其是对于这一构想提出的根据、形成与发展的历史，以及对于形成"分三步走"基本实现现代化战略步骤的意义，研究尤为深入，成果也尤为突出。但是，我们注意到许多研究都仅仅局限于经济领域，而缺少对于经济与文化相统一的研究。

提出这个问题，首先是因为在世界各国现代化发展的历史上，从来都存在一个经济与文化的结合问题。马克斯·韦伯曾断言，现代化是新教伦理的产物，在东方儒教文化背景下绝不可能实现现代化。这无疑是说，现代化仅仅是西方国家的专利，或是实行"全盘西化"国家的专利。然而，亚洲"四小龙"以及它们之前日本的经济奇迹，使韦伯的武断结论不攻自破。世界各国学者都不得不承认，现代化不一定非要以西方式的个人主义为基础，在东方式的家族集体主义、责任性和勤奋劳动基础上也能实现现代化；日本与亚洲"四小龙"的成功，在于他们找到了东方文化背景下实现现代化的经营方式和管理体制。我国搞现代化无疑要学习世界各国的现代化经验，比如市场经济的经验，但是这种学习必须考虑我们的文化传统和文化特点。我们不是以儒教立国的国家，但也不能否认是具有东方文化深刻背景的国家，所以我们要像日本和亚洲"四小龙"一样，寻找适合东方文化的现代化道路；同时，从五四新文化运动后，尤其是在新中国建立后，我们在马克思主义指导下通过对中国传统文化的批判继承，已经形成了新型的中国文化，也即有中国特色的社会主义文化，因此，"中国式的现代化"只能是这种文化背景下的现代化。

提出这个问题，同时是因为邓小平同志的"中国式的现代化"战略构想，从它提出之日起，就包含了思想文化建设的要求。人们不难发现，邓小平同志在1979年3月底提出"中国式的现代化"这一命题的时候，讲了两个方面的问题：一是强调在中国搞现代化必须注意底子薄和人口多、耕地少两个重要特点；二是强调"我们要在中国实现四个现代化，必须在思想政治上坚持四项基本原则。"尤其是他在设计中国式社会主义现代化的蓝图时，非常鲜明地提出了物质文明和精神文明两手一起抓的战略构想。

而且，他强调的精神文明既包括共产主义理想和党的艰苦奋斗、为人民服务等优良传统，又包括讲文明、讲礼貌、讲道德等中华民族的优秀文化传统。这就是说，邓小平同志关于"中国式现代化道路"的战略构想，在很大程度上即是一种东方文化背景下的现代化、中国社会主义文化背景下的现代化。

因此，邓小平同志讲的"中国式"不仅仅是指要从中国落后的经济条件出发规划社会主义的现代化，而且是指要从中国的文化传统和文化特点出发规划社会主义的现代化。对此，我们必须有深刻的认识。

2.2 没有中国文明的复兴就没有"中国式的现代化"

仅仅把"中国式的现代化"看作是现代化要适合中国文化的传统和特点是不够的，还要看到在现代化过程中，中国的文化传统必须经历一个充实、转型和更新的复兴过程。如同没有文艺复兴就没有西欧现代化一样，没有中国文明的复兴也不可能有中国的现代化。

毛泽东同志在开国前夕就提出过这一重要的问题。党的十二届三中全会通过的《中共中央关于社会主义精神文明指导方针的决议》进一步指出："新中国的成立，在社会主义基础上开始了伟大的中国文明的复兴。自从我们国家以党的十一届三中全会为标志进入了新的历史发展时期，更赋予这个复兴以新的强大生机和活力。这个复兴，不但将创造出高度发达的物质文明，而且将创造出以马克思主义为指导的，批判继承历史传统而又充分体现时代精神的，立足本国而又面向世界的，这样一种高度发达的社会主义精神文明。"[1]这是一个极其重要的战略构想。

"中国文明的复兴"，首先是指要站在时代的高度，批判地继承中国的传统文化，批判地吸收世界文明的成果，形成中国社会主义的新文化。复兴不是复旧，而是使传统文化赋予新的时代特征，充实新的时代内容。

"中国文明的复兴"，其次是指要根据现代化的要求，改造传统文化，使之转型，成为能够同现代化衔接的新文化。亚洲"四小龙"和日本能在东方文化背景下实现现代化，即在于他们不仅寻找到了适合东方文化特点的现代经济的经营方式和管理体制，而且对传统的文化进行了转型性

---

① 《十二大以来重要文献选编》，人民出版社1988年版，第1178页。

的改造。比如日本把传统的"忠"改造为职工对企业的"忠",从而使东方文化同现代化在有机的结合中相辅相成,互相促进。

"中国文明的复兴",同时还指要顺应时代的潮流,摒弃一切不适合社会主义现代化要求的旧观念、旧传统,形成适合时代特点和中国国情的新观念、新传统。没有这样深刻的观念更新,人们的思想就只能永远禁锢在迷误、落后之中。邓小平同志强调解放思想、实事求是,强调要搞清楚什么是社会主义,怎样建设社会主义,就为了引导人们形成有助于中国社会主义现代化建设的新思想、新文化、新观念。

因此,我们完全可以这样说,中国式的现代化需要中国文明的复兴,中国式的现代化将在中国文明的复兴中实现。

2.3 以建设有中国特色社会主义理论为根本指针实现中国式的现代化战略

那么,我们怎么样实现"中国文明的复兴"?怎么样实现"中国式的现代化"呢?

中国人民是幸运的。在民主革命的时候,毛泽东同志针对文化上的古今中外之争,提出了理论与实际相结合的原则,即不论传统的和现代的、中国的和外国的,一切文化凡是具有科学性和民主性的精华,都要继承,在此基础上把它们同中国的具体实际相结合,形成民族的、科学的、大众的新文化。正是这种新文化,使中国人民在精神上由被动转入主动,赢得了中国革命的伟大胜利。在社会主义现代化建设的新时期,邓小平同志以毛泽东同志倡导的实事求是、理论和实际相结合的思想路线为武器,在同"两个凡是"观点的坚决斗争中,纠正了毛泽东晚年的错误,并以改革开放的崭新实践为基础,创立了建设有中国特色社会主义的理论。这样,就使我们解决新时期的古今中外之争,即解决社会主义现代化建设中思想文化上传统与现代、中国与外国的关系问题,有了一个根本的指针。只要我们坚定不移地坚持这一根本指针,坚持两个文明一起抓,我们就能够在"中国文明的复兴"中,实现"中国式的现代化。"

这里,我们不得不指出,对于邓小平同志提出的"两个文明一起抓"的战略思想,许多人还缺乏清醒的、坚定的认识。否则,邓小平同志为什

邓小平治国论

么要提出"一手硬、一手软"的批评呢？否则，人民群众为什么对社会风气和党风有那么尖锐的意见呢？究其原因，即在于我们许多人认为经济建设是硬任务，思想文化建设是软任务，认为现代化就是物质文明高度发达。然而，事实告诉我们，没有精神文明建设这一手，不仅整个民族没有凝聚力，经济建设缺乏精神动力和智力支持，还会造成现代化建设的强大阻力。而且，这种阻力是多种多样的，有的会用传统的僵化的观点来对抗改革开放和社会主义现代化建设，有的会用"全盘西化"的观念来干扰改革开放和社会主义现代化建设，有的会假公济私、以权谋私，用种种消极腐败的手段搞乱改革开放和社会主义现代化建设，有的会因信念动摇、精神支柱丧失，而以悲观失望的情绪对待改革开放和社会主义现代化建设。对此，我们再也不能掉以轻心、等闲视之了。我们再不重视精神文明建设，就要犯历史性的大错误！

在今天，用社会主义市场经济取代计划经济不是经济体制的修修补补，而是一场极其深刻的革命。它关系到中国式现代化建设战略的成败。要赢得这场革命的胜利，必须有统一的思想、健康的文化、振奋的精神。党的十四大提出要用邓小平建设有中国特色社会主义的理论武装全党，党中央编辑出版《邓小平文选》第三卷，是保证这场革命顺利推进的一个重大举措。因此，当前精神文明建设的重点，应该放在学习、研究和宣传邓小平建设有中国特色社会主义理论上，以此来统一人们的思想，创造健康的文化，振奋全国各族人民的精神，克服思想文化上的种种阻力，保证以社会主义市场经济为目标的经济体制改革的成功，保证中国式现代化的成功。

总而言之，我们要认识到邓小平同志提出的"中国式的现代化"是经济振兴和文化振兴两位一体的发展战略，是物质文明和精神文明共同发展的现代化战略，我们必须从这样一个战略的高度来加强两个文明的建设。

3. 社会主义市场经济本身就是一种文化①

自从全党工作着重点从阶级斗争转移到经济建设上以来，目前正在向纵深展开的由计划经济体制到社会主义市场经济体制的转变，是1978年年底工作重点转移的深化，是一场经济体制领域深刻的革命。在社会存在决定社会意识这一基本规律的作用下，思想文化领域如何适应社会存在的这一深刻变化，是一项极其重要而又紧迫的研究课题。

3.1 思想文化建设要适合社会主义市场经济要求

我们必须注意，不能把社会主义市场经济看作是一种恶的力量，不能把加强社会主义市场经济条件下思想文化建设看作是用思想上道义上的善去制约、矫正市场经济的恶。邓小平同志提出搞社会主义市场经济，是要用这种方法"更有力地发展社会生产力"。尽管从历史上来看，能发展生产力的方法并非都是善的行为，但我们的着眼点是人民，改变中国落后的面貌，使越来越多的人民群众脱贫致富，从温饱走向小康，难道是恶吗？更何况，我们是在社会主义条件下建立与发展市场经济，其目的是要通过社会生产力的发展逐步达到广大人民的共同富裕，这是极大的善举。所以我们在研究思想文化建设、精神文明建设时，不应把它同社会主义市场经济对立起来。研究的重点是如何适应这一新的经济体制，而不是离开这一新经济体制另搞一套。否则，就会出现思维与存在关系上的二元论，弄得不好还会走向思想文化决定论或精神决定论的唯心论。

这不是说我们研究思想文化建设问题，不要触及种种丑恶的社会现象。我们重视社会主义市场经济条件下的思想文化建设，从根本上说，是要建立同社会主义市场经济相适应的思想文化；与此同时，还要探讨如何防止并克服干扰、阻碍社会主义市场经济健康发展的各种落后的文化现象、错误的思想观念，乃至形形色色的腐败现象。目前，思想文化领域众多的矛盾与社会丑恶现象，主要有四大类：一类是在传统的计划经济体制

邓小平治国论

① 本文选自《李君如文集：邓小平理论研究》（上），湖南人民出版社2002年版，第241~246页。

下形成的不适合社会化大生产发展与社会进步的僵化观念及其引起的思想混乱；一类是传统的封建主义与小生产的思想影响，诸如特权思想、官僚主义、平均主义以及迷信现象等；一类是新旧体制转轨过程中，在双轨制造成的大量难以避免的缝隙与漏洞中滋生的钱权交易等腐败现象；一类是对外开放过程中难以避免的外来资本主义腐朽思想。我们注意到，这些人民群众痛恨的问题，不是由社会主义市场经济本身带来的，而是在建立社会主义市场经济过程中必须加以克服或限制的，也是能够伴随着社会主义市场经济的规范化、法制化建设的发展，逐步克服或限制的。

至于"社会主义市场经济"，作为一种事物，同其他任何事物一样，也是可以一分为二的，也有其难以避免的某些负效应，尤其在其初创时期、不成熟时期，有些问题会很突出。比如货币作为体现一般等价物的特殊商品，有一种神秘的力量，既可以对人们的社会生活发挥正效应，也可以对人们的社会生活产生某种负效应。但我们不能因此而取消货币，限制社会主义市场经济的发展。这种因"社会存在"而存在的问题，只能在"社会存在"的发展中决定其命运。其中，有的会随着社会主义市场经济自身的发展与成熟而得到克服（如证券、房地产非规范交易造成的腐败现象）；有的将伴随着社会主义市场经济的存在而存在，试图用超越现阶段社会存在的思想文化去矫正它，试图用思想文化的力量去消灭它，只是一种纯主观的想法。历史已有过这样的教训，我们不能再干这样的蠢事了。

3.2 作为文化的社会主义市场经济

社会主义市场经济指的不是社会主义性质的市场经济，而是社会主义条件下的市场经济，或社会主义制度下的市场经济。显然，社会主义制度与市场经济体制都是一种社会存在。但是另一方面，从世界文明史来考察，"社会主义"与"市场经济"又都是一种学说、一种文化；现存的社会主义制度与市场经济体制都蕴涵着一种思想、一种精神，它们都有自己的价值观念、道德规范和信念。因此在讨论社会主义市场经济各种条件下的思想文化建设时，我们可以把"社会主义市场经济"本身作为一种文化来研究。建设与社会主义市场经济相适应的文化，也只能是这样一种文化。

把社会主义市场经济作为一种文化来研究，必须注意到这种文化的两个基本构成部分——社会主义文化与市场经济文化的异同及其综合特点。

社会主义作为一种文化，具有极为丰富的内容，其核心是毛泽东同志所说的无产阶级功利主义，即全心全意为人民服务的价值观。市场经济作为一种文化，也有丰富的内容。其核心，有人认为是利己主义的价值观，这恐怕有问题。因为从生产方式来看，只有自给自足的小生产以及商品化程度不高的小商品生产，才会导致利己主义；从所有制性质来看，只有私有制，才会导致利己主义。市场经济是同社会化大生产，是同比较发达的商品生产与商品交换相联系的一种经济体制与运行机制。社会化大生产需要的是专业化分工基础上的协作、互助，商品生产是为交换而进行的生产，因此市场经济从来不是单纯地谋一己之私利，而是通过向社会提供高质量的产品，通过建立满足社会需求的良好信誉，即通过为社会服务来实现自己的利益的。也就是说，市场经济也有强调为社会服务，为人民服务的一面。在现代市场经济中，这种为社会服务的范围、方式因为激烈的竞争已经达到相当全面与高级、精细的程度。至于资本主义市场经济条件下恶性膨胀的利己主义，主要源于其资本主义所有制。我们目前在改革中出现的利己主义，只要仔细考察其特点，即可发现它是一种传统的小商品生产，甚至是自然经济小生产的价值观念在改革大潮急流中的沉渣泛起，比如假冒伪劣产品、"一锤子买卖"等利己主义手段绝不是同社会化大生产与比较发达的商品生产相联系的市场经济的要求。因此，作为文化的社会主义与作为文化的市场经济在它们的价值观上有一个明显的共同点，即都是为人民为社会服务的。这也是它们能统一与结合的基础。

但是，市场经济作为一种文化，除了为社会服务的一面之外，还有获取利润为自己谋利益的一面。它是不是同社会主义文化相矛盾的呢？应该讲，两种文化在看待个人利益的轻重、先后上是有差别的，但不是绝对不相容的。应该看到，社会主义并不排斥与否认个人利益。斯大林论述过这一问题。毛泽东同志更是把个人利益与集体利益的结合看作是社会主义的价值判断尺度。他说过要"提倡以集体利益和个人利益相结合的原则为一切言论行动的标准的社会主义精神。"马克思的科学社会主义学说也毫不

邓小平治国论

回避在社会主义社会中，劳动还是人的谋生的手段，即个人的谋生及其所必需的利益仍是劳动的目的之一。因此，市场经济中贯彻的获取利润为自己谋利益的原则，同社会主义的原则并不是完全对立的。在社会主义法律所许可的范围内，市场经济运作过程中的个人利益更是社会主义所保护的。

这里的关键，是要建立个人与社会、个人利益与集体利益相协调的机制。应该看到，邓小平同志倡导的建设有中国特色社会主义的理论，我们党正在研究与建立的社会主义市场经济，不是社会主义与市场经济的简单相加，而是它们的有机统一，因此它内在地具有协调个人与社会、个人利益与集体利益的机制。所以，作为文化的社会主义市场经济也不是社会主义文化与市场经济文化的简单叠加，而是一种两者有机统一的社会主义新文化。这种文化的核心，是一种新型的为人民服务的价值观。其特点是：在个人与单位自主的基础上为社会服务，在为社会服务中实现个人与单位的利益。

因此，我们要注意两种错误的偏向：一种是认为在社会主义市场经济条件下，可以不要学雷锋、学焦裕禄，不要提倡为人民服务了。这是十分肤浅的认识。事实上，不为社会服务，不为人民服务，就没有市场经济；不提高服务的质量与水平，不是市场经济的要求。诸如与此相反的假货、伪劣产品以及商业活动中不讲信义、欺诈勒索那一套，更是市场经济的价值观所反对的。任何一个具有发达的或比较发达的市场经济社会，都不仅有关于搞好服务的严格的商业规范，而且有明确的社会活动与政治活动规范，包括在宗教中以耶稣等为偶像的伦理规范。我们是共产党人，是社会主义的建设者，境界更高，更要提倡为人民服务的价值观。另一种是认为，在社会主义社会里，不管是搞计划经济，还是搞市场经济，都不能把个人利益作为价值判断的尺度。这种观点，是在"左"的指导思想下形成的错误观点，并不符合马列主义、毛泽东思想对社会主义文化及其价值观的分析。

3.3 加强文明行为的规范研究

社会主义市场经济问题的提出，社会主义市场经济条件下思想文化建设问题的讨论，将有助于我们加强社会主义精神文明的建设。首先，它进一步指明了精神文明建设的方向与重点，是要建立同社会主义市场经济相适应，为社会主义市场经济服务的精神文明；其次，更重要的是，社会主义市场经济具体体制的建立，将有助于社会主义精神文明的研究从一般原则的研究，深入到可以操作与实施的具体行为规范的研究。

在社会主义市场经济条件下，经济活动领域、社会关系（包括家庭关系、企业内关系）领域、政治活动领域等，处于社会的各种不同层次，人们在各个活动领域又担负着不同的社会角色。因此，当前精神文明建设的研究应像当年孔夫子那样，制订不同领域、不同角色的行为规范，使各个领域的各种社会角色都有明确的行为准则，使全社会能够通过法律的、道德的、行政的手段对人们在各个活动领域各种社会角色的行为进行监督与制约，从而使整个社会成为既充满活力又有秩序的文明社会，建设好有中国特色的社会主义。

4. 深刻理解和认真实践邓小平关于精神文明建设的理论①

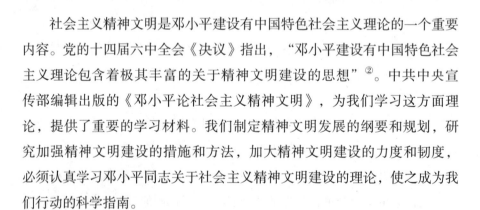

社会主义精神文明是邓小平建设有中国特色社会主义理论的一个重要内容。党的十四届六中全会《决议》指出，"邓小平建设有中国特色社会主义理论包含着极其丰富的关于精神文明建设的思想"②。中共中央宣传部编辑出版的《邓小平论社会主义精神文明》，为我们学习这方面理论，提供了重要的学习材料。我们制定精神文明发展的纲要和规划，研究加强精神文明建设的措施和方法，加大精神文明建设的力度和韧度，必须认真学习邓小平同志关于社会主义精神文明建设的理论，使之成为我们行动的科学指南。

4.1 历史背景和发展脉络

邓小平同志提出社会主义和现代化的精神文明目标，具有深刻的历史背景，是一个富有远见卓识的战略构想。

---

① 本文选自《李君如文集：邓小平理论研究》（下），湖南人民出版社2002年版，第441~451页。
② 《十四大以来重要文献选编》下，人民出版社1999年版，第2051页。

邓小平治国论

首先，精神文明问题的提出，包括这一概念的使用，是对"文化大革命"深刻反思的结果和对社会主义前途的战略考虑。"文化大革命"这场内乱和浩劫，对教育科学文化事业的发展，对人的思想道德素质和文化素质的养成，造成了破坏性的严重后果。因此，邓小平同志在党的十一届三中全会复出前后就强调要完整准确地理解毛泽东思想，恢复实事求是的思想路线；要搞好我们的党风、军风、民风，关键是要搞好党风；要尊重知识、尊重人才，把教育和科学搞上去。翻开《邓小平文选》第二卷，从1977年5月24日《"两个凡是"不符合马克思主义》起，到1978年12月13日《解放思想，实事求是，团结一致向前看》这篇被称为"实际上是十一届三中全会主题报告"的重要讲话，共17篇文章。这些文章围绕"实现四化"这一中心议题，大多反复强调要在思想路线、社会风气、教育科学这些精神文明建设的重大问题上拨乱反正。

党的十一届三中全会后，以邓小平同志为核心的党中央把这些思想道德和教育科学文化建设方面的任务，集中概括到"精神文明"这一概念之内，鲜明地提出建设社会主义精神文明"是我们社会主义现代化的重要目标，也是实现四个现代化的必要条件。"1979年10月30日邓小平同志在第四次文代会上的讲话，集中体现了这一思想。在1980年12月25日的讲话中又一次强调了精神文明的重要性，还首次论述了精神文明建设的内容等一系列重大问题。在此基础上，党的十一届六中全会通过的《关于建国以来党的若干历史问题的决议》把它作为"文化大革命"重大教训的拨乱反正，指出要坚决扫除长时间存在而在"文化大革命"期间登峰造极的那种轻视教育科学文化和歧视知识分子的完全错误的观念，从而把"社会主义必须有高度的精神文明"，作为我国社会主义现代化建设道路的一大要点提了出来。

现在回过头来看，恢复被"文化大革命"破坏的教育科学文化事业还是不困难的，而要恢复和培育被"文化大革命"破坏的人的素质和社会风气则是不易的。以邓小平同志为核心的党中央在这场内乱结束不久就提出精神文明建设问题，确实是一个关系到我国社会主义前途的富有远见的战略构想。

其次，精神文明问题的提出，特别是这一理论内容的充实和体系的形成，是经济建设和改革开放不断发展的客观要求和对有中国特色社会主义认识不断深化的成果。党的十一届三中全会后，以邓小平同志为核心的党中央提出精神文明建设的任务，一开始就把它看作社会主义现代化总体布局中的有机组成部分，强调要在大幅度提高社会生产力的同时，改革和完善社会主义的经济制度和政治制度，发展高度的社会主义民主和完备的社会主义法制；要在建设高度物质文明的同时，建设高度的社会主义精神文明。实践证明，发展社会生产力，经济和政治体制改革，精神文明建设，这三者之间既相互依存，又相互转化。发展和改革推动了思想道德建设和教育科学文化建设，又从思想道德和教育科学文化建设中获得了精神动力和智力支持。与此同时，邓小平同志也指出改革开放会有风险，会出现一些消极的东西，但随着经济的发展，随着科学文化和教育水平的提高，随着民主和法制建设的加强，这些消极现象必然会逐步减少并最终消除。这样，在发展、改革和精神文明建设相互推进的创造性实践中，以及解决实践中出现的一系列新情况、新问题的过程中，邓小平同志关于社会主义精神文明建设的理论逐步深化和发展。

从党的十一届三中全会到十二大，针对"文化大革命"造成的严重破坏和改革开放起步中出现的各种问题，以邓小平同志为核心的党中央逐步明确精神文明建设包括思想道德建设和教育科学文化建设两方面的内容；提出精神文明建设的目标是要使我国人民成为有理想、有道德、有文化、守纪律（后改为有纪律）的人民；强调社会主义精神文明是社会主义的重要特征。特别是党的十二大，对社会主义精神文明问题，从理论上作了初步的系统论述。

从党的十二大到十二届六中全会，一方面，精神文明建设在许多方面取得重大进展；另一方面，党风和社会风气仍未获得根本好转，一些地方重新出现久已绝迹的社会丑恶现象。在1985年9月的中国共产党全国代表会议上，邓小平同志突出地提出了存在问题的严重性，强调了精神文明建设的战略地位。他告诫全党："不加强精神文明的建设，物质文明的建设也要受破坏。"[①]为了解决这一问题，党的十二届六中全会通过了《关于

① 《邓小平文选》第三卷，人民出版社1993年版，第144页。

社会主义精神文明建设指导方针的决议》，从社会主义现代化建设总体布局的高度，论述了社会主义初级阶段精神文明建设的战略地位、根本任务和基本指导方针，解决了精神文明建设中一些重大的理论问题。这一纲领性的文件，标志着邓小平社会主义精神文明建设理论的科学体系已经基本形成。

党的十二届六中全会后，由于种种复杂的原因，全会通过的决议没有能够很好地贯彻落实。相反，由于10年里在两个文明问题上存在着"一手比较硬，一手比较软"这一明显的不足，在思想政治教育方面出现失误，在1986年年底发生了学潮，1989年春夏之交又发生动乱。邓小平同志对这些事件的性质及其发生的原因，作了深刻的分析，要求全党聚精会神地抓党的建设，坚定不移地贯彻"两手抓"的战略方针。党的十三届四中全会后，以江泽民同志为核心的党中央采取一系列重大措施，认真贯彻落实邓小平同志的政治交代，精神文明建设出现了转机。

1992年年初邓小平同志在南方谈话中，总结改革开放的经验，针对现实生活中存在的问题，进一步深刻地提出了两个文明都搞好，才是有中国特色的社会主义，强调两手抓，两手都要硬。党的十四大要求全党在建设有中国特色社会主义的进程中，在建立社会主义市场经济体制的历史条件下，把精神文明建设提高到新水平。南方谈话和十四大是我国改革开放和现代化建设进入新阶段的标志，也向我国社会主义精神文明建设提出了新的要求。

现在回过头来看，邓小平同志关于在改革开放和现代化建设这一新的革命中，必须坚持物质文明和精神文明两手一起抓的思想，是一贯的；领导工作中出现的失误，执行中出现不一贯的问题，也是他最先发现、最坚决提出、最强调要纠正的。以江泽民同志为核心的党中央对于邓小平同志这些深刻而又辩证的战略思想，贯彻最力，做了大量富有成效的工作。

4.2 科学体系和丰富内容

邓小平同志关于社会主义精神文明建设的理论，在实践中经受检验，也在实践中不断发展，逐步形成了由精神文明建设的战略地位、根本目标、指导思想、主要任务和组织领导等一系列重大方面的基本观点所构成的科学体系。

在精神文明建设的战略地位问题上，邓小平同志从精神文明和社会主义的关系、精神文明和现代化的关系、精神文明和物质文明的关系，阐述了精神文明是社会主义社会的一个重要特征，是社会主义现代化的重要目标，又是实现四个现代化的重要保证。他强调："我们要建设的社会主义国家，不但要有高度的物质文明，而且要有高度的精神文明。"①"不加强精神文明的建设，物质文明的建设也要受破坏，走弯路。"②因此，只有两个文明都搞好，才是有中国特色的社会主义。

在精神文明建设的根本目标问题上，邓小平同志紧紧抓住人的思想道德素质和教育科学文化素质这两个方面的基本问题，明确提出"我们的目标是'四有'"，即有理想、有道德、有文化、有纪律。他强调"要教育人民成为'四有'人民，教育干部成为'四有'干部"；特别要教育好青年、教育好后代。提出这个目标，同物质文明建设，同社会主义现代化，有密切的联系。他认为，我们国家，国力的强弱，经济发展后劲的大小，越来越取决于劳动者的素质。因为，"人是生产力中最活跃的因素。"他说："这里讲的人，是指有一定的科学知识、生产经验和劳动技能来使用生产工具、实现物质资料生产的人。"③

在精神文明建设的指导思想问题上，邓小平同志从我国处在社会主义初级阶段的实际出发，提出了加强精神文明建设的一系列重要指导思想。他强调，必须坚持马克思主义，对马克思主义的信仰是我们的精神动力，同时指出解放思想、实事求是是马列主义、毛泽东思想的精髓，我们坚持的马克思主义是同中国实际相结合的马克思主义，解放思想、改革开放要贯彻社会主义现代化全过程，坚持四项基本原则、反对资产阶级自由化，也要贯彻社会主义现代化全过程，从而明确了精神文明建设的指导思想；他还强调精神文明建设同别的工作一样，要把经济建设当作中心，要有利于坚持四项基本原则和改革开放，即要坚持党的基本路线；他充分估计到

邓小平治国论

---

① 《邓小平文选》第二卷，人民出版社1994年版，第367页。
② 《邓小平文选》第三卷，人民出版社1993年版，第144页。
③ 《邓小平文选》第二卷，人民出版社1994年版，第88页。

改革开放的风险，同时提出要用教育和法律两个手段解决问题，实际上提出了精神文明重在建设的方针；他指出要继承和发扬民族优秀文化传统和党的优良传统，吸收和借鉴人类社会创造的一切文明成果；他还特别强调要尊重知识，尊重人才，要求思想文化和教育战线的同志成为人类灵魂的工程师。这些指导思想，为党的十一届三中全会以来的实践证明，是正确的，必须毫不动摇地坚持。

在精神文明建设的主要任务问题上，邓小平同志根据精神文明建设的根本目标，分别从思想建设、道德建设、教育科学文化建设和民主法制纪律教育方面，作了大量明确而又具体的阐述。在思想建设方面，他强调要努力学习马克思主义理论，教育人民树立社会主义、共产主义理想，发扬爱国主义精神，加强艰苦创业精神教育，用共同的理想和坚定的信念把人民团结起来；在道德建设方面，他强调要加强人生观教育、道德教育，共产党员要身体力行共产主义道德，提倡个人利益服从国家和集体利益，搞好社会风气，大力提倡社会主义道德风尚；在教育科学文化建设方面，他强调要坚持为人民服务、为社会主义服务的方向和百花齐放、百家争鸣的方针，思想文化教育卫生部门要把社会效益放在首位，科学和教育要努力赶上世界先进水平，要繁荣文学艺术事业和提高文学艺术水平，新闻出版要紧密结合中心任务宣传党的主张，提高整个中华民族的科学文化水平；在民主法制纪律教育方面，他强调要向人民讲清楚民主问题，要讲法制，真正使人人懂得法律，要加强组织纪律性，保证理想的实现。

在加强和改善党对精神文明建设的领导问题上，邓小平同志提出要"把我们党建设成为有战斗力的马克思主义政党，成为领导全国人民进行社会主义物质文明和精神文明建设的坚强核心。"[①]为此，他强调坚持两手抓，社会主义精神文明建设就可以搞上去；改善党的领导，最主要的就是加强思想政治工作；抓精神文明建设，抓党风、社会风气好转，必须狠狠地抓，一天不放松地抓，从具体事件抓起；关键是要抓好党风建设和领导干部以身作则。总之，只要中央和地方各级党委坚持"两手抓，两手都要硬"的战略方针，就可以建设好有中国特色的社会主义。

① 《邓小平文选》第三卷，人民出版社1993年版，第39页。

第六章　邓小平的文明治国战略

4.3　时代意义和理论贡献

邓小平同志关于社会主义精神文明建设的理论，对于我国社会主义现代化建设和改革开放，对于中华民族的振兴和综合国力的增强，对于科学社会主义理论的发展和建设有中国特色社会主义的实践，具有重大而现实的意义。

首先，邓小平同志关于社会主义精神文明建设的理论，继承和发展了马列主义、毛泽东思想关于思想文化建设的基本原理，比较系统地初步回答了中国社会主义精神文明建设的一系列基本问题，是当代中国在社会主义市场经济和对外开放条件下加强精神文明建设的科学指南。在探索建设有中国特色社会主义道路的过程中，邓小平同志以历史唯物论为依据，强调党和国家的各项工作要以经济建设为中心，同时，把坚持四项基本原则和坚持改革开放作为保证中心任务实现的两个基本点。在这个充满着唯物论和辩证法的现代化战略布局形成过程中，他同时提出了两个具有创意的科学命题：一是"社会主义也可以搞市场经济"；一是"建设高度的社会主义精神文明"。并且对这两个关系社会主义现代化全局的重大问题，进行了坚持不懈的探索，使之在理论上充实、完善和成熟，直到1992年南方谈话作出两个结论：（1）"计划多一点还是市场多一点，不是社会主义与资本主义的本质区别。计划经济不等于社会主义，资本主义也有计划；市场经济不等于资本主义，社会主义也有市场"。（2）"两个文明建设都要超过他们（指亚洲'四小龙'），这才是有中国特色的社会主义"。邓小平同志关于社会主义精神文明建设的理论是在改革开放和社会主义现代化建设的背景下提出来的，是伴随着我们党对社会主义市场经济问题的探索而发展、完善起来的，因而对我们今天和今后加强精神文明建设具有现实的指导意义。

其次，邓小平关于社会主义精神文明建设的理论，揭示了中国式的现代化是物质文明和精神文明相互促进、共同发展的进程，这是对社会主义现代化理论的一大贡献。中国式的现代化，包括以经济建设为中心，分"三步走"基本实现现代化，也包括坚持四项基本原则，反对资产阶级自由化，还包括要通过改革建立社会主义市场经济体制，解放和发展生产

邓小平治国论

力，要通过开放引进外国先进的技术和管理经验作为我们发展的起点，包括要以农业、交通、能源、教育和科学作为发展的重点，等等。其中，一个十分重要的内容，就是要通过物质文明和精神文明相互促进、共同发展，来实现中国的社会主义现代化。以邓小平同志为核心的党中央1979年最初提出"精神文明"这一概念时，明确地指出："我们所说的四个现代化，是实现现代化的四个主要方面，并不是说现代化事业只以这四个方面为限。我们要在改革和完善社会主义经济制度的同时，改革和完善社会主义政治制度，发展高度的社会主义民主和完备的社会主义法制。我们要在建设高度物质文明的同时，提高全民族的教育科学文化水平和健康水平，树立崇高的革命理想和革命道德风尚，发展高尚的丰富多彩的文化生活，建设高度的社会主义精神文明。这些都是我们社会主义现代化的重要目标，也是实现四个现代化的必要条件。"①我们常说的"两个文明"，就是中国式的现代化所追求的两大重要目标和两方面基本任务。这两方面任务既相互依存，又相互渗透，物质文明中从物质财富创造者的素质到物质生产力的成果，都直接体现着或蕴涵着精神文明的成果；精神文明的载体和必需的投入、条件也直接联系着物质文明的成果。因此，离开经济建设这个中心，物质文明搞不上去，就无所谓中国式的现代化，离开精神文明，甚至以牺牲精神文明为代价去换取经济的一时发展，也实现不了中国式的现代化；抓住精神文明建设这一个方面或那一个方面，而不是全面领会和贯彻邓小平关于社会主义精神文明建设的理论，也同样会妨碍中国式现代化的全面实现。

再次，邓小平同志关于社会主义精神文明建设的理论，提出了中国在世界范围综合国力竞争中立于不败之地的一项大对策，对于中华民族的振兴和强大利在当代、功在千秋。在当代世界，中华民族要振兴，国家的综合国力要增强，毫无疑问首先要有强大的经济实力，这是基础。但对于一个积弱已久，经济文化落后而又人口众多的大国来讲，在相当长一个时期里经济实力总是处于相对弱势，要想在一个霸权主义、强权政治力图主宰世界的环境里生存和发展，就必须在集中力量抓好经济建设的同时，把综

---

① 《十一届三中全会以来重要文献选编》上，人民出版社1987年版，第80页。

合国力中的科技力、文化力和政治力等各种要素充分调动起来，并使之成为支持经济力又同经济力融合在一起的国家整体实力。因此，在把物质文明搞得更好的同时，把精神文明建设放到更加突出的地位，是在我们这样一个发展中的社会主义国家增强综合国力的大对策、大举措，势必增加我们在国际舞台上的分量，提高我们在国际上的地位。

最后，邓小平同志关于社会主义精神文明建设的理论，也是对科学社会主义发展的重大贡献和重大推进。在世界社会主义运动曲折发展的历史中，有的社会主义国家先是长期僵化、后又放任自由主义思潮泛滥，从而导致国家易帜的教训，历历在目；像我国在20世纪六七十年代发生长达10年之久的"文化大革命"，导致文化大破坏、道德大破坏的教训和80年代末发生动乱的教训，也不能忘怀。其中的问题，就包括我们对于"什么是社会主义、怎样建设社会主义"这样一个首要的基本的理论问题，没有完全搞清楚。社会主义建设包括物质文明和精神文明建设，包括民主法制建设，它们的关系怎样处理，精神文明自身又如何搞，精神文明建设内部的思想建设、道德建设、教育科学文化建设和民主法制纪律教育的关系如何协调和整合，这一系列问题的思考和解决，是关系社会主义前途和命运，关系建设有中国特色社会主义大局的重大问题。从这个角度来学习和研究邓小平关于精神文明建设的理论，就可以更加清楚地认识到这是一个对科学社会主义的发展有重大意义的问题。

邓小平同志还强调建设有中国特色的社会主义，要把社会主义基本经济政治制度和市场经济结合起来，要把社会主义精神文明和市场经济结合起来，形成一个富强、民主、文明的社会主义现代化国家。这是人类历史上一个伟大创举。同时，他还告诉我们，在社会主义市场经济条件下建设精神文明，必须把经济的发展与教育和法律两个手段的运用，把经济的发展与教育科学文化水平的提高和民主法制建设的加强，有机地统一起来。这又是社会主义事业的一个伟大探索。

可见，邓小平同志关于社会主义精神文明建设的理论是我们建设、巩固和发展社会主义的重要理论指南，是我们加强精神文明建设的根本指针。在今天它是我们全面实现跨世纪15年经济和社会发展纲领的一个思想武器。

邓小平治国论

5. 加强社会主义精神文明建设是一项重大战略任务①

如何估量当前精神文明建设的形势，众说纷纭。有所谓"爬坡说"，也有所谓"滑坡说"。这说那说，都有他们一定的事实依据。这就需要我们有一种历史的眼光，科学的方法，正确地认识我们面临形势的复杂性。我们要看到，精神文明的地位和作用、成绩和问题，都同一定的历史条件相联系。我们今天讲的精神文明，是当代中国历史大转折中的精神文明，是当代世界国际格局大变动中的精神文明。

5.1 应该怎样估量当前精神文明建设的形势？

以党的十一届三中全会为标志，我国进入了以改革开放为显著特征的社会主义现代化建设的新时期。这是一个从以阶级斗争为纲到以经济建设为中心，从停滞封闭到改革开放，从计划经济到社会主义市场经济，从粗放型经济增长方式到集约型经济增长方式转变的历史大转折时期。这一举世瞩目的历史大转折带来了举世瞩目的事业大发展。从1978年到1995年，国民生产总值年均递增达到9.8%，为世界所罕见；人民生活正在由温饱迈向小康，农村贫困人口已由1978年的2.5亿人减少到1995年的6500万人；科技教育、文化卫生等各项社会事业全面发展，综合国力显著增强。邓小平同志设计的"三步走"战略目标，国民生产总值比1980年翻两番的第二步战略目标，已于1995年提前实现，全国人民正在意气风发地向第三步目标奋进。建设有中国特色的社会主义，已经从总设计师的宏伟构思变为生气勃勃的社会现实。

我们要看到，这一伟大的历史大转折和事业大发展一开始，以邓小平同志为核心的党中央就提出了两个文明一起抓的战略方针。我们党在历次重要会议上作出了一系列重大决策，党的十二届六中全会还专门作出《关于社会主义精神文明建设指导方针的决议》。这不仅对精神文明建设，而且对整个拨乱反正和全面改革大局的发展，都起了积极的推动作用。可以

① 本文选自《李君如文集：邓小平理论研究》（下），湖南人民出版社2002年版，第452~470页。

回想一下，真理标准讨论和十一届三中全会前，我国社会特别是思想文化领域是一种什么状况。进入社会主义后逐步发展起来的"左"倾错误在"文化大革命"中达到登峰造极的地步，加上林彪、江青两个反革命集团的破坏，思想僵化，迷信盛行；打倒一切，全面内战；敌我混淆，是非不分；知识贬值，文化破坏；风气搞坏，信念动摇。这种状况带坏了一代人，影响深远。改变这种状况势必要进行长期的坚持不懈的努力。但在邓小平同志的卓越领导下，我们从坚持实践是检验真理的唯一标准，恢复和发展解放思想、实事求是的思想路线开始，到提出"一个中心、两个基本点"的基本路线，全国上下思想活跃，精神振奋，务实求真，改革创新，走自己的路，很快就出现了一个充满活力的有中国特色的社会主义。正如六中全会《决议》所指出的，"这是我们党领导全国各族人民扭转'文化大革命'10年内乱造成的严重局势，从困难中重新奋起，为中国社会主义发展开辟新道路的伟大进程。"①

我们的历史大转折又是在国际格局大变动中发生的。20世纪中叶以来，国际局势经历了20世纪50年代前后资本主义和社会主义两大阵营的对立，六七十年代美苏争霸和第三世界兴起，到80年代末、90年代初"雅尔塔体系"解体，国际格局开始向着多极化方向变化。在这一国际格局大变动中，戈尔巴乔夫的"人道的民主的社会主义"破产了，邓小平的"有中国特色的社会主义"不仅站住了，而且推动中国的改革开放和社会主义现代化建设进入了新阶段。

可以回想一下，1992年邓小平南方谈话和党的十四大前，我们面临着多么严峻的考验。由于国际大气候和国内小气候的影响，1989年春夏之交爆发了震惊全党全国的动乱。紧接着出现了西方国家对我制裁，东欧剧变、苏联解体等一系列复杂的国际形势。有人预言，20世纪兴起的社会主义，将在20世纪内灭亡。有人期待着"多米诺骨牌"把中国社会主义制度推倒。面对这么严峻的考验，邓小平同志高瞻远瞩，镇定自若，发表了著名的南方谈话，廓清了困扰和束缚我们思想的许多重大认识问题，给我们指明了继续前进的方向。党的十四大科学地总结了十一届三中全会以来党

① 《十四大以来重要文献选编》下，人民出版社1999年版，第2045页。

的基本实践和基本经验，确立了邓小平建设有中国特色社会主义理论的指导地位，明确了经济体制改革的目标是建立社会主义市场经济体制，强调要抓住机遇，发展自己。以南方谈话和党的十四大为起点，中国的改革和发展进入了新一轮的高涨阶段。国民生产总值的年均增长率，在"八五"期间达到12%，成为新中国成立以来各个五年计划时期增长最快的一年。与此同时，党坚持以科学的理论武装人，以正确的舆论引导人，以高尚的精神塑造人，以优秀的作品鼓舞人，不断加强精神文明建设。在两个文明相互促进中，出乎西方那些国际战略家的预料，中国社会主义的大旗依然高高飘扬，而且把党的十一届三中全会开始的历史大转折和事业大发展向前大大地推进了一步。正如六中全会《决议》所说的，这"是我们经受住80年代末、90年代初国内国际风波的严峻考验，把我国改革开放和社会主义现代化建设推进到新阶段的伟大进程。"

在历史大转折和国际格局大变动中出现的这两个"伟大进程"，是物质文明建设的成果，也是精神文明建设的成果。不能设想，没有精神力量的支持和推动，没有精神文明的发展和进步，改革开放能够不断推进，经济快速发展能持续18年之久，物质文明建设能取得如此重大的成就。正如六中全会《决议》所强调的，"这种历史性的成就，同解放思想、实事求是、以实践为检验真理唯一标准的思想路线的重新确立，同对什么是社会主义、怎样建设社会主义的重新认识是分不开的；同为国家富强、人民幸福而开拓进取的群众创造精神的振起，同不信邪、不怕压、维护国家主权、冲破西方制裁的民族自立精神的发扬也是分不开的。归根到底，是同邓小平建设有中国特色社会主义理论和党在社会主义初级阶段的基本路线的形成和发展分不开的。"[1]

同时，我们也要看到，这种历史大转折和国际格局大变动，也给我们党提出了一系列新问题。尽管改革开放一开始，邓小平同志就强调不仅要建设高度的物质文明，而且要建设高度的社会主义精神文明，但是全党对精神文明建设没有认真重视，对于如此复杂的历史大转折和国际格局大变动的复杂性思想准备不充分，在领导工作中出现了失误。20世纪80年代

---

[1] 《十四大以来重要文献选编》下，人民出版社1999年版，第2045页。

末，邓小平同志多次指出，10年最大的失误是教育，主要是思想政治教育削弱了，一手比较硬、一手比较软。十三届四中全会后，以江泽民同志为核心的党中央为纠正这种失误，从多方面加强精神文明建设，做了积极有效的努力。但是，一些地方和部门领导工作中精神文明建设这一手比较软的问题，还没有完全解决。在社会精神生活方面，仍存在不少问题，有的还相当严重，群众不满意。比如，一些领域道德失范，拜金主义、享乐主义、个人主义滋长；黄赌毒和封建迷信等丑恶现象沉渣泛起；假冒伪劣、欺诈活动成为社会公害；文化事业受到消极因素的严重冲击，危害青少年身心健康的东西屡禁不止；腐败现象在一些地方蔓延，党风、政风受到很大损害；一部分人对社会主义前途产生困惑和动摇。尽管这些问题不是精神文明建设中的主流，但如果忽视这些问题的存在及其严重性，就会危害建设有中国特色社会主义的大局。

总之，从历史大转折和国际格局大变动中来看精神文明建设，就能看到我们今天在精神文明方面取得的成就既巨大又来之不易，就能看到我们今天加强精神文明建设的任务既紧迫又非常艰巨。正如六中全会《决议》在论述加强新形势下精神文明建设是一项重大战略任务时，所深刻指出的："只有坚持全面的、历史的、发展的观点，把精神文明建设放到建设有中国特色社会主义整个事业的大局中来考察，放到整个世界的大局中来考察，才能提高认识，统一思想，增强建设精神文明的自信心和责任感。"①把精神文明建设放到大局中来考察，就能看清全局，既不会因眼前面临的严重问题而模糊对主流的认识，也不会因我们取得的成就而忽视问题的解决。这就是《决议》所说的："看不到18年来精神文明建设的主流，就会丧失信心，是错误的；看不到问题的严重性和紧迫性，就会丧失警惕，是危险的"。②

5.2　为什么说建设社会主义精神文明关系跨世纪宏伟蓝图的全面实现，关系我国社会主义事业的兴旺发达？

在历史大转折和国际格局大变动中，加强社会主义精神文明建设，具

① 《十四大以来重要文献选编》下，人民出版社1999年版，第2048页。
② 《十四大以来重要文献选编》下，人民出版社1999年版，第2048页。

邓小平治国论

有重要的战略地位和历史意义。

首先，必须清醒地认识到建设社会主义精神文明，关系跨世纪宏伟蓝图的全面实现。

今后15年，是我国发展和改革的一个重要的关键的历史时期。六中全会决议指出，未来15年我们面临的历史使命，一要巩固和发展十一届三中全会以来取得的伟大成就，促进经济体制和经济增长方式的根本转变，推动经济发展和社会全面进步。二要面对世界范围各种思想文化相互激荡和科学技术的迅猛发展，迎接综合国力激烈竞争的挑战。三要在前进道路上战胜各种困难，坚持党的基本路线不动摇。这意味着跨世纪15年是我们党振兴中华、赶上时代的一次伟大的进军、一场勇敢的拼搏，既是机遇，又是挑战。党的基本方针强调要"抓住机遇，深化改革，扩大开放，促进发展，保持稳定"，首先就是要抓住机遇。物质文明建设要抓机遇，精神文明建设也要抓机遇。跨世纪15年是两个文明发展的极好机遇，我们要不失时机地把精神文明搞上去。

这是因为，实现跨世纪15年宏伟蓝图，关键在于实现经济体制从传统的计划经济到社会主义市场经济的转变，经济增长方式从粗放型到集约型的转变，而这两个根本性的转变都要求把精神文明提到更加突出的地位。经济体制的转变要求形成把国家和人民的利益放在首位而又充分尊重公民个人合法利益的社会主义义利观，从而建立以为人民服务为核心的社会主义道德体系和与此相适应的经济生活规范和社会生活规范；经济增长方式的转变也要求提高公民的思想道德素质和教育科学文化素质。没有精神文明的大发展，这两个根本性的转变是难以实现的。

这同时是因为，实现跨世纪15年宏伟蓝图，不仅包括物质文明方面的奋斗目标，而且包括精神文明方面的奋斗目标。我们要切实改变精神文明这一手比较软的状况，坚持两个文明的辩证关系，实现两个文明协调发展。我们知道，精神文明与物质文明的辩证关系，是以历史唯物论为基础的。恩格斯曾经指出："根据唯物史观，历史过程中的决定性因素归根到底是现实生活的生产和再生产。"[1]社会主义的根本任务是发展社会生产

① 《马克思恩格斯全集》第三十七卷，人民出版社1971年版，第460页。

力，处于社会主义初级阶段的中国更要把发展社会生产力放在首位。正是根据这样的认识，党决定以经济建设为中心建设、巩固和发展社会主义，这是当代中国最大的政治。如果离开历史唯物论，离开经济建设这个中心，把两个文明协调发展理解为两个文明在社会进步中具有同等重要的地位，甚至把精神文明看作比物质文明更重要，就会走向二元论甚至唯心论。同时，精神文明的建设和发展有它的相对独立性，对物质文明的发展具有能动的反作用。无论是社会主义社会，还是现代化，都不是一个单纯的经济发展过程，而是一个经济、政治、文化互相配合、互相促进的社会全面进步、全面发展的过程。如果离开这种历史的辩证法，忽视精神文明的相对独立性和能动性，就会走向机械唯物论甚至庸俗唯物论。

这还因为，实现跨世纪的15年宏伟蓝图，是要在世界范围综合国力竞争中增强我们的有效实力。综合国力不仅包括经济力，而且包括科技力、政治力、文化力。像我们这样一个发展中的社会主义国家，在相当长一个时期里经济力总是相对较弱，尤其需要在集中力量增强经济力的同时，大力加强科技力、政治力、文化力的建设。邓小平同志说过："改革，现代化科学技术，加上我们讲政治，威力就大多了。"[1]他还说过："我们国家，国力的强弱，经济发展后劲的大小，越来越取决于劳动者的素质，取决于知识分子的数量和质量。"[2]通过科技、教育的发展，尤其是通过讲政治、加强思想文化建设，把生产力各种要素中人的因素充分发挥起来，把综合国力的各方面实力充分调动起来，我们就能够在当今世界中立于不败之地。

同时，必须清醒地认识到，建设社会主义精神文明，关系我国社会主义事业的兴旺发达。

我们不能忘记，"文化大革命"时期，林彪、"四人帮"打着"革命"的旗号大规模地毁灭文化，毁坏人的思想道德品质，在我国社会主义事业的许多方面造成了不可挽回的损失。正是这种切肤之痛，使我们在总结历史经验的过程中得出了"社会主义必须有高度的精神文明"这一科学

---

① 《邓小平文选》第三卷，人民出版社1993年版，第166页。
② 《邓小平文选》第三卷，人民出版社1993年版，第120页。

邓小平治国论

论断。由此可见，从一开始，我们就是把精神文明作为关系我国社会主义兴衰成败的一个重大问题提出来的。

在开辟建设有中国特色社会主义新路的时候，邓小平同志深刻地阐述了社会主义精神文明在社会主义发展中极其重要的战略地位和作用。在真理标准讨论期间，他已经反复强调要恢复和发展解放思想、实事求是的思想路线，反复强调要搞好我们的党风、军风、民风，关键是要搞好党风，反复强调要把教育和科学搞上去。在1978年年底实际上是十一届三中全会主题报告的《解放思想、实事求是，团结一致向前看》的重要讲话中，邓小平同志深刻地指出："一个党，一个国家，一个民族，如果一切从本本出发，思想僵化，迷信盛行，那它就不能前进，它的生机就停止了，就要亡党亡国。"[1]这就对精神文明的作用，特别是思想建设的作用，作了充分的肯定。1979年3月在党的理论工作务虚会上，邓小平同志又强调："社会主义的经济是以公有制为基础的，生产是为了最大限度地满足人民的物质、文化需要，而不是为了剥削。由于社会主义制度的这些特点，我国人民能有共同的政治经济社会思想，共同的道德标准。以上这些，资本主义社会永远不可能有。"[2]这就是说，贫穷不是社会主义，精神贫乏也不是社会主义。社会主义精神文明是社会主义社会的重要特征。同年在第四届全国文代会上，邓小平同志明确指出精神文明是社会主义现代化的奋斗目标，他指出："我们的国家已经进入社会主义现代化建设的新时期。我们要在大幅度提高社会生产力的同时，改革和完善社会主义的经济制度和政治制度，发展高度的社会主义民主和完备的社会主义法制。我们要在建设高度物质文明的同时，提高全民族的科学文化水平，发展高尚的丰富多彩的文化生活，建设高度的社会主义精神文明。"[3]党的十一届六中全会把精神文明建设列为社会主义现代化建设道路的要点。党的十二大系统地论述了社会主义精神文明的基本理论。党的十二届六中全会通过的关于精神文明建设指导方针的决议，进一步论述了我国社会主义现代化建设的

[1] 《邓小平文选》第二卷，人民出版社1994年版，第143页。
[2] 《邓小平文选》第二卷，人民出版社1994年版，第167页。
[3] 《邓小平文选》第二卷，人民出版社1994年版，第208页。

总体布局、基本指导方针和主要任务。根据改革开放发展的新形势和出现的各种新矛盾，邓小平同志不断发挥和充实精神文明建设的理论，反复强调"不加强精神文明的建设，物质文明的建设也要受到破坏，走弯路。"直到1992年南方谈话提出两个文明都搞好，才是有中国特色的社会主义。这一系列论述，集中起来就是说，精神文明同社会主义前途和命运这个大局相联系，关系到社会主义的兴衰成败。

六中全会决议，对邓小平同志的这些重要思想作了一个总概括，明确指出："社会主义精神文明是社会主义社会的重要特征，是现代化建设的重要目标和重要保证"[①]。一个是"社会主义社会的重要特征"，一个是"社会主义现代化的重要目标"，一个是"现代化建设的重要保证"，这就是我们今天对精神文明的地位和作用的认识，就是我们对建设有中国特色社会主义的认识，这是邓小平同志对科学社会主义一个不容忽视的重大贡献。在科学社会主义曲折发展的历史上，有的国家长期思想僵化而最后又放任自由化导致社会主义易帜的教训，历历在目；我们国家"文化大革命"对精神文明大破坏和1989年春夏之交资产阶级自由化泛滥导致两次内乱或动乱的教训，也决不能忘怀。理论和实践告诉我们，离开物质文明的基础片面强调精神文明，会破坏社会主义，离开精神文明的指导和推动片面强调物质文明，也建不成社会主义；用"左"的方法批判斗争、禁锢思想、纯化道德、干预文艺，会摧残社会主义精神文明，用右的观点放任自流、姑息养奸、软弱涣散、搞自由化也会破坏社会主义精神文明。如果再放到国际格局变动的大背景下来看这个问题，我们可以发现，我国的社会主义建设已经同世界范围的综合国力竞争和各种思想文化的相互激荡交织在一起，采取"左"的排外态度还是实行右的趋同观点，都有损于我们的国家利益。社会主义中国要兴旺发达，只有同"左"的和右的错误观点划清界限，坚持以经济建设为中心，物质文明和精神文明两手都要抓，两手都要硬，走有中国特色的社会主义道路。

5.3 为什么说建设社会主义精神文明是长期的、复杂的历史性课题？

从历史大转折和国际格局大变动中精神文明建设的成就和存在问题

[①]《十四大以来重要文献选编》下，人民出版社1999年版，第2045页。

的严重性来看，从精神文明建设对于跨世纪目标全面实现和社会主义兴旺发达的战略地位来看，我国的精神文明建设既有着时不我待的紧迫性，又必须做好长期性和复杂性的思想准备。这是我们在加强精神文明建设的时候，必须注意的一个问题。

这不仅是因为精神文明建设具有和物质文明建设不同的特点，建设的对象是思想道德和教育科学文化，归根到底是人的素质建设，非一时之功能成就，是一个时时都要有紧迫感而又必须常抓不懈的工作；不仅是因为社会主义的发展具有长期性，我国刚处在社会主义初级阶段，社会主义制度的建立、巩固和发展，需要几代、十几代、几十代人的长期奋斗，而且，更重要的，是因为当前历史环境具有特殊的复杂性。

首先，我们正处在一个深刻的体制转型期，而且是在一个13多亿人口的经济文化落后且不平衡的东方大国进行的这一深刻变革。这本身就是一个人类历史上从未提出过的重大课题，是一个改变人类历史方向的伟大挑战。我们事业的意义在这里，我们面临问题的复杂性也在这里。目前，经济体制的转变已经引起了并将继续引起所有制结构、分配结构、产业结构和人口流动状况等一系列重大变动，这种变动对于我国经济发展、文化繁荣、搞活社会主义都起了无法估量的积极作用，同时也对精神文明建设提出了更高的要求，而我们的体制、法律、政策、管理的完善需要一个过程，这就决定了精神文明建设的长期性和复杂性。

其次，要看到目前在世界范围内，社会主义出现严重曲折，而发达资本主义国家经济、科技占有优势的压力和西方意识形态的渗透将长期存在。这对我国社会主义的发展不仅是一时的挑战，而且是一个长期的挑战。我们决不能掉以轻心，盲目乐观，而要有一种清醒的忧患意识，坚持两手抓，加强精神文明的持久建设。

再次，还要看到我国历史上封建社会、半封建半殖民地社会遗留的腐朽思想和小生产习惯势力仍有相当影响。这种影响在经济文化不发达的条件下，在社会主义优越性尚未充分发挥出来的条件下，将难以在短时期内消除，而且由于它们已经作为一种文化传统渗透在我们的肌体里，随时都有可能滋生蔓延，愈加需要我们经过长期的精神文明建设，加以克服和消除。

面对着上述复杂情况，六中全会决议深刻地指出，我们在社会主义现代化进程中必须认真研究解决3个历史性的课题，即3个"如何"：

——如何在经济建设为中心的前提下，使物质文明建设和精神文明建设相互促进，协调发展，防止和克服一手硬、一手软。

——如何在深化改革、建立社会主义市场经济体制的条件下，形成有利于社会主义现代化建设的共同理想、价值观念和道德规范，防止和遏制腐朽思想和丑恶现象的滋长蔓延。

——如何在扩大对外开放的情况下，吸收外国优秀文明成果，弘扬祖国传统文化精华，防止和清除文化垃圾的传播，抵御国际敌对势力对我"西化""分化"的图谋。

这三个"如何"，涉及精神文明建设的认识与实践、精神文明与经济建设和改革开放、现代化建设中古今中外思想文化的批判继承等一系列重大而又复杂的问题，我们必须解放思想，实事求是，以实践为检验真理的唯一标准，创造性地开展工作，积极探索精神文明建设的新思路、新办法。

5.4 怎样理解"社会主义市场经济体制是同社会主义精神文明结合在一起的"？

我们党关于精神文明问题，作过两个决议。一个是10年前党的十二届六中全会通过的《关于社会主义精神文明建设指导方针的决议》，一个是十四届六中全会通过的《关于加强社会主义精神文明建设若干重要问题的决议》。同10年前的决议制定时的背景相比，出现了许多新情况，其中最大的不同是，这次决议是在党的十四大提出建立社会主义市场经济体制，我国改革开放和社会主义现代化建设进入新阶段的历史条件和时代背景下制定的。在社会主义市场经济条件下，怎样加强思想道德建设和文化建设，是我们党的一个全新的时代课题，是一个新的艰巨的历史任务。

十四届六中全会的决议，正是针对当今社会的新课题，以战略的眼光，对历史的进程加以思索，选准了时代的视角，回答了这些问题。它既是十二届六中全会决议精神的继续，也是社会主义市场经济发展到今天的条件下，对精神文明建设的新的思考和对策。

首先，应该看到，社会主义市场经济本身就是"社会主义"这一人类文明和"市场经济"这一现代化发展过程中形成的文明成果相结合的产物。而且，这两个文明之果都源于社会化大生产这种先进的生产力。这是它们两者之所以能结合的根据，也是它们在人类文明史上有不可磨灭的地位的根据。从这样一个广阔的视野来看社会主义市场经济，就可以更加清晰地看到它的文化涵义，看到它对人类文明发展的贡献，从而看到它同反映社会化大生产要求的社会主义精神文明之间，不仅是相关的，而且是内在地结合在一起的。

　　其次，应该看到，社会主义市场经济和资本主义市场经济的不同之处，就在于它不仅是同社会主义基本经济政治制度结合在一起的，而且是同社会主义精神文明结合在一起的。建立社会主义市场经济体制，是我国经济体制改革的目标，是振兴经济和社会进步的必由之路，是一项前无古人的伟大创举。在这个具有创造性的思路形成之初，邓小平同志就把市场经济与社会主义、精神文明联系在一起。1979年11月邓小平同志接见英国不列颠百科全书出版公司副总裁吉布尼等人时指出："说市场经济只存在于资本主义社会，只有资本主义的市场经济，这肯定是不正确的。社会主义为什么不可以搞市场经济，这个不能说是资本主义。"[①]他的谈话，打破了束缚我们多年的市场经济与私有制存在天然联系的旧观念，走出了难解的理论误区，把社会主义同市场经济联系了起来。1985年10月，邓小平同志在会见美国高级企业家代表团时，有人问："中国共产党一直教育人民要大公无私，为人民服务。现在经济改革，你们教育人民要致富，出现了少数贪污腐化和滥用权力的现象，你们准备采取什么办法解决这些问题？"又问："这些现象是否反映了一个潜在的、很难解决的矛盾，即市场经济和社会主义制度之间的矛盾？"邓小平同志果断地回答，"社会主义和市场经济之间不存在根本矛盾"[②]。邓小平同志又指出，我们的党、我们的国家有能力、有信心，通过教育和法律两个手段，逐步克服并最终消除这些消极现象。这个谈话的突出之点，就是把市场经济和社会主义精

---

① 《邓小平文选》第二卷，人民出版社1994年版，第236页。
② 《邓小平文选》第三卷，人民出版社1993年版，第148页。

神文明联系了起来。

邓小平同志的这些回答非常深刻，极其精辟，是我们正确理解和把握社会主义与市场经济、社会主义精神文明与市场经济关系的理论指南。社会主义市场经济是在中国共产党领导下，建立在以公有制为主体、多种经济成分并存的基础之上，以共同富裕为目的的市场经济。因此，它的健康运作离不开国家的宏观调控，也离不开全社会思想道德素质和教育科学文化素质的提高，即离不开社会主义精神文明。

再次，实践也越来越证明了，社会主义市场经济和社会主义精神文明是能够结合的。我国改革开放是以市场为取向的。18年改革开放的伟大实践告诉我们，第一，发展社会主义市场经济有利于解放和发展社会主义社会的生产力，增强社会主义国家的综合国力，提高人民的生活水平，这就为精神文明建设提供了坚实的基础；第二，发展社会主义市场经济也有利于增强人们的自立意识、竞争意识、效率意识、民主法制意识和开拓创新精神，在观念更新中形成了同社会主义市场经济相适应的思想意识；第三，发展社会主义市场经济归根到底搞活了社会主义，使社会主义的优越性进一步发挥出来，从而增强了人们的社会主义信念。这一切都有力地说明了社会主义市场经济体制的建立和发展，对精神文明建设起到了积极的推动作用。

同时，发展社会主义市场经济也对精神文明建设提出了更高要求。社会主义市场经济的建立和发展活跃了经济生活，促进了生产力发展和经济增长，也要求人们正确处理竞争和协作、自主和监督、效率和公平、先富和后富、经济效益和社会效益等各种关系。这就要求我们通过深化、发展、完善社会主义市场经济体制、健全社会主义法制，更要求我们通过加强精神文明建设，完善社会主义道德体系、建立有序的经济和社会生活规范、全面提高人的素质。与此同时，我们要看到市场有其自身的弱点和消极方面，比如市场的盲目性、自发性和滞后性反映到精神生活中，会诱使人们"一切向钱看"，甚至会导致精神产品商品化倾向。克服这些弱点和消极方面及其影响，既要靠社会主义市场经济的完善和发展，也要靠教育和法律手段充分发挥作用，由此也决定了我们要把社会主义精神文明提到更高的水平。我们不能满足于在社会主义市场经济条件下精神文明建设已取得的成就，今后15年市场的作用肯定比过去的18年更大，我们的社会生产力还要发展，因而对精神文明建设也提出更高的要求。我们必须懂得，社会主义本质在人的精神方面的根本体现就是社会主义精神文明，这是衡量社会主义进步的重要标志，只有在发展社会主义市场经济的同时加强精神文明建设，在发展物质文明的同时加强精神文明建设，才能建设好有中国特色的社会主义。

有必要指出，当前社会精神生活中出现的众多消极的或腐败的现象，同发展社会主义市场经济有联系，但不能把一切归咎于社会主义市场经济。因为，就这些现象的本质而言，它们都受剥削阶级或小生产者的思想意识或生活方式的影响，而市场经济并非是剥削阶级或小生产者专有的经济，社会主义市场经济更是为社会主义为人民服务的经济；但是，社会主义市场经济在其失效的地方，在它尚未完善的时候，特别是在新旧体制并存和转型的时期，会为这些消极的或腐败的东西提供某些条件。像我们这样一个人口众多的经济文化落后的大国，在体制转型过程中发生的问题难免十分突出，不可避免地会产生一系列新的矛盾，并且会牵动整个社会，以至出现"无序"状态。那么出路在哪里？出路就在加快改革开放，就在加强民主法制建设和精神文明建设，就在把社会主义市场经济和社会主义精神文明尽快、尽好地结合起来。

5.5 在社会主义市场经济条件下加强精神文明建设，为什么必须形成社会主义义利观？

社会主义市场经济体制的建立和完善需要一个长过程，社会主义市场经济条件下精神文明建设的加强也需要一个长过程，但其中一个迫切需要解决的问题是要形成科学的合理的价值导向。因为，发展社会主义市场经济，迫切要求人们正确处理竞争和协作、自主和监督、效率和公平、先富和后富、经济效益和社会效益等关系。这就是既要勇于竞争又要善于协作，既要自主经营又要接受监督，既要效率优先又要兼顾公平，既要允许先富又要带动后富最终实现共富。精神产品生产要把社会效益放在首位，同时要努力争取社会效益和经济效益相统一。提出这一问题，是因为有些人只顾竞争、自主、效率、先富、经济效益，而不顾协作、监督、公平、扶贫、社会效益，见利忘义，甚至唯利是图，而另一些人则强调另一侧面，把两者机械地对立起来，否定社会主义可以搞市场经济，否定物质利益的积极推动作用。如此等等，都需要我们加以正确引导。

我们可以注意到，上面所说的种种关系，核心是个人利益、集体利益、国家利益的关系，即要正确处理个人利益与集体利益、个人利益与国家利益、集体利益与国家利益的关系问题。这是一个经济学探讨的问题，也是一个伦理学研究的问题。在伦理学上，这样的关系问题，归结起来，就是"利"与"义"的关系。

"义利之辩"是中国思想史上一个重要的基本问题。我国古代思想家有的主张先义后利、重义轻利，有的主张兼相爱、交相利，有的主张唯利无义、绝仁弃义，但占主导地位的是重义轻利，存义去利，比如董仲舒的"正其谊不谋其利，明其道不计其功"。明清时期有的启蒙思想家也提出了义利相结合的观点，比如颜元的"正其谊以谋其利，明其道而计其功"。后来，近代西方资产阶级各种功利主义观点也先后传入中国，然而，由于中国民族资产阶级的软弱，没能形成新的伦理价值观。

毛泽东同志在领导新民主主义革命过程中强调，必须在辩证唯物主义和历史唯物主义的基础上，正确处理义和利的关系。他指出，唯物主义者并不一般地反对功利主义，但是反对封建阶级的、资产阶级的、小资产阶级的功利主义，反对那种口头上反对功利主义、实际上抱着最自私最短视的功利主义的伪善者。他说："我们是无产阶级的革命的功利主义者，我们是以占全人口百分之九十以上的最广大群众的目前利益和将来利益的统一为出发点的，所以我们是以最广和最远为目标的革命的功利主义者，而不是只看到局部和目前的狭隘的功利主义者。"[1]1942年毛泽东同志在《经济问题与财政问题》一文中指出：董仲舒们所谓"正其谊不谋其利，明其道不计其功"，是些唯心的骗人的腐话，我们不能饿着肚子去"正谊明道"。他强调，一切空话都是无用的，必须给人民以看得见的物质福利。我们的第一个方面的工作并不是向人民要东西，而是给人民以东西，

① 《毛泽东选集》第三卷，人民出版社1991年版，第864页。

邓小平治国论

这是我们党的根本路线、根本政策。在党的七大政治报告中，他又指出：
"应该使每个同志明了，共产党人的一切言论行动，必须以合乎最广大人民群众的最大利益，为最广大人民群众所拥护为最高标准。"在领导社会主义改造时期，毛泽东同志还提出，要"提倡以集体利益和个人利益相结合的原则为一切言论行动的标准的社会主义精神"。[①]可惜，这种义和利相统一的价值观在极左的指导下被曲解了，后来在"文化大革命"中发展到彻底否认个人利益和个人自由，甚至出现了禁欲主义。"文化大革命"结束后，又出现了"一切向钱看"的拜金主义思潮和以自我为中心的个人主义思潮。针对这种复杂情况，邓小平同志从拨乱反正开始，到全面改革的提出和不断深化，一方面强调致富和物质利益原则，一方面坚持讲理想、讲道德，批判"一切向钱看"的倾向，倡导"信誉高于一切"。

在义和利的关系问题上，邓小平同志首先指出要肯定物质利益的作用。他说："革命精神是非常宝贵的，没有革命精神就没有革命行动。但是，革命是在物质利益的基础上产生的，如果只讲牺牲精神，不讲物质利益，那就是唯心论。"[②]其次，他指出我们讲的物质利益是人民的利益，我们提倡按劳分配，承认物质利益，是为全体人民的物质利益奋斗。第三，他强调要反对见利忘义、唯利是图，指出："每个人都应该有他一定的物质利益，但是这决不是提倡各人抛开国家、集体和别人，专门为自己的物质利益奋斗，决不是提倡各人都向'钱'看"[③]。第四，他强调："在社会主义社会中，国家、集体和个人的利益在根本上是一致的，如果有矛盾，个人的利益要服从国家和集体的利益。为了国家和集体的利益，为了人民大众的利益，一切有革命觉悟的先进分子必要时都应当牺牲自己的利益。我们要向全体人民、全体青少年努力宣传这种高尚的道德。"[④]党的十四届六中全会根据这些论述，从社会主义历史发展的代价和教训中，提出要以"把国家和人民利益放在首位而又充分尊重公民个人合法利益的社会主义义利观"来指导人们的行为，处理各种利益关系，搞好社会

---

① 《毛泽东选集》第三卷，人民出版社1991年版，第1096页。
② 《邓小平文选》第二卷，人民出版社1994年版，第146页。
③ 《邓小平文选》第二卷，人民出版社1994年版，第337页。
④ 《邓小平文选》第二卷，人民出版社1994年版，第337页。

主义市场经济条件下的精神文明建设，这是我们党第一次用鲜明的语言概括出来的，也是在社会主义初级阶段，发展社会主义市场经济过程中，全社会必须遵循的价值导向。

6. 社会主义市场经济与社会主义精神文明①

社会主义市场经济与社会主义精神文明的关系问题，特别是社会主义市场经济与社会主义道德建设的关系问题，是人们普遍关心，很感困惑的一个重大问题。党的十四届六中全会决议，以邓小平建设有中国特色社会主义理论为思想武器，对回答和解决这个问题给予了科学的指导。

党的十一届三中全会以来，我们党抓精神文明建设的一个重要特点，就是密切联系改革开放和社会主义现代化建设的大局，密切联系发展变化着的历史条件。党先后制定了两个关于精神文明建设的专门决议。第一个决议，即1986年党的十二届六中全会通过《关于社会主义精神文明建设指导方针决议》，它在总结十一届三中全会以来8年历史经验的基础上，全面阐明了党对社会主义精神文明建设的指导方针。其中一个重大问题，就是在党的十二届三中全会关于经济体制改革的决定确认社会主义经济是商品经济之后，适应社会主义初级阶段和社会主义商品经济发展的形势，阐明了社会主义道德建设问题。第二个决议，即党的十四届六中全会通过的《关于加强社会主义精神文明建设若干重要问题的决议》，它总结了18年来特别是1992年邓小平同志南方谈话和党的十四大以来的历史经验，进一步全面阐明了党对社会主义精神文明建设的指导方针。其中一个重大问题，就是在党的十四大确认经济体制改革的目标是建立社会主义市场经济体制之后，适应加快向社会主义市场经济转变的新形势，面对社会精神生活中出现的复杂的新情况，进一步阐明了社会主义道德建设问题。这是十四届六中全会决议的一个鲜明的时代特征。

6.1 关于市场经济同精神文明相结合的社会主义新概念

新时期一开始，1979年11月邓小平同志在接见外宾时指出："说市

① 本文选自《李君如文集：邓小平理论研究》（下），湖南人民出版社2002年版，第482~493页。

场经济只存在于资本主义社会，只有资本主义的市场经济，这肯定是不正确的。社会主义为什么不可以搞市场经济，这个不能说是资本主义。"[①]当时邓小平强调的，是市场经济可以同社会主义公有制（全民所有制和集体所有制）相结合。这个重大论断，破天荒第一次打破了束缚我们多年的把市场经济与资本主义混为一谈的僵化观念，而把社会主义同市场经济联系了起来。1985年10月，有人问邓小平："中国共产党一直教育人民要大公无私，为人民服务。现在经济改革，你们教育人民要致富，出现了少数贪污腐化和滥用权力的现象，你们准备采取什么办法解决这些问题？"又问："这些现象是否反映了一个潜在的、很难解决的矛盾，即市场经济和社会主义制度之间的矛盾？"邓小平同志明确回答：社会主义和市场经济之间不存在根本矛盾。他一方面强调指出，"搞这些改革，走这样的路，已经给我们带来了可喜的结果。中国不走这条路，就没有别的路可走。只有这条路才是通往富裕和繁荣之路"[②]。同时又针对"在这个过程中出现了一些消极的东西"，强调指出我们的党、我们的国家有能力、有信心，通过教育和法律两个手段，逐步克服并最终消除这些消极现象。这个谈话，进一步把市场经济同为人民服务的社会主义道德联系了起来，而打破了把市场经济同社会主义精神文明绝对对立的僵化观念。

让我们看一看实际生活吧。我国最早试验全面推行用市场经济方法发展经济的深圳等经济特区，尽管还有种种问题，但是总的说来，不仅迅速改变了落后的经济面貌，而且改变了精神面貌，有力地增强了广大人民对社会主义的信念。1984年2月，邓小平同志看了几个经济特区后说："听说深圳治安比过去好了，跑到香港去的人开始回来，原因之一是就业多，收入增加了，物质条件也好多了，可见精神文明说到底是从物质文明来的嘛！"[③]1989年国内风波，那时广州、深圳那里随时可见的某些香港电视起劲地鼓吹动乱，但是广大市民、青年相当稳定！这难道不算是一场很严格的考试吗？

---

① 《邓小平文选》第二卷，人民出版社1994年版，第236页。
② 《邓小平文选》第三卷，人民出版社1993年版，第149页。
③ 《邓小平文选》第三卷，人民出版社1993年版，第52页。

全国范围大量生动的事实，反复说明了社会主义市场经济有利于解放和发展社会主义社会的生产力，增强社会主义国家的综合国力，提高人民的生活水平，从而为精神文明建设提供了坚实的基础；说明了社会主义市场经济也有利于增强人们的自立意识、竞争意识、效率意识、民主法制意识和开拓创新精神；说明了发展社会主义市场经济归根到底从物质生产和精神生活两个方面搞活了社会主义。

所以这次全会决议明确指出："这种经济体制，不仅同社会主义基本经济制度政治制度结合在一起，而且同社会主义精神文明结合在一起。"[①]这是一个新的重要论断。大家知道，我们党提出要把市场经济同社会主义基本经济制度、政治制度结合起来，这是对马克思主义的一个创造性贡献；现在我们党进一步提出要把市场经济同社会主义精神文明结合起来，这也是对马克思主义的一个创造性的贡献。

这一新的论断，为我们进一步完善和发展社会主义市场经济，更加自觉地发挥它对精神生活的积极作用，同时更加自觉地克服市场自身的弱点和消极方面，指出了明确的方向。市场活动中人们对个人、对本企业、对本地区合法正当的物质利益的追求，是我们党和国家调动最广大人民群众社会主义积极性的重要基础之一；但是市场的盲目性、自发性，市场活动中人们对个人、对本企业、对本地区物质利益的过当的追求，又会诱使一些人走向"一切向钱看"的极端，搞拜金主义，见利忘义，唯利是图，甚至搞假冒伪劣、坑蒙拐骗等违法犯罪活动。这种种消极和破坏因素，不仅同社会主义道德要求相对立，而且同市场经济正常运行所需要的公平竞争原则、契约信用原则等也是对立的，如果任其泛滥还会使这些原则瓦解。再加上我们社会主义市场经济体制还很不完善，还处在新旧体制并存的转型时期，这就为消极和腐败现象的滋生蔓延提供了更多的空隙。因此，我们要在坚持社会主义国家宏观调控的前提下，在从体制、政策、管理等方面不断完善社会主义市场经济的过程中，充分发挥教育和法律这两个手段的作用，逐步解决这些问题。

这一新的论断，又为我们进一步加强和改进社会主义精神文明建设，

① 《十四大以来重要文献选编》下，人民出版社1999年版，第2048页。

邓小平治国论

使它更能适应社会主义市场经济的要求，更好地迎接社会主义市场经济的挑战，指出了明确的方向。如果我们的精神文明建设特别是道德建设不能适应新的历史条件，而只是完全拘泥过去历史条件下的思路和做法，那么我们的工作就脱离历史的发展，就总是"两张皮"，工作就会苍白无力。如果我们的精神文明建设特别是道德建设，能够更深入地触及和切入市场经济领域，能够把传统的好思路、好方法同新的历史条件结合起来，总结新的经验，做出新的创造，那么这件事本身就意味着在社会主义市场经济体制完善和发展的过程中，精神文明建设也得到完善和发展，真正发挥应该发挥的作用。

还要强调一点，这一论断，说到底是我们党在搞清楚"什么是社会主义、怎样建设社会主义"这个首要基本理论问题的进程中，科学认识的一个新的发展。在"一个中心、两个基本点"的基本路线指引下，我们社会主义的物质文明建设与精神文明建设结合在一起，社会主义市场经济与社会主义的基本经济制度、基本政治制度和包括基本道德要求在内的社会主义精神文明结合在一起，这样的社会主义，一定是充满生机活力的社会主义，一定是更充分体现社会主义本质的社会主义，一定是能够比资本主义更加优越的社会主义。

6.2 关于社会主义市场经济和社会主义的义利观

决议指出，发展社会主义市场经济，要求人们正确处理竞争和协作、自主和监督、效率和公平、先富和后富、经济效益和社会效益等关系。这就是：既要勇于竞争又要善于协作，既要自主经营又要接受监督，既要效率优先又要兼顾公平，既要允许先富又要带动后富最终实现共富，精神产品生产要把社会效益放在首位，同时要努力争取社会效益和经济效益相统一。

这里问题的核心，是个人利益、集体利益、国家利益之间的关系归结起来，就是"利"与"义"的关系。

我国古代思想家在"义利之辩"这方面留下了丰富的文化遗产。他们提出的种种超越于个人私利的道义追求，曾经在不同程度上鼓舞过我们民族历代众多站在正面推动历史前进的优秀人物，这些优秀人物的精神和业绩，形成我们民族源远流长、可歌可泣的"正气"，这是我们必须在历史唯物主义的基础上，加以总结、继承和发扬的。但是总的说来，由于历史的和阶级的局限，无论是儒家、墨家、道家还是法家，都没有能够真正科学地认识和解决这个义利关系问题，找不到义与利相通的基础。尤其是中国封建社会长期占统治地位的儒家的一些派别，在唯心论的基础上解释"义"，把"义"强调到压倒一切、消灭一切的进步，所谓"何必曰利，亦有仁义而已矣"，所谓"正其谊不谋其利，明其道不计其功"，所谓"存天理，灭人欲"，等等，成为封建统治阶级借以掩饰其阶级私利和压制被统治阶级的很精致的思想道德武器。

只是在马克思主义传入中国并同中国实际相结合以后，这个"义利关系"问题才得到正确认识的科学基础，这个基础就是历史唯物主义所揭示的"人民的利益"。毛泽东同志在1942年5月《在延安文艺座谈会上的讲话》中指出，唯物主义并不一般地反对功利主义，但是反对封建阶级的、资产阶级的、小资产阶级的功利主义，反对那种口头上反对功利主义、实际上抱着最自私最短视的功利主义的伪善者。他在1942年12月《经济问题与财政问题》一文中指出：董仲舒的所谓"正其谊不谋其利，明其道不计其功"，是些唯心的骗人的腐话。他在1945年4月党的七大政治报告中又指出："以中国最广大人民的最大利益为出发点的中国共产党人，相信自己的事业是完全合乎正义的。"他在1948年1月为中央起草的一个重要决定中又把"对被领导者给以物质福利，至少不损害其利益，同时对被领导者给以政治教育"，作为领导阶级和政党实现领导作用所必须具备的一个基本条件。到了新中国成立以后，在领导社会主义改造时期，毛泽东同志还提出，要"提倡以集体利益和个人利益相结合的原则为一切言论行为的标准的社会主义精神"。可以这样说，把人民利益放在首位，实现长远利益与眼前利益相结合，集体利益与个人利益相结合，这样来推进伟大的革命和建设事业，乃是以毛泽东为代表的中国共产党人在长期斗争中形成的，历史唯物主义的义利统一观。

我们还要看到，社会主义制度的建立，为这种历史唯物主义的义和利相统一的崭新伦理价值观在全社会的推广，提供了社会历史条件。但在

邓小平治国论

实践中，我们又走过一条曲折的道路。计划经济条件下某些过度集中的弊端，曾经不利于充分调动一切积极因素来建设社会主义。后来的阶级斗争扩大化特别是"文化大革命"，又在许多情况下把正当的个人利益混同于个人主义以至资本主义加以否定。这样就破坏了义和利的统一。直到十一届三中全会以后，从农村实行家庭联产承包开始，党十分注意从体制上保障个人和企业的自主权和积极性。为在建设有中国特色社会主义的伟大实践中更好地实现义利相统一打开了道路。如果没有这一条，18年来历史大转折和事业大发展是不能设想的。同时又必须看到，在市场经济条件下，与过当追求个人利益相联系而走向另一极端，这就使"一切向钱看"的拜金主义和以自我为中心的个人主义逐渐泛滥起来。它反过来又助长了那种把商品经济、市场经济同社会主义，同社会主义精神文明特别是社会主义道德绝对对立起来的观念。针对这种复杂情况，邓小平同志从新时期一开始就反复强调在坚持改革开放的前提下，坚持讲理想、讲道德，批判"一切向钱看"的倾向。

正是根据邓小平同志的这种精神，1986年的十二届六中全会决议即已指出："道德是经济基础的反映，而不是脱离历史发展的抽象观念。我国还处在社会主义的初级阶段，不但必须实行按劳分配，发展社会主义的商品经济和竞争，而且在相当长历史时期内，还要在公有制为主体的前提下发展多种经济成分，在共同富裕的目标下鼓励一部分人先富裕起来。在这样的历史条件下，全民范围的道德建设，就应当肯定由此而来的人们在分配方面的合理差别，同时鼓励人们发扬国家利益、集体利益、个人利益相结合的社会主义集体主义精神，发扬顾全大局、诚实守信、互助友爱和扶贫济困的精神。社会主义道德所要反对的，是一切损人利己、损公肥私、金钱至上、以权谋私、欺诈勒索的思想和行为，而绝不是否定按劳分配和商品经济，绝不能把平均主义当作我们社会的道德准则。"实质上，这也就是表述了在新的历史条件下的义和利相统一的价值导向。

在义和利关系上，邓小平指出要肯定物质利益的基础作用，并强调要讲理想和信念，靠它们"把人民团结起来，为人民自己的利益而斗争"；讲人的因素重要，是指"认识到人民自己的利益并为之而奋斗的有坚定信念的人"。同时指出，"我们提倡按劳分配，承认物质利益，是要为全体人民的物质利益奋斗。每个人都应该有他一定的物质利益，但是这绝不是提倡各人抛开国家、集体和别人，专门为自己的物质利益奋斗"。并且强调"在社会主义社会中，国家、集体和个人的利益在根本上是一致的。为了国家和集体的利益，为了人民大众的利益，一切有革命觉悟的先进分子必要时都应当牺牲自己的利益。

根据邓小平这些重要思想，党的十四届六中全会明确提出要"形成把国家和人民利益放在首位而又充分尊重公民个人合法利益的社会主义义利观"。这是我们党的文件第一次用鲜明的语言概括的，在全社会提倡的价值导向。

改革开放实践已经使广大群众亲身感受到，这种社会主义义利观，在我们的社会生活中是现实存在着的。摆脱贫穷，奔小康，先富带后富，难道不就是今天在我们全党和全民族经济和社会生活中实际存在的，不断发展的，义利相统一的生动景象吗？我们社会中工农兵学商各行业、东西南北中各地方不断涌现的先进人物，他们的事迹和精神，不就是这种社会主义义利观的高层次的生动体现吗？

6.3　关于社会主义市场经济和以"为人民服务"为核心的社会主义道德

为人民服务，既是我们党的根本宗旨，又是我们党长期倡导的新的伦理道德观的核心，在今天也是社会主义义利观的必然要求。

为人民服务的道德，形成于新民主主义革命时期，当时主要是对共产党人的要求。但就在那时，毛泽东同志已经开始大力向革命队伍中的每个人，以至向根据地广大人民，推广这种高尚的道德。新中国成立之初，由中国共产党人和党所领导的人民军队，把为人民服务的高尚道德风貌带到城市，带到全国，在全国各族人民中产生了极大的影响力和吸引力。社会主义制度的建立，更使得这种道德有条件成为全社会共同的道德。因为在社会主义社会里，在公有制为主体的基础上，在全体人民共同利益的基础上，人和人之间的相互关系是团结、互助、共同进步的关系。人人都是服务对象，人人都为他人服务。每个人在为他人服务的同时，享受着别人对

邓小平治国论

他的服务。无论职位高低，无论职业区别，只要认真地从事本职工作，热心为他人、为社会服务，都是为人民服务。刘少奇与时传祥谈话，说我是国家主席，你是掏粪工人，社会分工不同，都是为人民服务。这不是一个很生动的例子吗？！

社会主义市场经济条件下，是不是仍然要坚持为人民服务的道德要求呢？回答是肯定的。不但共产党员应该身体力行，实践这种要求，而且在全社会也应该提倡这种要求。这是因为，一般地说，市场经济是同社会化大生产相联系，同比较发达的商品生产和商品交换相联系的经济体制和运行机制。市场经营主体必须通过向社会提供有一定质量的产品，建立满足社会需求的良好信誉，即通过为社会服务并为社会所接受来实现自己的利益。社会主义市场经济，更应该在社会主义公有制为主体的基础上，在社会主义国家的宏观调控下，更好地运用这种经济运行机制，使每个市场经营主体更加自觉地在自主的基础上为人民为社会服务，并在为人民为社会服务中实现自身的利益。这也是社会主义市场经济的本质要求。

当然，我们清醒地看到，在社会主义初级阶段，对于不同利益群体和不同觉悟程度的人们，为人民服务的要求不可能是完全一样的，而应该有不同的层次。对于共产党员和有觉悟的先进分子来说，奉行的价值标准是全心全意为人民服务，大公无私。在通常情况下自觉地为人民为社会为他人多作奉献，自己的正当利益也得到保障；在必要时，为了国家和集体的利益，为了人民大众的利益，自愿牺牲自己的利益甚至自己的生命。与此同时，还应当肯定，每一个普通劳动者，只要是诚实劳动，不损公肥私，不损人利己，不坑蒙拐骗，有偿服务也是为人民服务。就是对于小学生，不也是要求他们好好学习，学好本领，长大了为人民服务吗？至于社会主义社会的私营经济，只要是合法经营，接受国家的监督、管理、引导，讲求质量和信誉，履行公民义务，热心社会公益，那么在为自己谋取利润的同时，他们的行为也合乎"三有利"的原则，在我们这个人民当家做主的社会主义国家和社会里，实际上也是在为人民服务。作为社会主义国家的公民，他们应该认识到这一点，并以这种认识来指导自己的行动，这也是社会主义社会道德的要求。所以，在新的历史时期中，"为人民服务"，是一个内涵广阔的好规范。那种认为"为人民服务"只适用于干部、党员而不能推广到全体人民的看法，是一种误解。

　　总之，这次决议强调提出社会主义道德以"为人民服务"为核心，强调在社会主义市场经济条件下还要和更要提倡"为人民服务"，是一个很重要的有深远意义的要求。它的最大特点和优点，就是继承和发扬了我们革命的优良传统，能够既体现先进分子的要求而又吸引不同层次广大群众和不同年龄的人们，具有鲜明的中国作风、中国气派和强大的凝聚力感染力。

邓小平治国论

第七章　邓小平的民主治国构想

> 美国的人权和民主组织希望中国按照他们的模式办事。这个模式就是：一个繁荣、自由的市场经济，伴之以多党民主制，再加上言论和新闻的全面自由，等等。这是美国人自己的意识形态，现在他们将它发展成为一种教义。然而现实是，每个国家都受其历史和传统的约束。中国将按照自己的历史和传统，用自己的方式求得发展。
>
> ——（新加坡）李光耀

经历过人民共和国艰辛创建和曲折发展的邓小平同志，深知民主对于中国现代化的意义，深知民主对于社会主义的意义。在大胆推进经济体制改革的同时，坚持不懈地推进政治体制改革，完善社会主义民主，健全社会主义法制，是邓小平同志提出的中国特色社会主义的重要纲领，也是他重要的治国目标。

1. 邓小平的"建设主体论"[①]

实践过程及其发展道路的特点，不仅取决于客体的实际情况，而且取决于主体的构成及其特点。中国的民主革命之所以是新民主主义革命，原

[①] 本文选自《当代中国的马克思主义：邓小平理论》，河南人民出版社1994年版，第168~173页。

因即在于它是无产阶级领导的人民大众的反对帝国主义、封建主义和官僚资本主义的革命。在如何建设社会主义、巩固和发展社会主义的问题上，也要考虑实践主体的特点。由于中国社会发展的特殊性，社会变革的主体历来不是由单一的社会集团构成，民主革命是这样，社会主义革命和建设也是这样。

1.1　社会主义与主体

有位工人师傅在一次对话活动中问："什么是社会主义？"他不满意理论界的解释，说："你们理论家讲社会主义，就是讲制度。我认为，社会主义的特点不管有多少，最基本的是一条：工人阶级当家做主的社会。"社会生活在叩击着理论的大门：研究社会主义，不研究"社会主义与人"或"社会主义与主体"这样重大的题目行吗？这就要求我们从哲学层面上对社会主义问题进行理性的沉思。

首先，科学社会主义来源于法国的空想社会主义，而法国的空想社会主义又直接发源于法国的唯物主义，"把唯物主义学说当做现实的人道主义学说和共产主义的逻辑基础加以发展"。[①]当马克思把自己的哲学称为"实践唯物主义"，即以人的主体性物质活动为基础的，同辩证法内在统一的唯物主义哲学时，突出的正是科学社会主义与人的主体性之间的内在联结。然而，后人讲社会主义，却常常只讲制度不讲人。在制度与人的关系上，制度总是受到人们实践能力的结果（生产力）的制约；每一种制度都凝结着一定的人的利益、需求和意志，它是人的对象化的产物，人才是制度的主体；它也只有人来实施与执行，才有真正存在的价值。社会主义制度及其各项体制，也是如此。如果片面认为制度就是要管人，而不把人当作制度的主体，位置倒错，制度改革能得人心？如果制度改革中主体缺位或不到位，光依靠制度的严密，难道能产生活力？改革就是要理顺制度与人的关系，只有在人是主体的前提下，形成的规章制度才有活的基础，人们才会自觉、自愿地尊重和服从制度。不讲主体的社会主义，不是完备意义上的社会主义。

社会主义商品经济的发展要求形成具有主体性的人。而要激发社会主

① 《马克思恩格斯文集》第一卷，人民出版社2009年版，第335页。

义发展的活力，就需要高扬每个人的主体意识，保障每个人的民主权利；尊重每个人的独立人格；突出"我是主人"；健全参与机构，培养人们的参与意识，实行严格的自觉纪律。对于这些，我们在20世纪50年代有过成功的经验，今后也有条件做到这一点。善用人心总是成功的关键。

同时，研究社会主义，难点在于社会主义尚处在实践之中。走上社会主义道路的各个民族，都在寻找适合自己民族特点的社会主义模式。这种探讨，也不能离开主体的特点来进行。

早在民主革命时期，我们就主张革命要走自己的路，毛泽东同志认为，对国情实际特殊性的研究，决不能仅仅研究客体（革命的对象）的特殊性，更要研究主体的特殊性。毛泽东哲学思想的一条著名的原理，就是：分清主体与客体是实践的首要问题。只不过当时是以阶级分析的形式出现的。在进行这种研究的时候，毛泽东有两个基本的思想：其一，由于中国问题的复杂性，实践的主体是几个革命阶级组成的群体，他称为"人民大众"。因此，研究主体，在其现实性上就是要研究主体结构，形成主体内部合理、协调的相互关系。其二，主体的结构特点决定实践的特点与走向。新民主主义革命之"新"，并不在于客体与旧民主主义革命有什么两样，而在于主体的结构特点已发生了变化——无产阶级成了领导阶级。

这就告诉我们，研究具有中国特色的社会主义道路，必须精心地研究中国建设社会主义的主体。

笼统地说，我们今天的主体是"各族人民"，已经不够。工人、农民、知识分子、企业家、公务员、个体或私营工商业者，这些利益集团都属于人民范围。他们之间是什么关系？具有什么结构性的特点？工人的牢骚、知识分子的埋怨、企业家的困惑，就在于这一基础性的问题没有搞清。主体的结构不清楚，主体只是一个空洞的符号；况且，结构决定功能，结构不协调，功能难免发生紊乱。在改革实践已经进入关键阶段的时刻，研究主体结构的特点，形成合理、协调的相互关系，对于稳定人心、推进改革，具有更大的意义。

而且，只有认清我们主体结构的特点，才能够真正揭示中国特色社会主义的"特色"在何处。认识到我国处在社会主义初级阶段，为我们研究"特色"问题，奠定了科学的基础。但是这仅仅是一个科学的出发点，属于国情研究的范围，好比新民主主义革命理论的出发点——我国处在半殖民地半封建社会。我们不能停留在这一步，当时毛泽东同志从国情分析出发，直到进一步分析了革命的对象（客体）、革命的动力（主体）、革命的性质（主客体相互作用的特点）等之后，才揭示了中国革命的规律，系统地形成了新民主主义革命的理论。我们要完成邓小平同志提出的建设"中国式的现代化""有中国特色的社会主义"这一战略任务，只有深入剖析建设的主体与客体，并且认真地考察、研究主体结构的特点及其对中国社会主义实践的真实影响，才能搞清中国的工业化、商品化、社会化、现代化同外国有哪些不同，找到它的特殊规律。

1.2 建设有中国特色社会主义的主体力量

在今天通过现代化建设和改革开放的伟大实践，建设有中国特色社会主义的历史进程中，哪些社会力量、哪些阶级是这一伟大历史进程的主体力量呢？

邓小平同志在关于当代中国社会阶级状况的论述中，在关于社会主义建设的领导力量和依靠力量的分析中，对此作了明确的回答。概括他的基本思想，我国建设有中国特色社会主义的主体力量，由3个层次组成：

第一层次，是作为工人阶级先锋队的共产党。由于中国共产党是代表工人阶级和广大人民根本利益的党，它集中了中华民族具有工人阶级世界观与方法论的精英，具有革命性、组织纪律性和大公无私性等突出的优点，不论在革命中还是在建设中都是人民群众的领导核心。在中国，没有任何一个政党有中国共产党这样广泛的社会基础、光荣的历史传统、严密的组织系统和深远的政治影响；没有任何一个政党能够取代中国共产党的领导地位。当然，中国共产党在发展过程中也犯过不少错误。尤其是在成为执政党以后，所犯的错误不仅给党造成了损失，而且也给人民带来了损失。但由于党有实事求是的思想路线和科学态度，每次错误都由自己来加以纠正，因而能长期获得人民的信任。在改革开放与现代化建设中，党在思想观念、工作方式和思想作风等方面遇到了严峻的挑战，包括来自执政党的地位、改革开放的形势与国际敌对势力和平演变阴谋等多重的挑战，

邓小平治国论

其中既有不适应形势、思想僵化的问题，又有丧失警觉、思想动摇的问题。因此，党提出了不断改善和加强党对各方面领导、改善和加强党的自身建设的问题，提出了执政党的党风、党同人民群众的联系是关系到党生死存亡的问题。正是由于党有这种理性的自觉，所以能够不断顺应历史的潮流，始终站在领导核心的地位上。

第二层次，是由广大工人、农民、知识分子组成的基本群众。工人、农民、知识分子是物质财富与精神财富的创造者，因而是改革开放与现代化建设的依靠力量。在长期的革命斗争中，党依靠的主要对象是工人和贫苦农民。随着革命的胜利与社会主义改造的成功，社会阶级状况及其结构发生了根本性的变化。工人阶级的地位已经大大加强，农民成为集体农民。尤其是知识分子，包括从旧社会过来的老知识分子的绝大多数，已经是工人阶级的一部分，并且作为工人阶级中掌握科学文化知识较多的一部分，是先进生产力的开拓者，在改革开放和现代化建设中发挥着特殊重要的作用。这些变化的特点，决定了党领导的建设事业的依靠力量更加广泛、更加坚强、更有实力。

与此同时，党领导的人民军队始终是人民子弟兵，即穿上军装的人民群众。他们不仅是社会主义祖国的坚强保卫者，而且是社会主义建设的重要参与者，是建设有中国特色的社会主义的重要力量。

第三层次，是爱国统一战线。在民主革命过程中，民族资产阶级与上层小资产阶级在"统一战线"的形式下，成为革命的同盟军。在社会主义现代化建设中，由于统一战线的基础与构成发生了根本性的变化，拥护社会主义、拥护祖国统一成了统一战线的政治基础，加上剥削阶级作为阶级已经不复存在，他们已经成为社会主义的劳动者，因此，他们在党的领导下形成了由全体社会主义劳动者、拥护社会主义的爱国者和拥护祖国统一的爱国者组成的最广泛的爱国统一战线。而且，他们在社会主义现代化建设与改革开放中，不再是一般的同盟力量，已经是必须依靠的力量。这对于社会主义的"中国特色"的形成，起着重要的作用。

因此，在建设、巩固和发展社会主义的过程中，实践主体的结构是：领导力量是中国共产党，依靠力量是工人、农民、知识分子组成的各族人民群众，是爱国统一战线。他们的团结奋斗，是有中国特色的社会主义成功的希望。

综上所述，中国特色的社会主义建设道路，就是中国共产党领导的，依靠工人、农民、知识分子和最广泛的爱国统一战线的，坚持以经济建设为中心，以改革为动力，以开放为条件，以四项基本原则为保证，分阶段有步骤地实现社会主义现代化的道路。

2. 民主要制度化、法律化①

政治是经济的集中体现，又反作用于经济，是整个社会形态中关键性的构成部分。建设有中国特色的社会主义，一个长期的艰巨任务，就是要完善和发展中国特色的社会主义政治。

2.1 创造性实践的成果

实现社会主义民主，是共产党人和广大人民在政治领域追求的理想目标。为了实现这一目标，毛泽东同志与党中央在民主革命行将胜利之际，提出了一个马列主义与中国实践相结合的建国纲领——《论人民民主专政》。经过艰苦探索，我们以正反两方面的经验为基础，逐渐明确了中国特色社会主义的国体是人民民主专政的共和国，政体是人民代表大会制度，政党制度是中国共产党领导的多党合作和政治协商制度。

关于人民民主专政，邓小平同志曾经指出："这实质上也就是无产阶级专政，但是人民民主专政的提法更适合于我们的国情。"②因为从理论来源看，它是马克思主义的国家学说即无产阶级专政的理论，同中国革命实践经验相结合的产物。《论人民民主专政》阐述了这一结合的过程，并且特别指出它是由统一战线的经验"发展"而来的。毛泽东同志第一次使用"人民民主专政"概念的《将革命进行到底》一文，就是教育统一战线的成员要有正确选择的文告。因此，人民民主专政实施的主体是工人阶

① 本文选自《当代中国的马克思主义：邓小平理论》，河南人民出版社1994年版，第213~223页，原题为《社会主义民主和法制》。

② 《邓小平文选》第二卷，人民出版社1994年版，第372页。

邓小平治国论

级领导的，以工农联盟为基础的，包括城市小资产阶级和民族资产阶级在内的"人民"；专政的对象是"反动派"或"敌人"，而不是笼统地说是"资产阶级"。这样对民主面的扩大以及对专政面的限制，显然都是由中国国情决定的，根据中国革命的成功经验提出的。同样，在剥削阶级作为阶级逐渐消灭以后，邓小平同志在规划中国特色社会主义的蓝图时，仍然坚持使用人民民主专政的提法与理论，则是因为在我国的社会主义社会存在着人民内部矛盾与敌我矛盾这两类不同性质的矛盾，并且在一定范围内还存在着特殊形态的阶级斗争。他在强调扩大人民民主的同时，总是强调专政职能的重要性。由此，我们认为，人民民主专政是社会主义民主原则在中国变成现实的最根本的制度形态。

基于这样的国体，毛泽东同志与党中央在筹划开国大计的过程中，就决定要根据中国实情，实行能使最广大的人民群众参政议政的政体——人民代表大会制度。由于新中国成立前后，举行普选召开人大的条件不具备，因此在开国之初就决定由中国人民政治协商会议代行全国人大的职权。为了使地方与基层政权也能同人民群众保持密切的联系，毛泽东同志与党中央在1949年8月至12月发出了19个文电，要求在新解放的地方迅速召开各界人民代表会议，让人民参与社会的管理。毛泽东同志对上海与华东这样经济发达、工商业者集中地区的民主建设尤为重视。1949年8月26日，他致电华东局，肯定了上海当时刚召开的第一次各界代表会议，要求"严催所属三万人口以上的城市，务于9月份一律开一次各界人民代表会议"，"借此以使所属3万人口以上城市的党的组织和各界人民代表亲密结合，经过他们去团结各界人民，克服困难，恢复和发展生产，并克服党的领导机关中的许多人只相信少数人的党内干部会议，不相信人民代表会议的官僚主义作风"。[1]当毛泽东同志获悉松江县成功地召开了县一级的各界人民代表会议后，又致电华东局领导同志说："这是一件大事。如果一千几百个县都能开起全县代表大会来，并能开得好，那就会对于我党联系数万万人民的工作，对于使党内外广大干部获得教育，都是极重要的。"[2]这

① 《毛泽东文集》第五卷，人民出版社1996年版，第333页。
② 《毛泽东文集》第六卷，人民出版社1999年版，第4页。

种各界人民代表会议，是中国共产党在民主革命胜利过程中实施人民民主原则的一种切实有效的措施，它既提高了党领导民主政治建设的能力，又在广大人民群众中进行了初步的民主训练。正是在这个基础上，由政府邀集召开的各界人民代表会议制度，最后发展到由选民普选代表召开的人民代表大会制度。人民代表大会制度从其雏形到成形过程，决定了它是以工人阶级领导下的各族人民为主体的权力机构，因此它有别于西方的议会制；同时由于它的"人民"具有广泛的内容与中国革命发展的特点，又在一定程度上有别于苏联的苏维埃制度。这是社会主义民主理论与中国具体实际相结合的一种新的民主政体形态。

由于人民民主专政的提出，直接同统一战线的经验相联系，因此在毛泽东同志的人民民主专政理论中包括了要用政治协商会议的形式与制度来巩固与发展统一战线的思想。1948年4月30日，党中央发布的"五一"劳动节口号中提出"各民主党派、各人民团体、各社会贤达迅速召开政治协商会议，讨论并实现召集人民代表大会，成立民主联合政府"。现在，理论界有人把这个口号看作是中国共产党领导的多党合作和政治协商制度明确提出的标志。事实上，也确实是在"五一"口号的号召下，各民主党派与无党派爱国民主人士纷纷从国民党统治区、香港，抵达东北解放区，来到北平，于1949年9月21日召开了第一届中国人民政治协商会议，揭开了中国民主政治建设的新篇章。但是在1956年进入社会主义社会以后，中国还要不要民主党派，还要不要政治协商会议制度，成了一个新的问题。毛泽东同志总结了苏联一党制的教训与我们统一战线的经验后，向全党提出了"究竟是一个党好，还是几个党好？"这一重大问题。他的回答是："现在看来，恐怕是几个党好。不但过去如此，而且将来也可以如此，就是长期共存，互相监督。"[1]这样，就明确了中国特色的社会主义政党制度，是中国共产党领导的多党合作与政治协商制度。所以，邓小平同志说："这是我国具体历史条件和现实条件所决定的，也是我国政治制度中的一个特点和优点。"[2]

① 《毛泽东文集》第七卷，人民出版社1999年版，第34页。
② 《邓小平文选》第二卷，人民出版社1994年版，第205页。

邓小平治国论

2.2 三条战线斗争的产物

人民民主专政、人民代表大会和中国共产党领导的多党合作与政治协商制度，是在复杂的斗争中建立起来的，也必须在斗争中坚持与发展。

首先，它是同旧中国帝国主义支持下的封建主义与官僚买办资本主义的专制统治激烈斗争的产物。民主与专制的对立与斗争，是近代中国政治发展的中心内容。历史告诉我们，旧民主主义敌不过帝国主义、封建主义、官僚资本主义相互勾结、共同支撑的专制主义。中国共产党以新民主主义与之相抗衡，终于战胜了它，并使中国走上了社会主义民主的广阔发展道路。近几年来，由于我们党在民主政治建设上犯过错误，加上西方丑化社会主义民主的各种思潮的影响，许多人有意无意地把共产党同"极权主义""专制主义"联系在一起，他们忘记了或根本不懂得中国共产党为在中国实现民主、战胜专制进行艰辛斗争的历史；忘记了或根本不懂得人民民主专政、人民代表大会和中国共产党领导的多党合作与政治协商制度正是社会主义民主在中国的现实形态。

其次，它是同统一战线内部资产阶级与上层小资产阶级右翼主张的"中间路线"斗争的产物。从抗日战争胜利之日起，中国就面临着一个建什么样国家的斗争。蒋介石的《中国之命运》拿出了一个方案，毛泽东的《论联合政府》提出了与之对立的另一个方案。这时，迷恋在中国实行资本主义民主制的民族资产阶级与上层小资产阶级的右翼人士，提出了建立"英美式民主"的资产阶级共和国方案。毛泽东亲自撰文，以历史与事实为鉴戒，批评与教育这种"中间路线"的空想，终于帮助他们同广大人民站在一起，创建了实行人民民主专政的中华人民共和国。但历史与现实告诉我们，有些人并没有做醒这场资产阶级民主梦。在社会主义民主发展的道路上，在1957年，在前些年，都程度不等地出现过试图用资本主义民主来取代社会主义民主这样的要求。这些观点或主张的一个重要错误是离开了中国的国情，不懂得我们实行的这一套民主制度是具有中国人民自己创造性特点的新型民主制度。

再次，它是同劳动人民内部存在的"农业社会主义"民主观斗争的产物。在人民民主专政创建的过程中，在解放区曾经出现过以绝对平均主义为特征的"农业社会主义"错误。毛泽东同志发现了这一问题，并及时地作了纠正。这种极左的思想，把工商业者与农村中的中农等都看作打击的对象，破坏了党的统一战线，从而伤害了人民民主。毛泽东同志与党中央指出人民民主专政的共和国建立后，严重的问题是教育农民，包含了要通过农业社会化的发展来改变小生产者落后思想的意思。这场在历史上并不起眼的斗争，却具有很重要的启示意义。因为社会主义民主发展的曲折道路告诉我们，在同专制主义斗争与决裂的过程中，我们既要克服来自右面的资本主义民主观的影响，也要防止与反对来自"左"面的小资产阶级的极端民主化的干扰。

总之，我们党所坚持的人民民主与社会主义民主是在三条战线的复杂斗争中，逐渐形成的一套具有中国特色的社会主义民主政治制度。

2.3 历史的教训

应该讲，我国建立的人民民主专政的国体、人民代表大会制的政体和中国共产党领导的多党合作与政治协商制度，这些基本的政治制度，都是马克思主义政治理论与我国具体实际相结合的产物，是中国特色的社会主义政治。

但是，长期以来我们在政治上屡犯阶级斗争扩大化的错误，给党、国家和人民群众造成了严重的伤害与损失，甚至给人民民主专政、人民代表大会制度和中国共产党领导的多党合作与政治协商制度也造成了严重的破坏。

邓小平同志在党的十一届三中全会前后，对此做了深刻的总结。我们的主要教训是：

（1）在认识国情时，对于社会主义初级阶段阶级斗争的范围与特点认识不清。毛泽东同志虽然认识到社会主义社会还存在阶级斗争，但是他没有划分这种阶级斗争与以往任何一个历史阶段阶级斗争的区别，导致他犯了严重的错误，破坏了民主与法制。邓小平同志指出，在社会主义初级阶段"阶级斗争是一个客观存在，不应该缩小，也不应该夸大"。[①]这是一种作为阶级的剥削阶级已不存在的"特殊形式的阶级斗争"。它虽然在

---

① 《邓小平文选》第二卷，人民出版社1994年版，第182页。

邓小平治国论

一定条件下还有可能激化，但已不是整个社会的主要矛盾。我们犯阶级斗争扩大化的错误，即在于没有认清社会主义初级阶段这一基本国情。

（2）在对国情认识时，对社会主义初级阶段仍然大量存在的封建主义与小生产残余的影响，认识不足。邓小平同志指出："从党和国家的领导制度、干部制度方面来说，主要的弊端就是官僚主义现象，权力过分集中的现象，家长制现象，干部领导职务终身制现象和形形色色的特权现象。"毛泽东同志犯错误"也受到一些不好的制度的严重影响"。这种种弊端，"多少都带有封建主义色彩"。[①]因此坚持社会主义民主制度，必须在政治思想上继续肃清封建主义和小生产残余的影响。

（3）我们的社会主义民主政治制度，体制还不完善，许多做法也不正确。1978年年底，邓小平同志指出："在过去一个相当长的时间内，民主集中制没有真正实行，离开民主讲集中，民主太少。"[②]1980年1月，他又批评了过去实行的"大鸣大放"的做法，认为民主必须有领导、有步骤地实行，必须同加强法制联系在一起。1986年以后，他多次论述了政治体制中的弊端，提出要研究与解决党政关系、政企关系、中央与地方关系等一系列政治体制中的实质性问题。

2.4 政治体制改革的任务

鉴于以上经验教训，邓小平同志指出要在正确认识国情基础上，提出政治体制改革的任务。1980年8月18日在《党和国家领导制度的改革》这篇讲话中，他已提出这一问题。1986年6月，随着经济体制改革的深化，他把这一问题提到日程上来。接着又要求在党的十三大上提出一个政治体制改革的"蓝图"。他在论述这一极其重要而又复杂的问题时，有三个很有价值的思想：

第一，政治体制改革要服从两个规律，即不仅要尊重和服从政治发展的规律，而且要尊重和服从经济发展的规律。邓小平同志反复强调的"没有民主就没有社会主义"，"人民的民主同对敌人的专政分不开，同民主基础上的集中也分不开"，都是关于社会主义政治发展规律的论述。

---

① 《邓小平文选》第二卷，人民出版社1983年版，第327页、第333～334页。
② 《邓小平文选》第二卷，人民出版社1983年版，第144页。

政治体制改革既是这种规律的要求，又必须服从于这种规律，因此政治体制改革的核心问题在我国始终是加强社会主义民主政治建设的问题。同时，邓小平同志认为，"政治体制改革同经济体制改革应该相互依赖，相互配合。"①"不改革政治体制，就不能保障经济体制改革的成果，不能使经济体制改革继续前进，就会阻碍生产力的发展，阻碍四个现代化的实现。"②由此可见，他提出政治体制改革的任务不是孤立地从政治角度提出的，而且是从经济角度提出的。在经济发展中，生产关系必须适应生产力发展的规律、市场经济发展的规律，这些都是政治体制改革必须尊重与服从的规律。

第二，政治体制改革要达到三个目的：直接的目的，即建立民主化与法制化紧密结合的社会主义民主政治制度；深一层的目的，是要促进与保障经济体制改革的推进，建立起社会主义市场经济；归根到底，最根本的目的，是通过政治制度的现代化，实现生产力的现代化。邓小平同志在论述政治体制改革问题时，说得很清楚："我们政治体制改革总的目标是三条：第一，巩固社会主义制度；第二，发展社会主义社会的生产力；第三，发扬社会主义民主，调动广大人民的积极性。"③党的十四大明确提出社会主义的经济体制是要建立社会主义市场经济后，政治体制改革所要巩固的社会主义制度又具有了新的内容。所以，十四大报告说："机构改革，精兵简政，是政治体制改革的紧迫任务，也是深化经济改革、建立市场经济体制和加快现代化建设的重要条件。"④

第三，政治体制改革要有一个过程。对于中国的改革，邓小平同志都持既大胆又慎重的科学态度，强调要在实践中"摸着石子过河"。经济体制改革是如此，政治体制改革更是如此。他说：政治体制改革"这个问题太困难，每项改革涉及的人和事都很广泛，很深刻，触及许多人的利益，会遇到很多的障碍，需要审慎从事。我们首先要确定政治体制改革的范围，弄清从哪里着手。要先从一两件事上着手，不能一下子大干，

① 《邓小平文选》第三卷，人民出版社1993年版，第164页。
② 《邓小平文选》第三卷，人民出版社1993年版，第176页。
③ 《邓小平文选》第三卷，人民出版社1993年版，第178页。
④ 《十四大以来重要文献选编》上，人民出版社1996年版，第29页。

邓小平治国论

那样就乱了"。①当然也不能因此而裹足不前，不能太迟。邓小平同志的这些思想，就是在说：政治体制改革是一个过程，要有领导、有步骤地积极推进。

从邓小平同志关于政治体制改革问题的论述中，我们可以看到在政治上的发展目标是：建设有中国特色的社会主义民主政治。其主要要求是：

（1）坚持工人阶级领导的、以工农联盟为基础的人民民主专政，绝不削弱和放弃人民民主专政；

（2）进一步完善人民代表大会制度，加强人民代表大会及其常委会的立法和监督职能，更好地发挥人民代表的作用，绝不搞西方那种议会制度；

（3）完善共产党领导的多党合作与政治协商制度，巩固和发展新时期的爱国统一战线，充分发挥人民政协在政治协商和民主监督中的作用，绝不搞西方那种多党制；

（4）加强和改善党的领导，尤其是要坚持和健全民主集中制，加强党的民主建设，加强党同人民群众的联系，坚决反对与克服官僚主义、形式主义和各种腐败现象；

（5）充分发挥民主党派的作用，加强同民主党派协商议事，支持民主党派和无党派人士在国家机关担任领导职务，同时进一步发挥工会、共青团、妇联等群众团体的作用，加强基层单位的民主建设和城乡居民、村民的民主自治，形成广泛的社会民主格局；

（6）加强领导机构决策的科学化和民主化建设，加速建立一套民主的科学的决策制度；

（7）高度重视法制建设，加强立法、执法和执法监督，并且在广大干部群众中不断普法，增强民主意识与法制观念；

（8）搞好社会治安，坚持综合治理，坚决打击敌对势力和各种刑事犯罪活动，伸张正义，保护人民。

综上所述，中国特色的社会主义政治是民主化与法制化相结合的社会主义政治。

---

① 《邓小平文选》第一卷，人民出版社1993年版，第176~177页。

自从党的十一届三中全会以来，我们在加强社会主义民主，健全社会主义法制等方面，做了许多工作。在理论上明确地提出了"没有民主就没有社会主义"的论点，把建设民主政治与建设富强的经济与文明的社会并列为党的奋斗目标，肯定了阶级斗争在一定范围内还存在，坚持人民民主专政这项原则同坚持其他三项原则一样重要，并强调民主的制度化和法律化对保障社会主义民主的重大意义。在实践中，通过扩大全国人大常委会的职权、设立全国人大专门委员会、加强人大代表的提案与质询，以及设立县以上人大常委会等改革措施，增加了人大的权威性；通过实行县以及县以下人民代表的直接选举、差额选举，以及加强对代表的依法监督罢免等工作，改进了选举制度；通过完善退、离休制度和任期制度等，废除了实际存在的干部职务终身制；通过加强政协的参政议政作用和民主党派建设等工作，改进了中国共产党领导的多党合作与政治协商制度；通过职代会建设，加强工青妇等群众团体的作用，完善居（村）民自治制度，促进了企业民主与社会民主的建设；通过大量的立法工作与广泛的普法教育，加强了法制建设；等等，从其质的规定性而言，这一切都属于政治体制改革的内容，其核心始终是加强社会主义民主与法制的建设。

1989年春夏之交的政治风波以后，有人误以为政治体制改革不会再提了。这是一种误解。政治体制改革的任务远未完成，必须有领导有步骤地加以推进；我们的政治体制改革与经济体制改革一样，也有一个方向之辨，不能削弱和放弃人民民主专政，不能搞西方那种议会制度，不能削弱和否定共产党的领导，搞西方那种多党制。政治体制改革的直接目的，是要不断加强社会主义民主和法制建设，发展安定团结、生动活泼的政治局面，保证人民当家做主和国家长治久安。

3. 改革包括政治体制改革①

为了完善和发展我们的民主政治制度，最近30多年来，我们在改革开

---

① 本文选自《中国特色社会主义道路研究》，人民出版社2012年版，第236~241页，原题为《中国的政治体制改革及其特点》。

邓小平治国论

放过程中，提出并不断推进政治体制改革。

3.1 改革的成败取决于政治体制改革

关于政治体制改革问题，是在党的十一届三中全会提出"民主要制度化、法律化"后，我们党在改革开放战略中强调的一个关系全局的问题。20世纪80年代，邓小平同志先是提出了党和国家领导制度的改革是全面的改革，不仅包括经济体制改革，而且包括政治体制改革，并且强调改革的成败取决于政治体制改革。

多年来，一直有一种舆论，认为中国的改革是从经济体制改革起步的，中国的改革主要是经济体制改革，似乎中国至今未进行政治体制改革。这是一个很大的误解。因为一个基本的事实是，党的十一届三中全会之所以能够提出改革的任务，就在于当年的真理标准问题讨论造就了思想解放的氛围和民主政治的发展。只要读一读邓小平同志当年发表的那篇名著《解放思想、实事求是，团结一致向前看》，就可以体会到中国的改革一开始就是在民主政治推动下起步的。由于中国是一个有十几亿人口的大国，执政的中国共产党是一个有8000多万党员的大党，各种意见都会有。这就决定了在中国搞改革开放，搞现代化，没有民主是不行的，不能有序地推进民主也是不行的。因此，政治体制改革始终是我国全面改革的重要组成部分。事实上，我们党对这个问题十分重视，远的且不说，就是在2007年召开的十七大上就说过："人民民主是社会主义的生命。发展社会主义民主政治是我们党始终不渝的奋斗目标。"[1]在党的历次重要会议和重要文件中，都一再强调要更高地举起人民民主的旗帜，要积极稳妥地深化政治体制改革。

以往之所以有那么多人对中国的政治体制改革有误解，其中一个重要原因，是我们对邓小平同志的战略思想研究较多，而对于他领导改革的策略思想研究不够。我们联系这30多年来中国改革开放的实践，就可以注意到邓小平同志提出的改革开放，既有战略，又有策略。比如在实行农村家庭联产承包责任制的时候，我们取消了曾经作为中国"三面红旗"之一的人民公社制度，建立了乡政权，设立了县人大常委会，并由公民直接选

① 《十七大以来重要文献选编》（上），中央文献出版社2009年版，第22页。

举县和县以下人大代表。也就是说，我们是把政治体制改革与经济体制改革结合起来，并且以经济体制改革的名义推进的。事实上，30多年来，中国的经济体制改革每推进一步，政治体制改革也深化一步，从来没有停止过。特别是，人民代表大会制度、中国共产党领导的多党合作和政治协商制度，在中国政治生活中的地位和作用越来越大。这只要看一看每年"两会"的变化进步和全社会的关注度，就可以体会到。

3.2　中国政治体制改革的特点

总结我们在政治体制改革上所做的工作，大体上有这样一些特点：

一是把发展民主政治与改善民生结合起来，强调我们一切工作的出发点和落脚点是为了实现最广大人民群众的根本利益。民主与民生是有区别的，民生不等于民主，但是民主如果脱离了民生就会失去民心，也就玷污了民主。我们之所以在改革开放过程中，十分注意把政治体制改革与经济体制改革结合起来，就是为了把政治体制改革的成果，发展民主政治的成果，能够更好地通过经济体制改革体现在人民群众生活的改善上，体现在人民群众物质和文化需求的满足上，给人民群众以看得见的实惠。

二是把发展民主与健全法制结合起来，强调民主要制度化、法律化，坚持依法治国。针对"文化大革命"中出现的把民主等同于无政府主义的状况，以及中国社会中长期涌动的民粹主义倾向，我们在推进政治体制改革一开始就强调民主要制度化、法律化。30年来，我们修改和完善了宪法，废除了不合乎宪法和民主精神的法律条文和法规，制定了刑法、民法和刑事诉讼法、民事诉讼法等一系列法律法规，还建立了律师制度，并进行了以建立公正高效权威的司法制度，保证审判机关、检察机关依法独立公正地行使审判权、检察权为目标的司法制度改革。中国特色社会主义法律体系已经形成。中国共产党作为执政党，已经明确提出自己要在宪法和法律的范围内活动，坚持依法治国。几千年形成的人治社会正在向法治社会转变。

三是把政治体制改革与尊重和保障人权结合起来，依法保证全体社会成员平等参与、平等发展的权利。党的十一届三中全会以来，我们在拨乱反正中，彻底纠正过去历次政治运动中发生的践踏人权现象，大规模地

邓小平治国论

平反冤假错案。改革开放以来，不仅发展经济，努力保障公民的生存权和发展权，还允许和支持公民创办多种形式的非公有制经济，并确定了新的社会阶层的政治身份是"中国特色社会主义事业建设者"；实行身份证制度，允许公民自由择业包括异地择业；实行依法出入境制度，允许公民出国留学和出境旅游。最近这几年，进一步健全民主制度，丰富民主形式，拓宽民主渠道，依法推进民主选举、民主决策、民主管理、民主监督。这些变革，既保障了公民的人权，又激发了中国社会内在的生机和活力。

四是把发展民主法治与完善基层群众自治制度结合起来，让人民群众在基层自己管理自己。前面已经说过，在中国的政治体制中，乡村、社区和企业广泛地建立村委会、居委会、职代会等群众自治组织。改革开放以来，我们不仅在广大农村实行了村委会村民直接选举制度和乡镇改革试点，而且在农村普遍实行政务公开、村务公开等制度。社区建设也取得了明显的进展。这样的基层民主建设，得到了广大群众的广泛拥护。

五是把执政党依法执政与参政党依法参政结合起来，完善了中国特色的政党政治。许多朋友也许不了解中国民主党派的参政是什么意思，在我们的政治构架中，中国的8个民主党派虽然不是执政党，但是参政党。参政的基本点有四项：（1）参加国家政权，包括担任国家和政府的领导职务，担任检察、审判机关的领导职务；（2）参与国家大政方针和国家领导人选的协商；（3）参与国家事务的管理；（4）参与国家方针、政策、法律、法规的制定执行，特别是规定了在人大代表、人大常委会和人大专委会中民主党派和无党派代表的比例。这是在中共中央1989年的文件中就已经规定了的。这几年，在执政党的支持下，参政党在中国民主政治中的作用越来越大。

六是把共产党的党内民主与人民民主结合起来，以党内民主带动人民民主。中国共产党在自己的实践中认识到，党要保持先进性，并且在引领全社会的民主政治发展中体现先进性，必须积极推进党内民主。中国共产党已经充分意识到这一问题的重要性和紧迫性。党的十七大在保障党员民主权利、完善党代会制度、严格实行民主集中制、改革党内选举制度等方面，提出了一系列创新的思路和举措。特别是在选拔任用干部问题上，已经废除了终身制，完善了以民主为原则的干部任免制度，给广大德才兼备的从政人员提供了竞聘上岗的机会，等等。这些党内民主举措，也为广大人民群众提供了民主的知情权、参与权和监督权。

七是把选举（票决）民主与协商民主结合起来，完善了公民有序的政治参与形式。人民通过选举、投票行使权利和人民内部各方面在重大决策之前进行充分协商，尽可能就共同性问题取得一致意见，是我国社会主义民主的两种重要形式。改革开放30多年来，中国的选举（票决）民主不断完善和发展，不仅在公民自治组织的范围内实行了直接选举制度，而且在其他实行间接选举的领域扩大了差额选举，完善了候选人提名方式；特别是在党内民主发展进程中，扩大了基层党组织领导班子成员直接选举和中央、地方党委成员差额选举的范围，实行了候选人无记名投票推荐等民主形式。与此同时，中国的协商民主也在进一步完善和发展。特别是中国人民政治协商会议这一中国特有的重要民主政治形式，按照政治协商、民主监督、参政议政这三大职能，推动和组织中国各党派、各界别、各民族的政协委员，在党和政府重大决策之前和决策执行过程中，积极参与民主协商、民主监督，很有成效；各级政府也主动实施民主恳谈会、听证会等制度；各人民团体在民主协商中也发挥了积极作用。

八是把党内监督、行政监督、法律监督与公民直接监督包括舆论监督结合起来，建立和完善了民主监督制度。党的十一届三中全会的一大功绩，就是重新建立了中央纪律检查委员会。这几年，在党内监督方面进行了一系列制度创新，并且把党内监督与群众举报结合起来，成效显著。特别是媒体介入监督序列，对于中国民主政治的发展起了很大作用。

应该讲，我国的民主政治还在实践中、发展中，不能说都搞得很好了，但是，中国的政治体制改革也确实取得了一系列重要的进展和成果。这些进展和成果，已经使得中国社会在这30多年中发生了极为深刻的变化。那些认为中国只搞经济体制改革、不搞政治体制改革的人，不仅看不到这些基本事实，而且陷入了自身的逻辑悖论。因为他们解释不了，为什么在一个他们认为"高度集权的专制社会"中，会允许公民在市场经济中自由发展，会出现那么成功的市场体系和经济发展。所以，观察和研究中国政治体制改革的特点及其走势，必须立足中国现实，客观地全面地认识中国的改革实践。

4. 邓小平行政管理体制和机构改革构想①

党的十四大提出：机构改革，精兵简政，是政治体制改革的紧迫任务，也是深化经济改革、建立市场经济体制和加快现代化建设的重要条件。并且提出要统筹规划，精心组织，上下结合，分步实施，3年内基本完成这一艰巨任务。这一战略部署，反映了邓小平同志行政管理体制和机构改革的基本思想。

4.1 服从两个规律

邓小平同志在党的十一届三中全会上就已经提出国家行政管理体制和机构改革的任务。1980年8月18日《关于党和国家领导制度改革》的著名讲话，更是系统地论述了这一问题的必要性与紧迫性，指出："如果不坚决改革现行制度中的弊端，过去出现过的一些严重问题今后就有可能重新出现。只有对这些弊端进行有计划、有步骤而又坚决彻底的改革，人民才会信任我们的领导，才会信任党和社会主义，我们的事业才有无限的希望。"②

1986年把政治体制改革的任务提到议事日程上来的时候，邓小平同志反复强调要进行机构改革、精兵简政，明确指出它是社会主义政治体制改革的重要内容。

纵观邓小平新中国成立以来关于行政管理体制与机构改革的全部论述，可以看到他十分强调这是社会主义政治发展客观规律的要求。1978年3月底，邓小平同志深刻地指出："没有民主就没有社会主义，就没有社会主义的现代化。"③这里论述的民主与社会主义关系问题，揭示的是社会主义政治的本质特征与客观规律的要求。进行行政管理体制与机构改

---

① 本文选自《李君如文集：邓小平理论研究》（上），湖南人民出版社2002年版，第166~171页，原题为《邓小平行政管理体制和机构改革思想研究札记》。

② 《邓小平文选》第二卷，人民出版社1994年版，第333页。

③ 《邓小平文选》第二卷，人民出版社1994年版，第168页。

革，就是为了实现社会主义民主即社会主义政治发展客观规律的要求。因为过去的行政管理体制弊端甚多，邓小平同志多次概括为：机构臃肿，层次重叠，人浮于事，效率低下等，因而脱离群众，官僚主义盛行，违背了社会主义民主政治的要求。所以，邓小平同志提出机构改革、精兵简政的任务，首先是根据社会主义政治发展的客观规律提出来的。

不仅如此，它还是根据社会主义经济发展的客观规律提出来的。我们不能离开经济建设这个中心孤立地推进行政机构改革，必须把它同经济建设与经济体制改革紧密地结合起来。邓小平同志提出政治体制改革任务（包括提出行政管理体制与机构改革的任务），一个最基本的思路即是：同经济体制改革相配套，为经济建设服务。

1986年6月10日，他说："我们要精兵简政，真正把权力下放，扩大社会主义民主，把人民群众和基层组织的积极性调动起来。……不然机构庞大，人浮于事，官僚主义，拖拖拉拉，不守信，你放权，他收权，必然会拖后腿，阻碍经济体制改革。"6月28日又说："政治体制改革同经济体制改革应该相互依赖，相互配合。"9月3日再次强调："不改革政治体制，就会阻碍生产力的发展，阻碍四化成功。"[1]邓小平同志所论述的这两者之间的关系，不能仅仅理解为是工作中的相互关系，而应看作是事物内在的本质的辩证关系。也就是说，由于经济是政治的基础，政治的发展必须服从于和服务于经济的发展。"服从"讲的是经济对政治的决定作用，"服务"讲的是政治对经济的反作用。因此，政治中的行政体制与机构改革问题，绝非任何个人的主观设计，而是经济建设与经济改革提出的客观要求，或者说是社会主义经济发展客观规律的客观要求。

因此，行政体制与机构改革不仅要服从民主政治发展规律的要求，还要服从经济发展客观规律的要求，这是行政体制与机构改革的唯物论。

4.2 注意一个过程性

既然是社会运动内在规律的要求，规律是一种不以人的主观意志为转移的客观过程，规律的展开必定呈现一种过程性。这是马克思主义哲学的常识。邓小平同志在提出政治体制改革、行政体制与机构改革的任务时，

邓小平治国论

---

[1] 《建设有中国特色的社会主义》增订本，人民出版社1984年版，第133~138页。

十分强调这一点。他在1986年9月29日指出："我们所做的是一场伟大的试验，有些事情不可能一次完成，甚至有时还可能出些差错。"同年11月9日又一次指出："现在所提出的政治体制改革的第一个目标，并不是三五年就能够实现的，能在15年内实现就很好了。"①

政治体制、行政体制与机构改革的过程性，首先在于利益的调整是一项十分复杂而艰巨的工作。改革，都是利益的调整。政治体制改革，尤其是行政体制与机构改革更是直接触及人们利益的一场变革。因此不仅要有勇气与魄力，还要有科学的态度与方法，有计划有步骤地领导好这场变革。正如邓小平同志1986年9月3日对外宾谈话时所说的："政治体制改革的内容现在还在讨论，因为这个问题太复杂。每项改革涉及的人和事都很广泛，很深刻，触及许多人的利益，会遇到很多的障碍，需要更加审慎从事。""国家这么大，情况太复杂，改革不容易，因此决策一定要慎重，看到成功的可能性较大以后再下决心。"②

政治体制、行政体制与机构改革的过程性，其次在于经济建设的发展与经济体制改革的推进是一个过程。我们不进行经济体制改革，就不会想到政治体制改革，经济体制改革没有发展到一定的阶段，人们对政治体制改革的认识也不会有如此的紧迫性。同样的道理，政治体制、行政体制与机构改革的发展受制于经济建设与经济改革发展的状况。1986年，邓小平同志把政治体制、行政体制与机构改革提上议事日程，是因为经济发展过程中已经提出了建立有计划商品经济的任务，再不进行这方面的改革就要阻碍有计划商品经济的建立。党的十四大提出经济体制改革的目标是要建设社会主义市场经济，比有计划商品经济的目标又推进了一步，这时，机构改革、精兵简政的任务就更迫切地摆到了我们面前。所以，党中央提出了3年内基本完成这方面改革的艰巨任务。

4.3 达到三大目的

邓小平同志强调机构改革、精兵简政，首先是为了克服过去社会主义政治体制的严重弊端，探索建设一个民主化与法制化紧密结合的社会主义

---

① 《建设有中国特色的社会主义》增订本，人民出版社1984年版，第144~146页。
② 《建设有中国特色的社会主义》增订本，人民出版社1984年版，第138~139页。

新政治体制。应该看到，我们的政治制度，包括人民民主专政的国体、人民代表大会制度的政体、中国共产党领导的多党合作与政治协商制度，以及党内与政府机关内实行的民主集中制，从本质上和总体上讲是优越的，并且是符合中国国情实际的。但同时必须看到，我们过去在政治体制的建设上问题甚多，民主缺乏制度化、法律化，官僚主义严重。其中大量的问题表现在行政体制上。因此我们虽然反复申明不搞西方的多党制与议会制，但如果不能建立起一个民主的和法治的新政治体制，就不能巩固与发展社会主义。

其次，是为了深化经济改革，保证社会主义市场经济体制的建立。党的十四大在政治体制改革诸多任务中，突出行政管理体制与机构改革，同建立社会主义市场经济体制有直接的联系。市场经济的基本条件是：企业是一个自主经营、自负盈亏、自我发展、自我约束的法人实体和市场竞争的主体。而旧体制政企不分，企业的一切重大活动都受政府的支配与干预，根本无法进入市场。因此，按照经济体制改革的要求，理顺产权关系，实行政企分开，落实企业自主权，已经成为一项十分重要与紧迫的任务。今天，加强行政管理体制与机构改革，重要的目的就是为了让政府还自主权于企业，有利于社会主义市场经济的建立。

最后，归根到底，是为了解放与发展生产力，加快社会主义现代化建设。邓小平同志说，改革也是解放生产力。这不仅是要解放个体的或私营经济的生产力，更重要的，是要解放被束缚住手脚的大中型企业的生产力，实现社会主义现代化。正是这一根本目的，决定了我们要下功夫做好行政管理体制与机构改革这篇重要的文章。如果我们做不好这篇文章，大中型企业仍然搞不活，不仅不利于现代化的实现，而且会危及社会主义的巩固与发展。所以，判别行政管理体制与机构改革成功与否的标准，归根到底，是要看是否解放与发展了社会主义社会的生产力，是否提高了社会主义国家的综合国力，是否提高了人民群众的生活水平。

5. 有中国特色的民族区域自治制度①

民族关系是社会关系中的一个重要方面。从国际共产主义运动的经验教训来看，能否正确地、稳妥地处理好一个国家内部的民族关系，对于实现民族团结，巩固和发展社会主义，促进生产力的发展，具有极其重要的意义。中国是一个有50多个民族的社会主义大国，处理好民族关系更是建设有中国特色的社会主义社会的一个重要方面。

5.1 有中国特色的"民族区域自治制度"

建设有中国特色的社会主义社会，包括要建设好有中国特色的民族区域自治制度。正如邓小平同志所指出的："解决民族问题，中国采取的不是民族共和国联邦的制度，而是民族区域自治的制度。我们认为这个制度比较好，适合中国的情况。"②

在建立新中国和社会主义制度的过程中，毛泽东同志和党中央根据民主革命时期处理汉族与少数民族关系的成功经验，把马克思主义关于民族平等与团结的原则同中国的具体实际结合起来，在少数民族聚居地区实行了区域自治。同时在思想与理论上提出了既要重点反对大汉族主义，又要反对地方民族主义，实现民族平等与民族团结，调动一切积极因素建设与巩固社会主义的指导方针。1956年毛泽东同志在《论十大关系》中专门论述了这个问题。在这之前，1951年中央人民政府政务院发布了《关于民族事务的几项规定》《关于处理带有歧视或侮辱少数民族性质的称谓、地名、碑碣、匾联的指示》，1952年政务院又通过了《中华人民共和国民族区域自治实施纲要》《关于保障一切散居的少数民族成分享有民族平等权利的决定》等。在中华人民共和国宪法中，明确规定少数民族区域自治是人民民主专政国家政治制度的一个重要组成部分。1947年成立的内蒙古自治区，1955年成立的新疆维吾尔自治区，1958年先后成立的广西壮族自治

---

① 本文选自《当代中国的马克思主义：邓小平理论》，河南人民出版社1994年版，第249~254页。
② 《邓小平文选》第三卷，人民出版社1993年版，第257页。

区和宁夏回族自治区，1965年成立的西藏自治区，以及有些省市下辖的少数民族自治州、县，是我国实行少数民族区域自治的具体体现。

在"左"的指导思想逐渐形成与发展的年代，尤其是在"文化大革命"中，我国社会主义民族关系、民族区域自治曾遭到严重的破坏。经过拨乱反正，到党的十一届三中全会以后，民族关系问题上的重大是非才逐步正本清源，社会主义民族关系才重新恢复发展。党中央在十一届六中全会上通过的《关于建国以来党的若干历史问题的决议》中，认真总结了正反两方面的历史经验，明确提出改善和发展社会主义民族关系，加强民族团结，这对于我们这个多民族国家具有重大意义。强调现在我国的民族关系基本上是各族劳动人民之间的关系。并且强调必须坚持实行民族区域自治，加强民族区域自治的法制建设，保障各少数民族地区根据本地实际情况贯彻执行党和国家政策的自主权。《决议》还把这一问题列入了"适合我国情况的社会主义现代化建设的正确道路"的要点。

根据长期的实践与十一届三中全会以来的发展，我国的民族区域自治形成了两大"中国特色"：

第一，中央统一集权与民族区域自治相结合。我国的民族区域自治的一个首要原则，是在中华人民共和国范围内的民族区域自治，各民族区域自治都是中华人民共和国不可分割的一部分。从民族区域自治机关的性质来看，它一方面隶属于中央人民政府统一领导或受相应的地方国家机关的领导，是一级地方国家机关；另一方面，它又拥有宪法所赋予的一般地方国家机关所没有的特殊自治权利，包括依法管理本地区财政的自主权利、制定相应的地方自治条例和单行条例的权利等。同时，在干部组成上，宪法明确规定"自治区、自治州、自治县的人民代表大会常务委员会中应当有实行区域自治的民族的公民担任主任或副主任"。"自治区主席、自治州州长、自治县县长由实行区域自治的民族的公民担任。"党中央也明确宣布要切实帮助少数民族地区发展经济文化，努力培养和提拔少数民族干部。实践证明，这一制度对于多民族的中国巩固与发展社会主义，具有积极的作用。

第二，区域自治和民族自治相结合。我国的民族区域自治，包括了区域自治与民族自治两层含义。这就是说，按照宪法的规定，我国允许在少数民族聚居的区域内，建立自己管理自己的地方权力机构，并且由那里的民族自己管理自己，从而充分地调动了他们建设本民族主管区域的积极性，以及参与国家社会主义建设的积极性。此外，我国还设置了民族乡，它虽然不是一级自治单位，但仍然可以依法采取适合民族特点的各项具体措施。这种制度，不仅减少了上下级之间的矛盾，而且减少了民族之间的矛盾，有利于在党中央与中央人民政府统一领导下加强民族团结。

实践告诉我们，坚持与发展这种中国特色的民族区域自治的关键在于保护少数民族的自治权利，实现民族平等与民族团结。党中央在《关于建国以来党的若干历史问题的决议》中深刻地指出："在民族问题上，过去，特别是在'文化大革命'中，我们犯过把阶级斗争扩大化的严重错误，伤害了许多少数民族干部和群众。在工作中，对少数民族自治权利尊重不够。这个教训一定要认真记取。"[1]为了做到这一点，我们在宪法与法律中对少数民族的自治权利做了明确的规定，包括在1984年制定了《民族区域自治法》，同时在民主政治制度中采取必要的特殊措施来保证这些权利的实现。

比如，有的少数民族人口较少，如果按照其他民族同样的比例选举人民代表，势必难以保证这些少数民族有自己的代表来管理国家或地方的事务，这样就无法体现各民族之间的真正平等。针对这种情况，宪法与选举法根据少数民族区域自治的要求，对这些少数民族的人民代表名额，做了特殊的规定，以保证各个民族都有一定数量的代表，参政议政。

又比如，许多少数民族的群众都信仰某一种宗教。这种宗教信仰的权利往往同民族自治的权利交织在一起，处理不好，会出大问题。党的十一届三中全会以来，党中央反复强调，尊重和保护宗教信仰自由，是党对宗教问题的基本政策。并且规定生活在少数民族信教群众较多区域的共产党员，既要在思想上同宗教信仰划清界限，又要在生活中尊重少数民族的风俗习惯。

总而言之，党强调要从各方面注意尊重少数民族的合法权利。同时，

---

[1] 《十一届三中全会以来重要文献选读》上，人民出版社1987年版，第348页。

我们为了巩固和加强民族团结，坚决反对民族分裂，维护祖国的统一。

在建设有中国特色的社会主义社会的过程中，我们要坚持和完善民族区域自治制度，继续贯彻执行党的民族政策，促进民族地区加快经济文化发展，实现各民族的共同繁荣和进步。

5.2 发展民族经济，加强民族团结

邓小平同志在1979年6月曾经指出："我国各兄弟民族经过民主改革和社会主义改造，早已陆续走上社会主义道路，结成了社会主义的团结友爱、互助合作的新型民族关系。各民族的不同宗教的爱国人士有了很大的进步。在实现四个现代化进程中，各民族的社会主义一致性将更加发展，各民族的大团结将更加巩固。"[1]显然，增强民族团结是我们建设有中国特色社会主义的一个重大的目标。

自从新中国诞生以来，尤其是在我国进入社会主义社会以后，在旧中国十分尖锐的民族矛盾逐渐缓和。但由过去长期的社会历史原因造成的民族经济之间的差距仍然存在。这种差距在社会主义条件下已经成为造成实际生活中存在的民族隔阂或民族矛盾的主要原因。因此，处理得不好，已经缓解的矛盾仍然有可能发展，甚至在一定条件下激化。加上整个世界范围内存在的民族矛盾和宗教冲突也会影响到我国内部来。对此，我们决不能掉以轻心。

邓小平同志和党中央认为，我们一方面要长期坚持党的民族政策和宗教政策，坚持民族区域自治制度，在承认民族差别、照顾民族特点、尊重民族感情的基础上坚持民族平等，反对大汉族主义和地方民族主义以及有些少数民族中的大民族主义；另一方面，更重要的是要采取正确的政策，千方百计地发展民族经济，改变少数民族地区的贫穷落后面貌。1980年8月26日，邓小平同志对班禅额尔德尼·确吉坚赞说："在西藏，要使生产发展起来，人民富裕起来，真正去做，也并不难。只有这件事办好了，才能巩固民族团结。"[2]这个思想不仅对于西藏地区具有实际的指导意义，对于其他少数民族地区的工作也有普遍的意义。

---

① 《邓小平文选》第二卷，人民出版社1994年版，第186页。
② 《邓小平关于建设有中国特色社会主义的论述专题摘编》，中央文献出版社1995年版，第275页。

邓小平治国论

当然，加强中华民族的大团结，除了要大力发展少数民族地区的经济，做好自己各方面的工作外，还要坚决地反对外国政治势力的干涉，反对外国霸权主义支持的民族分裂主义分子的敌对活动。中华民族自1840年鸦片战争后100多年所经历的民族灾难，祸根之一即是帝国主义的侵略和分裂活动。中华人民共和国的成立，标志着中国人民从此站立起来了。我国人民格外珍惜自己经过长期奋斗而得来的独立自主权利，决不会吞下损害中华民族利益的任何苦果。我们爱好和平，决不干涉别的国家的内政，也决不允许任何人干涉我国的内政，决不允许任何形式的民族分裂活动。

　　我们建设有中国特色的社会主义社会，就是要建设一个实行民族区域自治制度的、坚持民族平等和共同繁荣的、中华民族大团结的社会主义。

第七章　邓小平的民主治国构想

第八章　邓小平的治党论

> 政治体制改革的最大问题，那就是"党的领导"问题。从社会的结构和人们的思想意识等角度看，现代化的进展削弱了一元化集权式的"党的领导"。换言之，削弱了"党包揽一切这种结构"。然而，党的领导本身不会被削弱。
>
> ——（日）天儿慧

邓小平同志在领导改革开放和现代化建设的过程中，有一个十分重要的思想，这就是：治国必须先治党、严治党。根据邓小平同志这一战略思考，从党的十二大特别是党的十三届四中全会以来，到党的十四大、十五大、十六大、十七大，一直到党的十八大，党中央把党的建设列为新时期"新的伟大工程"，长抓不懈，提出了加强党的建设的一系列重要举措和总体布局。

1. 治国必须治党[①]

从拨乱反正和改革开放一开始，邓小平同志就提出党的建设问题，强调这是关系党和国家前途命运的最根本的问题，是治国兴国的最根本的问题。在改革开放不断推进和深入的过程中，他越来越重视这个问题，在国

[①] 本文为作者于2012年10月在一个内部学术会议上的讲话内容节选。

内政治风波发生后甚至语重心长、振聋发聩地告诫中央领导：常委会的同志要聚精会神地抓党的建设，这个党该抓了，不抓不行了。也就是说，治国必须治党。

1.1　为什么治国必须治党？

邓小平同志为什么那么重视党的治理和建设？为什么要把治党问题同治国问题如此紧密地联系起来呢？这是我们应该认真思考的。

一是因为，共产党是执政党，治理执政党是治国理政的关键。邓小平同志认为，执政党的地位决定了党在治国理政进程中要经受执政能力和拒腐防变的多重严峻考验。

1980年2月，早在党的十一届五中全会上，邓小平同志就提出了一个全局性的大问题："执政党应该是一个什么样的党，执政党的党员应该怎样才合格，党怎样才叫善于领导？"①他强调党的十二大要回答这个问题。以后，他一直在关注这个问题，但是他并不十分满意这个让他揪心的问题。

1989年，他在对第三代中央领导集体的政治交代中还语重心长地说："常委会的同志要聚精会神地抓党的建设，这个党该抓了，不抓不行了。"②

1992年，他在南方谈话中又一次言简意赅地说过，中国要出问题，还是出在共产党内部。他提出这个问题，不仅是强调要加强党的建设，更为重要的是，他提出了在今天加强党的建设的历史方位和时代条件，即今天加强党的建设必须从执政党面临的挑战和考验去考虑。这个问题，和他提出的要搞清楚"什么是社会主义、怎样建设社会主义"这个首要的基本问题，是紧密联系在一起的，是关系到中国特色社会主义事业前途和命运的大问题。

江泽民同志对党今天所处的历史方位作过一个科学的分析和判断。他指出，党在全国范围执政后，特别是改革开放以来，已经从一个领导人民为夺取全国政权而奋斗的党，发展成为领导人民掌握着全国政权并长期执

---

① 《邓小平文选》第二卷，人民出版社1994年版，第276页。
② 《邓小平文选》第三卷，人民出版社1993年版，第314页。

政的党；从一个在外部封锁和实行计划经济条件下领导国家建设的党，发展成为在对外开放和发展社会主义市场经济条件下领导国家建设的党。党所处的历史方位发生的这一深刻变化，一方面使党能够运用手中掌握的权力更好地实现全心全意为人民服务的根本宗旨，为人民执好政，掌好权；另一方面也使党的干部面临着权力和利益的双重诱惑，使党与群众的关系出现了逆向发展的势头。

与此同时，我们也注意到，在党的历史方位发生深刻变化的同时，党的队伍特别是干部队伍也发生了深刻的变化。今天，我们党已经发展成为拥有8000多万党员的大党，新党员的数量大幅度增加，干部队伍整体性新老交替已经完成，一大批年轻干部走上了领导岗位。这是党有生机和活力、后继有人的重要标志，同时也给党提出了怎样保持党的优良传统，怎样保持先进性的历史课题。

党所处的历史方位变化是"外因"，党的队伍发生的变化是"内因"。"外因"通过这样的"内因"，使党发生了两个方面的变化：一方面，党的队伍不断壮大、活力不断增强，这是主流；另一方面，党风问题日益突出、消极腐败现象不断滋生蔓延，使一些党员干部越来越脱离群众，有的从"社会公仆"变为"社会主人"（官僚），有的从"社会公仆"变为某些利益集团和家属、亲朋好友或情人的"私仆"，走向党和群众的反面。

应该讲，我们党的主流，我们干部队伍的主流是好的。否则，无法说明我国改革开放和现代化建设为什么能够取得那么大的成就。但是，成就不说少不掉，问题不讲不得了。我们党对此十分清醒。在党的十七届四中全会上，胡锦涛同志就已经提醒全党："世情、国情、党情的深刻变化对党的建设提出了新的要求，党面临的执政考验、改革开放考验、市场经济考验、外部环境考验是长期的、复杂的、严峻的，落实党要管党、从严治党的任务比过去任何时候都更为繁重和紧迫。"[①]在庆祝中国共产党成立90周年的时候，党中央在再次强调这"四大考验"的同时，又加上了"四

---

① 《中共中央关于加强和改进新形势下党的建设若干重大问题的决定》，人民出版社2009年版，第5页。

大危险"，指出"精神懈怠的危险，能力不足的危险，脱离群众的危险，消极腐败的危险，更加尖锐地摆在全党面前"。对于这些问题，我们决不能掉以轻心。

因此，研究党的建设问题，不仅要搞清楚我们的党情，包括我们党的主流和存在的问题，更为重要的是要从这样的党情出发从严治党。这也就是为什么治国必须先治党、严治党的原因。

二是因为，党的治国路线正确与否，关系到党和国家的前途命运。中国共产党是这个国家的领导核心，国家的发展前途与党的治国路线息息相关、密不可分。邓小平同志在提出"执政党应该是一个什么样的党，执政党的党员应该怎样才合格，党怎样才叫善于领导"这个问题的时候，重点讲的是党要有正确的路线，这是治国兴国最根本的问题。

回顾历史，邓小平同志带领我们开辟中国特色社会主义道路，是从拨乱反正开始的。邓小平同志抓党的建设，也是从拨乱反正开始的。研究邓小平同志的党的建设思想，不能离开这一历史进程和历史特点。拨乱反正，是因为有"乱"。从表面上看，是乱在社会；从实质上看，是乱在党；从根本上看，乱就乱在党的领导特别是党的路线出了大问题。

路线问题是关系党的事业兴衰成败的第一位的问题。"文化大革命"十年内乱，由于路线的错误，不仅使我国国民经济到了崩溃的边缘，党和国家在经济和政治上面临着十分困难的局面，同时还把人们的思想搞乱了。从"文化大革命"走出来的中国，是继续走"以阶级斗争为纲"的老路，还是走资产阶级自由化的邪路，还是闯出一条符合中国实际的能够促进社会主义发展的新路？党和国家面临着向何处去的历史抉择。

在这个重要的历史关头，邓小平等老一辈无产阶级革命家勇敢地挺身而出，以1978年年底召开的党的十一届三中全会为标志，从党的路线破题，领导全党进行拨乱反正。

一是冲破"两个凡是"的思想禁锢，领导和支持真理标准问题大讨论，重新确立了党的实事求是的思想路线。

二是果断摒弃"以阶级斗争为纲"，实现全党工作重点由阶级斗争到经济建设的战略转移，与此同时，提出要坚持四项基本原则，坚持改革开放，形成了党在社会主义初级阶段的基本路线即党的政治路线。

三是大刀阔斧地平反冤假错案，在解放大批老干部的基础上，提出干部要革命化、年轻化、知识化、专业化的"四化"标准，形成了适合社会主义现代化建设需要的组织路线。

在此基础上，以正确评价毛泽东同志和毛泽东思想的历史地位为重点，在党的十一届六中全会上通过了《关于建国以来党的若干历史问题的决议》，完成了党在指导思想上的拨乱反正。在六中全会之前的十一届五中全会上，还通过了《关于党内政治生活的若干准则》，并且把党中央的领导由"主席制"改为"总书记制"，实行委员会集体领导体制。

从党的十一届三中全会到六中全会，党在拨乱反正中以加强党的建设的历史性进展，重新焕发了"中国工人阶级先锋队"的青春气象，重新赢得了最广大人民群众的信赖和拥护，为国家和人民展现了光明的前景。

总之，邓小平同志以来，我们的党中央始终认为，治理中国必须加强党的领导，加强党的领导必须改善党的领导，而改善党的领导必须改革党和国家的领导制度，加强党的自身建设。因此，党的十八大指出，要完成全面建成小康社会的历史重任，必须以改革创新的精神全面推进党的建设新的伟大工程，全面提高党的建设科学化水平。

1.2 "治党""管党"的原则

邓小平同志在长期的革命生涯中，为中国共产党的建设和管理，作出过杰出的贡献。而且在抗日战争、解放战争时期和社会主义革命、社会主义建设时期，对此做过不少重要的理论概括。特别是在党的八大上所作的《关于修改党的章程的报告》和他担任党的总书记时期一系列关于党的建设的讲话，是毛泽东建党思想体系的重要代表作，其中不少观点是关于党的管理思想的精彩内容。

自从党的十一届三中全会以来，邓小平同志在领导改革开放与现代化建设伟大实践的过程中，以新的思想、新的观点发展了毛泽东同志党的管理思想，形成了具有科学性、时代性和实践性的新时期的"治党论"。其主要内容包括：

——治党根据

邓小平治国论

在一个国家领导革命与建设，必须认清国情；治理一个党，不仅要认清国情，还要认清党情。国情与党情，是党搞好自身管理或治理的客观根据。邓小平同志的"治党论"，就是建筑在对国情与党情正确认识的基础之上的。

我国现阶段处于社会主义初级阶段的国情，是邓小平同志提出治党管党问题的出发点。社会主义初级阶段是一个由不发达社会主义向富强、民主、文明的社会主义的转变阶段，是一个由无产阶级来完成别的许多国家在资本主义条件下完成工业化和生产的商品化、社会化、现代化的独特阶段，是一个社会主义市场经济建设与定型的阶段。党的建设与管理的全部要求，都要从这么一个客观实际出发，并有助于这一阶段的生产力发展与社会进步。

社会主义现代化与改革开放时期的党情，是邓小平同志提出治党管党问题的又一出发点。这一新时期的党情具有非常复杂的特点，一方面，党不仅是执政党，而且成为现代化建设与以建立社会主义市场经济为目的的经济体制改革的领导核心，党的队伍也充实了大量有改革精神与科学文化知识的新鲜血液；另一方面，"文化大革命"的破坏带来了党的思想不纯、组织不纯、作风不纯等问题，现代化建设与改革开放中又发生了资产阶级自由化和把改革开放看作是姓"资"的"左"倾错误，发生了党员、干部严重的腐败问题，等等。邓小平同志自党的十一届三中全会以来对党情做了大量的分析，这是他提出"这个党该抓了，不抓不行了"的根据。

——治党任务

在新的历史时期、新的历史条件下，党的管理与治理，究竟抓什么？从邓小平同志的大量论述中，可以看到，千头万绪，重点抓三条：

第一，管好路线。粉碎"四人帮"后，百废待兴，但是长期以来形成的"左"的指导思想仍然根深蒂固，邓小平同志针对这种状况，领导与支持真理标准问题大讨论。治党之举，先治思想路线，这是毛泽东党的管理思想的主张，邓小平同志继承了这一思想，并用来治理因"文化大革命"的错误而被搞乱的党，使之赋予新的意义。治理思想路线后，邓小平同志进一步在党的十一届三中全会上领导党实行工作重点的转移，确立以经济建设为中心的政治路线。不久又提出思想路线、政治路线的实现要靠组织路线来保证。澄清路线是非，是邓小平同志治党的首要任务。1989年春夏之交国内风波，以及后来发生的东欧形势剧变、苏联解体，有的同志对形势产生了疑虑。邓小平同志对此十分警觉，1992年年初在南方谈话中明确地指出："要坚持党的十一届三中全会以来的路线方针政策，关键是坚持'一个中心、两个基本点'。""基本路线要管一百年，动摇不得。"①由此可见邓小平同志治党先治路线的鲜明特点。

第二，管好干部。早在1962年11月，邓小平同志就提出过："党要管党，一管党员，二管干部。对执政党来说，党要管党，最关键的是干部问题，因为许多党员都在当大大小小的干部。"②经过"文化大革命"，这个问题显得更为重要。1980年1月，邓小平同志提出了"我们的党员现在有一部分不合格"，"要在教育的基础上进行整顿"的任务。③党在十一届三中全会后进行的几次整党与党员登记，是完成这一任务的重要部署，产生了良好的效果。邓小平同志认为，管党的关键是要管好干部。这在现代化建设与改革开放时期具有更为现实的意义。在1992年年初南方谈话中，邓小平同志把这个问题提到了整个国家长治久安的战略高度，进行了深刻的论述。因为干部的政治素质和工作能力，干部同群众的关系，不仅关系到党的形象，而且关系到党的事业的成败。治党的关键在人，治党必须治干部，这是邓小平同志"治党论"的又一特点。

第三，治好作风。邓小平同志强调治人治干部，不是单纯地从组织上处理人，而是重点整治党员与干部的作风。他在1977年7月就提出："要搞好我们的党风、军风、民风，关键是要搞好党风。"④1978年6月又说："整顿领导班子，一个重要方面就是要把作风整顿好。各级领导人的作风要转变，要解决官僚主义的问题、不深入实际的问题。"⑤由于在改革开放中，有些干部经不起商品经济的考验，由特殊化进一步发展到腐败，引

① 《邓小平文选》第三卷，人民出版社1993年版，第370~371页。
② 《邓小平文选》第一卷，人民出版社1994年版，第328页。
③ 《邓小平文选》第二卷，人民出版社1994年版，第268~269页。
④ 《邓小平文选》第二卷，人民出版社1994年版，第46页。
⑤ 《邓小平文选》第二卷，人民出版社1994年版，第123页。

邓小平治国论

起了群众强烈的不满，因此邓小平同志特别重视这一问题，把整治党风列为治党的又一关键任务。治党必须治党风，也是邓小平同志"治党论"的特点。

——治党途径

明确了管什么、治什么之后，进一步要研究的是怎么管、怎么治的问题。邓小平同志总结了党在这方面的历史经验，探讨了从严治党的途径或办法。

一靠党规党法治党。在党的十一届三中全会上，邓小平同志就已经指出："国要有国法，党要有党规党法。党章是最根本的党规党法。没有党规党法，国法就很难保障。各级纪律检查委员会和组织部门的任务不只是处理案件，更重要的是维护党规党法，切实把我们的党风搞好。"[①]制订与修改党章，历来是党的建设的任务，但是光建不管等于一纸空文。管党治党必须树立党规党法的权威性，并充分运用这种权威。一切在党规党法的范围内行事，是邓小平同志强调的治党的基本途径。

二靠制度与纪律治党。邓小平同志治国也好，治党也好，都十分重视制度。他在1980年8月论述党和国家领导制度的改革时，总结了"文化大革命"的教训，深刻地指出："领导制度、组织制度问题更带有根本性、全局性、稳定性和长期性。"[②]过去发生的各种错误，固然与某些领导人的思想、作风有关，但是组织制度、工作制度方面的问题更重要。所以，制度问题是关系到党和国家是否改变颜色的重大问题。同其他问题一样，制度问题也包括两个方面：一是建设（包括改革），即建立各种科学的领导制度、组织制度、工作制度；二是管理，即严格按照制度办事。所谓"从严治党"，不是残酷斗争、无情打击，而是严格执行党规党法，严格按照制度办事。为了保证党规党法与制度的权威性、严肃性，邓小平同志强调必须加强党的纪律。他在1980年1月十分鲜明地指出："文化大革命期间，党的纪律废弛了，至今还没有完全恢复，这也是党不能发挥应有作用的一个重要原因，由于纪律相当废弛，许多党员可以自行其是，对党

---

① 《邓小平文选》第二卷，人民出版社1994年版，第147页。

② 《邓小平文选》第二卷，人民出版社1994年版，第333页。

的路线、方针、政策，党的决定，党规定的任务，可以不执行或不完全执行。一个党如果允许它的党员完全按个人的意愿自由发表言论，自由行动，这个党当然就不可能有统一的意志，不可能有战斗力，党的任务就不可能顺利实现。"①因此，"严格地维护党的纪律，极大地加强纪律性"是治党必不可少的途径。

三靠党内外监督。有党规党法，有制度与纪律，没有人执行，或执行时不严格，甚至上下串通、官官相护，仍然一事无成。要治党，必须有一种强有力的监督力量和完善的监督机制。邓小平同志早在20世纪50年代就论述过"共产党要接受监督"这一大题目，并且提出要从三方面监督：一是党内监督，二是群众监督，三是民主党派和无党派民主人士的监督。党的十一届三中全会以来恢复和加强各级纪律检查委员会、健全各级领导班子的民主生活制度等，就是为了加强党内监督；加强人民代表大会制度建设，加强新闻舆论监督，制定包括行政诉讼法在内的各种法律法规，都包含了加强群众监督的内容；健全人民政协并加强同各民主党派的联系、协商，是加强党派监督的有效措施。尽管在这些方面要做的工作还很多，但通过党内外监督来管党、治党是一个极其重要的治党途径。

四靠集中整顿。自延安整风开始，我们党就有一个根据革命形势发展的需要，集中一段时间进行整顿的好传统。邓小平同志继承与发扬了这种传统，在1975年主持中央日常工作时期就强调，整顿党的组织、队伍与作风是治党的途径。党的十一届三中全会以后，他多次提出并领导了党的整顿工作。其中最重要的是，十二届二中全会决定的整党和1989年风波以后进行的清查和清理工作。前者主要解决"文化大革命"对党造成的破坏，后者主要解决资产阶级自由化对党的影响，教育了党员，纯洁了队伍，提高了党的战斗力。因此，党的治理，日常的管理是基础，在一定范围内集中整顿也是必要的，是实现治党任务的必不可少的途径。

1.3 治党辩证法

治党、管党在某种意义上比建党还要艰巨。邓小平同志的"治党论"十分注意在治党过程中处理好一些复杂的关系：

① 《邓小平文选》第二卷，人民出版社1994年版，第271页。

一是虚与实的辩证关系。邓小平同志治党强调务实、求实、有实效。但这不是说他不重视理论，他强调"实"就是要求全党贯彻实事求是的思想路线。被许多人认为是"虚"的理论，在邓小平同志领导的现代化建设与改革开放中，和"实"是直接统一的。因为，这里的"实"，是在"虚"的指导下的"实"；而且，"实"中要出"虚"，即通过实践形成建设有中国特色社会主义的理论。因此，今天加强"管党""治党"，必须干实事，不搞任何形式主义，这才对头。同时，这一切都必须在邓小平建设有中国特色社会主义理论的指导下进行，必须高度重视理论学习与理论武装。

　　二是民主与集中的辩证关系。管党、治党必须坚持民主集中制，这是邓小平同志反复强调的一个基本思想。党的十四大召开前，他又一次强调：民主集中制是我们党和国家的根本制度，也是最便利的制度，最合理的制度，永远不能丢。因此，既要加强民主监督，又要加强集中统一，使党既充满生机与活力，又步调一致，有战斗力，是治党的辩证法。

　　三是宽与严的辩证关系。邓小平同志历来坚持优良传统，反对政治斗争扩大化，反对"残酷斗争、无情打击"，强调要允许犯错误、改正错误。但这决不意味着可以对错误姑息迁就。邓小平同志在论述"从严治党"问题时，明确地反对对错误思潮软弱涣散的状态，强调全党必须同党中央在政治上保持一致；明确地反对党内各种不正之风，强调对于违反党纪的，不管是什么人，都要执行纪律，做到功过分明，赏罚分明，伸张正气，打击邪气。这正是邓小平同志的治党风格。

　　邓小平同志的"治党论"具有极其丰富的内容，但我们尚缺乏系统的研究。从上述简略概括的要点中，我们可以清楚地认识到，这些重要的思想是我们当前加强党的管理的指南；邓小平同志的"治党论"是我们党的重要理论，对于建设有中国特色的社会主义和有战斗力的党，具有现实的指导意义。

2. 现代化对党的建设的挑战[①]

在邓小平同志关于党的建设的理论中，"党要管党""从严治党"是一个重要的问题。这就是说，我们不仅要敢于和善于抓建设，还要敢于和善于抓管理。研究邓小平同志管党治党的论述，对于坚持与发展毛泽东同志党的管理思想，管好我们的党，具有重大的、深远的理论与现实意义。

现代化，是我们党在进入社会主义以后追求的直接目标。党的十一届三中全会决定把党的工作重点转到社会主义现代化建设上以来，不仅纠正了过去"左"的路线，而且取得了巨大的成就。我们应该加强研究党的建设如何适应现代化建设的问题；与此同时，我们必须注意到，现代化作为以科学技术革命为中心的社会变革过程，也向党提出了一系列新的问题和挑战。

2.1 挑战之一："西方化"思潮

我们常讲，党面临着执政与改革开放的双重考验。但是，总结十多年来我们工作中的各项经验教训，探究东欧形势发生急剧变化的各方面动因，我们不能不看到，党还经受着更为深刻的考验——现代化的挑战和考验。

当代社会主义国家都是在一些经济比较落后的国家里，通过革命或战争建立无产阶级政权，革命成功后都面临着一个从农业化向工业化、现代化发展的问题。现代化的中心涵义，指的是科学与技术的进步，以及由此而带来的物质文明。但是，在"现代化"的涵义中，还有更为广泛的意义：它不仅仅是一个纯粹的技术或经济进步的过程，而且还是一个社会变革（包括人的生活方式、行为方式）的过程。由于我们是发展中国家，人们头脑中常常自觉不自觉地把先期现代化国家的经验与做法作为现代化的"标准样式"，来加以"模仿"，而先期现代化的国家正是一些西方发达

---

① 本文选自《当代中国与马克思主义：邓小平理论》，河南人民出版社1994年版，第174~181页。

的资本主义国家，这样，现代化就变成是以西方化为特征的社会变革。正如研究现代化问题的专家阿斯巴图连说的："用听起来更加中性的现代化的概念，来代替明显受到文化限制的西方化这一标准概念，并不能解决有关的理论上的难题，而只是回避和抹杀难题。"①现代化这种进步的追求与西方化的迷误之间的矛盾，给我们的工作带来了极大的困难。

我们认为，现代化不能只有西方资本主义一种模式。西方发达的资本主义国家固然有许多搞现代化的经验，可以为我们所借鉴，但是任何民族都只有从自己的历史传统与客观现实出发，才能走出一条成功的现代化之路。革命要坚持理论与实际相结合，现代化建设也要坚持理论与实际相结合。20世纪50年代中期以来，我们根据毛泽东同志提出要走出一条"中国工业化道路"的思路，发展起来的仪表电子工业、原子能技术、生物科学、农业科学、高能物理、计算机技术、运载火箭技术、卫星通信技术等科技成就，都证明在中国社会主义条件下也能搞现代化。因此，现代化不是只有西方化一条路，我们必须在现代化进程中避免西方化的诱惑。

应该看到，从根本上讲，西方化是一股思潮，它必定会从思想上干扰与破坏党的马克思主义思想建设。这一思潮的核心观念，是以个人为本位的自由主义。它认为今后统治物质世界的将是自由主义思想。这种以个人为本位的自由主义，近年在我们国内广为传播，向党的思想建设提出了挑战。首先，它把一个具有严密组织纪律与组织机构的党，贬称为"极权主义"政党，鼓动党员用无组织无纪律的行为对抗党组织的活动；其次，它把个人作为自由选择的核心，无视党的整体利益，频频向集体主义原则挑战，反对在政治上同党中央保持一致；再次，它把个人利益的追求置于阶级解放、共产主义的理想之上，把一切理想斥之为"乌托邦主义"；最后，它把西方式的资产阶级民主看作目的，否定党的民主集中制，瓦解党的肌体。如果说我们的经验是从思想上建设党，那么，现实威胁是：伴随着现代化而来的西方化思潮正在从思想上冲击党、瓦解党、破坏党。

当前加强党的思想建设，判断一个共产党员是不是真正在思想上入党了，重要的标志之一即在于能不能既积极地投身于现代化建设，又自觉

---

① 弗农·V. 阿斯巴图连：《马克思主义与现代化的意义》，选自《现代化理论研究》第83页。

地抵制西方化思潮的侵袭。在我们党内，如果有人不热心于现代化建设，把现代化同社会主义割裂或对立起来，是不利于社会主义事业的发展的。一个没有时代使命感的共产党员，不是一个合格的共产党员。相反，那些认为现代化即西方化，在现代化的名义下用资本主义取代社会主义，已经在根本上背弃了党的信仰。那些在现代化与西方化的关系问题上认识模糊的共产党员，即使他主观上想坚持社会主义方向，一旦资产阶级自由化思潮泛滥起来，也会摇摆不定，软弱涣散，甚至放弃党对现代化过程的领导权。只有既有现代化的追求与意识，又有社会主义与共产主义坚定信念的共产党员，才是当代真正的共产党员。

2.2 挑战之二：商品化浪潮

由于我们是由一个经济不发达的农业大国向社会主义现代化的目标挺进的，因此我们不得不借用商品、市场与价值这些杠杆来改造自然经济或半自然经济，扩大社会化生产，激发经济增长的活力。为此，党中央提出了发展社会主义商品经济的任务，确定了改革开放的总方针。对于党来讲，这一果断的行动不仅把自己推到了世界性的改革浪潮的前锋，而且也对自己提出了严格的要求。党的建设在走向社会主义现代化的过程中，经受着商品经济双重的挑战与考验。

一重挑战是：党不更新传统的观念就不能领导社会主义商品经济。在社会主义商品经济大潮面前，党没有畏缩，没有惊惶，一开始就站到了领导者的位置上。与此相适应，党对广大党员进行了改革开放的教育，发展社会主义商品经济的教育，在思想上领导了观念更新。应该看到，前几年进行的这些教育工作也是党的思想建设的有机构成部分，不能否定这些工作对于党的思想建设的积极意义。

但是，也不能否认，我们在进行这方面思想建设时，存在着不足或片面性，即没有向全党提出要克服商品经济观念负效应这一重大问题。商品经济发展过程中出现的问题及其在观念上造成的负效应，已构成对我们党的第二重挑战。商品经济有利于我国现阶段生产力的发展，商品经济观念的普及也有利于增强同封建主义、小生产思想对立的主体意识、现代平等观念和民主观念等。但是在人类历史上，任何一个事物及其观念的产生都是历史的，因而都具有两重性。商品经济观念也不例外，也有其负效应。例如，商品经济观念会同拜金主义观念发生联系。本来，社会主义观念同拜金主义观念是格格不入的，但在发展商品经济的条件下，货币又总是驱使一些人"一切向钱看"，接受拜金主义观念。正如有利于生产力发展的并非都是道德的行为、善的行为一样，有利于商品经济发展的也并非都是道德的行为、善的行为。

这一挑战集中表现在利益趋向与价值观上。共产党员的价值观与共产主义的世界观具有内在的一致性，总是把阶级、国家与集体的利益摆在第一位，提倡大公无私或公而忘私的集体主义精神。当发展社会主义商品经济作为党现阶段的重要任务提出来后，尽管这种商品经济是以社会主义公有制为基础的，也即是为广大人民群众的根本利益服务的，但由于商品经济本身的存在与发展就是以分工与利益的差异性为前提的，它以经济的方式把个人或单位的利益摆到了第一位，如果这种经济行为是纯经济的行为，与党无关，对党的思想建设就无碍大事。事实上不可能有纯经济的经济行为，而且党不仅在领导着这种商品经济的发展，党的广大党员还直接参与在商品经济发展的全部活动之中，这就使问题变得极其复杂。

一个两难的问题是：不发展商品经济，对党，对社会主义不利；发展商品经济，对党，对社会主义也有许多难处。在利益趋向与价值观上的难题是：共产党员究竟应该把国家、集体与阶级的利益摆在第一位呢，还是应该把个人或本部门、本单位的利益摆在第一位？党在思想建设中没有及时回答党员的思想难题，终于使"党风""官风"成为人们议论的中心话题。尽管我们不能因此而否认党风的主流是好的，但问题也是严重的。有的人目无党纪国法，贪占国家和集体的财产，敲诈勒索，行贿受贿；有的人以权谋私，在分房、人事安排、子女就业和出国等方面搞不正之风；有的人官僚主义作风严重，高高在上，不关心群众疾苦，只为自己谋取私利；有的人自由主义盛行，对党的决定搞"上有政策，下有对策"，符合自己利益的就执行，不符合自己利益的就不传达、不贯彻、不执行。近几年党员违纪犯罪率上升，其原因就与此有关。

总结经验教训，我们在加强党的思想建设时，仍然要提倡先公后私、公而忘私、大公无私的价值观。这不是说共产党员不能有任何个人利益，在商品经济中不讲个人利益是不现实的事，更何况社会主义的集体主义是允许个人利益存在的集体主义。但是在个人利益与人民群众的利益发生矛盾的时候，个人的利益与国家、集体的利益发生矛盾的时候，作为共产党员必须做到先公后私，乃至大公无私。所谓"发生矛盾"的时候，实际上就是考验共产党员的时候。这种利益上的考验，不亚于生死的考验。只有坚持党性原则和共产党员价值观的人才能经受这种考验，也只有坚持党性原则和共产党员价值观的人才算在思想上真正入了党。

2.3 挑战之三："非意识形态化"倾向

在几乎所有研究现代化问题的著述中，人们都注意到现代化进程中出现了一种所谓"非意识形态化"的问题。有的宣称现代化意味着意识形态的终结，有的强调现代化运动是非政治化运动。在我们中国，近几年流行的所谓"淡化意识形态""淡化政治""改造思想政治工作"，也是"非意识形态化"论调的产物。任何一种制度都有与其相适应的意识形态，现代化进程中根本不存在什么"非意识形态化"的问题。但是提出这一问题，确有所指，即要淡化以至"终结"无产阶级的阶级意识。

深入地考察，使我们注意到，这股"非意识形态化"思潮同现代化浪潮，有着密切的联系。首先，这是战后在世界工人运动中悄悄滋长并日益蔓延的思潮，即带有国际性的特点。其次，随着现代化的发展，有一种只注重技术而轻视、忽视政治的倾向。早在20世纪50年代，我们党提出"向科学进军"的时候，毛泽东同志就已指出："在知识分子和青年学生中间，最近一个时期，思想政治工作减弱了，出现了一些偏向。在一些人的眼中，好像什么政治，什么祖国的前途、人类的理想，都没有关心的必要。好像马克思主义行时了一阵，现在就不那么行时了。针对着这种情况，现在需要加强思想政治工作。"[1]这是毛泽东同志在我国刚向现代化目标前进的时候碰到的新问题。各家各派对这个问题的研究表明，在现代化发展的过程中，必须注意克服只重视技术而忽视政治意识形态的倾向，当代"非意识形态化"倾向绝非偶然，它同现代化进程中存在的复杂矛盾

邓小平治国论

① 《毛泽东文集》第七卷，人民出版社1999年版，第226页。

与我们认识上的片面性，有着密切的联系。

党的思想建设，本质上是一种意识形态建设。而现代化运动却容易滋生"非意识形态化"思潮，这就产生了一个很大的矛盾。由于"非意识形态化"的理论本身是一种资产阶级与上层小资产阶级的意识形态，所以这种矛盾实际上是两种意识形态的矛盾。但"非意识形态化"思潮具有某种意识形态的虚伪性和欺骗性，因此它强调"非政治化""淡化政治"，对于只重视技术的人来说，很有吸引力。这种思潮将对党的思想建设造成严重的危害。

为此，我们在加强党的建设时，必须对我们社会主义现代化的目标及其特点，进行科学的论述。应该注意到，我们的现代化，具有经济与政治的双重属性。作为一个后发现代化国家，现代化的任务开始就同争取民族独立与民族解放的事业联系在一起。无论是孙中山先生的"实业计划"，还是中国共产党提出的"工业化""四个现代化"任务，都带有强烈的政治色彩。毛泽东同志在20世纪50年代提出"政治和经济的统一""政治和技术的统一""又红又专"，绝不是偶然的，正是中国现代化运动具有双重性这一客观特征的反映。不仅如此，我们今天的现代化还如邓小平同志一再告诫的，是社会主义的现代化，具有浓厚的意识形态倾向。中国的现代化，直到中华人民共和国成立后，才在中国共产党领导下，成为一个现实的运动。特别是党的十一届三中全会以后，它已经成为党的中心工作，但它从来就没有离开过社会主义的方向，孤立地提出过。邓小平同志指出我国在实现现代化的进程中，必须始终不渝地坚持四项基本原则，其原因即在于此。

既然我们的现代化运动，具有技术、经济与政治、意识形态相统一的特点，我们党在领导现代化建设的时候，就必须从两个方面入手加强党的建设。一方面，要教育党员以开放的姿态与改革的精神，研究世界各国的现代化经验，掌握现代化所必需的科学文化知识与专业技术技艺；另一方面，仍然要教育广大党员以革命的精神为共产主义奋斗终生，坚持四项基本原则，不论在什么场合都自觉地保持坚定的党性。但是，我们必须强调，这两个方面，不仅缺一不可，而且作为一个无产阶级政党，第一方面的教育必须以第二方面的教育为前提。前几年我们党的建设存在的问题恰恰是：突出第一方面教育，淡化第二方面教育。因此，在社会主义现代化进程中，党的思想建设内容具有双重的结构，其中以共产主义理想为核心的党性教育居于十分重要的地位。

3. 市场经济条件下加强党的治理①

根据邓小平同志的"治党论"，我们在发展社会主义市场经济的过程中，必须仔细地研究现在与将来的新情况，提出加强党的治理的新措施。

从当前的情况看，提出建立社会主义市场经济的目标，不仅完善与发展了建设有中国特色社会主义的理论，完善与发展了党的指导思想，而且使党在领导现代化建设与改革开放的伟大实践中掌握了主动权，抓住了发展的时机。同时，也给党的管理提出了更高的要求。比如由于社会主义市场经济的发展引起的利益多元化走向，对党员的价值观念提出了一系列新的问题；劳动力在市场中的流动，给党员的管理出了一道难题；地方与企业自主权的加强，给党内对各级干部的监督提出了新的要求；商品化的发展和对外开放的扩大使许多党员与干部经受不住金钱与美女的诱惑，给我们反腐败提出了新的任务；如此等等。因此，如何在社会主义市场经济条件下，加强党的建设，加强党的管理与治理是一个关系到党生死存亡、兴衰成败的重大研究课题。

在邓小平同志的"治党论"指导下，用马克思主义的创造精神来研究这些问题，有必要提出并探讨以下几个问题：

一是要在全党确立党章观念。党章是党的最根本的党规党法，是全党一切言行的准绳。不论是一般党员，还是党的高级干部，不论是从事什么职业、什么工作的党员，都必须服从党章，严格按照党章办事。多年来我们对党章学得不够、对照得不够，在许多党员的心目中并没有真正确立起党章的权威性。这种情况既不利于党的团结统一，也不利于正确处理市场经济条件下的价值观念难题。在市场经济条件下，人的价值观念确实发

① 本文选自《当代中国的马克思主义：邓小平理论》，河南人民出版社1994年版，第187~190页。

邓小平治国论

生了变化，党员也不例外。但是价值观同其他观念一样，也是有层次的，市场经济要求一般人做到的，也是共产党员应该做到的，但共产党员追求的是比现阶段更高的要求。根据党章提出的建设有中国特色社会主义的指导思想，共产党员必须在共产主义旗帜下，为建设社会主义市场经济而奋斗。因此，根据党章对党员现阶段的价值观念提出明确的要求，对照党章来检查党员、干部的言行，并且坚持在党章面前人人平等，是从严治党必须坚持的前提。

二是加快党代表常任制的试点与推广，健全党内民主制。为了坚持党章是党的最根本的党规党法观念，必须有一套制度来加以保证。根据党章规定，党的代表大会是党的各级领导机关之一。由于党的代表是全党按照民主程序选举出来的，他们既具有代表性，又具有广泛性，因此党代表像人民代表那样实行常任制，既有利于中央与地方党委联系群众，又有利于监督中央与地方党委的工作，监督各级干部执行党的路线、保持优良的作风。党的八大曾经有过这方面设想。近几年浙江省椒江市的党代表常任制试点取得较好的经验。在发展社会主义市场经济的过程中，这种制度对于"管党""治党"具有许多优点，理应加以完善与分步推广。

三是试行党证制度。在社会主义市场经济条件下如何增强党员的使命感、责任感与义务感，并且处理好劳动力流动与党员管理之间的矛盾，我们可以选择一些地区搞试点，实行党证制度。这就是自入党批准之日起，党组织就给党员颁发一张党证。其功能是：（1）证明该同志的党员身份及其入党地点、时间；（2）每月交纳党费的记载，以及每年过组织生活的时间与地点的记载，证明其履行党员的基本权利与义务的情况；（3）适宜于党员的工作环境变动与工作地点的流动，党员每到一地工作必须持证到当地党组织报到，参加那里的活动，并由那里的党组织证明他已交纳党费、参加了组织生活；（4）有利于对党员的经常性考察，凡是不符合党章规定的党员，可以由其基本关系所在的党组织经过规定程序批准后，收回其党证，或在每年换发党证时取消其资格。一旦这种制度试点成功，可以大大加强党在新时期的管理工作。

四是进一步加强党的纪律检查工作，在党内公布一定级别领导人及其家属成员的财产和收入来源，健全廉政监督工作。这是一项相当复杂的工作，但随着社会主义市场经济的发展，尤其是贿赂与腐败现象的存在，有必要对此进行探讨与试点。检查的目的不是限制收入的增加，而是清查不正当收入的来源，铲除以权谋私、权钱交换等引起社会公愤、败坏党的形象的劣根。

总之，我们要解放思想，实事求是，研究新情况，解决新问题，把邓小平同志的"治党论"落到实处，努力建设好我们伟大、光荣、正确的党，建设好有中国特色的社会主义。

4. 邓小平的党的组织建设和组织工作思想①

在邓小平同志关于加强党的建设思想中，思想建设、政治建设和作风建设问题大家讲得比较多，在这里我想重点梳理一下他关于加强党的组织建设和组织工作的基本思想，作为大家研究这一问题的基础资料。

4.1 从党的思想路线、政治路线、组织路线的辩证统一的内在联系来制定党的组织路线

1978年年底的党的十一届三中全会开始了党的工作中心的战略转移。为了实现这一战略转移，一要拨乱反正，二要全面改革。拨乱反正，涉及一系列案子要平反，要昭雪。但是，邓小平同志更看重的是路线的拨乱反正。

他的战略步骤是：一是抓思想路线的拨乱反正，这就是支持和领导了真理标准问题大讨论；二是抓政治路线的拨乱反正，这就是在实现工作重点转移的过程中制定了以"一个中心、两个基本点"为主要内容的基本路线；三是抓组织路线的拨乱反正，这就是他在1979年提出的"思想路线政治路线的实现要靠组织路线来保证"。

需要注意的是，他认为这三个方面的路线是相辅相成、辩证统一的。他所说的"思想路线政治路线的实现要靠组织路线来保证"，包含了两个方面的基本要求：一是党的组织路线要服从于党的思想路线和政治路线，

① 本文为作者2013年为有关部门开展课题调研提供的资料。

不能另搞一套；二是党的组织路线要服务于党的思想路线和政治路线，不能自行其是。一个"服从"，一个"服务"，合在一起，就是"保证"。

邓小平同志提出这个问题，是有深刻考虑的——

一是当年王洪文试图同邓小平同志拼年龄，妄图以年轻取胜，针对这样的挑战，党的组织路线必须有大布局；

二是拨乱反正后老同志纷纷出来工作，但我们的事业需要优秀的年轻同志来接班，针对这样的情况，党的组织路线必须有大思路；

三是现代化启程后，尊重知识、尊重人才的问题愈益突出，针对这样的新问题，党的组织路线必须有大战略。

因此，他不失时机地强调指出"思想路线政治路线的实现要靠组织路线来保证"。

4.2 强调中国的事情能不能办好，从一定意义上说，关键在人

邓小平同志之所以提出"思想路线政治路线的实现要靠组织路线来保证"，是因为政治路线确立了，要由人来具体地贯彻执行。他说过："由什么样的人来执行，是由赞成党的政治路线的人，还是由不赞成的人，或者是由持中间态度的人来执行，结果不一样。"[①]

从改革开放之初，到1992年南方谈话，邓小平同志在组织工作中最关心的是这个问题，最担心的也是这个问题。

1979年，他说过："这个问题解决不了，我们见不了马克思。"[②]

1981年，他说过："老干部第一位的任务是选拔中青年干部。"[③]

1992年，他在南方谈话中进一步指出："中国的事情能不能办好，社会主义和改革开放能不能坚持，经济能不能快一点发展起来，国家能不能长治久安，从一定意义上说，关键在人。""四个能不能""关键在人。"[④]

正是在南方谈话中，他说，真正关系到大局的是这个事。

---

① 《邓小平文选》第二卷，人民出版社1994年版，第191页。
② 《邓小平文选》第二卷，人民出版社1994年版，第193页。
③ 《邓小平文选》第二卷，人民出版社1994年版，第384页。
④ 《邓小平文选》第三卷，人民出版社1993年版，第380页。

4.3 通过党和国家领导制度的改革建立领导干部离退休制度，废除领导职务终身制

为了解决人的问题，邓小平同志也是两手抓，一手抓老干部的离退休问题，一手抓年轻干部的培养和接班问题。

抓老干部的离退休问题，不是为离退休而离退休，而是建立一个完备的离退休制度，废除领导职务终身制。他把这个制度的建立，看作是党和国家领导制度改革的重要任务。

如果把中国共产党建立的这个制度放到国际共产主义运动的历史上去考察，放到中国共产党的历史上去考察，其革命性意义就在于，这是"破天荒的第一次"。

4.4 确立干部队伍"四化"方针，形成梯队接班的干部队伍

"关键在人"，一在选人，二在用人。

邓小平同志历来把干部路线作为组织路线的重要内容，历来把选人用人作为组织工作的重要任务。

因此，他在制定党的组织路线时，提出了"革命化、年轻化、知识化、专业化"即我们常说的"四化"方针。

这"四化"，打头的是"革命化"，就是不能选王洪文那样的接班人，要选能够继承党的实事求是、群众路线和艰苦奋斗优良作风的人，要选党性坚强、德才兼备的人，要选具有改革开放精神的人。

他还特别强调地指出，中青年干部接班，最重要的是接老同志坚持革命斗争方向的英勇精神的班。这些都是"革命化"的要求，是最重要的标准。

与此同时，他非常强调"年轻化、知识化、专业化"。他强调这个问题，一是考虑我们的事业要后继有人，二是考虑我们的现代化要有能够搞现代化的人，三是考虑要始终保持党和国家的活力。对此，他说得十分明确："这里说的活力，主要是指领导层干部的年轻化。"[①]

不仅如此，他和陈云同志等老一辈革命家还提出了两个极其重要的思想：一是要按照"四化"方针选年轻干部，不是选几个人，而是选"一大

① 《邓小平文选》第三卷，人民出版社1993年版，第179页。

批"人；二是这"一大批"人要形成一个梯队结构，在部级、司局级领导干部中形成60岁、50岁、40岁三个梯队，还说过在中央委员会中就要有几十个50岁以下的人。

实践证明，我们今天的事业能够如此兴旺发达，一个十分重要的原因，就是我们有一个梯队接班的干部队伍。

邓小平同志关于党的建设包括组织建设的思想，具有极其丰富的内容，这里谈的只是其中比较重要的几个思想。

5. 党的建设的经验是我们的宝贵财富①

今天，人类社会已经进入到21世纪，中国共产党也从20世纪20年代诞生后跨入到21世纪第2个10年，依然在朝气蓬勃地发展着。在我们回顾中国共产党不断加强自身建设的历史过程中，深深地体会到"中国共产党万岁"的真谛和原因，就在于这个党能够在清理自己身上污垢的同时给自己注入新的生机和活力，不断地与时俱进。

如果要问中国共产党在过去的90多年里，在党的建设中留给我们最重要最深刻的印象是什么，我们的回答是：

5.1 党要管党，从严治党

环顾四宇，自从人类社会诞生政党，形成政党政治以来，任何一个政党，如果不能正视自己身上存在的问题，不能坚持真理、修正错误，不能采取正确的方法整顿自己队伍的思想、理论、作风和组织，不能保持自己的团结和生机活力，就必然会走向衰落甚至解体。20世纪末，世界上一些大党老党的教训，就在这里。

中国共产党作为中国工人阶级的先锋队，作为中国人民和中华民族的先锋队，是由一批用马克思主义武装起来的先进分子组成的先进部队。但是，这并不是说这个党就会永远先进，永远不改变颜色，永远得到人民群众的信赖、拥护和支持。从毛泽东同志提出要整顿党的作风开始，在长期

---

① 此文选编自作者主编的《中国共产党建设史》，福建人民出版社2011年版，原题为《没有结束的结束语》。

的革命、建设和改革实践中，中国共产党人悟出了一个朴素而又深刻的道理：党要管党，从严治党。

对于执政的中国共产党来说，这里所讲的"从严"，还要通过严格的党纪国法来管党治党。也就是说，不仅要加强党对自己的党员特别是干部要严格管理，还要把党置于宪法和法律的监督之下，把党员和干部置于人民群众包括公众舆论的监督之下。只有这样加强党的建设，党才能永远立于不败之地。

5.2 增强党的先进性和执政能力，全面推进党的建设

回顾党不断加强自身建设的历史，我们深深体会到，党要管党、从严治党，归根到底，就是要按照党的性质、指导思想和根本宗旨，适应实践和时代变化的要求，永葆党的先进性。在执政的条件下，这种先进性，最重要的，就是要体现在党的执政能力上。

在党的建设历史上，毛泽东同志在民主革命时期把党的建设作为一项"伟大的工程"提出来，强调的就是要根据党的性质、指导思想和根本宗旨，围绕党的中心任务，全面推进并协调好党的思想、组织、作风等各方面建设。

进入社会主义现代化建设和改革开放新时期，邓小平同志在对历史经验深刻总结的基础上，强调制度建设是根本建设。党的建设新的伟大工程就由思想、组织、作风三大建设发展为思想、组织、作风、制度四大建设。江泽民同志提出的"三个代表"重要思想，把加强党的执政能力和保持党的先进性问题提到了重要的位置。党的十六大以后，以胡锦涛同志为总书记的党中央强调要坚持以党的执政能力建设为重点、以党的先进性建设为主线，全面加强党的思想、组织、作风和制度建设。

2007年召开的党的十七大，进一步完善了党的建设这一总体布局，明确指出党的建设的一条"主线"、一个"要求"、五大"建设"、五个"重点"、一个"目标"。"主线"是执政能力建设和先进性建设；"要求"是坚持党要管党、从严治党，贯彻为民、务实、清廉的要求；"建设内容"上把思想、组织、作风、制度四大建设拓展为思想、组织、作风、制度、反腐倡廉五大建设；并且明确了这五大建设的"重点"，是坚定理

邓小平治国论

想信念，造就高素质党员、干部队伍，保持党同人民群众的血肉联系，健全民主集中制，完善惩治和预防腐败体系；同时明确了党的建设的"目标"，是使党始终成为立党为公、执政为民，求真务实、改革创新，艰苦奋斗、清正廉洁，富有活力、团结和谐的马克思主义执政党。

只要始终不渝地坚持以增强党的先进性和执政能力为主线，按照党的建设这一总体布局，全面推进党的建设，中国共产党就能够"万岁"。

5.3 坚定理想信念，牢记党的使命

中国共产党的90多年发展历史告诉人们，这个党是一个有理想有信念的先进组织。新中国成立之前的美国最后一任驻华大使司徒雷登是一个"中国通"，对中国要比西方许多人更了解。他在总结国民党丢掉中国大陆的原因时，曾经说过这样一段话，共产党之所以成功，在很大程度上是由于其成员对它的事业抱有无私的献身精神，可悲的是某些国民党员缺乏这种精神。司徒雷登注意到的共产党人这种无私的献身精神，源于中国共产党人的理想信念。

理想，在中国共产党人的词典中，指的是为一定的目标而奋斗的精神追求。在漫长的革命道路上，理想作为一种强大的精神力量，具有三个方面的积极作用。一是形成共识的作用；二是凝聚队伍的作用；三是战胜困难的作用。当年，我们许多优秀的共产党员唱着《国际歌》走向刑场的时候，都坚信共产主义一定会实现。共产主义就是共产党人的科学信仰，就是共产党人不惜为之牺牲自己一切的远大理想。

全面总结我们党的历史，我们注意到，中国共产党成功的经验，不仅在于党有共产主义信仰这一远大理想，而且更为重要的是，党把自己的科学信仰同中国实际结合起来，制定出阶段性的奋斗目标，并把这一目标确定为全党的共同理想或基本纲领，号召全党为之而奋斗。我们平时所讲的信念，就是在认知这样的共同理想基础上坚信这样的共同理想一定会实现，并为这样的共同理想而奋斗。

在民主革命时期，党内在路线、战略等问题上多次发生右的和"左"的错误倾向，归根到底，问题不是出在对共产主义远大理想的认同上，而是出在怎么样认识中国革命的目标和任务这一根本问题上，也就是出在怎

么样认识我们的共同理想这一问题上。一直到毛泽东同志把这个问题解决了，全党才完全统一思想，有了共同奋斗的理想追求。当年，毛泽东同志是这样说的："我们共产党人从来不隐瞒自己的政治主张。我们的将来纲领或最高纲领，是要将中国推进到社会主义社会和共产主义社会去的，这是确定的和毫无疑义的。"[①]同时，要认识到，"把中国从现在的国家状况和社会状况向前推进一步，即是说，从殖民地、半殖民地和半封建的国家和社会状况，推进到新民主主义的国家和社会"，"这是我们的最低纲领"。他还说，"每个共产党员入党的时候，心目中就悬着为现在的新民主主义革命而奋斗和为将来的社会主义和共产主义而奋斗这样两个明确的目标"。[②]就是为新民主主义而奋斗，为将来的社会主义和共产主义而奋斗，为这两个目标而奋斗，形成了一股巨大的精神力量。这股力量，就是理想信念的力量。也就是在这样的理想信念下，党的队伍，不管是这个根据地的或那个根据地的或者地下党的队伍，都团结在以毛泽东同志为核心的党中央周围了。最后，我们在这样的理想信念支撑下克服各种困难，赢得了革命的最后胜利。

今天，我们有些党员干部出问题，甚至走向腐败，有各种各样的原因。根本问题就出在理想信念的迷失上。这个"迷失"有多种情况，有的信社会主义和共产主义，但认为我们今天的一套不符合社会主义和共产主义，萌生反感；有的过去信社会主义和共产主义，现在不那么信了，也不知道信什么好，十分困惑；有的认为今天搞的中国特色社会主义实际上是中国特色资本主义，过去对党员的那些要求都已经过时了，方向迷惑；有的实际上从来没有信过社会主义和共产主义，他们入党的动机本就不纯，现在更把追求金钱和享受看作是人生的目的。这里，有一个不容回避的问题，就是怎么样认识我们在改革开放中形成的中国特色社会主义。上面讲的四种情况，前三种理想信念迷失，都是因为没有认识到中国特色社会主义同社会主义和共产主义的关系，缺乏对中国特色社会主义的正确认识。

在今天，我们的理想有三个层次：

① 《毛泽东选集》第三卷，人民出版社1991年版，第1059页。
① 《毛泽东选集》第三卷，人民出版社1991年版，第1058~1059页。

邓小平治国论

第一层次，是最高理想，或者叫最高纲领。这就是要为实现共产主义而奋斗。我们党叫"共产党"，并不是现在就要实行共产主义，而是要以共产主义为远大理想。共产主义社会，将是物质财富极大丰富，人民精神境界极大提高，每个人自由而全面发展的社会。这虽然是遥远将来的事情，但我们今天的奋斗是为了在将来实现共产主义，而且直接联系着将来的共产主义，是奔向共产主义远大理想的一个阶段。

第二层次，是共同理想。这就是要为建设中国特色社会主义而奋斗。要奔向共产主义，必须经过社会主义。邓小平同志说过，建设和巩固社会主义也需要一个很长的历史过程，要经过几代人、十几代人甚至几十代人的努力奋斗。在中国，我们要建设的社会主义，是符合中国实际的中国特色社会主义。江泽民同志说过，我们现在处于并将长期处于的社会主义初级阶段，是整个中国特色社会主义很长历史过程中的初始阶段。也就是说，我们完成了社会主义初级阶段的历史任务，并不等于建成了中国特色社会主义。我们的崇高使命，就是要把中国特色社会主义事业不断推向未来，这是我们的共同理想。

第三层次，是最低纲领。这就是要在社会主义初级阶段，把我国建设成为一个富强、民主、文明、和谐的社会主义现代化国家。坚持"一个中心、两个基本点"的基本路线，是实现这个最低纲领的唯一正确的发展路线。为实现社会主义现代化而奋斗，就是今天我们每一个共产党员身上背负的崇高使命，也是同我们每一个中国人的切身利益息息相关的历史使命。

与此同时，我们还要认识到，中国共产党现阶段的历史使命，也是一个宏大的系统工程。在把我国建设成为一个富强、民主、文明、和谐的社会主义现代化国家的进程中，我们承担着三个层次逐级递进的历史使命：

一是在21世纪中叶，把我国建设成为富强、民主、文明、和谐的社会主义现代化国家，实现中华民族的伟大复兴。在社会主义初级阶段，我们要解决的社会主要矛盾是人民日益增长的物质文化需要同落后的社会生产之间的矛盾。我们已经明确了在这个社会发展阶段中，我们的使命是把过去因错失历史机遇而丢掉的时间追回来，在中国实现工业化和现代化。

目标是到21世纪中叶，把我国建设成为一个具有"富强、民主、文明、和谐"四个元素的社会主义现代化国家，实现中华民族的伟大复兴。

二是在2020年，把我国建设成为一个"全面小康"的社会。为了实现社会主义现代化，邓小平同志从我国处在社会主义初级阶段的实际出发，为我们党制定了"三步走"的发展战略。在告别20世纪、进入21世纪之际，我们胜利地实现了邓小平同志提出的第二步发展战略，我国人民的社会生活总体上达到了小康水平。与此同时，我们注意到，"三农"问题，城乡之间、区域之间、经济与社会之间的失衡问题，资源短缺和环境污染问题，等等，都已经到了非解决不可的时候了。所以，在党的十六大上，根据邓小平同志提出的第三步发展战略，我们党制定了一个新的奋斗目标，这就是紧紧抓住21世纪头20年这个重要的战略机遇期，全面建设小康社会。这一奋斗目标，不仅是我们肩膀上承担的历史使命，而且是我们已经公开向全国人民宣布的，是对人民的庄严承诺。

三是从2011年开始，我们的使命和任务，是要为实现"十二五"规划而奋斗。有两个重要背景，决定了"十二五"规划不同寻常。一个重要背景是，到2020年实现"全面小康"只有10年时间了，即只有两个五年规划的时间了，"十二五"时期这5年是攻坚的5年、关键的5年。另一个重要背景是，我们当前正处在后国际金融危机时期，在我们面前有三个问题要解决：一是怎么样继续化解国际金融危机带来的问题；二是怎么样把应对国际金融危机的经济刺激措施有序地撤出来，而不伤害经济的发展；三是怎么样抢占下一轮世界范围内国际竞争的制高点，掌握主动权。在落实"十二五"规划时，尤其要准备应对危机后的新一轮国际竞争。现在能够抢占制高点、掌握主动权的人，下一轮竞争中就能够在世界上领跑，这是一个大势。因此，我们当前的任务，就是要为实现"十二五"规划而奋斗。这可以说是我们肩负的最近的最直接的历史使命。

一句话，我们今天要树立的理想信念是什么？一是要为中国特色社会主义而奋斗；二是要为贯彻落实科学发展观，实现"十二五"规划，全面建设小康社会，为在21世纪中叶把我国建设成为一个富强、民主、文明、

邓小平治国论

和谐的社会主义现代化国家，实现中华民族的伟大复兴而奋斗。

5.4 坚持继承与创新的统一，弘扬党的优良传统

我们都知道，中国共产党在90多年的发展中，形成了许多光荣的传统。我们今天应该大力弘扬和继承的光荣传统，一是为人民服务，二是实事求是，三是艰苦奋斗。

（1）为人民服务。这是我们党的根本宗旨，也是我们中国共产党人的优良传统。我们党在革命战争年代得人心，就得在为人民服务上；我们党进城后能够很快就为全国人民包括广大知识分子所拥护，也在于为人民服务；我们党在犯了错误后依然能够取信于民，还是在于我们能够为人民改正自己所犯的错误。为人民服务，既反映了马克思创立的历史唯物主义的基本要求，又是对中华文明的优秀成果的批判继承，更为重要的，是反映了中国共产党人的核心价值，是中国共产党人说话做事的价值出发点。这几年，我们许多干部心目中没有群众观点，小车进小车出，从家门到机关门，从会场到宾馆，同基层群众接触少了；即使到基层也是前呼后拥一大堆人陪同，而且不会讲群众语言。针对这种情况，胡锦涛同志曾要求我们，要心怀为人民服务的根本宗旨，加强和改进党的群众工作，深入群众，人对人、面对面、手拉手、心连心，做深入细致的群众工作。因此，我们今天格外要弘扬为人民服务的优良传统，做任何事情都要坚持这一共产党人的核心价值。只有这样，我们才能继续赢得最广大人民群众的拥护和支持。

（2）实事求是。这是我们党的思想路线，也是我们党的优良传统。我们有了为人民服务的价值追求，还要有实事求是的科学态度和科学方法。这是90多年来中国共产党人积累的经验中最重要的经验。我们党之所以能够在复杂的情况下制定出正确的方针政策，从胜利走向新的胜利，是因为坚持了实事求是；我们党之所以能够自觉地纠正错误，从失败或挫折走向胜利或成功，也是因为坚持了实事求是。这是以毛泽东同志为主要代表的老一辈共产党人留给我们的最重要的法宝。我们在改革开放过程中，在每一个重大历史关头，都是靠解放思想、实事求是，在实践中攻关，在实践中创新，在实践中发展，在实践中开拓前进。今天，我们肩负的任务

那么繁重，那么艰巨，那么复杂，更要弘扬实事求是的光荣传统。

（3）艰苦奋斗。有了为人民服务的价值追求，有了实事求是的科学态度和科学方法，还要有艰苦奋斗的精神。艰苦奋斗，也是我们党的优良传统。我们党就是在艰苦奋斗中成长起来，在艰苦奋斗中发展壮大，在艰苦奋斗中获得广大人民群众的理解、信任和拥护的。今天，我们的物质生活条件是革命战争年代无法比拟的，但是在进城之前，毛泽东同志就告诫全党要坚持"两个务必"。这"两个务必"，一是务必保持谦虚、谨慎、不骄、不躁的作风，这是针对革命胜利后将会出现的居功自傲的情况；二是务必保持艰苦奋斗的作风，这是针对革命胜利后将会出现的贪图享受的情况。这是很有前瞻性的。不幸的是，这两种情况在进城后都发生了。现在，我们党所处的历史方位发生了根本的变化，已经从一个领导人民为夺取全国政权而奋斗的党，发展成为领导人民掌握着全国政权并将长期执政的党；从一个在外部封锁和实行计划经济条件下领导国家建设的党，发展成为在对外开放和发展社会主义市场经济条件下领导国家建设的党。这一深刻变化，一方面使党能够运用手中掌握的权力更好地实现全心全意为人民服务的根本宗旨，为人民执好政，掌好权；另一方面也使党的干部面临着权力和利益的双重诱惑和考验。我们注意到，在这种权力和利益的双重诱惑面前，有的党员干部丢掉了艰苦奋斗的优良传统，不思进取，贪图享受，甚至思想越来越腐朽，生活越来越糜烂，越来越脱离群众，有的从"社会公仆"变为"社会主人"（官僚），有的从"社会公仆"成为某些利益集团和家属、亲朋好友或情人的"私仆"，走向党和群众的反面。因此，我们在今天的时代条件下，无论在工作上，还是在生活上，都要弘扬艰苦奋斗的优良传统。

为人民服务，实事求是，艰苦奋斗，是中国共产党在长期实践中形成的最可宝贵的优良传统，也可以说是贯穿于中国共产党所有活动中的"道统"。民主革命时期，中国共产党之所以能够在经历两次胜利两次失败后又重新站起来，走向新的胜利；社会主义时期，中国共产党之所以能够在经历"大跃进"和人民公社化运动直至"文化大革命"这样严重错误后，还能够重新获得人民群众的拥护，其真谛和原因，就在于这个党已经形成

邓小平治国论

了这一"道统"。这绝不是党内出现几个腐败分子就可以改变或丢弃的，而是深深地融入党的肌体的最有生命力的东西。我们要始终坚持继承与创新的统一，弘扬党的这一优良传统或"道统"。

5.5 深化改革创新，提高党的建设科学化水平

胡锦涛同志在党的十七大报告中指出："党领导的改革开放既给党注入巨大活力，也使党面临许多前所未有的新课题新考验。世情、国情、党情的发展变化，决定了以改革创新精神加强党的建设既十分重要又十分紧迫。"①

这就是说，在党的建设问题上，我们要有一个改革创新的精神状态。这是以改革创新精神全面推进党的建设新的伟大工程的思想前提。党的建设有难度，执政党建设有难度，在长期执政和改革开放条件下推进党的建设的新的伟大工程更有难度。难在哪里？难就难在我们既要坚持党的领导，巩固党的执政地位，又要使党充满生机和活力，解决好党所面临的提高党的领导水平和执政能力、增强党的拒腐防变和抵御风险能力这两大历史性课题。这就需要我们在党的建设问题上有一个积极进取的精神状态，解放思想，锐意改革，有所创新，有所前进。

这就是说，在党的建设问题上，我们要明确改革创新的方向和目标。这是以改革创新精神全面推进党的建设的政治要求。我们强调党的建设问题上也要改革创新，是为了给党注入更大更多的生机和活力，以适应不断变化的新形势新要求。同时，我们要汲取历史的经验教训，决不能在"改革创新"的名义下重蹈取消党的领导的覆辙。我们以改革创新的精神来加强党的建设，其目标就是党的十七大所指出的，使党成为立党为公、执政为民，求真务实、改革创新，艰苦奋斗、清正廉洁，富有活力、团结和谐的马克思主义执政党。

这就是说，在党的建设问题上，我们要探索改革创新的新举措。这是以改革创新精神全面推进党的建设的实现途径。应该讲，90多年来，尤其是改革开放30多年来，我们在党的建设问题上已经进行了大量的探索、试点和实践，对这些经验我们要认真地加以总结和提高。与此同时，我们还

---

① 《十七大以来重要文献选编》上，中央文献出版社2009年版，第38页。

要从实际出发，研究新情况，解决新问题，尤其要重视加强党内民主和党的监督体系的制度建设，提出合乎中国实际和时代要求的新举措。

我们已经注意到，党的十七届四中全会提出了一个党的建设的重要任务："提高党的建设科学化水平"。十七届四中全会还要求我们，以科学的理论指导党的建设，以科学的制度保障党的建设，以科学的方法推进党的建设，这是党中央为提高党的建设科学化水平而提出的新要求。

那么，什么是党的建设的科学化？我们理解，第一，科学化的基本精神就是要按规律办事。提高党的建设的科学化水平，说到底，就是要按照党的建设的客观规律特别是执政党建设的客观规律来建设党。与此相联系。第二，科学化的重要要求是要创新。科学的本质是创新。科学讲按规律办事，但不否定人的主观能动性，不故步自封、一成不变，而是要根据对于规律的科学认识来创新。第三，科学化的主要特点是规范。科学不是迷信，也不是胡来，而是有规范、有程序、有制度的创造性活动。提高党的建设的科学化水平，就是要在认识规律和推进创新中形成科学的制度和办法，有章有法地加强和改进党的建设。因此，中国共产党在加强执政党建设的过程中，为提高党的建设科学化水平，进行了创造性的探索。

总之，创新，是马克思主义与时俱进的理论品质，也是一个民族进步的灵魂，一个国家兴旺发达的不竭动力，一个政党永葆生机的源泉。中国共产党人的重要经验，就是坚持改革创新，不断提高党的建设科学化水平。

邓小平治国论

6. 十八大关于加强党的建设的战略部署继承和发展了邓小平的治党思想[①]

十八大报告在论述党的建设问题时，既明确了总要求，又提出了八项具体任务。这些要求和任务，从根本上继承和发展了邓小平的治党思想。

党的十八大根据党面临的执政考验、改革开放考验、市场经济考验、

[①] 本文为作者十八大报告宣讲稿《全面建成小康社会的政治宣言和行动纲领》第五部分，原题为《实现我们的奋斗目标必须提高党的建设科学化水平》。

外部环境考验这"四大考验"，以及由此带来的精神懈怠危险、能力不足危险、脱离群众危险、消极腐败危险这"四大危险"，提出了党的建设总要求："全党要增强紧迫感和责任感，牢牢把握加强党的执政能力建设、先进性和纯洁性建设这条主线，坚持解放思想、改革创新，坚持党要管党、从严治党，全面加强党的思想建设、组织建设、作风建设、反腐倡廉建设、制度建设，增强自我净化、自我完善、自我革新、自我提高能力，建设学习型、服务型、创新型的马克思主义执政党，确保党始终成为中国特色社会主义事业的坚强领导核心。"①

围绕这个总要求，十八大提出了提高党的建设科学化水平的八项具体任务。这就是：坚定理想信念，坚守共产党人精神追求；坚持以人为本、执政为民，始终保持党同人民群众的血肉联系；积极发展党内民主，增强党的创造活力；深化干部人事制度改革，建设高素质执政骨干队伍；坚持党管干部原则，把各方面优秀人才集聚到党和国家事业中来；创新基层党建工作，夯实党执政的组织基础；坚定不移反对腐败，永葆共产党人清正廉洁的政治本色；严明党的纪律，自觉维护党的集中统一。

6.1 牢牢把握党的建设的主线、总体布局和目标

在学习领会这一总要求和八项任务的时候，首先要把握党的建设的主线、总体布局和目标。主线就是"加强党的执政能力建设、先进性建设和纯洁性建设"。同以往党的文件相比，这次主要是增加了"纯洁性建设"这一新课题。历史实践证明，要坚持党的先进性，必须保持党的纯洁性。党的队伍的壮大，是党有生机的表现。但是在党执政的条件下，也会发生列宁曾经提醒过的两种情况：一种是到党内来"捞好处"的，一种是"徒有其名"的。因此，在改革开放的历史条件下加强党的建设，必须认真对待党内存在的思想不纯、政治不纯、组织不纯的问题。增强党的先进性和纯洁性，是为了更好地提高党的执政能力。围绕这样的主线，十八大提出了"五位一体"的工作布局，这就是全面加强党的思想建设、组织建设、作风建设、反腐倡廉建设、制度建设。这五大建设过去也提出来过，但是

① 胡锦涛：《坚定不移沿着中国特色社会主义道路前进 为全面建成小康社会而奋斗——在中国共产党第十八次全国代表大会上的报告》，人民出版社2012年版，第49页。

次序有些调整，这就是"反腐倡廉建设"原来是第五大建设，现在改为第四大建设，与"制度建设"换了个位置。这样的调整，显然既突出了"反腐倡廉"的重要性，也强调了所有的建设最后都要通过"制度建设"来解决。根据这样的主线和布局，明确了党的建设的目标是要建设"学习型、服务型、创新型的马克思主义执政党"。这里，"学习型"是发展之前提，"创新型"是生机之源泉，"服务型"是核心。

6.2　牢牢把握党的思想建设的根本、核心和基础

党的建设"五位一体"的总布局，第一位的是思想建设。这是党的建设最重要的经验。十八大报告强调，党的思想建设的基本任务是，坚定理想信念，坚守共产党人精神追求。这实际上是党的建设的"灵魂工程"，是塑造中国共产党人的政治灵魂和精神支柱的工程。这里，一个"根本"，就是要抓好思想理论建设；一个"核心"，就是要抓好党性教育；一个"基础"，就是要抓好道德建设。也就是说，学理论要同改造主观世界结合起来，要把科学理论转化为党性，转化为德性。其办法，就是学理论、学历史、学道德，树理想、讲党性、重品行，使得广大党员干部成为中国特色社会主义的模范建设者和优秀带头人。

6.3　牢牢把握党同人民群众联系和党内民主两个关键环节

党要有凝聚力、生命力和战斗力，一要保持党同人民群众的血肉联系，二要发扬党内民主。十八大报告在这两个方面都做出了深刻的论述和周密的部署。

关于保持党同人民群众的联系，十八大强调，为人民服务是党的根本宗旨，以人为本、执政为民是检验党一切执政活动的最高标准。任何时候都要把人民利益放在第一位，始终与人民心连心、同呼吸、共命运，始终依靠人民推动历史前进。特别是，报告提出，为了解决人民群众反映强烈的突出问题，提高在新形势下做群众工作的能力，将在适当时候在全党深入开展以为民务实清廉为主要内容的党的群众路线教育实践活动。

关于发展党内民主，十八大报告指出，一要保障党员主体地位，健全党员民主权利保障制度，落实党员知情权、参与权、选举权、监督权；二要完善党的代表大会制度，提高工人、农民代表比例，实行党代会代表提

邓小平治国论

案制；三要完善党内选举制度；四要强化全委会决策和监督作用；五要完善常委会议事规则和决策程序；六要完善地方党委讨论决定重大问题和任用重要干部票决制；七要扩大党内基层民主，增强党内生活原则性和透明度。与此同时，还要深化干部人事制度改革，建设高素质执政骨干队伍；坚持党管人才原则，把各方面优秀人才集聚到党和国家事业中来；创新基层党建工作，夯实党执政的组织基础。

6.4　牢牢把握反对腐败这一关系到党和国家生死存亡的重大问题

反对腐败、建设廉洁政治，是党一贯坚持的鲜明政治立场，是人民关注的重大政治问题。胡锦涛同志在十八大报告中振聋发聩地指出，这个问题解决不好，就会对党造成致命伤害，甚至亡党亡国。十八大报告指出，要坚持中国特色反腐倡廉道路，坚持标本兼治、综合治理、惩防并举、注重预防方针，全面推进惩治和预防腐败体系建设，做到干部清正、政府清廉、政治清明。为此，一要加强反腐倡廉教育和廉政文化建设；二要深化重点领域和关键环节改革，健全反腐败法律制度，更加科学有效地防治腐败；三要严格执行党风廉政建设责任制；四要坚决查处大案要案，着力解决发生在群众身边的腐败问题。不管涉及什么人，不论权力大小、职位高低，只要触犯党纪国法，都要严惩不贷。

与此同时，十八大提出，要严明党的纪律，自觉维护党的集中统一。十八大要求各级党组织和广大党员、干部特别是主要领导干部一定要自觉遵守党章，自觉按照党的组织原则和党内政治生活准则办事，任何人都不能凌驾于组织之上。要坚决维护中央权威，在思想上政治上行动上同党中央保持高度一致，坚决贯彻党的理论和路线方针政策。

十八大报告最后强调，面对人民的信任和重托，面对新的历史条件和考验，全党必须增强忧患意识、创新意识、宗旨意识、使命意识，始终保持清醒头脑，始终保持奋发有为的精神状态，始终把人民放在心中最高位置，始终保持共产党人的政治本色。只有这样，才能团结人民完成全面建成小康社会的宏伟任务，不断夺取中国特色社会主义的新胜利。

7. 以整风精神开展新形势下群众路线教育实践活动①

在全党全国人民学习贯彻十八大精神，为实现中国梦而奋斗的重要时刻，党中央决定根据十八大的部署，在全党开展一场以为民、务实、清廉为主要内容的群众路线教育实践活动。我们要很好地学习和领会习近平总书记十八大以来关于这一决策的一系列重要论述，很好地学习和领会中央关于开展这一活动的工作会议的重要精神，以整风精神开展新形势下群众路线教育实践活动。

7.1 当前开展群众路线教育实践活动的必要性和重要性

要开展好这场教育实践活动，先要通过文件的学习，深入领会党中央为什么要把这一活动作为加强党的建设的重头戏提出来。

这里，我们从党的事业、党的建设、党的执政能力这三个方面，谈一谈开展群众路线教育实践活动的必要性和重要性的认识。

第一，从党的事业来看，当前开展群众路线教育实践活动，是凝聚中国力量、实现中国梦的迫切需要。党的十八大举世瞩目，十分成功。党代会后的任务是，怎么把这样一个具有划时代意义的党代会精神转化为全国各族人民的共同追求和精神力量。这是贯彻落实十八大精神必须精心研究和认真解决的重大课题。因为党代会是党的事，是8800多万党员的事，而党代会讨论的又是全国人民的事，这里就有一个怎么样把党的主张与人民的要求统一起来的问题。这不仅有一个党怎么样反映人民诉求的问题，还有一个怎么样把党的意志转化为人民共识和人民行动的问题。记得党的七大闭幕时，毛泽东同志在致词时对于怎么样贯彻好党代会精神讲了"两个觉悟"：一是要使先锋队觉悟，下定决心，不怕牺牲，排除万难，去争取胜利；二是要使广大人民群众觉悟，甘心情愿和我们一起奋斗，去争取胜利。为了把党代会的精神转化为广大人民群众"甘心情愿和我们一起奋

邓小平治国论

---

① 本文为作者在2013年开展第一批群众路线教育实践活动准备的学习辅导报告，曾于2013年7月3日首发于《文汇报》，后在演讲中不断修改完善。

斗"的共识，他讲了一个"愚公移山"的故事，要求我们广大党员干部用自己的模范行动去"感动"群众这个"上帝"。习近平总书记在十八大后不失时机地提出"实现中华民族的伟大复兴，就是中华民族近代最伟大的中国梦"。这一举措，在党与群众之间架起一座直通的桥梁，使得十八大精神能够转化为全国各族人民的共识；同时，要求我们更好地密切党与群众的联系。这就需要我们开展党的群众路线教育实践活动，以自己的先锋模范作用去"感动上帝"即感动广大人民群众，凝聚起强大的中国力量，让人民群众"甘心情愿和我们一起奋斗"，为实现伟大的中国梦而奋斗。通过这样简要的梳理我们可以体会到十八大、中国梦、群众路线教育这三件事的内在联系。可以体会到群众路线教育实践活动对于党的事业全局有多么重要的意义。

第二，从党的建设来看，当前开展群众路线教育实践活动，是按照党的建设的总体布局解决党内存在的突出问题，保持党的先进性和纯洁性的迫切需要。抓党的建设，抓什么呢？我们常说，我们党的最大政治优势是密切联系群众，党执政后的最大危险是脱离群众。党的建设应该直面这一"最大危险"、破解这一"最大危险"。这个危险，是马克思、恩格斯在创立他们学说的时候，就十分担心的问题。我们党在全国范围执政后，特别是改革开放以来，已经从一个领导人民为夺取全国政权而奋斗的党，发展成为领导人民掌握着全国政权并长期执政的党；从一个在外部封锁和实行计划经济条件下领导国家建设的党，发展成为在对外开放和发展社会主义市场经济条件下领导国家建设的党。党所处的历史方位发生的这一深刻变化，一方面使党能够在改革开放中，运用手中掌握的权力更好地实现全心全意为人民服务的根本宗旨，为人民执好政，掌好权；另一方面也使党的干部面临着权力和利益的双重诱惑，使党与群众的关系出现了逆向发展的势头。与此同时，党的队伍特别是干部队伍发生了深刻的变化。在党的十七届四中全会上，党中央就已经提醒全党："世情、国情、党情的深刻变化对党的建设提出了新的要求，党面临的执政考验、改革开放考验、市场经济考验、外部环境考验是长期的、复杂的、严峻的，落实党要管党、从严治党的任务比过去任何时候都更为繁重和紧迫。"①在庆祝中国共产党成立90周年的时候，党中央在再次强调这"四大考验"的同时，又加上了"四大危险"，指出"精神懈怠的危险，能力不足的危险，脱离群众的危险，消极腐败的危险，更加尖锐地摆在全党面前"。针对这些问题，党的十八大在关于加强党的建设的战略部署中，明确指出我们加强党的建设要围绕"加强党的执政能力建设、先进性建设和纯洁性建设"这一主线，在全面推进党的建设中，把我们党建设成为一个"学习型、服务型、创新型的马克思主义执政党"。这里，"学习型"是前提，"创新型"是生机之源泉，"服务型"是核心。为此，就要梳理好两个关系：一是党内关系，这要发扬党内民主、健全民主集中制；二是党与群众关系，这就要加强和改进群众工作。在全党深入开展以为民务实清廉为主要内容的党的群众路线教育实践活动，就是为了提高在新形势下做群众工作的能力，解决人民群众反映强烈的突出问题。所以，这次教育实践活动，是为了更好地解决脱离群众这一"最大危险"，关系到党的生死存亡。

第三，从提高党的执政能力来看，当前开展群众路线教育实践活动，是巩固党执政的群众基础、改进党的领导方式和执政方式、提高党的执政能力的迫切需要。应该看到，群众路线是在革命战争年代形成的，今天讲群众路线和革命战争年代讲群众路线，是有不同情况和要求的。一是在我们党成为执政党后，党同群众、干部同群众的角色和关系发生了变化。在革命战争年代，党和人民群众、干部和人民群众有共同的斗争对象，大家在一个战壕里面，关系是鱼水关系、血肉关系。现在我们党成为执政党了，执政党及其干部的角色是社会管理者、领导者，群众在就业、医疗、教育、住房、养老等问题上的诉求，只能向执政党及其领导的政府提出来；群众在征地、拆迁等直接触及切身利益的事情上有什么不满，更会把气出在我们头上，追究我们执政党及其领导的政府的责任；至于我们工作做得不好，脱离群众，那更是要遭到群众的批评和反对。这几年许多群体性事件就是这样发生的。二是在我们党成为执政党以后，党掌握的权力是

① 《中共中央关于加强和改进新形势下党的建设若干重大问题的决定》，人民出版社2009年版，第5页。

公共权力，面对的群众是全体公民，即有各种不同利益诉求的群众。也就是说，执政党要统筹兼顾各个阶级各个利益集团的利益，而不只是仅仅代表自己的阶级基础工人阶级的利益。举个例子，我们医疗卫生部门党组织就碰到这样一个难题，既要为医院的医生、护士和其他员工服务，又要为医院的服务对象病人服务，而这几个方面的群众在利益诉求上并非完全一致，还会发生医患矛盾，这就给贯彻群众路线带来了许多难题。因此，我们今天所讲的群众路线问题，实际上，是在现代化进程中"革命党"向执政党转型中发生的问题，是我们必须认真研究和正确对待的新问题。在这个意义上，我们可以说，开展新形势下的群众路线教育实践活动，就是要在改革开放过程中改进党的领导方式和执政方式、提高党的执政能力、巩固党执政的群众基础的问题。

所以，我们在按照党的十八大的重要决策，开展好群众路线教育实践活动时，首先要很好地学习和领会习近平总书记十八大以来关于这一决策的一系列重要论述，深刻认识到开展这一活动的必要性和重要性。

7.2 时代和实践、党心和民心对党的群众路线提出的新要求

我们知道，全心全意为人民服务是党的根本宗旨，群众路线是党的生命线和根本工作路线。这一工作路线，体现了马克思主义的群众观点和党的群众工作方法，其主要内容就是"一切为了群众，一切依靠群众，从群众中来，到群众中去"。我们注意到，这次开展群众路线教育实践，强调主要内容是"为民、务实、清廉"，这是为什么呢？

我们认为，这是因为，"为民、务实、清廉"既是中国共产党人历来坚持的核心价值观的体现，更是今天的时代和实践、党心和民心对党的群众路线传统提出的新要求。

（1）"为民、务实、清廉"是中国共产党人历来坚持的核心价值观的体现。

我们都知道，中国共产党在90多年的发展中，形成了许多光荣的传统。我们今天应该大力弘扬和继承的光荣传统，一是为人民服务，二是实事求是，三是艰苦奋斗。这是中国共产党人在长期实践中形成的最可宝贵的精神财富，也可以说是在长期的革命、建设和改革实践中形成的中国共

产党人的核心价值观。

为人民服务。这是党的根本宗旨，也是共产党人的优良传统。为人民服务，既反映了马克思创立的历史唯物主义的基本要求，又是对中华文明的优秀成果的批判继承，更为重要的，是反映了中国共产党人的核心价值，是中国共产党人说话做事的价值出发点。我们今天格外要弘扬为人民服务的优良传统。只有这样，我们才能继续赢得最广大人民群众的拥护和支持。

实事求是。这是党的思想路线，也是党的优良传统。实事求是的科学态度和科学方法是90多年来中国共产党人积累的经验中最重要的经验。中国共产党之所以能够在复杂的情况下制定出正确的方针政策，从胜利走向新的胜利，是因为坚持了实事求是；党之所以能够自觉地纠正错误，从失败或挫折走向胜利或成功，也是因为坚持了实事求是。实事求是是共产党人手中最重要的思想武器。

艰苦奋斗。艰苦奋斗是共产党人的优良传统。党就是在艰苦奋斗中成长起来、发展壮大的，并在艰苦奋斗中获得广大人民群众的理解、信任和拥护的。毛泽东同志反复告诫全党要坚持"两个务必"。这"两个务必"，一是务必保持谦虚、谨慎、不骄、不躁的作风；二是务必保持艰苦奋斗的作风。现在，党所处的历史条件发生了变化，有的党员不思进取，贪图享受，甚至思想越来越腐朽，生活越来越糜烂，越来越脱离群众。因此，我们在今天必须弘扬艰苦奋斗的优良传统。

今天，我们在群众路线教育实践活动中提出的"为民、务实、清廉"，就是为人民服务，实事求是，艰苦奋斗这一中国共产党人的核心价值观的体现。

与此同时，我们更要认识到，"为民、务实、清廉"是今天的时代和实践、党心和民心对党的群众路线传统提出的新要求。

（2）为民，是群众路线的出发点和落脚点，更是新的历史方位对执政党提出的新要求。

今天，我们党已经发展成为拥有8800多万党员的大党，新党员的数量大幅度增加，干部队伍整体性新老交替已经完成，一大批年轻干部走上了领导岗位。这是党有生机和活力、后继有人的重要标志；同时，党在全国范围执政以来，党的队伍不可能像战争年代那样经受那么多的血和火的考验，党怎么样把自己在长期斗争中形成的优良传统和作风一代又一代地传承下去，已经成为党的建设面临的一大课题。事实上，在我们的党员和干部队伍中，一些人入党前表现很好，入党后放松自我要求，逐渐同党离心离德，甚至违法乱纪走向腐败；一些人缺少长期党性锻炼，在关键时刻东摇西摆，有的还进入了党的干部队伍；一些人没有实际能力而只会夸夸其谈，甚至擅长阿谀奉承，有的也进入了党的干部队伍；一些人带着私利到党内来捞好处，进入了党的队伍甚至平步青云成为党的干部；这几年还出现了用金钱"买党票""买官"等现象，给党的队伍包括干部队伍的纯洁性带来了更大的威胁。应该讲，党所处的历史方位变化是"外因"，党的队伍发生的变化是"内因"。"外因"通过这样的"内因"，使党发生了两个方面的变化：一方面，使党的队伍不断壮大、活力不断增强，这是主流；另一方面，党风问题日益突出、消极腐败现象不断滋生蔓延，使一些党员干部越来越脱离群众。对于这些问题，我们决不能掉以轻心。

话要说回来，上述情况在党内还只是个别的，我们绝大多数党员干部是好的和比较好的。我们在这个问题上，必须有两个方面的"清醒"：一方面，清醒地看到党面临的考验和存在的问题十分严峻；另一方面，清醒地看到党的主流是好的，绝大多数党员干部是好的和比较好的。否则，无法解释我国的改革开放为什么会取得那么大的成就，为什么我国不只是个别地方而是全国各地都发生了那么大的变化。但同时我们也应该看到，对于绝大多数好的和比较好的党员干部来说，我们在执行群众路线问题上，也有一些问题要解决，这主要是认识问题或方法问题。比如，我们有的干部不经意地把当干部看作是"做官"，接受所谓"父母官"的称谓；比如，我们有的干部想不通，我给当地经济社会发展带来了那么大的变化，你们为什么还不满意；有的干部感到很委屈，我为改变当地落后面貌，千方百计引进一些大项目，群众为什么还要闹事；等等。从中我们可以注意到两个问题，就是这些同志一是没有摆准自己与群众的位置，实际上是把自己看作是站在群众头上可以发号施令的"官老爷"，或者是群众的"救世主"；二是没有全面掌握我们党科学决策和民主决策相结合的领导方法，没有认识到要使我们的决策为群众所理解必须先让群众了解，让群众享有知情权、参与权、表达权、监督权。究其原因，就是没有很好地执行由群众观点和群众工作方法结合在一起的群众路线。

因此，我们今天说要加强群众路线教育，首先要从我们面临的新情况出发，进行党的根本宗旨教育，使全党更好地树立"为民"意识，努力加强和改进新形势下的群众工作。

（3）务实，是群众路线的本质特征，更是在新的历史条件下改进党风的重要任务。

"群众路线"这个概念，是1929年9月28日在《中共中央给红军第四军前委的指示信》中第一次提出的。在长期的革命实践中，以毛泽东同志为主要代表的共产党人不仅提出了一切为了群众、一切依靠群众，从群众中来、到群众中去的群众路线，而且形成了关于群众路线的科学理论。毛泽东同志强调，群众路线是马克思主义认识路线在领导工作中的运用。毛泽东同志说："将群众的意见（分散的无系统的意见）集中起来（经过研究，化为集中的系统的意见），又到群众中去作宣传解释，化为群众的意见，使群众坚持下去，见之于行动，并在群众行动中考验这些意见是否正确。然后再从群众中集中起来，再到群众中坚持下去。如此无限循环，一次比一次地更正确、更生动、更丰富。这就是马克思主义的认识论。"[1]毛泽东同志把党的群众路线定性为马克思主义的认识论，从根本上阐明了群众路线与实事求是思想路线的关系及其"务实"本质。

今天，党中央强调"务实"，首先是为了下大力气解决思想不纯的问题，破除在新的历史条件下出现和蔓延开来的形式主义、官僚主义、享乐主义和奢靡之风。我们党在坚持实事求是思想路线的时候，历来重视要反对主观主义。但在各个历史阶段，主观主义有不同的形态，今天主要表现为形式主义。邓小平同志在1992年南方谈话中就已经提出这个问题。大话、空话、官话、套话，是形式主义的一种表现形式；说一套做一套，当面一套背后一套，是形式主义的一种表现形式；做表面文章，搞形象工

邓小平治国论

---

[1]《毛泽东选集》第三卷，人民出版社1991年版，第899页。

程、政绩工程，是形式主义的一种表现形式。与形式主义相联系的，还有官僚主义、享乐主义和奢靡之风等问题。诸如此类官场陋习，说实在的，在我们这个以实事求是为思想路线的党内出现和蔓延，是非常令人痛心的事，我们不得不从思想深处检讨，形成务实的风尚。

今天，党中央强调"务实"，同时是为了下大力气解决组织不纯的问题，克服选人用人中存在的问题。形式主义的蔓延，同我们选人用人包括在干部考核指标上，喜欢任用那些搞形式主义的人有关。我们常说"上有好者，下必有甚焉者矣"。如果我们在选拔干部、使用干部的问题上，喜欢任用那些搞形式主义的人，势必会产生这样的官场陋习。因此，坚持务实也要在组织工作、干部工作问题等方面进行深刻的检讨，形成老实人不吃亏、投机钻营者不得利的务实之风，让所有的优秀干部都能为党和人民贡献力量。

今天，党中央强调"务实"，更是为了下大力气解决政治不纯的问题，坚持从社会主义初级阶段的基本国情出发，坚定不移走中国特色社会主义道路。这几年，我们有些地方有些部门在工作中经常提出一些不切实际的口号和目标，把群众的胃口吊高了，造成了许多新的矛盾。因此，党的十八大强调要牢记中国特色社会主义的"总依据"，认识到我国社会主义初级阶段的基本国情没有变、社会主要矛盾没有变、发展中国家的国际地位没有变，要坚定不移沿着中国特色社会主义道路前进。也就是说，坚持务实，就是要从社会主义初级阶段的基本国情出发，坚持以经济建设为中心解决社会建设以及其他各方面建设问题，而不能改变这个"中心"；坚持以发展为基础逐步解决公平问题，而不能离开发展搞所谓"公平领先"的"道路"；坚持走中国特色社会主义政治发展道路，而不能离开中国历史和现实搞什么多党制、两院制那一套。这是务实，也是遵守党的政治纪律。

（4）清廉，是群众路线的基本要求，更是在新的考验面前党要解决的紧迫课题。

过去，我们讲群众路线，主要讲的是世界观、方法论和认识论，这次提出的"清廉"问题是一个道德观的问题。这是对群众路线理论的一个发展。那么，为什么要把干部的道德观问题纳入群众路线的主要内容呢？这是因为，在"从群众中来"与"到群众中去"之间，干部既要将群众的意见集中起来，又要将根据群众意见作出的决策在群众中贯彻下去。由此决定了干部的素质、能力和作风在贯彻群众路线过程中具有重要的作用，由此也决定了干部的道德、品行、操守在贯彻群众路线过程中具有特殊的作用。事实上，我们在贯彻群众路线的过程中，群众工作做得不得力，不仅是因为我们有些干部能力不强、方法不对头，还因为有些干部人格低下、人品庸俗，甚至守不住基本的道德操守，在群众中没有权威性和号召力。

我们注意到，党的十八大在论述党的思想建设时，就已经强调不仅要抓好理论武装，而且要抓好党性修养和道德建设。强调抓好道德建设这个基础，教育引导党员、干部模范践行社会主义荣辱观，讲党性、重品行、作表率，做社会主义道德的示范者、诚信风尚的引领者、公平正义的维护者，以实际行动彰显共产党人的人格力量。因此，我们抓干部教育，不仅要抓理论学习，还要把干部的理论素养转化为党性，转化为德性。一个只会夸夸其谈大道理而缺乏党性、德性的人，不可能成为真正的中国特色社会主义的信奉者，也不可能成为可靠的群众路线的执行者。

当前，在干部的道德建设中，尤其要加强反腐倡廉教育和廉政文化建设，做到干部清正、政府清廉、政治清明。正如习近平总书记所说的："为政清廉才能取信于民，秉公用权才能赢得人心。"剖析一些地方由于脱离群众而发生的群体性案例，往往同那里有些干部为政不清廉直接相关，甚至有腐败干部在其中作祟。我们过去研究群众路线理论也好，开展群众路线教育也好，都偏重从认识论和方法论角度开展研究和宣传，现在应从新的实践出发，把共产党人的道德观包括廉政意识教育纳入其中。只有这样，才能使党的干部队伍健康成长，使党经受住各种考验，永葆青春的生机和活力。

由此可见，党的十八大强调的"为民、务实、清廉"，不仅是我们党历来所坚持的核心价值观的体现，更是今天的时代和实践、党心和民心对我们坚持党的群众路线提出的新要求。我们开展群众路线教育实践活动一定要按照这样的要求和部署去推进。

邓小平治国论

7.3　以整风精神用好批评与自我批评的武器

在学习和领会中央精神的时候，还要进一步了解中央为什么在这次群众路线教育实践活动中，强调要以整风精神用好批评与自我批评这个武器？

第一，批评与自我批评是保持党的先进性和纯洁性的利器。

中国共产党是一个具有先进性和纯洁性的党。这里所说的先进性和纯洁性，包括了中国共产党是一个既坚持全心全意为人民服务根本宗旨，又坚持实事求是思想路线的党，即一个既能够为人民坚持真理，又能够为人民修正错误的党。而批评与自我批评正是这样一个通过积极的思想斗争来保持党的先进性和纯洁性的有力武器。正是在这个意义上，我们党在实践中形成的三大作风，不仅包括理论联系实际、密切联系群众，还包括批评与自我批评。而且，这种批评与自我批评，也是党在民主政治上的先进性即自觉坚持党内民主的一种体现。正如毛泽东同志曾经说过的，有无认真的自我批评，是共产党区别于其他政党的显著特点。我们要在群众路线教育实践活动中，使党的先进性和纯洁性能够在今天新的历史条件下得以保持和发扬，必须由领导干部带头，认认真真地开展批评与自我批评。

第二，批评与自我批评也是坚持党的群众路线的基本要求。

我们已经知道，群众路线是与实事求是的思想路线相统一的工作路线。在认识论中，从物质到精神，从实践到认识，是认识的第一次飞跃；从精神到物质，从认识到实践，是认识的第二次飞跃。在群众路线的工作路线中，同认识上第一次飞跃相对应的是"从群众中来"，同认识上第二次飞跃相对应的是"到群众中去"。毛泽东同志说，在认识论中，第二次飞跃"比起前一次飞跃来，意义更加伟大"。这是因为，第二次飞跃不仅是理论指导实践的过程，而且是实践检验理论、丰富和发展理论的过程。因此，在群众路线中，"到群众中去"也承担着领导发动和组织群众、群众监督领导、在群众实践中完善和发展领导决策的任务。这就决定了，我们今天开展群众路线教育实践活动，内在地包含了领导干部要自觉开展批评与自我批评、自觉接受群众监督的要求。

第三，批评与自我批评更是解决党的作风上存在的突出问题的有力举措。

正如中央政治局所指出的：当前，党员干部贯彻落实党的群众路线总体是好的，在联系服务人民群众方面做了大量富有成效的工作，但也存在着不符合为民务实清廉要求的问题。特别是有的领导机关、领导班子和一些领导干部形式主义、官僚主义、享乐主义突出，奢靡之风严重，主要表现在理想信念动摇，宗旨意识淡薄，精神懈怠；贪图名利，弄虚作假，不务实效；脱离群众，脱离实际，不负责任；铺张浪费，奢靡享乐，甚至以权谋私、腐化堕落。这些问题，已经严重损害党在人民群众中的形象，严重损害党群干群关系，而多年来这些问题不仅没有得到解决，反而还在不断蔓延，其中一个重要原因，是因为搁置了批评与自我批评这把刀子。群众中调侃说："新三大作风是：理论联系实惠，密切联系领导，表扬与自我表扬。"其实，这正是一种衰败之风，而不是什么新风。今天，要解决党内存在的突出问题，必须动一动批评与自我批评这把刀子了。

第四，开展批评与自我批评就是要坚持这次群众路线教育实践活动的总要求。

中央强调，在这次群众路线教育全过程中要贯穿一个总要求。这就是12个字："照镜子、正衣冠、洗洗澡、治治病"。贯彻这12个字要求，就是要开展好批评与自我批评。

照镜子，主要是以党章为镜，对照党的纪律、群众期盼、先进典型，对照改进作风要求，在宗旨意识、工作作风、廉洁自律上摆问题、找差距、明方向。这是开展批评与自我批评的首要环节和基本前提。开展批评与自我批评不是整人，而是一种马克思主义的自我教育，因此首先要进行自我对照、自我批评。古人说："以铜为镜，可以正衣冠；以古为镜，可以知兴替；以人为镜，可以明得失。"对于我们共产党人来讲，不仅要以"铜""古""人"为镜，更要以"党章""纪律""民意"为镜，以此来对照自己的思想和言行。在集中开展群众路线教育实践活动的时候，这样想一想、照一照，更有必要。

正衣冠，主要是按照为民务实清廉的要求，勇于正视缺点和不足，严明党的纪律特别是政治纪律，敢于触及思想、正视矛盾和问题，从自己做起，从现在改起，端正行为，自觉地把党性修养正一正、把党员义务理一理、把党纪国法紧一紧，保持共产党人良好形象。这是开展批评与自我批评的基本条件。古人做官有官帽官服，上朝、出巡、上堂、见客之前都要正衣冠。因此，正衣冠，就是要正形象、正行为，即正官风、立官德。对于我们共产党人来讲，我们当干部不是为了做官，而是要更好地为人民服务，为人民谋利益。在开展群众路线教育实践活动的过程中，进行批评与自我批评，就是要正一正干部队伍中那种对待群众的错误立场、蛮横态度和官僚作风，树立共产党人对待人民群众的正确立场、态度和作风，用以解决新时期干群关系问题。

洗洗澡，主要是以整风的精神开展批评和自我批评，深入分析发生问题的原因，清洗思想和行为上的灰尘，保持共产党人的政治本色。这是开展批评与自我批评的基本方法。领导班子的团结，是做好工作的重要条件，但是这种团结不是建立在无原则的姑息迁就上的。领导干部之间的和睦相处是领导班子团结的重要基础，但是这种和睦相处不是无原则的一团和气。历史实践告诉我们，能不能经常地自觉地拿起批评与自我批评的武器，开展积极健康的思想斗争，是衡量一个领导班子是否坚强有力、一个领导干部是否具有一身正气的重要尺度。为此，我们建立了党内各级领导班子的民主生活制度。在开展群众路线教育实践活动中，更要通过这样积极而又健康的思想斗争，让每一个领导干部洗一洗身上的污垢，清一清每一个领导班子的肌体，有的还要给他一个丝瓜筋，帮他搓搓澡，让我们的干部能够以清新、清明、清正的新形象出现在群众面前。

治治病，主要是坚持惩前毖后、治病救人方针，区别情况、对症下药，对作风方面存在问题的党员、干部进行教育提醒，对问题严重的进行查处，对不正之风和突出问题进行专项治理。这是开展批评与自我批评的基本目的。我们党自延安整风开始，就一直强调开展批评与自我批评是为了治病救人，包括惩前毖后也是为了治病救人。在建设社会主义的过程中，又强调"团结—批评与自我批评—团结"，即开展批评与自我批评是为了增强团结而不是要增加矛盾。但不管是"救人"还是"团结"，都必须先"治治病"。而且，为了保持党的先进性和纯洁性，解决思想不纯、政治不纯、组织不纯等问题，该动手术的还要动手术，该处理的违法乱纪问题还要坚决处理。

与此同时，我们要认识到，在今天的条件下，开展批评与自我批评必须破除思想认识上的各种障碍。人们常说，"积习难改"。在今天，要认真地开展批评与自我批评，并不是一件容易的事。要做到这一点，还要深入地思考和研究一下我们这么多年来搁置批评与自我批评这把刀子的原因何在，特别是在我们的干部队伍中存在哪些思想认识上的障碍。只有明确地提出并破除这些思想认识上的障碍，才能用好批评与自我批评这个有力的武器。

一是严 ≠ "左"。从历史的角度来看这个问题，搁置批评与自我批评这把刀子，是一种历史的反动。过去，在"左"风盛行的年代，用"斗争哲学""残酷斗争、无情打击""全面专政"来取代正常的党内政治生活，给党带来了灾难性的后果。这种后果，不仅伤害了我们的许多好同志，而且破坏了党风。这种破坏，包括使许多人谈"斗争"色变，视"严格"为"左"，从一个极端走向另一个极端。我们讲党要管党、从严治党，包括对干部要进行严格的教育、管理和监督。古人说："严是爱，宽是害。"在治党的问题上，在干部教育和管理的问题上，同样是这个道理。我们对同志要宽容，但不能放弃原则，不能丢掉批评与自我批评这个武器。

二是正面教育 ≠ 一团和气的好人主义。以习近平同志为总书记的党中央指出，在这次群众路线教育实践活动中，要牢牢把握正面教育为主、批评和自我批评、讲求实效、分类指导和领导带头的原则，确保教育实践活动沿着正确轨道健康深入推进，努力在解决作风不实、不正、不廉上取得实效，在提高群众工作能力、密切党群干群关系、全心全意为人民服务上取得实际成效。这是在认真总结党内斗争历史教训的基础上提出的重要问题。同时，我们要认识到强调"正面教育为主"不等于一团和气的好人主义，更不等于多年来盛行的庸俗关系学。江泽民同志在谈到这个问题时说过："有的搞好人主义和庸俗关系学，面对错误的思想行为缺少正气，尤其是对亲近自己的所谓'熟人'，能为自己办事的所谓'能人'，有点

邓小平治国论

影响的所谓'名人'，处在重要位置上的所谓'要人'，以及所谓'有背景'的人和自己的亲人，即使问题严重，也往往宽容有加，甚至姑息养奸。"[①]因此，要开展批评与自我批评，必须在坚持正面教育为主的同时，坚决破除那种一团和气的好人主义，尤其要坚决摒弃庸俗关系学。

三是批评≠不讲政治讲"八卦"。在开展批评与自我批评的时候，既要防止不讲原则的好人主义和庸俗关系学，也要防止时下流行的"八卦"等庸俗化倾向。由于我们一些地方、部门和单位存在着班子不团结的问题，因此在开展批评与自我批评时，要防止不讲政治讲"八卦"，干扰群众路线教育实践活动。毛泽东同志曾经说过："党内批评是坚强党的组织、增加党的战斗力的武器。""不应当利用批评去做攻击个人的工具。"他还说："党内批评要防止主观武断和把批评庸俗化，说话要有证据，批评要注意政治。"[②]这种历史经验也要吸取。在开展群众路线教育实践活动过程中，我们不能因为强调批评与自我批评，就让自由主义和不讲政治的低级庸俗的"八卦"干扰积极健康的思想斗争。希望大家注意，中央这次在我们过去常说的"积极的思想斗争"中加了"健康"这个词，强调"开展积极健康的思想斗争"。

只要我们破除了诸如此类思想认识上的障碍，就能既积极又健康地开展批评与自我批评，全面贯彻落实党的十八大提出的各项任务要求，以作风建设的新成效凝聚起推动事业发展的强大力量。

7.4 以改革的精神探索和创新群众工作方法

今天我们坚持党的群众路线，不是简单地恢复或弘扬这一传统就可以解决问题的。我们在这个问题上面临着许多新情况和新问题，必须研究新形势下群众工作面临的新问题，创新党的群众工作。

我们党做群众工作的经验告诉我们，群众工作是一项经常性的工作，而不是一项突击性的工作；是一项党委、人大、政府、政协和工青妇等人民团体共同都要做的工作，而不只是党委或群众团体做的工作。因此，做好群众工作的可靠保障，是健全的制度。过去有的制度，好的还要坚持和

① 《江泽民文选》第二卷，人民出版社2006年版，第498页。
② 《毛泽东选集》第一卷，人民出版社1991年版，第92页。

完善；已经不适合新情况的制度不取消就会成为形式主义的东西，影响群众工作的成效；更重要的是，要创造适应今天新情况的新制度。比如这几年有的地方实行"党员志愿者"制度，及时帮助群众排忧解难，改善了党在群众中的形象。诸如此类的经验都告诉我们，以制度为保障做好群众工作才会取得实效。

一要创新经常性的联系群众制度。分析现阶段党群关系、干群关系中存在的问题，我们可以注意到，群众的意见和不满大部分不是针对党和政府的，而是针对一些具体做法和事情的。即使有一些"雷人""雷语"，也仅仅是一个矛盾的引爆点。因此，我们要做好群众工作，重点是要通过调查研究解决群众最关心最直接最迫切要求解决的问题。许多地方的经验证明，只要我们帮助群众解决生产生活中的实际困难，尤其是努力满足群众在就业、教育、医疗卫生、社会保障等方面的合理要求，群众就会发自内心地拥护党和政府。但是，现在我们做工作的条件好了，出行有小车坐了，联系群众却少了。过去，我们的干部骑着自行车下基层，戴着草帽进农户，朴素的工作作风，平易近人的交流，群众能同干部讲真心话，群众工作富有成效。所以，这次教育实践活动后期，我们要形成紧密联系群众的长效机制，包括定期到基层调查研究的制度、各级干部到基层和群众同吃同住同劳动制度等，深入了解群众疾苦，直接听取群众意见，积极解决群众迫切要求解决的问题。

二要创新科学决策与民主决策相统一的决策机制。这几年频频发生的群体性事件，都同我们的决策机制不健全、群众对一些干部缺乏信任有关系。出现这种情况，原因很复杂，既有这些地方平时做表面文章，大话空话多、许诺多，实际上没有落实、没有做到，失信于民；也有这些地方个别干部言行不一，说一套做一套，致使党委和政府公信力降低；还有社会舆论的负面导向影响；等等。与此同时，我们也注意到，许多地方不仅党委和政府的话有权威性，而且群众遇到问题不信小道信正道，群众工作比较好做。我们有的地方长期坚持"民主恳谈会"这样的协商民主形式，把群众工作制度化，效果很好。党的十八大提出，要健全社会主义协商民主制度，强调要坚持协商于决策之前和决策之中。我们在贯彻群众路线的时

邓小平治国论

候，要把地方和基层的协商民主制度建立起来，让广大人民群众充分享有知情权、参与权、表达权、监督权，让党委和政府的决策经过群众协商并获得群众的支持，实行决策中的群众路线。

三要创新群众监督机制。以解决实际问题为基础做好群众工作。群众路线要贯彻好，一个十分重要的问题，要在正确认识群众与干部关系的基础上，把我们的工作自觉地置于群众的监督之下。习近平总书记明确提出，关键是要健全权力运行制约和监督体系，让人民群众监督权力，让权力在阳光下运行，把权力关进制度的笼子里。这几年，群众的舆论监督包括网络监督发展很快，尽管其中也有一些值得研究的问题，但总体趋势是好的。现在各地都在探索怎么样建立健全群众监督制度问题，比如有的地方发挥政协委员的作用，把监督工作制度化、规范化。这些经验都值得重视。

四要创新应急机制。现在我们经常遇到一些突发事件，有的地方还因没有能够处理好突发事件酿成大事。在突发事件发生时，要不要依靠群众化解矛盾？用什么样的机制化解矛盾？这是一个需要认真研究的课题。我们要努力在实践中积累这方面的经验，创新突发事件应急机制。

在以制度为保障做好群众工作时，我们还要注意把服务群众与教育引导群众结合起来。毛泽东同志在论述群众工作的时候，总是强调既要反对命令主义，又要反对尾巴主义。做群众工作，要以服务群众为重点，同时还要敢于讲话，对群众中出现的一些不良现象和不合理的诉求进行教育引导，用真心把"服务群众"与"教育群众"连接起来，这样才是真正的关心和爱护群众。

总之，我们要认真研究和总结新形势下的群众工作经验，积极推进群众工作的创新实践，努力形成在新形势下坚持群众路线的长效机制。通过制度化、规范化、程序化的群众工作，凝聚起强大的中国力量，为实现民族复兴的"中国梦"而奋斗。

8. 牢记邓小平的政治交代①

党的建设，最重要的，是中央领导层的思想、政治、组织和制度建设。在邓小平的治党思想中，特别重视中央政治局特别是中央政治局常委会的建设。他明确说过："只要有一个好的政治局，特别是有一个好的常委会，只要它是团结的，努力工作的，能够成为榜样的，就是在艰苦创业反对腐败方面成为榜样的，什么乱子出来都挡得住。"②因此，邓小平同志在向以江泽民同志为核心的第三代中央领导集体交班时，对于怎么样加强中央领导层的建设讲了许多话。用他自己的话来说，这些讲话都是他对新一代中央领导集体的政治交代。

8.1 我们党应该组成一个什么样的中央领导集体

在邓小平同志的文献中，有一部分著作具有特殊重要的历史地位和历史意义，因为它们被邓小平本人称为"这就算是我的政治交代"。这些著作，包括《组成一个实行改革的有希望的领导集体》（1989年5月31日）、《第三代领导集体的当务之急》（1989年6月16日）、《改革开放政策稳定，中国大有希望》（1989年9月4日）。

后来在编写《邓小平文选》第三卷时，他还说过："实际上，这是个政治交代的东西。"这是从更为宽广的意义上讲的"政治交代"，实质是要全党坚定不移地坚持党的十一届三中全会以来形成的基本理论、基本路线和基本经验。

我们在这里研究的重点是邓小平同志在国内政治风波发生后，对中央领导同志特别是新一届中央领导同志的"政治交代"。

需要思考的是，他为什么要做这样的政治交代？在1989年6月9日接见首都戒严部队军以上干部时，邓小平同志对于在改革开放过程中为什么

---

① 本文是作者2013年为有关部门开展课题调研提供的基础资料，原题是《党的建设最重要的是中央领导层建设》。

② 《邓小平文选》第三卷，人民出版社1993年版，第310页。

会出现国内政治风波的原因作了深刻分析后，郑重地指出："这次事件爆发出来，很值得我们思索，促使我们很冷静地考虑一下过去，也考虑一下未来。"①这一段话，反映了邓小平同志和老一辈革命家对党、国家、民族、人民自觉的历史责任。在这前后邓小平同志发表的"政治交代"，就是这种历史责任的体现。

那么，邓小平同志的政治交代讲了些什么内容呢?

在这些政治交代中，邓小平同志讲的第一个问题是：应该组成一个什么样的中央领导集体。

首先，他强调新的中央领导机构要使人民感到面貌一新，感到是一个实行改革的有希望的领导班子。这是最重要的一条。他说："我们现在就是要选人民公认是坚持改革开放路线并有政绩的人，大胆地将他们放进新的领导机构里，要使人民感到我们真心诚意要搞改革开放。"②

其次，他强调最重要的问题是要胸襟开阔。要从大局看问题，放眼世界，放眼未来，放眼当前，放眼一切方面。他明确指出："我们组成的这个新的领导机构，眼界要非常宽阔，胸襟要非常宽阔，这是对我们第三代领导人最根本的要求。"③

再次，他强调这个班子要搞好，关键是要形成集体领导。他对中央领导同志说："你们应该是一个合作得很好的集体，是一个独立思考的集体。"④

显然，他之所以要提出应该组成一个什么样的领导集体，是为了将改革开放继续推向前进，是为了国家的长治久安。正如他语重心长地讲过，国家的命运、党的命运、人民的命运需要有这样一个领导集体。

8.2 新的中央领导集体形成后应该怎样工作

在1989年6月9日接见首都戒严部队军以上干部时，邓小平同志在分析了国内政治风波发生的原因及其教训后，重点阐述了"以后我们怎么办"这个关系到中国未来发展的重大问题。他说："要坚定不移地执行党的十一届三中全会以来制定的一系列路线、方针、政策，要认真总结经验，

---

① 《邓小平文选》第三卷，人民出版社1993年版，第304页。
② 《邓小平文选》第三卷，人民出版社1993年版，第300页。
③ 《邓小平文选》第三卷，人民出版社1993年版，第299页。
④ 《邓小平文选》第三卷，人民出版社1993年版，第318页。

对的要继续坚持，失误的要纠正，不足的要加点劲。总之，要总结现在，看到未来。"①这一思想，深刻地体现在他对以江泽民同志为核心的第三代中央领导集体的政治交代之中。

在邓小平同志的政治交代中，他突出地强调的一个重大问题是：新的中央领导集体形成后应该怎样工作。

首先，邓小平同志强调"经济不能滑坡"。他说，凡是能够积极争取的发展速度还是要积极争取，当然不要像过去想得那么高。他强调指出："如果再翻一番，没有水分的翻一番，那时候人民就会看到我们的国家、我们的社会主义事业是兴旺发达的。"②为此，他在政治交代中对于当时面临的经济问题怎么解决，也提出了许多真知灼见。

其次，邓小平同志强调新一届领导集体要做几件使人民满意的事情。主要是两个方面，一个是更大胆地改革开放，另一个是抓紧惩治腐败。这两个方面，体现了他一贯主张的"两手抓"的思想。对于改革开放，他还有针对性地强调要把进一步开放的旗帜打出去。他说："现在国际上担心我们会收，我们就要做几件事情，表明我们改革开放的政策不变，而且要进一步地改革开放。"③对于惩治腐败，他明确提出至少抓一二十件大案，透明度要高，处理不能迟。他说："但对我们来说，要整好我们的党，实现我们的战略目标，不惩治腐败，特别是党内的高层的腐败现象，确实有失败的危险。"④他还振聋发聩地提出，常委会的同志要聚精会神地抓党的建设，这个党该抓了，不抓不行了。

再次，邓小平同志强调在国际问题上要维护我们独立自主、不信邪、不怕鬼的形象。他鲜明地指出，面对挑衅"绝不能示弱"。同时，他极具睿智地提出："对于国际局势，概括起来就是三句话：第一句话，冷静观察；第二句话，稳住阵脚；第三句话，沉着应付。不要急，也急不得。要冷静、冷静、再冷静，埋头实干，做好一件事，我们自己的事。"⑤

---

① 《邓小平文选》第三卷，人民出版社1993年版，第308页。
② 《邓小平文选》第三卷，人民出版社1993年版，第312页。
③ 《邓小平文选》第三卷，人民出版社1993年版，第313页。
④ 《邓小平文选》第三卷，人民出版社1993年版，第313页。
⑤ 《邓小平文选》第三卷，人民出版社1993年版，第321页。

邓小平治国论

这些政治交代，强调新的中央领导集体形成后，要从根本上把握好党的基本理论、基本路线、基本经验，有改革开放的形象，让人民群众满意。为此，一要始终坚持以经济建设为中心不动摇；二要始终坚持改革开放不动摇；三要始终坚持抓党的建设特别是惩治腐败不动摇；四要始终坚持独立自主的和平外交政策不动摇。这些政治交代，让人折服，让人感动，字字句句都体现了邓小平同志和以他为代表的老一辈革命家对党对人民的无限忠诚。

8.3 退出领导岗位的领导干部应该怎样支持新的领导集体工作

邓小平同志的政治交代，不仅讲了新的领导集体应该怎么工作的问题，还讲了他本人在完全退出领导岗位后会怎样支持在岗位上的领导同志的问题。因此，这是一个考虑十分成熟的周到的政治交代。

1989年9月4日，邓小平同志在住地同江泽民、李鹏、乔石、姚依林、宋平、李瑞环、杨尚昆、万里谈话，主题是商量他的退休问题。同日，他给中央政治局写信请求辞去担任的中共中央军事委员会主席的职务。他在信中说，1980年我就提出要改革党和国家的领导制度，废除干部领导职务终身制。近年来，不少老同志已相继退出了中央领导岗位。1987年在党的十三大召开以前，为了身体力行地废除干部领导职务终身制，我提出了退休的愿望。当时，中央反复考虑我本人和党内外的意见，决定同意我辞去中央政治局常委、中央政治局委员、中央顾问委员会主任的职务，退出中央委员会和中央顾问委员会；决定我留任党和国家的军委主席的职务。此后，当中央的领导集体就重大问题征询我的意见时，我也始终尊重和支持中央领导集体多数同志的意见。他说，现在党的十三届四中全会选出的以江泽民同志为首的领导核心，已经卓有成效地开展工作。经过慎重考虑，他想趁自己身体还健康的时候辞去现任职务，实现夙愿。他恳请中央批准他的要求，还说将向全国人民代表大会提出辞去国家军委主席的请求。邓小平同志的这一决策，标志着我们在邓小平同志的提议和身体力行下，完全废除了领导干部职务终身制，建立了领导干部退休制度。这是我国政治体制改革的重大进展。

邓小平同志对于自己退休后起什么作用的问题，在1989年6月16日的一次谈话中，也专门作了交代。他说，我不希望在新的政治局、新的常委会产生后再宣布我起一个什么样的作用。他说："一个国家的命运建立在一两个人的声望上面，是很不健康的，是很危险的。""现在看起来，我的分量太重，对国家和党不利，有一天就会很危险。"与此同时，他也强调，你们有事要找我，我不会拒绝，但是不能像过去一样。如果有什么事情，我完全可以在旁边帮帮忙，绝不要正式再搞个什么头衔了。他郑重地对大家说："新的领导一经建立有秩序的工作以后，我就不再过问、不再干预大家的事情。我说过，这是我的政治交代。"①

邓小平同志的这些政治交代，尽管是对以江泽民同志为核心的第三代中央领导集体讲的，但由于这些政治交代讲的是我们党应该组成一个什么样的中央领导集体、新的中央领导集体形成后应该怎样工作等关系到党和国家全局发展的根本问题，具有普遍的指导意义。因此，每一次党代会选出的新一届领导集体都应该好好地学习邓小平同志的这些论述，牢记邓小平同志的政治交代，以带头加强自身建设来推进全党的思想、政治、组织和制度建设。

邓小平治国论

① 《邓小平文选》第三卷，人民出版社1993年版，第310页。

后　记

　　《邓小平治国论》书稿早已完成，交给出版社，但是全书的"后记"迟迟未动笔。之所以如此，是因为我对于写些什么内容一直拿不定主意。

　　最初的设计，是写我们今天纪念邓小平诞辰110周年，一个重要任务是要学好他的治国论，从而在以习近平为总书记的党中央领导下，在全面贯彻落实"四个全面"战略和"五大发展理念"的伟大战略部署中，不断完善和发展中国特色社会主义制度，推进国家治理体系和治理能力现代化。这实际上是我编写这本书的目的。

　　但是，要在"后记"中寥寥几笔讲清楚国家治理体系和治理能力现代化这个问题并不容易，要展开讲又不那么合适。犹豫再三，没有落笔，只能在这里做一个简单的交代。

　　第二个方案，是对邓小平的治国论做一个理论概括。从这本书的主题来讲，"后记"中写这样的内容是合适的。但是，真要按照这样的构想去写，又发生问题了。因为，现在全书的章节设计，有一个逻辑，这个逻辑体现的就是邓小平治国论的主要内容。比如在第一章中明确，我们研究邓小平的"治国论"，不能只是简单地研究中国特色社会主义理论中邓小平关于治国的理论，而是要以更宽广的视野研究邓小平是怎样把中国特色社会主义作为治国之道的。邓小平的"治国论"，究其实质，就是中国特色社会主义的国家和社会治理理论。这是对邓小平治国论的一个大定位。然后，书中分七章论述了邓小平的治国理想、治国哲学、治国"硬道理"、治国"动力论"、文明治国战略、民主治国构想、治党论。而贯穿于其中的主线，就是在"序言"中论述的：邓小平坚持以经济建设为治国核心，以现代化、制度化、法律化为治国之道，以一系列"两手抓"实现多样性的统一为治国方法，完成我们党所肩负的治国富国强国的历史使命。正因为书中已经做了这样的概括和论述，在"后记"中再做一个理论概括就没有必要了。

既然如此，"后记"可以写些什么呢？

在本书一开头，我写了一段话："我们这一代人，不仅是邓小平领导的改革开放的受益者，而且是邓小平领导的这一新的革命的亲历者、参加者。在纪念邓小平诞辰110周年的日子里，我做了一件事，即把这么多年来追随邓小平、学习邓小平、研究邓小平的一些思考及其成果汇总起来。"这些话与其说是写出来的，不如说是从心中流出来的，是我的心语。同时，这段话也说明了这本书其实是一本论文集，只不过是按照一定的逻辑编写的论文集。

这样，就有一些话需要在"后记"中做说明了：

第一，正因为是论文集，是过去所写的论文，所以在题解中注明了它是什么时候发表在什么地方的。

第二，正因为这些论文发表在过去，那么必定有其历史的痕迹，其中最突出的是一些基本概念，比如今天统一使用的"中国特色社会主义理论"，在过去曾为"邓小平同志建设有中国特色的社会主义理论""邓小平建设有中国特色社会主义理论""建设有中国特色社会主义的理论"等等。这次在编辑这部论文集时，曾经考虑统一改为现在的提法，但有些是文件的引文还是不能改，最后决定还是尊重历史不改了。

第三，与此相联系的，是文章的引文注释，本来应该按照现在有关部门的规定，一律按照现在的原著来做注释，但考虑再三也没有改。比如有的引文注的是《毛泽东著作选读》，本来可以改注为《毛泽东文集》，但想到文章前面已经注明文章发表的日期，而那时《毛泽东文集》还没有出版，为尊重历史就保留原样不改了。

诸如此类的问题还有一些。比如有些章节的文章，是由几篇论文中节选出来的文章合成的，也在题解中做了说明。这些问题虽然是技术性问

邓小平治国论

题，但还是做一点说明为好。

最后，还要感谢出版社的青年编辑晋璧东。他为说服我做这项有意义的工作，费了好多口舌。当时，我工作非常繁忙，时间不够用，当他把我埋在心底的激情调动出来后，我就什么也不顾了，每天开夜车赶，最后终于干成了。谢谢小晋！

2014年8月15日夜　于上海寓所

后记

出　品　人：黄书元　徐敏生
项目监制：郭爱东
选题策划：晋璧东
责任编辑：郑　治　晋璧东
特约编辑：杨佳凝
装帧设计：乐唐美学传媒工作室

图书在版编目（CIP）数据

邓小平治国论／李君如著．—北京：中国计划出版社；人民出版社，2016. 11

ISBN 978-7-5182-0560-8

Ⅰ．①邓…　Ⅱ．①李…　Ⅲ．①邓小平理论－国家建设－理论研究

Ⅳ．①A849. 164

中国版本图书馆CIP数据核字（2016）第345859号

邓小平治国论

DENGXIAOPING ZHIGUOLUN

李君如　著

人 民 出 版 社 出版发行

（100706　北京市东城区隆福寺街99号）

北京汇林印务有限公司印刷　新华书店经销

2016年12月第1版　　2016年12月第1次印刷
开本：710毫米×1000毫米 1/16　印张：32. 5　字数：475千字
ISBN 978-7-5182-0560-8
定价：66. 00元